WOLFENBÜTTELER
STUDIEN ZUR AUFKLÄRUNG

HERAUSGEGEBEN
VON
DER LESSING-AKADEMIE

BAND VII

Bürger und Bürgerlichkeit
im Zeitalter der Aufklärung

Herausgegeben

von

RUDOLF VIERHAUS

VERLAG LAMBERT SCHNEIDER · HEIDELBERG

REDAKTION: CLAUS RITTERHOFF · LESSING-AKADEMIE

Gedruckt mit Unterstützung der Stiftung Volkswagenwerk

Erste Auflage 1981

INHALTSVERZEICHNIS

RUDOLF VIERHAUS
Vorbemerkung

"Bürger und Bürgerlichkeit im Zeitalter der Aufklärung" — dieses Thema ist
fast zu plausibel, weil es Probleme in den Mittelpunkt rückt, die für die angesprochene Zeit von zentraler Bedeutung zu sein scheinen. Daß die Aufklärung
eine vom aufsteigenden Bürgertum getragene Bewegung war, als deren soziales
Leitbild der mündige "Bürger" galt; — daß "Bürgerlichkeit" die von ihr programmatisch verkündete moralische Haltung und politische Mentalität ausmachte,
wird weithin als so selbstverständlich angesehen, daß die Themenformulierung
tautologisch erscheinen könnte. Gerade dieser Sachverhalt aber fordert kritische
Prüfung heraus. Die Aufklärung ist, zumal in Deutschland, keineswegs eine eindeutige und einheitliche Konfiguration gewesen; ihr soziales Substrat läßt sich
ebensowenig eindeutig als Bürgertum identifizieren wie ihre politische Zielsetzung schlechthin als progressiv und emanzipatorisch bezeichnen. Hans Mayers
lapidare Feststellung, daß Gotthold Ephraim Lessing der "Sprecher des gesamten
deutschen Bürgertums" gewesen sei, der bewußter als andere vor und neben
ihm "das Credo der bürgerlichen Klasse" vertreten habe, vereinfacht eine komplexe historische Wirklichkeit ebenso wie allzu undifferenzierte Vorstellungen
von der Entwicklungsfähigkeit des sog. aufgeklärten Absolutismus oder von
dem apolitischen Charakter der deutschen Aufklärung es tun.
  Leitende Absicht bei der Organisation des Wolfenbütteler Symposions im
Frühjahr 1978, dem die im vorliegenden Band versammelten Aufsätze ihre Entstehung verdanken, war es, danach zu fragen, was in der 2. Hälfte des 18. Jahrhunderts "Bürger" und "Bürgerlichkeit" genannt wurde, und den sozialen Typus
des Bürgers wie die Verhaltensweise und Mentalität der Bürgerlichkeit, wie sie
damals konzipiert und gefordert, praktiziert und kritisiert wurden, näher zu
analysieren. Eine solche Analyse muß notwendig die intellektuelle und soziale
Struktur des Zeitalters mit einbeziehen, das von den Gebildeten den Namen
eines Zeitalters der Aufklärung erhielt, womit sie, die sich dem Programm der
Aufklärung verschrieben hatten, sich zu seinen Sprechern machten. Waren sie es
doch, welche den nicht mehr standes- und in der Intention auch nicht klassen-
gebundenen Begriff des mit unveräußerlichen Rechten und gesetzlich gesicher-
ter politischer Freiheit ausgestatteten, aus vernünftiger Einsicht handelnden

9

und am Gemeinwesen teilhabenden Bürgers ausformulierten und Bürgerlichkeit als öffentliche und praktische Verhaltensmoral, als Erziehungsziel und politische Tugend verkündeten. Es muß nach den Medien und den Wirkungen dieser Verkündigung, nach Realitätsbezug, sozialer Interessenorientierung und politischer Brisanz der Forderungen, nach praktischem Verhalten, Selbstbewußtsein und Selbsttäuschung ihrer Protagonisten, schließlich nach der Berechtigung gefragt werden, die Aufklärung eine spezifisch "bürgerliche" Bewegung zu nennen.

Solche und andere Fragen konnten im Rahmen eines einzigen Symposions nicht systematisch entfaltet, vollständig und immer explizit beantwortet werden. Gleichwohl dürfen die von Vertretern verschiedener Disziplinen gelieferten Beiträge, die sich mit unterschiedlichen Erscheinungen, Tendenzen und Problemen beschäftigten, den Anspruch erheben, die Diskussion über das komplexe, widerspruchsvolle, zwischen Tradition und Moderne stehende Zeitalter der Aufklärung an einer für die Deutung seines historischen Profils zentralen Stelle ein Stück weitergebracht zu haben.

Die Redaktion eines solchen Bandes ist eine entsagungsvolle Aufgabe. Für ihre sachkundige Ausführung gebührt Herrn Claus Ritterhoff großer Dank.

BÜRGER UND BÜRGERLICHKEIT IM ZEITALTER
DER AUFKLÄRUNG

MANFRED RIEDEL

Bürgerlichkeit und Humanität

Mein Vortrag handelt von der Stellung eines Begriffspaars, dem nach heutigem deutschen Sprachverständnis dasjenige eignet, was man eine "unglückliche Konstellation" nennen kann. "Konstellation" — ein Lieblingswort des schicksalsgläubigen Zeitalters der Aufklärung — meint eine Gruppe von Sternen, die unter *einem* Bild und Namen zusammengefaßt sind: Die Sonne steht im Zeichen der Jungfrau, kulminierend, das Feld der Planeten günstig — so hatte Goethe am Beginn von "Dichtung und Wahrheit" das Datum seiner Geburt beschrieben. Inzwischen hat sich die nicht nur von Goethe, aber gewiß auch von ihm entscheidend beeinflußte Konstellation der beiden Begriffe, zusammen mit dem ganzen Begriffsfeld von "Bürger" und "Bürgerlichkeit" verschoben. Sie treffen nicht mehr aufeinander, sind ohne Bild und damit vielnamig geworden.

Das eine Wort, *Humanität*, läuft Sozial-Liberalen und Christen ebenso leicht von der Zunge wie Kommunisten. Abgeleitet vom lateinischen *humanitas*, sagt es vom Menschen nichts anderes als den Inbegriff seiner "Menschheit", — daß er ein Individuum der menschlichen Gattung und als solches "menschlich" (humanus) sei. Es ist das sozusagen klassische Muster zur Bildung nichtssagender oder sinnleerer Sätze, die mit beliebigem Inhalt gefüllt werden können und, darüber hinaus, bemerkenswerter Fall eines Lehnworts, das der westostdeutschen Gegenwartssprache vertraut, ja in ihr, in wohlverständlicher Reaktion auf frechnazistische Reden von "Humanitätsduselei", geradezu einheimisch scheint. Das andere, *Bürgerlichkeit*, dem eigenen Sprachschatz entstammend, nimmt sich dagegen fast wie ein Fremdwort aus. Es klingt zumindest befremdlich in einer Zeit, der das Adjektiv "bürgerlich" in geläufiger Nachrede von sprachlichen Fixierungen des 19. Jahrhunderts zum Schlagwort verkommen ist, von "Bürgerlichkeit" zu sprechen. Während Ausdrücke wie "bürgerliche Wissenschaft", "bürgerlicher Staat", "bürgerliche Parteien" in aller Munde sind, scheint dieses Wort der deutschen Sprache entglitten oder doch geschichtlich abgesunken zu sein. Es gleicht, um für diesen Vorgang ein anderes Bild zu gebrauchen, naturgeschichtlichen Fossilien, deren Abdrücke, durch zahlreiche Erdschichten überlagert, in nächster Umgebung kaum sichtbar sind.

Der Überlagerungsprozeß, um zunächst davon zu sprechen, findet in der Geschichtsschreibung des 19. Jahrhunderts statt. In der Nachfolge des national-liberalen Historismus von Haym und Dilthey, in welcher sich, *nolens volens*, auch das Geschichtsdenken des Historischen Materialismus von Mehring bis hin zu G. Lukács bewegt, hat man sich daran gewöhnt, die literarische Bewegung in Deutschland der Emanzipation des Bürgerstandes zuzuordnen. In der Aufklärung, schreibt Lukács, der nach diesem Schema auch den von ihm sogenannten "klassischen Humanismus" Schillers und Goethes als "Zwischenspiel" auf dem Weg zur Konstituierung des spezifisch-bürgerlichen Bewußtseins im Realismus des 19. Jahrhunderts deutet, findet "das Wesen der entstehenden bürgerlichen Gesellschaft Ausdruck, die umgestaltende, umwälzende Mission der aus dem Bürgertum aufsteigenden neuen Ideologie und der Literatur des bürgerlichen Menschen".[1] Die Orientierung der Literatur- und Philosophiegeschichte an "Ideologie" ähnelt, bei aller methodischen Gegensätzlichkeit, dem geistesgeschichtlichen Ansatz der Dilthey-Schule in "Weltanschauungen", die Bewußtseinslagen einer Zeit entspringen und untereinander im Kampf liegen. Weltanschauungen und Ideologien sind sprachlich vermittelte *Interpretationen der Welt* und als solche Literatur. Ihre Geschichte wird vom Literatur- und Philosophiehistoriker geschrieben, der dabei selbst "interpretieren", d. h. die Sprache einer bestimmten Weltanschauung oder Ideologie sprechen muß. Wie aber verhalten sich, so darf man fragen, beide Ebenen zueinander: die Interpretationssprache und die sprachliche Selbstdarstellung desjenigen, was der Historiker interpretiert, die Literatur? Dahinter steckt das hermeneutische Problem des *Vorverständnisses* oder des sogenannten "Zirkels im Verstehen", der sich auch analytisch umformulieren läßt. In welchem Verhältnis, so würde dann die Frage lauten können, steht die Sprache des historischen Erzählers, der meta-sprachlich über Literatur spricht, zur Literatur als Objekt-Sprache?

Es ist die begriffskritisch motivierte Frage nach Reichweite und Geltung einer selber geschichtlich bedingten Interpretationssprache, von der sich Lukács, nicht anders als Dilthey, niemals ernstlich Rechenschaft gegeben hat, weshalb seine heutigen Nachfolger auf dem Feld der Literaturgeschichte unverdrossen weiter von der "bürgerlichen Gesellschaft" und vom "bürgerlichen Menschen" reden. Dabei besitzt das Begriffsfeld dieser Ausdrücke, wie jeder Kenner der Literatursprache von Gottsched bis Goethe weiß, eine ungleich breitere Ausdehnung. Um unsere Fragestellung an einem Beispiel zu demonstrieren, das sich dem *genius loci* verdankt: Wenn in Lessings "Ernst und Falk" von der "bürgerlichen Gesellschaft des Menschen überhaupt" die Rede ist, so hat das gewiß einiges mit der "Literatur des bürgerlichen Menschen" zu tun. Die Differenz zwischen Mensch und bürgerlicher Gesellschaft wird von dem viel zitierten literarischen Wegbereiter des aufsteigenden deutschen Bürgertums jedoch aus einer ganz anderen Begriffsperspektive gesehen, die sich solchem Zugriff entzieht. Wer die Sprache Lessings und seiner Zeit verstehen will, darf sich nicht allzusehr durch das Festhalten an einer Terminologie einengen lassen, die zur Bestätigung einer Weltanschauung oder Ideologie dient und nur zum Teil als begriffliches Orientierungsmittel geeignet ist. Hinter der Oberfläche von Kämpfen, die sie sichtbar macht, finden ganz andere Prozesse und Umbrüche statt, die von weit her kommen und erst unter Aufbietung eines differenzierteren Instrumentariums von Fragestellungen und Methoden faßbar sind.[2] Indem ich mich an der Begriffsgeschichte orientiere, beschreibe ich zuerst die klassische Konstellation von "Bürgerlichkeit" und "Humanität" und ihre Aspekte in Mittelalter und früher Neuzeit.

I

Humanitas bedeutet *menschliche Natur*, — das Wissen davon, daß der Mensch (homo) menschlich (humanus), d. h. weder Über- noch Untermensch sei. Das Wort beschreibt einerseits die natürliche Zugehörigkeit des Menschen zu seiner Gattung, der "Menschheit", andererseits schreibt es dem Menschen vor, sich seiner Natur gemäß zu verhalten, — daß er im Verhältnis zu sich und anderen seiner "Menschlichkeit" eingedenk und nicht un-menschlich sei. In dieser Doppelbedeutung tritt das Wort erstmals am Übergang von der römischen Republik zur Kaiserzeit auf. Die *humanitas* definiert die Natur des Menschen, ohne deshalb ein Naturbegriff zu sein. Sie bedarf vielmehr der *Bildung*, der "Erziehung und Einrichtung in den Künsten des Gut-Lebens" (eruditio institutioque in bonas artes). Mit dieser Formel umschreibt der Kreis um den jüngeren Scipio die griechische *paideia*, deren Übernahme der Humanitätsbegriff seine Ausprägung verdankt.[3] Der *homo humanus* ist der griechisch gebildete Römer, der gegenüber Sklaven und Kindern, Unterworfenen und Fremden von verhärteten Rechten abläßt und nicht nur als *civis Romanus*, sondern *menschlich* handelt. Der Begriff der Humanität umfaßt daher zugleich eine Reihe von Merkmalen wie Milde und Friedfertigkeit, Rücksichtnahme und Taktgefühl, die mit dem Inhalt des griechischen Wortes für "Menschenliebe" — philanthropia — zusammentreffen.

Mit der inhaltlichen Orientierung der römischen *humanitas* an der *paideia* und *philanthropia* des Spätgriechentums schwindet das Wissen um die Fraglichkeit dessen, was die Rede von der menschlichen Natur, philosophisch gesehen, impliziert. Es ist die Frage der *paideia* des *klassischen Griechentums*, d. h. der *Philosophie* von Platon und Aristoteles, nach den *Bedingungen des Mensch-Seins* oder danach, wie und woher sich die Natur des Menschen bestimmt. Die Antwort lautet: aus der zum Menschen gehörigen *Bürgerlichkeit*, — daß er als Bürger unter seinesgleichen in der *Polis* lebt. Der Platonisch-Aristotelische Ausdruck dafür ist *politeia*, — ein Wort, das nicht nur *Verfassung*, die Form der politischen Herrschaft und Regierung, sondern *Lebensform*, genauer gesagt: die *spezifisch menschliche Lebensform* bedeutet. Der Mensch wird menschlich, indem er durch Teilhabe am Politischen mit anderen vernünftig, gerecht und frei kommuniziert.

Die Menschlichkeit des Menschen, so lassen sich die ursprünglich-politischen Aspekte der Begriffskonstellation zusammenfassend kennzeichnen, ist keine Natureigenschaft und auch nicht Sache der Bildung oder Menschenliebe. Sie setzt die Abgrenzung der menschlichen von der tierischen und göttlichen Lebensform und damit einen *Grund* voraus, der nach Platon wie Aristoteles in der *Bürgerlichkeit* und der von ihr ermöglichten Vernünftigkeit, Gerechtigkeit und Freiheit des Menschen besteht.

Das Verständnis für diese Begriffskonstellation, dem sich das Römertum zwar nicht gänzlich verschlossen, aber infolge seiner Abhängigkeit von der spätgriechischen *paideia* philosophisch nie recht gewachsen zeigt, öffnet sich erst wieder mit der hochmittelalterlichen Rezeption der klassisch-griechischen Philosophie. "Bürgerlichkeit" heißt mittellateinisch "civilitas" und bedeutet "Bürgerversammlung", "Bürgerschaft", "Bürgerrecht", daneben auch "Zivilprozeß" und "Zivilrecht". [4] Seine politische Grundbedeutung ergibt sich aus der Stellung und dem Stand eines *Bürgers*, dessen Teilhabe an Herrschaft und Regierung. Der Begriff der Bürgerlichkeit impliziert Stände- und Werk-Teilung und darin die Möglichkeit der Trennung, der durch Vereinigung zu begegnen ist. Die Form des menschlichen Lebens, in der das Getrennte ursprünglich vereint und das Vereinte ebenso wiederum getrennt sein kann, erhält bei Dante den Namen "humana civilitas". Es ist das universalpolitische Konzept einer Lebensform der Menschheit, die mit der Vorgabe des Gattungsbegriffs die Angabe einer spezifischen Differenz fordert. Dante kann sich dafür auf die beiden Axiome berufen, mit denen Aristoteles die Vorlesungen über Politik eröffnet: daß der Mensch von Natur ($\varphi \dot{\upsilon} \sigma \epsilon \iota$) ein $\pi o \lambda \iota \tau \iota \kappa \grave{o} \nu$ $\zeta \tilde{\omega} o \nu$ und als solches $\zeta \tilde{\omega} o \nu$ $\lambda \acute{o} \gamma o \nu$, ein durch Bürgerschaft an Vernunft teilhabendes Lebewesen sei. [5] Beide Sätze umschreiben, was den Menschen von Tier und Gott unterscheidet und sein spezifisch Menschliches ausmacht: die Sprachlichkeit und Geselligkeit, die technische Geschicklichkeit und praktische Klugheit, zuletzt aber die Friedfertigkeit und Tugend der Gerechtigkeit, die an das Recht der Polis als Friedensgrund gebunden ist. Der Zusammenhang dieser Begriffe gründet erst dasjenige, was bei Platon und Aristoteles "Politeia", bei Dante "civilitas" heißt: *die dem Menschen eigene Bürgerlichkeit als höchste, ihm mögliche Lebensform.* Der Begriff der "humana civilitas" bedeutet einmal die Verbundenheit aller Menschen zur Gesamtbürgerschaft der Menschheit, die "menschliche Bürgerlichkeit", zum anderen aber die Bürgerlichkeit als Bedingung des Mensch-Seins überhaupt im Sinne "bürgerschaftlicher Menschlichkeit" oder Humanität. "Nichts Schlimmeres für den Menschen als Bürger nicht zu sein", ruft Dante in der "Divina Commedia" (III, 8. Gesang) aus, aber mit dem Zusatz: "Und kann er Bürger sein, lebt man dort unten / verschieden in verschiedenen Ämtern nicht? / Gewiß nicht, hat eu'r Meister recht geschrieben". Nach Aristoteles und Dante, der ihm darin folgt, ist Standes- und Werkteilung kein Mangel, sondern ein Vorzug des Menschen, der erst darin seine Menschlichkeit gewinnt. Soweit für Aristoteles die menschliche Gattung innerhalb der Polis in Freie und Unfreie, nach außen in Griechen und Barbaren zerfällt, verfügt er noch nicht über die Idee einer Gesamtbürgerschaft aller Menschen. Dante denkt sie auf der Grundlage des *einen* christlichen Glaubens und der *Einheit* von Imperium und Sacerdotium, mit deren Erreichung die Menschheit im Ganzen ihrem eigentlichen Werk, dem Frieden in der Vereinigung der Gläubigen, zueilen kann. Als Zustand, der allein der dem Menschen möglichen "Humanität" genügt, vollendet sich die "humana civilitas" zuletzt in der christianitas, dem Umkreis der mittelalterlichen Christenheit. [6]

Im Übergang zur frühen Neuzeit wird dieser griechisch-christlichen *Idee der menschlichen Bürgerlichkeit* oder bürgerschaftlichen Menschlichkeit durch eine Reihe weltgeschichtlicher Ereignisse der Boden entzogen, von denen ich hier nur die wichtigsten nennen kann: die Entdeckung Amerikas, die Begründung der neuzeitlichen Wissenschaft und die Entstehung des neuzeitlichen Staats. Ausgangspunkt des Begriffswandels ist das Aufeinandertreffen von "alter" und "neuer Welt", die Begegnung des Europäers mit bisher unbekannten Lebensformen, die zusammen mit der fast gleichzeitigen Glaubensspaltung eine tiefgreifende Orientierungskrise auslöst. [7] Sie verschärft sich mit dem neuen Entwurf einer technisch-wissenschaftlichen Lebensform, die weder in dem politisch obersten Ziel der "humana civilitas" noch in dem darüber hinausliegenden Glaubenswerk ihre Erfüllung hat, sondern sich auf Naturbeherrschung richtet und, nach dem Paradigma der neuen Erfahrungswissenschaft, als prinzipiell offen und unabschließbar gedacht wird. [8] Im 17. Jahrhundert greift es von der Physik auf die Ethik und Politik über, die den Inbegriff des theoretisch-praktischen Wissens nicht mehr in der Ruhe und Vollendung eines summum bonum, sondern im ruhelosen Fortschreiten von einem Gut zum anderen, dem "Streben nach Glück", kulminieren läßt. [9] Das größtmögliche Glück bildet die Legitimationsgrundlage der neuen politischen Lebensform des Staats, die nach der Naturrechtstheorie des 17. Jahrhunderts das Unglück des Naturzustands: die Vergeblichkeit jenes Strebens, überwinden und zugleich den Wissenschaften und Künsten unbegrenztes Fortschreiten garantieren soll.

Im Zusammenspiel dieser verschiedenen Vorgänge kommt es zu dem geschichtlich folgenreichen Prozeß einer Revision der traditionell-aristotelischen Axiomatik. Mit der schrittweisen Abänderung der Kriterien von "civilitas" im 16. und 17. Jahrhundert beginnend, zwingt er schließlich das Denken im Zeitalter der Aufklärung, sich von der engeren, primär politischen Interpretation des Begriffs "civilitas" zu entfernen und einem breiteren, weder notwendig mit der Lebensform "Staat" noch mit den christlich-europäischen Lebensformen zusammenfallenden, Wortverständnis den Vorzug zu geben. [10] Der Schlüsselbegriff, zuerst in Frankreich und England geprägt, heißt "Zivilisation". Während die Länder der südlichen Romania an der aristotelisch bestimmten Tradition (spanisch "policia" und "urbanidad", italienisch "civiltà"), festhalten, bewegt sich die Diskussion in Deutschland um die Begriffe *Bildung, Kultur* und, zuletzt

Humanität selbst. Ich analysiere zunächst ihre Ausgangslage, die ich etwas formelhaft mit der Wendung: *Die Entfernung vom Bürger* umschreiben möchte.

"Civilitas" bedeutet in allen europäischen Sprachen ursprünglich *politische Verfassung,* deren Verwaltung und Regierung, sowie *politische Verfaßtheit der Stände,* des Adels, der Geistlichkeit und des städtischen Bürgertums. Die Teilhabe an der Verfassung drückt sich in einem Bedeutungsaspekt aus, der im Anschluß an die graeco-lateinische Sprachtradition soviel wie *Bürgerschaft* und *Stand eines Bürgers* meint. Dafür ist auch, in direkter Anlehnung an die Aristotelische Definition der *polis* als *politike koinonia,* der Ausdruck *societas civilis* (engl. civil society, frz. société civile, dt. bürgerliche Gesellschaft) gebräuchlich.[11] "Civilitas" meint daher in der Regel *Konformität mit den Prinzipien einer politischen Verfassung,* die sich an menschlicher *Vernünftigkeit,* d. h. an der Befähigung des Menschen bemißt, Bürger zu sein und gemeinschaftlich mit anderen zu handeln. Wer an der Vernunft nicht teilhat, bedarf der Herrschaft und ist als solcher Knecht oder Barbar von Natur.

Es ist dieser spezifisch politische Begriff vom Menschen als vernünftig-bürgerlichem Wesen, der durch das Vertrautwerden des Europäers mit außereuropäischen Lebensformen, die fortschreitende Naturbeherrschung auf der Grundlage von Wissenschaft und Technik und die damit verbundene Ausdifferenzierung von Handlungs- und Lebensweisen sowie die Verselbständigung der Verwaltungs- und Regierungsorganisation im souveränen Staat der Neuzeit in Frage gestellt wird. Die Abänderung der Kriterien von "civilitas" verdankt sich einer Neubewertung des Verhältnisses von Vernunft und Leidenschaft, die ihre Vorgeschichte teils im Streit um die Stellung des christlichen Europäers zum überseeischen "Barbaren", teils in der Re-Barbarisierung der europäischen Christenheit im Zeitalter der Glaubenskriege hat. Das Verhalten der Bewohner Amerikas, so hatten noch die spanischen Aristoteliker deren Unterwerfung gerechtfertigt, ist niemals von Vernunft, sondern von Affekten bestimmt. Das damit entstehende Bild vom "Wilden", dessen Verhalten allein den Leidenschaften folgt, wird schon bald korrigiert.[12] Da die Wilden quasi-politische Einrichtungen, ja sogar eine Art von Religion besitzen, sind sie im wohlverstandenen Sinne "zivilisiert". An der Lebensform einer Freiheit ohne Zwang scheint auf, was der Europäer erst noch zu gewinnen hat: die "civilitas morum" im Sinne äußerer Disziplinierung seines affektgeleiteten Verhaltens in der Gesellschaft.[13] Das Erziehungsprogramm der Humanisten hält diesen Sachverhalt und mit ihm die veränderte Bedeutungsrichtung des Wortes fest, die sich im französischen "civilité", im englischen "civility", im italienischen "civiltà" und auch im deutschen "Zivilität" und "zivilisieren" artikuliert. Was sich oberflächlich als Disziplinierungsprozeß darstellt, ist in der Tiefe ein Prozeß der Entpolitisierung der alteuropäischen Gesellschaft, der eigentümlich ambivalent verläuft. Einerseits geht er, vor allem an den Fürsten- und Königshöfen, die Zentren der Staatsentstehung sind, mit einer Zurückdrängung der Leidenschaft, der vom höfischen Ritual erzwungenen Förmlichkeit des Verhaltens einher. Die allgemeine, auch den Adel erfassende, Depotenzierung der politischen Stände zum a-politischen Untertanenverband führt andererseits zur Verbreiterung der Affektivitätsbasis. Sie drückt sich in Gefühlen zunehmender Abhängigkeit der Individuen untereinander aus, die sich im wesentlichen nach den gegensätzlichen Richtungen von "Furcht" und "Glücksstreben" strukturiert. In ihnen vollzieht sich mit der politischen die psychische Transposition des Bürgers in den Untertanen, der vor anderen sicher und angenehm zu leben wünscht. Die Furcht ist jene Leidenschaft, welche die Individuen vereinigt; das Streben nach Glück erzeugt Leidenschaften, die sie vereinzelt und gegeneinander stellt. Um sie in Grenzen zu halten, muß die Gesetzgebung selbst wiederum Furcht erzeugen, — ein Teufelskreis, den der neuzeitliche Souverän konsequent ausschreitet, bis die Strukturen der alten bürgerlichen Gesellschaft von denen des Staats überlagert sind. Das ist, mit wenigen Strichen, der geschichtliche Hintergrund, vor dem sich die Begriffsdiskussion im Zeitalter der Aufklärung abspielt. Orientiert man sich am deutschen Sprachstand während der ersten Hälfte des 18. Jahrhunderts, so fällt als erstes in die Augen, daß "civilitas" niemals mit "Bürgerlichkeit" oder "Bürgerschaft", sondern immer nur mit "Höflichkeit" übersetzt wird,[14] — Indiz für die überragende Rolle, die, seit dem Niedergang der Städte, Hof und Hofgesellschaft in der Genese akzeptierter Verhaltensmuster und Lebensformen spielen. Noch um 1700 besitzt das Wort eine weite, "urbanitas", "humanitas", "civilitas" und "comitas" umfassende Bedeutung,[15] die sich, unter französischem Einfluß von "civilité" und "politesse", rasch auf die Oberfläche des geschliffenen Umgangs einschränkt. Höflichkeit, so definiert Walchs' "Philosophisches Lexicon", ist "diejenige Eigenschaft eines Menschen, da er dem andern seine Ehren- und Gunst-Bezeichnungen durch ein artiges Exterieur und durch eine angenehme Gefälligkeit an Tag giebet, sich bey demselben beliebt zu machen".[16] In dieser Bedeutung wird es eines der Modewörter des Zeitalters, während sich die Spur von "Bürgerlichkeit" so gut wie ganz verliert. Die Gründe für diesen bemerkenswerten Wandel hat schon Christian Garve namhaft gemacht. Sie liegen in der Struktur der Hofgesellschaft, genauer: ihrer Spitze, die sich in der Person des Souveräns zusammenfaßt. Garve bezieht sich auf den Preußischen Hof unter Friedrich II., dessen Struktur er, nach der im 18. Jahrhundert beliebten Parallele, mit der Hofhaltung römischer Cäsaren vergleicht: "Die Freundlichkeit und Gefälligkeit des Marc Aurel im äußern Betragen z. B. war *civilitas morum* im eigentlichen Verstande, — der Ausdruck eines gewissen Bürgersinns und eines Gefühls von Gleichheit mit den übrigen Römern der Senatorischen Classe. Friedrich hatte dafür die Popularität eines Erbfürsten. Die Erhebung eines solchen Königs über die übrigen Classen ist einmahl entschieden. Er muß sich der Stelle ... im Aeußern gemäß betragen, oder er verliert zugleich etwas von der wirklichen Achtung. Aber er kann und muß durch Güte und durch gefälliges Wesen das Unangenehme des Abstands mildern, der ihn von Privatleuten trennt."[17] Friedrich, so bemerkt Garve treffend, vergaß, indem er mit Voltaire und anderen wie ein Bürger unter Bürgern umging, allzusehr den König, um ihn später durch sein schroffes Wesen um so mehr hervorzukehren. Die "Mischung von civilitas mit abschreckender Majestät" erklärt Garve u. a. damit, daß Friedrich in seinem Staate kein anderes befestigtes Ansehen als das seinige fand oder dasjenige, was von ihm ausging, daß die Erinnerung an eine alte bessere Verfassung nicht mehr vorhanden war und "kein Stand in der Nation, keine Classe von Bürgern ... anerkannte Rechte" hatte, seine Macht mit ihm zu teilen. [18] Es ist, kurz gesagt, das Verschwinden der alten, politisch verstandenen Bürgerlichkeit, das den Begriff absinken läßt. Aus der Literatursprache des 18. Jahrhunderts ist mir nur ein einziger Fall bekannt, in der er noch Verwendung findet, – ein Satz von Goethe, der im Gegensatz zum Preußischen Untertan Christian Garve den ganz anderen Erfahrungshorizont des reichsstädtischen Bürgersohns zur Grundlage hat, sich aber gleichwohl auf Beschreibungen von Privatempfindungen und Gefühlen kulinarischen Wohlbehagens reduziert. "Die zweckmäßigste Tätigkeit in Fabrikationen mancher Art", schreibt Goethe an Knebel, "noch eine alte, seit Jahrhunderten bewährte Bürgerlichkeit, die sich ohne Polizei, in vortrefflichem Fleisch, Bier und Brot, besonders auch in den unschätzbarsten Kaffeebrötchen zu tage legt, machten mir sehr viel Freude." [19]

Dazu tritt nun als weiterer Aspekt des Begriffswechsels im Zeitalter der Aufklärung die Assoziierung des Ausdrucks "bürgerlich" mit dem Bürger als Mitglied eines sozialen Stands. Sofern unter dem Wort "Bürger" der dritte Stand eines Staats verstanden wird, so heißt es im Adelung'schen Wörterbuch, bedeutet "bürgerlich" soviel wie "im gemeinen Leben üblich, dem gemeinen Leben gemäß", z. B. "das bürgerliche Leben, die Lebensart der meisten in einem Staate". [20] Adelung führt daneben auch das ältere "Bürgerschaft" an, das er mit: "Der Stand, die Würde eines Bürgers" erläutert, um sogleich hinzuzusetzen: "... in welcher Bedeutung aber das Wort nicht üblich ist". [21] Daraus erklärt sich, weshalb Adelung die in der englisch-französischen Philosophie und Literatur üblich werdende Rückübertragung des Bürgerbegriffs auf den des Untertanen mit dem Vermerk "figürlich" versieht. "Figürlich" heißt "Bürger" ein "jedes Mitglied einer bürgerlichen Gesellschaft, d. i. einer Gesellschaft, welche sich dem Willen eines einzigen unterworfen hat. In diesem Verstande werden die Einwohner eines jeden Staates und Landes nach dem Muster des Latein. *Civis*, besonders in der höhern Schreibart, Bürger genannt. *Er ist ein guter Bürger, er erfüllt die Pflichten des gesellschaftlichen Lebens.*" [22] Verknüpft sich diese Begriffsfigur mit der Gelehrtensprache, so eine andere mit der "Sprache der großen Welt", nach der "bürgerlich" so viel meint wie "von feinen Sitten entfernt, den Gewohnheiten des Hoflebens und Adelsstandes nicht gemäß. *Sehr bürgerliche Sitten haben. Sein Wort halten, läßt heut zu Tage gar zu bürgerlich.*" [23] Der Ausdruck, so stellt Adelung fest, nimmt hier die Bedeutung von "unedel" und "ungesittet" an.

Damit scheinen wir auf Sprachschichten gestoßen zu sein, an deren Freilegung im Zeitalter der Aufklärung sich die Male des Klassenkampfes, der Gegensatz zwischen Bürgertum und Adel in concreta aufweisen lassen mußten. Ich übersehe selbstverständlich nicht die sozialgeschichtliche Realität jenes Gegensatzes, bezweifle aber, ob er so, wie ihn Lukács und andere fixieren, je in die Sprache der Literatur und Philosophie des 18. Jahrhunderts Eingang gefunden hat. Wenn Adelung von den "Nebenbegriffen des Unedlen und Ungesitteten" spricht, die sich, aus höfischer Perspektive, mit dem Wort "bürgerlich" verbinden, so drückt sich darin zunächst auch ein konventioneller Gegensatz aus, der sich wiederum im griechisch-römischen Begriffsfeld und dessen Fortleben in der frühen Neuzeit lokalisieren ließe. [24] Unkonventionell ist, daß er in Deutschland in eine Begriffskonstellation einrückt, in der sich die Bedeutung beider Nebenbegriffe verflüssigt, so daß sie *sowohl auf das Bürgertum als auch auf den Adelsstand ausgedehnt wird.* Dieser Vorgang, der mit dem Absinken von "Bürgerlichkeit" und dem Aufstieg von "Humanität" einhergeht, sei mit der Formel: *Die Suche nach dem Menschen* umschrieben.

II

"Humanitas", so haben wir gesagt, gehört traditionell zum Begriffsfeld von "civilitas", beide Ausdrücke treten auch in der frühen Neuzeit, von Calvin über Erasmus bis hin zu Bodin und Bacon, *nebeneinander* auf. [25] Die ihm eigene Menschlichkeit erlangt der Mensch durch Bürgerlichkeit, — indem er sich als Bürger unter Bürgern, und das heißt zugleich: in der Beschränkung seiner Lebensform durch Gesetze und Rechte, Stand und Beruf begreift. Daß sie "vernünftig" und der Mensch nur als Bürger Mensch sei, — dieses Axiom der traditionell-politischen Philosophie verliert im 18. Jahrhundert an Geltung. Seine Revision verdankt sich jener naturrechtlich argumentierenden Legitimationstheorie politischer Herrschaft, die dem neuzeitlichen Staat im gesellschaftlichen Zusammenspiel von Unterdrückung und Freisetzung der Leidenschaften zunächst noch zivilisierende Funktion zuspricht. Ihr Mittelpunkt ist die Lehre von der Entstehung des Staats (civitas) oder, was in der Sprechweise des Naturrechts noch dasselbe bedeutet, vom Ursprung des bürgerlichen aus dem natürlichen Menschen. Wie alle Ursprungsmythen enthält auch der naturrechtliche Mythos einen geschichtlichen Kern. Der Mensch im Naturzustand, so darf man ihn interpretieren, ist der *Wilde,* der sich im Untertanen als *Zivilisierter* gegenübertritt. Aber der Zustand der Wildheit lebt nicht nur im Bürger, er lebt, dem höfischen Selbstverständnis entgegen, in allen Ständen fort, so daß die Überwindung von Natur zum Dauerproblem wird. An diesem Punkt setzt der Diskurs über "Entwilderung" im Zeitalter der Aufklärung ein, in dessen Verlauf der Statusbegriff "civilitas" in "Zivilisation" umschlägt. Während sich der englisch-französische Diskurs durchweg um den letzteren Begriff zentriert, wird er in Deutschland darüber hinausgetrieben. Eine Lösung des Zivilisationsproblems, so lautet der Schluß, den zwar nicht die Naturrechtslehrer selbst, aber die Dichter und Philosophen der deutschen Aufklärung aus den naturrechtlichen Prämissen ziehen, ist nur dann zu erwarten, wenn sich der zivilisierte Mensch zugleich *humanisiert.*

Die Zuspitzung des deutschen Diskurses auf das Problem der Humanisierung des Menschen ist ohne den Einfluß Rousseaus undenkbar. Das Verhältnis von Vernunft und Leidenschaft radikal auf den Kopf stellend, hatte er nicht nur die den Naturmenschen eigene affektive Wildheit und Spontaneität zum allgemein-menschlichen Maßstab erhoben, sondern auch die Befriedigung des Glücksstrebens an die Wiederherstellung menschlich-bürgerlicher Einheit zurückgebunden. Was das menschliche Elend bewirkt, verkündet Rousseau, ist der Widerspruch zwischen unserer Pflicht und unseren Neigungen, zwischen Natur und bürgerlichen Institutionen, zwischen dem Menschen und dem Bürger: "Mache den Menschen wieder zu einer Einheit, dann wirst du ihn so glücklich machen, als er werden kann." Das Unglück liegt in der Entfernung vom Bürger. Wir haben Physiker, Geometer, Chemiker, Astronomen, Dichter, Musiker, Maler, aber keine Bürger mehr, so hatte Rousseau im 1. Discours geklagt. [26] In Deutschland, von Lessing angefangen, der diesen Satz in seiner Rousseau-Rezension von 1751 zitiert, [27] bis hin zu Goethe, Schiller und Hölderlin, schlägt Rousseaus Sehnsucht nach dem Bürger in die Suche nach dem Menschen um. "Handwerker siehst du", heißt es bei Hölderlin, "aber keine Menschen, Denker, aber keine Menschen, Herren und Knechte, Jungen und gesetzte Leute, aber keine Menschen — ist das nicht wie ein Schlachtfeld, wo Hände und Arme und alle Glieder zerstückelt untereinander liegen, indessen das vergossene Lebensblut im Sande zerrinnt." [28] Daß sich der Diskurs in diese Richtung bewegt, hat u. a. *sprachliche* Gründe. Es gab zwar ebenso in England gewisse Vorbehalte gegen die Ersetzung von "civility" durch "civilization", [29] aber sie konnten sich nicht durchsetzen, weil die englische Sprache dem Wechsel vom "civil man" im politischen Sinne (dem "man practised in the duty of citizens") zum "civilized man" in zahlreichen Wendungen längst Rechnung trug. [30] Der deutschen Sprache jener Zeit fehlte dafür der Boden eines politisch wie ökonomisch unabhängigen Bürgertums. Nicht zufällig mußte sie, um sich die englisch-französischen Neologismen anzueignen, auf eine Reihe von Umschreibungen zurückgreifen, die ihre soziale Herkunft aus den sprachbeherrschenden Institutionen von *Hof* und *Universität* unschwer verleugnen können. Überschaut man die zahlreichen Übersetzungsbelege zu "zivilisieren" und "Zivilisation", so heben sich im wesentlichen zwei Sprachbereiche voneinander ab. Der *Sprache der großen Welt* entstammen "veredeln" und "gesitten", der *Gelehrtensprache* "bilden", "kultivieren", "aufklären". Alle diese Ausdrücke begegnen substantivisch als Übersetzungen von "Civilisation". [31] Durch die Sprache der Dichtung und Philosophie erfüllen sie sich mit jenem emphatischen Wortgebrauch von "Bildung", "Veredelung", "Versittlichung", der im Kontext des sich neu aufbauenden Begriffsfeldes "Humanität" entsteht.

Die Konstellation, in der dies geschieht, mag ein Blick auf *Lessing* verdeutlichen, dessen Werk für die hier diskutierte Problematik in mehrfacher Hinsicht bedeutsam ist. Die Suche nach dem Menschen manifestiert sich schon in dem von Lessing geschaffenen bürgerlichen Trauerspiel und seiner Theorie. Ich beginne, historisch-genetisch nicht ganz korrekt, mit den Gesprächen zwischen "Ernst und Falk", dem exemplarischen Anfang des deutschen Diskurses, der am Ausgang des 18. Jahrhunderts noch Herders "Briefen zur Beförderung der Humanität" als Leitfaden dient. Gesprächsthema ist der Zusammenhang von Bürgerlichkeit und Humanität, der in der Sprachperspektive des neuzeitlichen Naturrechts zur Verhandlung kommt. Der Mensch ist Bürger, der mit anderen im Staat als bürgerlicher Gesellschaft lebt. Das bürgerliche Leben aber ist dem Menschen nicht natürlich. Es ist, wie Lessing anti-aristotelisch formuliert, kein Zweck der Natur, sondern Mittel zur Befriedigung menschlichen Glücksstrebens, das zugleich vereinigt und trennt. Die Argumentation ist vielschichtig. Sie orientiert sich einerseits am Aristotelischen Kriterium der Vernünftigkeit als Inbegriff kommunikativer Befähigung, die der Mensch nur als Bürger zu erwerben vermag; andererseits überträgt sie dasselbe Kriterium von der Bürgerlichkeit des Menschen auf seine Humanität. Wenn Lessing das Adjektiv "bürgerlich" verwendet, so bezieht er sich damit weder auf einen sozialen Stand noch auf eine bestimmte Art der Lebensführung. Er meint vielmehr so viel wie "unvollständige Vereinigung", die immer schon Trennung des Vereinigten und damit Unvernunft impliziert. Diese Gegensätzlichkeit erscheint an den verschiedenen Modi von Bürgerlichkeit, die alle dieselbe Struktur haben. Die "bürgerliche Gesellschaft des Menschen" — Lessings Umschreibung für "humana civilitas" — ist nach *Staaten*, der Staat nach *Ständen* und *Berufen*, der Berufsstand nach *Glaubensbekenntnissen* geschieden. Dem entspricht der Vereinigungsmodus der Bürger, ihre Partikularisierung nach Staatsbürgerschaft, Standeszugehörigkeit und Konfession. Was Lessing dagegen setzt, betrifft eine Form von Vereinigung, in welcher der Mensch nicht im Bürger verschwunden, sondern selbst mit anderen ursprünglich verbunden ist. Wenn "itzt", so heißt es im 2. Gespräch, "ein Deutscher einem Franzosen, ein Franzose einem Engländer, oder umgekehrt, begegnet, so begegnet nicht mehr ein *bloßer* Mensch einem *bloßen* Menschen, die vermöge ihrer gleichen Natur gegeneinander angezogen werden, sondern ein *solcher* Mensch begegnet einem *solchen* Menschen, die ihrer verschiedenen Tendenz sich bewußt sind, welches sie gegeneinander kalt, zurückhaltend, mißtrauisch macht, noch ehe sie für ihre einzelne Person das geringste miteinander zu schaffen und zu teilen haben." [32] Vollständigkeit der Vereinigung ist erst auf der Grundlage der Gleichartigkeit der Menschennatur möglich — wenn der bürgerliche Mensch in der Partikularität seiner Lebensformen überwunden und *der Mensch selbst in seiner Menschlichkeit* gesucht wird. Es ist die über-bürgerliche Idee der Humanität, die Lessing in den Freimaurerbünden der Aufklärung wohl schematisiert, aber nicht eigentlich verwirklicht findet. Denn die humanisierte Gesellschaft von Menschen, die sich hinter den freimaurerischen Zeremonien verbirgt, beruht, wie Lessings Fazit lautet, "im Grunde nicht auf *äußerlichen Verbindungen*, die so leicht in *bürgerliche Anordnungen* ausarten; sondern auf dem gemeinschaftlichen Gefühl sympathisierender Geister". [33]

Die Idee einer vollständigen Vereinigung von Menschen, die alle Partikularitäten von Staat, Stand und Religion überschreitet, hat Lessing am reinsten in seinem dramatischen Spätwerk "Nathan der Weise" (1779) dargestellt. Aber er hat sie, in etwas anderem Kontext, bereits 20 Jahre zuvor artikuliert. Ich meine seine literarische Tathandlung, die Schaffung des deutschen bürgerlichen Trauerspiels und seiner Theorie. Die Entstehung der neuen literarischen Gattung setzt die Revision der dramaturgischen Axiomatik des Klassizismus voraus, wonach die Tragödie Heroen, Feldherrn und Könige, die Komödie Charaktere niederen Standes vorführt, — exemplarischer Fall der Literatursoziologie, die hier von "Abschaffung der Ständeklausel" und bürgerlicher Emanzipation spricht. Die Literaturgeschichte — ich erinnere an die Kritik von Szondi an Lukács — hat inzwischen notiert, daß Lessing, im Unterschied zu seinen englisch-französischen Vorbildern Lillo und Diderot, das Aufkommen neuer Gattungen zwischen den Konfinien von Tragödie und Komödie nicht mit dem Aufstieg des Bürgertums in Zusammenhang bringt, [34] — ein Sachverhalt, den die Bedeutung des Terminus "bürgerlich" bestätigt, zumal Lessing, was die Abgrenzung der einzelnen literarischen Gattungen angeht, an Kategorien des Ständischen streng festhält. Die Gründe für die Revision der Ständeklausel liegen auch nicht in nationalen Eigentümlichkeiten, mit denen Lessing selbst die Erweiterung des Personal- und Handlungsbestands in der englischen Tragödie erklärt. Sieht man dem Diskurs über Poetik, den Lessing mit Aristoteles beginnt, genauer zu, so ist es zuerst hier die Suche nach dem Menschen, die zur Auflösung von Standesvorurteilen führt. "Die Natur", heißt es an einer Stelle der frühen Briefe, die ganz unter dem Eindruck Rousseaus geschrieben ist, "weiß nichts von dem verhaßten Unterscheide, den die Menschen unter sich fest gesetzt haben. Sie teilet die Eigenschaften des Herzens aus, ohne den Edeln und den Reichen vorzuziehen, und es scheint sogar, als ob die natürlichen Empfindungen bei gemeinen Leuten stärker, als bei andern, wären." [35]

Im Ausgang von dem Aristotelischen Grundsatz, daß die Tragödie *phóbos kai éleos*, "Furcht und Mitleid", erregen soll, zentriert sich die Theorie des bürgerlichen Trauerspiels um den Begriff "Mitleid". Wie Schadewaldt nachgewiesen hat, gelangt er mit dem griechischen Wort, das Jammer und Rührung als ungebrochenen Elementaraffekt meint, nicht zur Deckung. [36] Lessing — ich kann dieses gewaltige Thema nur anvisieren — versteht unter "Mitleid" sowohl einen Affekt als auch eine Tugend, — ein eigentümlicher Mischbegriff, bei dessen Bildung mit neben Rousseau F. Hutcheson die Feder geführt zu haben scheint. Nach Rousseau ist pitié die einzige Tugend des Naturmenschen, die ihm die Identifikation mit dem anderen ermöglicht, nach Hutcheson eine Form von Sympa-

24

thie. Dieses Wort, *sympátheia*, das Aristoteles selbst fremd ist, postuliert die Gleichartigkeit von Zuschauer und Dramenperson in der Bestimmung des Hauptzwecks der Tragödie und tritt an prononcierter Stelle in der "Hamburgischen Dramaturgie" auf: "Die Namen von Fürsten und Helden können einem Stück Pomp und Majestät geben; aber zur Rührung tragen sie nicht bei. Das Unglück derjenigen, deren Umstände den unsrigen am nächsten kommen, muß natürlicherweise am tiefsten in unsere Seele dringen; und wenn wir mit Königen Mitleiden haben, so haben wir es mit ihnen als mit Menschen, und nicht mit Königen. Macht ihr Stand schon öfters ihre Unfälle wichtiger, so macht er sie darum nicht interessanter. Immerhin mögen ganze Völker darin verwickelt werden; unsere Sympathie erfordert einen einzelnen Gegenstand, und ein Staat ist ein viel zu abstrakter Begriff für unsere Empfindungen." [37]

Sympathie bedarf der unmittelbaren Beziehung von Mensch zu Mensch. Sie ist ein Elementaraffekt, der Furcht und Mitleid noch übergreift. Nach Lessing soll das Trauerspiel unsere Fähigkeit, Mitleid zu fühlen, erweitern, es soll uns nicht bloß lehren, gegen diesen oder jenen Unglücklichen Mitleid zu fühlen, sondern uns so weit fühlbar machen, daß uns der Unglückliche zu allen Zeiten und unter allen Gestalten rührt und für sich einnimmt. Wenn der Zuschauer im Helden der Tragödie den Menschen sucht, wird er sich selbst als Mensch finden. Furcht ist, man kennt die Definition, in der sich die Abweichung von Aristoteles prägnant zusammenfaßt, "das auf uns selbst bezogene Mitleid". [38] Obwohl Lessing mit Aristoteles anerkennt, daß Mitleid erst durch Furcht zum Affekt wird, lokalisiert er ihn in der Perspektive von *philanthropia*, — eines Begriffs, den Aristoteles gerade ferngehalten hatte. Die lateinische Paraphrase: "quod humanitatis sensu tangat", von Lessing im 76. Stück der "Hamburgischen Dramaturgie" mit "sympathetisches Gefühl der Menschlichkeit" umschrieben, [39] kehrt in seiner eigenen Axiomatik wieder. Das Trauerspiel hat, wie Lessing festhält, keine andere Absicht, als "Tränen des Mitleids und der sich fühlenden Menschlichkeit hervorzubringen". [40] Auf der Basis der Mit-Leidenschaft erscheint dann "Mitleid" als jener Affekt, der Affektivität in Humanität aufhebt. Der mitleidigste Mensch, kann Lessing sagen, ist *"der beste Mensch*, zu allen gesellschaftlichen Tugenden, zu allen Arten der Großmut der aufgelegteste". [41] Der "mitleidigste" als der "beste" Mensch, das ist, mit einem Wort, der humane Mensch, das von der Dichtung intendierte Subjekt-Objekt der Humanität. Der Held, mit dem er sich identifiziert, ist schon in Lessings "Emilia Galotti", das unschuldige Opfer höfischer Intrige, dessen Lebensform sich auf die *Familie* zusammenzieht. Die Art der Großmut, die das bürgerliche Trauerspiel erzeugt, beginnt den gesellschaftlichen Tugendcharakter abzustreifen, wenn Sympathie der moralischen Tugend des Helden allein gilt. Es ist der Umschlag vom politischen Heldentum der alten Tragödie zum moralischen Heroismus, der mit dem Auseinandertreten von Bürgerlichkeit und Humanität in Zusammenhang steht. In der "Emilia Galotti" hat ihn Lessing exemplarisch vorgeführt. In einem frühen Entwurf der römischen Fabel nachgebildet, wonach der Vater die von dem mächtigen Decemvir Appius bedrohte Tochter ersticht, um das Volk zum Aufstand gegen dessen Herrschaft zu bewegen, verwandelt die spätere Fassung die politische in eine bürgerliche Virginia. Der Autor, schreibt Lessing von sich selbst, "hat nämlich die Geschichte der römischen Virginia von allem dem abgesondert, was sie für den ganzen Staat interessant machte; er hat geglaubt, daß das Schicksal einer Tochter, die von ihrem Vater umgebracht wird, dem ihre Tugend werter ist, als ihr Leben, für sich schon tragisch genug, und fähig genug sei, die ganze Seele zu erschüttern, wenn auch gleich kein Umsturz der ganzen Staatsverfassung darauf folgte." [42]

Der Prozeß der Absonderung des Politischen, der dem bürgerlichen Trauerspiel zugleich mit seinem Beinamen den Anschein rein-menschlicher Tragik verleiht, ist nicht auf das Drama beschränkt. Seinen poetisch adäquaten Ausdruck hat er im deutschen *Bildungsroman* gefunden, dessen unkonventionelle Form der Transformation des Bürgers in den Menschen am weitesten entgegenkommt. Es wäre verlockend, die verschiedenen Varianten nachzuzeichnen, die hier der Umschlag vom politischen zum moralischen Heroismus im Zusammenhang der Ablösung dieser Gattung vom heroisch-galanten Roman des 17. Jahrhunderts annimmt. Ich muß darauf verzichten, um den Voraussetzungen und Implikationen jener Suche nach dem Menschen nachzufragen, die der Bildungsroman an seinen Helden vorführt. Der sich suchende Mensch, – das ist Rousseaus unverbildeter Naturmensch, wie er uns, mit anti-rousseauistischer Akzentuierung, paradigmatisch in Goethes "Wilhelm Meister" entgegentritt. Er ist der vorläufige Höhe- und Schlußpunkt der deutschen Humanitätsdichtung, an dem sich ihre Größe, aber auch die Grenze wie in einem Spiegel zeigt. Die Begrenzung ergibt sich gerade aus demjenigen, was das Große des Goethischen Romans ausmacht: daß er, die Entfernung vom Bürger voraussetzend, die Suche nach dem Menschen zum ausschließlichen Sujet erhebt. Indem sie das Problem der Humanität auf die Bildung des Helden zuspitzt, überspringt jedoch die Humanitätsdichtung das spezifisch Menschliche am Menschen, das, recht verstanden, in seiner Bürgerlichkeit besteht. Soweit sich dieser einigermaßen komplexe Sachverhalt überhaupt auf den Begriff bringen läßt, könnte dafür die Formel: *Die Verfehlung des Menschlichen* gebraucht werden.

III

Die Aporie der Suche nach dem Menschen, die dem deutschen Bildungsroman bis hin zu Stifters "Nachsommer" das Gepräge gibt, zeichnet sich bereits in Friedrich von Blankenburgs "Versuch über den Roman" (1774) ab, – der ersten, an Wielands "Geschichte des Agathon" entwickelten, Theorie jener neuartigen Gattung, die sich nicht zufällig an die Begriffssprache von Lessings Trauerspieltheorie anlehnt. Für Blankenburg trägt sie allerdings keinen Beinamen, da ihm der Roman als diejenige Kunstform gilt, in der nun in der Tat alle Ständeklauseln zugunsten des Menschlichen aufgehoben sind. Der Dichter, so lautet das Plädoyer für poetische Freiheit, "wähle seine Personen, aus welcher Classe er wolle; — er führe uns von der Wiege des Helden, bis zu seiner fertigen Ausbildung, wie Fielding; oder bringe einen Theil dieser Begebenheiten, wie Wieland, in Erzählung; — er zeige uns einen *ganzen werdenden Menschen*; oder nehme ihn, so zu sagen, bey einer gewissen Periode, in einem gewissen innern Zustande auf, um ihn in einen andern zu bringen: ich glaube, daß er den Leser immer gleich angenehm unterhalten wird." [43] Der Romanleser, auf den sich die Theorie beruft, steht für das unterhaltungsbedürftige Publikum bürgerlicher Privatleute, das Vermenschlichung des Helden und darin Aufschluß über sich selbst wünscht. In Analogie zur Trauerspieltheorie, der dieselbe Konstellation zugrunde liegt, appelliert die Theorie des Romans an jene Affektivität, die der Dichter zugleich entbinden und ins Allgemein-Menschliche verklären soll. Während für das Heldengedicht nur die "Taten der Bürger" in Betracht kommen, befaßt sich der Roman mit "Handlungen und Empfindungen des Menschen", — seinem "inneren Zustand", [44] dem die Mischung von Aktivität und Reflexion im Charakter des "überwiegend leidenden" Helden entspringt. Die Differenz zur Epopoe ist historisch bedingt. Sie verdankt sich dem neuzeitlichen Geschichtsprozeß, der sich in der literarisch neuartigen Gattung dokumentiert. Die Romane, sagt Blankenburg im Vorbericht zu seinem "Versuch", "entstanden nicht aus dem Genie der Autoren allein; die Sitten der Zeit gaben ihnen Daseyn. *Gegenden*, in welchen man keine Bürger brauchte; und Zeiten, in welchen keine Bürger mehr waren, verwandelten die Heldengedichte der Alten, eine Iliade oder Odysee in einen Roman. Der erste Romandichter würde, wenn er in *ganz bürgerlichen* Zeiten geboren, und gebildet worden, an statt einen Roman zu schreiben, gewiß eine Epopoe geschrieben haben." [45] Der Gegensatz von Mensch und Bürger wirkt keineswegs etwas verwirrend. [46] Er ist im Gegenteil begrifflich durchaus konsequent entfaltet. Da nach Blankenburgs Sprachverständnis das "bürgerliche Zeitalter" mit der politischen Lebensform der vor-neuzeitlichen (antiken und mittelalterlichen) Welt zusammenfällt, erscheint ihm die Epopoe als repräsentative Kunstform der Bürgerlichkeit, während der Roman als nach-bürgerliche Kunstform den von Staat, Stand und Religion entblößten Menschen, die "nackte Menschheit" repräsentiert. Der Roman, so lautet eine der Folgerungen, die der Theoretiker daraus zieht, kann keine abgeschlossene Form besitzen, "weil sich für den Menschen mehr Gegenstände zur Unterhaltung, als für den Bürger finden", weil er "Empfindung", das Spiel der Leidenschaften artikuliert. Woran der Dichter seinen Helden mit dem Lesepublikum verknüpfen muß, ist Sympathie im Sinne der "Theilnehmung für das, was den Menschen eigentlich angeht (ohne daß wir auf ihn, als Glied eines gewissen Staates denken)", [47] — für den "werdenden Helden", der durch Welterfahrung seiner Menschlichkeit entgegenreifen soll.

Es ist das theoretische Konzept der *Bildung zur Humanität*, das Goethe der Poetik der Aufklärung entnimmt und im V. Buch der "Lehrjahre" konkretisiert. Denn Wilhelm Meister ist nicht mehr nur Repräsentant des "entblößten Menschen", sondern des Bürgerstandes, dem er entspring. Dieser Stand aber hat sich inzwischen sozial ausdifferenziert. Während auf Meister, dessen Großvater Kunstwerke sammelt, noch ein Schein reichsstädtischer Bürgerlichkeit fällt, ist sein Freund Werner ganz der neuzeitliche Wirtschaftsbürger, dem das Streben nach Glück ungehinderten Kapitalerwerb und rationale Bedürfnisbefriedigung vorschreibt: "Nur nichts Überflüssiges im Hause", ist seine Maxime, "nichts als Geld, und dann auf eine vernünftige Weise jeden Tag getan, was dir beliebt. Nur keine Garderobe, immer das Neueste und Beste auf dem Leibe ... Es ist mir nichts unerträglicher, als so ein alter Kram von Besitztum. Wenn man mir den kostbarsten Edelstein schenken wollte, mit der Bedingung, ihn täglich am Finger zu tragen, ich würde ihn nicht annehmen; denn wie läßt sich bei einem toten Kapital nur irgendwie Freude denken? Das ist also mein lustiges Glaubensbekenntnis: seine Geschäfte verrichtet, Geld geschafft, sich mit den Seinigen lustig gemacht und um die übrige Welt sich nicht mehr bekümmert, als insofern man sie nutzen kann." [48] Vor *diesem* Bürger, der den Prozeß der Zivilisation ökonomisch in Gang hält und sich dabei ebensoweit von der Bürgerlichkeit wie von der Menschlichkeit entfernt hat, flieht Wilhelm Meister in die Kunst. Es ist die Flucht vor dem Bürgerstand, mit der Goethe an zentraler Stelle des Romans das entgegengesetzte Glaubensbekenntnis seines Helden motiviert: "Daß ich Dir's mit einem Wort sage: mich selbst, ganz wie ich da bin, auszubilden, das war dunkel von Jugend auf mein Wunsch und meine Absicht." [49] Paradigmatisch ist die Gestalt des Wilhelm Meister deshalb, weil er weder den Bürger noch die Menschheit, sondern sich selbst als Mensch ("ganz wie ich da bin") sucht. Bildung zur Humanität ist Selbstbildung des Individuums und als solche Ausbildung von Individualität, die alle Grenzen eines Staates, eines Standes oder einer Religion transzendiert. Da nach der von ihm ausgesprochenen Einsicht individuelle Bildung nur beim Adelsstand möglich ist, muß der entflohene Bürger einen eigenen Weg nehmen, der ihn über Theater und höfische Welt schließlich zur Vereinigung mit dem Bund sympathisierender Geister, der humanen Adelsgesellschaft des Turms, führt.

Auf diesem Weg erweist sich der Held insgeheim dem verwandt, wovor er entflieht: dem von Werner repräsentierten Typus des bürgerlich-neuzeitlichen Menschen, den das Streben nach Glück in die Unruhe treibt. Während bei den Mitgliedern der Turmgesellschaft die Leidenschaften durch Vernunft und ökonomisch gesicherte Subsistenzbasen "beruhigt" sind, erscheint Wilhelm Meister als der "unruhige Held", der den Unterschied zur höfischen Lebensform durch "harmonische Ausbildung" zu überwinden sucht. Die Aporie seines Bildungsstrebens manifestiert sich in der Ruhe, womit er der im Prozeß der Entpolitisierung der alteuropäischen Gesellschaft fixierten Ständetrennung begegnet.

An dem Unterschied von adliger und bürgerlicher Lebensform ist, wie Wilhelm Meister richtig notiert, "nicht etwa die Anmaßung der Edelleute und die Nachgiebigkeit der Bürger, sondern die Verfassung der Gesellschaft selbst schuld. Ob sich daran einmal etwas ändern wird und was sich ändern wird", so lautet sein überraschender Schluß, "bekümmert mich wenig; genug, ich habe, wie die Sachen jetzt stehen, an mich selbst zu denken, und wie ich mich selbst und das, was mir unerläßliches Bedürfnis ist, rette und erreiche." [50] Die Übereinstimmung des Bildungsindividualismus mit individuellem Glücksstreben liegt offen zutage, und vielleicht war es auch diese wenig imponierende Seite seiner Erscheinung, die Goethe veranlaßte, den menschlich-allzumenschlichen Helden des Romans gelegentlich einen "armen Hund" zu nennen. Er ist, alles in allem genommen, ein Kämpfer, aber nicht nur deshalb, weil er ein Mensch, sondern weil er im Innersten seines Wesens ein Verwandter des "unruhigen Bürgers" der Neuzeit ist. Die Humanität, zu der er sich bildet, setzt sich so wenig in ein Verhältnis zur Bürgerlichkeit, daß diese dem Helden am Ende seiner Irrfahrt als Naturgabe in den Schoß fällt: Ihm wird entdeckt, daß der Knabe Felix sein Sohn ist, und mit dem Gefühl des Vaters, so versichert uns Goethe, "hatte er auch alle Tugenden eines Bürgers erworben. Er fühlte es, und seiner Freude konnte nichts gleichen." Im Gefühlsausbruch, der die Entdeckung begleitet, hallt noch einmal die Stimme Rousseaus nach: " 'O, der unnötigen Strenge der Moral!' rief er aus, 'da die Natur uns auf ihre liebliche Weise zu allem bildet, was wir sein sollen. O, der seltsamen Anforderungen der bürgerlichen Gesellschaft, die uns erst verwirrt und mißleitet und dann mehr als die Natur selbst von uns fordert! Wehe jeder Art von Bildung, welche die wirksamsten Mittel wahrer Bildung zerstört und uns auf das Ende hinweist, anstatt uns auf dem Wege zu begleiten!' " [51] Was Bürgertugend im Verhältnis zur Humanität ausmacht, geben im Roman entweder Gefühle oder die trockenen Sentenzen von Wilhelm Meisters Lehrbrief kund. Es wird aber nirgends dichterisch entfaltet, da die Darstellung jeden Bezug auf öffentliches Leben und politische Öffentlichkeit meidet. Wenn Goethe den Bürger Werner im Gespräch mit Lothario, dessen Gestalt als einzige die Rousseauische Einheit von Mensch und Bürger avisiert, sagen läßt, er habe in seinem Leben nie an den Staat gedacht und seine Abgaben und Zölle nur so bezahlt, weil es einmal hergebracht sei, [52] so gilt dies, mutatis mutandis, auch für den Bürger Wilhelm Meister. Obwohl er am Ende, um mit Schiller zu reden, in einer "schönen menschlichen Mitte" dasteht, gleichweit von der Phantasterei und Philisterhaftigkeit entfernt, [53] führt der Weg der Bildung zur Humanität in "Wilhelm Meisters Lehrjahren" an der Bürgerlichkeit im engeren Sinne, der zum Menschen gehörigen Anteilnahme am Politischen, an Staat und öffentlichem Leben, vorbei.

Das ist, in gewisser Hinsicht, der Anfang jener unglücklichen Konstellation, in der sich beide Begriffe — "Bürgerlichkeit" und "Humanität" — in Deutschland auseinanderschieben, und es wäre eine eigene Aufgabe, die Aspekte näher zu identifizieren, unter denen diese Verschiebung — das Absinken der Humanitäts-

und Bildungsidee in den familialen Privatraum und privatisierte Räume der Innerlichkeit einerseits, das Auseinandertreten von ästhetischer "Kultur" und staatlich-technischer "Zivilisation" andererseits — stattfindet. Ich begnüge mich abschließend mit einigen Thesen, die weniger behaupten, sondern zum Weiterfragen auffordern wollen:

1. Während der Ausfall des traditionell-politischen Begriffs von "Bürgerlichkeit" in England und Frankreich durch das Aufkommen des Zivilisationsbegriffs kompensiert und damit der Aufklärungsdiskurs über Entwilderung nicht nur der (ästhetischen) Kunst und Wissenschaft, der Religion und Philosophie, sondern stets auch dem politischen Bereich der Gesetze und Institutionen offengehalten wird, entsteht in Deutschland dafür kein Ersatzbegriff. Deshalb schränkt sich der Diskurs entweder, wie zuerst in Goethes "Hermann und Dorothea", auf den Typus des "ruhigen Bürgers" ein, der im idyllischen Abseits ein Stück humaner Bürgerlichkeit gewinnt, oder das Humanitätsproblem wird als solches ironisiert und, wie seit der Romantik immer wieder geschehen, zur Problematik des Künstlers als des "wahren Menschen" hochstilisiert.

2. Der emphatische Begriffsgebrauch von "Bildung" und "Humanität", der sich nach 1800 im spezifisch deutschen Begriff von "Kultur" ideologisch zuspitzt, leitet sich davon ab, daß der deutsche Diskurs in politisches Niemandsland vorstößt. Von einer bürgerlichen Zwischenschicht ohne breitere soziale Grundlage getragen, wird er, unter Bedingungen einer relativ geringen Entwicklung berufsbürgerlicher Schichten, nicht inmitten großer Städte, sondern an kleinen Höfen und Universitäten geführt. Daraus erkläre ich mit N. Elias, [54] weshalb er sich im Bereich des Allgemein-Menschlichen, jenseits der politischen Sphäre, abspielt und seine Angriffe vornehmlich gegen das menschliche Verhalten der adligen Oberschicht gerichtet sind.

3. Obwohl sich damit der Gebrauch der Begriffe im deutschen Sprachbereich vom europäischen Kontext ablöst, läßt sich in der Ausgangslage des 18. Jahrhunderts eine weitgehende Konvergenz feststellen. Die spezifisch deutsche Einschränkung des Diskurses auf individuelle Bildung zur Humanität ist nicht in nationaler Partikularität, sondern universal-historisch begründet. Was ihn in die Unruhe und Radikalität treibt, ist die Einsicht in die Situation der Krise, die der geschichtliche Prozeß der Neuzeit für die Moderne heraufführt. Das Menschengeschlecht, heißt es bei Humboldt, [55] der darin nur Diagnosen von Schiller und Goethe ausdeutet, befindet sich jetzt auf einer Stufe der Kultur, von welcher es sich nur durch *Ausbildung der Individuen* höher emporschwingen kann. Geschichtsphilosophischer Hintergrund dieser Argumentation ist die große Parallele, die das 18. Jahrhundert zur römischen Kaiserzeit auszieht: Wie bei den Römern Humanität sich zuerst als Bezähmerin harter Bürgerlichkeit einen Namen gemacht hat, so wird sie auch in der Moderne als Korrektiv heraufziehender

bürgerlicher Verhärtungen dienen. Dafür gebraucht Humboldt den Ausdruck "Verbürgerung" — vielleicht die treffendste Umschreibung für "Zivilisation", die den Gegensatz zum Humanitätsbegriff weiter ausdehnt.

4. Während "Bürgerlichkeit" die spezifische Differenz zwischen Mensch und Tier einerseits, Gott und Mensch andererseits bezeichnet, ist "Humanität", logisch gesehen, ein Gattungsbegriff. Er wird denn auch nicht selten mit dem "Menschengeschlecht" identifiziert. Nach dem Anspruch der Humanitätsphilosophie stellt er einen Differenzbegriff dar. "Ich wünschte", sagt Herder in den "Ideen zur Philosophie der Geschichte der Menschheit", "daß ich in das Wort *Humanität* alles fassen könnte, was ich bisher über des Menschen edle Bildung zur Vernunft und Freiheit, zu feinern Sinnen und Treiben ..., zur Erfüllung und Beherrschung der Erde gesagt habe; denn der Mensch hat kein edleres Wort für seine Bestimmung, als er selbst ist, in dem das Bild des Schöpfers unsrer Erde, wie es hier sichtbar werden konnte, abgedruckt lebt." [56] Der Humanitätsbegriff erfüllt sozusagen den ganzen logischen Raum, der sich zwischen Tier und Gott auftut, und weil er nichts spezifisch Menschliches ausdrückt, ist aus ihm auch keinerlei empirisch gehaltvolle Erkenntnis zu gewinnen. Das bestätigen die "Briefe zur Beförderung der Humanität", deren Transformation der bürgerlichen in die menschliche Gesellschaft — die "Gesellschaft aller denkenden Menschen in allen Weltheilen" — sich an Lessings Idee einer vollständigen Vereinigung auf der Grundlage mitfühlender Menschlichkeit anschließt. [57] Da sie sich begrifflicher Entfaltung entzieht, muß Herder zur Anschauung historischer Individuen Zuflucht nehmen, die das "Beste der Menschheit" befördert haben, — einer Galerie von Bildern, die in wahlloser Reihenfolge, von Benjamin Franklin über Friedrich den Großen und Joseph II. bis zurück zu Luther reicht. Neben Sympathie und Mitleid erscheinen hier u. a. Vernünftigkeit, Gerechtigkeit und Freiheit als Kriterien von Humanität. Es sind genau jene begrifflichen Aspekte, die nach der Auffassung der klassisch-griechischen Philosophie das spezifisch Menschliche am Menschen, seine Bürgerlichkeit, konstituieren.

ANMERKUNGEN

1 Skizze einer Geschichte der neueren deutschen Literatur. — Berlin 1953, S. 18. Vgl. auch ders.: Goethe und seine Zeit. — Berlin 1953, Vorwort, S. 81.

2 Vgl. R. Vierhaus: Deutschland im 18. Jahrhundert; soziales Gefüge, politische Verfassung, geistige Bewegung. — In: Lessing und die Zeit der Aufklärung. — Göttingen 1968 (Veröffentlichungen der Joachim Jungius-Gesellschaft der Wissenschaften, Hamburg).

3 Vgl. Cicero: De rep. I 28; Tusc. disp. V 66; De or. I 71. Vgl. dazu die noch immer grundlegende Untersuchung von R. Reitzenstein: Werden und Wesen der Humanität im Altertum. — Straßburg 1907.

4 Vgl. die Belege in Du Cange: Glossarium mediae et infimae latinitatis. — Paris 1842, T. II, pp. 369 sq.   5 Politik I 2, 1253 a 1-18.

6 De Monarchia I 3—4, ed. G. Vinay. — Firenze 1950, pp. 14 sqq. Das Wort "civilitas" begegnet nach Vinay ähnlich auch bei Tolomeus von Lucca: De regimine principum II 5 ("... quae ad substantiale esse civilitatis sive politiae seu regalis regiminis requiruntur ..." Ebd., Anm. 13). Vgl. auch F. Kern: Humana civilitas. Eine Dante-Untersuchung. 1. Aufl. — Leipzig 1913, Neudruck Aalen 1970, S. 33 ff.

7 Vgl. Ludovico Vives: De disciplinis libri XX (1531), Dedicatio.

8 Vgl. F. Bacon: Novum Organon (1620), I, 80—84.

9 Die erste Formulierung des spezifisch neuzeitlichen Glücksbegriffs findet sich bei Hobbes: Leviathan (1651), I 11.

10 Vgl. J. H. Elliot: The Old World and the New 1492—1650. — Cambridge 1972, p. 44, der sich allerdings nur auf die Entdeckung Amerikas bezieht und übersieht, daß das Wort "Zivilisation" erst nach der zweiten Hälfte des 18. Jahrhunderts auftritt.

11 Vgl. meine Untersuchungen zu: "Bürgerliche Gesellschaft". Kategorienlehre und Kategorienwechsel in der politischen Philosophie. — Stuttgart 1980.

12 Vgl. die Darstellung der verschiedenen Positionen bei Elliot: Old Word and the New (s. Anm. 10), pp. 28 sqq. Zum Ganzen U. Bitterli: Die 'Wilden' und die 'Zivilisierten'. Grundzüge einer Geistes- und Kulturgeschichte der europäisch-überseeischen Begegnung. — München 1976.

13 Literarischer Auftakt dieser Diskussion ist Erasmus von Rotterdams Schrift: De civilitate morum puerilium. — 1530. Vgl. dazu N. Elias: Über den Prozeß der Zivilisation. 2. Aufl. — Bern 1969, Bd. 1, S. 66 ff.

14 Frisch: Teutsch-lateinisches Wörterbuch. — 1741, s. Register, S. 18.

15 Der deutschen Sprache Stammbaum und Fortwuchs. – Nürnberg 1691, Sp. 845.

16 Philosophisches Lexicon. 2. Aufl. – Leipzig 1733, Theil I, Sp. 1474.

17 Fragmente zur Schilderung des Geistes, des Charakters, und der Regierung Friedrichs des Zweyten. Theil 1. – Breslau 1801, S. 99.

18 Ebd., S. 101 f.

19 Briefwechsel zwischen Goethe und Knebel, 1774–1832. – Leipzig 1851, S. 593.

20 Grammatisches Wörterbuch der oberdeutschen Mundart. – Leipzig 1793, Bd. 1, Sp. 1264.

21 Ebd., Sp. 1265. 22 Ebd., Sp. 1263. 23 Ebd., Sp. 1264.

24 Vgl. den Hinweis bei J. A. Eberhard / J. G. E. Maaß: Versuch zu einer allgemeinen teutschen Synonymik. Art. höflich, gesittet, artig, fein: "Das lateinische *civilis*, welches anfangs noch unter den ersten Kaisern seine Bedeutung aus den Zeiten der Republik beibehielt, und bei den Großen ein Betrachten andeutete, womit sie eine Anerkennung der Gleichheit auch bei den geringsten Bürgern ausdrückten, fing schon bei Suetonius, Plinius und Quintilian an, sich der Bedeutung zu nähern, die es jetzt in der französischen Sprache hat." (3. Aufl., Bd. 3. – Leipzig 1826, S. 419).

25 Vgl. dazu insbesondere J. Calvin: Institution de la religion chrestienne (1541), Chap. I; J. Bodin: Six livres de la Republique (1576), Liv. V, Chap. I; F. Bacon: De bello sacro, Sp. 1300.

26 Vgl. J. J. Rousseau: Schriften zur Kulturkritik. Hrsg. von K. Weigand. 2. Aufl. – Hamburg 1971, S. 47.

27 Das Neueste aus dem Reiche des Witzes (1751). – In: G. E. Lessing: Gesammelte Werke. Hrsg. von P. Rilla. Bd. 3. – Berlin/DDR 1955, S. 339.

28 Hyperion, 2. Teil, 2. Buch.

29 Vgl. Boswells Tagebucheintragung über ein Gespräch mit S. Johnson vom März 1772: "On monday, March 23, I found him busy, preparing a fourth edition of his folio Dictionary ... He would not admit *civilization*, but only *civility*. With great deference to him, I thought *civilization*, from to *civilize*, better in the sense opposed to barbarity, than *civility*." (S. Johnson, XXV).

30 Darauf bezieht sich A. Ferguson: A Essay on the History of Civil Society, 4. ed. – London 1773, p. 342.

31 Das geht hervor aus J. H. Campe: Wörterbuch zur Erklärung und Verdeutschung der unserer Sprache aufgedrungenen fremden Ausdrücke. – Braunschweig 1801, Bd. 1, S.228–229. Vgl. dazu im einzelnen meine Untersuchungen zu "Zivilisation und Kultur". – In: O. Brunner / W. Conze / R. Koselleck (Hrsg.): Geschichtliche Grundbegriffe, Bd. 6 (in Vorbereitung).

32 Lessing: Gesammelte Werke (s. Anm. 27), Bd. 8 (1956), S. 559.   33 Ebd., S. 581.

34 Die Theorie des bürgerlichen Trauerspiels. 3. Aufl. — Frankfurt a. M. 1977, S. 153.

35 Briefe aus dem 2. Teil der "Schrifften" (1753), 13. Brief. — In: Gesammelte Werke (s. Anm. 27), Bd. 3, S. 425.

36 Furcht und Mitleid? — In: W. Schadewaldt: Hellas und Hesperien. Gesammelte Schriften zur Antike und neueren Literatur. — Zürich und Stuttgart 1960, S. 346—388.

37 Hamburgische Dramaturgie (1767-1769), 14. Stück. — In: Gesammelte Werke (s. Anm. 27), Bd. 6 (1954), S. 76.

38 Ebd., 75. Stück, S. 381.   39 Ebd., 76. Stück, S. 388.

40 Des Herrn Jacob Thomson sämtliche Trauerspiele (1756). — In: Gesammelte Werke (s. Anm. 27), Bd. 3, S. 701.

41 An Friedrich Nicolai, Nov. 1756. — In: Gesammelte Werke (s. Anm. 27), Bd. 9 (1957), S. 78.

42 An Friedrich Nicolai, 21. Jan. 1758, ebd., S. 157.

43 Versuch über den Roman. — Leipzig/Liegnitz 1774, S. 519 f.

44 Ebd., S. 519.   45 Ebd., Vorbericht, S. XIII.

46 So E. Lämmert: Nachwort zum Faksimiledruck der Originalausgabe von F. von Blankenburgs "Versuch über den Roman". — Stuttgart 1965, S. 553.

47 Versuch über den Roman (s. Anm. 43), Vorbericht, S. XIV—XV.

48 Wilhelm Meisters Lehrjahre. — In: Goethes Werke. Hrsg. von E. Trunz. 4. Aufl. Bd. VII. — Hamburg 1959, S. 287.

49 Ebd., S. 290.   50 Ebd., S. 291.   51 Ebd., S. 502.

52 Vgl. ebd., S. 508.   53 Vgl. Schiller an Goethe, 5. Juli 1796.

54 Elias: Prozeß der Zivilisation (s. Anm. 13), S. 8 f., S. 17 ff., 35 ff. u. ö.

55 Ideen zu einem Versuch, die Grenzen der Wirksamkeit des Staats zu bestimmen (1792). — In: Werke. Bd. 1. — Darmstadt 1960, S. 105.

56 Ideen zur Philosophie der Geschichte der Menschheit. — In: Sämmtliche Werke. Zur Philosophie und Geschichte. 22 Th. Hrsg. von J. von Müller. — Stuttgart/Tübingen 1827—1829, Th. 3 (1827), S. 184.

57 Briefe zur Beförderung der Humanität. 23. Brief: Gespräch über eine unsichtbar sichtbare Gesellschaft. — In: Sämmtliche Werke. Zur Philosophie und Geschichte (s. Anm. 56), Th. 13 (1829), S. 131.

HERMANN LÜBBE

Aspekte der politischen Philosophie des Bürgers *

Aus der Tradition unserer europäischen politischen Philosophie soll hier an einige Unterscheidungen und Theoreme erinnert werden, die Verständnis und Selbstverständnis des Bürgers geprägt haben. Ich beschränke mich dabei auf diejenigen
Konzepte und Theoreme, die durch eine besondere historische Mächtigkeit der
ideologischen Orientierungswirkung, die von ihnen ausgegangen ist, ausgezeichnet sind.

Ich beginne mit der politischen Philosophie des Thomas Hobbes. Civis, Bürger, in der Charakteristik seines Systemstücks "De Cive" von 1642, ist, zusammenfassend gesagt, das Mitglied einer Gesellschaft unter der legitimen Herrschaft
des individuellen oder institutionellen Inhabers eines politischen Gewaltmonopols. Auf die Hobbessche Theorie der Konstitution dieses Gewaltmonopols
kommt es hier nicht an, und auch nicht auf die Option für den tendenziellen
Absolutismus Karls I., die sich aus der in Frankreich entstandenen Schrift
Hobbes' herauslesen läßt. Für die politische Theorie des Bürgers sind, so scheint
mir, vor allem die Vorzüge wichtig, die der Mensch als Glied der bürgerlichen
Gesellschaft unter der Herrschaft des gewaltmonopolistischen Souveräns gewinnt. Hobbes zählt in seiner politischen Philosophie vier solche Vorzüge auf,
nämlich erstens, daß man gegen äußere Feinde verteidigt werde, sodann, daß der
innere Friede gesichert sei; weiterhin, daß man sein Vermögen, soweit mit der
öffentlichen Ordnung verträglich, vermehren könne, und schließlich, daß man
Freiheit genieße, soweit aus ihrem Gebrauch kein Schaden entsteht. Bürger,
Civis, ist in der Hobbesschen Charakteristik derjenige, der genau diese Vorzüge
mit seiner Unterwerfung unter die legitime Herrschaft des politischen Souveräns
verknüpft weiß.

Der Hobbesianische Katalog von Vorzügen der bürgerlichen Existenz wirkt
simpel. Aber das ist nur deswegen so, weil seine Bestimmungen klassisch sind,
das heißt unbeschadet ihres Alters nicht veraltet. Um die wichtigen Orientierungswirkungen sichtbar zu machen, die von diesen Bestimmungen des bürger-

---

* Inzwischen auch in den Sammelband "Philosophie nach der Aufklärung. Von der Notwendigkeit pragmatischer Vernunft" (Düsseldorf 1980) aufgenommen.

lichen Daseins, die wir natürlich nicht nur bei Hobbes antreffen können, sichtbar zu machen, müßten lange Geschichten erzählt werden. Aus Abkürzungsgründen beschränke ich mich darauf, an eine uns allen geläufige, politische Emblematik zu erinnern, nämlich an die Staatsemblematik einerseits und an die Emblematik der Zünfte andererseits, also an die bewaffneten großen Tiere vom Löwen bis zum Adler einerseits und an die Tuchscheren, Kaufmannswagen, Schmiedehämmer etc. andererseits. Dieser Emblematik entspricht, in ihrem konsequenten symbolischen Dualismus, eine elementare, aber genaue Unterscheidung, die für die Philosophie des Bürgers konstitutiv ist, nämlich die Unterscheidung von Arbeit und Politik. Politik — das ist Praxis der Herrschaft von Menschen über Menschen. Arbeit — das ist Praxis der Herrschaft von Menschen über die Natur oder über Sachen. In der politischen Philosophie des Thomas Hobbes können wir auf der Grundlage dieser Unterscheidung in nuce die Trennung von Staat und bürgerlicher Gesellschaft studieren. Die Zünfte, an deren Emblematik ich erinnert habe, existieren nicht mehr — es sei denn, wie zum Beispiel in Zürich, als Bürgervereine privaten Rechts mit der soziologischen Charakteristik von Clubs auf der ökonomischen Basis von Einkünften aus der Verpachtung der Zunfthäuser an Betriebe renommierter Gastronomie. Aber die Arbeitsemblematik, gegen die die politische Emblematik der bewaffneten großen Tiere kontrastiert, ist keineswegs verschwunden. Ganz im Gegenteil sind ihre Requisiten, in erster Linie in den sozialistischen Ländern, zu Symbolen der machthabenden Staatsparteien avanciert — Hammer und Sichel oder auch, weniger grob, der Zirkel im Staatswappen der DDR. Wieso ist hier, was in der politischen Philosophie des Bürgers als Arbeitssymbolik der Symbolik des Politischen entgegengesetzt war, selber zu Symbolik des Politischen geworden? Die Antwort lautet: die Erhebung von Arbeitszeug zu emblematischer politischer Repräsentanz symbolisiert das politische Programm, den in der Hobbesianischen politischen Philosophie des Bürgers mit besonderer prinzipieller Schärfe formulierten Dualismus von Herrschaft und Arbeit aufzuheben, Politik als Herrschaft von Menschen über Menschen zu liquidieren und in die einzig verbleibende Herrschaft über die Natur, in Arbeit also, zu transformieren.

Wir haben uns hier nicht mit sozialistischer Theorie, sondern mit der Philosophie des Bürgers in der Aufklärung zu befassen. Aber die Idee, aus der Entgegensetzung von Arbeitswelt und Herrschaftsordnung heraus politische Herrschaft aufzulösen, entstammt der politischen Philosophie der frühen Aufklärung selbst. Zwanzig Jahre früher als Hobbes hat Francis Bacon, Lordkanzler von England, in seinem fragmentarischen Science-Fiction-Roman "Nova Atlantis", als erster die Auflösung politischer Herrschaftsordnung in ein System wissenschaftlich-technisch perfektionierter Naturbeherrschung konzipiert. Die utopische Bedingung eines solchen entpolitisierten Gemeinwesens war seine Existenz auf einer unzugänglichen Insel, also das Dasein in einer Welt ohne äußere Feinde. Das exakte Spiegelbild dieses realen bürgerlichen Utopismus begegnet uns heute im heimlichen Utopismus des real existierenden Sozialismus, der die Nötigkeit Roter Armeen exklusiv aus der Tatsache begründet, eben noch nicht auf einer unzugänglichen Insel zu existieren, also zur Formation der Weltgesellschaft noch nicht geworden zu sein.

Bürgerliche Gesellschaft und Staat, Arbeitswelt und politische Herrschaft — das ist der Basis-Dualismus, der, in der politischen Philosophie der Aufklärung konzeptuell fixiert, die Idee seiner Überwindung, mit großer, fortdauernder Orientierungswirkung, hervortreibt. Der Frieden der bürgerlichen Gesellschaft, der im Schutz einer ihr gegenüber verselbständigten, machtmonopolisierten politischen Herrschaft gedeiht, soll schließlich diese Herrschaft erübrigen, so daß, im Zuordnungsverhältnis von Staat und bürgerlicher Gesellschaft, jener sich in diese hinein auflöst. Als das Element in der bürgerlichen Gesellschaft, dem diese herrschaftsverzehrende Kraft eignet, wird in der bürgerlichen politischen Philosophie, auf den Spuren der technokratischen Utopie Francis Bacons, die Industrie identifiziert. Industrie — das ist in einer Gesellschaft, die sich, wie im Ansatz bereits bei Hobbes erkennbar, durch ihren Unterschied gegen den Staat definiert, als zentrale Bürgertugend der Gewerbefleiß, und dann, als dieser sich im Betrieb von Manufakturen und Fabriken betätigte, in der Übertragung auch Namen für das jeweilige nationale Produktionssystem dieser Fabriken und Manufakturen. In beiderlei plausibel genetisch verknüpfter Bedeutung begegnet die Industrie uns, beispielsweise, im politischen Testament Friedrichs II. von Preußen aus dem Jahre 1752.

Wieso konnte Industrie, als Bürgertugend und dann als das technisch-ökonomische Betätigungsfeld dieser Tugend, die Verheißung gewinnen, Element der Herrschaftsauflösung zu sein? Die Antwort läßt sich, in ihrer entwickelten Form, am besten einem Text des frühen 19. Jahrhunderts entnehmen, dem "Organisateur" des Grafen Saint-Simon von 1819. Ich ziehe die Antwort in drei Sätzen zusammen. Erstens: Herrschaft ist eine Friedensbedingung, solange, unter Knappheitsbedingungen, das Problem der Verteilung des gesellschaftlichen Arbeitsprodukts den Charakter eines politischen Problems hat. Zweitens: Güterfülle entpolitisiert das Problem der Verteilung, indem sie, sozusagen, vom Verteilen zum Nehmen überzugehen erlaubt. Drittens: Industrie, nationalökonomisch vermittelte und technisch instrumentierte Bürgertugend, die die Produktivität der gesellschaftlichen Arbeit ins Unabsehbare steigert, erzeugt diese entpolitisierende Güterfülle und damit die Euthanasie der staatlichen Herrschaftsordnung in der Überführung aller Herrschaft in Sachverwaltung. Ein fernes Echo dieser Argumentation vernehmen wir noch in Lenins berühmtem Diktum, Kommunismus sei Sowjetmacht plus Elektrizität. Elektrizität steht dabei metonymisch für die industriell erzeugte Güterfülle, in der der im Sozialismus noch verbliebene Staat, der unter Knappheitsbedingungen leistungsorientierte Verteilungsgerechtigkeit politisch garantieren mußte, gleichsam ersäuft.

Soweit die Verfolgung der Idee, aus dem von Hobbes prinzipiell formulierten

Dualismus von bürgerlicher Gesellschaft und Staat, von Arbeit und Politik, die Arbeit zum Triumph über die Politik zu führen. In einem weiteren Durchgang möchte ich jetzt einige Orientierungswirkungen dessen verfolgen, was wir die politische Theologie des Bürgers nennen könnten. Wiederum ist es sinnvoll, dabei den Anfang mit Hobbes zu machen. Hobbes' Konstruktion einer absolutistischen Garantie des nicht zuletzt ökonomisch so vorteilhaften Friedens der bürgerlichen Gesellschaft beruft sich ja pragmatisch auf die Erfahrung der friedenszerrüttenden, bürgerkriegsstiftenden Wirkungen konfessioneller Entzweiung. Aus der faktisch erwiesenen Unmöglichkeit, Einigkeit über die Wahrheit des Glaubens über einen theologischen Diskurs zu erzielen, zieht er die Konsequenz, die öffentlich zu bekennende Wahrheit des Glaubens durch eine politische Dezision festzuschreiben. Daraus folgt: Bürger kann nur sein, wer nicht Ketzer ist. Aber die Weigerung der Ketzer, zur Wahrheit sich zu bekehren, perpetuiert ja gerade den Bürgerkrieg, so daß, wenn dieser in den Arbeitsfrieden der bürgerlichen Gesellschaft überführt werden soll, dem Ketzer ein Ausweg gewiesen sein muß. Dieser Ausweg ist, unter der Bedingung einer dezisionistisch zu öffentlicher Geltung erhobenen Orthodoxie, der Vorbehalt der privaten Innerlichkeit. Diese ist es, die wenig später und zu allerlei Formen häuslicher Andacht erweitert, zum eigentlichen Objekt dessen wird, was, als politische Praxis, in der Aufklärung "Toleranz" heißt. Toleranz in dieser Definition ist die politische Duldung eines von der bürgerlichen Religion abweichenden privaten Bekenntnisses, auf dessen Kultur ein subjektiver, das heißt einklagbarer Anspruch nicht besteht.

Die Wahrscheinlichkeit nun, daß von der öffentlich geltenden bürgerlichen Religion eine ketzerprovozierende und insofern potentiell friedensstörende Wirkung ausgeht, ist ersichtlich um so geringer, je rigoroser man das, was zu bekennen bürgerlich indispensabel ist, zusammenstreicht. Genau durch einen solchen Restbestand dessen, in bezug worauf überhaupt nicht erkennbar ist, welcher Bürger ihn nicht sollte bekennen können, ist die berühmte "religion civile" des Jean Jacques Rousseau definiert. Ihr magerer dogmatischer Inhalt umfaßt lediglich drei dogmatische Sätze, nämlich die Existenz Gottes, die Unsterblichkeit der Seele und den Bevorstand des Jüngsten Gerichts. Wieso das? Die Antwort lautet: diese religion civile definiert religiöse Minimalbedingungen der für das Zusammenleben in der bürgerlichen Gesellschaft unabdingbaren Bürgermoral. Soweit Rousseau 1762. Moralität gehört zu den Konstituentien der Bürgerkompetenz, und man erkennt, welche revolutionären Folgen es für die politische Theorie der bürgerlichen Gesellschaft haben muß, Moralität als von Voraussetzungen religiöser Orientierung unabhängig zu denken. Genau diesen Denkschritt vollzieht Kant, und er hat damit auf den Begriff gebracht, was der gesetzliche und später verfassungspolitische Schritt von der Praxis der Toleranzgewährung zur Konstitution der Freiheit der Religion als eines subjektiven Bürgerrechts philosophisch bedeutet. Kants Religionsdefinition lautet bekanntlich, Religion sei die Auffassung unserer moralischen Pflichten als göttlicher Gebote. Das ist eine Religionsdefinition von erstaunlicher Dürftigkeit, und einzig vor dem Hintergrund der skizzierten Tendenz, die politische Definition des Bürgers im Interesse von Frieden und Freiheit von religiösen Implikationen zu entlasten, wird sie verständlich. Wenn man fragt, was in der Perspektive in der bürgerlichen Gesellschaft aus derjenigen Religion wird, die Kant mit seiner bürgerrechtlich orientierten Definition nicht trifft, so lautet die Antwort: sie wird, insoweit, zum Gegenstand des gebildeten historischen Bewußtseins, oder sie verbleibt, Heine zufolge, in der sozialen Restposition eines Bestandes, auf den zwar nicht Kant, wohl aber sein Diener Lampe zu Lebensbewältigungszwecken angewiesen ist. Das kann hier auf sich beruhen. Als Nachtrag zur Geschichte des Toleranzbegriffs gehörig sei lediglich noch hinzugefügt, daß, weil es nach der Konstitution der Religionsfreiheit als eines Bürgerrechts keine Religion mehr gibt, die als religion civile zur Definition des Bürgers gehörte, die Toleranz als vormalige Praxis politischer Duldung bürgerrechtsunfähiger Dissidenten gegenstandslos wird. Eben damit wird das Wort "Toleranz" frei, Kennzeichnung einer privaten bürgerlichen Verhaltenstugend zu werden, als die es uns heute überwiegend begegnet.

Soweit meine Bemerkungen über Herkunft und Schicksale der Zivilreligion, die, historisch begleitet von der Geschichte der Toleranzidee, bis um die Wende des 18. zum 19. Jahrhundert regelmäßig als Element der Definition des Bürgers begegnet.

Wichtiger ist freilich die Rolle, die in der politischen Philosophie des Bürgers das Eigentum spielt, und davon möchte ich in einem weiteren Durchgang sprechen, und zwar abermals nicht auf der Ebene der sozialen und rechtlich-institutionellen Realitäten, sondern auf der philosophischen Ebene der Konzepte und ihrer Orientierungswirkungen. Mit Rekurs auf Hobbes' Primärdefinition der bürgerlichen Gesellschaft durch den Vorzug, entlastet von den Zwängen politischer Selbstbehauptung für die Zwecke der Ökonomie freigesetzt zu sein, sind die Mitglieder dieser Gesellschaft, die Bürger, zunächst einmal Gleiche. Im Naturzustand waren sie Gleiche in der Gleichheit unter der Drohung des Todes durch den anderen, vor der prinzipiell keiner sicher ist. Im politischen Zustand, der sie zu den Vorzügen der bürgerlichen Gesellschaft befreit, sind sie Gleiche zunächst als Untertanen und dann bleibend vor dem Gesetz. Was die Gehorsamszumutung, der der Bürger unterliegt, einzig legitimiert, ist die Friedensgewährleistung, und das heißt: gerade nicht die Subsistenzgewährleistung. Der Träger dieser Subsistenzgewährleistung selbst zu sein — gerade das macht, unterhalb der politischen Relation von Schutz und Gehorsam, das bürgerliche Selbstbewußtsein aus. In einem kecken Diktum Kants, das zu seinen Lebenszeiten allerdings nicht gedruckt, vielmehr lediglich als Randnotiz verzeichnet war und in welchem Kant gegen die Landesvater-Metaphorik polemisiert, heißt das: "Der Vater muss das Kind ernähren und an seiner statt Brod verdienen. Beym Regenten ist es umgekehrt." Es bedarf hier keiner Erklärung, wieso das Eigentum als die reale Basis bürgerlicher Subsistenz betrachtet wurde und in dieser Bedeutung in die Definition des Bürgers einging. Hier ist die Ableitung bürgerlicher Ungleichkeit aus bestehenden Eigentumsverhältnissen wichtiger. Ich erinnere an die wirkungsreiche Rousseausche Fassung dieser Ableitung in seinem Discours von 1755, weil in dieser ein Wirkungspotential steckt, daß die Theorie der bürgerlichen Gesellschaft über sich selbst in sozialistische Richtung hinaustreiben sollte. Rousseau hatte in dramatischen Wendungen beschrieben, daß die Konstitution des Grundeigentums durch ursprüngliche Aneignung Abhängigkeit derer vom Grundeigentümer stiftet, die, später gekommen, ihrerseits für ihre Daseinsfristung auf Formen der Nutzung des Eigentum gewordenen Bodens angewiesen sind. Diese, über Eigentum vermittelte Abhängigkeit des Menschen vom Menschen, macht im Hinblick auf die ökonomischen Subsistenzbedingungen bürgerlichen Daseins den Unterschied zwischen Selbständigen und Unselbständigen aus, und genau auf diesen Unterschied bezieht Kant dann seine Unterscheidung von "aktiven" und "passiven" Bürgern im Staat als einen Unterschied in der Befähigung zur Wahrnehmung öffentlicher Rechte und Pflichten. Der Unterschied ist, in der ökonomisch-sozialen Sphäre, mit Kants eigenen Worten, dieser, ob der Bürger, "um zu leben, ... durch Veräusserung dessen, was sein ist, erwerbe", oder durch "Bewilligung, die er anderen gibt, von seinen Kräften Gebrauch zu machen", lebe.

Es kommt hier nicht darauf an zu sagen, wie sich in dieser Unterscheidung sozial- und wirtschaftsgeschichtliche Bestände einerseits und die institutionelle Entwicklung der Staatsbürgerlichkeit andererseits spiegeln. Es kommt darauf an zu erkennen, daß diese Unterscheidung, indem sie in der politischen Philosophie des Bürgers wie geschildert explizit gemacht worden ist, eine Orientierungswirkung in Richtung auf ihre eigene Aufhebung entfaltet. Bereits Kant selbst hatte gefunden, so wörtlich, daß der "Begriff" des "passiven" Bürgers mit dem Begriff "von einem Staatsbürger überhaupt in Widerspruch zu stehen" scheine, und man erkennt, daß die Kantische pragmatische Apologie dieser Unterscheidung, daß ja immerhin die passiven Bürger als Menschen den aktiven Bürgern gleichstünden, geradezu der Herausforderung einer radikaleren politischen Philosophie gleichkommt. Nicht erst im sogenannten Frühsozialismus — bereits bei Fichte stoßen wir auf solche radikalere politische Philosophie, die in der Absicht, die Staatsbürgerqualität ökonomisch indifferent zu machen, vorschlägt, den Begriff jenes Eigentums, über das sich die Menschen nach Selbständigen und Unselbständigen differenzieren, aufzuheben und in die Idee eines Anspruchs aller auf eine sie ernährende, ihrem jeweiligen Leistungsvermögen adäquate Tätigkeit zu transformieren.

Diese Forderung bedeutet im konzeptuellen Kern: die ökonomisch vermittelten Differenzen in der Bürgerrechtsfähigkeit der Menschen sollen durch eine Aufhebung der ökonomisch-institutionellen Basis dieser Differenzen aufgehoben werden. — Es ist hier nicht erforderlich, die Orientierungswirkung dieses Konzepts in der Ideologiegeschichte des 19. Jahrhunderts zu verfolgen. Ich möchte jetzt vielmehr zusammenfassend die Unterscheidungen auflisten, die wir bisher der politischen Philosophie des Bürgers entnommen haben.

Erstens: Bürger — das ist, im Unterschied zum Menschen als Naturwesen, der Mensch im politischen Zustand.

Zweitens: Bürger — das ist, im Unterschied von Subjekten der politischen Herrschaft, das Subjekt der wirtschaftlichen Prozesse.

Drittens: Bürger — das ist, im Unterschied zu den sozial Abhängigen, der wirtschaftlich Selbständige.

Viertens: Bürger — das ist, im Unterschied zum Subjekt der wirtschaftlichen Prozesse, das Subjekt öffentlicher Rechte und Pflichten, der Staatsbürger also.

Fünftens: Bürger — das ist, im Unterschied zum wirtschaftlich abhängigen Bürger minderen Rechts, der wirtschaftlich selbständige Staatsbürger vollen Rechts.

Soweit die Rekapitulation einiger wichtiger Unterscheidungen, die in der politischen Philosophie der Aufklärung den Bürger-Begriff mitkonstituieren.

Mit einigem Risiko ließe sich der Versuch unternehmen, die politische Philosophie nach der Aufklärung, also etwa seit Beginn des 19. Jahrhunderts, unter dem Gesichtspunkt zu schreiben, die angegebenen Unterscheidungen wegzuarbeiten. Ich kann einen solchen Versuch hier nicht mehr skizzieren. Ich möchte lediglich noch, zum Abschluß, darauf aufmerksam machen, daß unser häufigster aktueller Gebrauch des Wortes "Bürger" sich aus den bisher präsentierten Unterscheidungen nicht verständlich machen läßt. Dieser häufigste aktuelle Gebrauch des Wortes "Bürger" ist nämlich nicht an einem Bürger-Begriff der politischen Theorie orientiert und auch nicht am Klassenbegriff des Bürgers polit-ökonomischer Prägung, der sich ja an die Reihe der präsentierten Unterscheidungen relativ leicht anschließen ließe. Er ist vielmehr an einem Kulturbegriff und näherhin an einem schichtensoziologischen Begriff des Bürgers orientiert. Im Sinne dieses Begriffs sind Bürger diejenigen, die, als Angehörige einer nichtständischen Oberschicht, die kulturell maßgebenden Bildungs- und Verhaltensstandards repräsentieren. Es ist genau dieser Bürger, von dem sich sagen läßt, daß er im Prozeß des sozialen Wandels im juste milieu der sogenannten nivellierten Mittelstandsgesellschaft verschwinde, die nicht mehr pyramidenförmig — breite Basis, schmale Spitze — aufgebaut ist, vielmehr wie eine Zwiebel — schmale Basis, schmale Spitze und dicker Bauch. Indem der Kulturbürger in diesem Bauch allmählich verschwindet, wird auch sein Begriff allmählich historisch, und lediglich im Bürgerbegriff des Staatsangehörigkeitsrechts treffen wir auf ein Relikt der politischen Vorgeschichte des Bürgerbegriffs. Nichts zeigt uns das eindrücklicher als die ideologischen Anstrengungen, deren es heute in unserem sozialen Milieu bedarf, um wenigstens darüber hinaus noch den Klassenbegriff des Bürgers künstlich als eine Figur intellektueller ideologischer Szenerie am Leben zu halten.

IRING FETSCHER

Voltaires liberales Großbürgertum und der kleinbürgerliche Egalitarismus Rousseaus

Zur Zeit der Französischen Revolution wurden Rousseau und Voltaire oft in einem Atemzug genannt. Beide wurden der Überführung ins Pantheon für würdig befunden, beide als Vorläufer und Wegbereiter der Revolution begrüßt. Auch wenn die wüsten Beschimpfungen Voltaires gegenüber Rousseau nicht unbekannt waren,[1] schien man doch mehr das Gemeinsame als das Trennende zwischen beiden zu sehen.

Friedrich Nietzsche war nicht der erste, der den Gegensatz der beiden Denker herausgearbeitet hat, aber in seinem Nachlaß findet er die vielleicht treffendste Formulierung: *"Voltaire* noch die humanità im Sinne der Renaissance begreifend, insgleichen die virtú (als 'hohe Kultur'), ... kämpft für die Sache der 'honnêtes gens' und de 'la bonne compagnie', die Sache des Geschmacks, der Wissenschaft, der Künste, die Sache des Fortschritts selbst und der Zivilisation ... Die soziale Erfindung, die schönste, die es für Voltaire gibt: es gibt kein höheres Ziel, als sie zu unterhalten und zu vervollkommnen; eben das ist die honnêteté, die sozialen Gebräuche zu achten; Tugend ein Gehorsam gegen gewisse notwendige 'Vorurteile' zugunsten der Erhaltung der 'Gesellschaft'. Kultur-Missionär, *Aristokrat, Vertreter der siegreichen, herrschenden Stände und ihrer Wertungen.* Aber *Rousseau* bleibt *Plebejer,* auch als homme de lettres, das war unerhört; seine unverschämte Verachtung alles dessen, was nicht er selbst war."[2]

Entsprechend der Ständeordnung waren beide — ihrer Herkunft nach — Angehörige des "Tiers État". Ihrer ökonomischen und sozialen Stellung nach aber gehörte Rousseau zum Kleinbürgertum und verstand sich auch — seit seiner "Réforme" — ausdrücklich als Kleinbürger, auch wenn seine Behauptung, er lebe nur von seiner Hände Arbeit (vom Notenkopieren für adlige Damen, die seine Autographen hoch bezahlten), etwas fragwürdig war; Voltaire dagegen, der sein väterliches Erbe und seine Einkünfte als Schriftsteller durch "glückliche Spekulationen" vermehrt und schließlich in dem Gut Ferney bei Genf und einer Uhrenmanufaktur investiert hatte, gehörte eindeutig zum wohlhabenden, nobilitierten Großbürgertum, das sich dem alten Adel völlig ebenbürtig dünkte.

Und doch bewunderte Rousseau lange Zeit den erfolgreichen und witzigen Autor Voltaire, schickte ihm voller Ergebenheit seine Arbeiten und war begierig auf dessen Briefe. Voltaire seinerseits vermochte anfangs noch die "Paradoxe" des jungen Genfers als witzig zu goutieren, wandte sich aber — sobald er sah, daß es jenem mit seiner Kultur- und Gesellschaftskritik bitter ernst war — entrüstet von ihm ab. Auch wenn es nicht stimmt, daß Voltaire und die "Philosophes" sich zu einem einzigen Komplott gegen den "armen Jean Jacques" verbündet hatten, war doch ein realer Kern in Rousseaus Verfolgungswahn, an dem Voltaire nicht unschuldig war.

Was war spezifisch "bürgerlich" an Voltaire? Sein Glaube an die Aufklärung, an die Sache der Gerechtigkeit, an die zentrale Bedeutung des Eigentums. Seine Kritik an der Bevormundung durch die katholische Kirche und an der Verbreitung von Vorurteilen — und sein Glaube an die Kraft der Vernunft, des gesunden Menschenverstands. Weniger gut ins Bild zu passen scheint seine Rechtfertigung des Luxus, obgleich sie aus den spezifischen ökonomischen Verhältnissen Frankreichs sich durchaus begreifen läßt, und seine Hochschätzung des aufgeklärten Absolutismus. Voltaire sah aber sehr wohl, daß das französische Königtum (namentlich Heinrich IV. und Ludwig XIV.) im Grunde für den wirtschaftlichen Aufstieg des Bürgertums und die Minderung der Macht des Adels viel getan hatte. Ähnlich wie die Physiokraten glaubte er an die Möglichkeit vernünftiger Reformen durch Monarchen, die sich von "Philosophen" (d. h. von aufgeklärten Freigeistern) beraten lassen. Friedrich der Große und Katharina II. von Rußland pries er wegen ihrer aufgeklärten Progressivität. Auch in seiner Kritik am "Schmarotzerdasein" des Klerus und des Adels (soweit er nicht aktiv an Politik, Heeresführung oder Wirtschaft sich beteiligte) war Voltaire "bürgerlich". Er dachte vom Standpunkt eines bereits weithin in die herrschende Klasse integrierten Großbürgertums — obgleich er (im Unterschied zu Rousseau!) zwei Mal die Bastille von innen kennenlernen und wie Rousseau für einige Zeit sich nach England und später nach Lothringen zurückziehen mußte, empfand er keinen prinzipiellen Gegensatz zur bestehenden Gesellschaftsordnung und zur französischen Monarchie. Seinem durchaus lebendigen und konkreten Reformbedürfnis war schon genüge getan, wenn die sinnlosesten der feudalen Lasten abgeschafft, das kulturelle Monopol der Kirche gebrochen, die Rechtspflege humanisiert und die Wirtschaftspolitik von einem Turgot geleitet wurde. Damit ergibt sich insgesamt das Bild des liberalen Großbürgers. Dazu stimmt auch die Tatsache, daß Voltaire — noch vor Montesquieus "Esprit des Lois" — die englische Gesellschaft und das englische Regierungssystem seinen französischen Lesern als ideal präsentierte (in den "Lettres anglaises", die 1733 englisch in London und 1734 französisch erschienen). Seit der Glorious Revolution war in England eine neue Schicht an die Macht gekommen, in der sich Teile des Adels mit dem aufgestiegenen städtischen Bürgertum (Handelskapital) verbunden hatten. Mehr noch als die Freiheit bewunderte denn Voltaire auch den Wohlstand der Insel. Einen ähnlichen Wohlstand wünscht er auch seiner Heimat und deutet aus diesem Grunde an, wie vorteilhaft die britischen Institutionen in dieser Hinsicht seien. "*Le commerce* qui a enrichi les citoyens en Angleterre *a contribué à les rendre libres, et cette liberté a étendu le commerce à son tour*" (10. Brief). Rousseau wird das exakte Gegenteil behaupten: " ... le commerce, la découverte des Indes, la navigation, les voyages de long cours, et d'autres causes encore ... ont entretenu et augmenté le désordre" (Préface à la Comédie "Narcisse ou l'amant de lui-même"). Den Korsen wie den Polen empfiehlt er, insbesondere den Außenhandel auf ein Minimum zu beschränken und (im Falle Korsikas) in der Hand der Regierung zu konzentrieren, damit die Sitten durch Reichtum und Luxus der Kaufleute nicht korrumpiert werden. Voltaire argumentiert hier modern. Für ihn ist das Wirtschaftswachstum das wichtigste Zeichen einer guten Regierung. Rousseau orientiert sich am Vorbild der klassischen Antike und möchte vor allem "gute Bürger" (des citoyens vertueux) heranbilden, einem Ziel, dem ökonomischen Zwecke untergeordnet werden müßten. Karl Marx hat in den "Grundrissen der Kritik der Politischen Ökonomie" den Gegensatz der Standpunkte des klassischen politischen Denkens und der bürgerlichen Moderne klar herausgestellt: "Wir finden bei den Alten nie eine Untersuchung, welche Form des Grundeigentums etc. die produktivste, den größten Reichtum schafft. Der Reichtum erscheint nicht als Zweck der Produktion, ... Die *Untersuchung ist immer, welche Weise des Eigentums die besten Staatsbürger schafft.* Als Selbstzweck erscheint der Reichtum nur bei den wenigen Handelsvölkern, die in den Poren der alten Welt leben, wie die Juden in der mittelaltrigen Gesellschaft ... So scheint die alte Anschauung, wo der *Mensch,* in welcher bornierten nationalen, religiösen, politischen Bestimmung auch immer als *Zweck* der Produktion erscheint, sehr erhaben zu sein gegen die moderne Welt, wo die *Produktion als Zweck* des Menschen und der *Reichtum als Zweck der Produktion* erscheint."[3] Rousseau steht ganz entschieden auf dem Standpunkt "der Alten". Nicht die Maximierung des Reichtums, sondern die Heranbildung "tugendhafter Staatsbürger" (citoyens vertueux) ist die Aufgabe der Politik. Beide Haltungen aber — sowohl die nostalgisch-moralische Rousseaus wie auch die progressive, ökonomisch orientierte Voltaires — sind "bürgerlich". Rousseau protestiert als einer der ersten gegen die moralischen und sozialen Folgen des beginnenden kapitalistischen Zeitalters, Voltaire sieht die Fotschritte, die z. B. in England schon erzielt wurden. "Auf früheren Stufen der Entwicklung erscheint das einzelne Individuum voller, weil es eben die Fülle seiner Beziehungen noch nicht herausgearbeitet und als von ihm unabhängige gesellschaftliche Mächte und Verhältnisse sich gegenübergestellt hat."[4] Daher kann sehr wohl die "alte Zeit" als menschlicher, idealer, glücklicher erscheinen. Für Rousseau war denn auch das "barbarische" Zeitalter das "goldene". Damals waren die Gesellschaften patriarchalisch strukturiert und lebten von Weidewirtschaft. Es gab kein Privateigentum an Grund und Boden, daher auch keine Klassengegensätze. Dennoch waren menschliche Gefühle, Sinn für Schönheit und Kunst schon etwas entwickelt, die ursprüngliche Roheit der "Wilden" (der "sauvages", die von Jagd und

Fischfang lebten) überwunden. Marx meint im Anschluß an seine Feststellung: "So *lächerlich* es ist, sich *nach jener ursprünglichen Fülle zurückzusehnen*, so lächerlich ist der Glaube, bei jener vollen Entleerung stehenbleiben zu müssen. Über den Gegensatz gegen jene romantische Ansicht ist die bürgerliche nie herausgekommen."[5] Rousseau vertritt den 'lächerlichen, romantischen Standpunkt', Voltaire im "Gegensatz" dazu, den genuin bürgerlich fortschrittsoptimistischen.

Obwohl weder Voltaire noch Rousseau in erster Linie wirtschaftspolitische Theoretiker waren, läßt sich ihre unterschiedliche Position, ihre geradezu gegensätzliche "Bürgerlichkeit" am besten durch die Gegenüberstellung ihrer Auffassung von Wirtschaft und Gesellschaft demonstrieren. In einem weit kürzeren zweiten Teil werde ich dann auf die politischen Konzepte der beiden "Vorläufer der Französischen Revolution" eingehen.

I. Wirtschaft und Gesellschaft bei Voltaire und Rousseau

Im 10. seiner "Lettres anglaises" erklärt Voltaire die Ursache der Überlegenheit Englands gegenüber Frankreich: "C'est uniquement parce que les Anglais sont devenu négociants que Londres l'emporte sur Paris par l'étendue de la ville et le nombre des citoyens; qu'ils peuvent mettre en mer deux cents vaissaux de guerre, et soudoyer des rois alliés. Les peuples d'Ecosse sont né guerriers et spirituels; d'où vient que leur pays est devenu sous le nom d'union, une province d'Angleterre? C'est que l'Ecosse n'a que du charbon, et que l'Angleterre a de l'étain fin, de belles laines, d'excellents blés, des manufactures, et des compagnies de commerce."[6] Handel, Gewerbe und die größere Bevölkerungszahl der Hauptstadt — das alles waren für Rousseau keine Indizien einer wünschenswerten Entwicklung. Im Gegenteil: die Großstadt (und namentlich eine große Hauptstadt) schien ihm verderblich, der Handel mit seinem Konkurrenzgeist und den wachsenden Eigentumsunterschieden gefährlich für die "Freiheit des Volkes". Wenn Voltaire von der "Freiheit der Engländer" spricht, dann meint er die Unabhängigkeit der einzelnen Bürger. Rousseau denkt einmal an die demokratische Selbstbestimmung der Gesamtheit der Bürger (also an eine Art kollektiver Freiheit) und zum anderen an das Fehlen ökonomisch begründeter Abhängigkeiten *innerhalb* der Gesellschaft.

Im "Dictionnaire philosophique" (1764) schreibt Voltaire: "Quelle énorme disproportion entre les fortunes. Un Anglais qui a sept mille guinées de revenu absorbe la subsistance de mille personnes. Ce calcul effraye au premier coup d'oeil; mais au bout de l'année il a reparti sept mille guinées dans l'État, et chacun a eu à peu près son contingent."[7] Rousseau hält im Gegensatz dazu eine möglichst gleichmäßige — wenn auch nicht völlig egalitäre — Verteilung des Reichtums unter der Bevölkerung für erwünscht. In einer Fußnote des "Contrat Social" (I, 9) meint er: "sous les mauvais gouvernements cette égalité n'est qu'appararente et illusoire; *elle ne sert qu'à maintenir le pauvre dans sa misère et le riche dans son usurpation.* Dans le fait, les *loix* sont toujours *utiles à ceux qui possèdent et nuisible à ceux qui n'ont rien:* d'où il suit que l'état social n'est avantageux aux hommes qu'autant *qu'ils ont tous quelque chose et qu'aucun d'eux n'a rien de trop.*" Interessant ist, daß Voltaire an dieser Stelle den Einwurf macht: "Au contraire les loix protègent la pauvre contre le riche." [8] Diese Auffassung von der Schutzrolle der Gesetze ist inzwischen − durch den Ausbau der Sozialgesetzgebung, der Arbeitsschutzgesetze usw. − plausibler geworden. Zur Zeit Rousseaus war der Einwand hingegen wenig überzeugend. Im übrigen entspricht Voltaires Auffassung ziemlich genau den "raisons spécieuses", von denen Rousseau im zweiten Discours spricht und mit denen dort "die Reichen" ihre armen Mitmenschen von der Nützlichkeit des Abschlusses eines Sozialkontrakts überzeugt haben. [9]

Aber auch wenn Voltaire Rousseaus Beurteilung annehmen würde, sähe er keine Möglichkeit eine egalitäre Gesellschaft (von kleinen Bauern und Handwerkern) zu realisieren: "Il est impossible dans notre malheureux globe que les hommes vivant en société ne soient pas *divisé en deux classes,* l'une *des riches qui commandent, l'autre des pauvres qui servent.*" [10] Diese Behauptung illustriert Voltaire mit der Geschichte von zwei Bauernfamilien, von denen die eine auf unfruchtbarem Boden siedelt und nach kurzer Zeit in wirtschaftliche Bedrängnis gerät, während die benachbarte prosperiert. In dieser Lage könne sie nur entweder gewaltsam das Land des wohlhabenden Bauern okkupieren, oder aber ihre Arbeit an jenen verdingen, um dafür den Lebensunterhalt zu gewinnen. Die Armen, worunter Voltaire ganz offensichtlich Lohnarbeiter versteht, sind aber nicht notwendig "unglücklich". "La plupart sont nés dans cet état, et *le travail continuel les empêche de trop sentir leur situation.*" [11] Es hat in der Geschichte zahlreiche Klassenkämpfe gegeben, aber in ihnen haben notwendig immer die Besitzenden gesiegt. Voltaire formuliert diese Tatsache mit der ganzen ungenierten Offenheit des Anwalts der frühbürgerlichen Entwicklung: "Toutes ces guerres finissent tot ou tard par *l'asservissement du peuple,* parce que les puissants ont l'argent, et que *l'argent est maître de tout dans un état.*" [12]

Das ist zwar eine unhistorische Verallgemeinerung der zeitgenössischen Erfahrung, aber als Faktum würde Rousseau ihr kaum widersprochen haben. Freilich stellt er immer wieder gegen die depravierte zeitgenössische Realität der großen Staaten (Frankreich, England usw.) die "heile Welt" der antiken Polis und des republikanischen Rom (oder auch einiger Schweizer Kantone) und weigert sich, die depravierte Wirklichkeit als vorbildlich zu glorifizieren. Im Vorwort zur Komödie "Narcisse" findet sich jener eindrucksvolle Passus, in dem Rousseau seine fundamentale Kritik der frühen, bürgerlichen Konkurrenzgesellschaft am gedrängtesten und vollständigsten formuliert hat: "Nos écrivains regardent tous comme le chef-d'œuvre de la politique de notre siècle les sciences, les arts, le luxe, le commerce, les lois, et les autres liens qui, *resserant* entre les hommes *les noeuds de la société par l'intérêt personnel*, les mettent tous dans une *dépendance mutuelle*, leur donnent des besoins réciproques et des intérêts communs, et obligent chacun d'eux de concourir au bonheur des autres pour pouvoir faire le sien ... C'est donc une chose bien merveilleuse que d'avoir mis les hommes dans l'impossibilité de vivre entre eux *sans se prévenir, se supplanter, se tromper, se trahir, se détruire mutuellement*! Il faut désormais se garder de nous laisser jamais voir tels que nous sommes; car pour deux hommes dont les intérêts s'accordent, cent mille peut-être leur sont opposés, et il n'y a d'autre moyen, pour réussir, que de tromper ou perdre tous ces gens-là. Voilà la *source funeste des violences*, des trahisons, des perfidies et de toutes les horreurs qu'exige nécessairement un état de choses où chacun, feignant de travailler à la fortune ou à la réputation des autres, ne cherche qu'à élever la sienne au-dessus d'eux et à leur dépens." [13] Für Voltaire wie später für Adam Smith ist dagegen diese Verhaltensweise des "modernen Menschen" eine unvermeidliche Naturkonstante, mit der man rechnen muß: "Tout homme *naît avec un penchant* assez violent pour la domination, *la richesse*, les plaisirs, et avec beaucoup de goût pour la paresse, par conséquent *tout homme voudrait avoir l'argent* et les femmes ou les filles des autres, être leur maître, les assujetir à tous ses caprices ... Vous voyez bien qu'avec ces belles dispositions, il est aussi *impossible que les hommes soient égaux* qu'il est *impossible que deux ... professeurs de théologie ne soient jaloux* l'un de l'autre." [14] Für Rousseau ist das Kausalverhältnis allerdings genau umgekehrt: seit es (extreme) Besitzungsungleichheit gibt, gibt es Geldgier, Herrschsucht, Habsucht usw.; die Aufgabe des weitschauenden Politikers wird es daher sein, Besitzunterschiede möglichst in Schranken zu halten. Voltaire folgert weiter: "le genre humain, *tel qu'il est*, ne peut subsister, *à moins qu'il n'y ait une infinité des hommes utiles qui ne possèdent rien du tout*, car certainement *un homme à son aise ne quittera pas sa terre pour venir labourer la vôtre ...*" [15] Auch in dieser Aussage wird die bestehende Realität ("le genre humain, tel qu'il est") zur Norm erhoben. Weil es so ist, muß es so sein. Gegen diese Logik wird Rousseau mit aller Leidenschaft protestieren. Menschen können durchaus auch leben, wenn alle etwas und keiner zu viel besitzt. Eine aus lauter Kleinbesitzern bestehende Gesellschaft ist denkbar. Sie wäre weniger glänzend wie die zeitgenössische Pariser Gesellschaft. Viele Luxusgüter wären ihr unbekannt, aber dafür würden die Menschen durch "Achtung und gegenseitiges Wohlwollen" verbunden, statt durch die trügerische Bande des "intérêt" personnel". [16] Die Existenz von eigentumslosen Lohnarbeitern ist für Voltaire eine der notwendigen Voraussetzungen für eine prosperierende Wirtschaft, bei Rousseau dagegen ein Indiz des sozialen (und moralischen) Verfalls. "On a besoin d'hommes qui n'aient que leurs bras et de la bonne volonté. Mais ces hommes mêmes, qui semblent le rebut de la fortune, participeront au bonheur des autres. Ils *seront* libres de vendre leur travail à qui voudra le mieux payer. Cette liberté leur tiendra lieu de propriété." [17]

Rousseau hat dagegen immer wieder betont, daß eine legitime Republik — und das war für ihn die einzig legitime Staatsform überhaupt — nur unter der sozialen Voraussetzung einer relativ großen wirtschaftlichen Gleichheit existenzfähig bleibt. Unterschiede im Umfang des Eigentums sind allerdings nach seiner Überzeugung so lange nicht schädlich, wie aus ihnen keine persönlichen (ökonomischen) Abhängigkeitsverhältnisse resultieren. "Dans une démocratie où les sujets et le souverain ne sont que les mêmes hommes considérés sous différents rapports, *sitôt que le plus petit nombre l'emporte en richesse sur le plus grand, il faut que l'état périsse ou change de forme.*" [18] Großer Reichtum in der Hand von wenigen erlaubt ihnen nämlich, sich "Arme zu kaufen". "La puissance civile", heißt es im Verfassungsentwurf für Korsika, "s'exerce de deux manières: l'une légitime, par l'autorité [gemeint ist: aufgrund der durch den legitimen Gesellschaftsvertrag geschaffenen Gesetze, die Ausdruck des Gemeinwillens sind], l'autre *abusive*, par *les richesses*. Partout où les richesses dominent, la puissance apparante est dans les mains du magistrat, et *la puissance réelle dans celle des riches.*" [19] Dieses Abhängigkeitsverhältnis wird aber notwendig durch die Lohnarbeit konstituiert, auch wenn es sich dabei — im Unterschied zur feudalen Erbuntertänigkeit — nicht mehr um die persönliche Abhängigkeit von einem *bestimmten* Individuum handelt, sondern gleichsam um die "kollektive" von der Klasse der Produktionsmittelbesitzer. In seiner Polemik gegen die sozialökonomische Entwicklung in seiner Heimatstadt Genf warnt Rousseau ausdrücklich vor diesen Eigentumsunterschieden: "des gens qui nagent dans l'opulence, et le peuple le plus abject. Est-ce dans ces deux extrêmes, l'un fait pour acheter, l'autre pour vendre, qu'on doit chercher l'amour de la justice et des lois? C'est par eux toujours que l'état dégénère: *le riche tient la loi dans sa bourse et la pauvre aime mieux du pain que la liberté.*" [20] Die gleiche Warnung findet sich übrigens auch bereits im "Contrat Social": "ne souffrez ni des gens opulents ni des gueux. Ces deux états, naturellement inséparables, sont également ment funestes au bien commun; de l'un sortent les fauteurs de la tyrannie, et de l'autre les tyrans: c'est toujours entre eux que se fait le traffic de la liberté publique: l'un achète, et l'autre la vend." [21]

So klar die zentrale These Rousseaus hinsichtlich der zu wünschenden sozialen Basis der legitimen Republik aber auch ist, so wenig eindeutig sind die politischen Folgerungen, die daraus gezogen werden müssen. Eigentumslose (die ihre Arbeitskraft verkaufen müssen) dürfen nicht zum politischen Gemeinwesen gehören. Sie könnten aber — wie z. B. weithin in den schweizerischen Kantonen oder deutschen Stadtstaaten — durchaus als Einwohner minderen Rechtes präsent sein, in Genf heißt diese Gruppe der Bevölkerung Habitants. Daß Rousseau sich auch mit einer bloßen Annäherung an sein soziales Ideal begnügen kann, hat er vor allem in den "Considérations sur le Gouvernement de Pologne" gezeigt, wo er sogar die Existenz eines Landadels (zumindest für eine längere Übergangszeit) akzeptiert.

Festhalten kann man jedoch, daß in der Frage der Wünschbarkeit der Lohnarbeit (und zum Verkauf ihrer Arme genötigter Personen) Voltaire und Rousseau genau entgegengesetzte Positionen einnehmen. Rousseau möchte den selbstgenügsamen, kleinen "Mittelstand" (nach Vorbild des Aristoteles) zur eigentlichen Basis der politischen Ordnung machen. Um aber dies "heureuse médiocrité", wie er sie immer wieder nennt, aufrechtzuerhalten, müssen Fortschritte der Technologie und vor allem die Zunahme der Konsumbedürfnisse mit allen verfügbaren Mitteln verhindert werden. In dieser Hinsicht orientiert sich Rousseau im Grunde auf Traditionen des ständestaatlichen Mittelalters (und des calvinistischen Genf), für das Prunk und Luxus streng (nach Ständen unterschiedlich) normiert war. Im strikten Gegensatz zu Voltaires oben zitierter These, daß der reiche Engländer mit 7000 Guineas Jahreseinkommen eine große Menge Menschen ins Brot setzt, sieht Rousseau lediglich die verhängnisvollen Konsequenzen der Luxusgewerbe, die zu einer Vergrößerung der Einkommens- und Besitzunterschiede führen: "Le luxe des villes porte dans les campagnes la misère, la faim, le désespoir: si quelques hommes sont plus heureux, le genre humain n'ent est que plus à pleindre. En *multipliant les commodités* de la vie pour les riches, on n'a fait que *forcer la plupart des hommes de s'estimer misérables.* Quel est ce *barbare bonheur* qu'on ne sent qu'aux dépens des autres?" [22]

Voltaire dagegen hat sich schon früh ganz energisch für den Luxus und seine Nützlichkeit stark gemacht. In seinem Gedicht "Le Mondain" verurteilt er die christliche Askese und die Rede von der guten alten (bedürfnislosen) Zeit und preist sich glücklich, in einer Epoche höherer Annehmlichkeiten geboren zu sein:

Regrettera qui veut le bon vieux temps ...
Moi je rends grâce, à la nature sage
Qui pour mon bien, m'a fait naître en cet âge ...

Die Urahnen der heute lebenden Menschheit hatten es leicht genügsam zu sein, es gab einfach nichts "ils n'avaient rien, ils étaient nus; et c'est chose très claire que qu n'a rien n'a nul partage à faire". [23] Diese Besitzlosigkeit war in keiner Weise zu beneiden und zu bewundern:

Admirez vous pour cela vos aieux?
Il leur manquait l'industrie et l'aisance:
Est-ce vertu? C'était pur ignorance,
Quel idiot, s'il avait eu pour lors
Quelque bon lit, aurait couché dehors. [24]

Damals (1736) waren Rousseaus Attacken auf den Luxus der Zeitgenossen noch nicht erschienen, Voltaire greift daher an dieser Stelle nur *Fénélons* "Télémaque" an, in dessen utopischem Staat er ganz gewiß nicht wohnen wolle.

Voltaires Eintreten für den Luxus ist allerdings nicht ohne Vorbehalte. Ausdrücklich erklärt er – ganz ähnlich wie auch Rousseau (im Anschluß an Montesquieu) das tun wird –, daß in armen Kleinstaaten der Luxus schädlich wäre:

> Sachez surtout que le luxe enrichit
> Un grand état, *s'il en perd un petit.*
> Cette splendeur, cette pompe mondaine,
> D'un règne heureux est la marque certaine.
> *Le riche est né pour beaucoup dépenser ...*
> *Le pauvre est fait pour beaucoup amasser ...* [25]

Wie später in der liberalen Wirtschaftstheorie weist auch Voltaire schon darauf hin, daß durch Ungleichheit und Luxusgewerbe Dynamik in die sozialökonomische Entwicklung kommt, wobei er freilich – etwas kühn – eine Art ausgleichende Wirkung der ökonomischen Evolution unterstellt. Daß die großen Vermögen allemal auch schneller wachsen als die kleinen, hatte dagegen Rousseau in seinem Vorwort zur Komödie "Narcisse" schon nachdrücklich hervorgehoben.

Am Anfang einer wirtschaftlichen Entwicklung, in einem noch relativ armen Gemeinwesen – wie zeitgenössischen Schweizer Kantonen oder den Niederlanden zu Beginn ihres wirtschaftlichen Aufschwungs – sei Sparsamkeit und Verzicht auf Luxus durchaus sinnvoll, später aber brauche das Land geradezu den Luxus ("à présent que c'est la nation de l'Europe qui a le plus d'argent, elle a besoin de luxe", meint er in bezug auf die Niederlande [26]). Hier scheint Voltaire einen Gedanken zu antizipieren, den *Jacques Necker* in "De l'administration des finances de la France" (1784) ausformuliert hat. Durch Steigerung der Produktivität der Arbeit infolge neuer Maschinen oder verbesserter Arbeitsorganisation werden Arbeitskräfte freigesetzt, die dann in der Produktion von Luxusgütern untergebracht werden müssen, wenn nicht Arbeitslosigkeit entstehen soll: "ein ... Teil der Entdeckungen des Menschengeistes hat die gewerbliche Arbeit dermaßen erleichtert, daß die Menschen, die im Dienst der Austeiler der Existenzmittel stehen, in der gleichen Zeitspanne und für den gleichen Lohn eine größere Menge von Produkten jeder Art herstellen können ... Nehmen wir an, daß im letzten Jahrhundert hunderttausend Arbeiter nötig waren, um das zu leisten, was man heute mit achtzigtausend zustande bringt; dann sind *die übrigen zwanzigtausend gezwungen, sich anderen Beschäftigungen zuzuwenden, um Arbeitslöhne zu erlangen*; und die neuen Produkte der Arbeit ihrer Hände, die daraus entspringen, werden die Genüsse und den Luxus der Reichen vermehren." [27] Necker sieht diese Entwicklung – im Unterschied zu Voltaire – nicht ohne Bedenken. Ein erheblicher Teil der Luxusgüter sei nämlich von dauerhafter Qualität und auf diese Weise werde der *Abstand zwischen dem Luxus der Reichen* und der *gleichbleibenden Armut der Lohnarbeiter immer größer.* [28]

Voltaire hat aber womöglich mit der Empfehlung der Luxusproduktion auch die Tatsache im Auge gehabt, daß Frankreich damals durch seine Stellung als *Modepionier Europas* durch Export von Luxusgütern die Möglichkeit zum Import von notwendigen Lebensmitteln und Rohstoff erwarb, die auf diese Weise mit einem geringeren Arbeitsaufwand erlangt werden konnten. Triumphierend heißt es in einem Passus des "Mondain": Unter Apostrophierung des Ministers Colbert, der sich dem Vorschlag einer Einstellung der Lyoner Seidenindustrie erfolgreich widersetzt hatte:

> Mais le ministre utile avec éclat,
> *Sut par le luxe enrichir notre État.*
> De tous nos arts il agrandit la source;
> Et du midi, du levant, et de l'Ourse,
> *Nos fiers voisins, de nos progrès jaloux,*
> *payaient l'esprit qu'ils admiraient en nous.* [29]

Wahrscheinlich ist es nicht zu viel gewagt, wenn man feststellt, daß Frankreich im 18. Jahrhundert auf dem Gebiet des verfeinerten Luxus (Möbel, Porzellan, Gobelins, Kaleschen usw.) eine absolut führende Stellung auf dem europäischen Markt hatte. Auch die schönen Künste und die Literatur hatten zu diesem Prestige (und zur beherrschenden Marktposition Frankreichs) beigetragen: "Jamais les *belles lettres n'ont été si liées avec la finance,* et c'est encore un des mérites de notre siècle." [30] Auch in dieser Hinsicht hat Rousseau die Gegenposition mit Nachdruck vertreten. Schon in seinem ersten Discours beklagt er gerade die enge Verbindung von Kunst, Wissenschaft und ökonomischem Wettbewerb. Noch deutlicher wird die negative Bewertung dieser von Voltaire gepriesenen Verbindung im Vorwort zur Komödie "Narcisse", wo Wissenschaft, Künste (Handwerke), Luxus, Handel (im umfassenden Sinn, den das Wort "commerce" im 18. Jahrhundert hatte [31]) auf eine Ebene gestellt und als verhängnisvolle Mittel der Steigerung individueller Abhängigkeiten und sozialen Zerfalls bezeichnet wurden. Wenn aber Voltaire die Luxusproduktion als ein Mittel zur Verbesserung der wirtschaftlichen Position Frankreichs angesehen haben sollte, so hätte ihm Rousseau gerade aus diesem Grunde die entgegengesetzte politische Option entgegengehalten. Ein Staat soll *möglichst autark* sein, weder von anderen Staaten ökonomisch abhängig, noch ihrer (für den Import lebenswichtiger Güter) bedürfen. "J'avoue que, dans un système de finance, il faudrait opérer selon d'autres vues; tout dépand du dernier but auquel on tend. *Le commerce produit la richesse; mais l'agriculture assure la liberté.*" [32] Soweit Außenhandel dennoch unentbehrlich sein sollte (z. B. im Fall Korsikas, wo Schießpulver eingeführt werden muß), soll die Regierung selbst das Außenhandelsmonopol haben, damit sich kein Privatmann durch diese Tätigkeit bereichern kann.

Entsprechend ihrer gegensätzlichen sozialen Idealvorstellungen unterscheiden sich auch die Vorschläge und Empfehlungen, die Voltaire und Rousseau für die *Steuerpolitik* machen. Während Voltaire in seinen Briefen an *Turgot* und *Dupont de Nemours* für eine gerechte *Geldbesteuerung* eintrat und die Abschaffung der "Corvées" (der Dienstleistungen der Bürger für den Staat) begrüßt, [33] empfiehlt Rousseau gerade diese persönlichen Dienstleistungen, weil sie im Unterschied zu Geld-Steuern nicht für andere als die angegebenen Zwecke mißbraucht (und unterschlagen) werden können. [34] Neben den Dienstleistungen der Bürger soll sich die Republik vor allem auf die Einnahmen der Staatsdomänen stützen, sodaß in jeder Hinsicht Geld eine geringe Rolle im Staate spielt. Außerdem möchte Rousseau auf diese Weise die Regierung an der Hochhaltung des Getreidepreises interessieren und so das soziale Übergewicht der Landwirtschaft in der Gesellschaft sichern. Voltaire, der zwar auch die hohe Bedeutung prosperierender Landwirtschaft anerkennt, weiß aber doch auch, daß Handwerker und Manufakturbesitzer oft weit höhere Profite erzielen können und hält aus diesem Grunde — im Unterschied zu den orthodoxen Physiokraten — die einseitige Besteuerung der Landwirtschaft für ungerecht. [35]

II. Politische Konzepte Voltaires und Rousseaus

Im Unterschied zu Rousseau hat Voltaire sein politisches Ideal nicht so eindeutig bestimmt, es ist aber möglich, aus einer Vielzahl von Schriften und Briefen ein Bild seiner politischen Überzeugungen zu destillieren, das ziemlich eindeutig ist. Dabei werde ich auf mögliche Veränderungen im Laufe seines langen Lebens in diesem Zusammenhang nicht eingehen, sondern bis zum gewissen Grade "stilisieren" müssen.

Voltaires Auffassung von den intellektuellen Fähigkeiten der Menschen war elitär. In einem Brief an Damilaville erklärt er: "Le Roi de Prusse mande que, sur mille hommes on ne trouve qu'un philosophe; mais il excepte l'Angleterre. A ce compte, il n'y aurait guère que deux mille sages en France; mais ces deux mille, en dix ans, en produisant quarante mille, et c'est à peu près tout ce qu'il faut, car il est *à propos que le peuple soit guidé, et non pas qu'il soit instruit*; il n'est pas digne de l'être." [36] Mit dem Volk, das der höheren Bildung für unwürdig befunden wird, meint Voltaire, wie er in einem späteren Brief präzisiert, "la populace, qui n'a que ses bras pour vivre", und er fügt hinzu, daß er zweifle, ob diese Leute je genügend Zeit und Fähigkeit hätten, um sich zu bilden. "Il me parait essentiel qu'il y ait des gueux ignorants." [37] Als Begründung fügt er hinzu, daß jemand, der ein Landgut zu bewirtschaften hat, auf ungebildete Lohnarbeiter angewiesen ist. Dennoch tritt Voltaire sehr wohl für eine "Volksbildung" ein. Unter Volk darf man aber dann nur den "*bon bourgeois ... l'habitant des villes*" verstehen. Dazu gehörten auch die "artisans plus relevés, qui sont forcés par leur professions mêmes à réfléchir beaucoup, à perfectionner leur goût, à étendre leurs lumières ..." [38] Diese Schicht der Bevölkerung gilt es vor allem von den Vorurteilen zu befreien, die von der Kirche (L'infâme) noch immer verbreitet werden. Theologie und Metaphysik stellen eine widerspruchsvolle Sammlung von phantastischen und verkehrten Vorstellungen und

Behauptungen dar, die für das praktische Leben nur negative Folgen mit sich bringen. Dagegen sei die *Moral* letztlich in allen Hochreligionen und Philosophien dieselbe. Auf diese einfache Moral beschränkt, möchte auch Voltaire religiöse Überzeugungen nicht missen. Er hält sie sogar für ein unentbehrliches soziales Stabilisierungsmittel. [39] Die Regierung soll aber keine bestimmten Glaubensüberzeugungen vorschreiben, denn die Gewissensfreiheit ist eine wichtige Voraussetzung für wirtschaftliche Prosperität. Aus diesem Grunde verurteilt Voltaire aufs schärfste die Verfolgung und Vertreibung der Hugenotten aus Frankreich und stellt Holland und England wegen ihrer vorbildlichen Toleranz als Muster auf. In einem Brief an Dupont de Nemours vom 16.7.1770 schreibt er: "Liberté de conscience et liberté de commerce, Monsieur, voilà les deux pivots de l'opulence d'un État petit ou grand."

Auch wenn Voltaire den Ausdruck "despotisme légal", den die Physiokraten für eine ökonomisch aufgeklärte monarchische Herrschaft erfunden haben, nicht übernimmt, stimmt er doch mit dieser Konzeption weithin überein. Vermutlich würde er nur Wert darauf legen, daß nicht nur Gewissens- und Handelsfreiheit eingeführt wird, sondern auch die Gerichte von der Regierung unabhängig sind, damit sie nicht zu Instrumenten der Unterdrückung gemacht werden können.

In seinen "Lettres philosophiques" (1733/34), die die Anglophilie in Frankreich begründeten, und auch später noch wiederholt wird allerdings die konstitutionelle Monarchie Englands in Tönen höchster Bewunderung beschrieben, so daß man annehmen könnte, noch höher als eine aufgeklärte, unumschränkte Monarchie würde Voltaire eine konstitutionell kontrollierte Monarchie stellen: "La nation anglaise est la seule de la terre qui soit parvenue à régler le pouvoir des rois en leur résistant, et qui, d'efforts en efforts, ait enfin établi ce *gouvernement sage* où le prince, *tout-puissant pour faire du bien, a les mains liées pour faire le mal*, où les seigneurs sont grands sans insolence et sans vassaux, et où le peuple partage le gouvernement san confusion." [40] Voltaires Aussagen über das politische System Englands sind nicht sehr präzis. Vermutlich hat er mit der "Allmacht, um das Gute zu tun" die außenpolitische Vollmacht (prerogative) des Königs gemeint und mit der "Gebundenheit der Hände, um Übles zu tun" die Abhängigkeit vom Parlament in allen Geldsachen. Immerhin bleibt erstaunlich, daß in seinen Briefen nur mit einem Wort von der Korruption die Rede ist, die sein Gastgeber *Bolingbroke* damals als Oppositionspolitiker immer wieder heftig attackiert hat. – Übrigens hat Rousseau in den "Lettres écrites de la Montagne" eine ganz ähnliche Auffassung von der Stellung des englischen Königs skizziert: "Le roi d'Angleterre, revêtu par les lois d'une si grande puissance pour les protéger, n'en a point pour les enfreindre: personne, en pareil cas ne lui voudrait obéir ..." [41]

Trotz einer ganzen Anzahl durchaus positiver Bewertungen der englischen Verfassung ist aber Rousseau im Grunde davon überzeugt, daß so große Gesellschaften mit so großen Eigentumsunterschieden nicht mehr auf legitime Weise politisch geordnet sein können. Legitim ist eine politische Ordnung nur dann, wenn die Gesamtheit der Bürger (citoyens) die Gesetze gibt (als "souverain") und die Regierung (wie immer sie gestaltet sei) diesen Gesetzen untergeordnet ist. Auch Voltaire tritt zwar für eine "Herrschaft der Gesetze" ein, aber er nimmt wohl an, daß vernünftige Gesetze am besten von "philosophes" oder "sages" gegeben werden, die als Ratgeber eines aufgeklärten Königs fungieren. Von politischer Freiheit kann aber nach Rousseau nur dann die Rede sein, wenn alle Bürger das Gesetz wollen. Dazu ist notwendig, daß sie es selbst geschaffen haben. Die bloße Befragung aller Citoyens reicht dafür nicht aus. Wenigstens die Mehrheit der Bürger muß auch für *sich* "den Gemeinwillen", d. h. den zur Erhaltung des Gemeinwesens geeigneten (richtigen, gerechten) Willen wollen. Die Chance dafür ist um so größer, je geringer die Eigentumsunterschiede und die Unterschiede der Lebensweisen unter den Bürgern sind. Die "volonté de tous", der in der Abstimmung sich ergebende Mehrheitswille, kann durchaus *anders* aussehen als der Gemeinwille. In einem solchen Fall kann es keine legitime Republik, also kein legitimes Gemeinwesen mehr geben.

Um bei der Abstimmung sich "richtig" verhalten zu können, muß der einzelne die Frage beantworten: "Was ist für die Erhaltung der politischen Gemeinschaft, des corps politique am besten?" Dabei besteht immer die Gefahr, daß er — bewußt oder unbewußt — sein persönliches oder ein Gruppeninteresse an die Stelle des Interesses des ganzen politischen Körpers setzt. Die Gewohnheit, regelmäßig dem Interesse des Ganzen den Vorzug zu geben, nennt Rousseau "vertu". Wo jedoch mit "vertu" nicht mehr in ausreichendem Maße gerechnet werden kann, genügt auch ein ausgeprägter *"patriotisme"*. Für die begrenzte Gemeinschaft des eignen Volkes (des "Staatsvolkes") kann der "patriotisme" die gleiche Funktion übernehmen wie die Tugend in bezug auf die Menschheit. Er hat deren Wirkung — freilich auf Grund eines moralisch eher problematischen, egoistischen Interesses, das hier auf die Gemeinschaft der Citoyens ausgedehnt wird. Im Artikel "Economie Politique" meint Rousseau: "l'amour de la patrie joint la *force de l'amour propre à toute la beauté de la vertu*." [42] Aus diesem Grunde tritt Rousseau sowohl in seiner Schrift über die Verfassung Korsikas wie auch in den "Betrachtungen über die Regierung Polens" für eine intensive patriotische Volkserziehung ein. Offenbar wird diese umso wichtiger, je größer die sozialen Unterschiede innerhalb der Gesellschaft und die Gefahren der Korruption der Citoyens durch Habgier und Besitzakkumulation sind. [43] Voltaire dagegen scheint den Patriotismus im ganzen eher skeptisch zu beurteilen. Zwar gibt er im Artikel "Patrie" seines "Dictionnaire philosophique" unter anderem auch eine Definition, die Rousseau akzeptiert hätte, [44] aber am Ende meint er doch: "Le premier que a écrit que la patrie est *partou où l'on se trouve bien*, est, je crois, *Euripide* dans son Phaéton ... Mais le premier homme *qui sortit du lieu de sa naissance pour chercher ailleurs son bien-être l'avait dit avant lui.*" Vor allem aber mißbilligt Voltaire den Nationalismus, der die Größe des eignen

Landes notwendig auf Kosten der anderen sucht: "telle est la condition humaine, que *souhaiter la grandeur de son pays, c'est souhaiter du mal à ses voisins.* Celui qui voudrait que sa patrie ne fût jamais ni plus grande, ni plus petite, ni plus riche, ni plus pauvre, serait *le citoyen de l'univers.*" [45] Rousseau freilich würde dieser Wertung unter der Voraussetzung zustimmen, daß hier nur irrtümlich die "Größe" des eignen Landes verkehrter Weise auf dem Gebiet des materiellen Reichtums gesucht wird, nicht in der Unabhängigkeit und Tugend des eignen Volkes. Wenn die Liebe zum Vaterland die Anhänglichkeit gegenüber dessen Sitten und Traditionen und den Wunsch zur Aufrechterhaltung von Freiheit und Sittlichkeit bedeutet, dann kann es zu jenem antagonistischen Gegensatz zum Wohlergehen anderer Staaten nicht kommen. Das richtige nationale Selbstbewußtsein – im Sinne Rousseaus – vergleicht sich gerade *nicht* mit dem Nachbarn, sondern ruht in sich. [46]

In ihrer Einschätzung des Patriotismus treten noch einmal deutlich die gegensätzlichen Positionen von Voltaire und Rousseau zutage. Voltaire als Anwalt des handeltreibenden Großbürgertums und der freien, internationalen Wirtschaft sieht im Patriotismus ein Gefühl, das von den meisten Menschen gar nicht verlangt werden kann, weil sie entweder gar keinen Grundbesitz oder umgekehrt, weil sie Interessen haben, die über die Landesgrenzen hinausgehen: "En conscience, un financier aime-t-il cordialement sa patrie?" [47] Rousseau dagegen erblickt im Patriotismus (und faktisch auch im Nationalismus, der unter dieser Bezeichnung bei ihm freilich noch nicht auftritt) ein wichtiges Mittel, um den Ehrgeiz von ökonomischen (individuell-egoistischen) Zielen ab- und auf das Gemeinwohl hinzulenken. Wegen ihres mangelnden Patriotismus würde er "financiers" am liebsten ganz vom Gemeinwesen ausschließen.

*

In Voltaire und Rousseau treten noch vor Beginn des "bürgerlichen Zeitalters" zwei Gestalten des Bürgertums und der Bürgerlichkeit beinahe in idealtypischer Geschlossenheit auf. Zwei Gestalten, die im Laufe des 19. Jahrhunderts in ihrer gegensätzlichen historischen Ausprägung weithin das politische und kulturelle Geschehen bestimmen sollten. *Voltaire* wird zum "Stammvater" des laizistischen, agnostischen, positivistischen Bürgertums und Großbürgertums. Sein skeptischer Progressismus verbindet sich mit den technologischen und ökonomischen Errungenschaften des postrevolutionären Frankreich, seine Bejahung von Eigentumsunterschieden und Luxus wird – durch demagogische Vorsicht gedämpft – zum Credo des aufgestiegenen Großbürgertums. *Rousseau* drückt – neben den oben aufgezeigten sozialen und politischen Präferenzen – vor allem auch den gefühlsmäßigen Aspekt des Kleinbürgertums aus; dessen Glorifizierung der Vergangenheit, dessen historischen Idealismus und dessen sentimentale Bewunderung der eignen Tugendhaftigkeit und Bescheidenheit im Gegensatz zur Ver-

derbtheit der Oberschichten und der besitzlosen Massen. Zunächst freilich —
während der Revolution — wird aus dem Geist Rousseaus jener Utopismus des
Citoyen geboren, der den Ereignissen die überhöhende Bedeutung einer Wieder-
kehr des alten Griechenland, einer Wiedergeburt der demokratischen Polis verleiht. Kein Zufall übrigens, daß gerade im zurückgebliebenen Deutschland *dieser* Aspekt der französischen Aufklärungsphilosophie besonders stark rezipiert
wird, während Voltaire in England (und in Kreisen der Oberschichten Europas)
höhere Wertschätzung genießt. Beide nehmen sie Abschied von der alten Ständegesellschaft, aber während der eine — Voltaire — lediglich einschneidende Reformen für notwendig hält, ohne daß die politische Herrschaftsordnung selbst
infrage gestellt werden müßte, kann der andere sich für Länder wie Frankreich
gar keine Rettung vor der "Décadence" mehr denken. [48] Seine ungeduldigen
Schüler wie Robespierre können sich mit dieser Resignation nicht zufrieden-
geben und drängen daher auf eine revolutionäre Erneuerung. Aus dieser Tradition geht dann der demokratische Radikalismus und — jedenfalls in Frankreich —
auch der demokratische Sozialismus hervor, während der Voltairianismus zur
Doktrin der führenden Schichten der 3. Republik wird, die den bürgerlichen
Staat und die bourgeoise Gesellschaft schon gegen die drängenden Forderungen
der Arbeiterbewegung zu verteidigen haben. Gerade weil sie aber beide einen
Aspekt des Bürgertums und der Bürgerlichkeit verkörperten, sind uns Voltaire
und Rousseau noch heute nicht ganz fremd. An *Voltaire* bewundern und schätzen wir noch immer sein mutiges Eintreten für ungerecht Verfolgte, seinen
Kampf gegen die Folter, gegen Adelsprivilegien und Rechtsbeugung, sein Plädoyer für religiöse und weltanschauliche Toleranz; an *Rousseau* schätzen wir den
konsequenten Demokratismus, sein Eintreten für die Gleichheit der Menschen
und — jedenfalls seit einiger Zeit auch — seine Kritik am blinden Fortschritts-
optimismus, was das Wachstum der Produktion, die wirtschaftliche Entwicklung
angeht. Freilich sehen wir heute auch die Grenzen beider deutlicher, als es die
Zeitgenossen vermochten: Voltaires Verachtung der besitzlosen Massen und seine Behauptung, diese seien doch nicht zu bilden, und seinen unkritischen Wirt-
schaftsliberalismus; Rousseaus intolerante Forderung nach Homogenität von
Sitten und Gebräuchen, sein unkritisches Einstehen für nationale Besonderheiten ohne Toleranz gegenüber Minderheiten mit abweichenden Traditionen. Die
Genialität beider oder doch ihre historische Bedeutung zeigt sich darin, daß von
ihnen propagierte Tugenden zwei Jahrhunderte lang im guten wie im schlechten ihren Einfluß behalten haben, daß man — wie mißbräuchlich auch immer —
dem Arsenal ihrer Reflexionen noch immer Munition für politische und soziale
Auseinandersetzungen entnehmen kann.

ANMERKUNGEN

1 André Lichtenberger faßt in seinem Buch "Le Socialisme au XVIIIe siècle, étude sur les idées socialistes dans les écrivains français du XVIIIe siècle avant la révolution" (Paris 1895) Voltaires Attacken wie folgt zusammen: "Il (Voltaire) traite l'auteur qui a osé attaquer la propriété de 'charlatan sauvage' (Précis du siècle de Louis XIV), de 'gueux qui voudrait que tous les riches fussent volés par les pauvres' (Dictionnaire philosophique, Article 'Homme'), de 'Hun bel esprit' de 'mauvais plaisant', 'd'animal bien insociable' (Dictionnaire philosophique, Article 'Lois naturelle'), de 'voleur de grand chemin bel esprit' (L'A.B.C)." (p. 137).

2 F. Nietzsche: Aus dem Nachlaß der achtziger Jahre. — In: ders.: Werke. Hrsg. von K. Schlechta. Bd. 3. — München 1966, S. 507 f.

3 K. Marx: Grundrisse der Kritik der Politischen Ökonomie. — Berlin/DDR 1953, S. 387 f.

4 Ebd., S. 80.   5 Ebd.

6 Voltaire: Oeuvres complètes, ed. E. de la Bédolliere et G. Avenel, vol. 1–9. — Paris 1867 (im folgenden zit.: Voltaire: Oeuvres, mit Band- und Seitenangabe), vol. 6, p. 416.

7 Voltaire: Oeuvres 1, p. 318.

8 Zit. nach J. J. Rousseau: Du Contrat Social, précédé d'un essai sur la politique de Rousseau par B. de Jouvenel. Accompagné des notes de Voltaire et d'autre contemporains de l'auteur. — Genf 1947, p. 204.

9 Vgl. die Schilderung im 2. Discours: "Dans cette vue ... il (le riche) inventa aisément des *raisons spécieuses* pour les (ses voisins) amener à son but: 'Unissons-nous, leur dit-il, pour garantir de l'oppression les faibles, contenir les ambitieux, et assurer à chacun la possession de ce qui lui appartient: instituons des règlements de justice et de paix auxquels tous soient obligés de se conformer, qui ne fassent acception de personne, et qui réparent en quelque sorte les caprices de la fortune, en soumettant également le puissant et le faible à des devoirs mutuels ... Il en fallut beaucoup moins que l'équivalent de ce discours pour entraîner des hommes grossiers, faciles à séduire, qui d'ailleurs avaient trop d'affaires à démêler entre eux pour pouvoir se passer d'arbitres, et trop d'avarice et d'ambition pour longtemps se passer de maîtres ... avec assez de raison pour sentir les avantages d'un établissement politique, ils n'avaient *pas assez d'expérience pour en prévoir les dangers* ... Les plus capables de pressentir les abus étaient précisément ceux qui comptaient d'en profiter..." (zit. nach J. J. Rousseau: Über Kunst und Wissenschaft; über den Ursprung der Ungleichheit unter den Menschen. Zweisprachige Ausgabe. Hrsg. von K. Weigand. — Hamburg 1955, S. 228). Rousseau nimmt also an, daß die Reichen womöglich die *Einseitigkeit* des Vorteils erkannten, den sie selbst aus der Institution des politischen Gemeinwesens ziehen würden, das aus ihrem flüchtigen Besitz rechtlich garantiertes Eigentum machte, aber sie hatten natürlich keinen Grund, das zu bedauern. *Leo Strauß* hat in "Naturrecht und Geschichte" (Stuttgart

1956) übersehen, daß die im zweiten Discours getroffene Feststellung für den im *"Contrat Social"* beschriebenen Vertrag gerade nicht gelten soll. Er schreibt dort: "Die tatsächliche Gesellschaft beruht auf einem Betrug, den die Reichen an den Armen verübt haben: *politische Macht beruht auf wirtschaftlicher Macht. Keine Verbesserung kann diesen ursprünglichen Fehler der bürgerlichen Gesellschaft wettmachen.* Daß das Gesetz die Besitzenden gegenüber den Habenichtsen begünstigt, ist unvermeidlich." (S. 297) Das trifft für den im zweiten Discours geschilderten Vertrag in der Tat zu. Nicht unvermeidlich aber ist, daß es in einer Gesellschaft Reiche und Arme, Besitzlose und Produktionsmittelbesitzer gibt. Voraussetzung für eine legitime republikanische Verfassung (einen legitimen Contrat Social) ist vielmehr die soziale Homogenität (eine Gesellschaft von Kleineigentümern). In ihr beruht die politische Macht gerade nicht auf wirtschaftlicher Übermacht einer sozialen Gruppe.

10 Voltaire: Dictionnaire philosophique, Article "Égalité". — In: Voltaire: Oeuvres 1, p. 322[a].   11 Ebd.   12 Ebd.

13 J. J. Rousseau: Oeuvres complètes, vol. 1—12. — Paris 1905 (édition Hachette; im folgenden zit.: Rousseau: Oeuvres, mit Band- und Seitenangabe), vol. 5, p. 106.

14 Voltaire: Oeuvres 1, p. 322[b].   15 Ebd.   16 Rousseau: Ouvres 5, p. 106, note 1.

17 Voltaire: Oeuvres 1, p. 322. Vgl. hierzu auch *Karl Marx:* "Der Sklave gehört einem bestimmten Master; der Arbeiter muß sich zwar *an das Kapital* verkaufen, aber *nicht an einen bestimmten Kapitalisten* und so hat er *innerhalb bestimmter Sphäre die Wahl,* an wen er *sich verkaufen will,* und kann seinen Master wechseln. Alle diese ... Beziehungen machen die Tätigkeit des freien Arbeiters intensiver, kontinuierlicher, beweglicher, geschickter ..." (K. Marx: Resultate des unmittelbaren Produktionsprozesses. — Frankfurt a. M. 1969, S. 68).

18 Rousseau: Lettres à d'Alembert.— In: Rousseau: Oeuvres 11, p. 405 sq.

19 The political Writings of Jean Jaques Rousseau, ed. C. E. Vaughan, 2 vol. — Cambridge 1915, vol. 2, p. 346.

20 Rousseau: Lettres de la Montagne. — In: Rousseau: Oeuvres 3, p. 262.

21 Rousseau: Contrat Social II, 9, note 9. Bei allem Engagement für möglichst weitgehende *Besitzgleichheit lehnt* Rousseau aber entschieden die *Aufhebung des Privateigentums* ab. Es ist daher auch völlig falsch, wenn er — was gelegentlich noch immer geschieht — als "Sozialist" bezeichnet wird. Vgl. z. B.: "La propriété particulière et la liberté civile sont les fondements de la communauté" (1. Fassung des "Contrat Social", in: Political Writings [s. Anm. 19], vol. 1, p. 495) und "il est certain que *le droit de propriété est le plus sacré de tous les droits des citoyens,* et plus important à certains égards, que la liberté même" ("Économie Politique", ebd., p. 259).

22 Rousseau unterscheidet wohl als erster zwischen drei Arten von Bedürfnissen: natürliche, die wir unter allen Umständen befriedigen müssen, wollüstige, an denen wir Freude haben, die aber ungestillt bleiben können, ohne daß wir Schaden nehmen müßten, und *künstliche,* die er *"besoins d'opinion"* nennt. Die letzteren allein sind es, die in der Gesellschaft ins unendliche wachsen, ohne doch je wirklich befriedigt werden zu können: "que sont ses besoins physiques en comparaison de *ceux qu'il s'est donnés,* et comment peut-il espérer de rendre sa condition meilleure avec ces derniers, puisque *ces nouveaux besoins*

n'étant à la portée que du petit nombre et même *pour la plupart exclusifs, un seul n'en saurait jouir que mille n'en soient privés* et ne périssent malheureux après beaucoup de tourments et de peines inutiles." ("Lettres sur la vertu et le bonheur". – In: J. J. Rousseau: Oeuvres et correspondance inédites, publiées par G. Streckeisen-Moultou. – Paris 1861, p. 359). Ohne vermutlich diese Argumentation Rousseaus zu kennen, hat der englische Ökonom und Soziologe *Fred Hirsch* in seiner Studie "Social Limits to Growth" (Cambridge/ Mass. 1976) darauf aufmerksam gemacht, daß gerade diejenigen Güter, deren Wachstum heute in den Industrieländern am größten ist, von einer solchen Beschaffenheit sind, daß *unmöglich alle* (oder auch nur die Mehrheit) mit ihnen versorgt werden könnte. Sobald ein bisher einer Minderheit vorbehaltenes Gut (oder eine Dienstleistung) einer *größeren* Zahl angeboten wird, vermindert sich notwendig dessen Qualität. Das gilt für den Tourismus wie für das Wohnen im Grünen, für das Auto, dessen Benutzung nur angenehm war, als eine kleine Minderheit die Straßen unsicher machte usw. Hirsch nennt diese Güter *"positional goods"*, weil sie eigentlich aus dem Bedürfnis heraus erstrebt werden, die *eigne "Position" in der Gesellschaft* (wenigstens scheinbar) zu verbessern. Diesem rastlosen Streben verdanken wir noch die ökonomische Dynamik der spätkapitalistischen Industriegesellschaft, aber auch das Paradox, daß diese reichen Gesellschaften Unglück und Frustration, Neurosen und Psychosen erzeugen, die ärmere Gesellschaften in weit geringerem Umfang kannten.

23 Voltaire: Oeuvres 6, p. 597[a].   24 Ebd.

25 Voltaire: Oeuvres 6, p. 598[b].   26 Ebd., p. 598.

27 Vgl. J. Necker: De l'administration des finances de la France. – s. l. 1784, pp. 287 sq.

28 *Karl Marx* hat bei der Darstellung des Buches von *Necker* darauf hingewiesen, daß dieser noch nicht den Gegensatz von Lohnarbeit und Kapital, sondern nur den von *Reichtum und Armut* kennt, der ihm in dem von *"Armut und Luxus"* am deutlichsten faßbar zu sein schien. – Immerhin habe Necker erkannt, daß "die Entwicklung der Produktivkräfte der Arbeit bloß dazu beiträgt, daß der Arbeiter weniger Zeit zur Reproduktion seines Salairs braucht, also mehr Zeit für seinen employer unbezahlt arbeitet." Wobei er "richtig" davon ausgehe, "daß den Arbeitern im Durchschnitt (nur) ein Mindestlohn bezahlt werde". (Marx-Engels: Werke. Bd. 26, Teil 1. – Berlin/DDR 1967, S. 278) Der ins Auge springende Gegensatz von Armut und Luxus spielte noch eine ganze Zeit in der gesellschaftswissenschaftlichen Literatur eine Rolle. Im Grunde hat erst Marx die Analyse der Beziehungen zwischen Besitzern und Nichtbesitzern von Produktionsmitteln in den Mittelpunkt gestellt. Noch in heutigen soziologischen Stratifikationstheorien spielt der "Lebensstandard" eine wichtige Rolle.

29 Voltaire: Oeuvres 6, pp. 598 sq.   30 Ebd., p. 619.

31 Zur umfassenderen Bedeutung des Terminus "commerce" im 18. Jahrhundert vgl. F. Challaye: Histoire de la propriété. – Paris 1948: "Le capital appliqué à la grande industrie naissante est d'origine commerciale. *Au 18e siècle*, le mot de *commerce* en France comme le mot *trade* en Angleterre, *s'applique aussi à certaines entreprises industrielles."* (pp. 70 sq.).

32 Verfassungsentwurf für Korsika. – In: Political Writings (s. Anm. 19), vol. 2, p. 311.

33 Vgl. den Brief Voltaires an *Dupont de Nemours*: "Tout petits que nous sommes, nous

avons des états, et ces états ont pris de bonne heure toutes les mesures nécessaires pour assurer la liberté de commcerce de grains et *l'abolition des corvées.* Ce sont deux *préliminaires* que j'ai regardés comme le *salut de la France.*" (10.9.1775) Und unter Verweis auf *Turgot* heißt es in einem Brief vom 29.12.1775: "*L'abolition des corvées est un bienfait inestimable,* dont la France lui saura gré à jamais. Si les autres biens qu'il prépare sont aussi practicables, les noms de Colbert et de Sully seront oubliés." *Georg Simmel* hat in seiner "Philosophie des Geldes" (Leipzig 1907) im 4. Kapitel gezeigt, daß die Geldablösung sachlicher Leistungen (an den Grundherren usw.) in der Tat (wie es schon Voltaire empfand) einen Schritt zur Befreiung bedeutet, zumal weil auf diese Weise die Leistung exakt fixiert und nicht mehr willkürlich ausgedehnt werden konnte. Er hat aber im 5. Kapitel auch darauf hingewiesen, daß die Umwandlung von persönlichen Dienstleistungen in Geldleistungen sehr wohl *im Interesse despotischer Herrschaft liegt* und historisch tatsächlich im *Zeitalter des Absolutismus* durchgesetzt wurde: "Der Geldforderung gegenüber gibt es überhaupt denjenigen Widerstand nicht, den die Unmöglichkeit, anderweitige Leistungen absolut zu erzwingen, gelegentlich des Anspruchs auf solche erzeugen mag. Es ist deshalb von innerlicher und äußerlicher Nützlichkeit, ein Quantum von Forderungen, denen gegenüber jegliche Art von Widerstand zu befürchten ist, auf bloßes Geld zu reduzieren. Vielleicht ist dies einer der tieferliegenden Gründe, weshalb wir im allgemeinen *das despotische Regime oft mit einer Begünstigung der Geldwirtschaft verbunden sehen* (die italienischen Despotien z. B. hatten durchgängige Tendenz, die Domänen zu veräußern), und weshalb das *Merkantilsystem* mit seiner gesteigerten Wertung des Geldes in der Zeit der *unumschränkten Fürstenmacht* ins Leben gerufen wurde ..." (S. 442). Der Demokratie entspricht daher auch umgekehrt die Ersetzung der Geldsteuer für die Bezahlung eines Söldnerheeres durch die allgemeine Wehrpflicht der Bürger selbst (S. 441). Rousseau hat diesen Zusammenhang zweifellos richtig empfunden.

34 Vgl. im Verfassungsentwurf für Korsika (Political Writings [s. Anm. 19], vol. 2, p. 338) und in den "Considérations sur le Gouvernement de Pologne" (ebd., p. 478): "Je voudrais *qu'on imposât toujours les bras des hommes plus que leurs bourses;* que les chemins, les ponts, les édifices publics, le service du prince et de l'Etat, se fissent, par des *corvées* et non point à prix d'argent. Cette sorte d'impôt est au fond la moins onéreuse, et surtout celle dont on peut le moins abuser: car l'argent disparait en sortant des mains qui le payent; mais chacun voit à quoi les hommes sont employés, et l'on ne peut les surcharger à perte." Voltaire hat übrigens über die von Bürgern wie Rousseau gebauten Brücken seinen beißenden Spott ausgeschüttet.

35 Vgl. hierzu den Brief *Voltaires* an *Dupont de Nemours:* "En général la terre doit tout payer, parce que tout vient de la terre; mais un *horloger* qui emploie pour 30 sous d'acier et de cuivre formées de la terre, et qui, avec 100 écus d'or venu du Pérou, et 100 écus de carats venus de Golconde, fait une montre de 60 louis, n'est il pas *plus en état de payer* un petit impôt qu'un cultivateur dont le terrain lui rend trois épis pour un? *Je parle contre moi,* car j'ai rassemblé plus d'horlogers que tous les possesseurs des terres n'en ont autour de Genève; mais je vous imite, M., je préfère le bien public à mon amour propre." (Brief vom 14.2.1776) Vgl. auch Voltaires Satire auf die Steuertheorie der Physiokraten in "*L'homme aux quarante écus*" (1764).

36 Brief vom 19.3.1766. — In: Voltaire: Oeuvres 8, p. 476[a].   37 Ebd., p. 478[a].

38 Brief an Linguet vom 15.3.1767; ebd., p. 575[a].

39 Vgl. den Artikel "Religion" im "Dictionnaire philosophique": "La croyance d'un Dieu rémunérateur des bonnes actions, punisseur des méchantes, pardonneur des fautes légères, est donc *la croyance la plus utile au genre humain*; c'est *le seul frein des hommes* puissants qui commettent insolemment les crimes publics; c'est le seul frein des hommes qui commettent adroitement les crimes secrets." Rousseau ist zwar eine solche Nützlichkeitserwägung der Religion nicht fremd, aber darüber hinaus hat er doch jenen emotionalen Glaubensgrund, den er im Glaubensbekenntnis des Savoyischen Vikars formuliert hat und dem man bei Voltaire nichts Vergleichbares zur Seite stellen könnte.

Im Artikel *"Fraude"* seines "Dictionnaire philosophique" bestreitet Voltaire mit aller Entschiedenheit das Recht und die Nützlichkeit von Unwahrheiten zum Zwecke der Volkserziehung. Der Fakir *Bambabef* meint: "Nous leur *enseignons des erreurs,* je l'avoue, mais *c'est pour leur bien.* Nous leur faisons accroire que, s'ils n'expient pas leurs péchés en nous donnant de l'argent, ils deviendront, dans une autre vie, chevaux de poste, chiens ou lézards: cela les intimide, et ils deviennent gens de bien." Dagegen wendet der *Schüler des Konfuzius* (mit dem Voltaire offenbar sympathisiert) ein: "Ne voyez vous pas que vous pervertissez ces pauvres gens? Il y en a parmi eux bien plus qu'on ne pense qui raisonnent, qui se moquent de vos miracles ... qui savent bien qu'ils ne seront changé ni en lézards ni en chevaux de poste. Qu'arrive-t-il? Ils ont assez de bon sens pour voir que vous leur dites de choses impertinentes, et ils n'en ont pas assez pour s'élever vers une religion pure et dégagée de superstition, telle que la nôtre. Leurs passions leur font croire qu'il n'y a point de religion, parce que la seule qu'on leur enseigne est ridicule; vous devenez coupables de tous les vices dans lesquels ils se plongent..." Mit dieser Absage an den "frommen Betrug" (pia fraus) könnte man Rousseaus Ausführungen über den Législateur konfrontieren, in denen er sagt: "le législateur ne pouvant employer ni la force ni le raisonnement, c'est une *nécéssité qu'il recoure à une autorité d'un autre ordre,* qui *puisse entraîner sans violence et persuader sans convaincre.* Voilà ce qui *força* de tous temps *les pères des nations de recourir à l'intervention du ciel et d'honorer les Dieux de leur propre sagesse* ..." (Contrat Social II, 7) Entgegen seiner ursprünglichen Absicht sieht sich Rousseau also genötigt, die Religion als *Mittel für die Stiftung der legitimen Republik heranzuziehen* und obendrein noch ganz offensichtlich eine vom Législateur mißbrauchte. Voltaire dürfte vor allem deshalb einer solchen Notwendigkeit entgehen, weil er den Staat ohnehin nicht auf die Zustimmung der Masse von "Nicht-Philosophen" stützen wollte. Man kann sich allerdings fragen, ob die Forderung nach einer einfachen, die Moral stützenden Religion aus Gründen der politischen und sozialen Nützlichkeit, die Voltaire erhebt, nicht im Munde eines (wenn auch uneingestandenen) Atheisten doch auch eine "pia(?) fraus" war. Mochte Voltaire immerhin an den großen Uhrmacher-Gott glauben, der die Natur geschaffen hat und sie nach ehernen Gesetzen ablaufen läßt, einen im Jenseits die Sünden bestrafenden Gott konnte er philosophisch nicht begründen und daher auch ernsthaft kaum an ihn glauben.

40 "Lettres philosophiques", 8. Brief. - In: Voltaire: Oeuvres 1, p. 41[a].

41 Rousseau: Oeuvres 3, p. 251.   42 Political Writings (s. Anm. 19), vol. 1, p. 251.

43 Vgl. u. a. "Établir tellement la République dans les coeurs des Polonais qu'elle y subsiste malgré tous les efforts de ses oppresseurs" (Political Writings [s. Anm. 19], vol. 2, p. 431). "Si vous faites en sorte *qu'un Polonais ne puisse jamais devenir un Russe,* je vous réponds que la Russie ne subjuguera pas la Pologne ... *les institutions nationales forment le génie, la caractère, les goûts et les moeurs d'un peuple.*" (ebd.) Unmittelbar anschließend beklagt Rousseau die Tatsache, daß es im übrigen Europa kein Nationalgefühl mehr gebe, "ils *n'ont de passion que celle de l'or*" (p. 432), "pourvu qu'ils trouvent de l'argent à voler et

des femmes à corrompre, ils sont partout dans leur pays." (ebd.) Das entspricht als Negativ dem positiven Bild des Kosmopoliten bei Voltaire. Kern der patriotischen Erziehung Rousseaus ist es, den ganzen Ehrgeiz der heranwachsenden Generation auf Anerkennung für Dienste am polnischen Staat zu lenken.

44 "Quest-ce donc que la patrie? ne serait-ce pas par hasard un bon champ dont le possesseur, logé commodément dans une maison bien tenue, pourrait dire: 'Ce champ que je cultive, cette maison que j'ai bâtie, sont à moi; *j'y vis sous la protection des lois, qu'aucun tyran ne peut enfreindre?* Quand ceux qui possèdent, comme moi, des champs et des maisons, s'assemblent pour leurs intérêts communs, j'ai ma voix dans cette assemblée; *je suis une partie de la souveraineté:* voilà ma patrie'." (Voltaire: Oeuvres 1, p. 570ᵃ).

45 Ebd., p. 570ᵇ.

46 Vgl. hierzu meine Ausführungen in: Rousseaus politische Philosophie. 3., überarbeitete Ausgabe. — Frankfurt a. M. 1975, S. 206—207. Der Autarkiebegriff, den Rousseau sowohl auf den ursprünglich isoliert lebenden Naturmenschen wie auch auf die Republik anwendet, enthält außer seinem ökonomischen immer zugleich auch einen psychischen Aspekt. Der wirtschaftlich selbstgenügsame Staat soll auch emotional selbstgenügsam, mit sich zufrieden sein.

47 Voltaire: Dictionnaire philosophique, Article "Patrie". — In: Voltaire: Oeuvres 1, p. 569ᵇ.

48 Voltaires skeptischer Optimismus kommt am klarsten in dem Artikel *"Politique de dedans"* seines "Dictionnaire philosophique" zum Ausdruck. Er erzählt dort die Geschichte eines Großgrundbesitzers, der eines Tages von seinen 100 Bedienten vertrieben und enteignet wird, nachdem er sie lange genug miserabel behandelt hatte. Der Streit der beiden "Parteien" wird vor einen Priester gebracht, der ihn dadurch entscheidet, daß er selbst das Gut sich aneignet "und sowohl die Bediensteten wie den ehemaligen Besitzer Hungers sterben läßt". "Cette politique subsiste encore dans toute sa force ... Il faut espérer que dans dix ou douze mille siecles, *quand les hommes seront plus éclairés, les grands possesseurs des terres, devenus plus politiques, traiteront mieux leurs manoeuvres, et ne se laisseront pas subjuguer par des devins et des sorciers.*" (Voltaire: Oeuvres 1, p. 584ᵇ) Voltaire hofft lediglich auf eine bessere (klügere) Behandlung der Lohnarbeiter durch die (auch in 12000 Jahrhunderten noch immer vorhandenen) Großgrundbesitzer — und analog wohl auch auf eine bessere Behandlung der Untertanen von Monarchien durch ihre Könige.
    In seinem "Jugement sur la Polysynodie de l'Abbée de St. Pierre" weist Rousseau auf die Gefahren einer revolutionären Veränderung der Verhältnisse in Frankreich hin: "La seule introduction du scrutin devait faire un renversement épouvantable, et donner plutôt un mouvement convulsif et continuel à chaque partie qu'une nouvelle vigneur au corps. Qu'on juge du *danger d'émouvoir une fois les masses énormes qui composent la monarchie française. Qui pourra retenir l'ébranlement donné, ou prévoir tous les effets qu'il peut produire?* Quand tous les avantages du nouveau plan seraient incontestables, quel homme de sens oserait entreprendre d'abolir les vieilles coutumes, de changer les vieilles maximes, et de donner une autre forme à l'État que celle où l'a successivement amenée une durée de treize cents ans?" (Rousseau: Oeuvres 5, pp. 348 sq.) Und Rousseau fügt noch eine Menge weiterer Argumente hinzu, die eine solche Veränderung der Verfassung als gefährlich und leichtsinnig erscheinen lassen. Schon im "Contrat Social" hatte er aber darauf aufmerksam gemacht, daß eine legitime Republik nur in seltenen Fällen wiederhergestellt werden kann,

wenn sie einmal untergegangen ist. In Frankreich, wo der König Gesetze geben kann und als über den Gesetzen stehend angesehen wurde, war dieser Untergang schon längst geschehen. "Le peuple peut se rendre libre *tant qu'il n'est que barbare*, mais il ne le peut plus quand le ressort civil est usé. Alors *les troubles peuvent le détruire sans que les révolutions puissent le rétablir.*" (Contrat Social II, 8) In seinem Brief vom 26.7.1767 an den Marquis de Mirabeau (den Physiokraten) faßt Rousseau seine Idee der legitimen Republik in den Satz zusammen: "trouver une forme de gouvernement qui mette la loi au-dessus de l'homme." (Rousseau: Oeuvres 12, p. 25) Falls das jedoch nicht (oder wie in Frankreich nicht mehr) möglich sein sollte, sieht er nur eine einzige, fatale Alternative: "mettre tout d'un coup *l'homme autant au-dessus de la loi qu'il peut l'être*, par conséquent *établir le despotisme arbitraire et le plus arbitraire qu'il est possible*: je voudrais que le despote pût être Dieu. En un mot, je ne vois point de milieu supportable entre la plus *austère démocratie* et le *hobbisme* le *plus parfait*: car le conflit des hommes et des lois, qui met dans l'État une guerre intestine continuelle, est le pire de tous les États politiques." (ebd.) Man kann in diesem leidenschaftlichen Ausbruch den Ausdruck der kleinbürgerlichen Sehnsucht nach sozialer Harmonie und die Bereitschaft zur totalen Unterwerfung um der gewaltsamen Herstellung dieser Harmonie willen erblicken. Der verzweifelte Versuch, sich der Entwicklung der Klassengesellschaft in den Weg zu stellen, endet — ideologisch — schon hier in der plebiszitären (?) Diktatur. Es ist sicher auch kein Zufall, daß Rousseau — im Unterschied zu Voltaire — nirgends die Bedeutung der politischen *Parteien* für die demokratische Verfassung Englands erwähnt. Vgl. aber Voltaire:

A: ... Nous avons, il est vrai, toujours deux partis; mais il tiennt la nation en garde plutôt qu'ils ne la divisent. Ces deux partis veillent l'un sur l'autre, et se disputent l'honneur d'être les gardiens de la liberté publique. Nous avons des querelles; mais nous bénissons toujours cette heureuse constitution qui les fait naître.

C. Votre gouvernement est un bel ouvrage, mais il est fragile.

A. Nous lui donnons quelquefois de rudes coups, mais nous ne le cassons point.

B. Conservez ce précieux monument que l'intelligence et le courage ont élevé: il vous a trop coûté pour que vous le laissiez détruire. L'homme est né libre; le meilleur gouvernement est celui qui conserve le plus qu'il est possible à chaque mortel ce don de la nature.

Mais croyez-moi, *arrangez-vous avec vos colonies*, et que la mère et les filles ne se battent pas. (L'A.B.C., 15ieme Entretien. — In: Voltaire: Oeuvres 6, p. 126ᵃ).

Der Rat wurde übrigens von Voltaire im Jahre 1768 gegeben — 8 Jahre vor der Unabhängigkeitserklärung der Neuenglandkolonien!

MICHAEL STOLLEIS

Untertan – Bürger – Staatsbürger

*Bemerkungen zur juristischen Terminologie im späten
18. Jahrhundert*

Für Sten Gagnér zum 60. Geburtstag

I

Der Wandel des Sprachgebrauchs auf dem Wortfeld "Untertan" (subditus, subiectus), "Bürger" (civis) und "Staatsbürger" (citoyen) ist in den letzten Jahren
sowohl gezielt untersucht [1] als auch aus anderen Zusammenhängen gestreift
worden. [2] Das Interesse an derartigen Untersuchungen ruhte auf der Annahme,
ein dauerhaft gewandelter Sprachgebrauch indiziere eine Veränderung des politischen Bewußtseins. Was das späte 18. Jahrhundert angeht, so haben die Worte
"Untertan", "Bürger" und "Staatsbürger" – neben "Glückseligkeit", "Freiheit"
und "Gleichheit" – in der Tat zentrale Bedeutung. [3] In ihnen ist konzentriert
enthalten, was sich in der Epoche historisch vollzieht: 1. Die Überführung der
mittelalterlichen ständischen Ordnung in einen einheitlichen Untertanenverband
und die Konzentration der geistlich und weltlich, territorial und ständisch zer-
splitterten Herrschaftsbefugnisse in eine nach innen und außen souveräne Zen-
tralgewalt. [4] 2. Der Beginn der Differenzierung zwischen Staat und Gesellschaft, [5]
genauer der Wandlungsprozeß der aristotelischen umfassenden "societas civilis"
in eine *gegen* den Staat gesicherte "bürgerliche Gesellschaft"; und 3. die Entstehung des politischen Mitbestimmungsanspruchs des Dritten Standes, also die Ergänzung "bürgerlicher" durch "politische Freiheit".

Schon die bisherigen Untersuchungen des Zusammenhangs zwischen der Terminologie und den angedeuteten historischen Wandlungen ergeben, daß von einer
einfachen Aufeinanderfolge vom mittelalterlichen "Stadtbürger" über den naturrechtlichen "Bürger und Untertan" zum "Staatsbürger" des Frühkonstitutionalismus nicht die Rede sein kann. Vielmehr laufen Bedeutungen nebeneinander
her, genauso wie das politische und soziale Gefüge der zweiten Hälfte des 18. Jahrhunderts Parallelitäten älterer und jüngerer Schichten aufweist. Insofern handelt
es sich hier zweifellos um "politische Begriffe" (Weinacht), aber auch, was manch-
mal übersehen wird, [6] um Begriffe der juristischen Fachsprache.

Die Entschlüsselung dieser Worte und ihre Rückübersetzung in unsere Sprache ist nicht ohne Tücken: denn "Bürger" und "Bürgertum" (zumal "Bourgeois"
und "Bourgeoisie") sind in der politischen Debatte des 19. und 20. Jahrhunderts

inzwischen verschlissen und entleert worden. Die vertrauteren Sprachzusammen-
hänge der Gegenwart stellen sich hindernd zwischen uns und den alten Text. Wir
müßten, um ihn verstehen zu können, die inzwischen eingeschliffenen Verwen-
dungsgewohnheiten abschütteln, aber wir bleiben unsicher, ob es uns vollständig
gelungen ist. Weiter kommt hinzu, daß der heutige Politologe oder Historiker
sich jenem juristischen Fachidiom gegenübersieht, dessen Einzelheiten er nicht
ohne weiteres auflösen kann. Der Rechtshistoriker wiederum, der zugleich gel-
tendes Recht betreibt, mag zwar diese Schwierigkeiten leichter überwinden. Er
ist aber andererseits stets in Gefahr, die ihm geläufigen Vorstellungen von Grundrechten, Gewaltenteilung, politischer Mitwirkung, "bürgerlichem Recht" usw.
in den Begriff des "Bürgers" im 18. Jahrhundert zurückzuverlagern, bzw. aus
den alten Texten herauszulesen. [7]

Die Probleme der doppelten Zeitgenossenschaft des Historikers in Gegenwart
und Vergangenheit sowie der Fachterminologie können wohl nur quantitativ
verringert, nicht aber durch einen "methodischen Sprung" qualitativ überwunden werden. Wie groß sie sind, wird sich an der Interpretation der Details und
ihrer Einordnung in größere Zusammenhänge jeweils neu zeigen. Im folgenden
sollen auf dem Hintergrund bisheriger Ergebnisse zunächst einige juristische
Texte betrachtet werden (II). Vor allem wird es um Ergänzung, weniger um Berichtigung unseres bisherigen Wissens gehen. Abschließend sei der Versuch einer
Zusammenfassung des disparaten Materials unternommen (III).

II

Es besteht Einigkeit darüber, "daß 'Bürger' bereits seit dem 16. Jahrhundert —
frei von ständischen und lokalen Begrenzungen — die deutsche Entsprechung
von lat. civis sein konnte und als solcher ein allgemeiner politischer Begriff war". [8]
Vor allem bezeichnete er in Entgegensetzungen zu "servus" den Einzelnen in
einem *rechtlich* geordneten Gemeinwesen. In diesem Sinn unterstrich etwa Luther, der Kaiser sei Herr "supra cives, non supra servos". [9] Daneben wird "Bürger" im Sinne von "Stadtbürger" verwendet. [10]

Diese frühe Doppeldeutigkeit von "Bürger" gewinnt um die Wende zum 17.
Jahrhundert eine weitere Nuance hinzu. Denn "civis" ist zunächst mit dem Ein-
dringen des römischen Rechts der personelle Anwendungsbereich des "ius civile", [11] daneben aber auch als lateinische Form des aristotelischen πολίτης [12] ein
zentraler Begriff jener "Fülle von Kommentierungen der aristotelischen praktischen Philosophie und von Aristoteles beeinflußten Ethiken und Politiken ...,
deren Strom bis zum 17. Jahrhundert unvermindert anhält". [13] In diesen Poli-
ken ist "civis" derjenige, wie Manfred Riedel mit Recht hervorgehoben hat, der
Teilhabe an der Herrschaft im Gemeinwesen hat, d. h. im Heiligen Römischen
Reich diejenigen, die in diesem komplizierten Verfassungsgefüge die Reichsor-

gane bildeten und Stimmrecht besaßen. [14] Alle übrigen waren "cives" in einem unspezifischen Sinne bzw. *Untertanen* oder *Fremdlinge* (incolae, subditi, subiecti, peregrini). [15] Noch während dieses "politische", aber keineswegs individualistische Verständnis von "civis" vom lutherischen Aristotelismus (Helmstedt) vertreten wurde, [16] knüpfte das aus der westlichen politischen Tradition erwachsende Naturrecht (Bodin, Grotius, Hobbes, Cumberland) an den civis-Begriff des jus civile an und machte aus dem civis das "Glied einer weltlichen Gemeinschaft schlechthin". [17] Hierin liegt eine *Tendenz* zur Gleichheit, aber nicht mehr; denn eine ständische Abstufung der Rechte und Pflichten vertrug sich mit dem übergeordneten Begriff des civis so lange, wie dieser eine politisch machtlose Kunstfigur im Rahmen des Sozialvertrages blieb. [18] Solange die Pflichtenseite dieses civis nicht durch politische Rechte ergänzt wurde, waren ständische Gliederung und Naturrecht unschwer zu harmonisieren.

Schließlich findet sich als eine hier nicht weiter zu verfolgende "mittelalterliche" und in den Türkenkriegen wiederbelebte Spielart die These, der römische civis, seit der Constitutio Antoniniana (212 n.Chr.) verstanden als "Reichsbürger", sei seit Konstantin d. Gr. identisch mit "Christ" als Bürger der republica christiana (universitas civium fidelium, Marsilius v. Padua), so daß die juristische "divisio hominum in cives et peregrinos" den Unterschied zwischen Christen und Heiden bzw. Juden bezeichne. [19]

So war am Ende des 18. Jahrhunderts die Verwendung von civis also schon in sehr verschiedenen Zusammenhängen möglich. Zwar ging der Schularistotelismus, vor allem seit Thomasius, [20] an den Universitäten zurück. Auch konnte die Einschränkung von civis auf die Reichsstände sich gegenüber dem europäischen, vom deutschen Verfassungsrecht abgelösten Begriff des naturrechtlichen "civis" nicht mehr durchsetzen. [21] Sie verschwand zusammen mit der in Mißkredit geratenen philosophischen Grundlage. Die nun allgemein akzeptierte Unterscheidung von zweierlei Pflichten, Menschen- und Bürgerpflichten, [22] spiegelt, die für das gesamte Naturrecht grundlegende Konstruktion des Sozialvertrages, [23] durch den der Übergang vom status naturalis zur societas civilis und die Verwandlung der libertas naturalis in die libertas civilis bewirkt wird. [24] Civis ist hier derjenige, der niemandem als dem Staat, diesem aber zunächst praktisch ohne Reservatrechte, unterworfen ist. Die mit dem Sozialkontrakt errichtete und mit dem "Staat" identische societas civilis [25] ist "ein Mittel, die gemeine Wohlfahrt zu befördern". [26] Hierzu verspricht die Obrigkeit den Untertanen "alle ihre Kräfte und ihren Fleiß dahin anzuwenden, daß sie zur Beförderung der gemeinen Wohlfahrt und Sicherheit diensame Mittel erdenke, und zu deren Ausführung nöthige Anstalten mache: hingegen die Unterthanen versprechen dargegen, daß sie willig seyn wollen alles dasjenige zu thun, was sie für gut befinden wird". [27] Indem der "Mensch" diese Bedingungen akzeptiert, wird er "Bürger". Dieser Bürgerbegriff ist sowohl entchristlicht als auch entpolitisiert in der Weise, daß die ehemalige Zusammengehörigkeit von Bürgereigenschaft und politischer Mitwirkung im Staate fehlt. Zwar ist dieser Zusammenhang in den Städten weiter lebendig, aber er wird auch dort in dem Maße entwertet, indem sich der Absolutismus der freien Stadtrepubliken bemächtigt und auch die Stadtbürger zu Untertanen macht.

Die Grundlage der societas civilis und des civis, der Sozialkontrakt (pactum unionis und pactum subiectionis), blieb zwischen 1650 und 1750 zwar als Denkfigur prinzipiell intakt, doch veränderten sich zwischen Hobbes und Wolff Zusammenhang und Umfeld dieser Konstruktion nicht unwesentlich. War zunächst noch die Installierung einer souveränen Macht, ihre rationale überkonfessionelle Legitimation, Friedenswahrung nach innen und außen das Ziel aller Überlegungen, so schoben sich schon bei Pufendorf, erst recht aber bei Thomasius und Wolff, andere Akzente in den Vordergrund: die Betonung der guten Ordnung, die Beglückung (auch) des Einzelnen als Staatspflicht,[28] die Beachtung der Gesetze auch für den Herrscher, Respektierung der Glaubensfreiheit, Entschädigungspflicht bei Enteignungen usw. Diese Akzente deuten auf den Übergang zum aufgeklärten Absolutismus[29] und auf ein erwachendes Bürgerbewußtsein, letzteres allerdings in Deutschland unter starken ökonomischen und politisch-strukturellen Hemmungen. Denn weder gab es eine wirtschaftlich mächtige und selbstbewußte bürgerliche Schicht noch bot sich eine mit London oder Paris vergleichbare Metropole, in der bürgerliche Wirtschaftsmacht und Intelligenz sich zu einer geschlossenen Kultur hätten entfalten können. Immerhin gibt es auch in Deutschland eindeutige Entwicklungslinien in Richtung auf ein "bürgerliches" Zeitalter.[30] Insofern dürfte gerade die Verwendung der Worte "Untertan" und "Bürger" in der Naturrechtsdoktrin des späten 18. Jahrhunderts Fingerzeige hierfür geben.

Jürgen Schlumbohm (1975) und Diethelm Klippel (1976) haben an unterschiedlichen Quellengattungen gezeigt, wie von der Mitte des 18. Jahrhunderts an die ehemals zur Beschneidung der Freiheitsrechte des status naturalis eingesetzte libertas civilis als Eigenwert erkannt und durch Erweiterung der Freiheitsräume ausgebaut wurde.[31] "Bürgerliche Freiheit" wurde stufenweise zum Raum, innerhalb dessen sich die "actiones civiliter indifferentes, quae salutem publicam non tangunt"[32] abspielen. Dieser Raum ist nicht "staatsfrei", sein Umfang wird durch die salus publica bestimmt. Bürgerliche Freiheit wird von oben durch Handlungen eines aufgeklärten Staates hergestellt. "Dann ist der Bürger frei", heißt es bei Scheidemantel, "wenn man sein Gewissen, Eigentum, Nahrung und Gewerbe nach regelmäßigen Grundsätzen lenkt."[33] Jene Erweiterung der libertas civilis zu einer vom Staat distanzierten "bürgerlichen Freiheit" setzt um die Jahrhundertmitte ein. Sie zeigt sich etwa bei J. H. G. v. Justi, der betont, es müsse bei der Bildung des Staates und bei der Verankerung der Grundgesetze "nächst dem allgemeinen Endzwecke aller Staaten, der gemeinschaftlichen Glückseligkeit, die Freiheit des Bürgers das hauptsächliche Augenmerk seyn".[34] Die "Freyheit des Bürgers" erhält damit einen Platz in der Staatszwecklehre, aber ihr Status ist ungesichert. Sie ist eingebunden in den übergeordneten Staatszweck "Glückseligkeit" und muß in Kollisionsfällen zurücktreten. Sie ist weder Menschenrecht noch positivrechtliche Garantie. "Ihr wesentlicher Charakter", wie Justi sagt, ist der Gehorsam gegenüber den "zu der gemeinschaftlichen Glückseligkeit gegebenen Gesetzen". [35]

Indem Justi die Freiheit des Bürgers in den Staatszweck hineinnimmt, redet er allerdings weder einer Antinomie von Bürger und Untertan noch einer Trennung von Staat und Gesellschaft oder gar einem politischen Mitbestimmungsanspruch des Bürgertums das Wort. Die Einzelnen sind zugleich "Unterthanen und Mitglieder des Staates" und "Bürger", [36] societas civilis und Staat sind eins. Was die Rechtsstellung des Stadtbürgers angeht, so findet es Justi richtig und "gar nicht nöthig", daß man "jeden Holzhacker, Tagelöhner, Käsehöcker, Bier- und Branteweinschenken zum Bürger macht". [37] Die von Justi gepriesenen "Bürgerlichen Tugenden" sind vor allem Gehorsam, Bereitwilligkeit Steuern zu zahlen, Treue und Unterordnung des Eigennutzes. [38]

Die Akzentuierung der "Freiheit" in der Staatszwecklehre zeigt jedoch eine Tendenz, die sich verstärkte. Methodisch verwirklichte sie sich, indem die umfassende "Glückseligkeit" in verschiedene Einzelzwecke aufgespalten und dann neu gewichtet wurde, indem zunächst moralische und dann zunehmend rechtliche Bindungen des Souveräns in Naturrecht, Verfassung und gesetzlicher Ordnung markiert wurden, und indem man den Einzelnen mit einem Schutzwall "unzerstörbarer" Rechte vor Übergriffen des Staates zu sichern begann. Dabei wurden "Freiheit" und "Bürger" zunehmend in emanzipativer Absicht miteinander verknüpft. Der Staat erschien nicht mehr nur als Garant der libertas civilis, sondern auch als ihr potentieller Gegner. [39] "Bürgerliche Freiheit" erhielt so einen normativen Sinn als Aufforderung zu selbständiger Sicherung der Freiheit. Je mehr der aufgeklärte Absolutismus auf übermäßige Bevormundung der Wirtschaftssubjekte verzichtete, desto stärker gewann diese normative bürgerliche Freiheit auch einen ökonomischen Rückhalt. 1778 mündete dies in den mahnenden Satz: "Man hat thätige und wachsame Bürger zur Erhaltung der Freyheit nöthig." [40]

Als Beleg für dieses erwachende "Gefährdungsbewußtsein" kann H. G. Scheidemantels Staatsrecht von 1770 dienen. [41] Es verarbeitet mit Hilfe der naturrechtlichen Methode den Stoff der Reichsstaatsrechtslehre zu einem übernationalen allgemeinen Staatsrecht. [42] Scheidemantel versucht, teils über die Staatszwecklehre, teils über vertragliche Bindungen und ethische Empfehlungen an den Herrscher, eine Respektierung des "bürgerlichen" Freiheitsraums zu erreichen. Mit Nachdruck hebt er hervor: "Es ist ein Unterschied zwischen Bürger und Unterthan. Bürger ... kein kleiner und leerer Name". [43] Und anläßlich einer Kommentierung von Justis "Natur und Wesen der Staaten" präzisiert er dort, wo Justi vom "tugendhaften Bürger" spricht, mit den Worten: "Ein anders ist: tugendhafter Mensch, ein anders: ein guter Bürger; das ist der eigentliche Verstand." [44]

Auch bei Scheidemantel wie bei Justi hat die unterschiedliche Verwendung von "Untertan" und "Bürger" zunächst einmal die Bedeutung, den Wechsel der Perspektive anzuzeigen:

Alle wirklichen Mitglieder des Staates werden Bürger in allgemeinem Verstande genennt, und weil das Subieckt, welches die Maiestät hat, das vornehmste Glied der Gesellschaft ist, so kan es sich auch zugleich den Namen des Bürgers beilegen; Unterthan aber ist ein ieder, welcher den höchsten Befehlen des Regenten gehorchen muß. [45]

Aber das Wort "Unterthan" ist legitimationsbedürftig geworden. Scheidemantel muß gewissermaßen schon mit erhobener Stimme das Paradox begründen, daß jemand gleichzeitig Mensch, Bürger und Untertan sein kann. [46] Die Untertanenstellung ergibt sich aus dem Unterworfensein unter einen — wie immer beschaffenen — Souverän. Dieses Unterworfensein wird begründet durch Eintritt in den territorialen Herrschaftsbereich, umfaßt also auch den grundbesitzenden oder in inländischen Diensten befindlichen Ausländer. [47] Die Bürgerstellung — und hier liegen die neuen Akzente — ist eine verfassungsrechtliche Position. Der Bürger ist "Teilnehmer unsers Staatskörpers". [48]

Man kann daher sagen, daß es überhaupt zweierlei Arten von Untertanen gebe: solche, die zugleich Bürger sind (subditi primarii) und diejenigen, welche das Bürgerrecht nicht haben (subditi secundarii). Jene sind als Mitglieder der bürgerlichen Gesellschaft verbunden, ihre Kräfte zur Bewirkung der wesentlichen Absicht anzuwenden und die Staatsverfassung erfordert notwendig, daß dieses nach den Befehlen des gemeinschaftlichen Oberhaupts geschehe. Letztere aber sind Untertanen, weil die Maiestät nicht füglich regieren könnte, wenn sie über solche Personen nicht die Herrschaftsrechte auszuüben befugt wäre. [49]

Bürger ist nur derjenige, der "die Rechte eines Mitglieds der Staatsverfassung" hat, ohne daß damit konkrete politische Mitwirkung verknüpft wäre. [50] Scheidemantel plaziert seinen "Bürger" genau zwischen Hobbes und Rousseau, entsprechend dem Umfeld des aufgeklärten Absolutismus, in dem er lebte. [51] Die Trennung von Bürger und Staatsbürger (citoyen) geht gegen Rousseau, dessen aus der Genfer Perspektive gedachte Verengung des Bürgerbegriffs auf den politisch Mithandelnden und Mitentscheidenden ("membres du corps politique ... participant à l'autorité souveraine": Contrat social, 1.6) ihm in der politischen Landschaft des deutschen Absolutismus inakzeptabel erschien. Er unterstreicht deshalb die Würde eines Bürgers, die von der aktiven Teilhabe am Gemeinwesen gerade nicht abhängig ist. Monarchien machen in seinen Augen nicht rechtlos. Sie erlauben zwar nicht die Steigerung vom Bürger zum Staatsbürger, [52] aber auch sie weisen dem Einzelnen einen rechtlich gesicherten Platz im "Staatskörper" zu. [53] Seine Rechtsstellung als Bürger [54] besteht in der faktischen Mitwirkungschance als aufgeklärter "Patriot", in den rechtlich gesicherten Möglichkeiten wirtschaftlicher Entfaltung, Entschädigungsgarantien in Fällen von Aufopferung für das gemeine Wohl und politischer Mitwirkung über das Medium der Stände, letzteres modifiziert je nach spezieller Landesverfassung. Diesen Rechten stehen Bürgerpflichten gegenüber, die sich im Prinzip nicht von denen Justis unterscheiden. Doch trifft bei Scheidemantel auch den Regenten eine "allgemeine Bürgerpflicht... in einem vernünftigen Patriotismus, um die wahre Glückseligkeit des Staats thätig zu befördern und verhältnismäßig zu vermehren". [55] — Soweit der Einzelne Stadtbürger ist, also "ein in die Rolle einer Stadtgemeinde eingezeichnetes Mitglied, welches die Vorteile der Städtischen Verfaßung genießt" [56] und als solches vom Adeligen und vom Bauern unterschieden wird, erweitert sich sein Rechts- und Pflichtenkreis nochmals aufgrund der Zugehörigkeit zu einer privaten "societas".

Scheidemantels "Bürger" hält damit absichtsvoll die Mitte zwischen Untertan und Staatsbürger. Rousseau ist rezipiert, kann aber auf die politischen Verhältnisse Deutschlands nicht übertragen werden. [57] Der städtische und der ständische Bürgerbegriff, untereinander praktisch identisch, laufen neben dem naturrechtlichen und staatsrechtlichen "Bürger" her.

Von 1770 an ist das Wort "Staatsbürger" allmählich in der politischen und juristischen Literatur vorgedrungen, ohne daß eindeutige politische Signalwirkung davon ausgegangen oder intendiert gewesen wäre. Es ist, trotz der von Scheidemantel erreichten Trennschärfe, noch nicht in der Weise politisch oder rechtsdogmatisch "besetzt", daß jeder Teilnehmer an der literarischen Debatte bestimmte politische Absichten oder klare juristische Konsequenzen mit seiner Verwendung assoziiert hätte. Eindeutig ist die Unterscheidung zwischen "Untertan" und "Bürger" (subditus et civis), aber die Synonyma für "civis" lassen sich zunächst noch vertauschen. Je populärer und gedanklich anspruchsloser die Texte sind, desto unbedenklicher pflegt auch die eine oder andere Bezeichnung verwendet zu werden. Auch konservative Autoren verwenden das Wort "Staatsbürger" vor 1789 noch unbefangen. G. F. Lamprecht etwa, [58] der jeden Gedanken an Volkssouveränität und Gewaltenteilung sowie die "süssen Träumereien des Helvetius und Rousseau" entschieden ablehnt [59] und der ganz bezeichnend die Summe der Pflichten des Einzelnen im "Begriff der bürgerlichen Unterthänigkeit" zusammenzieht, [60] berichtet 1784 wie von einem festen Sprachgebrauch: "Ein jedes Mitglied des Staats heißt ein Staatsbürger." [61] Gleichzeitig (1784) verwendet J. A. Eberhard [62] aber "Staatsbürger" wieder im Sinne von citoyen, um auszudrücken, daß die Reihe "Untertan-Bürger-Staatsbürger" eine lineare Steigerung der politischen Partizipation bedeutet. Freiheit ist bei ihm "Theilnehmung an der Souveränität" und sie ist in den Demokratien am größten, "wo es keinen Unterschied unter den Staatsgliedern gibt, wo alle Familienhäupter Staatsbürger sind und unter einander vollkommen bürgerlich gleich sind". Haben sie diesen Anteil an der Souveränität nicht, dann sind sie "keine Staatsbürger (citoyen)" und stehen den "Bürgern" in einer Monarchie gleich.

Ein Jahr später, 1785, findet sich "Staatsbürger" an prononcierter Stelle in Fischers "Lehrbegriff sämtlicher Kameral- und Polizeyrechte", [63] einer umfassenden Darstellung von Polizei- und Kameralwissenschaft in einem einheitlichen "System". Als Gliederungsbehelf für die dabei zu verarbeitenden Stoffmassen dient das Wort "Staatsbürger", verstanden als Oberbegriff für alle Menschen im Staate. [64] Fischer beginnt mit dem "Polizeyrechte der Staatsbürger nach ihrer körperlichen Beschaffenheit und ihren Gemüthseigenschaften", [65] d. h. mit den Fragen der Rechts- und Geschäftsfähigkeit. Nicht mehr das "Haus", [66] sondern das isolierte Individuum bestimmt wie im gleichzeitigen preußischen ALR den Beginn der Rechtsordnung. Es ist Grundbaustein auch der nächsten, "gesellschaftlichen" Stufe, auf der "unzehlige Brüderschaften, Gesellschaften, Erbvereinigungen, Erbverbrüderungen, Vereine, Bündnisse, Zünfte, Gilden, Gaffeln, Maskopeyen, Aemter und Innungen" [67] die Organisationsformen unterhalb der Staatsebene darstellen. In ihnen entfalten sich, frei vereinbart und vom Staat nur unter dem allerdings weit verstandenen "polizeilichen" Gesichtspunkt kontrolliert, die "Rechte der Staatsbürger nach ihrer gesellschaftlichen Verbindung". [68] Historische Abkunft, soziale Funktion, wirtschaftlicher oder politischer Zweck dieser Vereinigungen, und damit ihre Zuordnung in die mittelalterlich-berufsständische oder in die liberale kapitalistische Entwicklungslinie, spielen hierbei für Fischer keine Rolle. Er steht, trotz seines traditionellen Polizeibegriffs, [69] zwischen Spätabsolutismus und Konstitutionalismus. Die von ihm vermittelten Inhalte sind nichts anderes als das geltende Polizeirecht der Zeit, sein Gliederungsschema aber ist modern.

Dies zeigt sich auch, wenn er auf die "Rechte der Staatsbürger nach ihrer Theilnehmung an der Staatsverfassung" kommt. [70] Wie Scheidemantel unterscheidet er geborene und aufgenommene Staatsbürger sowie Fremde, denen "einstweilen die Unterthanschaft zu Theil" wird. [71] Diese Unterscheidung, die sich übrigens auch im heutigen Recht findet, [72] wird nun nach der Verfassungslage des Reichs kompliziert durch die Doppeldeutigkeit von "Staat" als "Reich" und als "Territorium". Die Rechte der "eingebohrnen Staatsbürger" des Reichs und der Territorien sind demgemäß nach Reichs- und Landesverfassung verschieden. Danach kann sich auch ergeben, daß der als Staatsbürger aufgenommene Fremdling "nicht immer ... aller Gerechtsame der Staatsbürgerschaft theilhaftig gemacht, sondern ihm nur davon ein Theil eingeräumt" wird. [73]

Der politischen Stellung als Staatsbürger innerhalb der "Staatsverfassung" läßt Fischer die "Rechte der Staatsbürger nach ihrer bürgerlichen Ordnung und Klassifikation" folgen, [74] d. h. nach der Ordnung Adel, Bürger und Bauern. [75] Dahinter stehen drei separate Rechtsmassen, die — oft unpräzise, wie Fischer zugibt [76] — den drei Ständen zugeordnet sind: Adelsrecht, (Stadt-)Bürgerrecht und Bauernrecht einschließlich des Leibeigenenrechts. Schließlich gliedert er nach der Verschiedenheit der Beschäftigungen der Staatsbürger, [77] wobei diese Einteilung wie im "Allgemeinen Landrecht für die Preußischen Staaten" (1794) weniger der

Hervorhebung des *Standes* als der Anknüpfung an spezielle Berufsrechte der im übrigen "gleichen" Staatsbürger dient. [78] Es sind die Berufsrechte für "Gelehrte, Kaufleute, Künstler, Handwerker, Manufakturisten, Fabrikanten, Brauer, Gastwirthe" usw.

Durch diese Einteilung gelingt es Fischer, alle individuellen und korporativen Rechte unter dem Dach "Rechte der Staatsbürger" zu versammeln und – ohne jede antiabsolutistische oder antistaatliche Attitüde – auf den Zweck der gemeinschaftlichen Glückseligkeit hin zu ordnen. Sein Kompendium wird dadurch tatsächlich "monströs", [79] doch es erhellt eine vorrevolutionäre Verwendungstradition des Wortes "Staatsbürger" im Kontext des aufgeklärten Absolutismus. [80] Eine wirtschaftlich oder politisch emanzipative Funktion hat der Begriff nicht. Das Pathos des "citoyen" von 1789 ist, trotz zeitlicher Nähe, noch weit entfernt. Dennoch ist die Tendenz zu einer von oben angestrebten Einebnung der Standesunterschiede und zur Auflösung des Standesrechts in Einzelteile des "Besonderen Verwaltungsrechts" unverkennbar.

Der ambivalente Charakter von Fischers "Lehrbegriff" ist hier hervorgehoben worden, um auf die Parallelität zum gleichzeitigen großen Gesetzgebungswerk des preußischen Allgemeinen Landrechts aufmerksam zu machen. [81] Werner Conze und Reinhart Koselleck haben betont, daß dem ALR eine den sozialen Zuständen vorauseilende theoretische Konzeption zugrundeliege (Grundrechte, Beschränkung des Staats- und Polizeizwecks, Unabhängigkeit der Justiz), daß aber die Detailregelungen dieser Konzeption nicht oder nur zögernd folgten. [82] Die Konzeption wirkte so lediglich „tendenziell" auf die Details, hat aber vermutlich doch dazu beigetragen, diese Details überhaupt disponibel zu machen.

Eine deutliche Spannung zwischen intendiertem allgemeinem Staatsbürgerstatus und faktischer Konservierung der altständischen Ordnung bestätigt diese Feststellung. Standesbürger, Stadtbürger und Bürger im Sinne von "Staatsbürger" finden sich im ALR nebeneinander.

Bürger im ständischen Sinn sind "alle Einwohner des Staats", "welche, ihrer Geburt nach, weder zum Adel, noch zum Bauerstande gerechnet werden können; und auch nachher keinem dieser Stände einverleibt sind". [83] Daß hinter dieser Negativdefinition die ältere Dreiständelehre (Bauern, Adel, Geistlichkeit), in der das Bürgertum keinen Platz hatte, durchscheint, [84] soll hier beiseitebleiben. Das Bürgertum ist jedenfalls anerkannt und in ihm werden auf einer horizontalen Ebene alle die Menschen vereinigt gedacht, die durch ihre "Hauptbeschäftigung" [85] als bürgerlich qualifiziert sind. Von ihnen werden nochmals abgespalten – wie zuvor bei Scheidemantel – Bürger "im eigentlichen Verstande", die Stadtbürger. [86] Verlangt wird hierzu der Betrieb eines "städtischen Gewerbes" ("bürgerliche Nahrung"), Unbescholtenheit, der spezielle hoheitliche Akt der "Aufnahme" samt der Leistung des Bürgereides. [87] Der damit erlangte Stadtbürgerstatus vermittelt "alle Vorzüge und Befugnisse, welche den Mitgliedern einer Stadtgemeinde vom Staate verliehen sind". [88] Autonome politische *Rechte* vermitteln seit der Durchsetzung der inneren Souveränität in Preußen weder der allgemeine Standes- noch der spezielle Stadtbürgerbegriff. Diese Rechte sind fast ohne Rest im einheitlichen Staatswillen aufgegangen, die Stände sind nicht mehr Widerlager des Absolutismus, sondern soziale Gruppen.

Die Entpolitisierung des Standes- und Stadtbürgers bedingt andererseits — im Rahmen der politischen Bedingungen des Spätabsolutismus — eine gewisse Aufwertung des allgemeinen Bürgerstatus. Das ALR spricht von "Bürger" und "Mitbürger", [89] einmal sogar von "freien Bürgern des Staats". [90] Letzteres dort, wo die Rechtsstellung der "unterthänigen Landbewohner" [91] mit einem Gegengewicht ausgestattet werden mußte. Bauern sind zwar Untertanen gegenüber dem Gutsherren (und dem Staat), daneben aber "freie Bürger des Staats". Im übrigen wird der naturrechtliche civis im ALR übersetzt vor allem mit "Einwohner des Staats" und "Mitglied des Staats". [92] Auf dieser Grundfigur des Einzelnen, nicht auf den "Familien" oder dem "Haus", nicht auf dem Gegensatz von Stadt und Land oder von Souverän und Ständen ruht die verfassungsrechtliche Konzeption des ALR, wie sie vor allem in der Einleitung des Gesetzbuchs niedergelegt ist. Das allgemeine Staatsbürgerrecht ist tatsächlich *intendiert*. [93] "Die Gesetze des Staats", so heißt es einleitend, "verbinden alle Mitglieder desselben ohne Unterschied des Standes, Ranges und Geschlechts." [94]

Das Programm der Egalisierung der ständischen Gesellschaft in eine "Staatsbürgergesellschaft" (Conze) ist, wie gesagt, schon im ALR selbst nicht durchgehalten worden und wäre auch ohne revolutionäre Veränderung der Sozial- und Verfassungsstruktur nicht erfüllbar gewesen. Indem das ALR aber die Entwicklung vom "Einwohner des Staats" zum "Staatsbürger" im Grundsatz offenhält, steht es auf der Schwelle zum Frühkonstitutionalismus. Sein Charakter als "Verfassung" [95] ist doppeldeutig im Sinne einer alle Rechtsbeziehungen umfassenden Gesamtordnung auf der einen und einer politischen Gesamtentscheidung mit frühliberalen Inhalten auf der anderen Seite. Sein "Bürger" ist eingebunden in die von Wolff und Darjes übermittelte eudämonistische Staatszwecklehre, [96] aber auch ausgestattet mit unverlierbaren Rechten und geschützt von einer unabhängigen Justiz.

Der grundsätzliche Konflikt zwischen einer Verpflichtung auf die allgemeine Glückseligkeit und der Garantie von impermeablen Freiheitsräumen lag im ALR offen und blieb ungelöst. Er trat fast beiläufig zutage, als der erste Entwurf in der Öffentlichkeit kritisiert wurde. Der Satz "Das allgemeine Wohl ist der Grund der Gesetze", eine Selbstverständlichkeit der älteren Naturrechtskompendien, wurde nunmehr als Bedrohung bürgerlicher Freiheit empfunden. Ein Monitum lautete: "Das allgemeine Wohl, das der Grund der Gesetze sein soll, muß doch völlig bestimmt sein. Sonst ist das gemeine Wohl der Deckmantel der Dummheit und Arglist und alles Despotismus. Das wahre, von einem jeden Menschen anerkannte gemeine Beste besteht nur in der durch die öffentliche Gewalt des Staats garantierten Sicherheit der Menschenrechte eines jeden einzelnen Bürgers. Das versteht jedermann, das ist so etwas Festes, daß es von keinem Menschen, er sei auch, wer er wolle, verdreht werden kann." [97]

Damit ist das Thema angeschlagen, das die Debatte um die Rechtsbeziehungen zwischen Bürger und Staatsgewalt im späten 18. Jahrhundert bestimmt hat: die Ersetzung des Staatszwecks der "Glückseligkeit der Unterthanen" durch "Recht und Freiheit der Bürger" im Gefolge der Französischen Revolution und der philosophischen Revolution durch Kant. "Der Streit: ob bloß Sicherheit oder gemeinsames Wohl der Zweck des Staats sey, ist Ihnen bekannt", sagte einer der Teilnehmer in E. F. Kleins Gesprächen über "Freyheit und Eigenthum" 1780, [98] und zwei Jahre später schrieb der junge Wilhelm von Humboldt: "Schon mehr als einmal ist unter den Staatsrechtslehrern gestritten worden, ob der Staat allein Sicherheit oder überhaupt das ganze physische und moralische Wohl der Nation beabsichtigen müsse." [99] Dieser Streit ist die eigentliche Kernstelle der seit der Jahrhundertmitte einsetzenden Differenzierung zwischen societas civilis und Staat, der Entwicklung von Menschen- und Bürgerrechtskatalogen, des Mißtrauens gegen Entrechtung und Bevormundung im Namen des Gemeinwohls. Dieses Mißtrauen setzt früh ein. Es findet sich beispielsweise in Leysers "Meditationes ad Pandektas", wo es zugunsten der Reichsritterschaft und gegen den Landesherrn heißt: "Sub praetextu salutis publicae ius suum auferri privato non debet nisi ea salus aliter servari nequeat & caussae cognitio praecesserit." [100] Später polemisierte J. J. Moser im Namen der ständischen Rechte gegen die "Universal-Staats-Medicin" des Gemeinwohls. [101] 1778 bezeichnete Lessing die Verwendung der "Glückseligkeit des Staats" zur Einschränkung der Rechte Einzelner als "Bemäntelung der Tyrannei". [102] 1779 schrieb der Physiokrat Schlettwein: "Es berufe sich ja niemand auf ein gemeines Beste, oder auf ein Wohl des Ganzen, um die Einschränkungen der wesentlichen Gerechtigkeit, die eine bürgerliche Gesellschaft, oder ihr Oberhaupt zu machen gut findet, rechtfertigen zu wollen." [103] Ganz pointiert äußert sich wiederum ein Jahrzehnt später Schlözer in einer Fußnote gegen einen Katechismus für die katholischen Untertanen des Hochstifts Speyer, in dem von "Knechten" die Rede war: "Knechte, Sklaven, Negern ... ? Sind dann Unterthanen und Sklaven einerlei? – Nicht einmal mer nach Abdul Hamids Stambulischem StatsRechte" und weiter: "Schwer wirds dem gemeinen Mann eingehen den Saz zu begreifen: Es ist zur Wohlfahrt des Landes nothwendig, daß man einen Einwohner des Landes, genannt Landesherren, die Wohlfahrt der übrigen Einwohner, seiner Mitbürger, nach seiner Laune, ungehindert stören laße" [104] – eine so gezielte Herabstufung des Landesherren zum "Einwohner", daß Friedrich Carl von Moser darin geradezu eine Aufforderung zur Revolution hören konnte. [105]

Das hiermit angedeutete vorrevolutionäre Mißtrauen gegen die erdrückende Fürsorglichkeit der eudämonistischen Staatszwecklehre bekam durch die französischen Ereignisse nach 1789 und durch Kant plötzlich scharfe Konturen. Die Debatte über Freiheit und Gleichheit und über den Zweck des Staates entwickelte sich eruptiv. [106] Bald spalteten sich die Parteien an der Beurteilung der Französischen Revolution und an der Entscheidung, ob man als "Kantianer" zu gelten habe. Kants Frontstellung gegen "Glückseligkeit" [107] und das Herüberwirken des revolutionären "citoyen" [108] und dessen Gegenüberstellung mit "bourgeois" gaben dem bislang relativ unbeachteten "Staatsbürger" eine neue Qualität, und zwar in solchem Maße, daß Nichtjuristen wie Klopstock das Wort "Staatsbürger" für eine Neuschöpfung Kants halten konnten.

Kant weist dem Staat, der "Vereinigung einer Menge von Menschen unter Rechtsgesetzen" [109] als Zweck "nicht das Wohl der Staatsbürger" zu, "sondern den Zustand der größten Übereinstimmung mit Rechtsprinzipien, als nach welchen zu streben uns die Vernunft durch einen kategorischen Imperativ verbindlich macht". [110] Die apriorischen Voraussetzungen des Staats sind "1. Die Freiheit jedes Gliedes der Sozietät, als Menschen. 2. Die Gleichheit desselben mit jedem anderen, als Untertan. 3. Die Selbständigkeit jedes Gliedes eines gemeinen Wesens, als Bürger." [111] Indem Kant mit Hilfe des Kriteriums der Mündigkeit die Frauen und mit Hilfe der "Selbständigkeit" andere zivilrechtlich Abhängige aus der Gruppe der Bürger herausnimmt, bleiben als Stimmberechtigte die Hausväter des Besitz- und Bildungsbürgertums. 1797 bekräftigte er nochmals in der Rechtslehre: "Die zur Gesetzgebung vereinigten Glieder einer solchen Gesellschaft (societas civilis), d. i. eines Staats, heißen Staatsbürger (cives) ... Nur die Fähigkeit zur Stimmgebung macht die Qualifikation zum Staatsbürger aus." [112] Damit hat Kant zwar den Staatsbürgerbegriff präzise von der Qualität des Einzelnen als Mensch, Untertan und Weltbürger [113] abgegrenzt, zugleich aber die revolutionäre Konsequenz des rousseauischen citoyen als fiktiven "Mitgesetzgeber" [114] durch Beschränkung auf die selbständigen Hausväter abgebogen. Die Mündigkeitsvorschriften und die ständischen Schranken des positiven Rechts, für Kant seit 1794 das ALR, werden voll als Schranken des politischen Stimmrechts und damit der Qualität als Staatsbürger übernommen. Da für dieses positive Recht — trotz des grundsätzlich individualistischen Ansatzes — wiederum das "Haus" die ökonomische Grundeinheit und der "Hausvater" ihr politischer Repräsentant war, trägt auch der kantische Staatsbürger das charakteristische Doppelantlitz des ALR, tendenziell durch die Partizipation an der Gesetzgebung in die Zukunft zu weisen, in der praktischen Ausgestaltung aber den status quo zunächst einmal festzuschreiben. [115]

Kants Terminologie wird nun weder sofort allgemein akzeptiert, noch bleibt sie bei seinen eigentlichen Anhängern unverändert. Vielmehr erweist sich gerade die Verwendung von "Bürger" und "Staatsbürger" als charakteristische Einbruchstelle für politische Vorentscheidungen. Herrschend ist in den neunziger Jahren gewiß die Vorstellung einer Korrelation von Staatsbürgertum und politischer Freiheit, wobei letztere verstanden wurde als "Mitwirkung der Staatsbürger bey der Regierung des Staats, besonders bey der Gesetzgebung" [116] oder direkter als "Anteil des Bürgers an der Herrschaft". [117] Doch bestehen Uneinigkeiten gerade darüber, *wem* dieser Anteil zu gewähren sei. Hier öffnete sich trotz der kantischen Grundlage wieder die ganze Bandbreite der Entscheidungsmöglichkeiten über politische Teilhabe. Zunächst sei auf Theodor von Schmalz (1760–1831) verwiesen, der 1795 gegen Hufeland und Tafinger darauf beharrte, als erster ein Naturrecht auf kantischer Grundlage geliefert zu haben, weil jene den Prinzipien der Vollkommenheit und Glückseligkeit noch verhaftet gewesen seien. [118] Schmalz gibt dem kantischen Staatszweck schon eine auf Künftiges vorweisende "bourgeoise" Wendung, indem er absolut und ausschließlich "Sicherheit" postuliert. Wie fast gleichzeitig der junge Wilhelm von Humboldt, der eine entscheidende Reduzierung der staatlichen Eingriffsrechte fordert, [119] deutet Schmalz den Staat als "Sicherheitsbund", der nicht mehr und nicht weniger als die Entfaltung von Freiheit (durch Sicherheit) zu gewähren habe. [120] Diesem Zweck dient die "Vereinigung des Willens aller Staatsbürger", [121] die "objektiv vereinten Willen aller Staatsbürger (volonté générale, qui veut la fin)". [122] Die Verengung des Staatszwecks dient zum Teil der Beschneidung der Machtbefugnisse des Souveräns; denn, so Schmalz, "Der Staatsbürger ist ... nur für den Zweck des Staats allein dem Souverän unterworfen." [123] Soweit er unterworfen ist, ist er Untertan. Gehorcht er als solcher nicht, so zerreißt er "die Bande mit dem Staat, hört auf Staatsbürger zu seyn, und wird ein Feind desselben". [124]

Die Verengung des Staatszwecks verengt aber zugleich den Aktionsraum, innerhalb dessen die Staatsbürger aktiv sein können; denn der Gesetzgebungsstoff reduziert sich auf "Sicherheitsgewährung". Gleichzeitig möchte Schmalz nur den *Grundeigentümern* die Rechtsstellung eines stimmberechtigten Staatsbürgers zubilligen. Es ist dies wohl weniger eine Orientierung an Justus Möser, dessen Verknüpfung von Sacheigentum und (politischer) Ehre an germanischen Idealen orientiert war und einen konservativ-ständischen Gegenwartsbezug hatte, [125] als die Übernahme der physiokratischen Verabsolutierung des Grundeigentums, wie sie etwa Schlettwein (1731–1802) predigte. [126] Gleichviel aber, woher die Koppelung von Staatsbürgerqualität und Grundbesitz kommt, sie hat 1791 die Funktion, die bestehende Bodenordnung [127] und damit die soziale Ordnung insgesamt zu konservieren. Die Bevorzugung des Grundbesitzes in den süddeutschen Verfassungen des Vormärz [128] hat hier ihre Wurzel. Die Position von Schmalz kann freilich nur in ihrer Grundtendenz, mit der Ausdehnung des Staatsbürgerstatus auf alle Volksklassen vorsichtig zu sein, typisch genannt werden. [129] Im übrigen ist er mit seinen Stellungnahmen gegen Repräsentationssystem und Gewaltenteilung ein Vertreter des ancien régime. Sein Sozialmodell ist geschlossen; denn Grundbesitz ist nicht so weit teilbar, daß prinzipiell alle den Staatsbürgerstatus erlangen könnten. Das Modell der pädagogisch orientierten Aufklärer ist dagegen offen. Zwar verschieben auch sie Erweiterung der Staatsbürgerrechte auf alle Einwohner in die Zukunft, aber nur so lange, bis der derzeit noch "unaufgeklärte" Teil des Volkes den Zustand der Gebildeten erreicht habe. Diese Autoren sind sich zumeist einig mit denjenigen, die durch Niederlegung von rechtlichen Barrieren bisher Deklassierte, insbesondere Juden und Frauen, zu gleichberechtigten Staatsbürgern machen wollen. So fordert Christian Wilhelm von Dohm, angeregt durch Moses Mendelssohn, die "bürgerliche Verbesserung der Juden" [130] und Theodor Gottlieb von Hippel — Königsberger wie Kant und Schmalz — die "bürgerliche Verbesserung der Weiber". [131] Hippel forderte, "diejenigen, welche die Natur gleich machte, auch nach Gleich und Recht zu behandeln, ihnen ihre Rechte und mit diesen persönliche Freiheit und Unabhängigkeit, bürgerliches Verdienst und bürgerliche Ehre wiederzugeben", [132] damit also wenigstens einen Teil der bisher Ausgeschlossenen zu aktiven Staatsbürgern zu machen. Andere, wie Karl Heinrich Heydenreich, Vertreter eines zwar rechtlich uneingeschränkten, aber aufgeklärten und moralisch gebundenen Absolutismus, [133] staffelten den "Anspruch auf Theilnahme an den Geschäften des Staats" [134] nach Ständen. Die Stände und deren "politische Verschiedenheit" werden funktional gerechtfertigt durch Hinweis auf die verschiedenen natürlichen Fähigkeiten der einzelnen Gruppen, für den Staat nützlich zu sein. "Jedes andere Prinzip der Theilung", so erklärt Heydenreich, "ist entweder rechtswidrig oder zwecklos." [135] Eine Einebnung dieser Stände, die statisch und als naturgegeben verstanden werden, ist nicht intendiert.

Richteten sich einerseits die Bestrebungen der liberalen Mitte darauf, eine Ausdehnung der Staatsbürgerrechte nach französischem Vorbild in die Unterschichten zu verhindern, so blieben sie andererseits wie bisher daran interessiert, sich vor Übergriffen des Souveräns durch konstitutionelle Sicherungen zu schützen. Jene Sicherungen, so wird meist mit Blick auf Frankreich gesagt, seien zugleich auch das geeignete Mittel, um unkontrollierbare revolutionäre Ausbrüche zu verhüten. In dieser Richtung argumentieren etwa F. L. von Jakob [136] und J. Ch. G. Schaumann. [137] Empfohlen werden "Garantien der unverlierbaren Rechte der Menschheit für die Untertanen", [138] Sicherheit, Freiheit im Rahmen der Gesetze, Rechtsschutz sowie eine über den Sozialkontrakt hinausgehende Bindung des Souveräns an die Verfassung: "Jeder einzelne Staatsbürger und alle zusammen sind berechtigt, von dem Oberherrn zu fordern, daß er seine bürgerlichen Pflichten erfülle, und, im Falle er dieselben verletze, ihr Recht gegen ihn auf die verfassungsgemäße Weise geltend zu machen." [139]

Das Drängen nach konstitutionellen Sicherungen wirkte tendenziell, selbst wenn das konkrete Wahlrecht noch als beschränktes vorgestellt wurde, auf eine "Allgemeinheit" der Bürgerrechte. Die Forderungen nach Glaubens- und Gewissens-, Rede- und Preßfreiheit, nach gleichem Zugang zu öffentlichen Ämtern, Publizität der Verwaltung, öffentlicher Kontrolle des Staatshaushalts, Petitionsrecht usw. ließen sich auf die Dauer nicht ständisch differenzieren oder auf Selbständige oder Grundbesitzer reduzieren. Dies zeigt sich etwa bei Johann Heinrich Abicht, der von der Doppelstellung des Menschen als Untertan und Staatsbürger ausgeht. Letzterer gibt und nimmt zugleich, nämlich einerseits seinen "Antheil an der Staatsgesellschaft" (persönliche Mitarbeit, Steuern), um andererseits "gleichen Antheil am Staatszweke zu haben". [140] Dieser Staatszweck aber ist bei ihm eine "Idee", "auf welche die Menschheit führt", d. h. die Stellung als Staatsbürger ist "allgemein" und offen zum Weltbürger. Daher schließt Abicht: "Diejenige Staatsverfaßung und Regierungsform, von welcher Art sie übrigens sey, ist sicherlich die beste, bey welcher allen Staatsbürgern wahres politisches Freiheitsvermögen zu Theil wird." [141] Etwas vorsichtiger drückt sich Ernst Ferdinand Klein aus, wenn er bürgerliche Freiheit (die rechtlich, nicht unerlaubt-despotisch eingeschränkte natürliche Freiheit) und politische Freiheit, die "Mitwirkung der Staatsbürger bey der Regierung des Staats, besonders bey der Gesetzgebung" miteinander kommunizieren läßt. Politische Freiheit wird nicht, wie bei Abicht und anderen direkt gefordert: "Je geringer aber die politische Freiheit ist, desto größer muß die bürgerliche seyn." [142] Die "private" Entfaltungsfreiheit hat also hier schon die Funktion, den fehlenden Anteil an der politischen Herrschaft zu kompensieren.

Die genannten Autoren sind, bei allen Unterschieden im einzelnen, Vertreter einer bürgerlichen Mitte, die im Zweifel den aufgeklärten Absolutismus einer revolutionär errichteten Republik mit allgemeinem Wahlrecht vorzogen. Sie verstehen den Übergang von der Entfaltungsfreiheit des Bürgers innerhalb der Schranken des Gesetzes zur politischen Freiheit des Staatsbürgers als Chance, die evolutionär mit Hilfe unbeirrter Aufklärung und geduldiger Liberalisierung erreichbar sei. Ihre Dekutionen sind nur verständlich innerhalb des politischen Zusammenspiels von einheimischem aufgeklärtem Absolutismus und Hoffnungen und Drohungen der Französischen Revolution. Weder Despotismus noch Anarchie lautete ihre Devise, und um dies zu erreichen, schien eine rechtliche Absicherung des Bürgerstatus durch konstitutionelle Garantien [143] und eine vorsichtige Öffnung der Möglichkeiten zu einem "Anteil des Bürgers an der Herrschaft" der richtige Weg. [144]

Nur wenige — verglichen mit dem gesamten Spektrum der schreibenden öffentlichen Meinung — vertraten radikalere Positionen, [145] insbesondere in der Frage nach der Reichweite des Staatsbürgerstatus. Der Kantianer — und möglicherweise getarnte Jakobiner [146] — Johann Benjamin Erhard etwa erwartete die erstrebte "wahre Mündigkeit (des Volkes), die sich von selbst äußert" von autonom angeeigneter Aufklärung, die fähig mache, die als notwendig erkannten Beschränkungen der natürlichen Freiheit selbst zu prüfen und sich ihnen freiwillig zu unterwerfen. Freiheit ist für ihn nicht notwendig mit dem Bürgerstatus verknüpft: "Ein freies Volk besteht deswegen noch nicht aus freien Bürgern; denn es kann sich Gesetze geben lassen, denen es sich freiwillig unterwirft, ohne sie selbst untersucht zu haben ... Zum freien Bürger gehört Selbsttätigkeit bei der Gesetzgebung, die Gesetze müssen seine eigenen sein, und dann erst lebt ein freies Volk in einer freien Verfassung." [147] Dies zu erreichen ist Ziel der Aufklärung. Volk und Adel werden dann eins sein und das vereinte Volk schließlich in die Menschheit übergehen. Einschränkungen der staatsbürgerlichen Rechte, insbesondere des Wahlrechts, sind in diesem künftigen Zustand allgemeiner Gleichheit nicht mehr möglich. Dann sind aus den Beherrschten, deren Revolutionsrecht Erhard bejaht, souveräne Bürger geworden. Der Standpunkt ist also radikaldemokratisch, nicht liberal. [148]

Ebenfalls in Richtung auf eine entschiedene Allgemeinheit des Staatsbürgerstatus zielt Johann Adam Bergk (1769–1834), ein in Leipzig privatisierender politischer Schriftsteller. Er tritt 1797 – mehr politisch als philosophisch von Kants Rechtslehre enttäuscht – für ein allgemeines staatsbürgerliches Wahlrecht ohne weitere Beschränkungen außer der physischen ein. Im Anschluß an die von Kant im "Gemeinspruch" zugrundegelegte Gliederung setzt er ein mit den unveräußerlichen Bürgerrechten: "Es sind die Selbständigkeit eines Menschen, die Freiheit als eines Bürgers, und die Gleichheit als eines Unterthans", [149] nur, und dies ist Absicht, wird die Selbständigkeit dem Menschen, nicht dem Bürger zugeordnet; denn Kant hatte ja mit dem Kriterium "Selbständigkeit" das Wahlrecht reduziert. "Jeder physisch Mündige kann also Staatsbürger seyn", [150] d. h. er genießt politische Freiheit als "Befugnis an der Staatsverwaltung Antheil zu nehmen, und zur Erreichung des Bürgervereins unter Gesetzen mitzuwirken". [151] "Ich weiß daher auch nicht", sagt Bergk, "wie man rechtlicher Weise den Frauenzimmern das Staatsbürgerrecht verweigert." [152]

Diese Forderungen sind ebenso zukunftsträchtig wie in ihrer Zeit realitätsfern. Die Ängste, die durch sie beim liberalen Besitz- und Bildungsbürgertum sowie beim Adel ausgelöst wurden und die sich politisch noch in den bis in den Ersten Weltkrieg hineinreichenden Wahlrechtsbeschränkungen niederschlugen, [153] wurden aktiviert durch den Hintergrund der Schreckensherrschaft mit ihrem Höhepunkt von 1794, durch die vorrückenden Revolutionsheere und durch die Mainzer Republik. Vor allem zwischen 1792 und 1796 vollzieht sich jenes Zurückschaudern der deutschen Intellektuellen, die Dämpfung des Aufklärungsoptimismus, die Wiederbelebung der altständischen Kräfte und der Aufstieg antirationalistischer Strömungen in der Philosophie. [154] "Nichts von dem, was der Franke des Guten verhieß und des Edlen / Nichts von allem Diesen geschah / Wie es auch mit entzückendem Ton die Beredsamkeit aussprach, / Und die Begeistrung es hob. / Aber Alles geschah, was je die stärksten der Worte / Schreckliches nannten ..." schrieb Klopstock 1795, drei Jahre nachdem er französischer "citoyen" geworden war.

Dementsprechend setzte auf dem Kampffeld der Publizistik eine "revolutionsfeindliche Hysterie", [155] eine Verdrängungs- und Umwertungstätigkeit ein, um die "Leitworte" der Zeit dem Gegner zu entwinden und sie, mit neuem Inhalt gefüllt, als "wahre" zurückzugeben. In der Staatslehre bedeutete dies die allmähliche Verdrängung der rationalen Vertragskonstruktion durch organologische Formeln. [156] Wenn Wieland 1794 feststellte, das Wort "Untertan" fange "unvermerkt an, unter die übelklingenden und unanständigen gerechnet zu werden", [157] so ist dies ein wichtiger atmosphärischer Hinweis. Dennoch hielt sich das Wort

"Untertan" in der Sprache der Verfassungen, speziell in der Epoche der Restauration, bis weit in das 19. Jahrhundert hinein. [158] Ebenso "übelklingend" oder "zweydeutig" (E. F. Klein) war schon seit der Mitte der achtziger Jahre das Wort "Aufklärung". [159] Es war bald ein Klischee der liberalen und konservativen öffentlichen Meinung, der idealistischen Philosophie und der romantischen Literatur, sich über Aufklärung und Aufklärer lustig zu machen, sie anzugreifen und zu diffamieren ("Aufkläricht"). [160] Schelling sprach ganz zeittypisch von der "Ideenleerheit, die sich Aufklärung zu nennen untersteht". [161] Dahinter stehen verschiedene, schwer voneinander trennbare Gründe wie politische Absichten der Wahrung oder Wiederherstellung des ständischen Status quo, Ernüchterung über die blutige Radikalität und Realität der Revolution, ein Generationswechsel in der Philosophie, insgesamt ein Abbröckeln der werbenden Kraft, die ehedem von dem Wort "Aufklärung" ausgegangen war.

Die Worte "Freiheit" und "Staatsbürger" können zwar nicht unterdrückt werden, obwohl sie mit politischen Inhalten des Spätabsolutismus und der Revolution besetzt waren; denn sie entsprachen so sehr den politischen Wünschen des Bürgertums nach rechtsstaatlicher Verfassung, freier Entfaltung als "Privatbürger" und (gestufter) Mitwirkung am öffentlichen Leben als "Staatsbürger", daß sie trotz der aufklärerischen Herkunft und der Nähe zum Jakobinertum sich im Frühkonstitutionalismus halten konnten. "Freiheit" wird allerdings entschärft oder geradezu reaktionär zu "wahrer Freiheit" umgebogen. [162] Im Gegensatz zur "weltbürgerlichen Freiheit" der Aufklärung wird sie von der nationalen Bewegung der Freiheitskriege, die auch Elemente des alten Reichspatriotismus enthielt, zur "Nationalfreiheit" eingeengt. [163] Ein gleiches gilt für den "Staatsbürger", der ab 1815, entpolitisiert und verinnerlicht, sich den eng gezogenen Schranken der Verfassungsbewegung akkomodierte. Die Details der Wahlgesetze bilden hier die eigentlich einschränkenden normativen Barrieren.

Diese Gegenbewegung, die hier als Hintergrund für die Veränderung des Sprachgebrauchs von "Untertan", "Bürger" und "Staatsbürger" nur angedeutet werden kann, [164] zog ihre Kraft aus der wenig revolutionären öffentlichen Meinung, die aufgeklärte Reformen von oben deutlich bevorzugte. Daneben blieb wichtig die gerade außerhalb aufklärerischer Zirkel lebendige Religiosität und Kirchlichkeit des protestantischen und katholischen Deutschland. Weiter boten zahllose personale, territoriale oder zünftische Sonderbindungen und Loyalitäten, die der Absolutismus nicht in das einheitliche Untertanenverhältnis hatte einschmelzen können, ebenso Anknüpfungspunkte für restaurative Tendenzen wie der philosophisch-literarische Szenenwechsel vom aufklärerischen Materialismus und Utilitarismus, der ohnehin in Deutschland kaum konsequent vertreten wurde, zur klassizistischen "Idealität".

Mitten in die Revolutions- und Aufklärungskritik führt etwa Matthias Claudius, der 1794, getragen vom Skeptizismus des Christen gegenüber diesseitigen Weltverbesserungshoffnungen das "alte und das neue politische System Europas" gegenüberstellt. Das alte System ist gekennzeichnet von Über- und Unterordnung zwischen Regent und Untertan. Nach dem "neuen System", sagt Matthias Claudius, "haben alle Staatsbürger zu und an der Gesetzgebung Recht und Theil ... und das Neue System scheint, die Aeußerungen unserer Schriftsteller zusammengenommen, ein allgemeines reines Vernunftregiment zu seyn. Die Staatsbürger thun alles selbst; die Schaafe weiden sich auf der grünen Aue selbst; die Kinder wachen und hüten ihrer selbst; das Volk schwebt selbst über sich selbst; mit einem Wort: jedweder Einzelne ist im Genuß seiner Rechte, u. soll, als Staatsbürger, selbst denken und wollen." [165] "Staatsbürger" steht hier als Vokabel des "neuen Systems" [166] in Antinomie zum "Unterthan". Die dem damaligen juristischen Denken geläufige Vorstellung rechtlicher Parallelität von Untertanen- und Staatsbürgerstatus ist hier von der politischen Spannung zwischen "alt" und "neu" überlagert. Die gleiche Vorstellung, daß "Unterthan" zum Arsenal des ancien régime gehöre und deshalb jetzt "übelklingend" werde, lag ja auch der Bemerkung Wielands aus dem gleichen Jahr 1794 zugrunde. Während Matthias Claudius und vor allem Wieland von grundsätzlich *aufklärerischen* Voraussetzungen aus Verlauf und Konsequenzen der Revolution kritisierten, [167] andere als altständische Konservative die Egalité des Staatsbürgerstatus ablehnten, [168] formierte sich gleichzeitig eine in die Zukunft weisende politische und philosophische Gegenbewegung. Gegen den diesseitigen Utilitarismus der Aufklärung setzte sie als "wahre Wirklichkeit" die Idee. Der ideelle erschien als der wirliche Staat. Individuum und Staat standen sich nicht mehr als Vertragspartner gegenüber. "Ein Staat constituiert sich nicht factisch und augenblicklich", heißt es nun im Umkreis Schellings bei Johann Jakob Wagner (1775–1841), "sondern in continuirlich fortschreitender Entwicklung seines geistigen Wesens." [169] Er ist "Organismus", und "der Charakter des Bürgers ist, nach innen selbständig und frei zu seyn, mit eben dieser Freiheit aber sich nach außen einem höhern Ganzen zu unterwerfen", [170] d. h. die bürgerliche Freiheit ist ideell und im Innern möglich, während nach außen Einordnung in die "Totalität" verlangt wird. Es ist deshalb konsequent, wenn Wagner, der gegen die "kecken Aufklärer", den "Revolutionsschwindel" und als Bayer gegen die "leichte Gelehrigkeit, den gewandten Industriegeist, und die seichte Eleganz des Sachsen und Preußen" polemisiert, [171] Gewaltenteilung, Begrenzung von Staatszweck und Staatsmacht, sowie das allgemeine Wahlrecht ablehnt, schließlich erklärt: "Ueber den Fürsten ist niemand, als Gott ..." [172]

Auch wo weniger krasse politische Folgerungen gezogen werden, setzen sich organologische Metaphern in der Staatslehre durch, [173] wird die strenge kantische Beschränkung des Staatszwecks auf "Rechtssicherung" aufgegeben und bekommt der Staat wieder die ihm inzwischen bestrittene Aufgabe, sich der Moralität seiner Bürger anzunehmen. [174] Die Preisgabe der spezifisch juristischen Konstruktion der Staatsgewalt durch einen Vertrag und dessen Ersetzung durch die Metapher des "Organismus" bezeichnet politisch den Aufstieg des antiindividualistischen Nationalismus und die Auslöschung des Einzelnen in der Gemeinschaft. [175] Wissenschaftsgeschichtlich bedeutet dies die endgültige Trennung zwischen geltendem Staatsrecht und Allgemeiner Staatslehre bzw. Rechtsphilosophie. Das Naturrecht, und zwar auch das "jüngere" nachkantische, hatte hier noch eine Klammer gebildet. Es war vom geltenden Recht abstrahiert und wirkte auf dieses kritisch zurück, [176] bot aber auch andererseits der Staatsphilosophie genügend Raum, soweit sich diese der juristischen Sprach- und Denkgewohnheiten bediente. Mit dem Auszug der Philosophie aus dem Staatsrecht ist das Naturrecht am Ende und das *positive* Recht, sei es aus der geschichtlichen Entwicklung gedacht, sei es aus der Hand des Gesetzgebers entgegengenommen, bleibt übrig. "Staatsbürger" ist von da an derjenige, dem die positiven Verfassungstexte des Vormärz diese Qualität zubilligen.

Nikolaus Thaddäus von Gönner, der in seiner Person diesen Übergang vom Naturrecht zur organischen Staatslehre vollzieht, [177] bildet zugleich den Endpunkt des positiven Reichsstaatsrechts. Sein "Teutsches Staatsrecht" (Landshut 1804), das zu einer Zeit erschien, als seine Nutzlosigkeit schon fast greifbar war, [178] enthält den letzten Versuch, einen für alle Deutschen gleichen Reichsbürgerstatus des positiven Rechts zu konstruieren. Dieser Versuch ist insofern bemerkenswert, als die Reichsstaatsrechtslehre und das partikulare Territorialstaatsrecht von den im Naturrecht geführten Debatten und Wandlungen der Wortverwendung "civis" relativ unberührt geblieben sind. [179] Im traditionellen Rahmen der Reichsverfassung war seit dem Absterben jener aristotelischen Gleichsetzung der "cives" mit den Ständen kein Raum mehr für den Reichsbürger im Sinne eines mit subjektiven öffentlichen Rechten und Pflichten ausgestatteten Individuums. Der naturrechtliche civis hatte keine Parallele in einem reichsstaatsrechtlichen "Reichsbürger". Die Lehrbücher des Reichsstaatsrechts von Limmaeus und Reiningk bis zu den späten Handbüchern von Pütter und Häberlin kennen den Bürger als selbständige Kategorie nicht. Eine Stellung in der Reichsverfassung kommt ihm nicht zu. Auch J. J. Moser mit seinem Buch "Von der Teutschen Unterthanen Rechten und Pflichten" [180] ändert daran nichts. Erst Gönner versucht, in offenbarer Analogie zum Naturrecht, den Reichsbürger auch im positiven Reichsstaatsrecht zu verankern.

Dies erweist sich aber angesichts der dortigen geringen Anhaltspunkte als sehr mühsam. Gönner ignoriert die seit 1803 offenbare Agonie des Reichs und fragt nach den Inhalten dieses "Reichsbürgerrechts". Angesichts der Verfassungslage in Reich und Territorien seit 1648 kann es sich dabei nicht um einen politischen Aktivstatus handeln, sondern allenfalls, wie Gönner sagt, um einen "Inbegriff von Gerechtsamen ... welche Einheimischen vor Fremden zukommen". [181] Diese Gerechtsame sind aber politisch bedeutungslos. Der "Reichsbürger" ist weder citoyen noch bourgeois, weder Standesbürger noch naturrechtlicher civis, sondern "gebohrner Teutscher", eine Qualifikation, die in der Zeit der napoleonischen Kriege rechtlich fast nichts mehr besagte. Als zwei Jahre später Kaiser

Franz II. in seiner Erklärung vom 6. August 1806 die Auflösung des Reiches vollzog, sprach er nicht von "Reichsbürgern" oder verwendete gar die "Jakobinerfloskel" [182] "Staatsbürger", sondern er entband "Churfürsten, Fürsten und Stände und alle Reichsangehörigen, insonderheit auch die Mitglieder der höchsten Reichsgerichte und die übrige Reichsdienerschaft, von ihren Pflichten ... " [183]

Gönners Versuch, wohl gleichermaßen beeinflußt vom Naturrecht, von den bisherigen Ansätzen des Reichsstaatsrechts zu einem Reichsbürgerstatus [184] sowie vom Vorbild des "citoyen de France", blieb offensichtlich ein Schreibtischprodukt. Zur Entwicklung eines vollen Reichsbürgerstatus mit verfassungsmäßig umrissenen Rechten und Pflichten ist es im Alten Reich nicht mehr gekommen. [185] Insofern spiegelt sich auch in der speziellen Frage des Reichsbürgerrechts die längst irreversibel gewordene Verlagerung der Macht auf die Territorien. [186] Der Reichsbürgerbegriff, so kann man pointiert sagen, war in der Endphase des Reichs so schwach wie dessen Staatsqualität selbst. Das Diktum Hegels von 1800: "Deutschland ist kein Staat mehr" bedeutete eben auch, daß die vom Staat vermittelte Qualität als Staatsbürger inhaltsleer geworden war.

III

Die Verwendung der Worte "subditus, subiectus, civis, Untertan, Bürger und Staatsbürger" folgt den politischen Entwicklungen vom Frühabsolutismus bis zum Ende des Alten Reichs und wirkt, wie alle politische Sprache, auf diese zurück. Zunächst bedeutet der Aufstieg eines rationalen, more geometrico konstruierten überkonfessionellen Naturrechts sowohl den Abschied von der mittelalterlichen Vorstellung vom Christen als Civis Sacri Imperii als auch von der neoaristotelischen Lehre vom Civis als dem politisch Handelnden und Herrschenden, die im Heiligen Römischen Reich zu einer Reduzierung auf die bei Reichstagen Stimmfähigen führte. Der naturrechtliche Civis ist zunächst ein papiernes Konstruktionselement im Kalkül der Legitimierung absolutistischer Herrschaft, hinter dem jedenfalls in Deutschland nicht etwa ein machtpolitisch aufsteigendes "Bürgertum" steht. Vielmehr bleibt unterhalb dieser *abstrakten Ebene* die vielfältig abgestufte und zerklüftete altständische Gesellschaft erhalten, [187] und zwar über 1806 hinaus. "Unterthan" und "Bürger" vermögen daher mehr theoretisch als praktisch nivellierende Kraft zu entfalten.

In dem Maße aber, in dem sich in der zweiten Hälfte des 18. Jahrhunderts ein "Bürgertum" zu etablieren beginnt und eine "öffentliche Meinung" entsteht, [188] gewinnt der naturrechtliche Civis an Gewicht. Die "libertas civilis" wandelt sich mit wachsendem "Gefährdungsbewußtsein" von einer Freiheit *durch* den Staat und *im* Staat in eine Freiheit *vom* Staat. Menschen- und Bürgerrechtskataloge entstehen, der Regent wird an Moral, Gesetz und Recht sowie an die "Verfassung" gebunden. Vom umfassenden Staatszweck "Glückseligkeit" spalten sich "Freiheit" und "Sicherheit" ab und rücken in den Vordergrund. Das Individuum als Partner des Sozialkontrakts hat weiter die Doppelstellung als "Untertan" (Rechtsunterworfener) und als "Bürger" (Freier im Rahmen der Gesetze). Die vorrevolutionäre Verwendung des Wortes "Staatsbürger" (Scheidemantel 1770, Fischer 1784) geht über diesen Bürgerbegriff nicht hinaus. Ein politisches Programm, insbesondere Mitwirkung bei der Gesetzgebung, wird damit noch nicht verbunden. Doch verbreitet sich das Wort zusehends, wohl auch im Zusammenhang mit der Herausbildung einer abstrakten juristischen Staatsperson ("Staatsdiener", "Staatsbürger").

Erst die vor allem von Kant nach dem Muster Rousseaus und der Französischen Revolution vorgenommene Verengung des "Staatsbürgers" auf den mitbestimmenden Stimmbürger gibt dem Staatsbürger eine entschieden politische Wendung und macht ihn schließlich zur "Jakobinerfloskel". Zwar wird die Verengung des Begriffs allmählich akzeptiert, doch scheiden sich die politischen Lager an der Frage nach dem Grad der "Allgemeinheit" des Staatsbürgerstatus. Die Einbeziehung von Besitzlosen und Abhängigen, von Juden und insbesondere von Frauen wird überwiegend abgelehnt. An diese Beschränkungen knüpften nach 1800 und vor allem nach 1815 restaurative Staatspraxis und Staatslehre an.

Das mit dem citoyen und der deutschen Verwendung von "Staatsbürger" nach 1789 verbundene demokratische Programm hat zwar den älteren Stadt- und Standesbürgerbegriff nicht verdrängen, wohl aber modifizieren können. Der Stadtbürger verliert immer mehr an Bedeutung, je stärker seine verfassungsrechtliche Sonderstellung vom Absolutismus abgetragen wird. Auch die Wiederherstellung der Selbstverwaltung durch die Stein'sche Städtereform hat dem Staatsbürger nicht mehr seine alte Dignität zurückgeben können. Der Standesbürger verliert dort, wo sich der Absolutismus durchsetzt und die Stände entmachtet, allmählich auch seine rechtlichen Qualifikationsmerkmale und wird zur sozialen Kategorie. Selbst diese wird durch das Dahinschwinden rechtlich anerkannter Standesschranken wie etwa der "Kleiderordnungen"[189] zunehmend blasser.

Umgekehrt übersteht auch der "Staatsbürger" der Jahre nach 1789 die Restaurationsepoche nicht unbeschädigt. Er dringt zwar ein in die Sprache der Verfassungen, insbesondere des süddeutschen Konstitutionalismus,[190] aber die Bestimmungen der Wahlgesetze reproduzieren wieder indirekt die altständische Gesellschaft, und zwar zum Teil so weit, daß sogar die Rückkehr zum sprachlich disqualifizierten "Untertan" gewagt werden kann.[191] Die in Augsburg anonym erscheinende Zeitschrift "Der Staatsbürger" (Hrsg. Jacob Wiedenmann) hält sich nur von 1820 bis 1822. Doch ist die theoretische Vorarbeit des Naturrechts keineswegs folgenlos geblieben. Der Radikalismus des Vormärz wächst auf diesem Boden.[192] Das vor 1800 Gedachte und Formulierte wird nicht innerhalb von zwei Jahrzehnten vergessen. Im Vormärz ist es mehr oder weniger deutlich als reale politische Chance erkennbar. Insofern ist das aufklärerische Naturrecht nur scheinbar "überwunden" worden.

ANMERKUNGEN

1 P.-L. Weinacht: "Staatsbürger". Zur Geschichte und Kritik eines politischen Begriffs. – In: Der Staat 8 (1969), S. 41–63; M. Riedel: Bürger, Staatsbürger, Bürgertum. – In: Geschichtliche Grundbegriffe. Historisches Lexikon zur politisch-sozialen Sprache in Deutschland. Hrsg. von O. Brunner, W. Conze, R. Koselleck. – 1972 ff., Bd. 1, S. 672 ff.

2 Insbesondere bei J. Schlumbohm: Freiheit. Die Anfänge der bürgerlichen Emanzipationsbewegung in Deutschland im Spiegel ihres Leitwortes (ca. 1760–ca. 1800). – Düsseldorf 1975; D. Klippel: Politische Freiheit und Freiheitsrechte im deutschen Naturrecht des 18. Jahrhunderts. – Paderborn 1976.

3 Vgl. Ch. Dipper: Politischer Reformismus und begrifflicher Wandel. Eine Untersuchung des historisch-politischen Wortschatzes der Mailänder Aufklärung (1764–1796). – Tübingen 1976.

4 H. Quaritsch: Staat und Souveränität. – Frankfurt a. M. 1970.

5 E. W. Böckenförde (Hrsg.): Staat und Gesellschaft. – Darmstadt 1976 m. w. Nachw.; G. Dilcher: Die Auseinanderentwicklung von Staat und Gesellschaft im deutschen Vormärz (1815–1848). – In: G. Dilcher/N. Horn: Sozialwissenschaften im Studium des Rechts. Bd. IV: Rechtsgeschichte. – München 1978, S. 67–82.

6 Weinacht: Staatsbürger (s. Anm. 1), S. 44, schreibt z. B.: "Das Gemeinsame an allen Ausdrücken (Untertan, Bürger, Mitbürger, Staatsgenosse, Staatsglied, Einwohner, Bürger des Staats) ist die Vorstellung der Mitgliedschaft in einer jener menschlichen Hauptgesellschaften, die seit dem 17. Jh. 'Staat' genannt wird. *Rechtliche Differenzen sind unbeachtlich*, deutlicher unterschieden ist die Perspektive ..." (Hervorhebung vom Vf.).

7 Zur "Begriffswelt des Rechtshistorikers" wird seit längerem erwartet die Arbeit von S. Gagnér: Zur Methodik neuerer rechtsgeschichtlicher Untersuchungen. Im Druck.

8 Weinacht: Staatsbürger (s. Anm. 1), S. 42.

9 Tischrede v. 15.5.1544, WA Ti 5, S. 286 f. Möglicherweise ist es dieser Grundgedanke, Deutschland sei seit alters ein Land der "Freiheiten", in dem Despotie und Sklavenhaltung nicht möglich seien, der später im Gewand des Naturrechts wieder auftaucht: "Auch in Teutschland ... hat jeder Mensch seine natürliche Freiheit, in so ferne dieselbige ihme nicht auf eine rechtmäßige Weise benommen oder eingeschräncket worden ist." (J. J. Moser: Von der Landeshoheit in Gnaden-Sachen. – Frankfurt und Leipzig 1773, S. 80, zit. bei Ch. Link: Menschenrechte und bürgerliche Freiheit. Zum Grundrechtsdenken im Aufklärungszeitalter. Festschrift für W. Geiger. – Tübingen 1974, S. 282).

10 K. Kroeschell: HRG I (1971), S. 543–553, sub. II.

11 G. Köbler: Civis und jus civile im deutschen Frühmittelalter. – Diss. iur. Göttingen 1965; F. Wieacker: Privatrechtsgeschichte der Neuzeit. 2. Aufl. – Göttingen 1967, S. 116 und 118 ff.

12 Aristoteles: Politica, ed. W. D. Ross. – Oxford 1957, 1275a.

13 H. Denzer: Moralphilosophie und Naturrecht bei Samuel Pufendorf. – München 1972, S. 297.

14 Nachweise bei H. H. Hofmann (Hrsg.): Quellen zum Verfassungsorganismus des Heiligen Römischen Reiches Deutscher Nation, 1495–1815. – Darmstadt 1976 (mit Bibliographie). Vgl. auch die von Riedel: Bürger (s. Anm. 1), S. 680, Anm. 47 zit. Stelle aus Vitriarius/Pfeffinger: "Nos Statum Imperii Romano-Germanici definimus, quod sit Civis Imperii Romano-Germanici, qui jus voti et sessionis in Comitiis habet. De essentia enim Civis Coimperantis est, ut habeat jus suffragii: (a) & hinc Aristoteles Civem Democraticum definit, quod sit is, qui habet jus suffragii." (hier nach J. F. Pfeffinger: Corpus juris publici ... ad Ductum Inst. Jur. Publ. ... 2. Aufl. – Frankfurt 1754, vol. I, p. 998).

15 H. Conring: Diss. de subiectione et imperio. – Helmstedt 1635; ders.: De Germanici imperii civibus. – Helmstedt 1641; ders.: Diss. de cive et civitate. – Helmstedt 1653. Hierzu D. Willoweit: H. Conring. – In: M. Stolleis (Hrsg.): Staatsdenker im 17. und 18. Jahrhundert. – Frankfurt a. M. 1977.

16 Conring (s. Anm. 15) sowie die auch bei Riedel (s. Anm. 1) genannten A. Milagius: De cive et civitate in genere. – Helmstedt 1653; Ch. W. Blume: Exercitatio de Germanici imperii civibus. – Helmstedt 1641. – Zur Bedeutung Helmstedts vgl. P. Petersen: Geschichte der Aristotelischen Philosophie im protestantischen Deutschland. – Leipzig 1921. Neudruck Stuttgart-Bad Cannstatt 1964; H. Maier: Die Lehre der Politik an den deutschen Universitäten vornehmlich vom 16. bis 18. Jahrhundert. – In: D. Oberndörfer (Hrsg.): Wissenschaftliche Politik. – Freiburg i. Br. 1962, S. 59 ff.; H. Dreitzel: Protestantischer Aristotelismus und absoluter Staat. Die 'Politica' des Henning Arnisaeus. – Wiesbaden 1970.

17 K. Kroeschell: HRG I (1971), S. 545.

18 Vgl. etwa J. F. Buddaeus: Diss. de comparatione obligationum, quae ex diversis hominum statibus oriuntur. – Halle 1703. Zum weniger emanzipativen als herrschaftsbegründenden Charakter des älteren Naturrechts vgl. D. Klippel: Politische Freiheit (s. Anm. 2).

19 C. F. Hommel: Diss. de usu hodierno divisionis hominum in cives et peregrinos. – Leipzig 1750. Vermutlich einschlägig, aber mir derzeit nicht erreichbar, J. E. Linck: Diss. de civibus et peregrinis. – Straßburg 1729. Zum Zerfall des Gedankens der respublica christiana nach der Reformation vgl. M. Heckel: Staat und Kirche nach den Lehren der evangelischen Juristen Deutschlands in der ersten Hälfte des 17. Jahrhunderts. – München 1968, S. 173 ff.

20 Petersen: Aristotelische Philosophie (s. Anm. 16), S. 384 ff.

21 Vor allem seit Th. Hobbes: De Cive. – Paris 1642.

22 S. Pufendorf: De officiis hominis et civis juxta Legem Naturalem. Libri II. – Lund 1673. Als spätere Bestätigung vgl. etwa J. H. Boehmer: Introductio in ius publicum univer-

sale. – Frankfurt und Leipzig 1710, Lib. III, cap. I: "aliud est officium hominis, aliud civis, ut Puffendorff ... accurate distinxit."

23 J. W. Gough: The Social Contract. – Oxford 1957; B. Willms: Revolution und Protest oder Glanz und Elend des bürgerlichen Subjekts. – Stuttgart 1969; W. Röhrich: Sozialvertrag und bürgerliche Emanzipation von Hobbes bis Hegel. – Darmstadt 1972.

24 Hierzu zuletzt D. Klippel: Politische Freiheit (s. Anm. 2).

25 "Societas civilis sive populus sive res publica", zit. bei O. Brunner: Die Freiheitsrechte in der altständischen Gesellschaft. – In: ders.: Neue Wege der Verfassungs- und Sozialgeschichte. 2. Aufl. – Göttingen 1968, S. 188.

26 Chr. Wolff: Vernünfftige Gedancken vom gesellschaftlichen Leben ... (Politik). 5. Aufl. – Frankfurt und Leipzig 1740, § 4.   27 Ebd., §§ 230 und 433.

28 Ebd., § 245: "Obrigkeiten sollen begierig seyn Unterthanen glückseelig zu machen". Dazu nunmehr H.-M. Bachmann: Die naturrechtliche Staatslehre Christian Wolffs. – Berlin 1977, S. 78 ff. und 233 ff.

29 So für Wolff mit Nachdruck M. Thomann: Chr. Wolff. – In: Stolleis: Staatsdenker (s. Anm. 15).

30 R. Vierhaus: Deutschland im 18. Jahrhundert: soziales Gefüge, politische Verfassung, geistige Bewegung. – In: Lessing und die Zeit der Aufklärung. – Göttingen 1968, S. 12 ff.; ders.: Politisches Bewußtsein in Deutschland vor 1789. – In: Der Staat 6 (1967), S. 175 ff.

31 Klippel: Politische Freiheit (s. Anm. 2), S. 57 ff.   32 Ebd., S. 60.

33 H. G. Scheidemantel: Das Staatsrecht nach der Vernunft und den Sitten der vornehmsten Völker betrachtet. 3 Bde. – Jena 1770–1773, Bd. 3, S. 204. Zit. auch bei Klippel: Politische Freiheit (s. Anm. 2), S. 64.

34 J. G. H. v. Justi: Natur und Wesen der Staaten. 2. Aufl., hrsg. und mit Anm. versehen von H. G. Scheidemantel. – Mitau 1771. Neudruck Aalen 1969, S. 531.

35 Ebd., § 235. Ebenso J. H. G. v. Justi: Die Grundfeste zu der Macht und Glückseligkeit der Staaten oder ausführliche Vorstellung der gesamten Polizeiwissenschaft. – Königsberg 1760. Neudruck Aalen 1965, Bd. 2, §§ 168 ff. und 180.

36 Justi: Die Grundfeste (s. Anm. 35), § 403.   37 Ebd., § 402.

38 Justi: Die Grundfeste, Bd. 2. – Königsberg und Leipzig 1761, 11. Buch, insbes. §§ 168 ff. und 180–183. Zu Justis Freiheitsverständnis nunmehr auch J. Brückner: Staatswissenschaften, Kameralismus und Naturrecht. – München 1977, S. 233 ff. und 247 ff.

39 Ch. Link: Menschenrechte (s. Anm. 9), S. 282 ff. Zu diesem Vorgang grundsätzlich E. Angermann: Das "Auseinandertreten von Staat und Gesellschaft" im Denken des 18. Jahrhunderts. – In: Zeitschr. f. Politik 10 (1963).

40 J. F. v. Pfeiffer: Grundriß der wahren und falschen Staatskunst. 2 Bde. – Berlin 1778/ 1779, Bd. 1, S. 78 (zit. bei Klippel: Politische Freiheit [s. Anm. 2], S. 71).

41 Scheidemantel: Staatsrecht (s. Anm. 33).

42 E. Schmidt-Aßmann: Der Verfassungsbegriff in der deutschen Staatslehre der Aufklärung und des Historismus. – Berlin 1967, S. 45.

43 Scheidemantel: Staatsrecht (s. Anm. 33), § 10.

44 Justi/Scheidemantel: Natur und Wesen der Staaten (s. Anm. 34), S. 243.

45 Scheidemantel: Staatsrecht (s. Anm. 33), § 10.

46 Vgl. ebd., § 109.   47 Vgl. ebd., § 114.   48 Ebd., § 117.

49 Ebd., § 117.   50 Ebd., § 114.

51 Vgl. Eisenhart: H. G. Scheidemantel. – In: ADB 30 (1890), S. 708 f.

52 Scheidemantel: Staatsrecht (s. Anm. 33), § 115, verwendet "Staatsbürger" explizit als Übersetzung für citoyen; bourgeois übersetzt er mit "anderer Bürger". Dem von Weinacht: Staatsbürger (s. Anm. 1), S. 47, gefundenen Beleg für "Staatsbürger" von 1770 kann hier also ein zweiter aus dem gleichen Jahr an die Seite gesetzt werden, und zwar ein solcher, der genau auf die rousseausche Differenz von citoyen und bourgeois bezogen ist. Dies ist sicherlich nicht der früheste Beleg; denn die von Weinacht (ebd., S. 44, Anm. 17) herangezogene Übersetzung von Girolamo Frachetta: Della ragione di stato. – Urbino 1623 unter dem Titel: "Festgesetzter Printzen- oder Regenten-Staat ..." (Frankfurt 1681; Übersetzer: George Marzi aus Kopenhagen) verwendet "Staats-Bürger" für die an der Herrschaft beteiligten Bürger von Republiken, z. B. bei der Diskussion, ob man militärische Ämter "denen *Staats-Bürger / so an der Regierung mit Theil haben / auftragen solle / oder vielmehr andern*" (S. 208). Zwischen 1681 und 1777 dürften sich weitere derartige Belege finden lassen.

53 Scheidemantel: Staatsrecht (s. Anm. 33), § 117.

54 Scheidemantel stützt sich hier u. a. auf G. F. Ienichen: Diss. de statu civium naturali. – Leipzig 1721; F. Ch. Harprecht: Specimen analogicum iurisprudentiae universalis et romanae quoad statum libertatis. – Tübingen 1705; F. Ph. Schlosser: Diss. de genuina libertatis notione. – Viteb. 1725; A. Turretini: Diss. de libertate humana iuxta lumen naturae. – Genf 1734.

55 H. G. Scheidemantel: Repertorium des Teutschen Staats- und Lehnsrechts. Erster Teil A–E. – Leipzig 1782, Art. "Bürger", S. 439.   56 Ebd.

57 Vgl. C. Süssenberger: Rousseau im Urteil der deutschen Publizistik bis zum Ende der Französischen Revolution. Ein Beitrag zur Rezeptionsgeschichte. – Bern und Frankfurt a. M. 1974.

58 Über ihn Hamberger-Meusel: Das gelehrte Teutschland. Bd. 4. – Lemgo 1797, S. 332.

59 G. F. Lamprecht: Versuch eines vollständigen Systems der Staatslehre. – Berlin 1784, § 146.

60 Vgl. ebd., §§ 130 und 180. Diese Pflichten sind u. a. "Vaterlandsliebe und gebührende Achtung gegen den Regenten, Gehorsam und Unterwürfigkeit in alle dem, was zum gemeinen Wohl verordnet und empfohlen wird, Treue gegen den Staat ... williger Beytrag zu den Staatsbedürfnissen".   61 Ebd., § 133.

62 J. A. Eberhard: Ueber die Freiheit des Bürgers und die Principien der Regierungsformen. – In: ders.: Vermischte Schriften, 1. Theil. – Halle 1784, S. 9 und 12.

63 Fr. Ch. J. Fischer: Lehrbegriff sämtlicher Kameral- und Polizeyrechte. Bd. I–III. – Frankfurt a. d. O. 1785. – Zu ihm Inama in: ADB 7 (1878), S. 65 f. sowie H. Maier: Die ältere deutsche Staats- und Verwaltungslehre (Polizeiwissenschaft). – Neuwied 1966, S. 242.

64 Vgl. Fischer: Lehrbegriff (s. Anm. 63), Bd. I, S. 446 (§ 668): "Zu Anfang der fränkischen Monarchie theilte sich die ganze Staatsbürgerschaft in Edle und Freygebohrne."

65 Ebd., S. 40 ff.

66 Anders Justi: Die Grundfeste (s. Anm. 35) und J. F. v. Pfeiffer: Natürliche ... Allgemeine Policeiwissenschaft. – Frankfurt a. M. 1779; Neudruck Aalen 1970, die ihr ganzes System auf die Harmonisierung der Interessen der einzelnen "Familien" und der allgemeinen Glückseligkeit ausrichten. Zum "Haus" vgl. O. Brunner: Das "Ganze Haus" und die alteuropäische "Ökonomik". – In: Neue Wege der Verfassungs- und Sozialgeschichte. 2. Aufl. – Göttingen 1968, S. 103.

67 Fischer: Lehrbegriff (s. Anm. 63), Bd. I, S. 309.   68 Ebd., S. 308.

69 Maier: Staats- und Verwaltungslehre (s. Anm. 63), S. 242.

70 Fischer: Lehrbegriff (s. Anm. 63), Bd. I, S. 363.   71 Ebd., S. 364 sowie § 509.

72 Staatsbürgerschaft, Aufenthaltsberechtigung, Aufenthaltserlaubnis (Reichs- und Staatsangehörigkeitsgesetz v. 22.7.1913, § 3; Ausländergesetz vom 28.4.1965, §§ 2, 8).

73 Fischer: Lehrbegriff (s. Anm. 63), Bd. I, S. 368 f., § 522.

74 Vgl. ebd., S. 445 ff.

75 Zu dieser Gliederung vgl. Maier: Staats- und Verwaltungslehre (s. Anm. 63), S. 50 ff., m. w. Nachw.

76 Vgl. Fischer: Lehrbegriff, Bd. I, S. 446, § 667.   77 Vgl. ebd., S. 686 f.

78 Allgemeines Landrecht für die Preußischen Staaten (im folgenden zit.: ALR) I, 1, § 6: "Personen, welchen, vermöge ihrer Geburt, Bestimmung oder *Hauptbeschäftigung*, gleiche Rechte in der bürgerlichen Gesellschaft beigelegt sind, machen zusammen Einen Stand des Staats aus." Zur "Tendenz" des ALR in Richtung auf eine allgemeine Staatsbürgerschaft

siehe vor allem Koselleck: Staat und Gesellschaft in Preußen (s. Anm. 82), S. 83: "Die Stände werden in rechtlicher Hinsicht zu staatlich genehmigten Berufsverbänden, deren Eigenständigkeit durch ihre Zuordnung zum Gesamtzweck mediatisiert wird." Eben dies ist auch die Intention in Fischers Lehrbegriff.

79 Maier: Staats- und Verwaltungslehre (s. Anm. 63), S. 222.

80 Weinachts These (s. Anm. 1, S. 44), das Wort "Staatsbürger" sei in Deutschland schon am "Vorabend von 1789" gebraucht worden, wird hiermit bestätigt. M. Riedel, obwohl er Weinachts Arbeit verwertet hat, hält offenbar an der älteren Meinung von der Urheberschaft Wielands fest (vgl. Riedel: Bürger [s. Anm. 1], S. 689 ff.).

81 Materialsammlung und erster Entwurf des ALR fallen in die Jahre 1784—86. Fischers Lehrbegriff ist 1785 erschienen. Für die reiche Spezialliteratur zum ALR sei auf Wieacker: Privatrechtsgeschichte (s. Anm. 11), S. 327 ff. sowie künftig auf W. Wilhelm in: Handbuch der Quellen und Literatur der neueren europäischen Privatrechtsgeschichte, Bd. II/3, Teil 2, verwiesen.

82 W. Conze (Hrsg.): Staat und Gesellschaft im deutschen Vormärz 1815—1848. 2. Aufl. — Stuttgart 1970, S. 212 ff.; R. Koselleck: Staat und Gesellschaft in Preußen 1815—1848. — In: Conze, ebd., S. 80—84; ders.: Preußen zwischen Reform und Revolution. — Stuttgart 1967, S. 660 ff.

83 ALR II, 8, § 1.

84 Vgl. O. Brunner: Land und Herrschaft. 4. Aufl. — Wien und Wiesbaden 1959, S. 395 ff.; Maier: Staats- und Verwaltungslehre (s. Anm. 63), S. 50 ff.

85 ALR I, 1, § 6. Diese Qualifikation ist personenbezogen: "Die bloß an den Stand gebundenen Rechte können von dem Besitzer, aus eigner Macht, auf Andre nicht übertragen werden, und gehen mit dem Stande verloren" (ALR, Einl., § 104).

86 ALR II, 8, § 2.

87 Vgl. ebd., §§ 17, 21, 49. Hierzu H. Rehm: Der Erwerb von Staats- und Gemeindeangehörigkeit in geschichtlicher Entwicklung. — In: Annalen des Deutschen Reiches 1892, S. 195 ff.; W. Ebel: Der Bürgereid als Geltungsgrund und Gestaltungsprinzip des deutschen mittelalterlichen Stadtrechts. — Weimar 1958.

88 ALR II, 8, § 13.   89 Vgl. ALR, Einl., §§ 7 und 12.   90 ALR II, 7, § 147.

91 Ebd., §§ 87 ff.   92 Vgl. ALR, Einl., §§ 1, 12, 22, 73, 74, 76, 79, 84.

93 Vgl. Koselleck: Staat und Gesellschaft in Preußen (s. Anm. 82), S. 82.

94 ALR, Einl., § 22.

95 Vgl. H. Conrad: Das ALR von 1794 als Grundgesetz des friderizianischen Staats. — Berlin 1965; G. Birtsch: Zum konstitutionellen Charakter des ALR. — In: Festschrift Theodor Schieder. — München und Wien 1968, S. 97 ff.

96 Vgl. H. Conrad: Die geistigen Grundlagen des ALR für die preußischen Staaten von 1794. — Köln und Opladen 1958; G. Kleinheyer: Staat und Bürger im Recht. — Bonn 1959; M. Stolleis: Staatsraison, Recht und Moral in philosophischen Texten des späten 18. Jahrhunderts. — Meisenheim 1972.

97 Monitum von Schlettmann (Gießen), zit. bei W. Ahlert: Die Aufgabe der Polizei im allgemeinen Landrecht für die preußischen Staaten von 1794. — In: AÖR NF 30 (1939), S. 198.

98 E. F. Klein: Freyheit und Eigenthum, abgehandelt in acht Gesprächen über die Beschlüsse der Französischen Nationalversammlung. — Berlin und Stettin 1790, S. 77. Über den Zusammenhang dieser Schrift mit der Berliner Mittwochsgesellschaft siehe N. Hinske, Einl., S. XXVII ff. zu: Was ist Aufklärung? — Darmstadt 1973.

99 W. v. Humboldt: Ideen zu einem Versuch die Grenzen der Wirksamkeit des Staats zu bestimmen (1792), Einleitung.

100 A. Leyser: Meditationes ad Pandectas. 3. Aufl. in 10 Bänden. — Leipzig und Wolfenbüttel 1740—1762, Bd. II (1742), Spec. 104, Med. 2.

101 Vgl. J. J. Moser: Von der Teutschen Reichs-Stände Landen. — 1769, S. 1187 f. Ähnlich J. W. v. Tevenar: Versuch über die Rechtsgelahrtheit. — Magdeburg und Dessau 1777, S. 20: "Es sind wenig Wörter, die so sehr mißdeutend, und unrecht angewendet werden, als der Ausdruck gemeine Wohlfahrt."

102 Vgl. G. E. Lessing: Ernst und Falk. Gespräche für Freymäurer. 2. Gespräch. — 1778.

103 J. A. Schlettwein: Grundfeste der Staaten oder die politische Oekonomie. — Gießen 1779, § 55.

104 A. L. Schlözer: Staats-Anzeigen. Bd. IX. — Göttingen 1786, S. 504.

105 F. C. v. Moser: Von dem göttlichen Recht der Könige, vom Ursprung der Landesherrlichen und Obrigkeitlichen Gewalt und von der Natur und Gränzen des Gehorsams. — In: Neues Patriotisches Archiv für Deutschland 1 (1792), S. 536—550, insbes. S. 540. Zum jüngeren Moser vgl. N. Hammerstein in: HZ 212 (1971), S. 316—338.

106 Zwischen 1790 und Juni 1796 sollen 900 deutsche Schriften erschienen sein, die sich mit dem Thema "Freiheit und Gleichheit" beschäftigten. So Chr. U. D. Eggers: Sollen Prediger über Freiheit und Gleichheit von der Kanzel reden? — In: Deutsches Magazin 10. — o. O. [Altona] 1796.

107 Vgl. Stolleis: Staatsraison (s. Anm. 96), S. 42 ff.; Klippel: Politische Freiheit (s. Anm. 2), S. 132 f. Bezeichnend insbes. die anonym erschienene Schrift von J. Chr. Schwab: Neun Gespräche zwischen Christian Wolff und einem Kantianer über Kants metaphysische Anfangsgründe der Rechtslehre und der Tugendlehre. — Berlin und Stettin 1789.

108 Charakteristisch ist, daß die Bezeichnung "citoyen" nun wieder, wie zuvor das Schweizer Bürgerrecht an den französischen König, an Ausländer vergeben wird (Washington, Campe, Klopstock, Schiller).

109 I. Kant: Metaphysik der Sitten, Rechtslehre, § 45.   110 Ebd., § 49 a. E.

111 I. Kant: Über den Gemeinspruch, Abschn. II. Dort auch der entscheidende Satz: "Derjenige nun, welcher das Stimmrecht in dieser Gesetzgebung hat, heißt ein Bürger (citoyen, d. i. Staatsbürger, nicht Stadtbürger, bourgeois). Die dazu erforderliche Qualität ist, außer der natürlichen (daß es kein Kind, kein Weib sei), die einzige: daß er sein eigener Herr (sui iuris) sei, mithin irgend ein Eigentum habe ... welches ihn ernährt."

112 I. Kant: Metaphysik der Sitten, Rechtslehre, § 46.

113 Vgl. bei Kant: Zum Ewigen Frieden, Zweiter Abschnitt, Anm. zum "Weltbürgerrecht" (ius cosmopoliticum) sowie "Metaphysik der Sitten, Rechtslehre", § 62. Die Differenzierung zwischen dem Bürger, der zu gehorchen hat, und dem Weltbürger, der öffentlich räsonieren darf, findet sich in "Beantwortung der Frage: Was ist Aufklärung?" (1784).

114 I. Kant: Über den Gemeinspruch, Abschn. II/3.

115 P. Burg: Kant und die Französische Revolution. — Berlin 1974; I. Fetscher: I. Kant und die Französische Revolution. — In: E. Gerresheim (Hrsg.): I. Kant 1724/1974 — Kant als politischer Denker. — Bonn 1974, S. 27—43.

116 E. F. Klein: Grundsätze der natürlichen Rechtswissenschaft. — Halle 1797, S. 277.

117 A. L. Schlözer: Allgemeines StatsRecht und StatsVerfassungsLere. — Göttingen 1793, S. 37. Hierzu A. Berney: August Ludwig Schlözers Staatsauffassung. — In: HZ 132 (1925), S. 43—67.

118 Th. v. Schmalz: Das Recht der Natur (1791). 2. Aufl. — Königsberg 1795—1804 (Neudruck Aalen 1969), Vorrede. Zu Schmalz siehe E. Landsberg in: ADB 31 (1890), S. 624—627. — Gemeint ist nicht G. Hufeland: Versuch über den Grundsatz des Naturrechts. — Leipzig 1785 (wohlwollend von Kant rezensiert in der Jenaer Allg. Lit. Zeitung Nr. 92 vom 18.4.1786, Sp. 113—116), sondern dessen "Lehrsätze des Naturrechts und der damit verbundenen Wissenschaften" (Jena 1790; dort zu "Untertan" § 400 und "bürgerlicher und politischer Freiheit" § 404) sowie W. G. Tafinger: Lehrsäze des Naturrechts. — Tübingen 1794.

119 W. v. Humboldt: Ideen zu einem Versuch die Grenzen der Wirksamkeit des Staates zu bestimmen (1792), Abschn. III: " ... der Staat enthalte sich aller Sorgfalt für den positiven Wohlstand der Bürger und gehe keinen Schritt weiter, als zu ihrer Sicherstellung gegen sich selbst und gegen auswärtige Feinde notwendig ist; zu keinem andren Endzwecke beschränke er ihre Freiheit" (Reclam-Ausgabe. — Stuttgart 1967, S. 52). Dagegen ganz nach eudämonistischem Muster K. v. Dalberg: Von den wahren Grenzen der Wirksamkeit des Staats in Beziehung auf seine Mitglieder. — 1793.

120 Th. v. Schmalz: "Das natürliche Staatsrecht"; in: ders.: Das Recht der Natur (s. Anm. 118), § 41.

121 Ebd., S. 136.   122 Ebd., § 55.   123 Ebd., § 74.

124 Ebd., § 146 sowie §§ 77, 79, 125.

125 Vgl. J. Möser: Von dem Einfluß der Bevölkerung durch Nebenbewohner auf die Gesetz-gebung. – In: Patriotische Phantasien, II (= Werke, Bd. V). – Oldenburg 1945, S. 11 ff. Zu Möser vgl. insbes. E. W. Böckenförde: Die deutsche verfassungsgeschichtliche Forschung im 19. Jahrhundert. – Berlin 1961, S. 23–41, sowie R. Vierhaus: Montesquieu in Deutsch-land. – In: Collegium Philosophicum. Studien J. Ritter z. 60. Geburtstag. – Basel 1965, S. 403 ff.

126 Schlettwein: Grundfeste der Staaten (s. Anm. 103), insbes. §§ 38 ff. Landsberg: Schmalz (s. Anm. 118) weist darauf hin, Schmalz sei in seinen ökonomischen Ansichten Physiokrat gewesen.

127 Für Preußen vgl. N. Habermann in: H. Coing u. W. Wilhelm (Hrsg.): Wissenschaft und Kodifikation des Privatrechts im 19. Jahrhundert. Bd. III. – Frankfurt a. M. 1976, S. 6 ff.; für Bayern mein Beitrag im gleichen Band, S. 44 ff.

128 E. R. Huber: Deutsche Verfassungsgeschichte. I. – Stuttgart 1957, S. 344 ff.; zu Bayern besonders aufschlußreich W. Zorn in: Conze: Staat und Gesellschaft im deutschen Vormärz (s. Anm. 82).

129 Wie Schmalz auch der Kantianer L. H. v. Jakob: Aus dem Naturrechte. – Halle 1796.

130 Chr. W. v. Dohm: Ueber die bürgerliche Verbesserung der Juden. – Berlin und Stettin 1781; F. T. Hartmann: Untersuchung ob die bürgerliche Freiheit den Juden zu gestatten sei. – Berlin 1783. Zu Dohm s. W. Gronau: Christian Wilhelm von Dohm nach seinem Wollen und Handeln. – Lemgo 1824; I. Dambacher: Christian Wilhelm von Dohm. Ein Bei-trag zur Geschichte des preußischen aufgeklärten Beamtentums und seiner Reformbestre-bungen am Ausgang des 18. Jahrhunderts. – Frankfurt a. M. 1974, sowie Schlumbohm: Freiheit (s. Anm. 2).

131 [Th. J. v. Hippel]: Über die bürgerliche Verbesserung der Weiber. – Berlin 1792 (Neu-druck Frankfurt a. M. 1977).

132 Ebd., S. 207. So schon zuvor v. Tevenar: Versuch über die Rechtsgelahrtheit. – Mag-deburg und Dessau 1797, S. 47 ff. (zit. nach der 2. Aufl. von 1801).

133 K. H. Heydenreich: Grundsätze des natürlichen Staatsrechts und seiner Anwendung. 1. Theil. – Leipzig 1795 (Titelblatt mit Porträt von John Locke!): Ein Widerstandsrecht wird theoretisch bejaht, wenn der Oberherr die Grundgesetze verletzt habe. Doch besteht andererseits keine Verantwortlichkeit gegenüber dem Bürger außer einer Gewissensbindung des Herrschers. Ein Auswanderungsrecht wird abgelehnt.

134 Ebd., S. 120.

135 Ebd. Die Einschränkung der Staatsbürger auf die Grundbesitzenden im Sinne von Schmalz lehnt Heydenreich ab, ebd., S. 36 ff. und 88.

136 F. L. v. Jakob: Antimachiavel oder über die Grenzen des bürgerlichen Gehorsams. – Halle 1794 (2. Aufl. Halle 1796). Hierzu Stolleis: Staatsraison (s. Anm. 96), S. 88–93.

137 J. Chr. Schaumann: Wissenschaftliches Naturrecht. – Halle 1792.

138 Schaumann: Naturrecht, § 599.   139 Ebd., § 604.

140 J. H. Abicht: Kurze Darstellung des Natur- und Völkerrechts, zum Gebrauch bey Vorlesungen. – Bayreuth 1795, § 178.

141 Ebd., § 177.

142 E. F. Klein: Grundsätze der natürlichen Rechtswissenschaft nebst einer Geschichte derselben. – Halle 1797, §§ 489 ff., 538 f.

143 W. Näf: Der Durchbruch des Verfassungsgedankens im 18. Jahrhundert. – 1953 (Schweiz. Beitr. z. Allg. Gesch. 11); hierzu typisch das auch bei Klippel: Politische Freiheit (s. Anm. 2), S. 154, festgehaltene Zitat aus J. A. Bergk: Untersuchungen aus dem Natur-, Staats- und Völkerrechte. – Leipzig 1796, S. 45: "Eine rechtliche Constitution ist die Schutzwehr der bürgerlichen Freyheit."

144 Schlözer: Allgemeines StatsRecht (s. Anm. 117).

145 Vgl. H. Scheel: Süddeutsche Jakobiner. Klassenkämpfe und republikanische Bestrebungen im deutschen Süden Ende des 18. Jahrhunderts. – Berlin/DDR 1962; ders. (Hrsg.): Jakobinische Flugschriften aus dem deutschen Süden Ende des 18. Jahrhunderts. – Berlin/DDR 1965; W. Grab: Demokratische Strömungen in Hamburg und Schleswig-Holstein zur Zeit der ersten französischen Republik. – Hamburg 1966; ders.: Norddeutsche Jakobiner. – Frankfurt a. M. 1967; J. Garber (Hrsg.): Revolutionäre Vernunft. Texte zur jakobinischen und liberalen Revolutionskonzeption 1789–1810. – Kronberg/Ts. 1974; H. Scheel (Hrsg.): Die Mainzer Republik I. Protokolle des Jakobinerklubs. – Berlin/DDR 1975; J. Hermand (Hrsg.): Von deutscher Republik 1775–1795. Texte radikaler Demokraten. – Frankfurt a. M. 1975; G. Mattenklott/K. R. Scherpe (Hrsg.): Demokratisch-revolutionäre Literatur in Deutschland: Jakobinismus. – Kronberg/Ts. 1975; H. Gerth: Bürgerliche Intelligenz um 1800. – Göttingen 1976; I. Stephan: Literarischer Jakobinismus in Deutschland (1789–1806). – Stuttgart 1976; A. Kuhn: Jakobiner im Rheinland. Der Kölner konstitutionelle Zirkel von 1789. – Stuttgart 1976.

146 Diese Ansicht vertritt H. G. Haasis im Nachwort zum Neudruck von J. B. Erhard: Über das Recht des Volkes zu einer Revolution und andere Schriften. – München 1970, S. 210 ff., obwohl Erhard sich im Text deutlich und argumentierend von den Jakobinern absetzt.

147 Erhard, ebd., S. 88 und 90.

148 So mit Recht Haasis, ebd., S. 213.

149 J. A. Bergk: Immanuel Kants metaphysische Anfangsgründe der Rechtslehre. – Leipzig und Gera 1797 (Neudruck Brüssel 1968), S. 182. Ausführlicher ders.: Untersuchungen aus dem Natur-, Staats- und Völkerrechte, mit einer Kritik der neuesten Konstitution der französischen Republik. – Leipzig 1796 (Neudruck Kronberg/Ts. 1975), S. 37 ff.

150 Bergk: Immanuel Kants metaphysische Anfangsgründe (s. Anm. 149), S. 181.

151 Bergk: Untersuchungen (s. Anm. 149), S. 47.

152 Bergk: Immanuel Kants metaphysische Anfangsgründe (s. Anm. 149), S. 186.

153 Siehe oben Anm. 128.

154 Vgl. R. Cobb: Reactions to the French Revolution. — London 1972; K. Epstein: Die Ursprünge des Konservativismus in Deutschland. Der Ausgangspunkt: Die Herausforderung durch die französische Revolution 1770—1806. — Frankfurt a. M. 1973; H. Brunschwig: Gesellschaft und Romantik in Preußen im 18. Jahrhundert. Die Krise des preußischen Staates am Ende des 18. Jahrhunderts und die Entstehung der romantischen Mentalität. — Frankfurt a. M. 1975.

155 E. Fehrenbach: Besprechung von Klaus Epstein: Konservativismus (s. Anm. 154). — In: Zeitschr. f. hist. Forschung 3 (1976), S. 139.

156 Vgl. E. Kaufmann: Über den Begriff des Organismus in der Staatslehre des 19. Jahrhunderts. — Heidelberg 1908; F. W. Coker: Organismic theories of the state as organism or as person. — New York 1910; G. v. Busse: Die Lehre vom Staat als Organismus. Kritische Untersuchungen zur Staatsphilosophie Adam Müllers. — Berlin 1928; W. Melchior: Das Wesen des organischen Staatsgedankens. — Berlin 1935; J. Baxa: Einführung in die romantische Staatswissenschaft. 2. Aufl. — Jena 1931; A. Hollerbach: Der Rechtsgedanke bei Schelling. — Frankfurt a. M. 1957, S. 140 ff.

157 Neuer Teutscher Merkur von 1794. 1. Heft (= Wieland: Gesammelte Schriften. Bd. 15. 1930, S. 633 f.), zit. auch bei Weinacht: Staatsbürger, und Riedel: Bürger (s. Anm. 1).

158 Vgl. Kurhess. Verfassung von 1831, Präambel, Abschn. III: "Von den allgemeinen Rechten und Pflichten der Unterthanen" — aber auch § 22: "Ein jeder Staats-Angehöriger (Inländer) ist der Regel nach auch Staatsbürger, somit zu öffentlichen Ämtern und zur Theilnahme an der Volksvertretung befähigt ..." — Sächsische Verfassung von 1831, §§ 24 ff.: "Von den allgemeinen Rechten und Pflichten der Unterthanen", während die sächs. Verfassung von 1816 noch von "Staatsbürgern" geredet hatte.

159 Vgl. H. Stuke: Aufklärung. — In: Geschichtliche Grundbegriffe (s. Anm. 1), Bd. I, S. 243—342; N. Hinske (Hrsg.): Was ist Aufklärung? — Darmstadt 1973.

160 Vgl. Kluge-Mitzka: Etymologisches Wörterbuch der deutschen Sprache. 20. Aufl. — 1967, Art. "aufklären".

161 F. W. Schelling: Vorlesungen über die Methode des academischen Studiums. 3. Aufl. — Stuttgart und Tübingen 1839, S. 105 ff.

162 Bezeichnend ist die bei Schlumbohm: Freiheit (s. Anm. 2), S. 65 f. nachgewiesene Preisfrage der Kurmainzischen Akademie zu Erfurt: "Was heißt bürgerliche Freiheit und auf wievielerlei Wegen lassen sich richtige Begriffe davon unter alle Stände, besonders die niedrigsten Volksklassen verbreiten?" (1792).

163 A. Berney: Reichstradition und Nationalstaatsgedanke (1789—1815). — In: HZ 140 (1929), S. 57 ff.; G. Masur: Deutsches Reich und deutsche Nation im 18. Jahrhundert. — 1932 (Preuß. Jahrbücher 229).

164 Vgl. F. Braune: Edmund Burke in Deutschland. – Heidelberg 1917; K. v. Raumer: Deutschland um 1800. Krise und Neugestaltung 1789–1815 (Handbuch der Deutschen Geschichte. Hrsg. von I. Just, Teil III/1. – o. J.); F. Valjavec: Die Entstehung der politischen Strömungen in Deutschland 1770–1815. – München 1951; G. Parry: Enlightened Government and its Critics in Eighteenth-Century Germany. – In: The Historical Journal 6 (1963), pp. 178 sqq.; G. P. Gooch: Germany and the French Revolution. – London 1965; Schlumbohm: Freiheit (s. Anm. 2), S. 83 ff.

165 Asmus (Hrsg.): Auch ein Beytrag über die Neue Politick. – Hamburg 1794, nachgedruckt bei J. Garber: Kritik der Revolution. Theorien des deutschen Frühkonservativismus 1790–1810. Bd. 1: Dokumentation. – Kronberg/Ts. 1976, S. 29 ff.

166 Siehe auch A. W. Rehberg: Untersuchungen über die französische Revolution. Bd. 1. – Hannover 1793, S. 177: "Um das neue System einzuführen, welches auf die allgemeine Gleichheit aller Staatsbürger gebaut sein sollte ..."

167 Vgl. B. Weyergraf: Der skeptische Bürger – Wielands Schriften zur französischen Revolution. – Stuttgart 1972; R. Schnur: Tradition und Fortschritt im Rechtsdenken Christoph Martin Wielands. – In: Tradition und Fortschritt im Recht. Festschrift z. 500jährigen Bestehen der Tübinger Juristenfakultät. – Tübingen 1977, S. 91 ff.

168 Als Beispiel etwa J. G. Dyck: Über Antike, Aufklärung und Republikanismus. – In: ders. (Hrsg.): Natur, Ursachen und Resultate der französischen Revolution. – Leipzig 1789, S. 231: "Aristoteles und Plato misbilligten die Ertheilung des Bürgerrechts an Künstler, Handwerker und Ackerleute. Was würden sie sagen, wenn sie hörten, daß man itzt Kutschern, Sänftenträgern, ja Bettlern und Henkersknechten den Ehrennamen citoyen gibt? Gewährt die Benennung: citoyen de France wohl einen reellen Begriff? Ist sie etwas anders als ein hohler Schall? Kann man ohne Lachen sagen: der citoyen Scharfrichter Sanson?" – Über Dyck sehr abfällig v. L. in: ADB 5 (1877), S. 509. – Sanson: französische Scharfrichterfamilie, die das Amt von 1688 bis 1848, auch während der Französischen Revolution, innehatte.

169 J. J. Wagner: Ueber die Trennung der legislativen und executiven Staatsgewalt. Ein Beitrag zur Beurtheilung des Werthes landständischer Verfassungen. – München 1804, S. 19. Zu Wagner vgl. Heinze in: ADB 40 (1896), S. 510–515.

170 Wagner, ebd., S. 11.   171 Ebd., S. 31 und 33 f.   172 Ebd., S. 94.

173 Vgl. oben Anm. 156. Besonders deutlich J. B. Nibler: Der Staat aus dem Organismus des Universums entwickelt. – Landshut 1805; C. L. v. Haller: Entwurf einer antirevolutionären Staatslehre. – In: Handbuch der allgemeinen Staatenkunde. – Winterthur 1808, S. 24 ff.; ders.: Restauration der Staats-Wissenschaft oder Theorie des natürlich-geselligen Zustands der Chimäre des künstlich-bürgerlichen entgegengesetzt. 2. Aufl., Bd. 2. – Winterthur 1820. Hierzu nunmehr Ch. Pfister: Die Publizistik Karl Ludwig von Hallers in der Frühzeit 1791–1815. – Bern und Frankfurt a. M. 1975.

174 So ausdrücklich N. Th. Gönner: Teutsches Staatsrecht. – Landshut 1804, § 408.

175 Nicht umsonst entsteht mit dem August 1814 eine Fichte-Renaissance und wird in den zwanziger Jahren "Gemeinschaft" gegen "Gesellschaft" ausgespielt. Vgl. M. Stolleis:

Gemeinschaft und Volksgemeinschaft. — In: Vierteljahreshefte f. Zeitgeschichte 20 (1972), S. 18 ff.

176 Aufschlußreich ist die Aufforderung von C. v. Carmer, ein naturrechtliches Lehrbuch zum ALR zu schreiben, Darjes zugrundezulegen und die "darinn aufzustellenden Begriffe und Grundsätze hauptsächlich aus dem GesetzBuche selbst" zu abstrahieren (Schlözers Stats-Anzeigen, Bd. XII [1789], S. 86 ff. Das Ergebnis dieser Aufforderung war Chr. U. D. v. Eggers: Lehrbuch des Natur- und allgemeinen Privatrechts in vier Bänden. — Berlin 1797.

177 Vgl. J. B. Koch: Nikolaus Thaddäus von Gönners Staatslehre, eine rechtshistorische Studie. — Leipzig 1902; F. Bomsdorf: Prozeßmaxime und Rechtswirklichkeit. — Berlin 1970.

178 K. O. Frhr. v. Aretin: Heiliges Römisches Reich 1776—1806. Bd. 1. — Wiesbaden 1967, insbes. S. 453 ff. für die Zeit nach 1803.

179 Vgl. z. B. den Streit um die "Meklenburgische Eingebohrenheit". — In: Schlözers Stats-Anzeigen. Bd. IX (1786), S. 281 ff.

180 Frankfurt und Leipzig 1774.

181 Gönner: Teutsches Staatsrecht (s. Anm. 174), § 54. Ebenso J. Chr. Leist: Lehrbuch des Teutschen Staatsrechts. — Göttingen 1803; Th. v. Schmalz: Handbuch des teutschen Staatsrechts. — Halle 1805.

182 Weinacht: Staatsbürger (s. Anm. 1), S. 55, Anm. 75.

183 E. R. Huber: Dokumente zur deutschen Verfassungsgeschichte. Bd. I. — Stuttgart 1961, S. 35 f.

184 Vgl. J. J. Moser: Von der Teutschen Unterthanen Rechten und Pflichten. — Frankfurt und Leipzig 1774.

185 Ebenso Riedel: Bürger (s. Anm. 1), S. 686. — H. A. Zachariä: Deutsches Staats- und Bundesrecht (s. Anm. 191) bestätigt, es sei vor 1806 "von einem 'Reichsbürgerrechte', welches doch begriffsmäßig noch bestehen konnte, wenig oder gar keine Rede" gewesen.

186 Vgl. R. Vierhaus: Land, Staat und Reich in der politischen Vorstellungswelt deutscher Landstände im 18. Jahrhundert. — In: HZ 223 (1976), S. 40 ff.

187 Vgl. die von Schlumbohm: Freiheit (s. Anm. 2), S. 68 zitierte Feststellung von J. J. Moser: "Das Wort *frei* ist ein relativer Begriff, und es gibt in statu civili so viele Arten von Churfreien, Notfreien und Freigebornen, daß es wegen seiner wenigen Bestimmung ganz unbrauchbar ist."

188 Vgl. J. Habermas: Strukturwandel der Öffentlichkeit. — Neuwied und Berlin 1962, insbes. § 12.

189 Vgl. M. Stolleis: Luxusverbote. — In: Dilcher-Horn (Hrsg.): Sozialwissenschaften im Studium des Rechts. Bd. IV. — München 1977, S. 145 ff.

190 Bayer. Verfassung 1818: Präambel; Art. IV, § 2: "Das Baierische Staats-Bürgerrecht"; Art. CI, § 12: "... selbständiger Staatsbürger". — Badische Verfassung 1818: § 7: "Die staatsbürgerlichen Rechte der Badener"; § 9: "Alle Staatsbürger von den drei christlichen Confessionen"; § 36: "Alle übrigen Staatsbürger ..." (akt. u. pass. Wahlrecht). — Württembergische Verfassung 1819: §§ 3, 19—42: "Von den allgemeinen Rechts-Verhältnissen der Staats-Bürger"; § 135. Zu den süddeutschen Vormärzverfassungen vgl. E. R. Huber: Deutsche Verfassungsgeschichte. Bd. 1. — Stuttgart 1957, S. 336 ff.

191 Vgl. oben Anm. 158. Den m. E. besten Überblick über die hier nicht zu erörternde Entwicklung bis 1848 bietet H. A. Zachariä: Deutsches Staats- und Bundesrecht. 2. Aufl. — Göttingen 1853, Erster Theil, §§ 85 ff. (S. 394 ff.); dort insbes. S. 395, Anm. 1 und S. 397, Anm. 9.

192 P. Wende: Radikalismus im Vormärz. Untersuchungen zur politischen Theorie der frühen deutschen Demokratie. — Wiesbaden 1975, S. 20, unterschätzt m. E. generell die Bedeutung des 18. Jahrhunderts für das frühe 19. Jahrhundert.

PETER MICHELSEN

Der unruhige Bürger
Der Bürger und die Literatur im 18. Jahrhundert

Der Bürger und die Literatur im 18. Jahrhundert: über solch Thema sich auslas-
sen heißt, den lieben Gott nicht im Detail, sondern im Allgemeinen suchen. Die
zu formulierenden Thesen werden jedoch — sollen sie Wahrheit beanspruchen
dürfen — diese sicherlich auch im Detail finden müssen. [1]
  Allerdings — ein für alle Male sei dies gesagt —: die Beziehungen zwischen Ge-
sellschaftlichem und Geistigem sollen keineswegs als solche der Kausalität beschrieben oder erklärt werden. Weder soll behauptet werden, soziale oder ökonomische Strukturen hätten geistig-literarische Phänomene hervorgebracht, noch
— umgekehrt — gesellschaftliches Sein sei auf Bewußtseinshaltungen, wie sie
u. a. in der Literatur ihren Niederschlag finden, zurückführbar. Auch wenn in
Einzelfällen Kausalbezüge dieser oder jener Art feststellbar zu sein scheinen (und
im folgenden auch beides — Wirkungen der Literatur auf die Gesellschaft und
vice versa — aufgewiesen wird), so wäre doch jeder *generelle* Schluß aus solchen
Daten ein Trugschluß. Wichtig ist allein: zusammenzusehen, was zusammengе-
hört. Wie zwischen Körper und Geist finden zwischen Gesellschaft und Literatur
mannigfache Spannungen und Wechselbeziehungen statt; schließlich aber bilden
sie beide — sich differenzierend in ihren jeweiligen Manifestationen und doch
einander durchdringend — ein Ganzes.
  Was ist im 18. Jahrhundert ein Bürger? Oder, vorsichtiger gefragt: wie können wir den Begriff 'Bürger' für das 18. Jahrhundert verstehen? Zunächst einmal
sehen wir ab von der in dem Begriff mitenthaltenen Bedeutung: 'civis', 'citoyen',
'Staats-Bürger' (einer Bedeutung, die sich vielleicht nicht ganz zufällig ausgerech-
net an die Bezeichnung eben dieses Standes heftete). [2] Aber auch die immer wieder zu findende Definition, wie sie etwa schon Diderot in der Encyclopédie
gab: [3] 'Bewohner der Stadt', reicht nicht aus. Denn auch die Stadt gerät, wie der
Bürger, im 18. Jahrhundert (die Keime liegen natürlich schon früher) in eine Gä-
rung, die einen neuen Aggregatzustand erzeugte, so daß auch 'Stadt' und 'Stadt'
nicht mehr dasselbe waren. Verstehen wir aber — wie zu empfehlen — den Bürger als Stand, dann stellen wir fest, daß er kaum inhaltlich, wesentlich nur durch
die Abgrenzung nach oben (dem Adel) und nach unten (den Bauern) zu bestimmen ist. Ja, die außerordentliche Vielfalt an Phänomenen innerhalb dieser Gren-

zen verband sich im Laufe des Jahrhunderts sogar mehr und mehr mit einer merkwürdigen Ambivalenz, die dem Begriff bis heute anhaftet. Ich erläutere sie an Hand eines literarischen Beispiels.

In Goethes "Hermann und Dorothea" besingt der Homeride einer Spätzeit in ausgewogenen Hexametern ein bürgerliches Glück: ein Glück, das, einer in Konvulsionen und explosiven Entladungen fortschreitenden und sich verändernden Welt zum Trotz, im Festhalten und Bewahren, im Beharren im Eigenen, begründet und beschlossen sein soll. Im zweiten Gesang dieses erstaunlichen Epos erscheint der Sohn, Hermann, einer Versuchung ausgesetzt. Der Vater, Gastwirt einer kleinen rheinischen Stadt, wünscht, daß sein Sohn eine der drei Töchter des Kaufmanns heirate, eines Mannes, von dem es heißt:

> Reich ist der Mann fürwahr! sein Handel und seine Fabriken
> Machen ihn täglich reicher: denn wo gewinnt nicht der Kaufmann? [4]

Der Sohn hatte früher an eine solche Verbindung auch schon gedacht: er kennt das eine Mädchen seit der Kindheit. Aber inzwischen sind beide erwachsen, und nun stellen sich gesellschaftliche Hindernisse heraus, die er folgendermaßen schildert:

> Wohlgezogen sind sie gewiß! Ich ging auch zu Zeiten
> Noch aus alter Bekanntschaft, so wie Ihr es wünschtet, hinüber;
> Aber ich konnte mich nie in ihrem Umgang erfreuen.
> Denn sie tadelten stets an mir, das mußt' ich ertragen:
> Gar zu lang war mein Rock, zu grob das Tuch, und die Farbe
> Gar zu gemein, und die Haare nicht recht gestutzt und gekräuselt.
> Endlich hatt' ich im Sinne, mich auch zu putzen, wie jene
> Handelsbübchen, die stets am Sonntag drüben sich zeigen,
> Und um die, halbseiden, im Sommer das Läppchen herumhängt.
> Aber noch früh genug merkt' ich: sie hatten mich immer zum besten,
> Und das war mir empfindlich, mein Stolz war beleidigt; doch mehr noch
> Kränkte mich's tief, daß so sie den guten Willen verkannten,
> Den ich gegen sie hegte, besonders Minchen, die jüngste.
> Denn so war ich zuletzt an Ostern hinübergegangen,
> Hatte den neuen Rock, der jetzt nur oben im Schrank hängt,
> Angezogen und war frisiert wie die übrigen Bursche.
> Als ich eintrat, kicherten sie, doch zog ich's auf mich nicht.
> Minchen saß am Klavier; es war der Vater zugegen,
> Hörte die Töchterchen singen und war entzückt und in Laune.
> Manches verstand ich nicht, was in den Liedern gesagt war,
> Aber ich hörte viel von Pamina, viel von Tamino,
> Und ich wollte doch auch nicht stumm sein! Sobald sie geendet,

Fragt ich dem Texte nach und nach den beiden Personen.
Alle schwiegen darauf und lächelten; aber der Vater
Sagte: Nicht wahr, mein Freund, Er kennt nur Adam und Eva?
Niemand hielt sich alsdann, und laut auf lachten die Mädchen,
Laut auf lachten die Knaben, es hielt den Bauch sich der Alte.
Fallen ließ ich den Hut vor Verlegenheit, und das Gekicher
Dauerte fort und fort, so viel sie auch sangen und spielten.
Und ich eilte beschämt und verdrießlich wieder nach Hause,
Hängte den Rock in den Schrank und zog die Haare herunter
Mit den Fingern und schwur, nicht mehr zu betreten die Schwelle.
Und ich hatte wohl recht! denn eitel sind sie und lieblos,
Und ich höre: noch heiß' ich bei ihnen immer Tamino. [5]

Es ist offensichtlich: die Bürgerlichkeit, wie sie Hermann repräsentiert, entspricht nicht derjenigen des Kaufmanns und seiner Familie. Bemerkenswert ist es schon, daß Goethe hier — wie die leicht satirische Darstellung verrät — den kulturbeflissenen Kreisen, in denen Mozart gespielt und sicherlich auch die neuere Literatur (etwa der "Werther") gelesen wird, nicht sehr gewogen zu sein scheint; seine Liebe gilt nicht ihnen — genau genommen: nicht seinem eigenen Publikum —, sondern dem illiteraten Hermann, dem schon "in der Schule das Lesen und Schreiben und Lernen" nicht recht gelang, und der dort immer als "Unterster" saß. [6]
Die Differenz zwischen den beiden hier kurz skizzierten Typen von Bürgern wird später von dem "trefflichen Pfarrer" noch einmal als eine grundsätzlich die bürgerliche Gesellschaft trennende beschrieben:

Ich weiß es, der Mensch soll
Immer streben zum Bessern; und, wie wir sehen, er strebt auch
Immer dem Höheren nach, zum wenigsten sucht er das Neue.
Aber geht nicht zu weit! Denn neben diesen Gefühlen
Gab die Natur uns auch Lust, zu verharren im Alten
Und sich dessen zu freun, was jeder lange gewohnt ist.
Aller Zustand ist gut, der natürlich ist und vernünftig.
Vieles wünscht sich der Mensch, und doch bedarf er nur wenig;
Denn die Tage sind kurz, und beschränkt der Sterblichen Schicksal.
Niemals tadl' ich den Mann, der immer, tätig und rastlos
Umgetrieben, das Meer und alle Straßen der Erde
Kühn und emsig befährt und sich des Gewinnes erfreuet,
Welcher sich reichlich um ihn und um die Seinen herum häuft.
Aber jener ist auch mir wert, der ruhige Bürger,
Der sein väterlich Erbe mit stillen Schritten umgehet
Und die Erde besorgt, so wie es die Stunden gebieten. [7]

Der "ruhige Bürger", den Goethe in "Hermann und Dorothea" zu preisen unternahm als einen, der sich der in der Revolution an die Oberfläche getretenen "fürchterlichen Bewegung" [8] zu entziehen, der "der schönen Güter Besitztum" zu "halten" vermöchte, [9] wird in seiner Stellung im Sozialgefüge sehr genau bezeichnet als der "Bürger des kleinen Städtchens, welcher ländlich Gewerb mit Bürgergewerb paart", [10] also als Ackerbürger; er war sicherlich eine Figur, die am Ende des Jahrhunderts auf dem Boden des alten Reiches noch vielfältig anzutreffen war. Insofern konnte Goethe sich auf sie als auf etwas Bestehendes stützen, um sein Bild einer Gesellschaft, die sich in der Beschränkung im Kleinen zu bescheiden und zu erhalten vermag, als ein noch real mögliches erscheinen zu lassen. Heute hat häufig — unsinnigerweise, wie ich behaupten möchte — diese für einen begrenzten Typus geltende Vorstellung des Bürgers seinen Begriff überhaupt okkupiert, als sei er stets ein solcher, dem die Losung "Ruhe ist die erste Bürgerpflicht" nicht erst zugerufen zu werden braucht, weil er eh schon Veränderungen scheue und nur am Tradierten und Gewohnten hänge. Bei Freund und Feind hat sich — bei unterschiedlicher Bewertung — solch Bild des Bürgertums festgesetzt; die unschwer zu gewinnende Einsicht, daß es einseitig ist, ist die Verständnisgrundlage für das Folgende.

Schon Friedrich List hatte in seinem "System der politischen Ökonomie" — sicherlich überspitzt — den Unterschied zwischen "Manufakturisten" und "Agrikulturisten" hervorgehoben. "Beim rohen Ackerbau herrscht Geistesträgheit, körperliche Unbeholfenheit, Festhalten an alten Begriffen, Gewohnheiten, Gebräuchen und Verfahrensweisen, Mangel an Bildung, Wohlstand und Freiheit. Der Geist des Strebens nach steter Vermehrung der geistigen und materiellen Güter, des Wetteifers und der Freiheit charakterisiert dagegen den Manufaktur- und Handelsstaat." [11] Die positiven und negativen Akzentsetzungen Lists sollen uns hier nicht interessieren (man kann — wie Goethe zeigt — auch genau umgekehrt werten), und auch die Überspitzung ist zu korrigieren: der *kleine* Manufakturist, der etwa einen Handwerksbetrieb unterhält, dürfte im 18. Jahrhundert noch kaum von jenem Geist des Strebens und des Wettbewerbs beseelt und eher dem Konservativismus des Landwirtschafttreibenden zugeneigt gewesen sein. Insgesamt aber ist für eine Zeit der Umwandlung der Wirtschaftsformen — der Ausbildung der modernen 'Unternehmung' (des 'Geschäfts', der 'Firma') und der Ausweitung des Marktes — die Charakterisierung Lists zweifellos richtig. Was Wilhelm Heinrich Riehl der "idealeren Natur des Bürgertumes" zuschreibt, gilt jedenfalls für die unternehmerische Seite desselben: "Ihr rechtes Lebenselement ist das Wetten und Jagen nach Erfindung, Vervollkommnung, Verbesserung. Die 'Concurrenz' ist ein echt bürgerlicher Begriff; dem Stockbauer liegt er sehr fern. Der Bürgerstand alter und neuer Zeit in seiner großartigeren Erscheinung ist der zur Tatsache gewordene Beweis des Satzes, daß" — und jetzt zitiert Riehl List — " 'die Kraft Reichtümer zu schaffen unendlich wichtiger sei als der Reichtum selbst'. ... Das beste bürgerliche Erbe ist die Kraft und gegebene äußere Möglichkeit, Reichtum zu erwerben, nicht der feste Besitz." [12] Dieser Typ des Bürgertums ist es vor allem, der — aktiv oder passiv — im 18. Jahrhundert zur Literatur in Beziehung tritt. Für den Bürger dagegen, wie ihn Hermann in Goethes Epos verkörpert, trifft das nicht zu: er hat (wie Goethe sehr scharf und richtig sieht) zu den Produkten des Geistes kaum ein Verhältnis. So muß sich unsere Aufmerksamkeit konzentrieren auf den in "Hermann und Dorothea" nur am Rande figurierenden Typ des Kaufmanns, der Unternehmungsgeist und Fabriken besitzt, der "tätig und rastlos umgetrieben" wird: er und jene "Handelsbübchen", die sich zu seinen Gesellschaften einfinden, stellen jenes Bürgertum dar, von dem es an berühmter Stelle [13] heißt, es habe "in der Geschichte eine höchst revolutionäre Rolle gespielt". Aus den Kreisen dieses Bürgertums rekrutiert sich der zahlenmäßig wohl nicht große, aber wesentliche Teil des Lesepublikums im 18. Jahrhundert.

'Kaufleute', 'Fabrikanten' und dergleichen: damit ist allerdings der Umkreis des Bürgertums, das für uns wichtig ist, noch nicht vollständig abgesteckt. Wir müssen die von Riehl als "unechte Stände" gekennzeichneten Berufsgruppen noch hinzunehmen — die wichtigsten sind: der geistliche Stand, der Gelehrtenstand, der Beamtenstand, der Soldatenstand, sowie alle 'freien Berufe' — [14]: sie machen wahrscheinlich sogar das größte Kontingent des literarisch gebildeten oder mit Literatur in näherer Beziehung stehenden bürgerlichen Publikums aus. Ihr Aufkommen, besser: ihre beträchtliche Vermehrung im 18. Jahrhundert [15] ist eines der augenscheinlichsten Zeichen für den gewichtigen, die Feudalordnungen nivellierenden Umwandlungsprozeß der Gesellschaft in der Neuzeit, und zu einem großen Teil sind auch sie — mit Ausnahme vielleicht des Pastorenstandes — Folge- oder jedenfalls Begleiterscheinungen der beginnenden Umorientierung des Wirtschaftslebens, für die Kaufleute und Fabrikanten nur die unmittelbaren Zeugen darstellen.

Daß die sich bildenden, zahlreichen neuen Berufe, obwohl sie "sich nicht mehr in die Ordnung nach Geburtsständen einpaßten", dennoch wieder als 'Stände' bezeichnet wurden, ist dabei für eine Umbruchssituation bezeichnend, in der man zwar nach vorwärts schritt, aber noch nach rückwärts blickte. Denn "diese Vermengung von Geburts- und Berufsständen" — so Percy Ernst Schramm in seinem für die Entwicklung des Bürgertums seit dem 18. Jahrhundert außerordentlich instruktiven Buch "Hamburg, Deutschland und die Welt" [16] — "zeigt einerseits, daß die herkömmliche Ordnung nicht mehr ausreichte; andererseits beweist sie, wie stark das Bedürfnis nach ständischer Ordnung blieb". [17] Schramm möchte nun diese unechten Stände als "Bürgerliche" von den eigentlichen Bürgern trennen, da ihnen "die durch den Bürgereid bekräftigte Zugehörigkeit zu einer städtischen Gemeinschaft, die zu bürgerlichem Gemeinsinn verpflichtete", abging: [18] mir scheint, er legt mit einer dergestalt eingegrenzten Definition des 'Bürgers', auch wenn sie sicherlich mancherorts noch ihre Gültigkeit hatte, insgesamt einen für das 18. Jahrhundert zu engen Maßstab an. Obgleich die Angehörigen dieser Berufsstände fast alle "nach dem Adel als dem 'feineren' Stande ausgerichtet" waren und oft auch durch die immer laxere Handhabung der Nobilitierung nominell in den Adel aufgenommen wurden,[19] muß man sie doch im großen und ganzen als dem Bürgertum zugehörig ansehen. Ihnen allen ist gemeinsam, daß "die Aufsteigenden bereits die Mehrheit" bildeten "gegenüber jenen, die ihre Stellung bereits vom Großvater übernommen hatten".[20] Als Aufsteigende, Vorwärtsstrebende sind sie aber durchaus von jener Kraft der Bewegung und der Veränderung ergriffen, die — wie Riehl erbittert zu bemerken sich nicht enthalten kann — zu "zahllosen praktischen Verirrungen der sozialen Reformversuche", zu einem "ungeheuren sozialen Wirrsal" führte.[21] Ein Geist der Unruhe wohnte diesem kleinen, aber wirkungskräftigsten Teil des Bürgertums im 18. Jahrhundert inne — ganz im Gegensatz zu den "Mächten des Beharrens", zu denen das Bauerntum und die Aristokratie zu rechnen sind.[22]

Die so umrissenen, keineswegs homogenen, mehr als Summe verschiedener nicht-adliger Kreise aufzufassenden Schichten des Bürgertums machen numerisch sicherlich keinen bedeutenden Teil der Bevölkerung aus. Die Schätzung, daß 1770 etwa 15 % der Bevölkerung in Mitteleuropa "als potentielle Leser in Frage kommen",[23] dürfte eher noch zu hoch als zu niedrig angesetzt sein; dennoch darf man daraus nicht den Schluß ziehen, die Literaturprodukte hätten nur wenig gewirkt.[24] Der sehr wesentliche Einfluß, den der Bürger auf Grund und mittelst seiner durch Lektüre gewonnenen Einsichten auf die Gesamtgesellschaft ausübte — ganz im Gegensatz übrigens zum Adligen (die Adelskultur hatte ihr Zentrum nicht im Literarischen) —, wurde durch eine Reihe von Multiplikatoren vermittelt, die die Literatur den Analphabeten nahebrachten; die wichtigsten 'Medien' dürften dabei die Musik (geistliche und gesellige Lieder) und die Predigt gewesen sein. Man hat diese Faktoren — soweit ich sehe — noch wenig oder gar nicht beachtet. Der Pfarrer, von dem es in "Hermann und Dorothea" heißt: "Und so kannt' er wohl auch die besten weltlichen Schriften",[25] dürfte diese Kenntnis auch bei seiner Gemeinde auf diese oder jene Weise angebracht haben. Und was die Musikpflege betrifft, so können wir uns die Rolle, die das Singen in Gesellschaft (bei den verschiedenartigsten Gelegenheiten und in den verschiedenartigsten Kreisen) für die noch durch keinerlei mechanische Reproduktionen abgebrühten Menschen gespielt hat, kaum noch vorstellen. Die Texte kannte man natürlich auswendig: gerade der Analphabet hatte ja noch eine hervorragende Fähigkeit zu memorieren.[26] Es wird kaum ein Einzelfall gewesen sein, was Johann Gottfried Seume von seinem Vater erzählt (der Landmann war, also nicht zu unserer Gruppe gehört): "Er wußte, ich weiß nicht wie, die meisten Stellen unserer damals neuesten Dichter, Bürgers 'Weiber von Weinsberg' erinnere ich mich zuerst von ihm gehört zu haben, mit Varianten bei mißlichen Stellen, deren sich vielleicht kein Kritiker hätte schämen dürfen. Woher er das alles hatte, weiß ich nicht, da er wenig las, und wenig Zeit dazu hatte."[27]

Die somit in ihrem ungefähren sozialen Umkreis bestimmten, aktiv oder passiv an der Literatur teilnehmenden Bürger haben oder gewinnen in der Aufklärung ein ganz neues Verhältnis zum *Lesen*. Den "tiefgreifenden Wandel des Lesestils" in Deutschland vor allem in der 2. Hälfte des 18. Jahrhunderts hat man "als Abkehr von der kirchentreuen Hausbibliothek und der patriarchalisch-genossenschaftlichen Familienbildung zu öffentlichen Formen privater Individualbildung mit einem wesentlich verbreiterten Spielraum des Standards" umschrieben. [28] Damit im Zusammenhang muß — wie hinzuzusetzen ist — die wohl im weiten Maße erst im 18. Jahrhundert um sich greifende Gewohnheit des *leisen* Lesens gesehen werden: eine Revolution der menschlichen Verhaltensweisen in Hinblick auf die Sprache von kaum auszumessender Bedeutung. [29] Ihren negativen Aspekt hält Goethe mit den lapidaren Worten fest: "Schreiben ist ein Mißbrauch der Sprache, stille für sich lesen ein trauriges Surrogat der Rede." [30] Die Ausbildung dieses Surrogats erlaubte es aber dem Menschen, die Schranken seines durch orale Kommunikation eng begrenzten Kreises zu überschreiten. Las man bisher wenige Bücher intensiv, d. h. immer wieder, lernte daraus auswendig, um das Geglaubte, Gewohnte, Gültige in sich zu befestigen und zu stärken, so weicht diese Intensität nun "der extensiven Lektüre der bildenden und belletristischen Aufklärungsliteratur. Das Buch wurde zu einer unberechenbaren Macht des persönlichen und gesellschaftlichen Lebens. Die Aufklärung lehrte die Bürger, die Fronten zu wechseln." [31] Es entsteht langsam jene, die repräsentative Öffentlichkeit einer Feudalordnung ablösende, neue Öffentlichkeit von Privatleuten, die auf einer grundsätzlich egalitären Basis sich als ein räsonnierendes, urteilendes Publikum verstand. [32] Wollte der intensive Leser sich eine wesentlich statisch verstandene Welt bestätigen lassen, so will der ·extensive Leser Neues erfahren und erkunden.

Zunächst präsentiert sich solche — seit Augustin als Sünde begriffene — [33] *curiositas* als Wissens- und Welt-Neugierde noch, so scheint's, relativ naiv (etwa wenn bei Grimmelshausen der "curiose" Leser angesprochen wird); [34] Doch mit der bald eintretenden, ganz konsequenten Aufwertung der Erfahrungs*organe* — der Sinne — wird dann ein schnell fortschreitender, nicht unproblematischer Sensibilisierungsprozeß in Gang gebracht. Das dürfte einhergehen mit einer Erweiterung und Gewichtsverlagerung der Leserschichten innerhalb der bezeichneten Bürgerkreise: zu den gesetzten und reifen, im Amt oder Geschäftsleben Tätigen, die sich in ihren 'Nebenstunden' mit Maßen der Lektüre widmen, reihen sich diejenigen Angehörigen des Bürgertums, die viel überschüssige Muße haben: die Frauenzimmer und die Jeunesse dorée, die Jugendlichen der wohlhabenden Schichten, bei denen es dann in Extremfällen zu einer Lesewut kam, [35] einem fiebrigen Sich-Ausliefern an die Lektüre-Welt, das gewisse Ähnlichkeiten mit dem Bewußtseinserweiterungsdrang der heutigen Drogensüchtigen aufweist. Im Lesen (in diesem Sinne): einem Sich-Hingeben oder gar Verfallensein an Neues, an neue Erkenntnis- oder Gefühlswelten, liefert sich der Mensch einer Zentrifugalkraft aus, die die Reichweite seines Geistes wohl sehr verbreitern, ihn sehr ins

Weite bringen, ihn zugleich aber zerteilen, im wörtlichen Sinne: zerstreuen, seiner Totalität berauben sollte.

Mit dem sich verändernden Leseverhalten geht eine veränderte Produktion von Literatur einher. Der Mäzen, von dem die Honorierung des Autors bis dahin fast vollständig abhing, wird nach und nach von dem Verleger abgelöst, der anfängt, Autorenhonorare zu zahlen. Damit hängt es zusammen, daß die enkomiastische Literatur ausläuft und, wo sie noch gepflegt wird, schal erscheint. Klopstock hat in seinem "Fürstenlob" (1775) dieses neue bürgerliche Selbstbewußtsein gefeiert:

> Dank dir, mein Geist, daß du seit deiner Reife Beginn
> Beschlossest, bei dem Beschluß verharrtest,
> Nie durch höfisches Lob zu entweihn
> Die heilige Dichtkunst. [36]

Viele Schriftsteller dürften freilich für ihre Schmeicheleien, die bisher den fürstlichen Gönnern galten, nur die Adresse gewechselt haben; man schmeichelte nunmehr dem Publikum: [37] einem Herrn, der kein Gesicht mehr hatte, zu dem man nur noch unpersönlich abstrakte Beziehungen unterhalten konnte. Das Lied des bürgerlichen Dichters "ertönt der unbekannten Menge". [38]

Den ökonomischen Hintergrund dieser Verhaltensänderung beschreibt Arnold Hauser folgendermaßen: "Das Patronat ist die rein aristokratische Form der Beziehung zwischen Schriftsteller und Publikum; ... die Publikation von Büchern für das allgemeine, dem Autor völlig unbekannte Publikum entspricht der auf dem anonymen Warenverkehr beruhenden Struktur der bürgerlichen Gesellschaft. ... Bis zur Mitte des 18. Jahrhunderts lebten die Schriftsteller nicht vom direkten Ertrag ihrer Werke, sondern von Pensionen, Pfründen, Sinekuren, die oft weder mit dem inneren Wert noch mit der allgemeinen Anziehungskraft ihrer Schriften im Verhältnis standen. Jetzt wird erst das literarische Produkt zur Ware, deren Wert sich nach ihrer Verkäuflichkeit auf dem freien Markt richtet." [39] Das Buch als Ware also und der freie Schriftsteller sind komplementäre Erscheinungen: beide sind ohne einander nicht zu denken. Was Schiller 1784 in der Ankündigung seiner "Rheinischen Thalia" über seine eigene Situation schrieb: "Nunmehr sind alle meine Verbindungen [nämlich zu Familie und Vaterland] aufgelöst. Das Publikum ist mir jetzt alles, mein Studium, mein Souverän, mein Vertrauter. Ihm allein gehör ich jetzt an. Vor diesem und keinem anderen Tribunal werd ich mich stellen", [40] das war — mutatis mutandis — die Situation der Schriftsteller im 18. Jahrhundert überhaupt. Der Souverän ist nicht mehr der personal und konkret zu benennende, Öffentlichkeit in sich repräsentierende princeps einer patriarchalischen Gesellschaft ("Vater des Vaterlandes", wie Karl Eugen von Württemberg sich noch gerne nennen ließ), sondern das anonyme Publikum.

Der Einzelne und das Publikum: einfach war die Situation für die freien

Schriftsteller nicht. Da in diesen Zeiten der sich überhaupt erst richtig ausbildenden Marktwirtschaft der Gedanke des geistigen Eigentums noch nicht entwickelt war, konnte man sich durch schriftstellerische Tätigkeit nur schwer ein ausreichendes Auskommen sichern. [41] Die Dankadresse, die Lord Chesterfield an den Himmel gerichtet haben soll: "We, my lords, may thank Heaven that we have something better than our brains to depend upon", [42] war also gar nicht unbegründet, und nur allzu verständlich war es, daß die Autoren immer wieder danach getrachtet haben, ein unmittelbares Verhältnis zu ihren Lesern herzustellen durch Selbstverlage oder Gründungen genossenschaftlicher Autorenorganisationen: der bekannteste — aber schließlich nicht sehr weit gediehene — Versuch auf deutschem Boden war die Lessing-Bodesche Kompagnie mit dem Ziel, das "Geschäft zu einem nichtbuchhändlerischen Mittelpunkte literarischer Produktion" zu gestalten, die deutsche Literatur also vom Buchhandel "zu befreien". [43]

Von solchen — wohl infolge der Gesetze der Marktwirtschaft von vornherein zum Scheitern verurteilten [44] — Bemühungen abgesehen, bleibt das Buch Verlagserzeugnis, und der Verleger entwickelt sich immer mehr aus einer bloß neutralen Vermittlerstelle zwischen Schriftstellern und Publikum zu einem Unternehmer, der die Produkte nach den Gesetzen von Angebot und Nachfrage zu steuern oder auch unmittelbar zu beeinflussen versteht. Immanuel Kant hat in seiner Polemik gegen Nicolai "Über die Buchmacherei" (die Polemik selbst geht uns hier nichts an) die Verhältnisse sehr scharf gekennzeichnet:

Die Buchmacherei ist kein unbedeutender Erwerbszweig in einem der Kultur nach schon weit fortgeschrittenen gemeinen Wesen: wo die Leserei zum beinahe unentbehrlichen und allgemeinen Bedürfnis geworden ist. — Dieser Teil der *Industrie* in einem Lande aber gewinnt dadurch ungemein: wenn jene *fabrikenmäßig* getrieben wird; welches aber nicht anders als durch einen den Geschmack des Publikums und die Geschicklichkeit jedes dabei anzustellenden Fabrikanten zu *beurteilen* und zu *bezahlen* vermögenden *Verleger* geschehen kann. — Dieser bedarf aber zu Belebung seiner Verlagshandlung eben nicht den inneren Gehalt und Wert der von ihm verlegten Ware in Betrachtung zu ziehen: wohl aber den Markt, *worauf*, und die Liebhaberei des Tages, *wozu* die allenfalls ephemerischen Produkte der Buchdruckerpresse in lebhaften Umlauf gebracht und, wenngleich nicht dauerhaften, doch geschwinden Abgang finden können.

Ein erfahrener Kenner der Buchmacherei wird als Verleger nicht erst darauf warten, daß ihm von schreibseligen, allezeit fertigen Schriftstellern ihre eigene Ware zum Verkauf angeboten wird; er sinnt sich als Direktor einer Fabrik die Materie sowohl als die Fasson aus, welche vermutlich — es sei durch ihre Neuigkeit oder auch Skurrilität des Witzes, damit das lesende Publikum etwas zum Angaffen und zum Belachen bekomme, — welche, sage ich, die größte Nachfrage, oder allenfalls auch nur die schnellste Abnahme haben wird. [45]

Kants Beschreibung dieser Verhältnisse wird durch eine frühere Äußerung Nicolais unmittelbar bestätigt, nur daß aus dessen Sicht die verlegerische Initiative natürlich positiv als Veranstaltung der Volksaufklärung gewertet wird: "Es gibt sehr viele Schriften, wozu der Verleger selbst eine Idee hat, und zu dieser Idee sich des Schriftstellers als eines Werkzeuges bedient, und wo er auch sogar auf diese Idee ein Privilegium nimmt, und wo es immer von ihm abhängt, durch wen er die Idee ausführen läßt. ... ich versichere gewiß, daß eine große Menge gemeinnützige Bücher durch die Buchhändler entstanden sind, welche gemeiniglich besser wissen, was das Publikum verlangt, als die Schriftsteller." [46] Der Verleger wird aufgrund solcher Schlüsselstellung als 'Büchermacher', der die Produktion der Schreibenden selbst bestimmte oder in sie eingriff, [47] zu einer außerordentlich mächtigen Figur: die Praktiken, nach denen er verfährt, sind die des — auf Berechenbarkeit aller kaufmännischen Vorgänge beruhenden — bürgerlichen Erwerbsstrebens. [48]

In der Macht der Verleger konzentriert sich, in Personen greifbar, die Macht der Literatur. An einer Gestalt wie dem genannten Nicolai, der ja in Personalunion Schriftsteller und Verleger vereint, ließe sich im deutschen Bereich der mittelst Literatur erlangte Einfluß eines Bürgers im einzelnen illustrieren: durch seine umfangreiche schriftstellerische Produktion (Dutzende von Büchern hat er geschrieben), seine ausgebreitete Verlagstätigkeit, seinen ungeheueren Briefwechsel (dessen Umfang wohl nur durch den Voltaires übertroffen wird und der schließlich nicht nur geschäftlicher Natur war) und, last not least, die Herausgabe der "Allgemeinen Deutschen Bibliothek", hat er ganz zweifellos zur Ausbreitung aufklärerischer Ideen — so wie er sie verstand — in ungewöhnlichem Maße beigetragen. Natürlich war eine derartige Betriebsamkeit nur möglich aufgrund einer rastlosen Arbeitsenergie, die ganz und gar geprägt war von den bürgerlichen Tugenden der Ordnung und Sparsamkeit, vor allem auch der Fähigkeit, keine Zeit zu verschwenden (gemäß der Franklinschen Devise: 'Zeit ist Geld'). [49] Aber mit alldem konnte die Macht, die (in welchem Auftrag und in welcher Tendenz auch immer) Literatur auszuüben im Begriffe war, doch nur deswegen errungen werden, weil der Faktor der 'öffentlichen Meinung' — auch für die Regierungen — eine immer größere Rolle zu spielen begann.

So übertrieben das Wort Dorats (1734—80): "Nous protégeons les grands, protecteurs d'autrefois" [50] sein mochte — Dorat selbst starb schließlich in großer Armut —: in günstigen Fällen ist die Macht der Literatur auch als eine unmittelbar von Schriftstellern ausgehende erkennbar. Eklatante Beispiele dafür sind eher in England oder Frankreich zu finden als in Deutschland. Ich führe nur drei berühmte Fälle an: 1. Defoes Satire "Shortest Way with Dissenters" (1702), in der angeblich ein zelotischer Verfechter der Anglikanischen Kirche dafür eintritt, alle Andersgläubigen mit Feuer und Schwert auszurotten, war derartig erfolgreich, daß sich hohe Angehörige der High Church täuschen ließen und der Schrift und den dort vorgeschlagenen mörderischen Maßnahmen ihren Beifall zollten; als sich dann Defoes Verfasserschaft herausstellte, war ihre Wut umso größer. Defoe mußte dreimal an den Pranger, und gerade hier zeigte sich die Wirksamkeit seines Pamphlets: das Volk bejubelte und bekränzte ihn und trank auf seine Gesundheit. 2. Ein anderes Beispiel wäre Swift, und ich denke dabei weniger an die berühmte "Tale of a tub" als an die "Letters by M. B., Drapier in Dublin" (1723), eine Satire gegen die Engländer, die ein solches Aufsehen erregte, daß die englische Regierung, wollte sie nicht einen Aufstand in Irland riskieren, die Einführung einer schon geprägten neuen Münze in Irland zurückziehen mußte. 3. Das dritte Beispiel brauche ich nur zu nennen: den "Traité sur la tolérance" (1763), der ja nicht nur den erstaunlichen unmittelbaren Erfolg hatte, daß ein schon abgeschlossenes Justizverfahren neu aufgerollt und der Verurteilte (allerdings inzwischen schon Hingerichtete) rehabilitiert wurde, sondern der, wie alle Schriften Voltaires, durch seine Ideen eine zwar nicht meßbare, aber zweifellos gewaltige Wirkung in ganz Europa ausübte.

Solch spektakuläre und konkret nachweisbare Einwirkungen der Schriftsteller auf dem Wege über den Einfluß beim bürgerlichen Publikum auf politische oder juristische Entscheidungen hat die deutsche Literatur des Zeitraums nicht aufzuweisen. Immerhin: Periodika wie Schlözers "Briefwechsel" oder seine "Staatsanzeigen" waren — wohl weniger wegen ihres Inhalts selbst als wegen ihres Öffentlichkeitscharakters — an den Höfen gefürchtet, und die Ausstrahlungen bürgerlicher Literaten wie Gottsched oder Lessing wird man sich nicht auf die literarische oder theatralische Sphäre beschränkt vorstellen dürfen. So schlägt z. B. bei beiden, auf verschiedene Weise, ein nationaler Grundton immer wieder durch: und die Zeitgenossen haben das sehr wachen Sinnes wahrgenommen! Das damalige bürgerliche Publikum trafen die bitteren Worte ins Herz, mit denen Lessing am Ende der Dramaturgie beklagt, daß "wir Deutsche noch keine Nation sind", daß wir "noch immer die geschworenen Nachahmer alles Ausländischen" seien, "besonders noch immer die untertänigen Bewunderer der nie genug bewunderten Franzosen".[51] Richtig und gerecht geurteilt war das sicherlich nicht; aber dessen kann man gewiß sein: *Wirkungen* hatten diese (und ähnliche) Worte — und nicht nur literarische Wirkungen. Sie brachten beim deutschen Bürger etwas in Bewegung, was sich ohne Hilfe der Schriftsteller kaum so und dann kaum so schnell entwickelt hätte. So geht die (verspätete) Nationwerdung der Deutschen in der Folgezeit *auch* auf die Anstrengungen bürgerlicher Literaten im 18. Jahrhundert zurück, die im Wettbewerb mit den anderen europäischen Nationen ein nationales Bewußtsein im deutschen Publikum zu schaffen suchten.

Die Literatur wird in den Händen des Bürgers zu einem Instrument der Macht über das Publikum.[52] Voraussetzung und Zeichen dafür ist das Zeitschriftenwesen, das – nach Vorstadien – in den achtziger Jahren des 17. Jahrhunderts in dem republikanisch-bürgerlichen Holland auf Initiative emigrierter Hugenotten seinen Anfang nahm: ich nenne nur Bayles "Nouvelles de la République des Lettres", deren Einfluß auf das europäische – auch das deutsche! – Geistesleben sicherlich beträchtlich war (Thomasius' "Monatsgespräche" beziehen sich des öfteren auf Bayle). Daß dann der "Tatler" und der "Spectator" so beispiellose Schule machten, liegt nicht zum Wenigsten an ihrem Anspruch und der Form, in der sie sich präsentierten: nichts anderes wollten sie ja sein als Erweiterung oder auch Ersatz der in den Kaffeehäusern und Salons stattfindenden Diskussionen zwischen den Mitgliedern der neuen bürgerlichen Öffentlichkeit. Die sich in ihrem Gefolge über den Kontinent ergießende Sintflut von Moralischen Wochenschriften spricht für sich selbst; und zahlreiche andere Zeitschriften schließen sich im 18. Jahrhundert noch daran. Das periodische Bombardement des Lesers mit allen möglichen Gegenständen – und grundsätzlich kann von einer vernünftig-argumentativen Behandlung ja kein Sujet ausgeschlossen bleiben, auch wenn praktisch gewisse (etwa konkret politische) Themen noch unterbelichtet erscheinen – mußte aufregend wirken, mußte den Bürger aus der natürlichen Trägheits- und Beharrungsneigung des Menschen herausreißen: das gilt, auch wenn die Inhalte dieser Schriften im einzelnen noch so tugendfördernd, bieder und sittenstreng beschaffen sein mochten. Allein die Herstellung von Bergen von bedrucktem Papier mit räsonierenden, die Dinge aus diesem oder jenem Blickwinkel anvisierenden Betrachtungen konnte und sollte den Bewußtseinszustand der Menschen nicht unberührt lassen, zumal der traditionalistisch-statische Standpunkt Geschriebenem gegenüber 'Wat schrivt, dat blivt' ('was man schreibt, das bleibt') die Gemüter noch lange beherrschte.

Als großer meinungsbildender Faktor tritt die Literatur an die Stelle der Kanzel. Das ist sicherlich ein langer und keineswegs gleichförmig verlaufender Vorgang. Seit dem 16. Jahrhundert, in welchem der allergrößte Teil der Druckerzeugnisse noch ganz im Dienste religiöser oder konfessioneller Lehre stand, ist mit einer gewissen Schwergewichts-Verlagerung auf höfische Themen und Bereiche im 17. Jahrhundert sicherlich schon immer ein Moment der Verweltlichung mit im Spiele. Aber bis ca. um die Jahrhundertwende waren (im deutschen Bereich) die meisten – meist auch noch lateinisch geschriebenen – Bücher nur für eine sehr dünne Gelehrtenschicht bestimmt. Trost und Weltbild holte sich der gemeine Mann immer noch aus der Predigt; Literarisches trat nur begleitend oder ergänzend hinzu. Diese im großen und ganzen ziemlich konstanten Verhältnisse erfahren im 18. Jahrhundert, vor allem auch durch den sich rapide ausbreitenden Umlauf an Zeitschriften und Zeitungen, einen merklichen Schub. Gerade die Zeitung sorgt, ihrer Intention nach, dafür, daß das Leseinteresse sich nicht an der Bestätigungsabsicht des Altbekannten, sondern an der Begierde, Neues zu erfahren, entzündet. [53] Zusammen mit den neuen Erfahrungen (die man freilich nicht mehr selber 'erfuhr'!) vermittelte Literatur aber auch neue

'Ansichten'. War also die Kanzel meinungsstabilisierend gewesen, so entpuppte sich die Literatur im 18. Jahrhundert in immer höherem Maße als meinungsverändernd!

Produktion *und* Konsumtion der Literatur finden (nicht nur, aber doch weitgehend) in den Städten statt; die Städte lösen die Höfe als Mittelpunkte des geistigen Lebens ab: eine bekannte Tatsache, deren Bedeutsamkeit man sich aber noch einmal unter dem Blickpunkt vergegenwärtigen sollte, daß dieser Vorgang mitten in die Hoch-Zeit des Absolutismus fällt. Die prinzipielle – wenn auch örtlich und zeitlich im einzelnen sehr unterschiedlich sich durchsetzende – Tendenz zur Auflösung der Feudalstrukturen brachte zwar für den Bürger durch die Einschränkung oder gar Aufhebung der städtischen Privilegien und Freiheiten zunächst einen oft erheblichen Entzug kommunal-politischer Rechte mit sich, ließ andererseits aber infolge der fürstlichen, überlokalen Handels- und Wirtschaftspolitik bürgerlichen Industrie- und Unternehmungsgeist in bis dahin unerreichter Weise florieren und Einfluß gewinnen. So wurden die Städte als die vorzüglichsten Mittelpunkte weitverzweigter ökonomischer Betriebsamkeit zu Umschlagspunkten und Sammelbecken des Reichtums wie auch des geistigen und literarischen Lebens. Auch die großen deutschen Literaten des 18. Jahrhunderts wirken in und von den Städten aus; die beiden Literaturorganisatoren Gottsched und Nicolai haben ihre Sitze in Leipzig, dem Buchhandelszentrum der Zeit, und in Berlin, das seine Bedeutung in der zweiten Jahrhunderthälfte nicht als Residenzstadt, sondern als kosmopolitische Großstadt erlangte.[54] Und Lessing, schon in seiner äußeren Mobilität prototypisch für die 'Unruhe' bürgerlichen Geistes, pendelte meist zwischen den damaligen deutschen Großstädten hin und her: zwischen Leipzig, Berlin und Hamburg.

Daß die Werke selbst nun, die im 18. Jahrhundert geschrieben und gelesen wurden, einen gegenüber der vorwiegend höfisch orientierten Literatur des 17. Jahrhunderts völlig anderen, eben 'bürgerlichen' Charakter annahmen, weiß jeder, der nur ganz oberflächlich von dem Gang der Literaturgeschichte Notiz nimmt. Bezeichnend ist ja schon, daß sich im Laufe des Jahrhunderts das Verhältnis zwischen erbaulicher und schöngeistiger Literatur entscheidend wandelte: 1740 standen etwa 77 geistlich-theologischen Artikeln nur 23 bellestristische gegenüber, im Jahre 1800 ist es fast genau umgekehrt (21 zu 79).[55] Ein Vorgang der Verweltlichung (um den problematischen Ausdruck 'Säkularisation' zu vermeiden) der Schriftsteller und des Publikums – und d. h. ja doch: ein Vorgang der Lösung aus bisher noch verbindlichen Bezügen – ist unverkennbar. Aber auch innerhalb des Formenkanons der schönen Literatur gab es weitreichende Verschiebungen. Schon die für uns geläufige Gattungsaufteilung in epische, dramatische und lyrische Dichtung entsteht überhaupt erst im 18. Jahrhundert. Die für die Poetiken in Frage kommenden Gattungen waren bislang – grob gesprochen – das Epos, die Tragödie und die Ode gewesen. In welcher Weise die Veränderungen solche einer Verbürgerlichung unter den von mir genannten Gesichtspunkten sind, sei kurz, in einigen nur locker zusammenhängenden Bemerkungen, erläutert.

1. Daß der lyrische Formenreichtum des 17. Jahrhunderts zunächst einfachen, meist liedhaften Gebilden weicht (das Sonett etwa verschwindet fast völlig), ist — negativ gesprochen — die Folge einer Reduktion: des Verzichts auf ein umfassendes, objektives Weltverständnis, welches allein den von der Aufklärung als 'Schwulst', als Bombast denunzierten sprachlich-rhetorischen Aufwand des Barock rechtfertigen konnte. Die Tändeleien, wie sie Anakreontik und Rokoko lieben, bieten sich demgegenüber in leichtem, jedermann zugänglichem Gewande dar, um durch ihre — sei es moralisch belehrenden, sei es mäßigen Genuß preisenden, leicht scherzenden — allgemein-menschlichen Gehalte zu rühren, bereiten aber mit solchem Rückzug in die Intimität zugleich den Boden, auf dem das drängende Subjekt mit seinen seelischen Bewegungen und Spannungen bald ins Freie wachsen konnte. Noch waren zwar die lyrischen Gebilde, wie sie Hagedorn, Gleim oder Christian Felix Weiße schufen, sozial verankert, 'Gesellschafts'lieder, die auch — obschon nur in kleinem, bürgerlich-häuslichem Kreise — noch tatsächlich gesungen wurden;[56] aber schon die früh zu konstatierenden Tendenzen zum 'Volkston' zeigen eine Ausweitungsrichtung an, die nur scheinbar gesellschaftliche Bindungen, tatsächlich ein Gewollt-Nationales, abstrakt Volkstümliches, anstrebt. Ein solches kam etwa in der Sprache der den preußischen Friedrich als Volksheld verherrlichenden "Kriegslieder" zum Ausdruck, die Gleim anonym als die eines einfachen Grenadiers herausgab. Deren Sprache (die sich formal von den Weib- und Wein-Gebilden übrigens gar nicht unterschieden) wird von Lessing in seinem Vorbericht als Sprache des "Landmanns", des "Bürgers" (!) und "all der niedrigern Stände, die wir das *Volk* nennen", angepriesen und mit den "Barden aus dem schwäbischen Zeitalter", ihrer "naiven Sprache" und "ursprünglichen deutschen Denkungsart" verglichen.[57] Diese hier sich erst anbahnende, bei den Stürmern und Drängern, bei Herder dann zum Programm erhobene Richtung der Literatur ins Volkstümliche ist alles andere als eine (wie es scheinen möchte) Tendenz zur Besinnung auf den eigenen, in sich geschlossenen gesellschaftlichen Standort; ganz im Gegenteil: die bürgerlich-intellektuellen Literaten (wie z. B. Gottfried August Bürger) wollen mit ihrem "Studium" (!) der Volkskunst in ein "unermeßliches Gebiet der Phantasie und Empfindung"[58] expandieren, wie ja auch der zeitliche und räumliche Ausbreitungstrieb des Geistes in der beginnenden, emsigen Sammeltätigkeit von Volksdichtung — etwa von Volksliedern der verschiedensten Nationen bei Herder (mit "Stimmen der Völker" betitelte Johannes von Müller die Sammlung ganz treffend) — ihren deutlichen Niederschlag fand. Das Umherschweifen in alle Windrichtungen gehört dem sich von allem lösenden Subjekt an, das, als lyrisches Ich, sich immer stärker der alleinigen Darstellung seiner inneren Bewegtheit hingibt und zu diesem Behufe bei Klopstock die antiken Odenformen mit harten Satzfügungen füllt.

Und nur in der Atmosphäre des im gehobenen Bürgertum mehr oder weniger geheim schwärenden Ungenügens vermochte sich jene Erlebnislyrik herauszubilden, in welche sich die zwischen himmelhohem Jauchzen und zum Tode Betrübtsein gespannte Seele des Einzelnen mit all ihrer inneren Unruhe ausströmte.

2. Über die Verbürgerlichung der Dramenformen – speziell das sogenannte 'Bürgerliche Trauerspiel' – ist schon unendlich viel Tinte vergossen worden. Wichtig ist für uns, daß eine Verlagerung und Umschichtung des gesamten Gattungsgefüges stattfindet. Die alten, stationär und festgefügt erscheinenden Formen der sogenannten Charakter- (im Grunde: Typen-) Komödie einerseits und der hohen, in Alexandrinern einherschreitenden großen Tragödie (der tragédie classique oder des Barockdramas) andererseits nähern sich: die eine steigt herauf bis zur rührenden oder weinerlichen Komödie (comédie larmoyante), die andere von ihrem Sockel herunter zum drame domestique, zum bürgerlichen Trauerspiel. So vollzieht sich eine Nivellierung der Gattungen dergestalt, daß beide Formen in der Tat kaum noch voneinander zu unterscheiden sind. Ob es sich um eine 'Komödie' handelt, in der es nichts mehr zum Lachen gibt, oder um ein 'Trauerspiel', das in Prosa, in der Sprache des Alltags einhergeht: es ist mit dieser auf den Mittelstand gebrachten Gattung (in Interieurs spielend, mit wenigen Personen, in der Intimität) ein neues Gebilde entstanden, das mit seiner Darstellung von Bürgern nicht nur auf Mitglieder eines Standes, sondern auf den 'Menschen' überhaupt abzielt, damit aber im Grunde die sozial, so oder so, gegebenen Bedingtheiten transzendiert zugunsten einer nur ort- und zeitlos, in einem ideellen 'Natur'zustand zu imaginierenden Figur. Der Erschütterung der Statik dient auch die Illusionstheorie, derzufolge sich der Dramatiker und die Schauspieler auf der Bühne zur Seite des Publikums hin eine vierte Wand vorstellen sollen. [59] Die ihr immanente Intention, in der Einbildungskraft des Zuschauers eine möglichst weitgehende Identifikation mit dem Dramenpersonal herbeizuführen, den inneren Abstand zwischen Publikum und Darsteller also zu verringern, wenn nicht aufzuheben, provozierte mit der Förderung des Egalitätstriebes das menschliche Lust- und Unlust-Potential. Hatten Bewunderung und Schauer den Menschen abgeschreckt, in seine Grenzen verwiesen, die zu überschreiten ihm als nichtgeheures Unternehmen demonstriert wurde, ließen das Mitleid und alle (zunächst noch als ganz menschenfreundlich aufgefaßten) Gefühle ihn nicht mehr bei sich sein, trieben ihn aus sich heraus, in schließlich nicht mehr zu definierende Wunschbewegungen und -begierden hinein. So geschieht es, daß die Bedingungen des Illusionspostulats, auf der Bühne solle Wahrheit (statt bloßer Wahrscheinlichkeit), ja Lebensunmittelbarkeit herrschen, die dramatischen Formen in einen Strudel hineinreißen. Trotz aller neu aufgestellten Regeln (angeblich nach dem Aristoteles) war bald kein Halten mehr: die Stürmer und Dränger brachen, unter Berufung auf den neu entdeckten (übrigens in der *Aufklärung* entdeckten!) [59a] Shakespeare, alle Dämme, und das bürgerliche Leben – kein Heldenleben! – tritt in

all seinen Verstrickungen auf die Bretter. Diese Verstrickungen erschienen zwar als Folge von Umständen (diesen oder jenen: der Hofmeisterstand etwa sollte eine Ursache dafür sein, daß junge Mädchen verführt werden); mehr aber und eigentlich waren sie durch die freiwerdenden und sich freikämpfenden Triebe bedingt. In deren Stürmen und Wüten, in deren "Wirrwarr" (um den ursprünglichen Titel eines Dramas von Klinger zu verwenden) wird der Mensch — sich verfangend und gefangen in seiner Unfreiheit — hin- und hergeworfen.

3. Der Roman löst das Epos ab (dessen Rettungsversuch durch Klopstock kann füglich übergangen werden: das paradoxe Unternehmen, einen Leidenden in seinen vorbestimmten Geschicken als epischen Helden zu etablieren, war nur möglich durch völlige Zurückdrängung aller Handlungselemente zugunsten der Intensität hochgradiger seelischer Spannungen und Bewegtheiten). Wenn Johann Carl Wezel meinte, der Roman solle die "bürgerliche Epopöe" sein, das Epos der bürgerlichen Welt, [60] so muß man dem widersprechen: der Roman ist kein Epos. "Es hebt den Roman" — bemerkt Walter Benjamin scharfsichtig — "gegen alle übrigen Formen der Prosadichtung — Märchen, Sage, ja selbst Novelle — ab, daß er aus mündlicher Tradition weder kommt noch in sie eingeht. ... Der Romancier hat sich abgeschieden. Die Geburtskammer des Romans ist das Individuum in seiner Einsamkeit, das sich über seine wichtigsten Anliegen nicht mehr exemplarisch auszusprechen vermag, selbst unberaten ist und keinen Rat geben kann. Einen Roman schreiben heißt, in der Darstellung des menschlichen Lebens das Inkommensurable auf die Spitze treiben. Mitten in der Fülle des Lebens und durch die Darstellung dieser Fülle bekundet der Roman die tiefe Ratlosigkeit des Lebenden." [61] Während der Held des Epos sich — so sehr er auch umherirren mochte — in einer Welt der Ordnung befand, bewegt der Held des Romans sich — so angeblich richtigen und ordentlichen Grundsätzen er auch folgen mag — im Labyrinth. Und deswegen allein ist er so oft auf der Suche nach utopischen Gefilden: Inseln oder Ländern, in denen es besser zu leben wäre. Die gebundene Form ist dem Epos eben nicht zufällig eigen, und 'Ungebundenheit' kennzeichnet den Roman in jedem Sinne. Von ihm — wie von den bald in Taschenbüchern und Almanachen wie in einer Schwemme anflutenden Prosaerzählungen — gilt, was Goethe den Märchen zuschreibt, daß sie "den Menschen aus sich selbst hinausführen, seinen Wünschen schmeicheln und ihn jede Bedingung vergessen machen, zwischen welche wir, selbst in den glücklichsten Momenten, doch immer noch eingeklammert sind." [62] Die nicht nur im "Irrgarten der Liebe" herumtaumelnden Kavaliere [63] der Romane geraten daher — keinem epischen Helden konnte das je passieren — aus ihrer Contenance. Immer stärker psychologisiert (bei Marivaux, bei Richardson) müssen sie sich schließlich eine Entwicklung, ja eine 'Bildung' gefallen lassen, Umformung also der Gestalt, in der sie angetreten: unkonstantere Wesen, schwankendere Rohre im heftiger und heftiger blasenden Wind der Ereignisse lassen sich kaum vorstellen. Immer Werdende sind

sie, umhergetrieben und verwirrt in einer offenen Welt, von der es immer schwerer wird, sich noch ein Bild zu machen.

Die Formenwelt der Dichtung im 18. Jahrhundert war — das sollten meine fragmentarischen Bemerkungen nur veranschaulichen — in Bewegung geraten; die neu entstandenen Formen selbst sind solche der Bewegung, sind dynamischer Art, von Spannungen und Kraftströmungen durchzogen, von verhältnismäßig geringer Konsistenz. Dieses letztere Moment: die zunehmende Beschleunigung der Veränderungsgeschwindigkeit der Formen, die damals ihren Anfang nahm — sie wurde in der Moderne zu einer kataraktartig sich ergießenden Präzipitation — hängt mit der Entfaltung dessen zusammen, was am Anfang der bürgerlichen Öffentlichkeit stand, ja was diese überhaupt erst konstituierte: der *Kritik*. Die Kritik ist das Zauberwort der Aufklärung, ihr Anti-Zauber: in den Titeln unzähliger (oder jedenfalls ungezählter) Bücher findet sie sich: von Bayles "Dictionnaire historique et critique" (1697) und Dubos' "Réflexions critiques sur la poésie et la peinture" (1719) über Gottscheds "Versuch einer kritischen Dichtkunst" (1730) bis zu Kants "Kritiken". Und der Begriff der Kritik läßt sich auch von vornherein nicht eingrenzen (auch wenn er zuerst meist noch eingegrenzt gebraucht wird) auf den Bereich der Philologie oder der Kunstkritik. Bayle jedenfalls versteht ihn grundsätzlich durchaus universell, und man spürt den die ständischen Unterschiede negierenden, bürgerlich-republikanischen Geist, wenn man von der "République des Lettres" liest, sie sei "ein außerordentlich freier Staat. Man erkennt in ihm keine andere Herrschaft an als die der Wahrheit und der Vernunft, und unter deren Schutz führt man ganz unschuldig Krieg gegen wen auch immer. Die Freunde mögen auf der Hut sein vor ihren Freunden, die Väter vor ihren Kindern ..." [64]

Der Pfarrerssohn Bayle, der zweimal seine Konfession wechselte und, indem er auf der Suche nach dem Richtigen war, nur Falsches fand, gründete eben darin: im Finden von Falschem, das Prinzip seiner Kritik. Es wurde das Prinzip der Aufklärung; "we live", meint ein englischer Autor am Anfang des 18. Jahrhunderts, "it seems, in a fault-finding age". [65] Und mit seinem Dictionnaire, das — nach seinen eigenen Worten — "eine Zusammenstellung der Fehler enthalten sollte, die sowohl die begangen haben, die Diktionäre gemacht haben, als auch die anderen Schriftsteller", [66] wurde Bayle "das eigentlich critische Genie der neueren Zeit". [67] Von der Kritik, wie sie nach seinem Muster in der Folgezeit "die bürgerliche Intelligenz ausgeübt ... hat", wurde "die Rolle des aufsteigenden Bürgertums ... bestimmt". [68] Feststehendes geriet in Bewegung, Autoritäten wurden erschüttert, Gültigkeiten wankend gemacht. Denn gültig ist für die Menschen nur das Selbstverständliche, das, was nicht in Frage gestellt wird; für die Kritik gibt es kein Selbstverständliches. "Der hohe Gerichtshof der Vernunft, zu dessen natürlichen Besitzern sich die aufsteigende Elite [der bürgerlichen Intelligenz] selbstbewußt zählte", schreibt Reinhart Koselleck, "verwickelte in

117

verschiedenen Etappen alle Bereiche des Lebens in seine Prozeßführung. Die Theologie, die Kunst, die Geschichte, das Recht, der Staat und die Politik, schließlich die Vernunft selber, werden früher oder später vor seine Schranken zitiert und haben sich zu verantworten. Die bürgerliche Geistigkeit fungierte in diesem Rechtshandel als Ankläger, als oberste Urteilsinstanz und ... als Partei zugleich. Der Fortschritt war immer schon auf seiten der bürgerlichen Richter. Niemand und nichts konnte der neuen Gerichtsbarkeit entrinnen, und was jeweils im Urteil der bürgerlichen Kritiker nicht standhielt, wurde der moralischen Zensur überantwortet, die das ihrige tat, den Verurteilten zu diskriminieren und so den Urteilsspruch zu vollstrecken." [69] In diesem Sinne ist Bayles "Dictionnaire" — man hat es "die vernichtendste Anklageschrift" genannt, "die zur Schande und Beschämung des Menschen je aufgestellt worden ist" [70] — ein einziger Prozeß der Zerstörung von bisher sicherem Wissen. Die Vernunft des Bürgers — Bayles Vernunft — ist nicht mehr die des Descartes: die menschliche Vernunft schreibt Bayle, "est un principe de destruction, et no pas d'édification: elle n'est propre qu'à former des doutes, et à se tourner à droite et à gauche pour éterniser une Dispute." [71] Als erstes großes Beispiel eines solchen 'ewigen Disputs' ist Bayles Werk *das* Vorbild für die bürgerlichen Literaten des 18. Jahrhunderts, und der Geist der Kritik, der es beherrscht, ist ein zutiefst bürgerlicher Geist. Ja, man ist versucht zu sagen: er ist mit der kaufmännischen Mentalität der Nachprüfung, der Kontrolle einer Rechnungsführung, verwandt. [72] Aristokratischem Denken liegt so etwas sehr fern.

Diesem bohrenden Geist, der keine sakrosankten Bezirke kennt, gehört die Zukunft: so sehr man ihn auch von allen Seiten — von theologischer vor allem — einzudämmen sucht. Das ihm von Anfang an innewohnende pyrrhonistische Element frißt sich, wie eine Säure, überall durch und läßt schließlich auch die eigene Grundlage nicht ungeschoren. Bayle weiß auch das schon: "Die Vernunft", schreibt er, [73] "kann sich gegen das Temperament nicht behaupten; sie läßt sich von einem Triumph zum anderen mitschleifen, entweder als Gefangene oder als Schmeichlerin. Sie widerspricht den Leidenschaften eine Zeitlang, und dann sagt sie kein Wort mehr und leidet im Stillen, und schließlich billigt sie sie." Und wahrhaftig: die Aufwertung und schließlich die Befreiung der Leidenschaften und der Sinne: das ist ein Vorgang (in seinen Ursprüngen keineswegs bürgerlich, weit ins 17. Jahrhundert zurückgehend), der sich als Epikuräismus, als Empfindsamkeit, aber auch als Analyse des Gefühls (etwa bei Marivaux), als Psychologie, als Sich-Fühlen, als Reflexion des Gefühls, als Irrationalismus dann gar mit allen dazugehörigen Tiefenschürfungen, durch das Jahrhundert zieht.

Und angesprochen und angezogen wird von all diesen Reizungen, mit denen der bürgerliche Literaturmarkt seine Opfer lockt, immer mehr der *einzelne* Mensch, der nicht gefestigte, nicht mehr gefestigte; derjenige, dem sich die religiösen Gewißheiten gelockert haben und der sich durch den Prozeß der Gesellschaft in den festen Bezügen der ständischen oder beruflichen Gliederung beengt

fühlt, der sie fliehen möchte: der in lyrischen Ergüssen schwelgende Pastorensohn, der Kaufmannssohn, der auf Reisen geht, sich einer Wandertruppe anschließt und Theaterstücke schreibt; die Professorentochter, die Romane liest
und für die Natur und die empfindsame Liebe schwärmt. Sie alle -- die 'höheren'
Söhne und Töchter der bürgerlichen Kreise — streben aus ihren Standorten und
Standpunkten hinaus, suchen ein 'je ne sais quoi', einen Ersatz für fehlende Le-
benserfüllung. Die Lockerung der Familienbande, der kirchlichen Bindungen,
der sozialen Konventionen, die als Last empfunden werden, hat im Gefolge, daß
der Einzelne sich auf sich selbst, die eigenen Stimmungen, oder auf den anderen
Einzelnen verwiesen sieht; sie zieht den Freundschaftskult nach sich, die Entdeckung der Natur, die Empfindsamkeit (mit all ihren Gefahren: die Verführung der Unschuld ist eines der beliebtesten literarischen Themen der Zeit). Diese für das Jahrhundert so typischen Motive [74] sind (wie die Dokumente zeigen)
auch im wirklichen Leben anzutreffen: ganze Ströme von Tränen sind bei den
geringsten Anlässen vergossen worden und haben bei der Lektüre die Seiten von
Richardsons "Clarissa" oder Rousseaus "Nouvelle Héloise" genetzt.

Ein Zug ist in dem allen, ein Sog, eine Bewegung, ein Reißendes, Vorwärts-
drängendes, Strömendes, das die Schriftsteller selber und mehr noch die Hüter
der Sitten und der Religion (oft sind sie ja identisch) wohl spürten, und wogegen
sie Dämme und Schutzwälle aufzurichten eifrig bemüht waren. Immer wieder
warnen sie vor der verderblichen Romanlektüre, aber auch die Romane selbst
geben sich oder sind moralisch und wollen das 'richtige Leben' lehren. Die po-
pular-philosophischen Schriften sind Legion, in denen Zufriedenheit, Mäßigkeit,
Genügsamkeit gepredigt werden. 'Vernunft: ja, aber gepaart mit Ehrfurcht und
gebührendem Respekt und mit Bescheidenheit angewandt und vorgetragen; Empfindsamkeit: ja, aber temperiert und in diätetisch abgemessener Dosis eingenommen': so oder ähnlich klingt, in endlos monotonen, nur leicht variierten langat-
migen Sermonen, der bürgerliche Moral-Refrain durch die Epoche. Auch der
Pfarrer in Goethes "Hermann und Dorothea" mahnt noch: "Aber geht nicht zu
weit"; [75] er formuliert damit die Warnung des Bürgers vor sich selbst, vor der
eigenen, Begrenzungen mißachtenden Unruhe.

Man könnte boshaft sein und auf all das die Worte der Lessingschen Franzis-
ka anwenden wollen, daß man selten von der Tugend spricht, die man habe, aber
desto öfter von der, die uns fehlt; aber damit würde man den Verhältnissen doch
wohl nicht gerecht. Das unermüdlich Propagierte gab es im Bürgertum durchaus
als Realität — Goethes Hermann rekrutiert sich aus diesen Schichten —, und
auch für den Kaufmann gehören Grundsätze wie die der Ehrbarkeit und der Be-
scheidung geradezu zum notwendigen Geschäftsinventar. Wir werden uns die
Bürger wirklich so vorstellen können, wie sie in der ersten Hälfte des Jahrhunderts auf den Schauplatz der Literatur treten: einfach und sittsam wie ihr Kleid
ist ihr Wesen; in ihrem Fleiß, ihrer Zufriedenheit und Biederkeit, Anständigkeit
und Bescheidenheit heben sie sich vom A-la-mode-Wesen, vom Aufwand und der

Verschwendung des Adels bewußt ab [76] und sind damit Ausdruck einer neuen, ganz unaristokratischen Wirtschaftsgesinnung.

Und doch: trotz ehrenhaftesten Lebenswandels und aller Prinzipien der Genügsamkeit: diese unheroischen — wenn nicht anti-heroischen — Tugenden sind die Mittel einer (um mit Max Weber zu sprechen) "innerweltlichen Askese", deren Methode der Selbstbeherrschung keineswegs auf einen selbstgenügsamen Besitz zuführen, sondern ein perpetuierliches Gewinnen- und Wachsen-Wollen als solches ermöglichen sollte. [77] Die Genügsamkeit des Bürgers ist zwar kein Trugbild, ja, sie wird sogar mit penetranter Disziplin exerziert (eingedrillt, möchte man fast sagen); [78] aber sie dient nur dem inneren, ganz und gar ungenügsamen Impetus für diese Veranstaltungen der Moral: einer ethisch begründeten Arbeitsunrast um ihrer selbst willen und dem daraus resultierenden Streben nach neuem und neuem Erwerb. Die Absolutsetzung dieser Unrast und dieses Strebens wird man als den eigentlichen Geist des Kapitalismus bezeichnen können (ganz gleich, ob man nun mit Weber den Calvinismus dafür wird verantwortlich machen wollen oder nicht).

In der Figur Werners in Goethes "Wilhelm Meisters Lehrjahre" findet man diesen Geist in schon fortgeschrittener (nämlich von keinerlei religiöser Begründung mehr getrübter) Form verkörpert. Werner teilt Wilhelm mit, daß er das große Haus der Eltern — einer noch auf Ansehen bedachten Kaufherren-Generation — verkauft habe, damit "das daraus gelöste Geld ... hundertfältige Zinsen tragen" solle. Und er fährt fort:

> Nur nichts Überflüssiges im Hause! Nur nicht zu viel Möbeln, Gerätschaften, nur keine Kutsche und Pferde! Nichts als Geld, und dann auf eine vernünftige Weise jeden Tag getan, was dir beliebt. Nur keine Garderobe, immer das Neueste und Beste auf dem Leibe; der Mann mag seinen Rock abtragen und die Frau den ihrigen vertrödeln, sobald er nur einigermaßen aus der Mode kömmt. Es ist mir nichts unerträglicher, als so ein alter Kram von Besitztum. Wenn man mir den kostbarsten Edelstein schenken wollte, mit der Bedingung, ihn täglich am Finger zu tragen, ich würde ihn nicht annehmen; denn wie läßt sich bei einem toten Kapital nur irgendeine Freude denken? Das ist also mein lustiges Glaubensbekenntnis: seine Geschäfte verrichtet, Geld geschafft, sich mit den Seinigen lustig gemacht und um die übrige Welt sich nicht mehr bekümmert, als insofern man sie nutzen kann. [79]

So wenig Werner ein Puritaner ist (in dessen Glaubensbekenntnis ein "lustiges Leben" zweifellos keinen Platz — es sei denn den der Hölle — einnehmen dürfte), so sehr ist er Kapitalist. Sein Arbeitsziel ist ständiger Erwerb und ständige Transformation des Erworbenen in das liquide Element des Geldes — nicht etwa Festhalten am "Besitztum": das ist "alter Kram", ist "totes Kapital". Goethe erkennt hier schon sehr hellsichtig die dynamische, im Grunde besitzfeindliche, der Dauer des Besitzens widerstrebende, ganz und gar antikonservative Natur des Kapitalismus, dem es auf Produktion, auf den *Wechsel* also der Produkte, ankommt. Die "Welt" und die anderen Menschen, die Gesellschaft, spielen keine Rolle mehr; jeder einzelne, ein Robinson im Gemüte, [80] wirkt und schafft sich ein eigenes Inseldasein. Zur Repräsentation, zur Darstellung von religiös oder sozial lebenswichtigen Werten, reicht solche Ethik des ruhelosen Schaffens kaum noch aus. "Die Börse", meint Schumpeter, ist "ein armseliger Ersatz für den Heiligen Gral." [81]

Tatsächlich hatte aber noch Voltaire die Börse zwar nicht gerade als Gral, doch als eine Art Tempel der Toleranz verherrlicht; in den "Lettres philosophiques" (1734), in denen er die englischen Verhältnisse preist, heißt es:

> Entrez dans la bourse de Londres, cette place plus respectable que bien des cours; vous y voyez rassemblés les députés de toutes les nations pour l'utilité des hommes. Là le juif, le mahométan, et le chrétien, traitent l'un avec l'autre comme s'ils étaient de la même religion, et ne donnent le nom d'infidèles qu'à ceux qui font banqueroute. [82]

Nun, Voltaires wohl gleich leicht ironischer Versuch war vergeblich: die Börse des Bürgers ist kein Tempel geworden (wenngleich die architektonischen Anstrengungen später ein wenig in diese Richtung gingen). Sie konnte es nicht werden wegen der Abstraktheit und der naturgegebenen Inkonstanz, der dynamisch-rotierenden Eigenschaft des Geldes, oder besser und genauer: des Kreditwesens, das mehr und mehr die Stelle des eigentlichen 'Geldes' (des Metallgeldes nämlich) vertrat. Dieser neue Typus des 'Geldes' als ein bloßes papierenes Zeichen der ununterbrochenen Warenzirkulation — man kann ruhig sagen: der Kapitalismus — war zwar (Voltaire hat darin ganz recht) als egalisierender Faktor, vor dem alle gleich sind, ein praktischer Förderer der Toleranz. Zugleich aber stand er durch die von ihm in Bewegung gesetzten, umwälzenden Veränderungen, denen er die gesellschaftlichen und wirtschaftlichen Strukturen unterwarf, im Begriff, die Menschen zu atomisieren. Uns Heutigen mag scheinen, daß das im 18. Jahrhundert noch nicht so sehr weit gediehen gewesen sein konnte (und vergleichsweise mit den späteren Entwicklungen ist das ja auch wahr); aber Schiller beklagte in seinen Briefen "Über die ästhetische Erziehung des Menschen" schon ebendas, die Mechanisierung und Vereinzelung, als das Ergebnis des aufgeklärten Jahrhunderts: die 'Isolation' der "einzelnen Kräfte", die "Einseitigkeit" der "getrennten Ausbildung" der Fähigkeiten des Menschen auf Kosten seiner "Totalität". [83]

Inmitten solcher Mechanisierung und Veräußerung aller Lebensverhältnisse wandte sich die Literatur immer mehr den im Menschen freiwerdenden, sich dort regenden und bewegenden, inneren Kräften zu. Insofern kann sie als eine Gegenbewegung zur Zeitentwicklung angesehen werden: mit ausgesprochenen Ersatzfunktionen für jene Ganzheit, die die Wirklichkeit den Menschen vorent-

hielt. Auf der anderen Seite aber ist in dem Dringen und Drängen, dem Gespannt-
sein des Menschen auf ein kaum Erreichbares und, wenn Erreichtes, wieder Zu-
Verlassendes hin, ein Moment enthalten, das dem von Werner an sich selbst cha-
rakterisierten Erwerbsstreben durchaus ähnlich ist. In beiden Fällen — im gesellschaftlichen wie im literarischen Leben — ist es nicht der genügsame und ruhige
Bürger, wie ihn Hermann in Goethes Epos repräsentiert, sondern der unruhige
Bürger, der für die Weiterentwicklung wichtig ist. Nicht zufällig sind in Goethes
Roman Werner und Wilhelm Meister Freunde; sie sind nicht nur verschieden, sie
sind auch verwandt: verwandt in der Bewegung des Strebens, dem zugrundelie-
genden Unbefriedigtsein, verwandt auch — wie soll ich es ausdrücken? — in der
Ablehnung des Erbes (Werner, indem er das Haus verkauft; Wilhelm, indem er
in ganz neue Bereiche hineingelangt).

Durch das ganze Jahrhundert hindurch zieht sich — neben den bekannten und
bisher vorwiegend beachteten Zeugnissen bürgerlicher Genügsamkeit — ein Rei-
gen der unzufriedenen Gestalten. Von der "unvergnügten Seele" Christian Weises
(am Ende des 17. Jahrhunderts) bis zu Goethes Faust: all die Reisenden, die
Hypochonder (die Hypochondrie ist *die* Modekrankheit des 18. Jahrhunderts,
unter der die meisten Aufklärer litten!), die Melancholiker, die Empfindsamen,
die Naturschwärmer, die Freundschaftsenthusiasten, die eine "künftige Gelieb-
te" Liebenden, usw. usw.: sie alle sind — bis zum Zerreißen — gespannt auf etwas
anderes hin. "Unbefriedigt jeden Augenblick", verlangen sie aus sich heraus, sind
sie unterwegs zu etwas Unbekanntem, bewegt sozusagen von ihrer eigenen Bewegung. Denken wir an das Wort Friedrich Lists zurück, das ich am Anfang als
eine Kennzeichnung des Bürgertums zitierte, daß 'die Kraft Reichtümer zu schaffen, viel wichtiger sei, als die Reichtümer selbst', so werden uns die bekannten
Worte Lessings aus dem Goeze-Streit sofort als (wenn ich mich einmal etwas
feierlich ausdrücken darf) 'goldene Worte' des Bürgertums einleuchten, Worte
seines Ruhmes sowohl als seiner ungelösten — und wohl nicht lösbaren — Problematik:

> Nicht die Wahrheit, in deren Besitz irgendein Mensch ist oder zu sein ver-
> meinet, sondern die aufrichtige Mühe, die er angewandt hat, hinter die Wahr-
> heit zu kommen, macht den Wert des Menschen. Denn nicht durch den Be-
> sitz, sondern durch die Nachforschung der Wahrheit erweitern sich seine
> Kräfte, worin allein seine immer wachsende Vollkommenheit bestehet. Der
> Besitz macht ruhig, träge, stolz. [84]

ANMERKUNGEN

1 Dem Beitrag liegt ein Vortrag auf dem Symposion der Lessing-Akademie am 2. März 1978 zugrunde.

2 Zur "Genealogie von Staatsbürgern" im 18. Jahrhundert, wie überhaupt zur Geschichte des Begriffs 'Bürger', ist der instruktive und vielfältig anregende Artikel "Bürger, Staatsbürger, Bürgertum" von Manfred Riedel heranzuziehen. – In: Geschichtliche Grundbegriffe. Historisches Lexikon zur politisch-sozialen Sprache in Deutschland. Hrsg. von O. Brunner, W. Conze, R. Koselleck. Bd. I. – Stuttgart 1972, S. 672 ff., bes. S. 689 ff.

3 "Le bourgeois est celui dont la résidence ordinaire est dans la ville" (D. Diderot: Oeuvres complètes. T. VI. – Paris 1976, p. 224).

4 J. W. Goethe: Hermann und Dorothea. Ges. II, V. 189 f. – In: ders.: Sämtliche Werke, Jubiläums-Ausgabe (im folgenden zit.: J.-A.). Bd. VI. – Stuttgart/Berlin o. J., S. 172.

5 Ges. II, V. 204–237; ebd., S. 172 f. 6 Ges. II, V. 252 f.; ebd., S. 174.

7 Ges. V, V. 6–21; ebd., S. 188 f. 8 Ges. IX, V. 305; ebd., S. 232.

9 Ges. IX, V. 300 f.; ebd., S. 231. 10 Ges. V, V. 31 f.; ebd., S. 189.

11 F. List: Das nationale System der politischen Ökonomie, Kap. 17. – In: ders.: Schriften, Reden, Briefe. Hrsg. von A. Sommer. Bd. VI. – Berlin 1930, S. 228.

12 W. H. Riehl: Die Naturgeschichte des Volkes als Grundlage einer deutschen Social-Politik. Bd. II: Die bürgerliche Gesellschaft. 6. Aufl. – Stuttgart 1866, S. 207 f.

13 Im Kommunistischen Manifest. 14 Riehl: Naturgeschichte (s. Anm. 12), S. 237 ff.

15 Und sie geschieht natürlich nicht im Gegensatz, sondern im Gefolge des Absolutismus. "Bekanntlich" schreibt Rudolf Vierhaus, "ist der Aufstieg dieses bürgerlichen Elements in engem Zusammenhang mit dem Aufstieg des absoluten Fürstentums und dem Ausbau des Staatsbetriebs erfolgt. Nicht nur hatten sich die Fürsten im Machtkampf mit den Landständen bürgerlicher Räte und Verwaltungsbeamter bedient. Im Zuge der Entwicklung zum Polizei- und Wohlfahrtsstaat, der zunehmenden Überlagerung lokaler Ämter durch zentrale Administration, der Erweiterung der Heeresverwaltung war ein wachsender Bedarf an Personen mit fachlicher Qualifikation entstanden, der wiederum eine verstärkte staatliche Förderung von Universitäten und Schulen zur Folge hatte." (R. Vierhaus: Deutschland im 18. Jahrhundert: soziales Gefüge, politische Verfassung, geistige Bewegung. – In: Aufklärung, Absolutismus und Bürgertum in Deutschland. Zwölf Aufsätze. Hrsg. von F. Kopitzsch. – München 1976, S. 180 f.).

16 P. E. Schramm: Hamburg, Deutschland und die Welt. Leistung und Grenzen hanseatischen Bürgertums in der Zeit zwischen Napoleon I. und Bismarck. – München 1943, S. 35.

17 Das ist sicherlich eine vernünftigere Erklärung für diese neuen Standesbezeichnungen als die Riehls. Riehls konservativer Eifer witterte in der Verwendung dieser Termini planmäßig-hinterlistige Machenschaften des Absolutismus, der dadurch die noch übriggebliebenen Feudalstrukturen zerstören wollte: "Es war ein schlauer Kriegsplan, durch die Hegung und Bevorzugung der unächten Stände die ächten unschädlich zu machen" (Riehl: Naturgeschichte des Volkes [s. Anm. 12], S. 238).

18 Schramm: Hamburg, Deutschland und die Welt (s. Anm. 16), S. 37.

19 Ebd., S. 36. Otto Brunner charakterisiert diese Art der Nobilitierung, die keinen Aufstieg in den ständischen Adel bedeutet, folgendermaßen: "Hier handelt es sich weitgehend eben um eine Auszeichnung, eine Ehrung einer irgendwie hervorgetretenen Familie, um die Verleihung des Adelsprädikats, nicht um Adel im älteren Sinn." (O. Brunner: Bürgertum und Adel in Nieder- und Oberösterreich [1949]. — In: ders.: Neue Wege der Verfassungs- und Sozialgeschichte. 2. Aufl. — Göttingen 1968, S. 280). Riehl verurteilt übrigens das Bewegungselement, das in diesem "Höherstreben" enthalten ist, pauschal als "rangsüchtigen Kastengeist", der den natürlichen Ständen noch fremd gewesen sei (Riehl: Naturgeschichte des Volkes [s. Anm. 12], S. 247). Er sei nur durch die "Scheinexistenz", den "ganzen Spuk der unächten Stände" gezüchtet worden (ebd., S. 249).

20 Schramm: Hamburg, Deutschland und die Welt (s. Anm. 16), S. 37.

21 Riehl: Naturgeschichte des Volkes (s. Anm. 12), S. 249.

22 Ebd., S. 39 ff. Der Adel ist allerdings nur noch partiell als eine 'Macht des Beharrens' anzusehen, da er in einem kaum hoch genug zu veranschlagenden Maße im 18. Jahrhundert der Verbürgerlichung anheim gefallen war: nicht nur durch die genannten Nobilitierungen sowie einen offenbar ziemlich großen Anteil an Mesalliancen mit Bürgerlichen (vgl. W. Sombart: Der moderne Kapitalismus. 5. Aufl., Bd. I. — München / Leipzig 1922, S. 852 ff.), sondern vor allem auf Grund der Tatsache, daß er im Absolutismus viele seiner politischen Funktionen verloren hatte, die er trotz mancher teilweise sehr strikten Adelsschutzreglementierungen der Höfe nicht zurückzugewinnen imstande war. In all seinen Verflechtungen mit dem modernen Leben wurde er mehr und mehr von bürgerlichem Geiste durchtränkt. In den westeuropäischen Ländern lag — nach Sombart — sogar die Staatsmacht des Ancien Régime praktisch in den Händen der neuen Geldmacht einer ziemlich bunt zusammengewürfelten Gesellschaft reich gewordener Bürger, obgleich man sich noch "die Formen der alten Adelsherrschaft" angeeignet hatte. Tatsächlich sei aber der Adel in Frankreich "nicht viel anderes als eine Dependenz der Haute Finance" gewesen, und für England sei die von Defoe erzählte Geschichte eines Neureichen bezeichnend, der auf den Vorwurf, er sei kein Gentleman, geantwortet habe: "No, Sir, I am not a gentleman, but I can buy a gentleman" (Sombart, ebd., Bd. II, S. 1099 ff.).

23 R. Schenda: Volk ohne Buch. Studien zur Sozialgeschichte der populären Lesestoffe 1770—1910. — Frankfurt a. M. 1970 (Studien zur Philosophie und Literatur des 19. Jahrhunderts, 5), S. 444 f.

24 Schenda kommt zu solchem Schluß — seine Bewertung kommt schon im Titel seines Buches zum Ausdruck —, weil er als Maßstab für die Verhältnisse des 18. Jahrhunderts die des 19. und 20. anlegt: sie sind aber an denen des 16. und 17. Jahrhunderts zu messen, wenn man ihre Bedeutung richtig einschätzen will. Gab es 1770 15 % potentielle Leser, so

dürften es 1670 keine 5 % gewesen sein: eine Verdreifachung der Leserzahlen ist aber auch absolut betrachtet keine Kleinigkeit. Insofern haben die Zeitgenossen — vgl. etwa das von uns S. 109 wiedergegebene Kant-Zitat — das allgemeine Lesebedürfnis ganz und gar nicht falsch gesehen. Außerdem muß die Bedeutung des *Beginns* erkannt werden: daß das Geröll, mit dem zu Anfang eine Lawine in Bewegung gerät, im Vergleich zu dieser selbst nur sehr geringen Umfang hat, mindert nicht seine Bedeutung als das die Lawine auslösende Moment.

25 Goethe: Hermann und Dorothea; Ges. I, V. 83; J.-A., Bd. VI, S. 160.

26 Diese — an sich bekannte — Tatsache zeigt, daß jede Errungenschaft ihren Preis kostet. Es ist ein Aberglaube, den Alphabetismus als Maßstab für 'Bildung' anzusehen. Wie hoch ist überhaupt der mit der Ausbreitung des Lesens erzielte Gewinn anzusetzen, wenn man erfährt, daß — und darin ist Schenda völlig zuzustimmen — "die populären Lesestoffe nichts als Mißverständnisse" vermittelten (Schenda: Volk ohne Buch [s. Anm. 23], S. 438)? Klingt das nicht, als ob Schenda seiner Prophezeiung am Anfang seines Buches "Die negative ästhetische Bewertung der populären Lesestoffe wird bald der Vergangenheit angehören" (ebd., S. 35) am Ende selbst nicht mehr traut?

27 J. G. Seume: Mein Leben. — In: ders.: Sämmtliche Werke. Hrsg. von Ad. Wagner. — Leipzig 1835, S. 10.

28 R. Engelsing: Der Bürger als Leser. Lesergeschichte in Deutschland 1500—1800. — Stuttgart 1974, S. 182.

29 Was geschieht eigentlich beim leisen Lesen? Da die Lesegeschwindigkeit im allgemeinen merklich höher anzusetzen ist als die des Sprechens, erfolgt offenbar die Aufnahme des Textsinns wesentlich nicht über die (tatsächliche oder vorgestellte) Artikulation des Textes, sondern durch direkte Verknüpfung der optischen Gegebenheiten mit ihrer Bedeutung. (Bei der sog. 'Ganzheitsmethode' des Lesenlernens wird die Herstellung solcher Verknüpfung geradezu als *primär* zu bewerkstelligende gefordert!) Damit rückt aber die Lautgestalt der in die Schrift transkribierten sprachlichen Gebilde wenn nicht völlig aus dem Sinn, so doch stark in den Hintergrund. Wenn man davon ausgeht, daß Sprache nicht nur zufällig etwas mit Sprechen zu tun hat, dann muß man sagen, daß beim leisen Lesen das Moment der psychosomatischen Einheit, die Sprache ausmacht, ausgelassen — im Grunde also: Sprache vermieden — wird. Nur infolge eines durch ein habituell gewordenes leises Lesen reduzierten Sprachverhaltens konnte die Auffassung von Sprache als eines bloßen Zeichensystems um sich greifen.

30 Goethe: Dichtung und Wahrheit II, 10; J.-A., Bd. XXIII, S. 279.

31 Engelsing: Der Bürger als Leser (s. Anm. 28), S. 183.

32 Diesen Vorgang beschreibt Jürgen Habermas: Strukturwandel der Öffentlichkeit. Untersuchungen zu einer Kategorie der bürgerlichen Gesellschaft. — Neuwied / Berlin 1962 (Politica, 4).

33 "vana et curiosa cupiditas nomine cognitionis et scientiae palliata" (Augustinus, conf. X, c. 35).

34 Z. B. "Simplicissimus" I, 11, wo vom "curiosen Leser / der auch offt das geringste wissen

will", die Rede ist. H. J. Chr. v. Grimmelshausen: Simplicissimus Teutsch. Hrsg. von J. H. Scholte. — Halle 1938, S. 31 (Neudrucke dt. Lit.Werke des XVI. und XVII. Jahrhunderts, 302—309).

35 Von dem "unaussprechlichen Vergnügen verbotener Lektüre" (der asiatischen Banise, Tausendundeiner Nacht, der Insel Felsenburg) in noch sehr jungen Jahren spricht Karl Philipp Moritz in seinem autobiographischen Roman "Anton Reiser" (Moritz: Anton Reiser. Ein psychologischer Roman. — Leipzig o. J., S. 31 [Bibliothek der Romane]). Darin werden übrigens auch verschiedene Arten des Leseverhaltens und der Vermittlungen des Gelesenen für die nicht-gehobenen Kreise (z. B. durch Hausandachten, durch Predigten, durch Singen) anschaulich geschildert.

36 F. G. Klopstock: Werke. Hrsg. von R. Boxberger. Th. 5. — Berlin o. J., S. 307.

37 Darüber, daß das Publikum eine neue Art von Tyrannei auf den Autor ausübt, klagt Schiller: "Überdem zwingt ja das deutsche Publikum seine Schriftsteller, nicht nach dem Zuge des Genius, sondern nach Spekulazionen des Handels zu wählen." (Brief an Huber vom 7.12.1784. — In: Schillers Werke. Nationalausgabe. — Weimar 1943 ff., Bd. 23, S. 170).

38 Goethe: Faust, Zueignung.

39 A. Hauser: Sozialgeschichte der Kunst und Literatur. — München 1972, S. 565 und 566.

40 Schillers Werke (s. Anm. 37), Bd. 22, S. 94.

41 Die Schwierigkeiten der deutschen Autoren im 18. Jahrhundert schildert eingehend Helmut Kiesel (in: Kiesel/P. Münch: Gesellschaft und Literatur im 18. Jahrhundert. Voraussetzungen und Entstehung des literarischen Marktes in Deutschland. — München 1977, S. 77 ff.).

42 Zit. nach Hauser: Sozialgeschichte (s. Anm. 39), S. 565.

43 F. Kapp/J. Goldfriedrich: Geschichte des deutschen Buchhandels. Bd. 3: J. Goldfriedrich: Geschichte des deutschen Buchhandels von Beginn der klassischen Literaturperiode bis zum Beginn der Fremdherrschaft (1740—1804). — Leipzig 1909, S. 131.

44 Das erkannte schon Nicolai. Man lese seine Besprechung der "Hamburgischen Dramaturgie" und ihres Nachdrucks in der "Allgemeinen Deutschen Bibliothek". Bd. X, 2. St., Nr. 1, S. 5 f. (vgl. auch G. E. Lessing: Werke. — Berlin [Hempel] o. J., Bd. 20, 2, S. 312, Anm.).

45 I. Kant: Über die Buchmacherei. Zwei Briefe an Herrn Friedrich Nicolai. — In: ders.: Sämtliche Werke. Bd. 5. — Leipzig 1920, S. 728 f.

46 Zit. nach H. Hiller: Zur Sozialgeschichte von Buch und Buchhandel. — Bonn 1966, S. 22. (Bonner Beiträge zur Bibliotheks- und Bücherkunde, 13).

47 Ein deutschen Literarhistorikern allgemein bekanntes Beispiel eines auf Verlegerinitiative zustande gekommenen Werkes ist der nach dem Verleger genannte "Zedler", das in

68 Foliobänden von 1732–1754 erschienene "Große Vollständige Universal-Lexikon aller Wissenschaften und Künste".

48 Im Rahmen dieses Erwerbsstrebens war es gewissermaßen ganz legitim, daß dem Verleger im 18. Jahrhundert ein ebenbürtiger Konkurrent im Nachdrucker erwuchs. Einer der erfolgreichsten und bekanntesten Nachdrucker, der Wiener — Österreich war auf Grund verschiedener wirtschaftspolitischer Faktoren ein "typischer Nachdrucksstaat" — Johann Thomas Edler von Trattner (1717–1798), kann zugleich als Beispiel dienen für bürgerlichen Aufstieg im 18. Jahrhundert. Trattner war Sohn eines Pulvermüllers: der Adelstitel trügt; der Bürger konnte es eben als Geschäftsmann schon damals weit bringen. Wir haben hier das vor uns, was Sombart als symptomatisch für das 18. Jahrhundert — allerdings vor allem für Westeuropa — ansieht: die "Geldmacht mit dem Feigenblatt" (Sombart: Der moderne Kapitalismus [s. Anm. 22], S. 1102). Trattner besaß im Jahre 1755 fünfzehn Pressen und ein Personal von über 100 Leuten (Kapp/Goldfriedrich: Geschichte des deutschen Buchhandels [s. Anm. 43], Bd. 3, S. 5 ff.) Der Kampf gegen den Nachdruck — der Leipziger Verleger Philipp Erasmus Reich, der größte deutsche Verleger der Zeit, hat ihn sein Leben lang geführt — sollte weniger unter dem Aspekt der Moral als des Wettbewerbs gesehen werden.

49 Ausführlicheres über das oben nur kurz Angedeutete findet man in dem anregenden, material- und kenntnisreichen Buch von Horst Möller: Aufklärung in Preußen. Der Verleger, Publizist und Geschichtsschreiber Friedrich Nicolai. — Berlin 1974 (Einzelveröffentlichungen der Historischen Kommission zu Berlin, 15). — Franklins Devise steht in dem "Advice to a young tradesman" (1748): "Remember that time is money" (B. Franklin: Works. — London 1799, vol. II, p. 34).

50 Zit. nach Hauser: Sozialgeschichte (s. Anm. 39), S. 567. Dorat hat das Wort einer seiner Lustspielfiguren in den Mund gelegt.

51 G. E. Lessing: Hamburgische Dramaturgie, 101.–104. St. — In: ders.: Werke. Hrsg. von J. Petersen/W. v. Olshausen. T. 1–25. — Berlin 1925–1935, T. 5, S. 410 f.

52 Unmittelbar bezeugt diesen Vorgang ein so scharfer Beobachter wie Charles Duclos in seinen "Considérations sur les mœurs de ce siècle" (1751). Darin heißt es: "Le puissant commande, les gens d'esprit gouvernent, parce que à la longue, ils forment l'opinion publique qui tôt ou tard subjugue ou renverse toute espèce de despotisme." (zit. nach F. Schalk: Die Entstehung des schriftstellerischen Selbstbewußtseins in Frankreich. — In: ders.: Studien zur französischen Aufklärung. 2. Aufl. — Frankfurt a. M. 1977, S. 51).

53 Die Problematik der Institution der 'Zeitung' als eines Unternehmens, die curiositas zu befriedigen, wird am Anfang der Entwicklung nicht nur von konservativen Stimmen betont, die das Zeitungslesen für 'personae privatae' als schädlich deklarieren. Auch in den Zeitungen selbst finden sich entsprechende Warnungen; so schreibt 1698 in der Zeitschrift "Das Courieuse Caffee-Haus zu Venedig" Philipp Balthasar Sinold, genannt von Schütz (1657–1742): "Ich muß ... bekennen ... / daß die übermäßige Zeitungs-Begierde / eine dermaßen schädliche Kranckheit sey / welche durch ihren Mißbrauch dem gemeinen Wesen viel Schaden bringet. ... Es ist nichts gewöhnlichers / als daß die Bauren in der Schencke ein Collegium curiosum über die ordentlichen Post-Zeitungen halten / und durch den capablesten aus ihrem Mittel selbige buchstabiren lassen / wenn man sie aber hernach .,. fragen solte / was sie daraus verstanden / so würde es in nichts anders bestehen / als daß es

weit rathsamer vor sie gewesen wäre / sie hätten ... mit der Holtz-Axt ... an einem guten Eich Baume auf den Hieb gefochten / als daß sie die edele Zeit mit solchen Dingen verderben." (zit. nach M. Lindemann: Deutsche Presse bis 1815. Geschichte der deutschen Presse. Teil I. — Berlin 1969, S. 133 [Abhandlungen und Materialien zur Publizistik, 5])

54 1784 hat Berlin 40 000 Einwohner, von denen jeder zehnte ein Franzose oder ein Jude war (vgl. H. Oswald: Kultur- und Sittengeschichte Berlins. 2. Aufl. — Berlin o. J., S. 11).

55 Hiller: Sozialgeschichte von Buch und Buchhandel (s. Anm. 46), S. 94.

56 Die Literaturwissenschaft kümmert sich um diese Dinge — das *Leben* der Texte in ihrer Zeit — viel zu wenig. Eine der ersten, von Karl Wilhelm Ramler veranstalteten Sammlungen anakreontischer Gedichte hat den bezeichnenden Titel: "Oden mit Melodien" (1753—55).

57 Lessing: Werke (s. Anm. 51), T. 7, S. 114 f.

58 G. A. Bürger: Aus Daniel Wunderlichs Buch. — In: ders.: Sämtliche Werke. Hrsg. von W. Wurzbach. Bd. III. — Leipzig o. J., S. 10 f.

59 Diderot im Kap. XI des "Discours sur la Poésie dramatique" (1758). In Lessings Übersetzung heißt die Stelle: "Man denke also, sowohl während dem Schreiben, als während dem Spielen, an den Zuschauer ebensowenig, als ob gar keiner da wäre. Man stelle sich an dem äußersten Rande der Bühne eine große Mauer vor, durch die das Parterr abgesondert wird. Man spiele, als ob der Vorhang nicht aufgezogen würde." ("Das Theater des Herrn Diderot". — In: Lessing: Werke [s. Anm. 51], T. 11, S. 289 f.).

59a Vgl. dazu meine Ausführungen in den Gött. Gel. Anzeigen Bd. 220 (1968), S. 259—272.

60 In der "Vorrede" seines Romans "Hermann und Ulrike" (1780; zit. nach J. C. Wezel: Hermann und Ulrike. Hrsg. von C. G. v. Maassen. Bd. I. — München 1919, S. XLIV f.). Wezel meint, die "wirklichen Regeln, die sich auf die Natur, das Wesen und den Endzweck einer poetischen Erzählung gründen", seien "beiden gemein": dem Epos und dem Roman (ebd., S. XLV).

61 W. Benjamin: Der Erzähler. Betrachtungen zum Werk Nikolai Lesskows. — In: ders.: Gesammelte Schriften. Bd. II, 2. — Frankfurt a. M. 1977, S. 443.

62 Goethe: Wilhelm Meisters Wanderjahre; I, 8; J.-A. Bd. XIX, S. 109.

63 Ein bezeichnender Romantitel von 1738: "Der im Irrgarten der Liebe herumtaumelnde Kavalier" (von Johann Gottfried Schnabel).

64 "Cette république est un Etat extrêment libre. On n'y reconnoît que l'empire de la Vérité et de la Raison, et sous leurs auspices on fait la guerre innocemment à qui que ce soit. Les amis s'y doivent tenir en garde contre leurs amis, les peres contre leurs enfants ... " (P. Bayle: Dictionnaire Historique et Critique, Ve ed., tom. II. — Amsterdam 1740, p. 102; Art. Catius D).

65 Aaron Hill (1685—1750), der den Satz anscheinend Gregorio Leti nachsprach. Zit.

nach P. Hazard: Die Krise des europäischen Geistes. La Crise de la Conscience Européenne 1680–1715. – Hamburg 1939, S. 187. R. Koselleck zitiert eine englische Stimme von 1702: "How strangely some words lose their primitive sense! By a Critick, was originally understood a good judge; with us nowadays it signifies no more than a fault finder." (R. Koselleck: Kritik und Krise. Ein Beitrag zur Pathogenese der bürgerlichen Welt. – Freiburg i. Br./München 1959, S. 190).

66 Zit. nach Hazard: Krise des europäischen Geistes (s. Anm. 65), S. 137. Man vergleiche auch in Maizaux: "The Life of Mr. Bayle" den Titel des von Bayle 1690 geplanten Werkes "Projet d'un Dictionaire Critique où l'on verra la Correction d'une infinité de fautes repandues soit dans les Dictionaires, soit dans d'autres Livres" (s. P. Bayle: The Dictionary Historical and Critical. 2nd ed., vol. I. – London 1734, p. LXVI).

67 C. Justi: Winckelmann. Sein Leben, seine Werke und seine Zeitgenossen. Bd. I. – Leipzig 1866, S. 111.

68 Koselleck: Kritik und Krise (s. Anm. 65), S. 6.   69 Ebd.

70 Hazard: Krise des europäischen Geistes (s. Anm. 65), S. 137.

71 Bayle: Dictionnaire Historique et Critique (s. Anm. 64), tom. III, p. 305; Art. Manichéens. Bayle fügt allerdings hinzu: "je ne croi pas me tromper, si je dis de la Révélation naturelle, c'est-à-dire des Lumières de la Raison, ce que les Théologiens disent de l'Oeconomie Mosaique. Ils disent qu'elle n'étoit propre qu'à faire connoitre à l'homme son impuissance, et la nécessité d'un Rédempteur, et d'une Loi miséricordieuse. ... Disons à-peuprès le même de la Raison: elle n'est propre qu'à faire connoître à l'homme ses ténèbres et son impuissance, et la nécessité d'une autre Révélation." Die Stelle belegt sehr deutlich die Meinung Richard H. Popkins: "Bayle ... used reason to reach faith, but his conclusion was the complete irrationality of religion." (R. H. Popkin: Pierre Bayle's Place in 17th Century Scepticism. – In: Pierre Bayle. Le Philosophe de Rotterdam. Études et Documents. Ed. P. Dibon. – Paris 1959, p. 14 [Publications de l'Institut Français d'Amsterdam, Maison Descartes 3]).

72 Den 'ökonomischen' Sinn Bayles betont Elisabeth Labrousse und führt ihn auf die bescheidenen Verhältnisse, in denen er aufgewachsen ist, zurück: "Tout un côté économe de Bayle, sa répugnance à contracter des dettes, sa frugalité, sa parcimonie, la stupeur dont il témoigne devant les prix, exorbitants pour lui, de l'Europe du nord, répondent certainement pour une part aux conditions économiques au sein desquelles se sont déroulées son enfance et sa jeunesse." (E. Labrousse: Pierre Bayle. Tom. I: Du pays de Foix à la cite d'Erasme. – La Haye 1963, p. 16 sq. [Archives Internationales d'Histoire des Idées, 1]). Vielleicht war noch wichtiger für die Ausbildung dieses Geistes Bayles Herkunft aus einer kalvinistischen Familie.

73 In den "Réponses aux questions d'un provincial" (1704, zit. nach Hazard: Krise des europäischen Geistes [s. Anm. 65], S. 145).

74 Ich behaupte nicht, daß all diese Motive dem Bürgertum ihre Entstehung verdanken: das wäre kaum zu halten. Vielmehr ist ihre Ausbildung – wie im Text angedeutet – wesentlich mitbedingt durch den Verlust oder jedenfalls die Aufweichung des Rollenbewußtseins gewisser Schichten (zunächst wohl vor allem auch des Adels). Am stärksten be-

troffen von diesen Auflösungserscheinungen sind im 18. Jahrhundert aber — auf Grund der in diesem Artikel entwickelten Voraussetzungen — gewisse Schichten des Bürgertums.

75 Goethe: Hermann und Dorothea; Ges. V, V. 9; J.-A., Bd. VI, S. 188.

76 Auf diesen Aspekt macht Wolfgang Martens am Beispiel eines Texts aus der Hamburger Wochenschrift "Der Patriot" aus dem Jahre 1726 nachdrücklich aufmerksam: "Hier wird offenbar mit vollem Bedacht ein neuer Typus entworfen und den vom französisch-höfischen Kulturideal genährten galanten und herrenmäßigen Ambitionen ein neuer Lebensstil entgegengesetzt. Es ist bezeichnend, daß die Vokabel 'bürgerlich' hier zur selbstbewußten Abgrenzung gegenüber dem Galant-Aristokratischen ausdrücklich verwandt wird." (W. Martens: Bürgerlichkeit in der frühen Aufklärung. — In: Aufklärung, Absolutismus und Bürgertum in Deutschland [s. Anm. 15], S. 355).

77 "Die innerweltliche protestantische Askese ... wirkte also mit voller Wucht gegen den unbefangenen *Genuß* des Besitzes, sie schnürte die *Konsumtion*, speziell die Luxuskonsumtion, ein. Dagegen entlastete sie im psychologischen Effekt den *Gütererwerb* von den Hemmungen der traditionalistischen Ethik, sie sprengt die Fesseln des Gewinnstrebens, indem sie es nicht nur legalisierte, sondern ... direkt als gottgewollt ansah." (M. Weber: Die protestantische Ethik und der Geist des Kapitalismus. — Tübingen 1934, S. 190).

78 Das ist kaum übertrieben, wenn man an Benjamin Franklin denkt. Um seine Lebensführung sittlicher Vollkommenheit zu nähern, stellte er einen Katalog der wünschenswerten Tugenden (dreizehn insgesamt) zusammen, trug sie in eine Tabelle ein und bemühte sich mit Hilfe einer genauen täglichen Buchführung, seine Verstöße unter Kontrolle zu bekommen (vgl. das lange Zitat bei W. Sombart: Der Bourgeois. Zur Geistesgeschichte des modernen Wirtschaftsmenschen. — München/Leipzig 1913, S. 153—157).

79 Goethe: Wilhelm Meisters Lehrjahre; V, 2; J.-A., Bd. XVIII, S. 9 f.

80 "Defoe schilderte in seinem 'Robinson' (1719) das auf sich selbst gestellte Individuum, den Urzustand der Aufklärung und die Entstehung von Staat, Kultur und Religion aus diesem Urzustand." (E. Troeltsch: Gesammelte Schriften. Bd. IV: Aufsätze zur Geistesgeschichte und Religionssoziologie. — Tübingen 1925, S. 359).

81 J. A. Schumpeter: Kapitalismus, Sozialismus und Demokratie. — Bern 1946, S. 223.

82 Voltaire: Lettres sur les Anglais, Lettre Vi. — In: ders.: Oeuvres complètes, tom V. — Paris 1869, p. 9.

83 "Über die ästhetische Erziehung des Menschen", 6. Brief. — In: Schillers Werke (s. Anm. 37), Bd. 20, S. 326 f.

84 "Eine Duplik" (1778). — In: Lessing: Werke (s. Anm. 51), T. 23, S. 58.

HORST GÜNTHER

Darstellung der sozialen Wirklichkeit im frühen bürgerlichen Trauerspiel

Sieht man die griechische Tragödie einmal an als Auseinandersetzung über die
Frage nach den "Grenzen des Menschseins", nach der "Einsicht in die Unauf-
hebbarkeit der Grenze zum Göttlichen hin", [1] so bietet sich der Versuch an, das
Problem des bürgerlichen Dramas analog dazu in der Frage der Grenzen, der womöglich nur schwer aufhebbaren Grenzen des bürgerlichen Standes zu sehen.

Damit ist keineswegs an eine Säkularisierung der religiösen Einsicht zur sozialen in der Geschichte des Dramas gedacht, denn, wenn es überhaupt so etwas
wie Säkularisierung gibt, so ist die griechische Tragödie selbst Säkularisierung
und Infragestellung des religiösen Opfers, und das religiöse Moment, die Darstellung als 'repraesentatio' vor einer Gemeinschaft, auf welche berechnete starke
Wirkungen ausgeübt werden, ist ja gerade beim bürgerlichen Trauerspiel nicht
geringer als je zuvor. Im Erkennen einer Grenze wird diese zugleich überschritten; wie Benjamin sagt, "besinnt sich in der Tragödie der heidnische Mensch, daß
er besser ist als seine Götter, aber diese Erkenntnis verschlägt ihm die Sprache,
sie bleibt dumpf". [2] Und diese Erkenntnis verschlägt nicht nur die Sprache, sondern sie eröffnet auch keineswegs eine Möglichkeit zu handeln, um die erkannte
Grenze zu überwinden.

Dabei sind die Wirkungen der Tragödie, Phobos und Eleos, nicht Furcht und
Mitleid als Gemütszustand bloßer Innerlichkeit. In der Deutung Gadamers, die
wir noch einmal heranziehen, weil sie — selbst eminent bürgerlich — das Phänomen der Grenze hervorhebt, sind diese Wirkungen Jammer und Schauder, die
uns widerfahren angesichts der unangemessenen und furchtbaren Folgen einer
schuldhaften Tat. In der Auflehnung gegen das grausige Geschehen bilde sich im
Zuschauer eine schmerzhafte Entzweiung, und die tragische Katastrophe bewir-
ke in eins mit der Befreiung vom Banne dieses einen Geschicks, daß man frei
werde von allem, was einen mit dem, was ist, entzweit. Die Zustimmung der tragischen Wehmut gelte nicht der Gerechtigkeit einer sittlichen Weltordnung, sondern meine eine metaphysische Seinsordnung, die für alle gilt, und mit deren
Einsicht man zu sich selbst zurückkehre. Das Schwergewicht des tragischen Phänomens liege in dem, "was sich da darstellt und erkannt wird und woran teilzu-
haben nicht beliebig ist". [3]

Nicht beliebig und vor allem unwiederholbar ist das Geschehen des Mythos, dessen Darstellung die antike Tragödie konstituiert. Und ob das neuzeitliche Trauerspiel seinen Stoff der Imagination oder der Geschichte entnimmt, ist er doch nur Illustration eines Lehrsatzes der Moralphilosophie und damit in anderer Weise der Kritik ausgesetzt als der mythische Stoff. An diesem Punkte trifft sich das Unverständnis der Theoretiker des Trauerspiels mit der massiven Kritik der an der Klassik orientierten Literarhistoriker. Für die "bürgerliche" Moralphilosophie bis zum Auftreten Kants ist das Gute erkennbar und die Tugend zu verwirklichen, trotz aller Bedenken, die das 17. Jahrhundert, z. B. Pascal und selbst Dryden dagegen erhoben. [4] Nach Gottsched "wählt der Poet sich einen moralischen Lehrsatz ... Dazu ersinnt er sich eine allgemeine Fabel daraus die Wahrheit seines Satzes erhellet." [5]

Das berühmteste Beispiel lächerlicher oder irriger Deutungen ist der "Ödipus", der zum Paradigma einer dringend erforderlichen Hermeneutik des Mißverstehens werden könnte. Bei Gottsched, für den das Religiöse der griechischen Tragödie darin besteht, daß "die Poeten sich in allen Stücken der Religion bequemeten und die vortrefflichsten Sittenlehren und Tugendsprüche darin häufig einstreuten", [6] wird Ödipus auch ganz zu Recht durch seine Laster, die er neben seinen Tugenden habe, ins Unglück gestürzt: "Denn hätte er nur niemanden erschlagen, so wäre alles übrige nicht erfolget. Er hätte sich aber vor allen Totschlägen hüten sollen, nachdem ihm das Orakel eine so deutliche Weissagung gegeben hatte. Denn er sollte billig allezeit gedacht haben: Wie, wenn dies etwa mein Vater wäre? ... Man hat einesteils Mitleiden mit ihm, anderteils aber bewundert man die göttliche Rache, die gar kein Laster ungestraft läßt." [7] Corneille, ein Jahrhundert zuvor, vermißte gänzlich das, was man seit T. S. Eliot das 'objektive Korrelat' nennt. Ödipus sei gar keine richtige Tragödie, da nicht deutlich werde, welche Leidenschaft zu reinigen sei. Seiner Auffassung zufolge warne eine Tragödie jeweils vor der Leidenschaft, die auf der Bühne bestraft wird. [8] Für Gottsched und die generalisierende Ethik des 18. Jahrhunderts war die Sache nicht mehr unverständlich, sondern klar. Ein älterer Mann, mit dem man zufällig in Kampf gerät, könnte ja der Vater sein, und entsprechend die ältere Dame, wie es ja im "Figaro" tatsächlich beinahe geschieht, welche zu ehelichen man sich genötigt sieht, ist die Mutter: "sie sagt es ja selbst". Im bürgerlichen Trauerspiel wird die Rechnung der Schuld durch die Sühne hart, aber gerecht beglichen, und der Zuschauer soll lernen, daß alle Schuld sich auf Erden räche. So ist es kein Wunder, daß die Kaufherren ihre Lehrlinge in die Vorstellungen des "London Merchant" schickten, um sie durch Barnwells schreckliches Beispiel warnen zu lassen. [9]

Die Möglichkeit, Schuld und Sühne zu verrechnen und die Handlung gemäß einem moralischen oder didaktischen Zweck zu erfinden, unterscheidet das Trauerspiel von der Tragödie, läßt keine gleichwertigen Rechtsordnungen aufeinanderstoßen, nimmt dem Helden das tragische Bewußtsein, sodaß das Drama (auch bei Schiller und Hebbel) Gefahr läuft, bloßes Schauspiel zu werden. So urteilt zwei Generationen später A. W. v. Schlegel über den "London Merchant": "Denn in der Tat muß man sich Lillos rechtliche Absichten gegenwärtig erhalten, um den Kaufmann von London nicht ebenso lächerlich zu finden als er trivial ist … Man könnte aus diesem Stück eine ganz entgegengesetzte Lehre ziehen, als die, welche der Verfasser bezweckt, nämlich man müsse die jungen Leute zeitig mit liederlichen Mädchen bekannt machen, damit sie nicht für die erste, die ihnen Schlingen legt (was ja doch nicht zu vermeiden steht), eine unerhörte Leidenschaft fassen, und dadurch zum Stehlen und Morden gebracht werden mögen." [10]

Am Beispiel der "Emilia Galotti" kritisiert Schlegel die Erfindung und Konstruktion vieler bürgerlicher Trauerspiele: "aber wie man sich mit wenigen Schritten aus einem so kleinen Gebiet fortmacht, so entschlüpft man auch mit einiger Überlegung gar leicht den mühsam angelegten Voraussetzungen des Dichters, worauf die ganze Notwendigkeit der Katastrophe beruht." [11] Ebenso hält die aus dem Stück zu ziehende "Moral" keiner Frage stand, und auf Emilia ließe sich anwenden, was der Abbé Raynal zu Richardsons "Clarissa" äußert: "Wenn Sie mich anrühren, töte ich mich, sagt Clarissa zu Lovelace; und ich würde zu dem, der meine Freiheit bedrohte, sagen: wenn Sie näher kommen, erdolche ich Sie; und ich würde vernünftiger argumentieren als Clarissa …" [12]

Darüber hinaus ließe sich fragen, wenn man das Stück noch einen Moment von außen betrachten will, ob Lessings gleich zweimal gegebene Affirmation, daß, wer über gewisse Dinge seinen Verstand nicht verliert, keinen zu verlieren habe (IV, 7; V, 5), wirklich fordere, daß zuvor getötet werde, wer einer Versuchung erliegen könnte, kurz: daß man alle Rosen breche, ehe der Sturm sie entblättert? Während die der Handlung zugrunde liegende altrömische Legende die Untat vollendet werden läßt, damit sie Anlaß gebe, den Tyrannen zu stürzen, hat Lessing den politischen Frieden gerettet und das Urteil dem himmlischen Richter anheimgestellt. Der Fürst ist schwach, doch hat er ein fühlend Herz, und alle Schuld bleibt dem Intriganten, der als ein Teufel verbannt wird, sich auf ewig zu verbergen.

Politisch ist Lessing damit nicht wesentlich weiter als Christian Leberecht Martini in "Rhynsolt und Sapphira", wo der Kaufmann Danfeld als ein unschuldiges Opfer stirbt, (um ein biblisches Wort zu paraphrasieren:) nicht weil er Unrecht getan, sondern um ein Zeichen für den Glauben zu setzen. "Mit dem Troste der Unschuld und der Treue eines redlichen Untertans, von nichts als der glückseligsten Ewigkeit erfüllt, verläßt meine Seele das Bürgerrecht dieser Welt!" [13] Mit solch "unnennbaren Freunden" [14] läßt Danfeld die Welt zurück, die im Argen liegt, aber nicht lange, denn der Fürst ist gerührt und läßt Gerechtigkeit walten, versorgt die Witwe und bestraft den Intriganten. Auf Veränderung der bestehenden politischen Verhältnisse scheint es im frühen bürgerlichen Trauerspiel niemand so recht abgesehen zu haben.

Lassen wir deshalb die sozialen Implikationen von Opfer, Fürst und Intrigant zunächst beiseite und stellen wir vorgreifend fest, um falsche Erwartungen abzuwehren, daß Erkenntnis der sozialen Wirklichkeit nicht geleistet wurde, wobei wir vermuten, daß die frühen bürgerlichen Dramatiker sie auch nicht beabsichtigten. Dabei messen wir nicht mit einem modernen Begriff von Realismus oder Sozialkritik, sondern z. B. an dem, was Gay in der "Beggar's Opera" tut, oder an der Einsicht und Kritik, die Swift allein schon in den Nebensätzen seiner kleineren satirischen Schriften aufblitzen läßt, und die profunder und genauer ist als alles, was das bürgerliche Trauerspiel an Sozialkritik leistet, an Hogarth' Bildserien und der "ausführlichen Erklärung", die Lichtenberg ihnen gewidmet hat, an dem, was die französischen Moralisten erkannten, und in ihrem Gefolge Voltaire und auch Diderot dann, wenn er nicht bürgerliche Dramen schrieb, sondern z. B. den "Supplément au voyage de Bougainville". Das scheint seinen Grund in der Gattung des Trauerspiels zu haben, mit der man etwas ganz anderes erzielen wollte.

Von "Wirkungen" spricht Lessing in der Vorrede zum "Theater des Herrn Diderot", Wirkungen, die größer seien als die, welche die klassische französische Tragödie hervorgebracht habe: daß das Theater weit stärkerer Eindrücke fähig sei, als Corneille und Racine sie bewirkt hätten. Iffland schildert dieses Phänomen sehr anschaulich: "Mehr als tausend Menschen nach und nach zu einem Zwecke gestimmt, in Thränen des Wohlwollens für eine gute Sache, allmählich in unwillkürlichen Ausrufungen, endlich schwärmerisch in dem lauten Ausruf, der es bestätigt, daß jedes schöne Gefühl in ihnen erregt sei, zu erblicken − das ist ein herzerhebendes Gefühl." [15] Der Effekt wird als "inniges Wohlwollen" beschrieben, und was Diderot fordert, die "bienveillance générale" [16] ist erreicht, und zwar als Gemeinschaftserlebnis von fast kultischem Charakter, dem kathartische Wirkungen zugeschrieben werden.

Damit hat sich allerdings ein politisches Moment eingeschlichen: die prätendierte Allgemeinheit, "généralité" dieser "bienveillance". Diese Allgemeinheit beansprucht Melchior Grimm in der Abwehr einer Gattungsbezeichnung, die er in polemischer Absicht als diffamierend ansieht, obwohl sie oft genug schon stolze Selbstbezeichnung war: "Si Béverley est une tragédie, pourquoi est-elle bourgeoise? S'agit-il ici des malheurs qui ne peuvent arriver qu'à des bourgeois? ou bien ce qui est tragique pour les bourgeois, est-il comique pour des princes? Il fallait dire tout simplement tragédie, et laisser la mauvaise épithète de bourgeoise aux critiques bourgeois du coin qui ont aussi inventé le terme de comédie larmoyante, et qui ont écrit sur l'une et sur l'autre de grandes pauvretés." [17]

Versucht Grimm, das neue Trauerspiel über die Standesgrenzen zu erheben und seine Fragen als allgemein menschlich ästhetisch zu würdigen, so hatte Lillo in der 'Dedication' seines "London Merchant" ständisch-moralische Gründe dafür genannt, daß die Bürger auch ihre Tragödie haben sollen. "If Princes, etc. were alone liable to misfortunes, arising from vice, or weakness in themselves, or others, there would be good reason for confining the characters in Tragedy to those of superior rank; but, since the contrary is evident, nothing can be more reasonable than to proportion the remedey to the disease." [18] Entscheidendes mußte sich wandeln, damit so argumentiert werden konnte. In solch einem Satze spiegeln sich die sozialen und geistigen Wandlungen, die sich vom 17. zum 18. Jahrhundert ereigneten. Vergegenwärtigen wir uns: im "London Merchant" ist Barnwell Träger eines persönlichen Schicksals, welches ein "tragisches" Ende findet, er nimmt die Stelle ein, die in dem barocken Trauerspiel dem Fürsten vorbehalten war. Damit wird die Eignung des Fürsten, den Menschen schlechthin zu repräsentieren, aus moralischen Gründen in Frage gestellt, und die Repräsentation des Bürgers in dem doppelten Sinne, stellvertretend zur Darstellung gebracht zu werden, gefordert. Und begründet wird die Forderung durch ein Argument der protestantischen Ethik, "liability", was sowohl Anfechtung wie Verantwortung bedeuten kann, Anfechtung, die nicht den Fürsten allein betrifft, und Verantwortung für eine Schuld, die kein Priester vergeben kann.

Lillo hat somit wohl den Ruhm, die Reformation ebenso wie die Glorious Revolution auf das Theater gebracht zu haben. Verwirklicht hat er das mittels des Londoner Kaufmannsstandes, und die Weise, in der es geschah, war spezifisch englisch und ganz und gar nicht "revolutionär", wenn man mit diesem Wort Ereignisse des späten 18. Jahrhunderts auf dem Kontinent bezeichnen will.

Entscheidend für das Studium des 18. Jahrhunderts ist es, die wesentlichen Unterschiede der sozialen und politischen Bedingungen in den einzelnen Ländern Europas zu berücksichtigen. [19] Denn das 18. Jahrhundert, das man seines intellektuellen Verkehrs und einer gewissen literarischen Gemeinschaft wegen gern als ein einheitliches Ganzes ansieht, ist in England ganz anders als in Frankreich, und Deutschland ist von beiden und in sich selbst stark unterschieden. Der englische Kaufmannsstand ist etwas so Einmaliges, daß Defoe mit Recht sagen kann: "Trade in England makes gentlemen, and has peopled this nation with gentlemen." [20] In Frankreich ist das Ansehen dieses Standes weit geringer. Dorval, der "Fils Naturel", fragt seinen Freund Clairville auf dessen verzweifelten Entschluß: "Je commercerai" mit ebensoviel Recht: "Avec le nom que vous portez, auriez-vous ce courage?" [21] Und die "loyality" der Londoner Kaufherren, [22] die den Hofadel zu Gast laden und im Einvernehmen mit der Königin ihre wirtschaftliche Macht für politische Ziele einsetzen, ist gerade deshalb ebensowenig zu bezweifeln wie die stumme Ergebenheit des Kaufmanns Danfeld in einem deutschen Fürstenstaat. Die Spannung zwischen Fürstentum und Adel ist in England ungleich geringer als auf dem Kontinent. Der Primogenitur wegen erbten die jüngeren Söhne nicht den Titel des Vaters, sondern mußten, vor allem wenn sie dem niederen Adel entstammten, Berufe erlernen und wurden oft als Lehrling verpflichtet. [23] Barnwell, über dessen Herkunft nichts verlautet, könnte also auch dem niederen Adel entstammen; es genügt, daß er weder Prinz noch Proletarier ist. Die Standesproblematik des "London Merchant" ist erschöpft, wenn sein Anspruch, auf der Bühne zu erscheinen, begründet ist. In den französischen und deutschen Bearbeitungen wird diese Begründung im Selbstbewußtsein des Kaufmanns entsprechend abgeschwächt.

Das Entscheidende in Lillos Stück ist, daß die Zuschauer sich selbst erblicken, sich selbst in der Weise, in der sie sich sehen möchten, zum Gegenstand werden, als Glieder der patriarchalischen Kleinfamilie, als Freunde, die sich ihre Empfindungen und "moral affections" mitteilen, als Bürger, deren Bewußtsein weniger mit ihren Geschäften als mit der Bestätigung und Anfechtung ihrer in den Moralischen Wochenschriften öffentlich diskutierten privaten Moral befaßt ist. Das Interesse am Menschen ist wach geworden, und zwar das am allgemeinen Menschen, als welcher jetzt der Bürger erscheint. Seinen Ausdruck hat das im Naturrecht gefunden, wo man den Menschen ohne die besonderen Bedingungen des Standes und der Traditionen, zum Teil sogar ohne die der "Sozialität" sehen möchte. [24] Das populäre Ideal einer solchen Konstruktion des Menschen ohne alle Bedingungen der Gesellschaft ist Robinson Crusoe, in dessen erfolgreichem Kampf gegen die Natur mit deren eigenen Mitteln die Zeit sich wiedererkannte. Bezeichnenderweise bedarf er dazu sowohl einer durch die Gesellschaft vermittelten Bildung wie auch eines gestrandeten Schiffes, das ihm ebensoviele Hilfsmittel beschert, wie es uneingestandene Voraussetzungen bei manchen Naturrechtlern oder zu eliminierende Bedingungen in der voraussetzungslosen Erziehung nach Locke gibt. Der Erwerbstrieb spielt eine wichtige Rolle, und wenn man sich wundert, daß es im Drama des 18. Jahrhunderts so häufig ums Geld geht, das gestohlen oder verspielt wird, das Ehen verhindert oder ermöglicht, so sollte man bedenken, daß noch in Kants Metaphysik der Sitten (1797) das Privatrecht, das Staats- und das Völkerrecht aus dem einen Grundrecht abgeleitet werden, etwas als Eigentum zu erwerben und das zu sichern.

Weit erstaunlicher aber ist das neugeweckte Interesse an der Sittlichkeit. A. W. v. Schlegel stellt fest: "Es ist eine merkwürdige Erscheinung, deren Ursachen erklärt zu werden verdienen, daß die englische Nation in der letzten Hälfte des 18. Jahrhunderts von einer so ganz entgegengesetzten Denkart zu einer fast übertriebenen Strenge der Sittsamkeit im gesellschaftlichen Gespräch, in Romanen und Schauspielen, und in den bildenden Künsten übergegangen ist." [25] Ein Grund mag die Reaktion auf die lange Zeit durch die Kriege des 17. Jahrhunderts verrohten Sitten gewesen sein; auch der wirtschaftliche Aufstieg, die starke Abnahme der Sterbeziffern, [26] das Aufkommen der bürgerlichen Geselligkeit in den Kaffeehäusern, die mit den Moralischen Wochenschriften in Wechselwirkung standen, die Beendigung der Konfessionsstreitigkeiten und die Entdeckung des sittlichen Gefühls formten diese sittliche Bewußtwerdung des Bürgertums. Dabei spielte in England wie auf dem Kontinent die Gestaltung einer von der Offenbarung unabhängigen Ethik eine ebenso große Rolle wie die Suche "nach einem Gott, der nicht allzusehr seine Macht fühlen lasse und sich vor Eingriffen in die rechtlich begründete Freiheit des Menschen hüte". [27]

Diese deistische Gottesvorstellung oder doch das Ringen darum spiegeln die Autoritätsgestalten des bürgerlichen Dramas, das ja ganz im patriarchalischen Rahmen bleibt. Dieser Rahmen ist eng: die Mutter fehlt oder spielt eine untergeordnete Rolle, und der jugendliche Held, der in die Familie seiner Geliebten aufgenommen werden soll, hat seinerseits keine engen familiären Bindungen mehr, seine Herkunft ist dunkel, bei Diderot mit voller Absicht. Für die Stufen und Variationen des Deismus ist der gütige Thorowgood Lillos ebenso bezeichnend wie der Père de Famille oder der alles verzeihende Vater Sampson, aber auch der aus der Ferne heimkehrende Vater des Fils Naturel oder der Onkel in Merciers "Jenneval", wo die Unerbittlichkeit des Onkels und die Empörung des Neffen sich lösen, weil im entscheidenden Moment das Gute siegt. Darin zeigt sich übrigens ein Moment der französischen Aufklärung, die den ethischen Rigorismus von Schuld und Sühneopfer nicht duldet. Der Oberst Galotti dagegen und der Musikus Miller entsprechen dem Vaterbild des orthodoxen Protestantismus, aber sie werden zurückgedrängt durch die Gestaltung der "Obrigkeit", die, wie schon in "Rhynsolt und Sapphira", zunehmendes Interesse gewinnt. Spiegelt sich im Herzog dieses Stückes noch ein rächender Gott, so sind dem Fürsten bei Lessing und Schiller die Zügel aus der Hand genommen: es herrscht der Intrigant als "Fürst dieser Welt". Das ist entweder noch Luthertum oder schon die pessimistische Variante der deistischen Vorstellung von der Zurückgezogenheit Gottes, mit einem zusätzlichen Hieb vielleicht auf alles papistische Stellvertretertum.

Daraus entspringt aber im bürgerlichen Trauerspiel Deutschlands, das anders als in England und Frankreich auf den Adel neurotisch fixiert bleibt, auch dort und gerade, wo man Anklage gegen die Obrigkeit oder ihren Mißbrauch erhebt, keine politische Erkenntnis oder Einsicht in die soziale Wirklichkeit. Es bleibt vielmehr, mit Auerbach zu reden, "demagogisch, ein melodramatischer Reißer". [28] Ebenso uneinsichtig und im Privaten verharrend ist die Gestaltung der Verführerin, selbst bei Lessing, wo der beleidigten Medea einiges Recht zuteil wird. Aber es kommt so wenig zu ihrer tragischen Größe wie zur Gesellschaftskritik, und sie bleibt ein Weibsteufel.

Die eigene Sittsamkeit ist es, die der Bürger dem Adel entgegenhält und mit welcher er sich von der dienenden Unterschicht absetzt. Und diese seine Sittsamkeit will er dargestellt sehen in dem Wechselspiel von Anfechtung und Verantwortung in Liebe, Ehe und Erziehung. Er genießt die Darstellung des Kampfes der Tugend und des Opfers des Unterliegenden, und vor allem will er gerührt sein. Diese Moralisierung der Poesie geht, wie Hazard richtig bemerkt, zusammen mit dem sich entwickelnden Selbstbewußtsein der Modernen. [29] Der Poesie wird damit viel zugemutet. Steele definiert: "Poetry is an obliging service to human society." [30] Die Weichherzigkeit, die sich in der Poesie manifestiert, kann außerhalb ihrer freilich umschlagen in wütende Moralität, wie es in der für die Zeit charakteristischen "Society for the Reformation of Manners" geschah, die ungezählte Strafverfahren wegen Unsittlichkeit, Fluchen und Trinken anzettelte, bis sie auf heftige Opposition stieß. [31]

Die rührende Wirkung des neuen Trauerspiels bezeichnet Diderot als "délicieuse et cruelle". [32] Das Oxymoron, in das dieser Eindruck gefaßt wird, scheint nicht von ungefähr zu kommen. Hume sucht ihn zu ergründen, indem er die alte Frage nach der Lust am Schmerze auf der Bühne stellt: "It seems an unaccountable pleasure, which the spectators of a well-written tragedy receive from sorrow, terror, anxiety and other passions, that are in themselves disagreable and uneasy." [33] Nachdem er Fontenelles Meinung ablehnt, daß es der Trost der Fiktion sei, der den Schmerz auf der Bühne angenehm mache, weil er ihn schwäche und in Lust übergehen lasse, fährt er fort: "It is thus the fiction of tragedy softens the passion, by an infusion of a new feeling, not merely by weakening or diminishing the sorrow ... To confirm this theory, it will be sufficient to produce other instances, where the subordinate movement is converted into the predominant, and gives force to it, though of a different, and even sometimes though of a contrary nature." [34] Damit beschreibt Hume eine Erscheinung, die uns besonders auf die Charaktergestaltung und die beabsichtigte Wirkung der bürgerlichen Trauerspiele zuzutreffen scheint. Er erläutert das, was wir den Mechanismus konträrer Gefühle nennen wollen, an der Musik, die zu seiner Zeit sowohl durch Entwicklung der Harmonik wie der Technik, und da z. B. durch das Crescendo ganz neue rührende Wirkungen zu erzielen begann. "Now, if we consider the human mind, we shall observe, that, with regard to the passions, it is not like a wind instrument of music, which, in running over all the notes, immediately loses the sound when the breath ceases; but rather resembles a string instrument, where, after each stroke, the vibrations still retain some sound, which gradually and insensibly decays." [35]

Nach diesem Verfahren scheinen die bürgerlichen Dramatiker die nun als machtvolle Wirklichkeit empfundenen Gefühle darzustellen. Schon in der noch etwas unbeholfenen Instrumentierung Lillos wirken die tugendhaften Gefühle in dieser Weise den durch die Verführung gereizten lasterhaften entgegen, und einen Höhepunkt erreicht die Technik der konträren Gefühle in diesem Stück in der Kerkerszene, wo die Reue sich in Wollust auflöst und gerührt genossen wird. Daß Mercier diese perverse Lust für ein belehrendes Theater nicht geeignet findet, ist kein Wunder. Er arbeitet jedoch mit einer ähnlichen Technik des Gegeneinander von Haß und Empörung mit Pietät und Menschenliebe im "Jenneval". Die Tat seines Helden wie die von Lillos beruht ja nicht auf Wandlung oder Entwicklung des Charakters, sondern darauf, daß von den gleichzeitigen konträren Gefühlen eines das Übergewicht erhält. Und nur die Logik der Bühne bestimmt die Reihenfolge und die Endgültigkeit der letzten Szene. So funktioniert das Ineinander von stolzer Zurückhaltung und Liebe bei Charlotte in Moore's "Gamester" und bei Lessings Tellheim. Ihr Crescendo erreicht diese Technik mit äußerster Beanspruchung der Instrumente in den Reueszenen Barnwells und

Beverleys, in dem qualvollen Kampf von Pietät und Liebe bei Miß Sara Sampson, der ebenso in eine selbstquälerische Lust ausartet. Hier kommen die konträren Gefühle zu höchster Intensität: sie ersehnt den Zorn des Vaters, denn Vergebung wäre grausam für sie, weil es eine Schwäche des Vaters wäre, deren er sich bald schämen würde (III, 3). Ebenso erkennt der alte Diener die Lust des Verzeihens: "Recht schmerzhafte Beleidigungen, recht tödliche Kränkungen zu vergeben, sagt' ich zu mir selbst, muß eine Wollust sein, in der die ganze Seele zerfließt. – Und nun, Miß, wollen Sie denn so eine große Wollust Ihrem Vater nicht gönnen?" (III, 3)

Nur angedeutet sei die Tatsache, daß dieses Spiel tränenreicher Gefühlsseligkeit nicht nur von Theaterpraktikern, sondern von den intelligentesten Köpfen des Jahrhunderts wie Diderot und Lessing inszeniert wird, und daß es sich dabei um ein vielleicht noch nicht genügend gedeutetes Komplement ihrer Intellektualität handelt. Auffällig ist aber doch, daß im letzten Zitat der Diener fast mehr sagt, als einer Bühnenfigur gestattet ist und beinahe das "Paradox sur le comédien" verrät. Daß es sich bei dem Ineinander, der Gleichzeitigkeit der konträren Gefühle um eine Erkenntnis des 18. Jahrhunderts handelt, zeigt der Vergleich einer poetischen Beschreibung des Gemütszustandes der Königin Elisabeth beim Fällen des Todesurteils über den Grafen Essex aus dem 17. Jahrhundert mit einer historischen Darstellung aus dem 18. Der jüngere Corneille schildert das Nacheinander der Überlegungen, die von Stolz oder Liebe bewegt werden.

Elisabeth: Falloit-il qu'un ingrat, aussi fier que sa reine
            Me donnant tant d'amour, fût digne de ma heine? ...
            Je péris par sa mort; et le voulant sauver.
            Le lâche impunément aura su me braver.

Die Liebe siegt schließlich, die verschiedenen Gefühle sind aber auf sie und die Herzogin verteilt.

Elisabeth: J'ai tort, je le confesse; et, quoique je m'emporte,
            Je sens que ma tendresse est toujours la plus forte ...
            Ah! que de la vertu les charmes sont puissants!
            Duchesse, c'en est fait, qu'il vive, j'y consens.
            Par un même interêt, vous craignez et je tremble.
            Pour lui, contre lui-même, unissons-nous ensemble. ... [36]

Der Historiker – freilich ist es Hume selbst – sieht dasselbe Ereignis sich psychologisch völlig anders abspielen. Wir zitieren die von Lessing bei der Besprechung des Corneille'schen Stücks gegebene zeitgenössische Übersetzung:

Nachdem das Urteil über den Essex abgegeben war, fand sich die Königin in der äußersten Unruhe und in der grausamsten Ungewißheit. Rache und Zuneigung, Stolz und Mitleiden, Sorge für ihre eigene Sicherheit und Bekümmernis um das Leben ihres Lieblings stritten unaufhörlich in ihr: und vielleicht, daß sie in diesem quälenden Zustande mehr zu beklagen war, als Essex selbst. Sie unterzeichnete und widerrief den Befehl zu seiner Hinrichtung einmal über das andere; jetzt war sie fest entschlossen, ihn dem zu überliefern; den Augenblick darauf erwachte ihre Zärtlichkeit aufs Neue, und er sollte leben. Die Feinde des Grafen ließen sie nicht aus den Augen; sie stellten ihr vor, daß er selbst den Tod wünsche, daß er selbst erklärt habe, wie sie doch anders keine Ruhe vor ihm haben würde. Wahrscheinlicherweise that diese Äußerung von Reue und Achtung für die Sicherheit der Königin, die der Graf sonach lieber durch seinen Tod befestigen wollte, eine ganz andere Wirkung, als sich seine Feinde davon versprochen hatten. Sie fachte das Feuer einer alten Leidenschaft, die sie so lange für den unglücklichen Gefangenen genährt hatte, wieder an. Was aber dennoch ihr Herz gegen ihn verhärtete, war die vermeintliche Halsstarrigkeit, durchaus nicht um Gnade zu bitten. Sie versah sich dieses Schrittes von ihm alle Stunden, und nur aus Verdruß, daß er nicht erfolgen wollte, ließ sie dem Rechte endlich seinen Lauf. [37]

Diese Analyse der Wirklichkeit des Gefühls enthält alle Elemente, die aus der mechanistischen Psychologie ins bürgerliche Drama eingingen und im Medium des Rührenden die Charaktere konstituieren. Die "repraesentatio" dieser Konflikte und das Genießen des Opfers und der Verzeihung, die einen Gott ähnlich werden lassen, [38] bestimmen das frühe bürgerliche Trauerspiel so sehr, daß sich die äußere soziale Wirklichkeit nur ex negativo fassen läßt.

Außer dem Kaufmann gehört kein "Held" dieser Dramengattung dem produktiven Erwerbsstand an. Der Besitz, um den sich so vieles dreht, ist ganz statisch gedacht. Aus dem Trauerspiel einer Zeit außerordentlichen wirtschaftlichen Aufschwungs muß man den Eindruck gewinnen, er ließe sich nur erben, stehlen oder verspielen. Daher denn' die Bedeutung der Onkel, von deren rechtzeitigem Tod alles abhängt, und die Unselbständigkeit der Neffen. Typisch, auch für das Verhältnis zur Arbeit, ist Saint-Albins Antwort auf die angedrohte Enterbung: "Alors je m'adresserai à toutes les âmes sensibles. On me verra, on verra la compagne de mon infortune, je dirai mon nom, et je trouverais du secours." [39] Wenn von Armut und Arbeit die Rede ist, werden sie entweder idyllisch gezeichnet, wie im "Gamester", oder mit privatem Mitleid wie im "Père de Famille", wo sich zudem die Anklage gegen den vermögenden Onkel allein richtet, der die Unterstützung verweigerte. Auch der Hausvater selbst beschränkt sich auf Mildtätigkeit, indem er einem armen Pächter die Schulden stundet. Das Idyll des einfachen Lebens wird beschworen, obwohl es längst durchschaut ist. Fontenelle bemerkte Ende des 17. Jahrhunderts: "L'illusion et en même temps l'agrément des bergeries consiste donc à n'offrir aux yeux que la tranquillité de la vie pastorale, dont on dissimule la bassesse: on en laisse voir la simplicité, mais on en cache la misère." [40]

Bei dem wieder in Mode gekommenen Studium der Idylle und ihrer wohl unberechtigten Vermischung mit der Utopie empfiehlt sich eine kritische "relecture" älterer Arkadiendarstellungen. In Shakespeares "As you like it" weht durch die Täler Arkadiens ein kalter Wind, seine Männer sind töricht, seine Frauen häßlich, eine Schafherde muß man mit Geld erwerben, und sobald die geschmähte Gegenwelt des Hofes wieder zugänglich ist, hat die durch die Idylle kurierte Gesellschaft nichts eiliger zu tun, als zu dem falschen Prunk und den gefährlichen Ränken zurückzukehren. Es scheint da ein höheres Maß an Wirklichkeitsdarstellung zu geben als es die Gattung des bürgerlichen Trauerspiels erträgt.

Die falsche und auch künstlerisch unwahre Idyllik ist es, durch welche sich die von uns nun schon verschiedentlich betrachtete "Reflexion über die eigenen Gefühle, das sentimentale Verweilen in ihnen, das Bewußtsein einer durch sie erlangten Würde, die Sehnsucht nach einem völlig losgelösten, nur der Liebe gewidmeten Leben den Eingang in bürgerliche Schichten verschafft."[41] Eine große Rolle spielen dabei die preziösen Romane, deren Lebensidealen die Jugend des Mittelstands nur allzugern verfiel (wie es schon Molière in den "Précieuses ridicules" verspottet). Zwar ist Reichtum zu diesem Leben unerläßlich, doch versucht die Jugend, die verachtete Wirklichkeit zu überspielen: "On n'entend tant de plaints dans le monde, que parce que le pauvre est sans courage ... et que le riche est sans humanité ...",[42] denn man glaubt, im Bewußtsein von "amour" und "fierté" könne man der Welt Trotz bieten, "défier l'univers". Doch ist es gerade die Sehnsucht des Bürgertums nach wirtschaftlich "parasitärer Funktionslosigkeit",[43] welche es dem Adel annähert und in Frankreich diese beiden Schichten geradezu verschmelzen läßt. Im Bewußtsein der negativen Beispielhaftigkeit einer Mesalliance seines Sohnes kann nicht nur der Hausvater argumentieren: "Quel exemple à donner aux pères et aux enfants!",[44] sondern auch der Commandeur: "le voilà ce modèle de tous les jeunes gens de la cour et de la ville?",[45] um mit dieser spöttischen Frage das sozial entdifferenzierte, aus Adel und Bürgertum bestehende gesellschaftliche und literarische Publikum zusammenzufassen.

Mit zunehmendem eigenen Selbstbewußtsein wächst beim Bürgertum die Schranke zu den unteren Schichten,[46] und wenn der Dienerschaft (wie bei Lillo) Gewissensbisse zugestanden werden oder (bei Moore, Diderot und Lessing) rührende Ergebenheit und Treue geschildert werden, so zieht daraus niemand (außer Sir William Sampson) soziale Folgerungen, sondern man verschiebt das Problem in den privaten Bereich. Und um Resignation scheint es sich selbst bei der Einsicht des Hausvaters zu handeln: "Nous sommes bien étranges. Nous les [servants] avilissons; nous en faisons de malhonnêtes gens, et lorsque nous les trouvons tels, nous avons l'injustice de nous en plaindre."[47]

Das Ständeproblem ist bei Diderot besonders heikel. Denn einmal ist es seine noble moralische Intention, die allerdings das Widmungsschreiben des "Père de

Famille" mindestens ebensogut erfüllt, in diesem Stücke zu beklagen, daß die jungen Leute ihren Dienstboten viel mehr Vertrauen schenken als ihren Eltern, und bei dieser Absicht, die dem wachsenden Familiensinn des bürgerlichen 18. Jahrhunderts so sehr entspricht, kann das Personal eben nicht gut wegkommen. Zum anderen öffnet die Fiktion der dunklen Verwandtschaftsverhältnisse, mit der auch Lessing noch im "Nathan" arbeitet, die trennenden Schranken nicht. Auf Gottscheds Weise argumentiert, hieße das: es könnte ja mein Bruder sein, wen ich verachte! Denn ohne das märchenhafte Ergebnis, daß der Froschkönig als verzauberter Prinz, der Fils naturel als Rosaliens Bruder und die arme Sophie gar als des bösen Commandeurs Nichte sich erweist, wäre die Handlung der Stücke Diderots gar nicht zu einem guten Ende zu bringen. Deshalb sind sie ebenso wenig "fortschrittlich" wie die Fiktion, daß eine Familie ihr eigenes Geschick in dramatischer Straffung sich selbst ohne Zuschauer jährlich einmal vorspiele, etwa kein höheres Maß an Realismus bedeutete. Es ist eher eine Übertreibung der gebildet-gesellschaftlichen Vraisemblance-Forderungen, die man an die Tragédie classique gestellt hatte, in denen sich, nach Auerbach, "ein vernünftighochmütiger Mangel an Bereitschaft, sich von phantastischer Illusion umfangen zu lassen, zeigt, mit Verachtung des indocte et stupide vulgaire, das diese Bereitschaft besitzt." [48] So ist es auch kein Wunder, daß Robespierre sich über Diderot beklagen wird, der nicht nur die Standesgrenzen befestigt, sondern sein Stück auch noch einer Fürstin dediziert. [49]

Die Standesbedingungen, d. h. deren Unsicherheit beim Fils naturel, bedingen auch dessen Melancholie, auf welche das bürgerliche Trauerspiel ebenso ungern verzichtet wie das barocke. Sonst wird sie durch Liebeskummer begründet wie bei Lillos Maria oder bei Diderots Saint-Albin, der dadurch "sombre et farouche" wirkt, sie kann aus einer gewissen Freigeisterei und dunklen Vergangenheit stammen wie bei Mellefont, aus einem zarten Gewissen wie bei Miß Sara oder aus einer Seelenstimmung wie bei Graf Appiani und schon bei Weises "Unvergnügter Seele". Der Melancholie des Bürgertums fehlt im allgemeinen die große Kälte oder Leidenschaft der auf Gestirnkonstellationen bezogenen Melancholie in Renaissance und Barock.

Richten wir den Blick auf das Standesproblem in Deutschland, so läßt sich leicht feststellen, daß von einer Verschmelzung von Adel und Bürgertum, wie sie in England im Zeichen der liberalen Eroberung der Welt durch Handel und Industrie, in Frankreich in der parasitären Funktionslosigkeit auf der Basis von Rente, Landbesitz oder gemeinsamer Bewerbung um die Pfründen der "robe" erfolgt, keine Rede sein kann. Deutschland träumte von einem Adel nicht der Geburt, sondern der persönlichen Fähigkeiten, kam jedoch zu der schmerzlichen Einsicht, daß das im Bereich des Bürgertums kaum zu verwirklichen war. So lehrt noch ein Roman Goethes, den Novalis "Wilhelm Meister oder Wie man durch Hurerei adlig wird" nannte, daß die freie Entfaltung der Persönlichkeit und eine allseitige Bildung nur dem Edelmanne möglich sei (Buch 5, Kap. 3), was auch

für ein der Liebe gewidmetes Leben gilt, sei es nun antikisch, ritterlich, renais-
sancehaft, preziös (vgl. Heinses "Ardinghello", die "Wahlverwandtschaften"
usw.), und noch bei den preußischen Reformen warnt der Geheimrat von Altenstein davor, politische Verantwortung in die Hände "bloß besoldeter Diener"
des Staates zu legen, [50] wobei nur die Alternative der nicht an ein Amt gefessel-
ten Adligen bleibt, die auf ihre Güter sich zurückzuziehen die Freiheit haben,
auch wenn diese, wie Eichendorff sie schildert, meist recht kümmerlich waren. [51]
An diesen Adel klammerte sich das im Laufe des 17. Jahrhunderts unselbstän-
diger gewordene Bürgertum in der Hoffnung auf Protektion und resignierte davor, sich zu behaupten, da man "wohl gar abgeschafft" werden könnte: "Will
dan ein gut Kerl irgend ein Dienstlein haben/ so muß er sich nach der Herrschaft und deren Herren Räthen weise richten ...", [52] wie Moscherosch diesen
deutschen Topos formuliert.

Da in Deutschland die Standesgrenzen unbeweglicher, die Standesunterschiede weit größer waren als in England und Frankreich, mußte das Verhältnis zum
Adel mit allmählich doch wachsendem Selbstbewußtsein und der Entwicklung
einer bürgerlichen Literatur, an welcher der Adel geringeren Anteil nahm als in
den beiden anderen Ländern, notwendig polemisch werden. Man begann, Miß-
stände zu sehen und auf dem Theater anzuprangern. Goethe deutet das aus dem
Bedürfnis der Schadenfreude, das seit Abschaffung des Hanswurst und der Prü-
gelszenen nicht mehr erfüllt wurde: "So gerieth man auf einem natürlichen Wege
zu einem bisher für unnatürlich gehaltenen Benehmen; dieses war: die höheren
Stände herabzusetzen und sie mehr oder weniger anzutasten ... Den entschie-
densten Schritt jedoch that Lessing in der Emilia Galotti, wo die Leidenschaften
und ränkevollen Verhältnisse der höheren Regionen schneidend und bitter geschildert sind. Alle diese Dinge sagten dem aufgeregten Zeitsinne vollkommen
zu, und Menschen von weniger Geist und Talent glaubten, das Gleiche, ja noch
mehr tun zu dürfen ... Von dieser Zeit an wählte man die theatralischen Böse-
wichter immer aus den höheren Ständen, doch mußte die Person Kammerjunker
oder wenigstens Geheimsecretär sein, um sich einer solchen Auszeichnung würdig
zu machen..." [53] Was man der Verderbnis des Adels stolz und verachtungsvoll
entgegensetzte, war die eigene Tugend, unter deren Zeichen das Bürgertum sich
formierte und die man den unangetasteten, nur als mißleitet gezeichneten Fürsten im Angriff auf deren intrigante adlige Conduite gleichsam zum besseren
Dienste anbot. Und ob das nun die politische Wirklichkeit trifft oder nicht, es
bestimmte die deutsche Ideologie bis zur Märzrevolution 1848. Man versteifte
sich dabei auf die eigene Biederkeit, und setzte sich wie gegen den Adel so auch
gegen die unteren Schichten der Bevölkerung ab, hochmütig da, wo man sie
nicht idyllisierte. [54] Zu einer Kritik der bürgerlichen Würdelosigkeit gelangt erst
Lenz beim Problem der "Hofmeister". [55]

Versuchen wir, das frühe bürgerliche Trauerspiel im Ganzen zu überblicken,
so scheint es, als ob eine Darstellung der sozialen Wirklichkeit zunächst nicht

nur nicht gelang, sondern auch gar nicht beabsichtigt war, im Gegensatz zu der neuen Wirklichkeit des Gefühls, mit der das Bürgertum sich konstituierte und in der es sich als Publikum dargestellt fand. Ebensowenig kann von der Tragik des antiken oder der Trauer des barocken Dramas die Rede sein, denn was das unglückliche Geschick bewirkt, ist im bürgerlichen Trauerspiel etwas, das überwunden werden soll: die Bindung des Glücks an den statischen Besitz, der geerbt oder gar gestohlen, enterbt oder verspielt wird, die Vorurteile der Eltern und das mangelnde Vertrauen, das die Leidenschaft der Jugend unglücklich werden läßt, der Standeshochmut und die verbrecherischen Intrigen. Das bewegende Moment des Geschicks ist eine unglückliche Leidenschaft, die "fatal to our peace", [56] der Gemütsruhe abträglich ist, die in Thomasius' Ethik die "größte" zeitliche Glückseligkeit des Menschen bildet". [57] Gegen das zu Überwindende steht das zu Behauptende: die Unschuld, die Tugend, deren selbstquälerischer Kampf gerührt genossen wird mit "Schauder und Vergnügen". [58]

So sehr darin sich Entwicklungen des 18. Jahrhunderts manifestieren, darf die Repräsentanz des bürgerlichen Trauerspiels nicht überschätzt werden, auch nicht die des Theaters überhaupt, welches es ja durch die Versittlichung retten wollte. Auch die bürgerliche Eroberung hat dem Theater nicht die erhoffte Bedeutung verschafft, ebenso wie die durch die Dramentheorie ausgelösten Erwartungen durch die entstehenden Dramen selbst nicht erfüllt werden konnten. Als das Trauerspiel seine Leistung bei der Konstituierung des bürgerlichen Selbstbewußtseins erfüllt hatte, gewann den Erfolg auch beim Bürgertum die aristokratische Oper, und im eigentlichen Sinne repräsentativ für die europäische Literatur des 18. Jahrhunderts wurde die philosophische Prosa und der Roman.

ANMERKUNGEN

1 H.-G. Gadamer: Wahrheit und Methode. Grundzüge einer philosophischen Hermeneutik. 2. Aufl. — Tübingen 1965, S. 339.

2 W. Benjamin: Ursprung des deutschen Trauerspiels. Revidierte Ausgabe, besorgt von R. Tiedemann. — Frankfurt a. M. 1963, S. 113.

3 Gadamer: Wahrheit und Methode (s. Anm. 1), S. 124 ff.

4 Vgl. B. Willey: The Eighteenth Century Background. — New York 1953, p. 8.

5 J. Chr. Gottsched: Versuch einer kritischen Dichtkunst. II, 10. – In: Deutsche Literatur in Entwicklungsreihen. Reihe XIV, Bd. 3, S. 41.

6 Ebd., S. 37.   7 Ebd., S. 39.

8 M. Kommerell: Lessing und Aristoteles. – Frankfurt a. M. [1940], S. 115.

9 A. Eloesser: Das bürgerliche Drama. – Berlin 1898. S. 21.

10 A. W. v. Schlegels sämmtliche Werke. Hrsg. von E. Böcking. Bd. 6. – Leipzig 1846. S. 371.   11 Ebd., S. 409.

12 Zit. nach P. Hazard: Die Herrschaft der Vernunft. Das europäische Denken im 18. Jahrhundert. La Pensée Européenne au XVIIIe siècle de Montesquieu à Lessing. – Hamburg 1949, S. 485.

13 Deutsche Literatur in Entwicklungsreihen. Reihe XIV, Bd. 8, S. 97.   14 Ebd., S. 107.

15 Zit. nach W. Hinck: Das deutsche Lustspiel. – Stuttgart 1965, S. 355.

16 D. Diderot: Le Fils naturel. In: Oeuvres complètes, éd. Assézat-Tourneux, vol. 7. – Paris 1875, p. 68.

17 Grimm: Correspondance littéraire. – 1768, zit. nach Eloesser: Das bürgerliche Drama (s. Anm. 9), S. 35.

18 G. Lillo: The London Merchant. – In: Eighteenth Century Tragedy, ed. M. Booth. - London 1965, p. 3.

19 Vgl. The New Cambridge Modern History, vol. VII: The Old Regime, ed. J. O. Lindsay. – Cambridge 1957, pp. 52 sqq.

20 Ebd., p. 59.   21 Diderot: Le Fils naturel (s. Anm. 16), p. 71.

22 Lillo: The London Merchant (s. Anm. 18), p. 10.

23 G. M. Trevelyan: Kultur- und Sozialgeschichte Englands. – Hamburg 1948, S. 301.

24 K. Weimar: Bürgerliches Trauerspiel, eine Begriffsklärung im Hinblick auf Lessing. – In: DVjs 51 (1977), S. 208–221, verfehlt leider den semantischen Kontext bei seiner interessanten Fragestellung. Nur der bürgerliche Zustand ist dem natürlichen entgegengesetzt, während das bürgerliche Trauerspiel dem heroischen gegenübersteht (bei Lessing selbst, bei J. A. Schlegels Batteux-Übersetzung, bei J. G. B. Pfeil). Und das Begriffspaar 'natürlich / bürgerlich', wie es für Pufendorffs Naturrecht gilt, trifft zwar für den juristischen Terminus "Fils naturel" zu, aber nicht mehr für den Naturbegriff bei Diderot und Lessing. Diese Festlegung verdeckt sowohl den ständisch-politischen Anspruch in der Selbstbezeichnung "bürgerliches Trauerspiel" wie die Möglichkeit von Grimms Argumentation, mit dem Anspruch ästhetischer Allgemeinheit 'bürgerlich' als abwertend zu deuten. Übrigens ist "socialitas" seit Plinius und auch in den Wörterbüchern des 18. Jahrhunderts belegt und keineswegs eine Neuprägung Pufendorffs (S. 215, Anm. 38).

25 A. W. v. Schlegels sämmtliche Werke (s. Anm. 10), Bd. 6, S. 367.

26 Trevelyan: Kultur- und Sozialgeschichte Englands (s. Anm. 23), S. 332.

27 B. Groethuysen: Die Entstehung der bürgerlichen Welt- und Lebensanschauung in Frankreich. Bd. 1. — Halle/Saale 1927, S. 159.

28 E. Auerbach: Mimesis. Dargestellte Wirklichkeit in der abendländischen Literatur. 3. Aufl. — Bern und München 1964, S. 408 f.

29 P. Hazard: Die Krise des europäischen Geistes. La Crise de la Conscience Européenne 1680—1715. — Hamburg 1939. S. 409.   30 Ebd., S. 440.

31 Trevelyan: Kultur- und Sozialgeschichte Englands (s. Anm. 23), S. 318.

32 Diderot: Le Fils naturel (s. Anm. 16), p. 86.

33 D. Hume: Essays Moral, Political, and Literary. Vol. 1. — London 1882, p. 258.

34 Ebd., p. 262.   35 Ebd., vol. 2, p. 140.

36 Th. Corneille: Le comte d'Essex. III, 4. — In: Oeuvres des deux Corneilles. T. 2. — Paris 1889.

37 Zit. nach Lessing: Hamburgische Dramaturgie, 23. Stück.

38 Vgl. "Miß Sara Sampson" III, 3; Groethuysen: Entstehung der bürgerlichen Welt- und Lebensanschauung (s. Anm. 27), S. 160.

39 Diderot: Le Père de famille. — In: Oeuvres complètes (s. Anm. 16), p. 231.

40 Fontenelle: Discours sur l'Eglogue, zit. nach Willey: Eighteenth Century Background (s. Anm. 4), p. 21.

41 E. Auerbach: Vier Untersuchungen zur Geschichte der französischen Bildung. — Bern 1951, S. 50.

42 Diderot: Le Fils naturel (s. Anm. 16).

43 Auerbach: Geschichte der französischen Bildung (s. Anm. 41), S. 50.

44 Diderot: Le·Fils naturel (s. Anm. 16), p. 222.   45 Ebd., p. 229.

46 Vgl. Groethuysen: Entstehung der bürgerlichen Welt- und Lebensanschauung (s. Anm. 27), S. 23—53.

47 Diderot: Le Fils naturel (s. Anm. 16), p. 208.

48 Auerbach: Geschichte der französischen Bildung (s. Anm. 41), S. 32.

49 Robespierre: Rede vom 18. Floréal II (1794), zit. nach Hazard: Herrschaft der Vernunft (s. Anm. 12), S. 371.

50 Altenstein: Denkschrift von 1807, zit. nach: Die Reorganisation des preußischen Staates unter Stein und Hardenberg. Hrsg. von G. Winter. I., Bd. 1. — Leipzig 1931, S. 364.

51 Vgl. Eichendorff: Deutsches Adelsleben im 18. Jahrhundert.

52 J. M. Moscherosch: Gesichte Philanders von Sittewald. — In: Die deutsche Literatur, Quellen und Zeugnisse. Barock. Hrsg. von A. Schöne. — München 1963, S. 34.

53 Goethe: Dichtung und Wahrheit. III, Buch 13. — W. A., Bd. 28, S. 195 f.

54 C. Stockmeyer: Soziale Probleme im Drama des Sturm und Dranges. — Diss. Basel 1920, S. 40 ff.

55 Ebd., S. 36.   56 Lillo: The London Merchant (s. Anm. 18), p. 22.

57 Chr. Thomasius: De Praejudiciis (1691). — In: Deutsche Literatur in Entwicklungsreihen. Reihe XIV, Bd. 1, S. 41.

58 Rez. der "Miß Sara Sampson" in den "Göttinger Gelehrten Anzeigen" 1755, zit. nach Eloesser: Das bürgerliche Drama (s. Anm. 9), S. 32.

GERHARD SAUDER

"Bürgerliche" Empfindsamkeit?

Friedrich Heinrich Jacobis Roman "Eduard Allwills Papiere" (1776) gilt als paradigmatisches Werk der Empfindsamkeit, in dem die positiven Möglichkeiten dieser Tendenz, aber auch ihre Negativität reflektiert werden.[1] Zum Inventar empfindsamer Fiktion gehört es, die Protagonisten bei Handlungen zu zeigen, die ihr Mitleid und ihre Hilfsbereitschaft bezeugen. Bei der Frage, wer der "liebe Nächste" sei, spielen auch gesellschaftliche Probleme eine Rolle.

Allwill, ein höherer Hofbeamter, befindet sich nach erledigten Dienstgeschäften auf dem Heimritt. Mitten im Wald sieht er zwei ausgespannte Pferde, einen umgeworfenen Karren, daneben abgeladenes Holz und einen Bauern, der sich ratlos an einen Baum lehnt. Jacobi variiert das Gleichnis vom barmherzigen Samariter, indem er Allwill zunächst vorbeireiten, dann aber zurückkehren und dem Hilflosen seine Hilfe anbieten läßt.

> Ein Blick auf meine goldene Einfassung, mit einem bittern Lächeln, erwiederte
> mir, daß seines Gleichen von Vornehmen keinen Beystand, wohl aber den
> grausamsten Spott erwarten müsse. Das war ein Blitz in meine Seele ...

Allwill kann den Karren wieder aufrichten und ein Rad anbringen. Der Bauer verbittet sich aber jede Mithilfe beim Aufladen des Holzes und überschüttet Allwill mit Dank. Auf Schloß Kambeck, seinem Ziel, meint man, aus seiner beschmutzten Kleidung schließen zu müssen, er sei vom Pferd gestürzt. So muß er seine Geschichte erzählen:

> Der Herr Graf standen ausgegreitscht mir dicht vor der Nase, in einer ächt
> adelichen Positur, die ich gemahlt haben möchte; und als ich geendiget hatte,
> sagte er mit einer albernen Fratze zur Frau von K.: Es ist ein Glück, daß dem
> Bauern die Pferde nicht durchgegangen waren, und er selbst mit einer starken
> Blessur da lag; sonst hätte Allwill seinen Engelländer einspannen, und den lie-
> ben *Nächsten* heimkarrigen müssen. — Herr Graf, erwiederte ich, sie urtheilen
> vielleicht zu günstig von mir, denn ich hätte ja so *nah* meinen armen Bauern
> hülflos gelassen, und wäre — ein Schurke gewesen. So leise ich, aus guter Le-
> bensart, das Wort *Schurke* näher hin zu Ihro Hochgeboren aussprach, so wars

doch, gebräuchlicher maßen, der F. v. K. nicht entgangen; sie veränderte von Farbe; und in den Augen des Grafen sah man — daß es ihm seltsam ward in seinem Eingeweide. — Aber ich fuhr fort, und schwazte mir das Herz ganz rein, und ruhte nicht, bis ich alle die Schimpfworte und Prügel, [2] worunter ich den Morgen mich geängstiget, auf Ihro Gnaden abgeladen hatte. Damit wars denn gut — für diesmal.

Dieser Text formuliert fiktional Erwartungshaltungen im Hinblick auf schichten-spezifische Handlungsnormen des späten 18. Jahrhunderts. Der rat- und hilflos am Baum lehnende Bauer würde es für völlig selbstverständlich halten, ritte der vornehm gekleidete Herr an ihm vorbei. Beistand ist von Vornehmen nicht zu erwarten, schon gar nicht, wenn es darum geht, den Karren aus dem Dreck zu ziehen. "Grausamster Spott" wäre die normale Reaktion. Daß diese Erwartung zumindest beim Bauern völlig automatisiert ist, verrät seine Mimik: "Ein Blick auf meine goldene Einfassung, mit einem bittern Lächeln" begleitet, ist beredt genug.

Auf Schloß Kambeck kommt es zu ähnlichem Verhalten: Der Graf, den der beschmutzte Allwill vom Hofe her kennt, hört sich die Geschichte in einer "ächt adelichen Positur" an und kommentiert sie "mit einer albernen Fratze". Das iro-nische Urteil über Allwills Handlungsweise negiert nicht allein die elementare Forderung des Mitleids und der Hilfe, wie sie christliche (besonders aber empfind-same) Moral formulierte — in der abfälligen Rede vom "lieben Nächsten" setzt sich der Graf über das fundamentale christliche Liebesgebot hinweg. Allwills lei-se Rede vom "Schurken", der er fast gewesen wäre, kehrt die Ironie nun selbst-bewußt gegen den Grafen und die Frau von K.: Sie verändert brüskiert die Far-be, dem Grafen kann es Allwill ansehen, "daß es ihm seltsam ward in seinem Eingeweide".

Jacobi hat in dieser Szene im Medium der Fiktion schichtenspezifische Nor-men des Handelns und der Moral zur sinnlichen Anschauung gebracht. Zweifel-los darf der Text nicht wie eine beliebige sozialgeschichtliche Quelle analysiert werden. Bei aller Beachtung seiner ästhetischen Beschaffenheit bleibt jedoch dem Leser die Möglichkeit unbenommen, diese Passage aus einem Briefroman der empfindsamen Tendenz als Reflex lebensweltlicher Erfahrung im 18. Jahr-hundert zu verstehen. Die ästhetische Strukturierung des Textes durch Wieder-holung (doppelte Durchbrechung eines Erwartungshorizonts) und Variation (Kommunikation durch Wechsel von ironischer Rede, Gestik, Mimik) fungiert als Lenkung des Lesers, die zu einer Konstituierung von kritischem "Sinn" füh-ren kann.

Wer heute den Kontext einer solchermaßen möglichen kritischen Sinnkonsti-tuierung näher beschreiben möchte, befindet sich in dem Dilemma, von den zu-ständigen historischen Disziplinen zumindest für die deutschen Verhältnisse noch keine durchweg befriedigende Hilfe erhalten zu können. Damit sollen die erfreulichen Ergebnisse deutscher Sozialhistoriker nicht geschmälert werden, die seit mehreren Jahrzehnten versuchen, den Rückstand gegenüber dem französischen oder englischen Standard aufzuholen.

Gerade im Hinblick auf neuere methodische Ansätze dürfte eine Zusammenarbeit einfacher werden: Eine als Strukturgeschichte oder mit einer erneuerten idealtypischen Methode betriebene Untersuchung vorwiegend überindividueller Prozesse oder von Kollektivphänomenen [3] kann wesentlich präziser mit literarischen Entwicklungen korreliert werden als die traditionelle Ereignisgeschichte. Für die Erkenntnis des Kontexts von Rezeptionsverläufen und literarischen Reihen wären weitere Studien über kollektive Mentalitäten, Verhaltensmuster, Familienstrukturen, Sozialisationsprozesse, Mobilität usw. überaus wünschenswert. Daß sich die hier gewünschte intensivere Kooperation bereits anbahnt, haben mehrere Kongresse und nicht zuletzt das Wolfenbütteler Symposion über "Bürger und Bürgerlichkeit im Zeitalter der Aufklärung" gezeigt.

Nach anfänglicher Euphorie unter jüngeren Literarhistorikern, die Ende der sechziger Jahre im Gefolge neuer theoretischer Positionen nach "sozialhistorischen Fundierungen" suchten, verbreitet sich neuerdings die Einsicht, daß der Kontakt mit anderen historischen Disziplinen heilsam ernüchternd wirkt. Zu Vorsicht mahnt der Hinweis von Historikern, daß der vielbeschworene "Aufstieg" des Bürgertums in "quantitativer und qualitativer Hinsicht erst ansatzweise untersucht" sei, beim bisher meist recht pauschalen Gebrauch der Begriffe "Bürger", "Bürgerlichkeit" und "Bürgertum". Von einer "Klasse" könne nicht die Rede sein; eine Einheit der nichtadeligen, nichtbäuerlichen und nichtunterständischen Kräfte sei nicht zu erkennen. An neuen wirtschaftlichen Prozessen sei auch der Adel beteiligt gewesen. Reformen in Preußen und in den Rheinbundstaaten wurden — so heißt es — von der adlig-bürgerlichen Führungsschicht, nicht aber von einem noch kaum vorhandenen Wirtschaftsbürgertum durchgesetzt. Zu diesen Hinweisen tritt die Warnung vor regionaler Generalisierung: Nur regional begrenzte Studien sollen zu präzisen Erkenntnissen führen. [4] In dieser Situation scheint sich die Wirklichkeit des Bürgers im 18. Jahrhundert — sollte es ihn wirklich gegeben haben — außerhalb rechts- oder begriffsgeschichtlicher Untersuchungen zur Unkenntlichkeit aufzulösen. Auch die Wörterbücher von Zedler, Campe, Adelung u. a. helfen nicht viel weiter; über die "kollektiven Mentalitäten" — falls sie existierten — sagen ihre meist formalen Bestimmungen kaum etwas aus. Wie soll sich der Literarhistoriker, der in Texten aller Gattungen immerhin nicht selten dieses historische Phantom "Bürger" sichtet, nun verhalten?

In mehreren Projekten wird z. Zt. das Ziel verfolgt, sozialhistorisch orientierte Literaturgeschichte ohne Verzicht auf den ästhetischen Charakter der Texte zu schreiben. Gattungsgeschichtliche Darstellungen versuchen durch funktionsgeschichtliche Analysen ästhetische Form und Lebenswelt zu korrelieren. Dabei dominiert die semantische Untersuchung aus naheliegenden Gründen: In Romanen, Theaterstücken, Lehrgedichten, fiktiven Briefen, Essays, in den Moralischen

Wochenschriften und in popularphilosophischen Abhandlungen werden bestimmte Handlungsnormen immer wieder als spezifisch "bürgerlich" verstanden (Häuslichkeit, Sparsamkeit, Zufriedenheit, Redlichkeit, Verständigkeit, Mitleidensfähigkeit, Wohlwollen usw.). Dieser Tugendkatalog war sowohl ein Instrument der Kritik am "Höfischen" des Adels als auch Voraussetzung für eine primär von der Intelligenz in Anspruch genommene repräsentative akademische Würde. Die Interessen- und Normenrepräsentation der bürgerlichen Akademiker war unschwer von anderen bürgerlichen Gruppen zu übernehmen. Nach den Untersuchungen von Gerhart von Graevenitz bedeutet dies jedoch nicht,

> daß sich alle Bürger einer einheitlichen Rolle bewußt gewesen wären, so, als sei das partikulare akademische Interesse, weil es am gründlichsten und am weitestreichenden formuliert war, von allen Bürgern als das ihnen Gemeinsame erkannt und darum anerkannt worden. ... es entstand nur ein widerspruchsvoller Zusammenhang von Einheit der 'bürgerlichen Idee' einerseits und der Summe oder auch nur dem Konglomerat unterschiedlicher bürgerlicher Rollen und Interessen andererseits. Im Deutschland des 18. Jahrhunderts entspricht der Einheit des Begriffs 'bürgerlich' nur eine Disparatheit bürgerlicher Positionen. Allen bürgerlichen Tugenden, von den Tugenden 'gesättigter Innerlichkeit' der Kleinfamilie bis hin zum Humanitätsbegriff des bürgerlichen 'Menschen' haftet — abgesehen davon, daß sie stets auch vom Adel okkupiert werden konnten — der Makel an, daß ihre Inhalte eine Einheitlichkeit der Ideenträger vortäuschten, die deren positiver Interessenentfaltung nicht entsprach. [5]

In meiner Darstellung der Voraussetzungen und Elemente der Empfindsamkeit habe ich die These vertreten, diese weithin die Lebenspraxis durchdringende und keineswegs auf die Literatur beschränkte Tendenz sei in die Aufstiegsbewegung des Bürgertums eingebunden gewesen. [6] Der Versuch, bei aller Problematik dieses Phänomens zumindest aus der Kritik am höfischen Adel Momente eines bürgerlichen "Selbstverständnisses" zu gewinnen, wurde von G. von Graevenitz weitergeführt und differenziert. Seinen Ergebnissen stimme ich zu und gebe seiner Kritik an einigen generalisierenden Aussagen über das Bürgertum in meiner Arbeit Recht. Ihre These vom Zusammenhang der Empfindsamkeit mit der Geschichte des Bürgertums wird dadurch im wesentlichen nicht betroffen.

In einem anonymen Aufsatz "Von dem Adel" in den Bremer Beiträgen von 1751 heißt es: "Der Stolz in den Gesinnungen ist die Tugend der Bürger welche eine adliche Seele besitzen." [7] Obwohl diese "Tugend der Bürger" nicht naturwüchsig mit Empfindsamkeit korreliert ist und in der Frühaufklärung zum Programm der Moralischen Wochenschriften gehört, entsteht von der Jahrhundertmitte an oft eine Affinität, über die mit Hilfe des jeweiligen Kontexts zu befinden ist. Pfeffel wird der Satz zugeschrieben, Empfindsamkeit sei das Genie zur Tugend. Villaume nennt die Empfindsamkeit "zu unsrer Zeit die große Haupttugend des Menschen"; man kenne "für sich keinen größeren Ruhm, und für andre kein erhabnres Lob. *Empfindsam*, heißt eben so viel, als *tugendhaft, vortrefflich*".[8] Durch die Identifizierung von "Tugend" und "Empfindsamkeit" erhielt diese den Rang der höchsten gesellschaftlichen Tugend. Zwischen 1760 und 1780 etwa gehörte es zur Verhaltensnorm, zumindest den Anschein eines empfindsamen Herzens zu erwecken. Die Hoffnung wurde genährt, wenigstens unter den Gleichgesinnten — und dies waren meist Angehörige der "mittleren Stände" — sympathetische Solidarität erwarten zu können. Man glaubte sogar aus den eher Trägen als Gefühllosen noch "Funken der Tugend" "ziehen" zu können, wenn die Rührung nur mächtig genug sei.[9] Die Vorstellung allgemeiner sympathetischer Solidarität verlor jedoch ihre regulative Kraft schon im Bereich des ökonomischen Systems — Adam Smith hat die moralischen Empfindungen *und* den Reichtum der Nationen analysiert, ohne eine Verbindung zwischen Geld und Moral herzustellen. Im gesellschaftlichen Leben gibt es wenige Beispiele einer in Handlung umgesetzten Empfindsamkeit (in der Rechtssprechung, in karitativen Anstalten, in einer größeren Bereitschaft zu Mildtätigkeit). Es war eine schöne Utopie, von der "wahren Empfindsamkeit" großen Tatenreichtum für die ganze bürgerliche Gesellschaft zu erwarten.

Wenn Empfindsamkeit als "Komplex affektiv geladener Erwartungs- und Verhaltensdispositionen" gelten darf, als kollektive Tendenz, die für eine soziale Gruppe typisch ist und ein relativ stabiles Vorstellungssystem ausgebildet hat, gehört sie zu den neuerdings auch hierzulande stärker beachteten "kollektiven Mentalitäten".[10] Empfindsame "Tugend" — zwischen Idee und Verhaltensnorm — ist Teil der für die Aufklärung fundamentalen Auffassung von Moral im Sinne einer vernünftigen Praxis der "mittleren Stände". Empfindsamkeit ist nicht mit Irrationalismus gleichzusetzen; wenn auch eine Aufklärung der Empfindungen[11] angestrebt wird, so läßt sich die Tendenz doch nicht auf "Reflexion des Fühlens" einschränken.

Ihr ideengeschichtlicher Ursprung ist die in der englischen und schottischen Philosophie entwickelte und von anglikanischen liberalen Geistlichen verbreitete Theorie des "Moral Sense".[12] Sie setzt voraus, daß jedem menschlichen Herzen ein "natürliches Gesetz" des "immediate feeling and finer internal sense" eingeschrieben sei, wobei die Vernunft als Regulativ von Hutcheson und Hume ausdrücklich in ihrer Funktion bestätigt wird. Shaftesbury hat den Menschen als ein von Natur mit "benevolence" begabtes, geselliges Wesen verstanden, das sich den Affekten unter Leitung der Vernunft anvertrauen kann. Das moralische Gefühl ist Richter über Tugend und Laster. In radikalen Interpretationen wird sogar behauptet, es könne zwischen Gut und Böse so spontan wie das Ohr zwischen Harmonie und Disharmonie unterscheiden.

In der anhaltenden Diskussion über den "Moral Sense" wurden im 18. Jahrhundert immer schlagendere Argumente gegen die Gründung der Ethik auf das Gefühl vorgebracht. In dieser Ausschließlichkeit haben allerdings weder Shaftesbury noch Hutcheson und Hume ihren Ansatz formuliert. Adam Smith verzichtete wie die meisten deutschen Vertreter des "moralischen Gefühls" auf die Fiktion eines eigenen "Sinnes" und erkannte "Sympathie" als Mitgefühl mit jeder Art von Affekten als Prinzip der Morallehre. Der Göttinger Philosoph Johann Georg Heinrich Feder vertrat in seiner 1776 veröffentlichten Abhandlung die These, das moralische Gefühl sei nicht von "einfacher Beschaffenheit", sondern entstehe "aus der Zusammenkunft und Verknüpfung von mancherley Eigenschaften und Verhältnissen".

> Es gibt daher zwar ein natürliches moralisches Gefühl, in der Bedeutung eines Vermögens, den Unterschied des moralisch Guten und Bösen *in vielen Fällen einigermassen*, ohne die Vorstellung von allgemeinen Grundsäzen des Rechts nöthig zu haben, bisweilen kraft des unmittelbaren Eindruks, kraft der natürlichen Ideenassociation, und zwar mit *Rührung*, mit Wohlgefallen, oder Misfallen zu erkennen, welche Art der Erkenntniß, nach dem gewöhnlichen Sprachgebrauch, oft fühlen, oder empfinden genennt wird.

> Aber es kann dieses Gefühl, *unabhängig von der Anleitung und Aufklärung der Vernunft*, nicht zum Richter über Recht und Unrecht angenommen werden; weil derjenige Effekt, den die Vorstellungen von Handlungen und Gemüthsbewegungen unabhängig von den Zergliederungen und Verknüpfungen der Vernunft auf den Menschen machen, nicht genau und beständig genug nach dem sich richtet, was sie recht oder unrecht macht, gut oder verwerflich, *zufolge* der allein erweislichen, unleugbaren Grundsäze, *zufolge* des Verhältnisses der vollständigern Kenntniß ihres Gehaltes, und ihrer Wirkungen zu den unabänderlichen Grundtrieben des Willens. [13]

Trotz aller theoretischer Unterschiede in der Rezeption des "moralischen Gefühls", das Wieland in der Frühphase der Empfindsamkeit um 1755 schon zum Bestandteil eines "Plan[s] einer Academie zu Bildung des Verstandes und des Herzens junger Léute" zu machen wagte, [14] breitete sich empfindsame Moral in den sich langsam auch selbst aufklärenden mittleren Ständen beharrlich aus. Das in Feders Zitat schon anklingende gleiche Recht für "Kopf" und "Herz", die Suche nach Gleichgewicht, richtiger Proportion der Vermögen konnte sich auf die früh schon in den Wochenschriften gepriesene "Zufriedenheit" als wesentliche Bürgertugend berufen. Leidenschaften wurden als Störungen des affektiven Gleichgewichts verstanden. Kant kritisierte sie in der "Anthropologie" als Krebsschäden für die reine praktische Vernunft — sie behinderten jede Wahl- und Entscheidungsfreiheit. Nur die sanften Empfindungen wie Mitleid, die vermischten Empfindungen, zärtliche und moralische Empfindungen wie Wohlwollen und Sympathie lassen sich in das System der affektiven Proportionalität integrieren. Enthusiasmus und Schwärmerei trüben die Erkenntniskraft; Empfindelei gilt als überspannte Einbildungskraft, als "Empfindnis" aus Phantasmen. "Die überspannte Empfindung ist gar nicht ohne Wahrheit, und als wirkliche Empfindung muß sie auch notwendig einen realen Gegenstand haben. ... nur der Gegenstand ist ein gemachter und liegt außerhalb der menschlichen Natur."[15] Auch Hypochondrie und Melancholie [16] wurden als "Imaginationskrankheiten", als Übersteigerungen von Einbildungskraft und Selbstbeobachtung eingeschätzt. Wurde aber in der wohlproportionierten Empfindsamkeit ein Ausgleich zwischen Selbst- und Mitgefühl erreicht, gewann Empfindsamkeit als Selbstgefühl der Vollkommenheit ihren höchsten Wert und offenbarte ihre eigentümliche anthropologische Funktion. Mit den Worten Lessings: *"Der mitleidigste Mensch ist der beste Mensch*, zu allen gesellschaftlichen Tugenden, zu allen Arten der Großmuth der aufgelegteste. Wer uns also mitleidig macht, macht uns besser und tugendhafter ..."[17]

Bevor ich einen Überblick über den Diskussionsstand zum Thema "bürgerliche" Empfindsamkeit gebe, der sich am besten in Arbeiten zum "Bürgerlichen Trauerspiel" und zum Roman der Aufklärung widerspiegelt, stelle ich zwei typische Argumentationsmuster gegen die These vor, die Empfindsamkeit habe etwas mit der Emanzipation des Bürgertums zu tun. Richard Alewyn hält sie für unhaltbar: Der "Werther" lasse sich beispielsweise keineswegs auf "bürgerliche" Tugenden festlegen; wie solle mit dieser These erklärt werden, daß alle empfindsamen Helden Schillers — außer Luise Millerin — adlig sind? Und es habe schließlich eine ganze Reihe adliger Empfindsamer gegeben, nämlich die Stolbergs, Auguste von Stolberg, die Landgräfin Caroline von Darmstadt mit den Hoffräulein von Ziegler und von Rousillon, die Gräfin Marie von Bückeburg und nicht zuletzt Marie Antoinette in ihrer empfindsamen Schäferei.

Emanzipiert waren die Empfindsamen freilich, nur eben noch viel radikaler als die progressiven Bürger, nämlich nicht nur von der herrschenden Gesellschaftsordnung, sondern von jeder möglichen gesellschaftlichen Ordnung überhaupt, Schüler des jungen Rousseau, Asoziale und soziologisch (nicht psychologisch) Vorläufer der sogenannten Künstler der romantischen Romane, der Bohemiens des 19. Jahrhunderts und der Hippies unserer Tage. Nein, mit dem Prädikat 'bürgerlich' ist der Empfindsamkeit nicht beizukommen. [18]

Diese pragmatische Position Alewyns, gegen die noch einiges vorzubringen sein wird, läßt sich mit den kritischen Argumenten eines marxistischen Rezensenten nicht einmal annähernd in Einklang bringen. Peter Weber wendet sich, wie zu erwarten, nicht gegen die These selbst, sondern gegen ihre Begründung. Es sei versäumt worden, den "sozialen Inhalt des bürgerlichen Individualismus als Grundlage der Empfindsamkeit" zu charakterisieren. "Erst wenn die jeweiligen ideologischen Thematisierungen des bürgerlichen Individualismus auf ihren spezifischen sozialgeschichtlichen Inhalt befragt würden, könnte der bürgerliche Charakter der 'Voraussetzungen' von Empfindsamkeit erhellt werden." Es fehle die präzise Einbindung in den Prozeß der Herausbildung der bürgerlich-kapitalistischen Ordnung. [19]

Während das Postulat einer Erfassung des sozialen Inhalts des bürgerlichen Individualismus zweifellos dann legitim ist, wenn auch die nichtindividualistischen Bestrebungen von Aufklärern beachtet werden, was mit einer präziseren Erfassung der kollektiven Mentalitäten bürgerlicher Schichten zu verbinden wäre, scheint mir die zuletzt zitierte Forderung schlechthin unerfüllbar. Bei der jetzigen Forschungslage müßte notwendig wieder mit Generalisierungen gearbeitet werden, deren mangelnde Stringenz von der neueren Sozialgeschichtsschreibung deutlich genug nachgewiesen wurde.

Über "Bürgerlichkeit" oder "Nichtbürgerlichkeit" empfindsamer Literatur wurde am intensivsten im Bereich des "Bürgerlichen Trauerspiels" diskutiert. Heinz Birk und Lothar Pikulik, beide Alewyn-Schüler, verstehen unter "empfindsam" und "bürgerlich" Gegenbegriffe. [20] Sie konstruieren einen Gegensatz zwischen Familie, Liebes- und Freundschaftsbeziehungen und der Gesellschaft überhaupt. Sie haben mit Recht jedoch darauf aufmerksam gemacht, daß "bürgerlich" im Kontext des Trauerspiels keineswegs mit einem Klassenbegriff identisch sei. Man sollte besser vom "privaten", "häuslichen" oder gar "empfindsamen Trauerspiel" sprechen. Der für das "Bürgerliche Trauerspiel" wesentliche Gegensatz von Öffentlichkeit (v. a. Hof, Staat, Politik) und dem Privatleben der Nur-Menschlichkeit ist kein primär ständischer. Doch fehlt der ständische Aspekt in dieser moralischen und psychischen Privatheit nicht völlig. Pfeil und Sonnenfels, die sich theoretisch über das "Bürgerliche Trauerspiel" äußerten, haben die erwünschte Schicht der dramatis personae für diese Gattung als "Mittelstand" angesprochen. Der häufig apostrophierte "Mensch" ist hier nur scheinbar ein sozial undeterminiertes, rein sittliches Gefühlswesen!

Zuletzt hat Karl S. Guthke den jüngsten Diskussionsstand beurteilt. Das "Bürgerliche Trauerspiel" müsse nicht unbedingt Spiegel der gesellschaftlichen Wirklichkeit und der praktizierten bürgerlichen Moral sein — die Selbststilisierung des Bürgertums im Hinblick auf eine noch nicht durchweg gelebte, aber zu erstrebende empfindsame Moral sei bisher kaum berücksichtigt worden. Auch eine Fixierung bürgerlicher Gesinnung auf Rationalität allein sei nicht haltbar. Neuere Untersuchungen hätten, gestützt auf Quellen, die These von der Antibürgerlichkeit oder "Gesellschaftslosigkeit" noch einmal in Frage gestellt. Schließlich bezweifle man nicht den spezifisch bürgerlichen Charakter der Moralischen Wochenschriften, in welchen seit den vierziger und deutlicher seit den fünfziger Jahren die frühe Empfindsamkeit als Zärtlichkeit eine Rolle spiele. Im Hinblick auf die von Alewyn vorgetragene Kritik an der Bürgerlichkeit der Empfindsamkeit darf Guthkes Hinweis gelesen werden:

Wenn das bürgerliche Drama Standesunterschiede als — im Vergleich mit moralischen Werten — belanglos darstellt oder auch seine Personen sehr oft aus dem Adel statt dem Bürgertum wählt, eroberte also die Geistigkeit des Bürgertums trotz seiner Passivität in der politischen Öffentlichkeit im Grunde die anderen Stände; das Bürgertum suchte gesellschaftliche und politische Gleichheit, indem es seine Moral als überlegenes Ethos, als den höheren Adel, darstellt und alle Stände als der moralischen Allgemeinmenschlichkeit fähig zeigt ... [21]

Zu diesem Überblick ist nur anzumerken, daß es müßig sein dürfte, die plausibel scheinenden Thesen der neueren Forschung empirisch verifizieren zu wollen, wie dies Guthke mit Pikulik fordert. Das positivistische Modell von Hypothesenbildung — Verifizierung — Falsifizierung dürfte gerade bei fiktionalen Texten versagen, die auf hermeneutische Bemühungen angewiesen sind.

Romane seit Richardson, Gellert, La Roche und Hermes weisen analoge Probleme des Personals auf. In den von Eva D. Becker so genannten "empfindsamen Prüfungsromanen" um 1770/80 figurieren fast nur Adlige. Der Tugend des Herzens entspricht der Adel der Geburt — dem Seelenadel die vornehme Abkunft. Fast immer handelt es sich um den niederen Adel, der fern vom Hofe auf dem Lande lebt. Das durch Richardson propagierte Milieu der englischen Gentry wird zunächst auf deutsche Verhältnisse übertragen und der Hof aus bürgerlicher oder landadliger Perspektive kritisch gewertet. In Timmes Roman "Faramonds Familiengeschichte in Briefen" kann etwa der Titelheld, seines Zeichens Reichshofrat Freiherr von Faramond, fordern: "Weg also mit dem kalten Komplimentton, der die Herzen verschließt und die innigen Wonneergießungen der Sele zurückhält!" [22]

Die sympathetische Gruppe, die sich durch das Landleben vom Schein des Hofes und der Stadt distanziert und die entweder in der Familie oder im Freundschaftsbund sich selbst lebt, ist der soziale Typus empfindsamer Interaktion. Personal und Milieu dieser nicht-heroischen und nicht-galanten Romane allein würden es nicht gestatten, von "bürgerlichen" Romanen zu sprechen. Aber die hier geltenden Handlungsnormen der Hof-Ferne und Beschränkung auf die private und kleinfamiliale Sphäre sind nicht ursprünglich adligen Ursprungs, sondern verweisen zumindest auf die Symbiose aus niederem Adel und Bürgerlichen (z. B. Offiziere, Geistliche, akademische Lehrer, Verwaltungsbeamte, später auch Ärzte), die ein Äquivalent zum gesellschaftlichen Tatbestand unter absolutistischen und ständischen Verhältnissen in Deutschland darstellt. In Wilhelm Vosskamps Darstellung der Romantheorie heißt es:

Der neue Roman kann deshalb 'bürgerlicher' Roman genannt werden aufgrund eines Wertsystems, das erst ausbildbar ist, nachdem die Emanzipation mittelständischer Schichten ein bestimmtes historisches Stadium erreicht hat. In diesem geschichtlichen Augenblick beanspruchen 'bürgerliche' Moral- und Lebensvorstellungen Allgemeingültigkeit, die daher ganz folgerichtig zu einer Übertragung auf alle Schichten der Gesellschaft führen muß. Auf den Roman angewandt: Die Bedingung der Möglichkeit einer Thematisierung 'al-

ler Stände' unter bürgerlich-moralischen Aspekten ist die fortgeschrittene Emanzipation *einer* sozialen Schicht, die ihre Moralbegriffe als für alle verbindlich setzen kann. [23]

In diesem Sinne wird auch der "menschliche Mensch", den Manfred Riedel als Ziel von Lessings Theaterarbeit vorgestellt hat, wieder sozial lokalisierbar. Er bleibt im Kontext der Tugendlehre, die überwiegend von nichtadligen Autoren in Romanen, Theaterstücken, Gedichten, moralphilosophischen Traktaten, Wochenschriften und Essays fiktional attraktiv formuliert und propagiert wurde. Die folgende Passage aus einem Briefroman der Madame Riccoboni zeigt, daß damit auch kompensatorische Strategien verbunden waren:

> Chaque état a peut-être ses usages, ses maximes, même ses vertus. La ridigité des principes auxquels je tiens le plus, n'est peut-être estimable que dans ma sphère; elle est peut-être le partage de ceux qui, négligés de la fortune, peu connus par leurs dehors, ont continuellement besoin de descendre en euxmêmes, pour ne pas rougir de leur position. Le témoignage de leur coeur leur donne en partie, ou du moins leur tient lieu de ce que le sort leur a refusé. Etre heureux dans l'opinion des autres, sacrifier tout au plaisir fastueux d'attirer les regards, briller d'un éclat étranger, qui n'est point en nous, qui n'est un bien que parce que la foule en est privée, c'est peut-être pour ceux que le hasard a placés dans un jour avantageux, un dédommagement des vertus qu'ils n'ont pas, des qualités qu'ils négligent, du bonheur qu'ils cherchent en vain, et du dégoût et de l'ennui qui les suit et les dévore. [24]

Es ist unmöglich, in diesem Text nur Herrschaftsverhältnisse oder anthropologische Konstanten von Herrschaft und Knechtschaft, von Schein und Sein entdekken zu wollen. Hier äußert sich ohne kämpferische Töne eine bürgerliche Schicht, die ihr Selbstbewußtsein noch kaum in der bürgerlichen Gruppe, sondern zunächst eher in der Vereinzelung finden konnte. Die Beobachtung von Gerhart v. Graevenitz ist zutreffend, daß, "gemessen am Anspruch, das Repräsentieren müsse auf ein 'Sein' verweisen, das höfische *Individuum* dem bürgerlichen unterlegen, die höfische *Gruppe* der bürgerlichen bei weitem überlegen war". [25]

Die Literatur der Aufklärung und ihre neuere Interpretation liefert für die These von Peter Uwe Hohendahl keinen Anhalt, das Postulat der Moral und des "menschlichen Menschen" werde gerade nicht im Namen einer Schicht oder Klasse vorgetragen, sondern als Angriff auf die ständisch-absolutistische Herrschaftsstruktur. [26] Ansätze dazu sind bestenfalls kurz vor der Revolution öffentlich diskutiert worden — die Moral der deutschen Aufklärung und ihrer empfindsamen Tendenz erweist sich bis in ihre Spätphase hinein kaum als direkt und politisch kämpferisch oder gar revolutionär. Noch für die Autoren des Sturm und Drang war es ein selten geäußerter progressiver Gedanke, daß eine konstitutionelle Monarchie nach englischem Vorbild wünschenswert sei! Die Moralisten der deutschen Aufklärung zogen sich mit Vorliebe auf Positionen zurück, die noch am ehesten mit bürgerlicher Menschenwürde zu leben ermöglichten, wenn sie auch mit einem niedrigeren gesellschaftlichen Status verbunden waren. Dies kommt im "Selbstgespräch eines sentimentalen Vaters" zum Ausdruck, das Wilhelm Ludwig Wekhrlin in seiner Zeitschrift "Das graue Ungeheuer" (1784–1787) veröffentlichte. Dort läßt der Autor alle bürgerlichen Berufe Revue passieren. Aber weder Geschäfts- oder Kaufmann noch Arzt, Geistlicher, Soldat und Staatsmann scheinen dem besorgten Vater für seinen Sohn geeignet.

> Armer Vater! welche Laufbahn bleibt meinem Sohne übrig? Die *Wissenschaften und Künste?* sie gewähren ja Auswege, und führen, wie die übrigen, und mit mehr Sicherheit und Tugend, zu Ehren und Reichthümern – Wie? wenn mein Sohn ein *Handwerk* wählte? Ja! nur in dieser Sphäre wird er als freisinniger Mensch alles Gute stiften, was er für den Staat und seinen Nächsten vermag – nur in dieser Sphäre kann man als *unabhängiger Mann* ganz seine Menschenwürde fühlen, und nur als *gemeiner Mann* ungestraft ehrlich seyn! [27]

Obwohl ein Grund für die Ablehnung der "Wissenschaften und Künste" nicht genannt wird, ist die Bevorzugung des kleinbürgerlichen Handwerks symptomatisch für die kritische Einschätzung der Möglichkeiten des Bürgers in der Spätaufklärung.

Doch waren die moralischen Ansprüche der "Bürgerlichen Trauerspiele" und Romane der Aufklärung meist weniger radikal als Wekhrlin. Sie führten weitgehend diejenige soziale Gruppe als Personal vor, an deren Wertmaßstäben und Verhaltensnormen – bei Wahrung einer gewissen Repräsentation – die Angehörigen der mittleren Stände ihr Verhalten orientierten. Über die Nobilitierungssehnsüchte deutscher Bürger wurde im Verlauf dieses Symposions öfter gesprochen. Der tugendhafte Landadel, den sein Seelenadel, verbunden mit vornehmer Abkunft und solider ökonomischer Basis, zum vollkommenen Menschen prädestinierten, war vorbildlich für die oberen bürgerlichen Schichten. Da er als der höchste der sogenannten "mittleren Stände" gelten konnte, gab es aber auch umgekehrte Bezüge: das ihm nahestehende Bürgertum konnte auch auf den Landadel vorbildlich wirken. Insofern stellen diese oberen Schichten die positive Bezugsgruppe der Leser und Theaterbesucher dar. Die negative Bezugsgruppe, den Hofadel, hatten Kleinadel und Bürger gemeinsam. Die Normen und Verhaltenserwartungen des Hofes – vgl. die anfangs zitierte Passage aus Jacobis "Allwill" – wurden dezidiert zurückgewiesen und wirkten als Herausforderung zur Entwicklung von Gegen-Normen. Der Fürst blieb jedoch von der Opposition gegenüber den höfischen Normen meist unangetastet. In Sophie von La Roches gegenrevolutionärem Roman "Schönes Bild der Resignation" (1795/96) machen englische Reisende auf der Fahrt durch Baden eigens einen Umweg, um eine "der größten Seltenheiten" zu sehen, nämlich "Denkmäler der Tugend und Gerechtigkeit", Denkmäler, "welche die Unterthanen dem Fürsten, und eines, welches der Fürst einem seiner Unterthanen errichtete." Eines der Denkmäler, in Form einer Pyramide, trägt die Inschrift:

> Baadens *Carl Friederich* —
> dem Vater seines Volks —
> als er die Leibeigenschaft aufhob —
> setzt dieses Denkmal des Danks —
> die Gemeinde Eutingen 1783.
> Wandrer dieser Straße! sage Deinem Lande
> und der Welt unser Glück —
> hier ist der edelste Mann *Fürst.* —

Die Reisenden würden, wenn sich Engländer ein anderes Vaterland wünschen könnten, Baden wählen: "Wie leicht, wie verdienstvoll ist wahre Güte und Nutzbarkeit — wir wollen auch für das gemeine Beste thun, was in unsern Kräften ist." [28] Es gehört zu den Topoi der nachrevolutionären späten Empfindsamkeit, das Verhältnis zwischen Untertanen und Fürsten noch einmal wie zwanzig Jahre zuvor primär als affektives und väterliches zu deuten. Die Illusion der empfindsamen Tendenz, eine sympathetische Gesellschaft durch moralische Didaxe herbeizuführen, kulminiert im Bild "einer sanftmuthvollen Regierung nach dem Urbilde der zärtlichen Vaterregierung" (Sonnenfels). [29] Mit diesem Ideologem operieren gern die Verteidiger des "ancien régime"; der Fürst wird von der negativen Bezugsgruppe des Hofes abgesetzt, indem er nur noch mit den Tugenden des empfindsamen Familienvaters charakterisiert wird. So heißt es in Gillets "Empfindungen eines Freundes der Menschheit bei dem Grabe Ludwigs des Sechszehnten" (1793):

> Nur in dem Kreise deiner Familie, deiner Gemahlin, deiner Kinder, deiner Brüder suchtest und genossest du jedes Vergnügen. Unterdeß, daß der Hauptstädte üppige Bewohner sich häuslich zu seyn schämten, war Europens mächtigster Monarch, ungekünstelten Sinns, aus Neigung ein guter Gatte, ein zärtlicher Vater, ein liebreicher Bruder, ein treuer Freund. Zu deiner Familie gehörte auch dein Volk: du warst ihm Vater, nicht Herrscher, nicht herablassend aus Klugheit oder Stolz; nein, wohlwollend, bieder, liebreich gegen alle. ... Dich sehn, und dich lieben, war eins; aber zum Lieben gehört ein Herz. Tausende von Wittwen und Waisen, — du warst so gern ihr Vater und Versorger — segnen dein Andenken noch. Beglücken, erfreun und wohlthun war deine Lust; gern hättest du Allen geholfen, vermöchten Sterbliche das. [30]

Darin kommt die gesellschaftliche Ambivalenz der Empfindsamkeit besonders klar zum Ausdruck. Als einheitsstiftendes Moment der bürgerlichen Selbstverständigung usurpierte auch sie den Anspruch bürgerlicher Moral, den anderen Klassen und Schichten zumindest darin überlegen zu sein. Die Empfindsamkeit spiegelte als Ideologie eine bürgerliche Einheit vor, die realiter nicht bestand. Diesem Faktum entspricht ihre leichte Fungibilität – sie ließ sich als emanzipatorische Tendenz und als reaktionär legitimierende Ideologie gebrauchen. Das empfindsame Bild von Ludwig XVI. sollte das Königtum rechtfertigen, während die revolutionären Ereignisse längst schon gezeigt hatten, daß mit Empfindsamkeit kein bürgerlicher Staat zu machen sei.

ANMERKUNGEN

1 Vgl. R. Knoll: Art. "Empfindsamkeit". – In: Handlexikon zur Literaturwissenschaft. Hrsg. von D. Krywalski. – München 1974, S. 110.

2 Bevor Allwill hilft, fühlt er "alle die Schimpfreden und die Prügel, die ich ohnfehlbar dem Menschen gegeben hätte, wenn er in ähnlichen Umständen mich angetroffen, und seine Hülfe mir versaget hätte." Seine gute Tat wird also nicht in erster Linie mit der Pflicht zu christlicher Nächstenliebe, sondern mit einem sympathetischen Gefühl begründet! Die Szene wird zit. nach F. H. Jacobi: Eduard Allwills Papiere. Faksimiledruck der erweiterten Fassung von 1776 aus Chr. M. Wielands "Teutschem Merkur". Mit einem Nachwort von H. Nicolai. – Stuttgart 1962, S. 32 ff.

3 Vgl. den Überblick von J. Kocka: Sozialgeschichte. Begriff – Entwicklung – Probleme. – Göttingen 1977 (Kleine Vandenhoeck-Reihe 1434), v. a. S. 73 ff.

4 Vgl. F. Kopitzsch (Hrsg.): Aufklärung, Absolutismus und Bürgertum in Deutschland. Zwölf Aufsätze. – München 1976. Die Einleitung des Hrsgs., "Die Sozialgeschichte der deutschen Aufklärung als Forschungsaufgabe", ist ein überaus sachhaltiger Forschungsbericht; vgl. bes. S. 36 ff.

5 G. von Graevenitz: Innerlichkeit und Öffentlichkeit. Aspekte deutscher "bürgerlicher" Literatur im frühen 18. Jahrhundert. – In: DVjs 49 (1975), Sonderheft "18. Jahrhundert", S. 69* f.

6 Vgl. G. Sauder: Empfindsamkeit. Bd. I: Voraussetzungen und Elemente. – Stuttgart 1974, S. 50 ff. Zur Periodisierung vgl. S. 227 ff.: Anfänge (als "Zärtlichkeit") um 1740/50. Ausbreitung zu Beginn der 70er Jahre, Höhepunkt 1773. Seit ca. 1785 zahlreiche Zeugnisse über das Ende der Tendenz. Mitte der 90er Jahre letzter Aufschwung, danach Trivialisierung zur Sentimentalität des 19. Jahrhunderts. Vgl. auch: Empfindsamkeit. Theoretische und kritische Texte. Hrsg. von W. Doktor und G. Sauder. – Stuttgart 1976 (Reclams UB 9835 [3]).

7 Von dem Adel. – In: Neue Beyträge zum Vergnügen des Verstandes und Witzes. Bd. 6., 1. St. – 1751, S. 43. Zum Tugend-Komplex vgl. die grundlegende Untersuchung von W. Martens: Die Botschaft der Tugend. Die Aufklärung im Spiegel der deutschen Moralischen Wochenschriften. – Stuttgart 1971.

8 Vgl. Sauder: Empfindsamkeit, Bd. I (s. Anm. 6), S. 205 f.

9 Vgl. ebd., S. 206.

10 Zum Begriff und zu Ergebnissen der französischen Forschung vgl. R. Reichardt: "Histoire des Mentalités". Eine neue Dimension der Sozialgeschichte am Beispiel des französischen Ancien Régime. – In: Internationales Archiv für Sozialgeschichte der deutschen Literatur. Hrsg. von G. Jäger, A. Martino und F. Sengle. 3 (1978), S. 131 ff.

11 Johann Joachim Spalding (Gedanken über den Werth der Gefühle in dem Christenthum. Fünfte, von Neuem durchgesehene und verbesserte Auflage. – Leipzig 1784, S. 11) schlug vor, die Empfindung, "da man seine Rührungen aus den dabey zum Grunde liegenden Erkenntnissen zu erklären weiß, könnte *die aufgeklärte Empfindung* heissen."

12 Über die bisher in Deutschland dominierende Hypothese, Empfindsamkeit sei säkularisierter Pietismus, vgl. Sauder: Empfindsamkeit, Bd. I (s. Anm. 6), S. 58 ff.

13 J. G. H. Feder: Ueber das moralische Gefühl, oder Beantwortung der Fragen: Giebt es ein moralisches Gefühl? Wie fern hat es der Mensch von Natur? Was sind seine eigentlichen Gründe? Und was hat es also für einen Werth in Ansehung der Erkenntniß und Empfehlung der Pflichten? – In: Deutsches Museum. Bd. 1 und 2. – 1776. Zitat: Bd. 1, S. 499 f. Vgl. auch die Buchausgabe: J. G. H. Feder, über das moralische Gefühl. Aus dem deutschen Museum 1776 abgedruckt. – Kopenhagen und Leipzig 1792.

14 Vgl. Wielands Werke. Akademie-Ausgabe. Hrsg. von F. Homeyer und H. Bieber. I, 4. – Berlin 1916, S. 198: "Auf gleiche Weise sollte man, ehe man jungen Leuten ein ganzes System der Moral vordemonstrirt, zuvor ihren *moralischen Sinn* (wie die Engländer den 'sensum honesti' sehr wol benennen) entwikeln und schärfen, welches am besten durch Fabeln und Erzehlungen, Exempel von tugendhaften Handlungen, moralische Gemählde von Charactern und Sitten etc. geschehen kann. Es kömmt hiebey das meiste darauf an, wieviel von dem Moral-Sense der Lehrer selbst habe. Gewiß ist, daß Phädri und la Fontaine Fabeln, Valerius Maximus, der Englische Spectateur, die Character des Theophrasts und la Bruyere, weit dienlicher sind Liebe zur Weisheit und Tugend, und Abscheu vor Thorheiten und Lastern einzuflössen, als eine scientifische Ethik."

15 F. Schiller: Sämtliche Werke. Hrsg. von G. Fricke und H. G. Göpfert. Bd. 5: Erzählungen, Theoretische Schriften u. a. – München 2 1960, S. 761 f.

16 Vgl. dazu umfassend H.-J. Schings: Melancholie und Aufklärung. Melancholiker und ihre Kritiker in Erfahrungsseelenkunde und Literatur des 18. Jahrhunderts. – Stuttgart 1977.

17 Lessing an Nicolai, [13.] Nov. 1756. – In: Lessings Briefwechsel mit Mendelssohn und Nicolai über das Trauerspiel. Nebst verwandten Schriften Nicolais und Mendelssohns. Hrsg. u. erläutert von R. Petsch. – Darmstadt 1967 (reprogr. Nachdruck der Ausgabe Leipzig 1910), S. 54.

18 R. Alewyn in: Frankfurter Allgemeine Zeitung vom 12.11.1974.

19 P. Weber in: Weimarer Beiträge, Heft 4/1977, S. 180.

20 H. Birk: Bürgerliche und empfindsame Moral im Familiendrama des 18. Jahrhunderts.
– Diss. Bonn 1967; L. Pikulik: "Bürgerliches Trauerspiel" und Empfindsamkeit. – Köln
und Graz 1966.

21 K. S. Guthke: Das deutsche bürgerliche Trauerspiel. 2., überarbeitete und erweiterte
Aufl. – Stuttgart 1976 (Sammlung Metzler 116), S. 37 f., 35 f.

22 [Chr. Fr. Timme]: Faramonds Familiengeschichte in Briefen. IV Theile. – Erfurt
²1782–1784. Zitat: III. Th., Zwote verbesserte Auflage 1783, S. 21. Vgl. E. D. Becker:
Der deutsche Roman um 1780. – Stuttgart 1964, S. 127 ff. Timme widmet seinen Roman dem "aufblühenden Mädchen" und "der sanften Frau". Die Leserinnen gelten nicht
nur für ihn als fühlende Wesen par excellence – statt in ihrer Funktion als "Hausmutter"
werden sie gegen Ende des Jahrhunderts häufig in ihrem Geschlechtscharakter angesprochen.
Wegen ihrer Tradierung affektiver Normen – auch durch die Lektüre – sind sie durch ihren
Einfluß auf die häusliche Erziehung der Kinder für die bürgerliche Aneignung von Literatur
wichtiger als die Männer. Nach dem Übergang vom "ganzen Haus" zur bürgerlichen "Familie", dem Eliminieren der häuslichen Erwerbswirtschaft und der dazu gehörenden Bediensteten und infolge der Entwicklung der Erwerbstätigkeit des (bürgerlichen) Mannes zur einzigen Basis des Lebensunterhalts (Hofdienst, Bürokratie, höfische oder feudale Verwaltung,
städtische Ämter, Lehre etc.) wird die von vielen Pflichten entlastete (bürgerliche) Frau zu
einer der wichtigsten Vermittlerinnen literarischer Kultur! Vgl. K. Hausen: Die Polarisierung der "Geschlechtscharaktere" – Eine Spiegelung der Dissoziation von Erwerbs- und
Familienleben. – In: Sozialgeschichte der Familie in der Neuzeit Europas. Neue Forschungen. Hrsg. von W. Conze. – Stuttgart 1976, S. 363–393.

23 W. Vosskamp: Romantheorie in Deutschland. Von Martin Opitz bis Friedrich von
Blanckenburg. – Stuttgart 1973, S. 184.

24 Mme. Riccoboni: Lettres de Mistriss Fanni Butlerd à Milord Charles Alfred de Cai-
tombridge, Comte de Plisinte, Duc de Raflingth, écrites en 1735, traduites de l'anglais en
1756. – Amsterdam 1757, pp. 217 sq. Auf diese Passage hat mich J. v. Stackelberg freund-
licherweise hingewiesen.

25 Graevenitz: Innerlichkeit und Öffentlichkeit (s. Anm. 5), S. 72*.

26 P. U. Hohendahl: Der europäische Roman der Empfindsamkeit. – Wiesbaden 1977
(Athenaion Studienhefte, 1), S. 11. Es ist nicht verständlich, warum H. glaubt, sich an dieser Stelle auf Koselleck ("Kritik und Krise") berufen zu können: Dort werden vorwiegend
französische und englische Quellen und deutsche Freimaurer-Texte untersucht (u. a.
von Lessing), die in ihrer Radikalität für den Gesamtprozeß der deutschen Aufklärung seit
der Jahrhundertmitte nicht repräsentativ sein dürften. H. stützt seine Argumentation im
Hinblick auf die deutsche Empfindsamkeit häufig nicht auf eigene Quellenkenntnis, sondern auf Sekundärzitate. Dies führt bis zur Erfindung neuer Romantitel, vgl. S. 128: "Chr.
Friedrich Timme, Pancrazius von Faramonds Familiengeschichte. Erfurt 1779–1781",
einer Kontamination aus dem oben (s. Anm. 22) zit. Roman und einem weiteren Werk
Timmes (Der Empfindsame Maurus Pankrazius Ziprianus Kurt, auch Selmar genannt. Ein

Moderoman. IV Theile. — Erfurt 1781/1782). Die Kritik mangelnder Quellennähe und Differenzierung meines Begriffes von Bürgertum mit Hinweis auf Manfred Riedels entsprechende Artikel (in: Geschichtliche Grundbegriffe) erscheint insofern merkwürdig, als diese — z. T. noch im Manuskript — eine meiner wesentlichen Informationsquellen bildeten; vgl. die Nachweise in Sauder: Empfindsamkeit, Bd. I (s. Anm. 6), S. 251. Daß es aber inzwischen neue Erkenntnisse in diesem Bereich gibt, die ich mir gern zu eigen mache, habe ich oben angemerkt.

27 Zit. nach: Der Geist Wilhelm Ludwig Wekhrlins, von Wekhrlin junior. 2. vermehrte und verbesserte Auflage. — Stuttgart 1849. — In: Carl Julius Weber's sämmtliche Werke. 2. wohlfeile Original-Ausgabe. Bd. 27. — Stuttgart 1849, S. 148 f.

28 S. von La Roche: Schönes Bild der Resignation. Zweyter Theil. — Leipzig 1796, S. 220 ff.

29 J. von Sonnenfels: Der Mann ohne Vorurtheil. Bd. 3. — Wien 1767, S. 253. Zit. bei J. Schulte-Sasse: Literarische Struktur und historisch-sozialer Kontext. Zum Beispiel Lessings "Emilia Galotti". — Paderborn 1975, S. 63. Auf die vorzügliche Analyse empfindsamer Ideologeme, v. a. des zunächst gutherzig sich zeigenden Prinzen, sei nachdrücklich hingewiesen.

30 [Fr. W. Gillet]: Empfindungen eines Freundes der Menschheit bei dem Grabe Ludwigs des Sechszehnten. — Berlin 1793, S. 15 ff.

164

WILFRIED BARNER

Lessing zwischen Bürgerlichkeit und Gelehrtheit

"Ich bin nicht gelehrt – ich habe nie die Absicht gehabt gelehrt zu werden – ich möchte nicht gelehrt seyn, und wenn ich es im Traume werden könnte. Alles, wornach ich ein wenig gestrebt habe, ist, im Fall der Noth ein gelehrtes Buch brauchen zu können."[1] Lessings gern zitierte und oft mißverstandene Notiz aus dem Nachlaß, wohl aus den späten Wolfenbütteler Jahren,[2] ist in ihrer tatsächlichen oder auch nur vermeintlichen Paradoxie charakteristisch für die Probleme, die jede Beschäftigung mit Lessings Gelehrtheit dem heutigen Verständnis entgegenstellt.

Können die Sätze überhaupt wörtlich genommen werden? Entspringen sie nicht vielleicht der Koketterie dessen, der das souverän Beherrschte ebenso souverän jederzeit beiseite legen, ja negieren kann? Oder drückt sich in ihnen vielleicht die Resignation dessen aus, der sich unter den Wolfenbütteler Büchern zeitweise wie begraben fühlte? Aber begehen wir nicht, bei solcher Alternative, von vornherein den Grundfehler vieler Interpreten, die Lessing bei zentralen Problemen wie Offenbarung und Vernunft, Genie und Regel, Bürger und Mensch, allzu rasch auf eine vermeintlich eindeutige Position festzulegen versuchen?

Den Freunden und Zeitgenossen Lessings konnte das Prädikat höchster Gelehrtheit zu keinem Zeitpunkt zweifelhaft sein: der eben fünfjährige Kamenzer Pastorensohn, der darauf bestand (wie der Bruder Karl berichtet),[3] nur mit "einem großen, großen Haufen Bücher" – oder sonst lieber gar nicht gemalt zu werden; der hochbegabte und ungeduldige 'Überflieger' der Fürstenschule von St. Afra in Meißen, der eine Gelehrtenausbildung erhielt, wie sie damals in Deutschland nur wenigen vergönnt war; der Leipziger Student eines Christ, Ernesti und Kästner; der Wittenberger Magister, der sich mit dem Titelerwerb auch formal dem Gelehrtenstand zurechnen durfte; der Berliner Beiträger zu den "Critischen Nachrichten aus dem Reiche der Gelehrsamkeit" und der Redakteur des Gelehrten Artikels innerhalb der Vossischen Zeitung; der Kritiker und Emendator von Jöchers berühmtem Gelehrtenlexikon; der Kenner von mindestens sechs Sprachen, darunter in damals ungewöhnlicher Weise des Englischen und vorzüglich auch des Griechischen; der Philologe, der fachmännisch mit nahezu jedem ihm begegnenden Text, selbst unerschlossenen Handschriften, umzugehen wußte; der Bücherwurm, der von bedeutenden Bibliotheken – der Rhedigerana in Breslau oder der Vaticana in Rom – wie magisch angezogen wurde; schließlich der Wolfenbütteler Bibliotheks-'Aufseher', der die ihm zugewiesene Aufgabe in voller Selbstverständlichkeit als eine 'gelehrte' Aufgabe begriff.

Selbst das, was man heute Forschungsergebnisse nennen würde, kann Lessing vorweisen: als erster erkannte er den besonderen Quellencharakter bestimmter Passagen in Suetons Horaz-Vita;[4] selbständig erschloß er zwei bis heute als grundlegend geltende Daten aus der Biographie des Sophokles; er fand zu antiken Autoren Textkonjekturen, die noch heute erwägenswert sind.[5] In Wolfenbüttel machte er schon während der ersten Wochen den großartigen Fund der Berengarius-Handschrift und erkannte er die Bedeutung von Ulrich Boners "Edelstein". Er entdeckte den Barockdichter Andreas Scultetus wieder, erarbeitete zur Ausgabe von Logaus Sinngedichten ein Lexikon nebst Abhandlung, entwickelte Pläne zu einem Deutschen Wörterbuch (an die noch Jacob Grimm anknüpfte), und vieles andere.[6]

Mit bedeutenden Philologen seiner Zeit korrespondierte Lessing fachmännisch und durchaus ex aequo, so mit dem weitgeachteten Göttinger Christian Gottlob Heyne;[7] er beriet ihn bibliothekarisch-gelehrt, trug ihm wissenschaftliche Projekte an und ließ sich sogar in gelehrte Kontroversen mit ihm ein. Einen der besten Gräzisten seiner Zeit, Johann Jacob Reiske in Leipzig, unterstützte er bei dessen Hauptwerk, der großen Ausgabe der griechischen Redner, deren dritter Band ihm dann von Reiske in tiefer Dankbarkeit gewidmet wird.[8]

Auch wenn man die ungewöhnliche Kenntnis etwa englischer oder spanischer Texte berücksichtigt, besonders auch das von Kindheit an erworbene theologische Wissen, so steht doch die glänzende Bewandertheit in den antiken Sprachen und Literaturen – nicht zu vergessen die antike Kunst – im Vordergrund, wenn von Lessings Gelehrtheit die Rede ist. In einer der treffendsten Würdigungen des Gelehrten Lessing aus nichtgermanistischer Sicht, in Eduard Nordens Rede vom Lessing-Jahr 1929, wird das bereits an der Erscheinungsform vieler Lessingscher Schriften Auffällige hervorgehoben: "Schon äußerlich betrachtet bieten ... die Werke Lessings ein anderes Aussehen als die unserer übrigen Klassiker: in keinem dieser, selbst Herder nicht ausgenommen, finden sich auch nur annähernd so viele Zitate aus Schriftstellern des Altertums oder gar Anmerkungen, seit der Humanistenzeit die Signatur des Gelehrtenstils."[9]

Was sich hier schon an der Oberfläche, im Habitus als charakteristisch für Lessings Gelehrtheit zeigt, ist nicht allen, denen Lessing begegnete, ganz unbedenklich erschienen. Der Vater mag aufgrund der eigenen Neigung über die frühe Bibliomanie des Jungen erfreut gewesen sein. Die Afraner Schulzeugnisse lassen dann gelegentlich die Befürchtung erkennen, der junge Mann, von rascher Auffassungsgabe, betreibe zu Vieles und zu Verschiedenes und werde sich gar übernehmen.[10] Später in Berlin war es vor allem der Freund Moses Mendelssohn, dessen kaufmännischer Sinn – wie Nicolai berichtet – nicht begreifen konnte, "daß ein Mann, von *Lessing's* feuriger Einbildungskraft und Scharfsinn, sich so viel mit Sammlung und Beurtheilung der Varianten alter Schriftsteller, mit Untersuchung der Alterthümer, oder mit Collectaneen über Gelehrte und ihre Schriften, und mit alten verlegenen Büchern beschäftigen könne". [11] Und diese Kritik Mendelssohns hat unter den drei Freunden verschiedentlich zu heftigen Diskussionen geführt. "Ich", so fährt Nicolai fort, "der ich in *Frankfurt a.d.O.* und in *Berlin* einige Jahre lang die gelehrte Geschichte mit großem Eifer studiert hatte, übernahm *Lessing's* Vertheidigung." [12]

Eine solche 'Vertheidigung' war bei Lessings Nachwelt zunächst kaum mehr vonnöten. Denn, wie bereits Friedrich Schlegel feststellt: "Die bibliothekarische und antiquarische Mikrologie des wunderlichen Mannes ... weiß man nur anzustaunen." [13] Und je mehr in den nun folgenden Generationen das dramatische Werk Lessings, allmählich klassisch werdend, ganz in den Vordergrund des Interesses trat, vor allem auch das 'Revolutionsgenie' Lessing (Gervinus), [14] desto leichter wurde es, jene eigentümlich gelehrten, gelehrt-antiquarischen Elemente in den Hintergrund treten zu lassen oder einfach auszuklammern.

Zwar beschäftigten sich nun einzelne Fachdisziplinen, Klassische Philologie, Archäologie, Kunsthistorie usw., dankbar mit dem, was der große Lessing jeweils auf ihrem Gebiet geleistet hatte. [15] Aber im Bild des nationalen Literatur-Reformators Lessing fungierten jene gelehrten Momente wesentlich als Überbleibsel des 'tintenklecksenden Säkulums', als das glücklich Überwundene. Unabhängig davon haben Franz Muncker und seine Helfer in mühevoller und vorbereitender Detailarbeit zusammenzutragen versucht, [16] was alles dieses Gelehrtenleben an Schulwissen, Autorenlektüre und Polyhistorie umfaßt hatte. Erich Schmidts große Monographie erschließt wohl zum letzten Mal, bis heute, die ganze Breite von Lessings gelehrter Beschäftigung. Danach bleibt sie, trotz Erkenntniszuwachses der Forschung in dem einen oder anderen Teilbereich, accidens eines als universal bewunderten Autors, wird in Gesamtdarstellungen noch erwähnt, illustriert, 'angestaunt' nach der Formulierung von Friedrich Schlegel — aber als ein Relikt, als ein bloßes Zeichen der Zeitverhaftetheit. Und selbst dieser Aspekt bleibt im allgemeinen recht vage. Paul Raabe hat erst jüngst darauf hinweisen müssen, wie sehr die Geschichte der Gelehrsamkeit des 18. Jahrhunderts nach wie vor "eine terra incognita wissenschaftsgeschichtlicher Forschung" sei [17] und wieviel gerade für Lessing hier noch zu tun bleibe.

Diese Vernachlässigung des Zeittypischen als des Zeitverhaftenden ist das eine große Hindernis für einen angemessenen Zugang zu Lessings Gelehrtheit als einer auffälligen Eigenheit sowohl seines individuellen Lebensgangs wie vieler seiner Schriften. Die andere Grundschwierigkeit liegt in der neueren Entwicklung des Lessing-Bildes selbst, [18] das jedenfalls in weiten Bereichen der fachlichen wie der populären Lessing-Darstellung sich auf den literarischen Vorkämpfer für die Emanzipation des Bürgertums im absolutistischen Deutschland des 18. Jahrhunderts konzentriert: Lessing als der erste bedeutende sogenannte 'freie' Schrift-

steller in Deutschland, als der Schöpfer oder jedenfalls 'Durchsetzer' des Bürgerlichen Trauerspiels auf deutschem Boden, als der Kritiker von fürstlicher Despotie und kirchlicher Orthodoxie, als Mitgestalter einer literarischen, noch vorpo-
litischen bürgerlichen Öffentlichkeit, als Verkünder des bürgerlich-'menschlichen' Interesses am Theater und seinen Helden, als Schöpfer des weisen Kaufmanns Nathan, der die Ideale der Toleranz, der Menschlichkeit und der universalen Brüderlichkeit ins vorrevolutionäre Deutschland hineinträgt.

Hat in diesem Lessingbild das Gelehrte noch einen bestimmbaren und sinnvoll deutbaren Platz, eine Funktion, die über eine bloße Negativfolie hinausgeht?
Immerhin scheint es ausgemacht, daß jenes sich abkapselnde, elitäre Moment
des Gelehrten-Selbstbewußtseins dem bürgerlich-aufklärerischen Impuls nachge-
rade zuwiderlaufen mußte. Im übrigen ist es naheliegend und legitim, in Lessings
frühem Lustspiel "Der junge Gelehrte", dem Stück, mit dem er in Leipzig sein
Bühnendebüt gab, bereits die Abrechnung mit jenem Gelehrtenbild zu sehen, vor
das er zunächst als vor eine Wirklichkeit und als eine Herausforderung gestellt
war.

Ein Zentralbegriff, mit dessen Hilfe neuerdings mehrfach versucht worden
ist, die trotzdem bleibend prägenden, unübersehbaren gelehrten Momente in
Lessings Lebensgang wie in seinem Werk auch sozialgeschichtlich zu fassen und
zugleich als ein Progressives, in die Zukunft Weisendes zu deuten, ist der der 'bürgerlichen Intelligenz'. [19] Damit stellt sich ein vermutlich entscheidendes Problem. Mit der Konzeption der 'bürgerlichen Intelligenz' — bei der Lessing natürlich nur ein herausragendes Beispiel unter vielen darstellt — werden, mit oder
ohne ausdrückliche Anlehnung an Marx, Verhältnisse wesentlich des 19. Jahrhunderts zurückbezogen auf bestimmte Erscheinungen, die jedenfalls von Lessing selbst und von seinen Zeitgenossen explizit, konsequent und deutlich als
'gelehrt' bezeichnet werden. Das Problem liegt also zunächst scheinbar lediglich
auf der Bezeichnungsebene. Nun fehlt es in der Forschung bedauerlicherweise
immer noch an einer grundlegenden Begriffsgeschichte von 'gelehrt', 'Gelehrter', 'Gelehrsamkeit'. Auch in den beiden großen neueren, so verdienstvollen begriffsgeschichtlichen Nachschlagewerken, dem "Historischen Wörterbuch der
Philosophie" von Joachim Ritter [20] und in den "Geschichtlichen Grundbegriffen"
von Brunner, Conze und Koselleck, [21] sucht man entsprechende Artikel verge-
bens (das Gebiet ist auch nicht etwa unter anderen Stichworten abgehandelt). [22]
Vor allem aber stellt die Sozialgeschichte der Gelehrten in Deutschland eine der
gravierendsten Forschungslücken überhaupt dar — wenn man nicht etwa Emil
Reickes illustrierte Übersicht "Der Gelehrte in der deutschen Vergangenheit",
aus dem Jahre 1900, [23] als Ersatz dafür nehmen möchte. [24]

Auf die Sozialgeschichte aber hat sich bei unserem Thema das Augenmerk
zunächst zu richten, denn 'gelehrt', 'Gelehrter', 'Gelehrsamkeit': alle drei Begriffe beziehen sich, wo sie bei Lessing oder seinen Zeitgenossen begegnen, nicht
lediglich auf einen bestimmten Aspekt materialen oder formalen Wissens, son-

dern stehen grundsätzlich immer zugleich in einer sozialen Dimension. Diese aber ist mit 'Bürgertum' oder auch 'bürgerliche Intelligenz' in keiner Weise angemessen bezeichnet. Um das zu begründen und positiv in einen historischen Rahmen zu stellen, ist ein zumindest stichwortartiger Exkurs unumgänglich.

Lessing steht als Gelehrter noch unmittelbar in der Kontinuität einer Gesamtentwicklung, die ins Hochmittelalter zurückreicht, als die korporative Ausdifferenzierung und Ausgliederung der gelehrten Kleriker (der clerici litterati) im Zusammenhang der Hochscholastik einsetzt. Den institutionellen und zugleich rechtsdefinitorischen Kernbereich dieses Prozesses bildet bekanntlich die Entstehung der Universitäten als der Gesamtheit von Magistern und Scholaren mit ihrer Absicherung durch kaiserliche Privilegien und dem vom Papst verliehenen Promotionsrecht. [25] Am Zentralbegriff der 'libertas scholastica' orientiert sich, wie vor allem Laetitia Boehm gezeigt hat, [26] nicht nur die administrative und judikative Autonomie, sondern dann auch die libertas oder licentia academica, die 'akademische Freiheit' im Sinne der nur durch die allgemeinen rechtlichen und sittlichen Normen eingeschränkten Lehr- und Lernfreiheit. Diese aber schließt — was oft vergessen wird — vor allem auch die prinzipielle 'Freizügigkeit' ein, sowohl innerhalb der Universität (Wahl der Fächer und der Lehrveranstaltungen, auch Freiheit des Wechselns — beides von Lessing besonders in Leipzig weidlich genützt) als auch zwischen den Universitäten. In der Freizügigkeit der Gelehrten lag ein deutliches, ein wichtiges Vor-Recht gegenüber den anderen Stadtbürgern, von den Bauern ganz zu schweigen. [27]

Hervorzuheben ist freilich der generelle Prozeßcharakter dieser rechtlich-gesellschaftlichen Erscheinungen: vor allem daß die gelehrten Privilegien [28] nie schlechthin gesichert sind, sondern immer von neuem beansprucht und verteidigt werden müssen. Diese Entwicklung aber ist, bis in Lessings Zeit hinein, nicht denkbar ohne die führende Stellung der Juristen. Denn sie werden, besonders im Zuge der Rezeption des römischen Rechts, sowohl vom erstarkenden spätmittelalterlichen Stadtbürgertum für die Wahrnehmung seiner Belange benötigt als auch, auf der anderen Seite, von den verschiedenen Schichten des Adels bis hin zu den Fürsten, später dann vor allem von den absolutistischen Höfen, die sich ihre 'Gelehrten Räte' [29] hielten. Charakteristisch ist in diesem Zusammenhang, nicht nur bei den Juristen, von früh an eine gewissermaßen komplementäre Doppeltendenz: zum einen das dezidierte Sichabsetzen der Gelehrten vom übrigen Stadtbürgertum, und zum anderen die Beanspruchung eines zunächst quasi-ständischen, dann ständischen Sonderstatus als nobilitas litteraria, deren Gelehrtheit — als korporative Sondereigenschaft behauptet — ein Äquivalent darstellen soll zur Herkunft des Geburtsadels und zur Geweihtheit des Klerus. Die Magister- resp. Doktorpromotion, die unter etwas veränderten Umständen ja noch Lessing 1752 in Wittenberg absolvierte, ist in ihrer spätmittelalterlichen Form bekanntlich bis in die Einzelheiten hinein (Ringverleihung usw.) ein Analogon zur Weihe der Priester und zu deren Inkorporierung in den Sonderbereich des Klerus. Dieser 'Gemachtheit' wegen, deren soziale Gültigkeit von Anfang an vielfältig bestritten wurde, zählt noch Wilhelm Heinrich Riehl den Gelehrtenstand zu den 'unächten Ständen'. [30]

Die humanistische Neudefinition des Gelehrtenstatus, wie sie Lessings "Der junge Gelehrte" Punkt für Punkt voraussetzt und satirisch vorführt, ist dann insbesondere durch drei Merkmale gekennzeichnet: durch eine Verstärkung des bisher vor allem von den Juristen getragenen laikalen Moments, durch die entschiedene Rückbindung an die antike Welt (mit dem Lateinischen als der z. T. recht wörtlich [31] so verstandenen 'Muttersprache der Gelehrten' und mit der aktiven Beherrschung von Poesie und Rhetorik als Krönung der Gelehrtheit) und schließlich durch immer breitere regionale und soziale Streuung gelehrter Ausbildung selbst; ermöglicht wurde sie vor allem durch die zahlreichen Neugründungen von Universitäten.

In dem von Lessing wie von seinen Zeitgenossen als Kernbegriff verwendeten deutschen Wort 'gelehrt' sind die lateinischen Begriffe litteratus, doctus, scholasticus und eruditus ungefähr zusammengefaßt. Und dieser Kernbegriff erstreckt sich nunmehr im wesentlichen auf drei Bereiche: auf den engsten Kreis der an der Universität selbst lehrend Tätigen (Magister und Professoren), auf den weiteren Kreis derer, die den gelehrten Kursus durchlaufen haben, aber in außeruniversitären Berufen tätig sind, sei es im stadtbürgerlichen Bereich wie der Arzt, Advokat oder Gymnasiallehrer, sei es in der höfischen Sphäre, besonders als Jurist ('gelehrter Rat'). Dieser weitere Kreis der 'Gelehrten' umschließt also ungefähr das, was man heute noch die 'Akademiker' nennt. Die potentielle Doppelzugehörigkeit etwa des Predigers oder des Universitätstheologen zum Gelehrtenstand und gleichzeitig zum Geistlichenstand, oder die des gelehrten Hofjuristen zum sogenannten Beamtenadel (z. T. mit förmlicher Nobilitierung) ist gerade Ausdruck jener besonderen sozialen Mobilität, die noch im 18. Jahrhundert für die soziale Funktion der Gelehrten eine so entscheidende Rolle spielt.

Der dritte Geltungsbereich von 'gelehrt' hängt mit dieser besonderen Mobilität zusammen, ist jedoch anderer Art: die Zusammengehörigkeit aller Gelehrten in der res publica litteraria (mit Freizügigkeit) oder — etwas allgemeiner gefaßt — im mundus litterarius. Als Lessing am 17. Dezember 1770 seinem Freund Reiske aus Wolfenbüttel eine Helmstedter Aischines-Handschrift "außer Landes" nach Leipzig übersendet, am Rande der Legalität, da begründet er es höchst bezeichnend so: "ich will einmahl annehmen, daß Gelehrte, die einander dienen wollen, alle in einem Lande leben". [32] Das überterritoriale, mit Einschränkungen auch als international zu bezeichnende, [33] ganz unbürgerliche Moment im Selbstverständnis der Gelehrten — in Klopstocks "Deutscher Gelehrtenrepublik" kommt dann ein stärker nationales Element hinzu [34] — geht historisch zurück auf hellenistische Verhältnisse, genauer auf Kosmopolitie-Vorstellungen der alexandrinischen Gelehrten.

Natürlich bewegt sich auch Damis im "Jungen Gelehrten" ganz in der immer wieder von ihm zitierten "gelehrten Welt", ja in der gelehrten "Republick". Und als sein Bedienter Anton dies mißversteht, putzt Damis ihn verächtlich herunter (II 4): "Was für ein Idiote! Ich rede von der Republick der Gelehrten. Was geht uns Gelehrten, Sachsen, was Deutschland, was Europa an? Ein Gelehrter, wie ich bin, ist für die ganze Welt: er ist ein Kosmopolit." [35]

Aber welche auch politische Brisanz dieser gelehrte Anspruch erhalten kann, zeigt sich in Lessings Brief an Gleim vom 16. Dezember 1758 aus Berlin (während des Siebenjährigen Krieges), wo Lessing sich zu Gleims Grenadier-Liedern äußert, ganz ungeschützt-freundschaftlich ("ich bin aufrichtig"), und wo er deutliche Kritik übt: "Der *Patriot* überschreyet den Dichter zu sehr ... Vielleicht zwar ist auch der Patriot bey mir nicht ganz erstickt, obgleich das Lob eines eifrigen Patrioten, nach meiner Denkungsart, das allerletzte ist, wonach ich geitzen würde; des Patrioten nehmlich, der mich vergeßen lehrt, daß ich ein Weltbürger seyn sollte." [36] Durch Kontext- und Detailanalyse ließe sich leicht zeigen, daß Lessing hier nicht einem vage-spontanen Einfall folgt, sondern auf der Anspruchs- und Verpflichtungsbasis eines Gelehrten argumentiert ("daß ich ein Weltbürger seyn sollte"), freilich eines deutschen Gelehrten, dem ein Reichsbürgerbewußtsein erklärlicherweise besonders schwerfallen mußte. Oder wie Möser es 1781 in seiner Schrift "Ueber die deutsche Sprache und Litteratur" formulierte: "wir haben höchstens nur Vaterstädte und ein gelehrtes Vaterland, was wir als Bürger oder als Gelehrte lieben". [37]

Die in der gelehrten Weltbürgerkonzeption als Möglichkeit auch enthaltene fürstendistanzierte Wendung wird dann vollends bei Schiller deutlich, der 1784 in der Ankündigung der "Rheinischen Thalia" stolz bekennt: "Ich schreibe als Weltbürger, der keinem Fürsten dient" (mit der wichtigen, positiven Schlußwendung: "Das Publikum ist mir jetzt alles, mein Studium, mein Souverain, mein Vertrauter"). [38] Und der Freiherr von Knigge in seinem Buch "Über Schriftsteller und Schriftstellerey" (1793) berichtet ausdrücklich, daß "der Despotismus" es mit großem Mißtrauen betrachte, wenn ein Mensch, der "im bürgerlichen Leben" wenig gilt, sich ohne fürstliche Erlaubnis "auswärts einen großen Ruf erwirbt" und dadurch in gewisser Weise "unabhängig" wird: "daher die unumschränkten Herrn [i. e. die absolutistischen Fürsten] die Republic der Gelehrten gleichsam wie einen gefährlichen statum in statu anzusehn pflegen." [39]

Deutlicher ist wohl kaum zu formulieren, wie der scheinbar harmlose ältere, humanistische Gelehrten-Anspruch auf res publica litteraria und Kosmopolitie — dem sich Lessing explizit zurechnet — in der zweiten Hälfte des 18. Jahrhunderts auch im engeren Sinne politische Aspekte erhält. Freilich hat schon Madame de Staël darauf hingewiesen, daß gerade in Deutschland die Vorstellung von einer Gelehrtenrepublik zwar besonders rührig vertreten worden ist, aber unter Rückzug auf das Interesse an den Ideen, still und im verborgenen arbeitend. [40]

Der kurze Vorgriff sollte zugleich andeuten, wie sehr zu Lessings Zeit — und darüber hinaus – das aus dem älteren Humanismus stammende komplizierte Geflecht des Gelehrten-Selbstbewußtseins noch voll präsent ist und auch in seinen sozialen, ja politischen Dimensionen gesehen wird. Allerdings haben sich in der faktischen Geltung, etwa was die gelehrten Privilegien anbetrifft, seit der frühhumanistischen Konstituierungsphase erhebliche Wandlungen vollzogen. Während des 16. und 17. Jahrhunderts kann der Gelehrtenstand in Deutschland seine skizzierte Struktur ungefähr bewahren. [41] Spätestens seit dem Ende des 17. Jahrhunderts jedoch tritt eine Schwächung des Gelehrtenstandes in verschiedener Hinsicht ein, was teilweise zur Annäherung an das nichtgelehrte Bürgertum führt und von Alberto Martino kürzlich, im Hinblick auf das Publikum der Barockpoesie, geradezu als "Verbürgerlichung" gefaßt worden ist. [42]

Lessing selbst steht bereits voll in diesem Umwandlungsprozeß, der sich mit Schüben, vielfältigen Verzögerungen und Brechungen noch über das ganze 18. Jahrhundert in Deutschland erstreckt. Lessings Vater, der Kamenzer Pastor, mit seiner großen und reichhaltigen Bibliothek, ist zwar nicht Universitätsgelehrter im engsten Sinn, doch hatte er einmal, als promovierter Magister, die Chance zu einer akademischen Laufbahn (auf die er nur verzichtete, um zunächst das sicherere Amt als Prediger und Katechet in seiner Heimatstadt anzutreten). Doch als 'Gelehrter', durchaus nicht nur im weitesten Sinn, hat er sich stets gefühlt und geriert, [43] bis hin zu den teilweise lateinischen Briefen, die er an Gotthold Ephraim nach St. Afra und nach Leipzig sendet, während der Sohn selbstbewußt und sehr bezeichnenderweise auf deutsch zurückschreibt.

Das besondere Englisch-Interesse des Vaters, das ja auf Lessing stark eingewirkt hat, ist nun freilich ein Signum von transhumanistischer 'Modernität', die sich innerhalb der Gelehrtenwelt seit dem 16. Jahrhundert in immer neuen Anläufen und programmatischen Varianten geregt hat. Endogene und exogene Impulse lassen sich dabei oft nicht präzise voneinander scheiden. Immerhin, vielen Stadtbürgern, die nicht selbst eine gelehrte Schulung erworben hatten, widerstrebte der soziale, ständische Sonderanspruch der Gelehrten ebenso wie auf der anderen Seite manchem Adligen und sogar Fürsten der Anspruch auf nobilitas litteraria – auch dort, wo er nicht durch förmliche Nobilitierung anerkannt worden war.

Von beiden Seiten her, z. T. auch von einzelnen Gelehrten selbst, konzentrierte sich die Kritik zunehmend auf bestimmte gelehrte Eigenheiten, so daß allmählich etwas wie ein topischer Kritik-Kanon entstand: Realitätsferne, insbesondere Bücher- und Antike-Gebundenheit des gelehrten Wissens, namentlich bezogen auf das Pensum der Artistenfakultät, bloßes Vielwissen (Polyhistorie), Scharlatanerie, Mangel an sozialer Nützlichkeit, ostentative Abkapselung, Weltfremdheit (auch äußere Ungepflegtheit), Elitarismus, Hochmut und schließlich – dies besonders auch intern kritisiert –: akademischer Leerlauf, Steifheit, 'Pedanterie' und 'Schulfüchserei'. Die beiden letzten Schlagworte haben die Kritik am Gelehrtenwesen bis zum Ausgang des 18. Jahrhunderts und darüber hinaus begleitet. Noch 1787 publizierte Goethes Schwager Schlosser eine eigene Schrift "Ueber Pedanterie und Pedanten, als eine Wahrnung für die Gelehrten des XVIII. Jahrhunderts". [44]

Die hier nur stichwortartig angesprochene Gelehrtenkritik manifestiert sich vor allem in den zahllosen Spielarten der literarischen Satire, vom Epigramm bis zum Lustspiel und zum Roman. Wolfgang Martens hat die Traditionslinien bis zum Frühhumanismus zurückverfolgt und vor allem gezeigt, wie sich im 18. Jahrhundert die Gelehrtenkritik zu einem Exempel der bürgerlich-aufklärerischen Programmatik überhaupt entwickelte. [45]

Lessing befindet sich von früh an voll im Kontext der auch literarisch-satirischen Gelehrtenkritik, die im 17. Jahrhundert von recht verschiedenartigen positiven Gegenkonzeptionen (wie Pansophie, 'realistischer' Pädagogik, 'politischer' Bewegung, Pietismus u. a.) geprägt ist. Vor allem aber gehen ihm Leibniz und Thomasius schon voraus, die beide das deutsche Gelehrtentum programmatisch aus seiner Weltferne herauszuführen versuchen. Anlehnung an die fortgeschritteneren Franzosen, Erringung quasi-höfischer Weltläufigkeit, Gründung von Akademien, Pflege der Muttersprache sind einige der bekannten Programmpunkte. Namentlich Thomasius — nicht zufällig Jurist — hat seinem organisatorischen Reformkonzept für die Gelehrten immer wieder sein neues Wissenschaftsideal als Grundlage zugeordnet, das auf Vernunftprinzip, Nützlichkeit und Realistik ausgerichtet ist. Zwar hat sich der Versuch des Thomasius, für dieses Neue den Begriff der 'Gelahrtheit' zu verwenden (so etwa in der "Einleitung zu der Vernunfft-Lehre" von 1691), [46] nicht durchgesetzt. Aber die damit verbundenen Forderungen an die Gelehrten nach 'Witz', 'Urteil' (Urteilsfähigkeit, iudicium) und 'Geschmack' wurden Gemeingut vieler der akademischen Frühaufklärer, auch wenn sie auf recht verschiedenartig 'gelehrte' Weise — etwa im Gottschedkreis — eingelöst wurden.

Spätestens in Leipzig ist Lessing mit diesem neuen Gelehrtenkonzept bekannt geworden, und der berühmte Rechenschaftsbrief an die Mutter vom 20. Januar 1749 stellt ja die große Wende vom anfänglich 'eingezogenen' Bücher-Leben zur 'Welt' und zur 'Gesellschaft' prägnant genug dar. [47] Eine Synthese im akademischen Institutionsrahmen, sofern überhaupt realisierbar, erscheint ihm persönlich kein Lebensziel mehr, bei dem er 'Mensch' sein kann. Die zeitweilige Möglichkeit einer "Stelle in dem Seminario philologico in Göttingen" [48] (unter Gesner) zerschlägt sich ohnehin. Und auch später hat Lessing wiederholt seine Ungeeignetheit zu einer akademischen Position nicht ohne Selbstbewußtsein bekannt, so noch am 26. März 1775 in einem Brief an den Bruder Karl, der auf ein für Lessing gedachtes Angebot zu Recht geantwortet habe, "daß das Professoriren meine Sache nicht ist". [49]

Der Theater-Erstling "Der junge Gelehrte", schon in Meißen begonnen, 1747 in Leipzig gründlich überarbeitet, im Januar 1748 durch die Neubersche Truppe uraufgeführt, erscheint — durchaus zu Recht — als eine autobiographisch geprägte, satirisch überpointierende Abrechnung mit einer dem jungen Lessing nicht gemäßen Wirklichkeit. Satirischer 'Zerrspiegel' des Gelehrtentums ist er jedoch auch in jenem präzisen Sinn, daß jedes seiner Charakteristika — wenngleich überzeichnet — vertreten ist, unbeschadet der Tatsache, daß Lessing hier auch bereits auf literarische Vorbilder zurückgreifen kann. [50] Der so verstandene Spiegel-Charakter des "Jungen Gelehrten" bietet günstige Gelegenheit, an dieser Stelle ein knappes Zwischenresümee des Gebrauchs der einschlägigen Zentralwörter durch Lessing und seine Zeitgenossen zu versuchen.

Das Adjektiv 'gelehrt' zunächst, wie schon angedeutet als deutsche Zusammenziehung ungefähr von litteratus, doctus, scholasticus und eruditus fungierend, bleibt in seiner ursprünglichen Zuordnung zu Personen durchaus bewußt. 'Gelehrt' ist in jedem Fall, wer den gelehrten Kursus durchlaufen hat, ob er danach im Universitätsbereich geblieben ist oder einen anderen Beruf ausübt. Natürlich gibt es Abstufungen und fließende Übergänge. Es gibt schon im 17. Jahrhundert auch den 'halbgelehrten' Mann [51] (den typologischen Vorläufer des späteren 'halbgebildeten'), der nicht bis ans Ende des Kursus gelangt ist oder der sich gar — gerade in Lessings Frühzeit eine immer häufigere Erscheinung — durch Selbststudium einiges angeeignet hat. [52] Der soziale Aspekt wird noch deutlicher bei der Privativbildung 'ungelehrt', die einerseits auf antik-humanistische Vorprägungen zurückgeht, andererseits auf den mittelalterlichen Fundamentalgegensatz litteratus/illitteratus. [53] Häufig synonym mit 'ungelehrt' wird zu Lessings Zeit auch 'unstudiert' verwendet, wodurch die sozial-institutionelle Orientierung bestätigt und noch verstärkt wird (besonders in Nachbarschaft zu 'Pöbel' oder auch 'ungelehrtem Pöbel'). Daß die Substantivierung 'Gelehrter' (zugleich Vorläufer von 'Gebildeter') über den engeren Kreis der an der Universität oder einer Akademie Tätigen weit hinausreicht, muß noch einmal hervorgehoben werden angesichts der Tatsache, daß der Sprachgebrauch des 17. und des 18. Jahrhunderts hier immer wieder, auch in wissenschaftlichen Arbeiten, mißverstanden wird im Sinne des modernen Fachgelehrten.

Schon in der antiken Verwendung von doctus vorgeprägt (libellus doctus, carmen doctum usw.) ist die Anwendung des Adjektivs 'gelehrt' auf Gegenstände, Materien, auch Institutionen, mit denen der Gelehrte als Gelehrter beschäftigt ist. Als Lessing Ende 1769 von Hamburg aus zur Kontaktaufnahme und zu Vorgesprächen in Wolfenbüttel gewesen ist, schreibt er am 5. Januar 1770, wieder nach Hamburg zurückgekehrt, an den befreundeten Buchhändler und Verleger Christian Friedrich Voß in Berlin von der "Bibliothek und ihren übrigen gelehrten Kunst- und Alterthumssammlungen". [54] Als qualitative Angabe über das von einem Gelehrten geschaffene, bestimmte Anforderungen stellende Produkt begegnete im Eingangszitat bereits das "gelehrte Buch". Auffällig und historisch leicht deutbar ist noch, bei Lessing wie bei vielen seiner Zeitgenossen, die bevorzugte Benennung antik-humanistischer 'Materien' als gelehrt, dies auch gelegentlich in Lessings Dramen. Als Mellefont bei Marwoods Stichwort 'aufopfern' darauf hinweist, "daß den alten Göttern auch sehr unreine Thiere geopfert wurden", repliziert Marwood spöttisch: "Drücken Sie sich ohne so gelehrte Anspielungen aus" ("Miß Sara Sampson" II 7). [55] Kritisch-zurechtrückende Stellen dieser Art gibt es in fast jedem Lessingschen Drama, bis hin zu Dajas begeisterter Ausdeutung des herrlichen Brautkleids, von der Nathan sie in die Wirklichkeit zurückholt: "Von wessen Brautkleid Sinnbilderst du mir so gelehrt?" ("Nathan der Weise" IV 6). [56]

Die Abstraktbildung 'Gelehrsamkeit' schließlich, im wesentlichen Äquivalent für eruditio, begegnet bei Lessing und wiederum bei seinen Zeitgenossen hauptsächlich in zwei Nuancierungen: zunächst als spezielle Fähigkeit, [57] als Wissenseigenschaft des Gelehrten, d. h. Gelehrsamkeit als das vom Gelehrten erworbene und zur Kompetenz entwickelte Wissen und Können. Beim jungen Gelehrten Damis ist es vor allem das Vielwissen, das Wissen des Polyhistors, wie Conrad Wiedemann gezeigt hat. [58] Andere kritische Konzeptionen, etwa die des Thomasius — nachdem sich sein Vorschlag 'Gelahrtheit' nicht durchgesetzt hat —, bedienen sich des gleichen eingeführten Begriffs, der somit während des ganzen 18. Jahrhunderts, bis hin zu Fichte, einem ständigen Umwertungs- und Umdefinierungsprozeß unterworfen ist. [59]

Die andere Nuancierung im Gebrauch von 'Gelehrsamkeit' tendiert zu einem Bereichsbegriff: das gesamte Feld, auf dem die Gelehrten als Gelehrte im Sinne von 'studium' tätig sind. Hierher gehört etwa der Titel des gelehrten Organs, an dem Lessing sich in Berlin zeitweise beteiligte: "Critische Nachrichten aus dem Reiche der Gelehrsamkeit". Noch Nicolai setzt 1781 in den Untertitel seiner "Beschreibung einer Reise durch Deutschland und die Schweiz" die Bereichs-Angabe: "Nebst Bemerkungen über Gelehrsamkeit, Industrie, Religion und Sitten". [60] Aus der Sicht der Gelehrten selbst rückt 'Reich der Gelehrsamkeit' oft in die Nähe des Begriffs 'gelehrte Welt', mundus litterarius.

In diesen, hier nur knapp skizzierbaren Grenzen von 'gelehrt', 'Gelehrter' und 'Gelehrsamkeit' bewegt sich Lessings Sprachgebrauch ebenso wie sein inhaltliches Verständnis sehr präzise. Vor allem ist die soziale Dimension dieser Begriffe, vom "Jungen Gelehrten" an, stets gegenwärtig. Da dies jedoch von der Forschung bisher nur unzureichend berücksichtigt worden ist und da der moderne Gebrauch von 'Gelehrsamkeit' sich stark — wenngleich nicht ausschließlich — auf die abgehobene Wissenskompetenz verlagert hat, ist für diesen Beitrag der Begriff der 'Gelehrtheit' als ein umfassender gewählt worden. 'Gelehrtheit', ein Wort, das im 17. und 18. Jahrhundert hier und da noch begegnet, dann aber weitgehend verschwindet, wird dabei verstanden als die besondere, komplexe, vor allem auch sozial bestimmte Merkmalsstruktur dessen, der 'gelehrt' ist. Der Begriff stellt zugleich das formale Komplement zu 'Bürgerlichkeit' dar.

Da zu 'Bürger', 'bürgerlich', 'Bürgerlichkeit' im 18. Jahrhundert die Forschungslage ungleich günstiger ist, [61] kann es hier bei wenigen Hinweisen bleiben. Innerhalb des breiten Spektrums, in dem sich die Verwendungsweisen während des 18. Jahrhunderts bewegen, liegt für unsere Fragestellung der Akzent zunächst auf dem handel- und gewerbetreibenden Stadtbürgertum. 'Bürgerlichkeit' ist somit in erster Linie die soziale Qualität dieses so verstandenen Stadtbürgertums. Daß ihm bei den sozialen und dann auch im engeren Sinne politischen Emanzipationsbestrebungen der Mittelschichten eine Hauptfunktion zukommt, ist weithin unbestritten, ebenso wie die mannigfachen fließenden Übergänge, auch 'Koalitionen' etwa mit dem niederen Adel.

Stellt man nun Lessing, als biographische Person, in ein noch recht grob gefaßtes Schema zwischen bäuerlichen Schichten auf der einen und Hochadel auf der anderen Seite, so steht er natürlich dem 'Bürgertum' als Stadtbürgertum am nächsten. Aber die Besonderheit seiner sozialen Position als 'Gelehrter' wird dabei nicht erfaßt. Lessing selbst hat dies gleich mit seinem "Jungen Gelehrten" in aller Deutlichkeit demonstriert. Denn dieses Stück spielt ja nicht ausschließlich im gelehrten Bereich selbst. Die satirische Bloßstellung des eitlen polyhistorischen Gelehrten Damis geschieht einerseits durch den Kontrast mit dem Bedienten Anton und mit den ungelehrten Frauen- und Mädchengestalten, auch mit Valer, andererseits und vor allem mit dem Vater Chrysander: dem reich gewordenen Kaufmann, dem handeltreibenden Stadtbürger.

Durch die Verlagerung des Konflikts zwischen etablierter Bürgerlichkeit und unreif angemaßter Gelehrtheit in die familiäre Konfrontation zwischen Vater und Sohn [62] wird die soziale Spannung, um die es hier geht, satirisch-theatralisch auf die Spitze getrieben. Chrysander, der Geld-Mann, der Gold-Mann, [63] hat zwar selbst auch einmal studiert und biedert sich seinem Sohn, den er herumkriegen möchte, mit seinen lateinischen Sprüchen und Floskeln immer wieder an. Aber er hat, wie der Student Lessing, eine soziale, biographische Wende durchgemacht. Er sagt es gleich in der Selbstvorstellung I 2: "Ich habe in meiner Jugend auch studirt; ich bin bis auf das Mark der Gelehrsamkeit gekommen. Aber daß ich beständig über den Büchern gelegen hätte, das ist nicht wahr. Ich gieng spazieren; ich spielte; ich besuchte Gesellschaften; ich machte Bekanntschaft mit Frauenzimmern" [64] etc. Aus Lessings autobiographischer Sicht ist er ein echter Leipziger 'von Welt' geworden, und schließlich ein erfolgreicher Kaufmann. Keine andere deutsche Stadt — und dies ist für die soziale Situierung des jungen Lessing wie seines frühen Lustspiels von Bedeutung — verfügte zugleich über eine so blühende Universität *und* einen so blühenden Handel wie Leipzig. Nirgendwo sonst konnten in unmittelbarem Real- und Sozialkontakt die Eigenheiten von Gelehrtentum und 'weltläufigem' Bürgertum so paradigmatisch massiv erkennbar werden wie dort. Dies gilt bekanntlich noch für die Zeit des jungen Goethe.

Natürlich ist Chrysander in Lessings Lustspiel keine moralisch durchgängig positive Gestalt. Zwar weiß auch er bei Gelegenheit sein handelsbürgerliches Ethos zu zitieren, etwa in III 18: "Wir Handelsleute fassen einander gern bey dem Worte". [65] Aber als Komödientypus ist er auf seine Weise fixiert, auf das

176

Geld fixiert, der Geld-Mann, der mit seinem Sohn nur das eine Ziel verfolgt, ihn an die vermögenversprechende Juliane zu verkuppeln. Und trotzdem ist damit die Sozialsicht dieses erfolgreichen Kaufmanns noch nicht ganz entwertet. Er, der dezidierte Stadtbürger, sagt dem isolierten, verblendeten Gelehrten die Wahrheit. Durch die Zusammenbindung von Vater als Kaufmann und Sohn als Gelehrtem hat nun Lessing nicht nur, wie schon angedeutet, den komisch-entlarvenden Kontrast verschärft. Er hat zugleich die soziale Mobilität, das Aufsteigenkönnen des Kaufmanns und auch das Sichabkapselnkönnen des Gelehrten gestaltet. Damis aber nimmt vom Freiheitspotential des gelehrten 'Weltbürgers' gerade nur das Auswandernkönnen wahr, in seinen unmittelbaren Sozialbeziehungen bleibt er unfrei.

Der Gelehrte und der erfolgreiche Kaufmann in sozialer Nachbarschaft, aber als ständischer Typus getrennt: das ist nicht Lessings Erfindung, sondern sogar in Ständeordnungen seiner Zeit kodifiziert. Städte ohne Universität sind hier deshalb besonders aufschlußreich, weil die Sonderkorporation entfällt und die Gelehrten anderweitig 'untergebracht' werden müssen. In Nürnberg folgen noch zu Lessings Zeit auf die Patrizier als den ersten Stand die vornehmen Großhändler *und* die Gelehrten als zweiter Stand; erst nach ihnen kommen, als dritter Stand, die weniger vornehmen Großhändler und die "Handwerksgenannten des Kleineren Rats", schließlich an vierter Stelle die Kaufleute und Handwerker des "Größeren Rats". [66] Wie immer in den verschiedenen Städtetypen die Ständeordnungen im einzelnen differieren mögen, [67] das ständische Paar 'Gelehrte' und 'Großhändler' begegnet immer wieder auch in generellen Überblicken über die deutschen Sozialverhältnisse, so etwa noch 1792 bei Garve. [68]

Lessing steht in Leipzig, als er sich auf dem Theater versucht, *zwischen* Gelehrtheit und (kaufmännischer) Bürgerlichkeit im hier definierten Sinn. Wie sehr ihn die unakademische, großbürgerliche, ursprünglich ihrerseits am Adel orientierte 'Weltläufigkeit' reizte, bis hin zum Tanzen, Fechten, Voltigieren, hat er selbst in dem bekannten Brief an die Mutter vom 20. Januar 1749 deutlich genug beschrieben. Noch in den Wittenberger und Berliner Jahren ist das ganz 'ungelehrte', unhumanistische Thema 'Kleidung' ein Leitthema seiner Briefe. "Ich hätte längst unterkommen können, wenn ich mir, was die Kleidung anbelangt, ein beßers Ansehen hätten machen können. Es ist dieses in eine [!] Stadt gar zu nöthig, wo man meistens den Augen in Beurtheilung eines Menschen trauet. Nun beynahe, vor einem Jahre, hatten Sie mir eine neue Kleidung zu versprechen, die Gütigkeit gehabt", schreibt Lessing seiner Mutter aus Berlin. [69] Dieses 'Kleider machen Leute' ist ganz ungelehrt im herkömmlichen Sinne, allenfalls im Sinne von Thomasius, der im Kavaliershabit aufs Katheder gestiegen war. Aber auch vor dem allzu Höfischen schreckte Lessing zurück, später noch mit zunehmender Entschiedenheit.

Der junge Gelehrte Lessing 'zwischen' den Fronten: das bedeutet nicht, daß in seinem Theatererstling zwei gleich starke oder gleich attraktive soziale Größen miteinander wetteifern. Denn die Position des Gelehrten Damis ist die entschieden schwächere, anfälligere. Der gelehrte Sohn lebt faktisch von der bürgerlich-kaufmännischen Arbeit seines Vaters, nicht etwa von der eigenen gelehrten Produktion, — so wenig Lessing selbst von seiner gelehrten Produktion leben konnte. Aber auch der Vater Chrysander ist in seiner Geldfixiertheit kein positiver Gegenpol, trotz mancher realistischer Einsichten. Im Familienmodell des "Jungen Gelehrten" entwirft Lessing am Beginn seiner literarischen Laufbahn eine für ihn existentielle Grundspannung seiner sozialen Umwelt, im Familienmodell des "Nathan" eine mögliche, universale Lösung.

In Lessings vielbeschriebenen, frühen Versuch einer 'freien' Schriftstellerexistenz sind drei Kernpunkte aus der ihm voll präsenten gelehrten Tradition eingegangen: die Überzeugung von der herausfordernden Musterhaftigkeit der antiken Literatur; die humanistische These von der Poesie als der höchsten, würdigsten Leistung des echten Gelehrten; und die Selbstverständlichkeit, jene Grundbedingung und Grundforderung der libertas scholastica, der Gelehrten-Freiheit so substantiell als möglich in die 'freie' Schriftstellerexistenz außerhalb der institutionell-akademischen Welt hinüberzuretten.

In der ersten Grundüberzeugung war er aufgewachsen; "Theophrast, Plautus und Terenz waren meine Welt", heißt es 1754 über die Meißener Zeit. [70] Und eine seiner ersten gelehrten Abhandlungen, diejenige über Plautus, galt dem Nachweis, die "Captivi" seien eines der schönsten Stücke, "die jemals auf den Schauplatz gekommen sind". [71] Kaum ein Autor des 18. Jahrhunderts ist so wenig sklavisch abhängig gewesen von denjenigen antiken Autoren, die er so souverän als Gelehrter, als zünftiger Philologe behandeln konnte und die er sich wie seinen Lesern auf höchst lebendige Weise erschloß. "Sein Geist", so hebt Friedrich Schlegel anerkennend hervor, "war nicht in die enge Sphäre andrer Gelehrten gebannt, die nur im Lateinischen oder Griechischen Kritiker sind, in jeder andern Literatur aber wahre Unkritiker ... Das Klassische behandelte er oft mit der Leichtigkeit und Popularität, in der man sonst nur von dem Modernen zu reden pflegt." [72] Aus dieser in der Tat seltenen, unakademisch lebhaften Analyse — sei es Plautus, sei es Seneca — gehen fast stets die eigenen produktiven Pläne, das Bessermachenwollen konsequent und ohne Bruch zwischen dem 'Gelehrten' und dem 'Dichter' hervor. [73]

Bei der zweiten humanistischen Grundthese, von der Poesie als einer würdigen, wenn nicht gar der würdigsten Leistung des Gelehrten, [74] konnte Lessing sich nicht nur in der seit der Antike maßgeblichen Tradition des poeta-doctus-Ideals wissen. Sogar die großen muttersprachlichen Dichtungsgesetzgeber hatten daran festgehalten: von Martin Opitz, der die Poesie als "vorneme wissenschaft" bezeichnete, [75] bis zu Gottsched, für den die Poesie "der vornehmste Theil der Gelehrsamkeit" ist. [76] Zwar kommt es entscheidend darauf an, wie dieses 'gelehrte' Moment der Dichtung jeweils qualitativ verstanden wird: vor allem ob es sich — für Lessing unannehmbar — in der Vielwisserei des Dichters, in der Polyhistorie erschöpft. Aber wenn etwa Bodmer aus eigener Beobachtung über den jungen Klopstock schreibt: "Seine Belesenheit ist schwach, und er fürchtete sich schier vor der Gelehrsamkeit als vor der Pedanterei selbst", [77] dann wird die Grundverschiedenheit des Typus deutlich. Für Lessing ist Gelehrsamkeit ein selbstverständliches Fundament, dessen Instrumentalität für den Kritiker-Poeten in der Personalunion des Schriftstellers erst durch 'Witz', Urteilsfähigkeit (iudicium) und 'Geschmack' garantiert wird. [78]

Die dritte 'gelehrte' Grundkomponente des 'freien' Schriftstellers Lessing, die vielfältig facettierte libertas scholastica, ist gewiß mit Lessings Freiheitsstreben nicht schlechthin gleichzusetzen. Überhaupt ist an einer kausalen Ableitung nichts gelegen. Vielmehr fallen einige Verwandtschaften, ja Konvergenzen auf. Ein Moment von Unrast, auch ein Unwille, sich allzu lange bei der gleichen Beschäftigung und im gleichen institutionellen Rahmen aufzuhalten, wird schon in der klösterlich-gelehrten Welt von St. Afra erkennbar, nicht zuletzt als mehrfach geäußerter Wunsch, vorzeitig abgehen zu dürfen. Doch dieses ruhelose Wechseln von Ort zu Ort, das immer nur kurze Verweilen setzt sich dann in späteren Jahren fort und ist oft als für Lessing charakteristisch hervorgehoben worden. Horst Steinmetz hat gerade in diesem Zusammenhang kürzlich wieder von Lessings 'unbürgerlicher' Lebensform gesprochen. [79]

Das ist vollkommen treffend. Aber wenn es nicht 'bürgerlich' ist — was ist es denn? Es ist in einem sehr ursprünglichen Sinn vielleicht auch ein gelehrt-humanistisches Element. Es hat etwas von jener peregrinatio academica, auf der sich die frühen Wanderhumanisten, mit einzelnen gelehrten Aufträgen, in der res publica litteraria durchschlugen. Lessing selbst war dies nicht nur nicht unbekannt; er hat seine Weise, an keinem Ort und bei keinem Gegenstand lange bleiben zu können, ausdrücklich in Analogie dazu gesetzt. In der Vorrede zum ersten Band der geplanten "Hermäa" aus der Breslauer Zeit gibt er zunächst etwas wie ein Selbstporträt: "Man denke sich einen Menschen von unbegrenzter Neugierde, ohne Hang zu einer bestimmten Wissenschaft. Unfähig, seinem Geiste eine feste Richtung zu geben, wird er, jene zu sättigen, durch alle Felder der Gelehrsamkeit herumschweifen, alles anstaunen, alles erkennen wollen, und alles überdrüßig werden." [80] Es ist einer, der die gelehrte Freizügigkeit voll ausschöpft. Was er dabei an Funden und Entdeckungen, an Reichtümern sammelt, möchte er "der Welt" (der gelehrten) vorlegen, als "Wanderschaften eines gelehrten Landstörzers". [81]

Es bedarf kaum eines ausgeführten Vergleichs mit Einzelmomenten von Lessings Lebens- und Arbeitsweise, um zu erkennen, daß hier von ihm selbst ein wesenhaft 'gelehrter' Grundzug seiner Persönlichkeit formuliert wird. Und doch hat der unruhige, rastlose 'freie' Schriftsteller Lessing, scheinbar paradox, gelegentlich auch den Wunsch nach der Ruhe der Studierstube, ja nach klösterlicher Abgeschiedenheit geäußert. Schon 1754 erscheinen die Jahre in der "klostermäßigen Schule" von St. Afra als "die einzigen, in welchen ich glücklich gelebt habe". [82] Fünf Jahre später, nach Jahren des intensiven Schreibenmüssens, berichtet er Johann Gotthelf Lindner, seinem Onkel: "Unter meine Bücher also wieder verwiesen, habe ich meine alte Lebensart fortgesetzt, bey der sich täglich meine Lust zu studieren vermehret, und meine Lust zu schreiben vermindert." [83] Und Nicolai berichtet, Lessing habe "mehr als einmal" seinen Freunden gesagt, "er wollte, wenn er zu einem gewissen Alter gelangt wäre, sich in ein Kloster begeben, um da ganz in Ruhe zu studieren"; "die völlige Unabhängigkeit" von äußeren Sorgen, dann Ruhe und Muße des Klosters, schließlich eine nur wenige Schritte vom Studierzimmer entfernte Bibliothek: das "wäre es, was ein Gelehrter vorzüglich brauchte, wenn er vorher eine Zeitlang die Welt gesehen hätte". [84]

Dem Gelehrten Lessing wurde eine solche Zweistufigkeit des Lebens (erst 'Welt', dann Kloster) nie geboten, dem 'freien' Schriftsteller Lessing hätte sie möglicherweise nie genügt. Kennzeichnend blieb der wiederholte Wechsel zwischen dem Wunsch nach stabilitas loci und dem Nichtbleibenkönnen — im doppelten Sinn des 'Könnens'. Als Lessing sich aus Leipzig absetzt — den Anlaß bieten bekanntlich recht 'bürgerliche' Geldschulden —, ist der Bruch mit der institutionalisiert-akademischen Gelehrtenwelt als ausschließlicher Lebenswelt vollzogen. Weder Damis noch Chrysander waren ihm gemäße Lebensmöglichkeiten. Von Berlin aus, wohin ihn das familiäre enfant terrible Mylius nachgezogen hat, versucht er, den Vater, der immer noch an dem Plan einer Göttinger akademischen Stelle für seinen Sohn hängt, mit dem Geldargument zu überzeugen: in Berlin werde er mindestens doppelt so viel verdienen wie in Göttingen, wo ihn überdies kaum jemand kenne. [85] Geschickt versorgt er den Vater mit "gelehrten Zeitungen" und rät ihm von den "politischen" ab, da sie wegen der scharfen Zensur größtenteils "unfruchtbar und trocken" seien. [86] Er selbst aber hat seine journalistische Tätigkeit in Berlin mit 'gelehrten' Beiträgen für die "Berlinische privilegirte Zeitung" begonnen. [87]

Die neue Situation zwischen handelsbürgerlich-kaufmännischen Anforderungen und gelehrten Neigungen wurde Lessing während der Berliner Jahre vielleicht am deutlichsten, als sich die Freundschaft mit Mendelssohn und Nicolai herausbildete. Die Briefe geben davon Zeugnis, vor allem aber Nicolai hat im Vergleich treffend beobachtet: alle drei "eng verbundene Freunde ... waren sich darin gleich, daß sie in der gelehrten Welt gar keinen Stand, keine Absichten, keine Verbindungen, keine Aussichten auf Beförderung hatten oder suchten, und selbst in der bürgerlichen Welt ohne alle Verbindung oder Bedeutung waren, auch keine verlangten. Moses und Nicolai waren junge Kaufleute, beide noch nicht in eigner Haushaltung. Lessing hatte zwar auf Universitäten studirt, aber gar nicht auf die gewöhnliche Art, oder zu einer von den gewöhnlichen Zwecken und hatte auch in Berlin keine andere Absicht als seine Wißbegierde zu befriedigen." [88]

Selbst wenn man Nicolais freundschaftlich gutgemeinte Verabsolutierung von Lessings unakademisch-gelehrter Wißbegierde ein wenig einschränkt (denn andere Ziele hatte Lessing in Berlin natürlich schon — z. B. einen Namen als Kritiker): daß er sich der "bürgerlichen Welt", ihren Forderungen und Zwängen nicht schlechthin beugen wollte, mit oft schmerzhaften Konsequenzen, ist ein Kernpunkt seines charakteristischen Freiheitsstrebens. Auch die Entgegensetzung von "bürgerlicher Welt" und "gelehrter Welt" ist bezeichnend. Während der zweite Begriff sich exakt vom mundus litterarius im bereits dargestellten Sinne herleitet, ist "bürgerliche Welt", analog zum Begriff der "bürgerlichen Gesellschaft", [89] vorzugsweise der durch Regeln, Ämter und außerakademische Berufe bestimmte Bereich der Sozialbeziehungen.

Lessing selbst hat die von Nicolai ausgesprochene Berufsproblematik nicht nur schon früh an seinem 'Vetter' und Freund Mylius hautnah miterlebt und nach Mylius' frühem Tod analysiert. [90] Er hat sie mehrfach auch, in Fürsorge und Ratschlag für den Bruder Karl, durchdenken müssen und formuliert. Am 26. April 1768, als Hamburger Dramaturg, schreibt er ihm: "Nimm meinen brüderlichen Rath, und gieb den Vorsatz ja auf, vom Schreiben zu leben. Den, mit jungen Leuten auf die Universität zu gehen, billige ich auch nicht sehr. Was soll am Ende heraus kommen? Sieh, daß Du ein Sekretair wirst, oder in ein Collegium kommen kannst. Es ist der einzige Weg, über lang und kurz nicht zu darben. Für mich ist es zu spät, einen andern einzuschlagen. Ich rathe Dir damit nicht, zugleich alles gänzlich aufzugeben, wozu Dich Lust und Genie treiben." [91] Knapp zwei Jahre später, mit der Wolfenbütteler Bibliothekarsstelle in Aussicht, am 4. Januar 1770, erklärt er dem um Hilfe ansuchenden Bruder, er stecke selbst noch "in Schulden bis über die Ohren" und könne deshalb im Augenblick keine Unterstützung gewähren: "Freylich hättest Du schlechterdings meinem Rathe und Deinem eigenen Vorsatze treuer bleiben und Dich einer ernsthaften bürgerlichen Beschäftigung widmen sollen. Auch die glücklichste Autorschaft ist das armseligste Handwerk!" [92]

Es ist die lakonisch-bittere Einsicht des gefeierten Autors der Nation, des Gelehrten, der nicht in der 'gelehrten Welt' aufgehen wollte, des Bürgers, der sich nicht früh genug einer "ernsthaften bürgerlichen Beschäftigung" verschrieben hatte, nicht hatte verschreiben wollen. Unter die "Schriftsteller" hatte er sich bereits 1753 öffentlich-programmatisch gerechnet, als Vierundzwanzigjähriger, der mit den beiden Anfangssätzen der Vorrede zum ersten Teil der "Schrifften" schon auf vorzeigbare Erfolge verweisen kann: "So sind die Schriftsteller. Das Publicum giebt ihnen einen Finger, und sie nehmen die Hand." [93] So entschieden er dem Vater noch zwei Jahre zuvor, gegenüber der finanziell wenig attraktiven Göttinger 'gelehrten' Stelle, die mindestens doppelt so hohe Berliner "Rechnung" als Argument entgegenhält, [94] so wagemutig-stolz kalkuliert Lessing jetzt auf den durch die "Freunde" bereits attestierten "Beyfall der Kenner": "Daß ich es glaube, weil ich meine Rechnung dabey finde, ist natürlich." [95]

Der nicht nur privat, sondern sogar öffentlich von "Rechnung" redende junge Autor ist nun freilich ein recht kaufmännisch-bürgerlich, ja ostentativ außergelehrt sich gebender Lessing. Daß eben in diesem Zusammenhang der Begriff des 'Schriftstellers' programmatisch verwendet wird, ist kein Zufall. Denn dieser Begriff, als Wortbildung zu Lessings Zeit bereits mehrere Jahrhunderte alt, [96] signalisiert ja in seiner neuen inhaltlichen Füllung die damals aktuelle Herausbildung eines neuen sozialgeschichtlichen, literaturgeschichtlichen Typus [97] — und Lessing selbst wurde für Mitwelt wie Nachwelt zu dessen herausragendstem Repräsentanten. Wie aber verhalten sich nun der neue 'Schriftsteller' und der altneue 'Gelehrte' zueinander, bei Lessing selbst und bei seinen Zeitgenossen? In der Forschungsliteratur gibt es dazu, wegen des schon angesprochenen Defizits im Bereich der Gelehrten-Problematik, meist nur vage, oft auch einander widersprechende Vorstellungen. Die Situation wird zusätzlich dadurch kompliziert, daß Nachbarbegriffe wie 'Autor', 'Skribent', 'Dichter', 'Poet' usw. sowohl abgrenzend-konkurrierend als auch quasi-gleichbedeutend gebraucht werden. Vor allem aber vollzieht sich eben zu Lessings Zeit jener grundlegende Wandel des Verhältnisses zwischen 'Gelehrtem' und 'Schriftsteller', der eine einheitliche Antwort für 'das' Zeitalter der Aufklärung oder für 'das' 18. Jahrhundert nicht erlaubt. Gleichwohl sind einige Stichworte zur Verständigung unumgänglich.

Lessing selbst hat, soweit ich sehe, den 'Gelehrten' und den 'Schriftsteller' nie generell gegeneinander ausgespielt. Der Begriff des 'Schriftstellers' muß ihm spätestens in Leipzig begegnet sein (Gottsched hatte seit 1730 wesentlich zur Verbreitung beigetragen [98]). Im "Jungen Gelehrten" jedoch beansprucht Damis bezeichnenderweise gerade nicht diesen Titel, sondern 'nur' die bereits hergebrachten (III 3): "ein Philolog, ein Geschichtskundiger, ein Weltweiser, ein Redner, ein Dichter". [99] Für den Berliner freien Schriftsteller Lessing aber war zunächst das 'gelehrte' Fundament — zu Mendelssohns Erstaunen — so selbstverständlich, daß nicht hier die Fronten verliefen, sondern dort, wo es beim Schriftsteller wie beim Gelehrten um 'Geschmack', 'Witz' und 'Urteilskraft' geht. Noch der (nicht vor 1772 entstandene) [100] Entwurf "Leben und leben lassen. Ein Projekt für Schriftsteller und Buchhändler" beginnt wieder prononciert, wie 1753, mit dem 'Schriftsteller'-Begriff und mit dem Finanziellen: "Wie? es sollte dem Schriftsteller zu verdenken seyn, wenn er sich die Geburten seines Kopfs so einträglich zu machen sucht, als nur immer möglich?" [101] Und gleich der erste Einwand, den Lessing aufgreift, bezieht fast unauffällig, im Sinne einer communis opinio, den Gelehrten ein: "Aber Gelehrte, sagt man, die sich mit Bücherschreiben abgeben, stehen doch gewöhnlich in bürgerlichen Bedienungen, durch welche für ihr genugsames Auskommen gesorgt ist." [102] Schließlich weitet Lessing den geschichtlichen Explikations- und Argumentationsraum nicht nur bis zu Luther, sondern bis in die Antike hinein aus: "Aber, setzt man hinzu, die alten Gelehrten, die Schriftsteller bei den Griechen und Römern begnügten sich doch nur mit der einzigen Ehre, nahmen für ihre Arbeiten kein Geld!" [103]

In der semantisch-sozialen Zuordnung von 'Schriftsteller' und 'Gelehrtem' ist Lessing, wie schon die Formulierung der Einwände andeutet, zunächst durchaus nicht originell. Der weitaus größte Teil derer, die sich, seit der Jahrhundertmitte (vor allem seit den 70er Jahren) an Zahl zunehmend, 'Schriftsteller' nennen oder so genannt werden, entstammt dem klassischen Gelehrten-Bereich. Dies gilt bekanntlich sowohl für die Berufe der Väter (mit den Pastoren als dem auffälligsten Typus) [104] als auch für den jeweils eigenen Bildungsgang, ja häufig noch für die berufliche Entwicklung der Autoren selbst. Der von Hans Jürgen Haferkorn [105] so genannte Typus des 'Magister-Poeten' geht nur allmählich zurück und bleibt bis zum Ausgang des Jahrhunderts eine wichtige Spielart neben anderen, mehr bürgerlich-kaufmännisch orientierten (wie etwa Brockes, Hagedorn oder Nicolai). Selbst Gottfried August Bürger, der im Namen des 'Volkes' den Anspruch der Gelehrten mit am radikalsten in Frage gestellt hat, geht wie selbstverständlich davon aus, daß die Poesie "zwar von Gelehrten, aber nicht für Gelehrte als solche, sondern für das Volk ausgeübt werden" müsse. [106] Von der sozialgeschichtlichen Deszendenz und ökonomischen Existenz der Schriftsteller des 18. Jahrhunderts her ist es nur zu erklärlich, daß 'Gelehrter' und 'Schriftsteller' (oder 'Autor', 'Büchermacher' usw.) oft synonym oder in Doppelformeln begegnen, wobei sich häufig nur aus dem Kontext und je nach Aspekt die Nuancierung bestimmen läßt. Für Wieland etwa sind, verglichen mit einem "praktischen Mann ... wir Gelehrte und Büchermacher doch eigentlich zu gar nichts nütze". In Klopstocks "Deutscher Gelehrtenrepublik" wiederum sind die 'Gelehrten' einerseits Oberbegriff aller Angehörigen der res publica litteraria, andererseits gehören die 'Gelehrten' im engeren Sinn zu den 'Ruhenden' oder 'Unterzünften', während die Geschichtsschreiber, Redner und Dichter die 'Wirksamen' oder 'Oberzünfte' bilden (als 'darstellende' von den bloß 'abhandelnden' Fachwissenschaftlern unterschieden). Hambergers und Meusels Versuch schließlich, am Ende des Jahrhunderts nicht eine Utopie zu konstruieren, sondern die Realität zu thesaurieren, in dem Riesenwerk "Das gelehrte Teutschland", trägt bezeichnenderweise den Untertitel "oder Lexikon der jetzt lebenden teutschen Schriftsteller". [107] Immer noch ist 'gelehrt' ein Bereichsbegriff mit auch sozialer Dimension, ob nun auf die 'Welt' oder auf 'Teutschland' bezogen, und der 'Schriftsteller', als eine jüngere, moderne Erscheinung, setzt sich hier mit seiner spezifischen Autorentätigkeit auch als normative Größe für viele immer mehr durch.

Lessings Position im Zusammenhang dieses so wechselnden, aspektbestimmten Sprachgebrauchs, auf dem Hintergrund des sozial- und literaturgeschichtlichen Umschichtungsprozesses, wird wohl am deutlichsten an seiner Publikumskonzeption. Das bewußte Sicheinstellen auf ein weiteres, nicht mehr nur gelehrtes Publikum verbindet ja die meisten Schriftsteller der Aufklärungsepoche miteinander, wobei das Spektrum der Adressaten bis zur 'Welt', zur 'ganzen Welt', zu 'allen Menschen' und schließlich zu 'niemand' reicht (so zeitweise bei Wieland). Aber keiner dieser Autoren dürfte so differenziert und für die Schreibweise qualitativ so folgenreich das 'gelehrte' Element in seine Publikumskonzeption eingebracht haben wie Lessing. Hierzu nur wenige, bewußt verschiedenartig gewählte Hinweise.

Der Berliner Neuanfänger Lessing, mit der Veröffentlichung erster Gedichte, Fabeln und Erzählungen und mit dem ersten Leipziger Theatererfolg im Hintergrund, ist zunächst entschlossen, sich als "ein neuer Criticus" [108] auch ein neues 'Publicum' zu gewinnen. Seine Vorstellung von diesem Publikum, auch sein Eingehen auf dessen Untergruppen, ist erstaunlich differenziert. [109] Er schreibt als gelehrter, aber außerakademischer Rezensent über teilweise recht gelehrte Dinge, doch mit unüberlesbar deutlichen wiederholten Hinweisen darauf, daß er den gelehrten Zirkel durchbrechen möchte. Seine ideale Publikumsfigur, in den entscheidenden Merkmalen dem echten Dichter und Schriftsteller genau entsprechend, ist der 'Kenner': [110] die Fähigkeit allein entscheidet hier, keine gelehrte Biographie oder soziale Position.

Das mit Mylius im Oktober 1749 gestartete Unternehmen der ersten deutschen Theaterzeitschrift (schon vom Genre her eine recht unakademische Angelegenheit), die "Beyträge zur Historie und Aufnahme des Theaters", werden zunächst so eingeführt, daß ein erwartetes gelehrtes Klischee zitiert und sogleich beiseite geschoben wird: "daß wir der Welt eine neue periodische Schrift vorlegen". [111] Es ist die Folie des mundus litterarius, doch der Zusatz 'gelehrt' fehlt, stattdessen entwickelt Lessing [112] Zug um Zug sein neues Konzept des Lesers von Witz, gutem Geschmack und selbstdenkender Urteilsfähigkeit. Die Unstudierten sind eingeschlossen, "weitläufige Belesenheit" wird nicht erfordert. Aber was setzt er dem neuen Publikum vor? Den Plautus. Lessing vermittelt das, was bisher weitgehend den Gelehrten vorbehalten geblieben war, aber nichts Beliebiges, sondern einen Autor, der eine Chance auf dem gegenwärtigen Theater verdient; dort hatte Lessing, im Gegensatz zu den meisten anderen Gelehrten, eigene praktische Erfahrungen. Und noch dazu war Plautus ein Dichter, der dem Verdikt des autoritär-gelehrten Gottsched anheimgefallen war: das reizte Lessing doppelt, ebenso wie bei dem Tragiker Seneca, den er dann als nächsten antiken Autor seinem neu zu gewinnenden Publikum vorstellte. [113]

Die "Briefe die Neueste Litteratur betreffend", mit Mendelssohn und Nicolai herausgegeben, nehmen dieses Publikumskonzept auf und variieren es auf bezeichnende Weise. [114] Der fiktiven Adressatenfigur nach — mit Christian Ewald von Kleist als realem Hintergrund — ist hier das Publikum scheinbar sehr eingegrenzt. Aber nicht wieder der Kreis der Gelehrten ist anvisiert, sondern programmatisch und exemplarisch eine ganz neue Publikumsgruppe: ein Offizier, der seine durch den Siebenjährigen Krieg entstandenen literarischen Kenntnislücken ausfüllen möchte, "ein verdienter Officier, und zugleich ein Mann von Geschmack und Gelehrsamkeit". [115] Die Zwischengestalt reizt, sie hat Zukunft, als eine Gestalt nun aus dem Bereich des adlig-gehobenen Militärs. Aber die "Gelehrsamkeit" bleibt — und dies ist festzuhalten — in litteris der gemeinsame Bezugspunkt.

Die wohl deutlichste Absage, die der frühe Lessing im Hinblick auf Publikum und Adressaten formuliert, ist die an die Höfe, die Fürsten, die Regenten. [116] Sie ist integraler Bestandteil seines Versuchs einer 'freien' Schriftstellerexistenz, ist Schwankungen, Verlockungen und immer neuen Bekräftigungen unterworfen gewesen, [117] selbst noch in der Zeit, als der Wolfenbütteler Bibliothekar 'Hofrath' geworden war. Der nachgelassene, aber wohl frühe prosaische Oden-Entwurf "An Mäcen" zieht einen klaren Trennungsstrich: der gelehrte und kunstverständige Gönner des Horaz, Maecenas, wird den gegenwärtigen "Regenten" als beanspruchtes Vorbild schlichtweg streitig gemacht: "Du, o Mäcen, hast uns deinen Namen hinterlaßen, den die Reichen und Mächtigen an sich reißen, und die hungrigen Scribenten verschenken". [118] Die ungewöhnliche gelehrte Tradition des Hauses Braunschweig (-Wolfenbüttel), nicht zuletzt verkörpert in der Bibliotheca Augusta, hat ihm schließlich die Entscheidung erleichtert, doch in fürstliche Dienste zu treten. Ein 'höfisches' Wesenselement ist damit in sein Publikumskonzept zu keinem Augenblick eingegangen. Wo die Kontakte mit dem Herzog am besten vonstatten gingen, beruhten sie auf der gemeinsamen Hochachtung vor der gelehrten Kompetenz.

Der Wolfenbütteler Streitschriftsteller Lessing, der seinen Herzog vor so manche schwierige Entscheidung stellte, war für das interessierte Publikum seiner Zeit eine weitere, letzte Steigerung des streitenden Gelehrten Lessing. Seine öffentlichen, von vielen auch genüßlich verfolgten gelehrten Fehden haben über die Streitpunkte selbst hinaus immer mindestens zwei Hauptaspekte: sie beziehen bewußt, thematisierend das 'Publicum' ein, und sie kritisieren bis zur Karikatur einen bestimmten Gelehrtentypus. Insofern führt eine große Linie von Damis über Lange und Klotz bis zu Goeze — von den kleineren gelehrten 'Opfern' Lessings einmal nicht zu reden. Wenn er den Laublinger Pastor Samuel Gotthold Lange, den Kollegen seines hochgelehrten eigenen Vaters, als stümperhaften Horaz-Eindeutscher öffentlich abkanzelt, so stellt er zwar auch — und nicht ohne die Szene zu genießen — seine eigene immense Lateinkenntnis und insbesondere ein unter den (fach-)gelehrten Zeitgenossen seltenes poetisches Stilgefühl unter Beweis. Er möchte aber dem Publikum zugleich zeigen, wie sich hier der gelehrte Ehrgeiz eines mittelmäßigen Verseschmieds übernommen hat. Und er hebt das Paradigmatische heraus; nachdem Lange auf die erste Kritik hin beleidigt zurückgeschlagen hat, prangert Lessing gleich zu Beginn der "Rettungen des Horaz" die gelehrte Unbelehrbarkeit an: "Die Gabe sich widersprechen zu lassen, ist wohl überhaupt eine Gabe, die unter den Gelehrten nur die Todten haben." [119]

Für den Hallenser Universitätsprofessor Christian Adolf Klotz gilt zwar, wie Lessing sehr bald erfahren muß, prinzipiell das gleiche. Aber in Klotz attackiert Lessing jetzt den bis heute nicht ausgestorbenen Typus des Cliquen-Gelehrten, der ständig Lobredner und Hilfstruppen benötigt, um sich halten zu können. Und ihn fordert er nun allein in die Schranken, vor "das Publicum als Richter". [120] Allerdings muß sich Lessing, angesichts der 'antiquarischen' Streitgegenstände, auch mit Klotzens Argument auseinandersetzen, dieser Zwist interessiere das Publikum wenig — ein Argument, das gerade Lessing in seiner Konzeption eines weiteren, anspruchsvollen Publikums einige Schwierigkeiten bereiten muß. Lessings Antwort besteht darin, daß er die vielen in Frage kommenden Lesergruppen aufzählt (vom 'studierten Müßiggänger' über den 'neugierigen und schadenfrohen Pedanten' bis zum 'sich zerstreuen wollenden Gelehrten') [121] und vor allem daß er das Gelehrten-Typische immer wieder hervorhebt, auch die Notwendigkeit des Sicheinlassens auf Klotz "ein für allemal", wie er an Nicolai schreibt. [122] Verglichen mit dem Lange-Streit, und natürlich auch mit dem "Jungen Gelehrten", entfaltet Lessing jetzt viel grundsätzlicher und ausdrücklicher vor dem Publikum ein positives Gelehrtenideal, ein Gegenbild zu Klotz: "mich bedünkt, die wahre Bescheidenheit eines Gelehrten bestehe ... darinn, daß er genau die Schranken seiner Kenntnisse und seines Geistes kennet", [123] eine Grundforderung, die dann Lessing Punkt für Punkt wie in einer Charta für Gelehrte expliziert. Speziell auf die 'antiquarische' Gelehrsamkeit, deren sich Klotz rühmt, richtet sich dann in der Schrift "Wie die Alten den Tod gebildet" die prägnante Unterscheidung: "Ein anderes ist der Alterthumskrämer, ein anderes der Alterthumskundige. Jener hat die Scherben, dieser den Geist des Alterthums geerbet. Jener denkt nur kaum mit seinen Augen, dieser sieht auch mit seinen Gedanken." [124]

Die enge Verflechtung mit den kunsttheoretischen Grundpositionen des "Laokoon" liegt auf der Hand. Und wie Lessing in der wichtigen Vorrede zur 'Todes'-Schrift den "Zank" um scheinbar spezielle Gelehrtenprobleme als dem "Geist der Prüfung", ja notwendig der "Wahrheit" dienend vor dem Publikum verteidigt, [125] so ergreift er im "Laokoon" mehrfach die Partei des nichtgelehrten Publikums, mit Konsequenzen bis in die Allegoriekritik hinein. Schon an der "Polymetis" von Spence hat er auszusetzen, diese Abhandlung sei "mit vieler klaßischen Gelehrsamkeit" geschrieben und stelle insgesamt "für jeden Leser von Geschmack ein ganz unerträgliches Buch" dar [126] — wieder bildet die Kategorie des Geschmacks, auf das Publikum bezogen, ein entscheidendes Korrektiv für ausufernde Gelehrsamkeit. Die Allegorie aber bedarf nach Lessings Ansicht, als sinnbildende Darstellungsweise, [127] generell der Erläuterung, der Erklärung, des Kommentars. Und er müsse immer neu geschrieben werden. "Oder verlangt man, daß das Publicum so gelehrt seyn soll, als der Kenner aus seinen Büchern ist?" [128]

Die wenigen, ausgewählten Beispiele lassen andeutend bereits erkennen, wie vielfältig in Lessings kritischen, polemischen und theoretischen Schriften nicht nur die individuelle Gelehrtheit des Autors, sondern ebenso der besondere Anspruch der gelehrten Gegenstände in einem produktiven, anregend-vorantreibenden Spannungsverhältnis zu dem 'weiteren' Publikum steht, das Lessing ins Auge faßt. Setzt man diese 'weiteren' Publikumsgruppen vor allem in den sozia len Mittelschichten an, [129] so läßt sich durchaus sagen, daß hier – zunächst als isolierte Größen genommen – 'Bürgerlichkeit' gegen 'Gelehrtheit' steht: gegen eine enge, unflexible, nicht von Geschmack und Urteilsfähigkeit bestimmte Gelehrtheit.

Aber Gelehrtheit, ja 'Gelehrsamkeit', wo sie zu einem benennbaren außergelehrten Zweck eingesetzt wird, wo sie positiv dienende Funktion erhält, wird von Lessing immer wieder implizit, durch sein praktiziertes Verfahren, und explizit verteidigt und behauptet. Die von Friedrich Schlegel hervorgehobene [130] und später immer weniger verstandene, gelehrte Neigung Lessings zur "Mikrologie" steht für Lessing selbst in wesenhaftem Zusammenhang mit der Suche nach der Wahrheit selbst. In charakteristisch zuspitzender, Lessingisch insistierender Form sagt dies ein Satz aus der Vorrede zu "Wie die Alten den Tod gebildet": "wer in dem allergeringsten Dinge für Wahrheit und Unwahrheit gleichgültig ist, wird mich nimmermehr überreden, daß er die Wahrheit blos der Wahrheit wegen liebet." [131]

Das letzte, nach der Ordnung der Fakultäten höchste Feld dieses Wahrheitsstrebens stellte sich dem Gelehrten Lessing im Streit um die Reimarus-Fragmente. 'Gottesgelehrter' zu sein, hat Lessing zwar stets von sich gewiesen: "Ich bin Liebhaber der Theologie, und nicht Theolog." [132] Aber nicht nur die spätere Forschung hat ihm längst einen hervorragenden Platz in der Geschichte der Theologie eingeräumt, hat seine theologische Beschlagenheit immer wieder aufgewiesen. [133] Schon die zeitgenössischen Fachtheologen, ob Prediger, Gymnasiallehrer oder Universitätsprofessoren, zeigen durch die Weise ihres Reagierens, [134] wie brisant ihnen Lessings tatsächliche theologische Kompetenz erschien.

Der Widerspruch zwischen fachgelehrter, fachtheologischer Abzirkelung und allgemeiner Wichtigkeit, ja außergelehrtem Anspruch gehört für Lessing zu den zentralen Motiven seines Handelns im Fragmentenstreit. Den immer schärferen Vorwürfen von Theologenseite wird er nicht müde entgegenzuhalten, er habe mit Publizierung und Kommentierung der Reimarus-Fragmente lediglich extra muros theologorum geführt, was innerhalb des gelehrten Fachgesprächs längst diskutiert werde. Lessing erkennt die Eigengesetzlichkeit, die besonderen Spielregeln des universitären Bereichs ("wenn man auf dem Katheder disputirt") [135] durchaus an. Aber "vor den Augen der ganzen Welt" hat auch der Fachtheologe sich angemessen zu verhalten, hat sich zu stellen und, dem Ernst und der Würde der Sache gemäß, auf ausgefuchste gelehrte "Adjunctenstreiche" zu verzichten. [136]

Auf den bequemen und naheliegenden Vorwurf der Popularisierung, ja der Verführung Schwacher hat Lessing seinerseits mit Schärfe und mit einer aus dem Zentrum seiner Überzeugung kommenden Vehemenz geantwortet: die Theologen gerade hätten ihre Gelehrtenfreiheit mißbraucht und wichtige Einsichten vorenthalten, während es ihm selbst nicht gleichgültig sei, "was die Verständigen im Verborgenen glauben; wenn nur der Pöbel, der liebe Pöbel fein im Gleisse bleibt", [137] auf welchem ihn allein die Theologen zu leiten verstehen. Und noch zugespitzter: die gelehrten Prediger wollten am liebsten stehenbleiben. "Sie reissen sich nicht von dem Pöbel, – aber der Pöbel reißt sich endlich von ihnen los." [138] "Denn auch der geringste Pöbel, wenn er nur von seiner Obrigkeit gut gelenkt wird, wird von Zeit zu Zeit erleuchteter, gesitteter, besser." [139]

Von der Tradition des Gelehrtentums her gesehen, aus der Lessing selbst hervorgegangen war, ist dies wohl die äußerste denkbare Zerreißprobe zwischen den Extremen: der Gelehrte Lessing droht im Namen der 'Wahrheit' den Vertretern der obersten Fakultät mit dem 'Pöbel'. Schon früh einmal, in der Vorrede zur neuen Theaterzeitschrift, legt sich der Dreiundzwanzigjährige mit den theaterfeindlichen 'Gottesgelehrten' und ihren 'Vorurteilen' an: "vielleicht kommen bald die Zeiten, da auch der Pöbel klüger, als sie, seyn wird, und da sie die einzigen seyn werden, denen man einen gesündern Verstand zu wünschen hat." [139a]

Mit 'Verbürgerlichung' des Gelehrten Lessing ist die frühe wie die späte Zitierung des 'Pöbels' kaum hinreichend interpretiert. Lessing beschwört die äußerste denkbare soziale Gegeninstanz gegen eine erstarrte, borierte, in seinen Augen nicht mehr verantwortungsvoll handelnde theologische Gelehrtenkaste, die zudem mit besonderer kirchlicher Autorität ausgestattet ist. Kaum weniger ausgreifend, aber tastender, zurückhaltender gefaßt ist 'die Welt' als Adressat, die der frühe wie der späte Lessing seinen Schriften zudenkt. In der Frühzeit bleibt der mundus litterarius als Folie noch erkennbar, literaturpädagogisch soll er nach und nach erweitert und überschritten werden. Im Fragmentenstreit wird 'die ganze Welt' zum universalen Forum der Wahrheitsfindung, das Publikum tritt als Richter den sich abschließenden Gottesgelehrten gegenüber. [140]

Auch hier wieder stellt sich Lessing, die 'Wahrheit' anrufend, zwischen die sozialen und institutionellen Fronten und beansprucht für sich eine Form gelehrter Freiheit, die von den akademischen Usancen und Spielregeln gelöst ist. Aber er handelt dabei nicht in dem Sinne ungebunden, daß er alle gesellschaftlichen Erfordernisse und Pflichten beiseite schiebt. Die vor allem von Goeze vorgeschobene angebliche Gefährdung des Staates und der Ordnung durch die unorthodoxen Gedanken des Fragmentisten (den Lessing "in die Welt gestoßen" hat) [141] weist er immer wieder zurück. Sogar historisch unterbaut er seine Position. In der "Erziehung des Menschengeschlechts" besteht er ausdrücklich darauf, daß die von ihm angeführten religiösen "Schwärmereyen" und "Speculationen" noch nie "der bürgerlichen Gesellschaft nachtheilig geworden" seien. [142]

Es ist, mit umgekehrtem Vorzeichen, der gleiche gesellschaftlich-disziplinarische Gesichtspunkt, den in "Nathan dem Weisen" der Patriarch gegen den Juden und gegen das Prinzip der Toleranz wendet (IV 2):

wie

Gefährlich selber für den Staat es ist,
Nichts glauben! Alle bürgerlichen Bande

Sind aufgelöset, sind zerrissen, wenn
Der Mensch nichts glauben darf. – Hinweg! hinweg
Mit solchem Frevel! ... [143]

Hier ist 'bürgerlich' noch durchaus verwendet im früher erläuterten Sinne der
das gesellschaftliche Zusammenleben garantierenden Bindungen und Regeln.
Nathan selbst aber ist Bürger zugleich in ständisch-sozialer Bedeutung, als der
handeltreibende, reich gewordene Bürger: darin Chrysander im "Jungen Gelehrten" gleichend. Doch während Chrysander sich dem unreif-verblendeten jungen
Gelehrten Damis, nur um seine Vermögensspekulationen durchzubringen, mit
seiner gelehrten Halbbildung anzubiedern versucht, hat Nathan, als Wissender,
längst Distanz zur pervertierten Gelehrsamkeit gefunden. Im Gespräch zwischen
Sittah und Recha (V 6), kurz vor dem Höhepunkt des Stücks, zeichnet Recha,
deren großes Wissen von Sittah bewundert wird (darauf Recha: "Ich kann kaum
lesen"), noch einmal das Bild des Vaters:

> Mein Vater liebt
> Die kalte Buchgelehrsamkeit, die sich
> Mit todten Zeichen ins Gehirn nur drückt,
> Zu wenig.
>> Sittah.
>> Ey, was sagst du! – Hat indeß
> Wohl nicht sehr Unrecht! – Und so manches, was
> Du weißt ... ?
>> Recha.
>> Weiß ich allein aus seinem Munde.
> Und könnte bey dem Meisten dir noch sagen,
> Wie? wo? warum? er michs gelehrt.
>> Sittah.
>>> So hängt
> Sich freylich alles besser an. So lernt
> mit eins die ganze Seele. [144]

Noch das Lernen selbst steht hier in einem unmittelbaren Lebenszusammenhang, und es ist das Lernen von Personen, von Individuen. In der Lebenserfahrung des weltkundigen und erfolgreichen Kaufmanns Nathan aber ist alle Gelehrsamkeit gleichsam 'aufgehoben', in Nathan, der als Bürger 'Mensch' ist. Von
"Nathan dem Weisen" führt dann der Weg der bürgerlichen Selbstreflexion bis
hin zu Hegels Rechtsphilosophie, in der dem Menschen rechtliche Geltung zuge-
sprochen wird, "weil er Mensch ist, nicht weil er Jude, Katholik, Protestant,
Deutscher, Italiener, u.s.f. ist". [145]
In Lessings Lebensgang und Lebenserfahrung aber laufen die Fäden zurück

bis zu der frühen Leipziger Erkenntnis, die Bücher würden ihn "wohl gelehrt, aber nimmermehr zu einen [!] Menschen machen", [146] und nach vorn bis zu jener späten Wolfenbütteler Einsicht, die ihn, sich distanzierend, sagen läßt: "Ich bin nicht gelehrt". [147] Ihm reicht es, wenn er ein gelehrtes Buch "brauchen", verwenden, nutzen kann, [148] als Instrument des Wissens, aber nicht als Selbstzweck, in dienender Funktion, aber nicht als Lebensinhalt.

In derselben Wolfenbütteler Notiz sagt Lessing, er möchte auch nicht "reich" sein, wenn er allen seinen Reichtum "in baarem Gelde besitzen" und alle seine "Ausgaben und Einnahmen in klingender Münze vorzählen und nachzählen müßte". [149] Und weiter: "Baare Kasse ist gut — aber ich mag sie nicht mit mir unter einem Dache haben. Ich will sie Wechslern anvertrauen, und nur die Freyheit behalten, an diese meine Gläubiger und meine Schuldner zu verweisen." [150] Das ist auf Lessings letzter Lebensstufe noch einmal die ökonomische Existenzfrage des jungen Schriftstellers, der auf seine "Rechnung" bedacht sein muß, des Gelehrten, der seine "Unabhängigkeit" am liebsten in einem Kloster realisiert wissen möchte und der als Wolfenbütteler Bibliothekar das Geld gewiß schätzt, aber nur insofern es seine "Freyheit" nicht einschränkt, sondern schützt.

Nathan ist derjenige, der sich als Reichgewordener vom Sozialbürgertum zum Menschenbürgertum befreit hat, der als Unabhängiger frei und als Freier unabhängig ist, ökonomisch wie in seiner Welt- und Menschensicht. Zu Recht hat man auch die Fortsetzung von Lessings Wolfenbütteler Notiz schon früh im Zusammenhang des "Nathan" gesehen: [151] "Der aus Büchern erworbne Reichthum fremder Erfahrung heißt Gelehrsamkeit. Eigne Erfahrung ist Weißheit. Das kleinste Kapital von dieser, ist mehr werth, als Millionen von jener."

In diesem Sinne freilich ist der Wolfenbütteler Lessing "nicht gelehrt", sondern mehr als gelehrt. Und in der Tatsache, daß ein erfolgreicher handeltreibender Bürger die positive Zentralgestalt von Lessings letztem Drama wird, ein verblendeter junger Gelehrter aber die Titelfigur seines Theatererstlings ist, hierin repräsentiert sich zwischen den Bezugspunkten Bürgerlichkeit und Gelehrtheit etwas Bezeichnendes an Lessings Entwicklung. Bezeichnend ist dies auch im Hinblick auf die generellen ökonomischen, sozialen, nicht zuletzt literarischen Prozesse seiner Gegenwart. Lessings Lebensspanne umgreift ja genau jene 'Sattelzeit' (Koselleck), in der sich in Deutschland eine bürgerliche literarische Kultur auch nach dem emphatisch-postulativ-moralischen Verständnis des 'Bürgerlichen' herausbildet und zu etablieren beginnt, bis hin zu den bekannten quantifizierbaren Größen wie der rapiden Zunahme 'freier Schriftsteller' seit den 70er Jahren. [152] Nicht zufällig hat sich, wenige Jahrzehnte später, Fichte im Namen eines neuen Gelehrtenideals gegen eben jene Inflation der Schriftsteller vehement gewandt, [153] freilich zu einem Zeitpunkt, als die Wende längst historisch vollzogen war. Lessing aber 'spiegelt' diese Wende nicht etwa maßstabsgetreu, sondern er ist an ihr aktiv prägend, vorantreibend beteiligt, und zwar in einem sehr besonderen Sinn. Keiner der großen Autoren seiner und der unmittelbar folgenden

190

Zeit, weder Klopstock noch Wieland oder Goethe, Schiller, Hölderlin – allesamt wahrlich auch nicht 'ungelehrt' zu nennen – vertritt das gelehrte Fundament, auf dem der freie Schriftsteller als Exponent der bürgerlichen literarischen Kultur sich herausgebildet hat, so zünftig, vor allem so philologisch zünftig wie Lessing. Dabei meint 'zünftig' sowohl das an der Oberfläche des gelehrten Habitus Auffällige (bis hin zum philologischen Apparat vieler Schriften und bis zur "Mikrologie" seiner Methodik) als auch das Ständisch-Soziale der Gelehrtenzunft, in der er sich bei aller demonstrativen Distanzierung so virtuos sehen lassen konnte.

Vergleicht man jedoch Lessings Gelehrtenexistenz nicht nur mit den genannten Klassikern, sondern mehr nach rückwärts blickend mit denen, die er als literarisch normative Gestalten bereits vorfand, namentlich mit Gottsched und auch mit Bodmer, so zeigt sich etwas noch Charakteristischeres: die innere Verwandtschaft mit jener unetablierten, unbürgerlichen, freiheitsdurstigen Aufbruchshaltung der frühen deutschen Humanisten des 15. und des beginnenden 16. Jahrhunderts. Einzelne Verbindungslinien deuteten sich schon gelegentlich an. Lessings Gelehrtenleben, bis hin zu den von ihm selbst so genannten, niedergeschriebenen "Wanderschaften eines gelehrten Landstörzers", [154] erinnert an das ruhelose akademische Wanderleben eines Conrad Celtis, an die gepfefferte Satire der Streitschriften eines Johannes Reuchlin und seiner Freunde, an die Theatromanie eines Nicodemus Frischlin, an das nationale Engagement eines Jacob Wimpfeling und nicht zuletzt eines Ulrich von Hutten, mit dem ihn zugleich das Eintreten für die Muttersprache verbindet.

Keiner der herausragenden Schriftsteller unter Lessings Zeitgenossen ist in diesem so charakteristischen Sinn Erzhumanist und Gelehrter. Aber was besagt ein solcher historischer Hinweis oder Vergleich? Er besagt, daß Lessing inmitten eines weithin erstarrten, auf neuer historischer Stufe wiederum 'scholastisch' gewordenen (nicht nur) literarischen Gelehrtentums einen Neuanfang versucht, nicht durch Negierung der gelehrten Tradition, sondern durch ihre Instrumentalisierung und Verwandlung; hierin liegt das Verbindende der historischen Analogie zu den deutschen Frühhumanisten.

In zweierlei Richtung freilich darf man dabei Lessing nicht isolieren. Sein neues, aufklärerisches Gelehrtenkonzept ist ohne die geschichtliche Leistung eines Leibniz und Thomasius nicht zu denken. Und sein sozialer Impetus ebenso wie seine reale zeitgenössische Wirkung als gelehrter Schriftsteller sind historisch nicht angemessen interpretierbar ohne die objektiven Konsolidierungsprozesse und neuen Ansprüche des Bürgertums im engeren wie im weiteren Sinne. Lessings Protagonistenrolle in dieser umfassenden Entwicklung, noch dazu unter den besonderen deutschen Verhältnissen, ist oft genug hervorgehoben und – vielfältig kontrovers – gedeutet worden. Was jedoch in seiner sozialen Dimension wenig beachtet oder gar herausgearbeitet wurde, ist die spezifische Bedeutung des gelehrten Elements, namentlich in seinem Verhältnis zum 'bürgerlichen'

Element. Ob man nun Lessings eigene soziale Position, als eines Angehörigen der Mittelschichten, mit 'bürgerlich' in der umfassenderen Bedeutung etikettiert oder diese Position in ihrer gelehrten Besonderheit vom handel- und gewerbetreibenden Bürgertum absetzt: als 'freier' Schriftsteller in dem umfassenden Sinn, der auch das Risiko der Freiheit einschließt, hat Lessing dem Bürgertum in Deutschland Exemplarisches vorgelebt. Ermöglicht wurde das, bei aller schmerzhaften und enttäuschenden Einschränkung, durch die immer noch besondere soziale Mobilität des Gelehrten, dessen Anspruchskonzept – um nicht zu sagen 'Ideologie' – sich historisch auf die privilegierte libertas scholastica des Gelehrten zurückleitet.

Keiner der vielen, die Lessings geschichtsprägenden, epochemachenden Versuch später gewürdigt haben, hat dieses gelehrte Moment in Lessings Freiheitsstreben und zugleich das Paradigmatische daran wohl so deutlich erkannt und formuliert wie Friedrich Schlegel. In seinem Lessing-Essay spricht er an einer Stelle, wo man meist auf die Stichworte 'charakterfest' und 'männlich' geachtet hat, von "dem großen, freien Stil seines Lebens, welches vielleicht die beste praktische Vorlesung über die Bestimmung des Gelehrten sein dürfte". [156] Schlegel sagt dies in einem geschichtlichen Augenblick, als das neue, neuhumanistische Bildungsideal der Klassik dem alten Gelehrtenideal und zugleich dem platt-aufklärerischen Nützlichkeitsanspruch programmatisch entgegengesetzt wird, als der 'Gebildete' den 'Gelehrten' ablöst und im verbreiteten Sprachgebrauch immer häufiger von den 'gebildeten' Ständen die Rede ist. [157]

Den bedeutendsten Versuch, das in Lessings Gelehrtenexistenz gewissermassen exemplarisch enthaltene Freiheitspotential nach der Französischen Revolution in die neue Bildungsidee einzubringen – oder auch: den überkommenen Begriff des Gelehrten mit dieser Bildungsidee neu zu füllen –, hat Fichte unternommen: in seinen großen Vorlesungen über den Gelehrten, die er zwischen 1794 und 1811 in Jena, dann in Erlangen und schließlich in Berlin hielt. [158] Und zweifellos spielt auch Friedrich Schlegel mit der Formulierung "praktische Vorlesung über die Bestimmung des Gelehrten" hierauf an. [159] Bei Fichte wird nun der Gelehrte zum Führer und Bildner der Nation, als Konsequenz der Einsicht, daß nur die 'neue Bildung' zur 'Rettung' der deutschen Nation führen könne. [160] Die Regenten, sofern sie in dem neuen Sinne vollkommen gebildet sind, sind die 'tätigen' Gelehrten. Ihnen stehen als 'erkennende' Gelehrte die 'mündlichen Gelehrtenlehrer' (insbesondere an den Universitäten) und die 'Schriftsteller' gegenüber. Das Bild des idealen Schriftstellers aber, des Schriftsteller-Gelehrten, wie ihn Fichte entwirft, ist kaum denkbar ohne die geschichtliche Erscheinung Lessings, ohne das Vor-Bild dieses Autors, der für Friedrich Schlegel "der eigentliche Autor der Nation und des Zeitalters" ist. [161]

Der frühe Lustspielautor Lessing, der Berliner Kritiker, der Vertreter des Bürgerlichen Trauerspiels, der Streitschriftsteller, der Hamburger Dramaturg, der 'antiquarische' Autor, der Schöpfer des "Nathan": schon den Zeitgenossen war die Einheit des Vielen in der Individualität dieses Autors ebenso faszinierend, wie seine Zwischenposition irritierend war. Wieland, zwischen Adelssalon und Bürgerstube, hat eine andere Grundmöglichkeit dieser Epoche des Übergangs, dieser 'Sattelzeit' verwirklicht. [162] Für Lessings geschichtliche Erscheinung ist in dem hier entwickelten Sinne die Spannung zwischen Bürgerlichkeit und Gelehrtheit konstitutiv. Diese Spannung ist nicht zuletzt in der persönlichen Begegnung mit Lessing immer wieder als auffällig hervorgehoben worden. Namentlich solche Zeitgenossen, deren Sichtweise durch andere Sozialbereiche geprägt war, haben sich so geäußert, vom jungen Moses Mendelssohn, der aus kaufmännisch-bürgerlicher Einschätzung über Lessings gelehrte Beschäftigungen den Kopf schüttelte, bis zum Braunschweigischen Hofrat Ernst Daniel von Liebhaber, der über den eben eingetretenen "neuen Bibliothekar" in sein Tagebuch notierte: "Ein Gelehrter gewöhnlichen Schlages ist er nicht; das habe ich weg. Er hat überhaupt etwas Ungewöhnliches an sich, etwas Festes." [163] Dieses 'Feste' im Erscheinungsbild des Gelehrten Lessing wurde von früh an bestimmt durch Witz, Urteilskraft, Geschmack. Es war, auf dem Hintergrund des zeitgenössischen Gelehrtentums, ganz offenbar "etwas Ungewöhnliches".

Im gleichen Monat (Dezember 1769), in dem Lessing zum Wolfenbütteler Bibliothekar ernannt wird und damit der Gelehrtheit, aber in 'bürgerlichem', geregeltem Rahmen (vgl. die zitierten Briefe an den Bruder Karl) den Vorzug gegeben hat, stirbt in Leipzig Gellert. Der Verfasser der zum bürgerlichen Hausbuch gewordenen "Fabeln und Erzählungen", der allseits [164] verehrte Leipziger Professor der Moral und Beichtvater der Nation, der nach Lichtenbergs Wort "allen Ständen ohne Kommentar verständlich ist", [165] der "populäre Gellert", wie ihn Lessing selbst wohlwollend nennt: [166] das war in der ausgeprägten und erfolgreichen Tendenz zur Harmonisierung von Bürgerlichkeit und Gelehrtheit eine Lessing fremde, wenngleich respektierte Form des Schriftstellertums. Und 'populär' im Sinne Gellerts ist Lessing nie gewesen.

Am 28. Dezember 1769 verzeichnen die "Göttingischen Anzeigen von gelehrten Sachen", unmittelbar im Anschluß an die Nachricht vom Tode Gellerts, die Berufung Lessings nach Wolfenbüttel: "Die vortrefliche Wolfenbüttelische Bibliothek hat Hrn. Leßing zum Aufseher erhalten. Der Mann ist wenigstens eben so selten u. einzeln in Deutschland, als die Bibliothek selbst: und welcher Liebhaber des guten Geschmacks und der ächten Gelehrsamkeit kann es unterlassen, sich über diese Nachricht so zu freuen, als er sich über die vorige betrüben wird?" [167] Knapper läßt sich die besondere Identität des Schriftstellers und des Gelehrten Lessing kaum formulieren, und vielleicht ist doch eine Präzisierung des vorherrschenden Bildes vom 'bürgerlichen' Lessing unumgänglich: durch Anerkennung der sozialen Identität "des guten Geschmacks und der ächten Gelehrsamkeit" in diesem, dem Bürgertum vor-arbeitenden geschichtlichen Individuum. Als solches ist der poeta doctus Lessing in der Tat "eben so selten u. einzeln" in Deutschland als die "vortrefliche Wolfenbüttelische Bibliothek".

ANMERKUNGEN

1 Alle Lessing-Zitate im folgenden, sofern nichts anderes angegeben, nach: Sämtliche Schriften. Hrsg. v. K. Lachmann. Dritte, auf's neue durchgesehene u. vermehrte Aufl., besorgt durch F. Muncker, 22 Bde. u. Registerbd. — Stuttgart/ (ab Bd. 12:) Leipzig 1886—1924. Nachdr. Berlin 1968 (Abkürzung: LM). Das obige Zitat: LM 16, S. 535. Zum weiteren Kontext des Zitats s. unten S. 190.

2 Nach Muncker (ebd., Fußnote 2) gehört diese Notiz "etwa in die Nähe der Arbeit am 'Nathan' (vgl. Aufzug V, 6, Vers 382 ff.)".

3 K. G. Lessing in: Gotthold Ephraim Lessings Leben, nebst seinem noch übrigen litterarischen Nachlasse. Hrsg. v. K. G. L., 1. Theil. — Berlin 1793, S. 28.

4 Hierzu wie zu den nachfolgend genannten Aktivitäten im Bereich der antiken Literatur vgl. den knappen Überblick bei E. Norden: Lessing als klassischer Philologe (1929), jetzt in: Ders.: Kleine Schriften zum klassischen Altertum. — Berlin 1966, S. 621 ff. Außerdem: I. Kont: Lessing et l'antiquité. Étude sur l'hellénisme et la critique dogmatique en Allemagne au XVIIIe siècle. 2 vols. — Paris 1894/99; V. Riedel: Lessing und die römische Literatur. — Weimar 1976.

5 So zum Tragiker Seneca W. Barner: Produktive Rezeption. Lessing und die Tragödien Senecas. — München 1973, S. 83 ff.

6 Den breitesten Überblick über Lessings gelehrte Aktivitäten und Leistungen gibt immer noch E. Schmidt: Lessing. Geschichte seines Lebens und seiner Schriften. 2 Bde. — Berlin [4]1923 ([1]1884—1892).

7 Diesen Komplex behandelt ein demnächst erscheinender Beitrag von W. Milde.

8 Über die auch sehr persönlichen Aspekte dieser Freundschaft H. Schneider: Lessing. Zwölf biographische Studien. — Bern 1950/München 1951, S. 110 ff. ('Lessing und das Ehepaar Reiske').

9 Norden: Lessing (s. Anm. 4), S. 621 f.

10 Die Dokumente bei H. Peter: Das Urkundliche über G. E. Lessings Aufenthalt auf der Landesschule St. Afra 1741—1746. — In: Archiv f. Literaturgesch. 10 (1881), S. 285 ff.

11 Zit. nach R. Daunicht: Lessing im Gespräch. Berichte und Urteile von Freunden und Zeitgenossen. — München 1971, S. 77.

12 Ebd. Vgl. auch den bei Daunicht anschließend als Nr. 103 abgedruckten Text.

13 F. Schlegel: Über Lessing. — In: Ders.: Kritische Schriften. Hrsg. v. W. Rasch. — München 1970, S. 346 ff., hier S. 352 (auch in: Lessing — ein unpoetischer Dichter. Dokumente aus drei Jahrhunderten zur Wirkungsgeschichte Lessings in Deutschland. Hrsg., eingel. u. komment. v. H. Steinmetz. — Frankfurt a. M./Bonn 1969, S. 169 ff., hier S. 174).

14 Zur Ablösung der Lessing-Bilder im 19. Jahrhundert s. die Einleitung bei Steinmetz, ebd., S. 13 ff. sowie W. Barner, G. Grimm, H. Kiesel, M. Kramer: Lessing. Epoche — Werk — Wirkung. — München ³1977, S. 341 ff.

15 Die einzelnen Arbeiten sind zusammengestellt bei S. Seifert: Lessing-Bibliographie. — Berlin u. Weimar 1973, S. 501 ff. und 509 ff.

16 Eingegangen sind die Resultate u. a. in den Registerband (den 23.) der Lachmann-Munkerschen Ausgabe; vgl. dort die Vorrede, S. V ff. Einen pathologischen, nichtsdestoweniger nützlichen Sonderfall stellen dann bekanntlich "Leszing's Plagiate" von Paul Albrecht dar (6 Bde. — Hamburg/Leipzig 1888—1891). Ein umfassendes 'Verzeichnis der von Lessing benutzten und zitierten Schriften' ist jetzt im Rahmen der Lessing-Akademie geplant.

17 P. Raabe: Lessing und die Gelehrsamkeit. Bemerkungen zu einem Forschungsthema. — In: Lessing in heutiger Sicht. Beiträge zur Internationalen Lessing-Konferenz Cincinnati, Ohio 1976. Hrsg. v. E. P. Harris u. R. E. Schade. — Bremen u. Wolfenbüttel 1977, S. 65 ff., hier S. 67 (vgl. S. 85).

18 Für das Folgende muß hier generell auf die beiden in Anm. 14 genannten Titel verwiesen werden. Gesprächen mit Gunter Grimm und Helmuth Kiesel verdanke ich in diesem Zusammenhang manche kritische Anregung.

19 Auf die verschiedenartigen, dem sozialen Gehalt und der Reichweite des Begriffs nach z. T. recht heterogenen Ansätze kann hier nicht im einzelnen eingegangen werden. Wenigstens genannt seien jedoch, auf das 18. Jahrhundert bezogen: Literatur der bürgerlichen Emanzipation im 18. Jahrhundert. Ansätze materialistischer Literaturwissenschaft. Hrsg. v. G. Mattenklott u. K. R. Scherpe. — Kronberg/Ts. 1973; Westberliner Projekt: Grundkurs 18. Jahrhundert. Hrsg. v. G. Mattenklott u. K. R. Scherpe. 2 Bde. — Kronberg/Ts. 1974; Deutsches Bürgertum und literarische Intelligenz 1760—1800. Hrsg. v. B. Lutz. — Stuttgart 1974; H. H. Gerth: Bürgerliche Intelligenz um 1800. — Göttingen 1976. Wichtige materiale Vorarbeiten zu diesem Komplex leisteten bereits 1936 L. Balet/E. Gerhard: Die Verbürgerlichung der deutschen Kunst, Literatur und Musik im 18. Jahrhundert, jetzt neu hrsg. u. eingel. v. G. Mattenklott. — Frankfurt a. M./Berlin/Wien 1973.

20 Historisches Wörterbuch der Philosophie. Hrsg. v. J. Ritter, bisher 4 Bde. (seit Bd. 4 hrsg. v. K. Gründer). — Basel 1971 ff.

21 Geschichtliche Grundbegriffe. Historisches Lexikon zur politisch-sozialen Sprache in Deutschland. Hrsg. v. O. Brunner, W. Conze u. R. Koselleck, bisher 3 Bde. — Stuttgart 1972 ff.

22 Die in diesem Fall vielleicht besonders verständliche Orientierung an den Entwicklungen des 'bürgerlichen Zeitalters' seit der Klassik zeigt sich daran, daß in beiden Lexika ein Artikel 'Bildung' jeweils existiert. Zurückzugreifen ist einstweilen — auch wegen der zahlreichen Belege — auf den Artikel 'gelehrt' im DWb IV 1, 2 (1897), Sp. 2959 ff. sowie auf die Nachbarartikel wie 'Gelehrsamkeit' und zahlreiche Ableitungen und Komposita.

23 E. Reicke: Der Gelehrte in der deutschen Vergangenheit. — Leipzig 1900; ders.: Magister und Scholaren (Illustrierte Geschichte des Unterrichtswesens). — Leipzig 1901.

24 Viel einschlägige Information enthalten natürlich thematisch eng benachbarte Über-
blickswerke wie etwa F. Paulsen: Geschichte des gelehrten Unterrichts auf den deutschen Schulen und Universitäten vom Ausgang des Mittelalters bis zur Gegenwart. 3., er-
weit. Aufl. Hrsg. v. R. Lehmann. 2 Bde. – Leipzig bzw. Berlin/Leipzig 1919/21; A. Lotz:
Geschichte des deutschen Beamtentums. – Berlin [2]1925; Universität und Gelehrtenstand
1400–1800; Hrsg. v. H. Rössler u. G. Franz. – Limburg/L. 1970.

25 Hierzu lediglich als knapper Hinweis: G. Kaufmann: Geschichte der deutschen Universitäten. Bd. 2: Entstehung und Entwicklung der deutschen Universitäten bis zum Ausgang
des Mittelalters. – Stuttgart 1896; H. Grundmann: Vom Ursprung der Universität im Mittelalter. – Leipzig [2]1960.

26 L. Boehm: Libertas Scholastica und Negotium Scholare. – In: Universität und Gelehrtenstand (s. Anm. 24), S. 15 ff.

27 Erst die Bundesakte von 1851 gewährte eine generelle Freizügigkeit innerhalb des gesamten Bundesgebiets, die Reichsverfassung von 1871 machte Freizügigkeit dann zu einem
Grundrecht.

28 Auf deren mannigfach abgestufte, sowohl regional wie epochal recht unterschiedliche
Qualität (Steuer- und Zollprivilegien, Privilegien vor Gericht, usw.) kann hier nicht im einzelnen eingegangen werden.

29 Zu dieser besonders interessanten Gruppe vgl. H. Lieberich: Die gelehrten Räte. Staat
und Juristen in Baiern in der Frühzeit der Rezeption. – In: Zs. f. bayer. Landesgesch. 27
(1964), S. 120 ff.

30 W. H. Riehl: Die bürgerliche Gesellschaft. – Stuttgart u. Tübingen [2]1854 ([1]1851),
S. 232 ff. (Kapitel 'Die unächten Stände'), bes. S. 235 ff.

31 Montaigne lernte nach eigenem Zeugnis zunächst – wie der Vater es wünschte – Latein
und dann erst Französisch als erste Fremdsprache.

32 LM 17, S. 360. Zu Lessings generell sehr gelehrt-liberaler Ausleihpraxis in Wolfenbüttel
vgl. W. Milde: Studien zu Lessings Bibliothekariat in Wolfenbüttel (1770–1781) – Bücher-
ausleihe und Büchererwerbung. – In: Lessing Yearbook I (1969), S. 99 ff.; 1. Fortsetzung:
Lessing Yearbook II (1970), S. 162 ff.

33 Auf die 'Internationalität' des gelehrten Klerus, auch der katholischen Kirche generell,
als ein geschichtlich eng hiermit zusammenhängendes Phänomen kann an dieser Stelle nur
hingewiesen werden.

34 Hierzu wie zu den eng benachbarten zahlreichen Akademie-Plänen vgl.: Der Akademie-
gedanke im 17. und 18. Jahrhundert – Pläne, Erwartungen, Realisierungen. – Bremen u.
Wolfenbüttel 1977 (Wolfenbütteler Forschungen, Bd. III).

35 LM 1, S. 318.

36 LM 17, S. 156. Zum schwierigen Problem von Lessings 'Patriotismus' im Zeitzusam-
menhang vgl. das oben Anm. 14 genannte Lessing-Arbeitsbuch, S. 216 ff.

37 K. Möser: Ueber die deutsche Sprache und Litteratur. — Osnabrück 1781, S. 10. Zu Patriotismus und Kosmopolitismus im 18. Jahrhundert als "Produkten der Erziehung" vgl. R. Vierhaus: Deutschland im 18. Jahrhundert: soziales Gefüge, politische Verfassung, geistige Bewegung. — In: Lessing und die Zeit der Aufklärung. — Göttingen 1968, S. 12 ff., hier S. 26 f.

38 F. Schiller: Sämtliche Werke. Hrsg. v. G. Fricke u. H. G. Göpfert. Bd. 5. — München 21960, S. 855 f.

39 A. Freyherr Knigge: Ueber Schriftsteller und Schriftstellerey. — Hannover 1793, S. 87 f.

40 G. de Staël: Über Deutschland. Nach der Übersetzung von R. Habs hrsg. u. eingel. v. S. Methken. — Stuttgart 1973, S. 113 f.

41 E. Trunz: Der deutsche Späthumanismus um 1600 als Standeskultur (1931). — In: Deutsche Barockforschung. Dokumentation einer Epoche. Hrsg. v. R. Alewyn. — Köln/ Berlin 1965, S. 147 ff.; W. Barner: Barockrhetorik. Untersuchungen zu ihren geschichtlichen Grundlagen. — Tübingen 1970, bes. S. 220 ff.; Stadt — Schule — Universität — Buchwesen und die deutsche Literatur im 17. Jahrhundert (Barock-Symposion der Deutschen Forschungsgemeinschaft, Wolfenbüttel 1974). Hrsg. v. A. Schöne. — München 1976. Vgl. auch die in der folgenden Anm. genannte Arbeit von Martino.

42 A. Martino: Barockpoesie, Publikum und Verbürgerlichung der literarischen Intelligenz. — In: Internat. Archiv f. Sozialgesch. d. dt. Lit. 1 (1976), S. 107 ff. Wichtige Korrekturen zu verbreiteten Vorstellungen von der 'Schwachheit' des Bürgertums jetzt bei G. v. Graevenitz: Innerlichkeit und Öffentlichkeit. Aspekte deutscher 'bürgerlicher' Literatur im frühen 18. Jahrhundert. — In: DVjS 49 (1975), Sonderheft '18. Jahrhundert', S. 1* ff.

43 Lessing ist darauf auch bereitwillig eingegangen — was ihm nicht schwer fiel —, der Briefwechsel mit dem Vater legt das deutlichste Zeugnis davon ab. Noch in Wolfenbüttel ist es einer der größten Wünsche Lessings, den alten Vater einmal durch diese einmalige Bibliothek führen zu können.

44 J. G. Schlosser: Ueber Pedanterie und Pedanten, als eine Wahrnung für die Gelehrten des XVIII. Jahrhunderts. — Basel 1787.

45 In einem Wolfenbütteler Vortrag: "Von Thomasius bis Lichtenberg: Zur Gelehrtensatire der Aufklärung"; jetzt veröffentlicht im Lessing Yearbook X (1978), S. 7 ff.

46 C. Thomasius: Einleitung zu der Vernunfft-Lehre. — Halle 1691, S. 75 ff.

47 LM 17, S. 6 ff.   48 LM 17, S. 13.

49 LM 18, S. 136. Es handelte sich um die Frage, ob Lessing eventuell Rektor am Joachimtalischen Gymnasium in Berlin und zugleich Direktor der Philosophischen Klasse der Akademie der Wissenschaften werden wolle.

50 Die einschlägige Forschung hat, mit unterschiedlicher Akzentuierung, immer wieder andere Lustspiele und Lustspielfiguren als Vorbilder herausgehoben oder auch bestritten: vom Schulmeister Sempronius im "Horribilicribrifax" des Andreas Gryphius über Holbergs

"Erasmus Montanus" bis zu Johann Elias Schlegels "Geschäfftigtem Müßiggänger". Das Problem des 'Einflusses' braucht für unsere Zwecke nicht entfaltet zu werden. Zur Ablösung von der Typenkomödie vgl. u. a. M. Durzak: Von der Typenkomödie zum ernsten Lustspiel. Zur Interpretation des "Jungen Gelehrten". — In: Ders.: Poesie und Ratio. Vier Lessing-Studien. — Bad Homburg v. d. H. 1970, S. 9 ff.

51 So etwa im Titel von Kaspar Stielers "Der Allzeitfertige Secretarius". — Nürnberg 1680.

52 Zu diesem neuerdings unter dem Stichwort 'breitere Publikumsschichten' intensiv bearbeiteten Gebiet die Zusammenfassung (mit Literatur) bei H. Kiesel/P. Münch: Gesellschaft und Literatur im 18. Jahrhundert. Voraussetzungen und Entstehung des literarischen Markts in Deutschland. — München 1977, S. 154 ff.

53 Hierzu H. Grundmann: Litteratus-illiteratus. Der Wandel einer Bildungsnorm vom Altertum zum Mittelalter. — In: Archiv f. Kulturgesch. 40 (1958), S. 1 ff.

54 LM 17, S. 311.   55 LM 2, S. 294.   56 LM 3, S. 131.

57 Auf die sprachgeschichtlichen Probleme der eigentümlichen Ableitung von dem fast ausgestorbenen 'gelehrsam' kann hier nicht eingegangen werden.

58 C. Wiedemann: Polyhistors Glück und Ende. Von Daniel Georg Morhof zum jungen Lessing. — In: Festschr. f. Gottfried Weber. — Bad Homburg v. d. H./Berlin/Zürich 1967, S. 215 ff.

59 Charakteristisch hierfür sind die, auch bei Lessing begegnenden, zahlreichen einschränkenden Komposita wie 'Buchgelehrsamkeit', 'Stubengelehrsamkeit', 'Brotgelehrsamkeit' u. dgl.

60 Diesen Aspekt behandelte Wolfgang Martens auf dem Symposion in seinem Beitrag zum Thema "Ein Bürger auf Reisen. Bürgerliche Gesichtspunkte in Nicolais 'Beschreibung einer Reise durch Deutschland und die Schweiz' von 1781".

61 Vorzügliche Orientierungsmöglichkeiten (mit weiterführenden Literaturhinweisen) bieten die beiden Lexikonartikel von M. Riedel: 'Bürger, Staatsbürger, Bürgertum'. — In: Geschichtliche Grundbegriffe (s. Anm. 21), Bd. 1, S. 672 ff.; 'Bürger, bourgeois, citoyen'. — In: Historisches Wörterbuch der Philosophie (s. Anm. 20), Bd. 1, S. 962 ff. Hingewiesen sei auch auf den Beitrag desselben Autors im vorliegenden Band. Zu Lessings Wortgebrauch A. Wierlacher: Zum Gebrauch der Begriffe 'Bürger' und 'bürgerlich' bei Lessing. — In: Neophilologus 51 (1967), S. 147 ff. (mit sehr hilfreichen Zusammenstellungen). Interessante Hinweise auf die Rechtssprache gibt K. Weimar: 'Bürgerliches Trauerspiel'. Eine Begriffserklärung im Hinblick auf Lessing. — In: DVjs 51 (1977), S. 208 ff.

62 Hierzu jetzt P. H. Neumann: Der Preis der Mündigkeit. Über Lessings Dramen. — Stuttgart 1977, S. 18 ff.

63 Über die Verbindungslinien zu Nathan siehe weiter unten. Trotz gelegentlicher Anspielungen auf jüdische Thematik (etwa schon in I 5) und trotz der zeitlichen Nähe zu dem Lustspiel "Die Juden" kann man nicht sinnvollerweise behaupten, daß Chrysander deutlich 'jüdische' Züge trage.

64 LM 1, S. 286.   65 LM 1, S. 371.

66 E. Wiest: Die Entwicklung des Nürnberger Gewerbes zwischen 1648 und 1806. — München 1968, S. 43 ff. (zu den Befugnissen des 'Kleineren' und 'Größeren' Rats s. S. 60 ff.).

67 Vgl. die Übersicht in dem oben Anm. 14 genannten Lessing-Arbeitsbuch, S. 51 ff. mit den Skizzen für eine Handelsstadt und für eine Residenzstadt S. 52 f. Zur Entwicklung der Leipziger Kaufmannschaft seit dem Dreißigjährigen Krieg und dann während der Frühzeit Lessings vgl. E. Kroker: Handelsgeschichte der Stadt Leipzig. — Leipzig 1925, S. 123 ff.

68 C. Garve: Versuche über verschiedene Gegenstände aus der Moral, der Literatur und dem gesellschaftlichen Leben. Bd. 1. — Breslau 1792, S. 304.

69 LM 17, S. 10.

70 LM 5, S. 268 (aus der Vorrede zum 3. Teil der "Schrifften").

71 LM 4, S. 83.

72 F. Schlegel: Kritische Schriften (s. Anm. 13), S. 398.

73 Das Beispiel der Seneca-Beschäftigung: Barner: Produktive Rezeption (s. Anm. 5).

74 Mit diesem Komplex wird sich G. Grimm in einer größeren Arbeit über "Literatur und Gelehrtentum. Untersuchungen zu ihrem Verhältnis vom Humanismus bis zur Frühaufklärung" beschäftigen.

75 M. Opitz: Buch von der Deutschen Poeterey. — Breslau 1624, fol. A 2^a.

76 J. C. Gottsched: Versuch einer Critischen Dichtkunst. — Leipzig [4]1751, S. 67.

77 Brief Bodmers an Laurenz Zellweger vom 5. September 1750, abgedruckt bei J. C. Mörikofer: Die Schweizerische Literatur des achtzehnten Jahrhunderts. — Leipzig 1861, S. 179 ff., hier S. 180.

78 Dieses im Zusammenhang des Thomasius bereits erwähnte Gelehrtenideal korrespondiert für den Berliner Kritiker Lessing mit einer neuen Publikumskonzeption: W. Barner: Lessing und sein Publikum in den frühen kritischen Schriften. — In: Lessing in heutiger Sicht (s. Anm. 17), S. 323 ff.

79 H. Steinmetz: Gotthold Ephraim Lessing. — In: Deutsche Dichter des 18. Jahrhunderts. Ihr Leben und Werk. Hrsg. v. B. v. Wiese. — Berlin 1977, S. 210 ff., hier S. 217.

80 LM 14, S. 290. Zu Traditionen und Besonderheiten 'gelehrten' Lesens vgl. B. Fabian: Der Gelehrte als Leser. — In: Librarium 19 (1976), S. 160 ff.

81 LM 14, S. 291.   82 LM 5, S. 268.

83 LM 17, S. 172 (Brief vom 30. Dezember 1759 aus Berlin).

84 Daunicht: Lessing im Gespräch (s. Anm. 11), S. 254 (Lessing verurteilte der Gelehrten wegen sogar die Abschaffung der Klöster in den protestantischen Ländern).

85 LM 17, S. 24 f. (Brief vom 8. Februar 1751).

86 Ebd., S. 24.   87 LM 4, S. 5 ff. (November 1748).

88 Daunicht: Lessing im Gespräch (s. Anm. 11), S. 70. Vgl. noch die sehr ähnlichen Formulierungen Goethes bei der Analyse der Situation der Dichter, im 10. Buch von "Dichtung und Wahrheit" (2. Teil): "Die deutschen Dichter, da sie nicht mehr als Gildeglieder für *einen* Mann standen, genossen in der bürgerlichen Welt nicht der mindesten Vorteile. Sie hatten weder Halt, Stand noch Ansehn ... " (Hamburger Ausgabe, Bd. 9, S. 397).

89 Hierzu vor allem M. Riedel: Der Begriff der "Bürgerlichen Gesellschaft" und das Problem seines geschichtlichen Ursprungs. – In: ders.: Studien zu Hegels Rechtsphilosophie. – Frankfurt a. M. 1969, S. 135 ff.

90 Besonders in der 'Vorrede' und den 'Briefen' zu den "Vermischten Schriften" von Mylius (1754), LM 6, S. 392 ff.

91 LM 17, S. 251.   92 Ebd., S. 310 f.   93 LM 5, S. 33.

94 LM 17, S. 25 (vgl. oben Anm. 85).   95 LM 5, S. 34.

96 Hierzu H. G. Göpfert: 'Schriftsteller'. Bemerkungen zur Geschichte des Wortes (zuerst 1966). – In: ders.: Vom Autor zum Leser. – München 1977, S. 143 ff. (dort auch die einschlägigen älteren Arbeiten). Zur Problematik einer Abgrenzung gegenüber dem 'Dichter' vgl. zusätzlich den knappen historischen Überblick bei K. Schröter: Der Dichter, der Schriftsteller. Eine deutsche Genealogie. – In: Akzente 20 (1973), S. 168 ff.

97 Unter den vielen Einzeluntersuchungen kann hier nur hingewiesen werden auf H. J. Haferkorn: Zur Entstehung der bürgerlich-literarischen Intelligenz und des Schriftstellers im Deutschland zwischen 1750 und 1800 (zuerst 1962–64, als 'Der freie Schriftsteller'). – In: Deutsches Bürgertum. Hrsg. v. B. Lutz (s. Anm. 19), S. 113 ff. Übersichtliche Zusammenfassung der wichtigsten Daten und Entwicklungen bei Kiesel/Münch: Gesellschaft und Literatur im 18. Jahrhundert (s. Anm. 52), S. 77 ff.

98 Schon mit der ersten Auflage der "Critischen Dichtkunst" (1730), vgl. Göpfert: 'Schriftsteller' (s. Anm. 96), S. 152 f. mit weiterführenden Belegen.

99 LM 1, S. 342.

100 Die entscheidenden Argumente nennt schon Muncker in der Fußnote LM 16, S. 464.

101 Ebd., S. 464.

102 Ebd. ('bürgerlich' hier in dem schon mehrfach erwähnten Sinne wie 'bürgerliche Beschäftigung', vgl. die zitierten Briefe an den Bruder).

103 Ebd.

104 H. Schöffler: Protestantismus und Literatur. Neue Wege zur englischen Literatur des 18. Jahrhunderts. — Göttingen [2]1958; A. Schöne: Säkularisation als sprachbildende Kraft. Studien zur Dichtung deutscher Pfarrersöhne. — Göttingen [2]1968.

105 Vgl. die in Anm. 97 genannte Arbeit, passim. Der im Anschluß an Haferkorn von anderen Autoren übernommene Begriff des 'Magister-Poeten' trifft tendenziell etwas richtig Beobachtetes, ist jedoch in seiner Begründung mit einer doppelten Hypothek belastet: mit einem recht klischeehaften, ganz auf das Höfisch-Mäzenatische ausgerichteten Bild des 17. Jahrhunderts und mit der anthropologischen Konstruktion des 'dichterischen Menschen'.

106 G. A. Bürger: Sämtliche Werke. Hrsg. v. W. v. Wurzbach. Bd. 3. — Leipzig o. J. [1902], S. 205.

107 Das gelehrte Teutschland oder Lexikon der jetzt lebenden teutschen Schriftsteller. Angefangen von G. C. Hamberger, fortgeführt von J. G. Meusel, 12 Bde. — Lemgo [5]1796— 1806. Bezeichnend auch unter terminologischem Aspekt ist in diesem Zusammenhang das 1781 initiierte Projekt der Dessauer 'Gelehrtenbuchhandlung', an dem sich eine Großzahl auch bedeutender Schriftsteller der Zeit beteiligte, von Goethe über Herder, Lavater, Lichtenberg bis zu Weiße und Wieland.

108 So Sulzer über Lessing am 15. Oktober 1751 (Daunicht: Lessing im Gespräch [s. Anm. 11], S. 42).

109 Barner: Lessing und sein Publikum in den frühen kritischen Schriften (s. Anm. 78).

110 Ebd., S. 330.   111 LM 4, S. 49.

112 Er ist ganz offensichtlich der eigentliche Verfasser der gemeinsam verantworteten 'Vorrede'.

113 Barner: Produktive Rezeption (s. Anm. 5), S. 16 ff.

114 Zum Kontext sei hier auf die umfassende Information von W. Bender in dem von ihm herausgegebenen und kommentierten Reclam-Band hingewiesen (Stuttgart 1972).

115 LM 8, S. 3.

116 Diesen Komplex behandelt ausführlich H. Kiesel: 'Bei Hof, bei Höll'. Untersuchungen zur literarischen Hofkritik von Sebastian Brant bis Friedrich Schiller. — Tübingen 1979.

117 Das Problem — daran sei hier nur erinnert — kann nicht generalisierend, vor allem von den jeweiligen 'Regenten' abgelöst behandelt werden (für die Berliner Zeit nicht ohne das schwierige Verhältnis zu Friedrich II.).

118 LM 1, S. 149.   119 LM 5, S. 272.

120 LM 10, S. 411. Zu der wichtigen Konzeption 'Publikum als Richter' im Zusammenhang des Fragmentenstreits s. weiter unten. Die judizialen Aspekte in Lessings Rhetorik, namentlich in den Streitschriften, sind herausgearbeitet von W. Jens: Feldzüge eines Redners: Gotthold Ephraim Lessing. — In: ders.: Von deutscher Rede. — München 1969, S. 46 ff.

121 Ebd.

122 LM 17, S. 257 (Brief vom 27. August 1768, den Streit mit Klotz betreffend).

123 LM 10, S. 412.   124 LM 11, S. 37.   125 Ebd., S. 3.

126 LM 9, S. 52 f.

127 Vgl. die oben Anm. 56 nachgewiesene charakteristische Stelle aus dem "Nathan".

128 LM 9, S. 80.

129 Hierzu zusammenfassend Kiesel/Münch: Gesellschaft und Literatur im 18. Jahrhundert (s. Anm. 52), S. 154 ff. (dort auch über die speziellen 'Reservoirs' wie etwa die nicht-studierten 'Frauenzimmer').

130 Oben Anm. 13.   131 LM 11, S. 4.

132 LM 13, S. 109 (aus den "Axiomata").

133 Immer noch sind hier auch neue Felder entdeckt worden, etwa Lessings z. T. überraschende Kenntnis der Patristik (vgl. die Arbeit von A. Schilson: Geschichte im Horizont der Vorsehung. G. E. Lessings Beitrag zu einer Theologie der Geschichte. — Mainz 1974, passim).

134 Hierzu die Untersuchung von W. Kröger: Das Publikum als Richter. Lessing und die 'kleineren Respondenten' im Fragmentenstreit. — Nendeln/Liechtenstein 1979 (Wolfenbütteler Forschungen, Bd. 5).

135 LM 13, S. 76.   136 Ebd.   137 LM 13, S. 186.

138 Ebd., S. 173.   139 LM 4, S. 56.   139a Ebd.

140 Einzelanalysen dieser Forums-Struktur in der Arbeit von W. Kröger.

141 LM 13, S. 208.   142 Ebd., S. 432.   143 LM 3, S. 118.

144 Ebd., S. 161.

145 G. W. F. Hegel: Grundlinien der Philosophie des Rechts. Mit einem Vorwort von E. Gaus. — Neudr. Stuttgart-Bad Cannstatt 1964 (= Sämtl. Werke. Hrsg. v. H. Glockner, Bd. 7, S. 286, Anm.

146 LM 17, S. 7.   147 LM 16, S. 535.

148 Das 'Nutzen' entspricht auch Lessings Auftrag gegenüber der Wolfenbütteler Bibliothek insgesamt: der Erbprinz habe "mehr darauf gesehen, daß ich die Bibliothek, als daß die Bibliothek mich nutzen soll" (LM 17, S. 329 f.; Brief an den Vater vom 27. Juli 1770).

149 LM 16, S. 535.   150 Ebd.

151 Vgl. Munckers Fußnote ebd. Dazu auch Raabe: Lessing und die Gelehrsamkeit (s. Anm. 17), S. 67.

152 Hierzu knapp zusammenfassend wieder Kiesel/Münch: Gesellschaft und Literatur im 18. Jahrhundert (s. Anm. 52), S. 85 ff.

153 J. G. Fichte: Über den Gelehrten. Hrsg. v. P. Goldammer. — Berlin/DDR 1956, S. 191 ff. (mit interessanten Beobachtungen auch zur "Betriebsamkeit des literarischen Marktes", S. 194).

154 LM 14, S.291.

155 Zur rechtsgeschichtlichen Bedeutung der zunehmend theoretisch ausgebauten libertas civilis vgl. den Beitrag von Michael Stolleis in diesem Band, S. 65—99. Bei Lessing selbst findet sich die Vorstellung von 'Bürgerfreiheit', als Freiheit von Stadtbürgern in einer Stadt- republik, vor allem im frühen "Samuel Henzi".

156 Kritische Schriften (s. Anm. 13), S. 351.

157 Zu diesem Komplex und seinem ideen- und begriffsgeschichtlichen Hintergrund vgl. den Artikel 'Bildung' von R. Vierhaus in: Brunner/Conze/Koselleck: Geschichtliche Grundbegriffe (s. Anm. 21), Bd. 1, S. 508 ff.; zum gleichen Stichwort E. Lichtenstein in: Ritter: Historisches Wörterbuch der Philosophie (s. Anm. 20), Bd. 1, Sp. 921 ff.

158 Die Texte sind zusammengestellt und günstig verfügbar in der oben Anm. 153 genann- ten Ausgabe von Goldammer.

159 Wörtliche Übereinstimmung mit dem Titel der Jenaer Vorlesungen von 1794. Auf die vielfältigen Beziehungen zu Fichte, gerade auch im Zusammenhang mit Lessing, kann hier nicht näher eingegangen werden (vgl. vor allem die Partien 'An Fichte' in der Schrift "Les- sings Geist aus seinen Schriften". — Kritische Schriften [s. Anm. 13], S. 384 ff.).

160 Zum nationalpädagogischen Kontext sind natürlich die "Reden an die deutsche Na- tion" heranzuziehen.

161 Kritische Schriften (s. Anm. 13), S. 346.

162 Vgl. den Beitrag von Sven-Aage Jørgensen in diesem Band, S. 205—219.

163 Daunicht: Lessing im Gespräch (s. Anm. 11), S. 295 (Tagebucheintragung vom 9. Mai 1770).

164 Die Hochachtung reichte bekanntlich von Friedrich II. bis zu jenem rührenden Bauern, der dem Professor Gellert im Winter eine Fuhre Holz vor das Haus brachte, damit er nicht friere. Zum Problem der Einschätzung damals und heute vgl. C. Schlingmann: Gellert. Eine literarhistorische Revision. — Bad Homburg v. d. H./Berlin/Zürich 1967, S. 10 ff.

165 G. C. Lichtenberg: Schriften und Briefe. Hrsg. v. W. Promies. Bd. 3. — Darmstadt 1972, S. 306.

166 LM 16, S. 467 (aus "Leben und leben lassen", vgl. oben Anm. 100).

167 Göttingische Anzeigen von gelehrten Sachen, 155. Stück. Den 28. December 1769 (= Jahrgang 1769, Bd. 2, S. 1400). Das bekanntlich mit handschriftlichen Zuweisungen der anonymen Artikel versehene Exemplar der Universitätsbibliothek Tübingen enthält hier am Rand den Zusatz "Michaelis", d. h. Johann David Michaelis, den damaligen Herausgeber, mit dem Lessing schon seit der Berliner Zeit in gelehrtem Kontakt stand.

SVEN-AAGE JØRGENSEN

Wieland zwischen Bürgerstube und Adelssalon

Als Student in Kopenhagen habe ich mich während eines Kollegs über deutsche
Literatur des achtzehnten Jahrhunderts darüber gewundert, daß die beiden Bod-
mer-Schützlinge Klopstock und Wieland so verschiedene und doch so ähnliche
Wege gingen — von der Bürgerstube zum Adelssalon oder gar an den Hof. Denn
Klopstock bekam seine dänische Pension auf Betreiben des dänischen Gesandten
in Paris, Johann Hartvig Ernst Graf von Bernstorff, und verkehrte als seraphi-
scher Sänger und Eposdichter nicht nur am Hofe, sondern auch in den Häusern
der frommen Adeligen: der Bernstorffs, Moltkes und Stolbergs, und schien, nachdem er sich später in Hamburg niedergelassen hatte, sich doch am liebsten auf
den schleswig-holsteinischen Gütern aufzuhalten, wo man ihm mit Ehrfurcht
begegnete — während die Hamburger Bürger ihn schon als jungen Dichter und
Werber um Meta nicht so recht akzeptierten. Allerdings hielt er auch nicht um
die Hand einer Bernstorff an.

Auch Wieland soll erst in den Salons auf dem Schloß Warthausen zu sich selbst
gefunden haben und — die empfindsamen und frommen Irrungen-Wirrungen seiner Jugend hinter sich lassend — durch die spöttische, kathartische Phase der
"Komischen Erzählungen" für den "Agathon", für "Musarion" frei und reif geworden sein. In diesem Emanzipationsprozeß spielte der Adel wieder eine wichtige Rolle, genauer: die französisch inspirierte, höfisch-galante Rokokokultur
des schwäbischen Hoch- und Hofadels.

Ich konnte damals nur schließen, daß die Adligen offenbar eine ideologisch
wenig einheitliche Schicht bildeten, da es jedenfalls fromm-protestantisch norddeutsche und katholisch-frivole süddeutsche Adlige gab, und daß der Hinweis
auf Haltung und Aufträge des Adels nicht ohne geographische, kulturelle bzw.
ideologische Differenzierung als Erklärung literarischer Wandlungen dienen
konnte.

Abgesehen davon, daß Wieland später mit seinem Fürstenspiegel, dem "Goldenen Spiegel", sich nach Weimar hin empfahl und auch in den Genuß einer
Pension kam, schienen beide Autoren auch darin miteinander übereinzustim-
men, daß sie sehr publikumsbewußt waren oder wurden. Klopstock konnte sehr
geschickt mit Verlegern umgehen und nützte als Erster mit durchschlagendem

Erfolg die Subskription aus. Leider war die Enttäuschung des Publikums über die "Gelehrtenrepublik" so stark, daß sie den Erfolg späterer Unternehmungen dieser Art erschwerte. Wieland verhandelte kaum weniger geschickt mit seinen Verlegern und schlug aus der Zeitschrift "Der Teutsche Merkur" soviel Geld heraus, daß er eine vielköpfige Familie ernähren und zu guter Letzt sogar ein kleines Tusculanum, das Gut Osmanstedt, kaufen konnte.

Später, als eine intensivere und soziologisch fundierte Beschäftigung mit der Literatur der deutschen Aufklärung sich etabliert hatte, mußte ich mit Betrübnis feststellen, daß Wieland zwar einer bürgerlichen Aufklärung zugerechnet wurde, sich aber offenbar keiner großen Beliebtheit erfreute. Bei Mattenklott/ Scherpe: "Grundkurs 18. Jahrhundert" [1] ist er sonderbarerweise nicht vertreten, obwohl er publizistisch zweifelsohne einer der wichtigsten deutschen Aufklärer ist, unter welchem Aspekt man die Literatur auch betrachtet: Produktion, Distribution oder Konsumtion. Und ist der Kurs als Korrektiv zu den gängigen zusammenfassenden Darstellungen aufzufassen, hätte Wieland erst recht nicht fehlen dürfen. Gerade die Stationen Zürich, Biberach, Erfurt, Weimar, der Weg vom Kanzleiverwalter in einer kleinen Reichsstadt über eine Professur an einer Reformuniversität zum Prinzenerzieher und ersten Weimaraner, Mitbegründer einer neuen Hof- und/oder Bürgerklassik verdienen eine Analyse, auch wenn diese Laufbahn nicht pauschal einer bürgerlichen Emanzipationsbewegung zuzuordnen ist, denn Wieland bleibt neben Klopstock und Lessing ein repräsentativer Schriftsteller der Aufklärung, bzw. der Vorklassik.

Wie sozial- und geistesgeschichtlich zu erwarten, war sein Vater Pfarrer, pietistisch, aber nicht eng. Erwähnenswert ist allerdings, daß seine Familie zu der Oberschicht der kleinen Stadt Biberach gehörte, daß der Urgroßvater Bürgermeister gewesen war und daß Wielands Vater als zweitältester Sohn ein juristisches Studium angefangen hatte, das bekanntlich normalerweise sozial höher eingestuft wurde als das theologische, und später Senior, d. h. höchster Geistlicher der kleinen Reichsstadt war. Auch wurde Wieland selbst in einem pietistischen Internat erzogen, dem "aus den angesehensten Familien des In- und Auslandes die Jünglinge zuströmten". [2] Wenn also keineswegs reich wie die Goethes — für Wieland war ein Studium nur durch Stipendien seiner Vaterstadt zu finanzieren — so gehörten die Wielands doch zum Patriziat, legten Wert darauf und vermochten etwas dafür zu tun, daß Christoph Martin eine sozial befriedigende Position erreichte.

Wir müssen indessen feststellen, daß Wieland, wie Klopstock und Lessing, zunächst *keinen bürgerlichen* Beruf ergreifen wollte und sich somit deutlich von der älteren Generation der ständischen Dichter: Bodmer, Brockes, Gottsched, Gellert, Haller und Hagedorn unterscheidet, die den Musen ihre Nebenstunden opferten, sonst aber als geachtete Bürger, Gelehrte und Beamte lebten. [3] Wieland brach sein Studium in Tübingen ab, um ohne bürgerlichen Beruf in Bodmers Stube dichten zu können. Erst die Begegnung mit Sophie Gutermann, später La Roche, hat ihn nach eigener Aussage zum Dichter gemacht, [4] aber um Dichter zu werden, ließ er sie sitzen, d. h. er ließ sie ohne Hoffnung auf eine bürgerliche Existenz vergeblich auf ihn warten, bis sie den Amtmann des Grafen Stadion heiratete.

Es herrscht wohl jetzt Einigkeit darüber, daß Wielands erste Dichtungen: "Die Natur der Dinge", "Hermann", "Zwölf moralische Briefe in Versen", "Anti-Ovid" schon auf einer Entwicklungslinie liegen, die von Gleim, Gellert und Hagedorn zu "Musarion" hinführen. Um dichten zu können, verzichtete Wieland also nicht nur auf ein Leben mit Sophie, sondern auch auf seine potentielle ökonomische und seine aktuelle dichterische Selbständigkeit. Er vollzog eine geistige Kapitulation, [5] die die Unbedingtheit seines Dichtertums beweist, obwohl seine Entscheidung zweifelsohne fatal war. Sie verschaffte ihm zwar die ersehnte "Freiheit zum Dichten", aber sein Dichten war nicht frei. In Bodmers Stube, an seinem Schreib- und Eßtisch wurde er dessen Zögling und Lehrling auf ganz andere Weise als der robustere Klopstock.

Obwohl Wieland mit seinem Anschluß an den Bodmer-Kreis Stellung in einem Streit bezog, der ihn eigentlich nicht mehr anging, erreichten seine "Devotion und Produktivität die kühnsten Erwartungen des Hausherrn". [6] Der Streit zwischen Gottsched und Bodmer war der Streit zwischen zwei Kritikern, deren Positionen Wieland wie Lessing hinter sich gelassen hatten. Für ihn waren die Engländer und die Franzosen, Shakespeare und Ariost, Shaftesbury und Bayle keine Gegensätze, der Kampf des Hexametristen Bodmer gegen den Reim tief unnatürlich. Der Witz war ihm ein ebenso selbstverständliches poetisches Prinzip wie das Wunderbare, das er in den "Briefen über die Einführung des Chemos und den Charakter Josephs in dem Gedichte Joseph und Zulika" zwar mit theologischen und nicht ästhetischen Argumenten verteidigte, aber Nicolai bezweifelte zu Recht die Aufrichtigkeit der Wielandschen frommen Muse und sagte ihre Verwandlung in eine "muntere Modeschönheit" voraus. [7] Vorerst aber machte Wieland die empfindsam-fromme Phase der deutschen Literatur mit.

Der ständische Dichter war in Bodmers Fall der allseitig gebildete gelehrte Bürger mit guten Kenntnissen der englischen Literatur, sowohl der älteren als auch der modern-empfindsamen, aber auch mit antiquarischen Neigungen und mit Sinn für die nationale Vergangenheit, der all diese Kenntnisse in dem Literaturprogramm einer Schule durchzusetzen versuchte. Dieser Typ, den sowohl Bodmer und Breitinger als auch Gottsched auf andere Weise verkörperten, war Wieland so wenig gemäß, daß er schon in der Schweiz versuchte, sich von diesem Leitbild freizumachen. Salomon Geßner, sein späterer Freund, beschrieb die anfängliche Identifikation spöttisch so: "Wieland sitzt bei Bodmern bei einem SchreibePult, sitzt da mit stolzer Zufriedenheit und überdenkt seine Hoheit und Tugend, sitzt da und wartet auf Anbetter und Bewunderer, sie mit gnedig segnendem Blick anzulecheln, aber es kommt kein Anbetter ... Wieland ist ein Mensch, der in seinem ganzen Leben nichts als ein Dintenfaß und eine Wand voll Bücher gesehen." [8] Das "voll Bücher" ist wichtig, denn schon in dem Programm "Plan einer neuen Privatunterweisung" tritt die modernere, spätaufklärerische Abneigung gegen die Schulgelehrsamkeit, die der Tübinger Student schon mit Lord Shaftesbury teilte, wieder kräftig hervor, und die Gelehrtensatire spielt später, etwa in der Vorrede zu "Sokrates Mainomenos" eine wichtige Rolle: Der Gegensatz zwischen dem Philologen und dem Mann von Geschmack, der natürlich auch Latein und Griechisch liest, wird ein konstituierendes Element der zu Fiktionalitätsbewußtsein erziehenden Vorrede. [9] Genausowenig wie Lessing verleugnet Wieland natürlich seine gründlichen Kenntnisse der Antike, aber auch in seiner Übersetzertätigkeit ist er kein "Antiquar". [10]

Um von der Schriftstellerpatronage Bodmers loszukommen, der keineswegs so liberal war wie der Kanonikus Gleim in Halberstadt, gab es nur drei Möglichkeiten: einen Fürsten als Mäzen zu gewinnen: der Weg Klopstocks; durch Vermittlung guter Freunde oder Gönner einen Sinekureposten zu bekommen: der Weg Gleims; oder aber eine freie, d. h. marktabhängige Schriftstellerexistenz: der Weg Lessings. Um alle drei Möglichkeiten kümmerte sich Wieland, aber erst am Ende seiner Schweizer Zeit mit einer gewissen Energie. Bis dahin scheint er, der später als halber oder ganzer Philister angesehen wurde, weit bedingungsloser und unbürgerlicher der künstlerischen Produktion gelebt zu haben als etwa Klopstock, der sich schon in der Schweiz mit verschiedenen wirtschaftlichen Projekten befaßte, um seine Fanny heimführen zu können, und der diese Projekte in Dänemark weiterführte. [11] Die Ämter, die er vielleicht hätte haben können, wollte er nicht recht, mit dem Eposfragment "Cyrus" (1759) wollte er ein neues Publikum und vor allem Friedrich den Großen gewinnen, ließ aber den Plan recht bald fallen, obwohl er das Trauerspiel "Clementina von Porretta" noch der preußischen Prinzessin Clementina widmete (1760). Erst später suchte er mit dem "Goldenen Spiegel" Joseph II. als Mäzen zu gewinnen. Schließlich trug seine Auffassung von der Stellung des Schriftstellers zum Publikum und zum Verleger der Zeit Züge, die auffallend wenig Sinn für die Realität bezeugen, ja völlig utopisch anmuten.

Wie Wolfgang von Ungern-Sternberg hervorhebt, huldigt Wieland einem puristischen Unabhängigkeitsideal, das ihm verbietet, ökonomischen Gewinn aus seiner literarischen Tätigkeit zu ziehen. [12] Wie aus dem "Allgemeinen Vorbericht" zu den "Poetischen Schriften" von 1762 hervorgeht, stellt Wieland sich eher eine "Lesergemeinde" als ein Publikum vor, eine Lesergemeinde, der allein er sich verpflichtet fühlt. [13] Um ihr seine Dichtungen mitteilen zu können, überläßt er diese dem Buchdrucker als Manuskripte. Dieser macht "Copien" für den Dichter und dessen Freundeskreis, darf aber, um seine Unkosten zu decken, weitere Exemplare drucken und verkaufen, aber weder das große anonyme Publikum noch die gelehrten, alle Innovationen ablehnenden Kunstrichter und die streitsüchtigen Rezensenten noch der Gewinn der Transaktion gehen den Dichter und seinen Freundeskreis an.

Die Ablehnung des großen anonymen Publikums erinnert an Hamanns fast gleichzeitige vehemente Kritik in den "Sokratischen Denkwürdigkeiten" (1759) mit der Vorrede "An das Publikum oder Niemand den Kundbaren". Auch Hamann wurde als Packhofverwalter gewissermaßen ein ständischer Schriftsteller, oder vielmehr: er betrachtete den Posten als eine halbe Sinekure, auf die er als "Invalide des Apoll" einen Anspruch hatte. Er dachte nicht an Gewinn, konnte nach der Art seiner "Autorschaft" nicht daran denken, sondern bezeichnete auf dem Titelblatt sein Publikum mit "Vel duo vel nemo". Wieland erinnerte aber selbst an Shaftesbury als sein Vorbild, an den gentleman author, den Virtuoso, dem der mittellose bürgerliche Dichter früh nacheifern wollte.

Er hatte aber weder Amt noch Geld, und so führte ihn diese puristische Haltung am Ende seines Schweizer Aufenthaltes in eine tiefe Krise und zur Aufgabe seines unbürgerlichen Literatenlebens: er kehrte nach Biberach zurück und wurde Kanzleiverwalter. Es sah also aus, als vollziehe sich eine Reintegration des Dichters in die bürgerliche Gesellschaft seiner Heimatstadt, eine Rückkehr zu dem Typ des ständisch beamteten Dichters; aber Wieland lehnte diese Möglichkeit ab und sprach am Ende des 'Vorberichts' zu den "Poetischen Schriften" den Verzicht auf weitere Dichtung aus, denn "das Schicksal hat mich in Umstände gesetzt, wo Beschäftigungen, die mit den Musen und Gratien im vollkommensten Gegensatz stehen, mir kaum abgebrochene Stunden übrig gelassen haben, die Versuche meiner glücklichen Jugend in etwas auszubessern." Auch im Scheitern bekannte sich Wieland zu dem vom Broterwerb unabhängigen, in das bürgerliche Sozialgefüge der Reichsstadt nicht eingebundenen Literatendasein.

Bekanntlich verstummte Wieland jedoch keineswegs, aber die Reintegration des Dichters in die bürgerliche Welt der Heimatstadt, der "kleinen Tartarei", gelang nicht,[14] und Wieland fand auf Schloß Warthausen um den Grafen Stadion und Sophie La Roche einen Kreis, der ihm eine Retraite, ein Asyl gewährte. Für diesen Kreis verfaßte er die "Komischen Erzählungen", die ihm das prüdere 19. Jahrhundert und seine Literaturwissenschaftler nicht verziehen.

In der Vorrede zu dem Epyllion "Idris und Zenide. Ein romantisches Gedicht" kommt Wieland wieder auf seine Situation als Biberacher Schriftsteller und Bürger zu sprechen: "Genug, daß der Stand und Beruf, worin ich mich seit acht Jahren befinde, derjenige zu sein scheint, der unter allen möglichen den stärksten Absatz mit den Neigungen und Beschäftigungen eines Dichters macht. Die Erfüllung meiner Pflichten legt mir Arbeiten auf, die nicht nur mit jenen nicht in der mindesten Verwandtschaft stehen, sondern durch eine natürliche Folge das Feuer des Genie nach und nach auslöschen, und endlich, bei fortdauernder Empfindlichkeit für die zauberischen Reizungen der Musen und der Grazien, ein trauriges Unvermögen, ihrer Gunstbezeigungen zu genießen zurück lassen." Folglich kann er, behauptet er, kein wirklicher, echter Schriftsteller sein, sondern ein bloßer "Dilettante", weshalb die Kritiker auch nicht berechtigt sind, ihn als einen von Maecenas unterstützten Horaz oder als einen vom Honorar lebenden Pope zu behandeln. "So groß der Reiz ist, den diese Art von Ergötzung [der Besuch der Musen, S. A. J.] für mich hat, so kann ich doch keine Geschäfte daraus machen; kurz, mein Freund, ich bin gewissermaßen berechtigt, als ein bloßer Dilettante, dem es nicht einfällt, den Meistern der Kunst den Vorzug streitig zu machen, etwas mehr Nachsicht zu erwarten, als ein anderer, der die poetische Hederam vor sein Haus ausgehängt hat, oder dafür besoldet ist, ein Dichter zu sein, oder wie Horaz in seinem Sabino und Pope in seinem Twickenham dieser glücklichen Unabhängigkeit und Muße genießet, in welcher ein Mann von Genie den stolzen Gedanken haben kann, für die Unsterblichkeit zu arbeiten." [15] An diesen Ausführungen kann man eine prinzipiell andere, eine neue Auffassung ablesen: Der von einem Fürsten unterstützte und der vom Verkauf seiner Bücher lebende Schriftsteller werden als gleichrangig dem "Dilettanten", dem ständischen, dem nichtprofessionellen Schriftsteller gegenübergestellt. Wieland ist aber kein "Dilettante", und wahr an der Klage ist eigentlich nur die Absage an die Biberacher bürgerliche Existenz, denn um Geld für Christine Hagel, seine "Bibi", für ihre Niederkunft, zu verschaffen und um überhaupt einigermaßen leben zu können, da sein Gehalt ihm nicht ausbezahlt wurde, hatte er — so gesteht er selbst in einem Brief an den erfolgreichen Dichter Salomon Geßner, auch Teilhaber des Verlages Orell, Geßner & Co. (20./21.10.1763) — als professioneller Autor "Don Silvio von Rosalva" geschrieben: "Ich muß von izt an biss nächste Ostern wenigstens 40 bis 50 Louis haben oder ich bin unwiderbringlich verlohren. Ohne diesen harten Umstand würd' ich nimmermehr ein Buch geschrieben haben, wies 'Don Silvio' ist ... Allein, zu seiner Erhaltung sind alle Mittel erlaubt. Ich wollte ein Buch machen, das für die Meisten wäre und wovon mir ein jeder Buchhändler, der solvende ist und NB nicht schon (wie ihre Sozietät) mit wichtigen Geschäften und Entreprisen überladen ist, gerne eine beträchtliche Summe baar bezahlen würde." [16] Im Jahre 1766 stellt er Überlegungen an, ob er mit Christian Friedrich Daniel Schubart zusammen eine Wochenschrift herausgeben könne. Wir wissen nicht genau, welcher Art diese Wochenschrift hätte sein sollen, wie Wolfgang Martens hervorhebt, aber jedenfalls ist es bemerkenswert, daß ein solches Unternehmen in den südwestlichen Gegenden ein Novum gewesen wäre, da nach Martens in diesem Raum kaum Wochenschriften nachzuweisen sind. [17] Auch erwog Wieland wiederholt Selbstverlagspläne und wollte unter anderem auf Subskriptionsbasis die wichtigsten griechischen Autoren in Übersetzung herausgeben. Dieser Plan wurde nicht verwirklicht; dafür erschienen seine Shakespeareübersetzungen, die nun tatsächlich aus den Bedürfnissen des Biberacher Lebens hervorgingen: Wieland war schon 1761 zum Direktor der evangelischen Komödiantengesellschaft gewählt worden. [18] Diese beiden Projekte, Wochenschrift und Übersetzungen für das Theater, haben einen realen Zusammenhang mit der bürgerlichen Welt, aber die Harmonie, von der Goethe am Anfang des 10. Buches des zweiten Teils von "Dichtung und Wahrheit" handelt, wollte sich nicht recht einstellen: "Gesellte sich hingegen die Muse zu Männern von Ansehen, so erhielten diese dadurch einen Glanz, der auf die Geberin zurückfiel. Lebensgewandte Edelleute, wie Hagedorn, stattliche Bürger, wie Brockes, entschiedene Gelehrte, wie Haller, erschienen unter den Ersten der Nation, den Vornehmsten und Geschätztesten gleich. Besonders wurden auch solche Personen verehrt, die, neben jenem angenehmen Talente, sich noch als emsige, treue Geschäftsmänner auszeichneten." Bürgerliche Existenz und Schriftstellerberuf hatte er schon immer als Gegensätze aufgefaßt, und als er wieder Bürger und noch dazu Beamter wurde, trat der Zwiespalt noch deutlicher hervor und wurde durch die zufälligen Umstände verschärft, die ihn dazu zwangen, als professioneller Schriftsteller Geld zu verdienen.

Als Reaktion auf Zürich, Bern und Biberach erfolgte die Anlehnung an Schloß Warthausen. Andererseits war sein Verhältnis zu Graf Stadion nicht ohne Spannungen, und er konnte sehr wohl ihm gegenüber als Biberacher Ratsherr mit bürgerlichem Selbstbewußtsein auftreten. [19] Ich erwähnte vorher, daß das Schloß eher Asyl oder Exil war, jedenfalls Flucht vor dem Biberacher Alltag und seinen Streitigkeiten. Der Salon änderte aber hier durch Sophie La Roche, wie später in Weimar durch die Herzogin Anna Amalie, seinen ursprünglichen Charakter: "Nur in dieser weiblichen Vermittlung und Milderung ist ihm, der stets mehr Bürger und Humanist als Weltmann war, der Hof, und sei er noch so klein, erträglich. Damit aber gewinnt das Höfische, der Salon selbst ein verändertes, ein immer humaneres, intimeres Gepräge. Nicht umsonst wurde Wielands Werk später, besonders in Wien, eine wichtige Brücke zwischen Rokoko und Biedermeier." [20]

Diese Beschreibung Sengles trifft jedoch nicht nur auf die beiden Höfe Wien und Warthausen zu, sondern beschreibt eine allgemeine und wichtige Entwicklungslinie im 18. Jahrhundert: die der ständeverbindenden Humanität, die im Kreis um Klopstock, in Schillers Verhältnis zu dem Herzog von Augustenburg etc. zutagetritt — wobei Ideologie und Wirklichkeit nicht verwechselt werden sollten. [21] Man huldigte am Hofe und im Salon dem edlen, von den Schranken des Standes unabhängigen Menschen, der eben wegen der "inneren" Unabhängigkeit die "äußeren" Schranken nicht beseitigen mußte, da er sie so wenig ernstnahm wie der Graf in Werthers Brief vom 15. März 1772 es tat — ohne "die fatalen bürgerlichen Verhältnisse" schlagartig ändern zu können, die ja auch dem Bürger Werther Vorteile verschafften (24.12.1771).

Sengles Bemerkungen beschreiben auch genau den Charakter der Wielandschen Rokokodichtung. Die "Komischen Erzählungen", "Nadine", "Kombabus" usw. fallen neben "Musarion" und "Idris" als Vertreter des Rokokoklassizismus und der Rokokoromantik nicht ins Gewicht. Musarions Lehren, die Phanias von ihr annimmt, sind die altbekannten der "aurea mediocritas", "beatus ille", "bene vixit, qui bene latuit" usw. Sind sie in dieser Form höfisch? Bejahen wir diese Frage, indem wir "höfisch" als in Übereinstimmung mit dem Geiste des aufgeklärten, humanen Hofes im 18. Jahrhundert verstehen, wird man vielleicht einwenden, daß ein solcher Hof schon verbürgerlicht ist, daß die Absage an die Repräsentation — der Preis des Privaten, Intimen — eben bürgerlich ist. Um die Gegenfrage zu stellen: Ist denn etwa die graziöse Sinnlichkeit Musarions "bürgerlich"? Wenn die Normen und Wertvorstellungen in den hier genannten Werken Wielands und etwa in Nicolais "Beschreibung einer Reise durch Deutschland und die Schweiz" oder die Vorschriften und Ratschläge in Carl Friedrich Bahrdts "Handbuch der Moral für den Bürgerstand" alle mit "bürgerlich" bezeichnet werden, umfaßt der Begriff so viel, daß er in Gefahr steht, inhaltsleer zu werden. Er müßte im Hinblick auf die bürgerlichen Schichten, auf regionale und politische Unterschiede präzisiert werden. Aber im Hinblick auf die Literatur der Aufklärung ist die Bedeutung des "Publikums" vielleicht noch wichtiger. [22]

Wielands Dichtungen sind jedenfalls nicht von einem Dichter geschrieben, der sich einer bürgerlichen Gesellschaftsschicht, einem stadtbürgerlichen Patriziat zugehörig weiß, sie sind soziologisch jedenfalls nicht in dem Sinne bürgerlich, daß eine solche Schicht, ein solches greifbares Publikum Wieland getragen hätte. Im Gegenteil! Wieland wendet sich in den Vorreden an die "Freunde", an die "Kenner", und lehnt — immer noch — sowohl das anonyme Publikum als auch die Kunstrichter, von denen er sich abhängig wußte, aber auch seine nächste reichsstädtische Umgebung ab.

Die Frage nach dem tonangebenden deutschen Publikum, [23] nach dessen Geschmack, Erwartungen, Fassungsvermögen wurde jedoch für Wieland die entscheidende Frage, die Existenzfrage. Das heißt aber nicht, daß er dem Publikum traute oder gar sich mit dessen Geschmack und Vorstellungen identifizierte. Er strebte sowohl aus der Enge Biberachs heraus als auch eine verhältnismäßig gut dotierte und sich prinzipiell auf Lebenszeit erstreckende Anstellung an, die ihm Zeit für literarische Arbeiten ermöglichte, was ihm weit wichtiger war als die Höhe des Gehalts. Aber er wußte genau, daß er sich die angestrebte Unabhängigkeit in der Gestalt eines Sinekurepostens nur als angesehener Schriftsteller verschaffen konnte, d. h. nur mit Hilfe des sich herausbildenden Publikums, das er nicht kennen konnte. Er nutzte geschickt den Gipfel seines Ruhmes in dem Jahrzehnt 1770–1780 aus, um sich zu etablieren. [24]

In dieser Lage, das wissen wir, reagierten viele Schriftsteller ratlos und sehnten sich nach den alten überschaubaren Verhältnissen. Ungern-Sternberg erinnert an Mercks Sehnsucht nach dem Mittelalter: "Bei jenen Männern [des Mittelalters] war's Drang, Berufsnoth, Amt, was sie schreiben hieß. *Kein Mensch war Scribente.* Alles war lokal für den Moment, und durchaus ewig. Wir schreiben ins weite Blaue, für alle Menschen und für die liebe Nachwelt, und eben dadurch für Niemand." [25] Herder meinte, auf die Antike und den Humanismus rückblickend: "Buchhändler herrschten noch nicht, die Bücher *bestellten*; sondern Fürsten, die Werke *belohnten*, und man hat eben keine Urkunden darüber, daß sie deßwegen verarmt oder die Sachen ihrer Regierung schlechter gegangen wären, weil sie gelehrte und tüchtige Männer dazu brauchten." [26] Andere, wie

Klopstock und Wieland, versuchten, durch Subskription eine Lesergemeinde zu schaffen und den Verleger auszuschalten, kamen aber letzten Endes doch nicht um das anonyme Publikum herum. Von diesem Publikum eher als von einer abgrenzbaren bürgerlichen Schicht wurde die deutsche Aufklärungsliteratur gekauft, gelesen und diskutiert.

Soweit ich sehe, ist man außerstande, etwas Genaueres über die Zusammensetzung von Wielands Publikum zu erfahren. Zwar haben wir die Subskriptionsliste zu der zweiten Ausgabe des "Agathon" (1773); sie ist, wie Ungern-Sternberg hervorhebt, "ein beachtliches literatursoziologisches Zeugnis der Zeit". Aber ein unmittelbarer Schluß auf die Wielandsche Leserschaft ist aus einer Reihe von Gründen nicht zulässig: viele Käufer der ersten Ausgabe werden die zweite nicht haben kaufen wollen; die zweite Ausgabe war außerdem so teuer, daß viele potentielle Leser als Käufer ausschieden. [27] Es wurden 400 Exemplare auf holländischem Papier und 400 auf ordinärem Schreibpapier gedruckt; aber es läßt sich nicht feststellen, welche Subskribenten die teure, welche die billige Ausgabe kauften. Ungern-Sternberg kommt durch eine Auswertung der Liste (763 Subskribenten) nach ständischen Kriterien zu folgendem Ergebnis:

44,6 % Adel (6,8 % Hochadel)
48,5 % Bürgerliche
3,9 % Institutionen

Beruflich aufgeschlüsselt ergibt sich folgendes Bild:

29,4 % Beamte
27,2 % kein Beruf genannt
8,3 % Militär
4,6 % Erzieher (Hofmeister bis Professor)
2,9 % Kaufleute und Unternehmer
3,1 % katholische Geistliche
1,2 % lutherische (reformierte) Geistliche
(Weibliche Subskribenten: 7,7 %) [28]

Die Schwierigkeiten bei der Auswertung sind augenfällig: Es läßt sich u. a. vermuten, daß sehr viele Frauen ihre Männer zur Subskription überredet haben. Waren die protestantischen Geistlichen tatsächlich so viel prüder als die katholischen oder haben sie die erste Ausgabe gekauft? Sind die vielen Adligen vielleicht eher auf den Wunsch und die Bestrebungen der Kollekteure zurückzuführen, klangvolle Namen aufzählen zu können, als auf ein spontanes Interesse des Adels an der zweiten Fassung des Werkes? Wieland selbst meinte Gleim gegenüber: "Was helfen mir etliche Dutzend durchlauchtigste Louis d'or. Die Menge muß es austragen." [29] Zu der geographischen Verteilung bemerkt Ungern-Sternberg, "daß die Hauptmasse der am 'Agathon' interessierten Besteller in

Südwest-, Mittel- und Norddeutschland zu Hause waren. Der süddeutsche Raum, mit Ausnahme von Württemberg, hat nur sehr wenig Subskribenten zu verzeichnen (im ganzen 23). Mit Ausnahme von Köln, Mainz und Münster dominieren bei weitem die evangelischen Regionen. Das Zensurverbot des 'Agathon' in Österreich und Zürich hat sich besonders negativ ausgewirkt." [30]

Wielands Strategie gelang aber: Er suchte und erreichte als erfolgreicher Autor über die Professur in Erfurt eine Stelle als Prinzenerzieher an dem kleinen aufgeklärten Hofe in Weimar, eine Stelle, die ihm eine gewisse Unabhängigkeit sicherte, obwohl sie nicht übermäßig gut, aber auch nicht zu schlecht dotiert war, wenn man mit Klopstock vergleicht. Wieland erhielt drei Jahre lang als Erzieher tausend Taler und sollte später bis zu seinem Lebensende 600 Taler jährlich als Pension bekommen, ungefähr soviel wie Klopstock, dessen Pension von 400 auf 600 Taler erhöht wurde. Klopstock durfte zuletzt in Hamburg leben, Wieland erreichte es, daß er sein volles Gehalt bis zu seinem Lebensende beziehen durfte — aber in Weimar. Mit anderen Worten, die Pension eines Fürsten schuf die materielle Grundlage für eine 'moderne', professionelle Schriftstellerexistenz. Die Pension ließ ihm so viel Zeit übrig, daß er sowohl für das große Publikum als auch für anspruchsvollere Kenner schreiben konnte. Aber das Leben am Hofe hob seine ebenfalls 'moderne' Isolation nicht auf; sowohl in Biberach als auch in Erfurt und Weimar lebte er oft von der Gesellschaft völlig zurückgezogen. Er sprach von seiner "Schneckenhausexistenz", [31] war insofern ein weder in die Stadt-, noch in die Gelehrten-, noch in die Hofgesellschaft integrierter Schriftsteller, schien sich aber doch in Weimar zurechtgefunden zu haben, obwohl er ein paarmal mit dem Gedanken spielte, nach Schwaben zurückzukehren oder sich in Zürich oder Kiel niederzulassen.

Wie Klopstock lebte Wieland nicht als Schriftsteller des Bürgertums, sondern 'mittelständisch' zwischen freiem Schriftsteller und Pensionär eines Fürsten. Er schrieb für ein Publikum, dessen Geschmack er mit dem "Teutschen Merkur" zu befriedigen wußte, dessen Reaktion auf seine eigentlichen, d. h. ihm wichtigeren dichterischen Werke er oft nicht voraussehen konnte und das er in seinen Vorreden, in den Eingangsstrophen seiner Epen, in dem "Schlüssel" zu den "Abderiten" zu lenken und ästhetisch zu erziehen suchte. Wie er an Merck schrieb, wußte er, daß künstlerische Qualität und Publikationserfolg nicht identisch sind: "Wäre ich der elendeste Schmierer, und hätte in den anderthalb Jahren, die ich auf dies Werk ['Oberon'] wende, die schaalsten Romänchen und kühlsten Empfindeleien oder Possen und Fratzen auf's Papier gekleckt, soviel als das Zeug halten könnte, so müßte der Henker darin seyn, wenn ich nicht für 300 Louis d'or dummes Zeug hätte zusammenschmieren wollen. Aber warum ist der Herr ein Narr, und wendet soviel Zeit und Arbeit auf ein Werk, wofür ihm kein Mensch Dank weiß, sagt mir das teutsche Publikum — und darauf ist freilich kein Wort zu antworten." [32] Andererseits erzielte er mit "Musarion", "Sokrates Mainomenos" und "Der goldene Spiegel" hohe Honorare.

Es ist deutlich, daß Wieland mit einem recht heterogenen Publikum rechnete und daß dieses Publikum vor allem sehr oft die von ihm für nötig gehaltene ästhetische Kultur vermissen ließ. Er unterschied zwischen dem großen Publikum der Zeitschrift und einem kleineren, elitären, aber keines von beiden läßt sich mit einer bestimmten Klasse identifizieren. Das Publikum setzte sich, so viel dürfen wir jedenfalls der Subskriptionsliste entnehmen, aus Bürgerlichen und Adligen und zu einem sehr großen Teil aus zivilen und militärischen Beamten zusammen, während die Geistlichen eine geringere Rolle spielen. Bei Klopstocks "Gelehrtenrepublik" zum Vergleich ergibt sich aus der 3480 Subskribenten umfassenden Liste u. a. folgende Verteilung:

Weltliche Beamte:	22	%
Geistliche:	12	%
Lehrer und Erzieher:	4	%
(Weibliche Subskribenten:	2,7 %) [33]	

Wie schon angedeutet stellt sich angesichts der Auflagenhöhe des "Teutschen Merkurs" und vieler Werke Wielands die Frage, ob sein Publikum nicht mit der Trägerschicht der deutschen Aufklärung zusammenfällt oder ob es nicht jedenfalls in dieser Schicht zu finden ist und ihrer Zusammensetzung entspricht: einer Mischung von Bürgerlichen und Adligen wie in der Bürokratie des reformabsolutistischen Herrschers, die die Reformen sehr oft gegen den Willen der Bürger und gegen den Willen des Adels durchführen mußte.

Zum Verhältnis 'Aufklärung, Absolutismus und Bürgertum in Deutschland' schreibt Franklin Kopitzsch — etwas ungenau formulierend, aber den Sachverhalt wohl treffend — Folgendes: "Wer nach der Trägerschicht der Aufklärung fragt, findet in zahlreichen Handbüchern, Monographien und Aufsätzen die als sicher geltende These, sie sei die 'Ideologie der neuen zur Macht strebenden Ausbeuterklasse', eine 'Bewegung des nach ökonomischer, sozialer und geistiger Emanzipation ringenden Bürgertums' gewesen. Angesichts der großen Differenziertheit des deutschen Bürgertums, des Fehlens einer bürgerlichen Klasse 'an sich' und 'für sich' können solche Urteile nur dem genügen, der nicht weiß, wie wenig bisher über die tatsächlichen Träger der Aufklärung bekannt ist. So wird denn auch in der neuesten marxistisch-leninistischen Gesamtdarstellung der deutschen Geschichte wesentlich abwägender gesagt: 'Der kulturelle Aufschwung im letzten Drittel des 18. Jahrhunderts reflektierte die Krise des feudalen Systems. Die vom Bürgertum erzielten kulturellen Leistungen bereiteten die bürgerliche Umwelt ideologisch vor. Die Masse des Städtebürgertums wurde jedoch ebenso wie ein großer Teil der bürgerlichen Intelligenz von dieser Entwicklung nicht erfaßt.' ... Außerdem darf nicht übersehen werden, daß auch einzelne Adelige durchaus aktiv die Aufklärung unterstützten und mitgestalteten." [34]

Wielands Leben und Werk scheinen diese Hypothesen, die offenbar noch nicht empirisch abgesichert sind, zu unterstützen. Wieland bewegte sich zwischen der alten Bürgerstube und dem Adelssalon und emanzipierte sich von beiden, indem er, im Bündnis mit dem Reformabsolutismus des Hofes, oder jedenfalls unterstützt von ihm, einer nicht mehr lokal oder ständisch begrenzten bzw. definierbaren aufgeklärten Schicht publizistisch als Sprachrohr diente, aber gleichzeitig künstlerisch gesehen an einem elitären Ideal festhielt, das in seiner Hervorhebung des Spielerischen, des Ästhetischen, fast der l'art pour l'art Momente des Rokoko und der Weimarer Klassik vereinigt. Bei dem großen bürgerlichen Publikum, das den "Teutschen Merkur" [35] las, vermißte er Aufnahmefähigkeit oder -bereitschaft für die künstlerisch anspruchsvolleren Werke, die jedoch den Kern des späteren, sich im 19. und 20. Jahrhundert keineswegs gleichbleibenden Wielandkanons bilden. Die Erklärungen, die dafür gegeben worden sind, müßten überprüft werden.

ANMERKUNGEN

1 G. Mattenklott/Kl. Scherpe (Hrsg.): Westberliner Projekt: Grundkurs 18. Jahrhundert. Die Funktion der Literatur bei der Formierung der bürgerlichen Klasse Deutschlands im 18. Jahrhundert. — Kronberg/Ts. 1974.

2 F. Sengle: Wieland. — Stuttgart 1949, S. 20; im folgenden zit.: Sengle.

3 Vgl. hierzu H. J. Haferkorn: Zur Entstehung der bürgerlich-literarischen Intelligenz und des Schriftstellers in Deutschland zwischen 1750 und 1800. — In: B. Lutz (Hrsg.): Literaturwissenschaft und Sozialwissenschaften 3. Deutsches Bürgertum und literarische Intelligenz 1750—1800. — Stuttgart 1974, S. 113—275. Speziell zu Wieland die materialreiche und gescheite Untersuchung von W. v. Ungern-Sternberg: Chr. M. Wieland und das Verlagswesen seiner Zeit. Studien zur Entstehung des freien Schriftstellertums in Deutschland. — In: Archiv für Geschichte des Buchwesens XIV (1974), Sp. 1211—1534; im folgenden zit.: Ungern-Sternberg.

4 Sengle, S. 26.   5 Ebd., S. 47 ff.   6 Ebd., S. 55.

7 Ebd., S. 84 f. Vgl. außerdem S. 44 und 59.   8 Ebd., S. 54.

9 S.-A. Jørgensen: Warum und zu welchem Ende schreibt man eine Vorrede? Randbemerkungen zur Leserlenkung, besonders bei Wieland. — In: Text & Kontext 4 (1976), Heft 3, S. 3—20.

10 Vgl. H. Sichtermann: Lessing und die Antike. — In: Lessing und die Zeit der Aufklärung. Vorträge gehalten auf der Tagung der Joachim Jungius-Gesellschaft. — Göttingen 1968, S. 168—193.

11 H. Pape: Die gesellschaftlich-wirtschaftliche Stellung Friedrich Gottlieb Klopstocks. — Diss. Bonn 1962, S. 51 ff. und 76; Ungern-Sternberg, Sp. 1249.

12 Ungern-Sternberg, Sp. 1245 ff. und 1274 ff., bes. 1285.

13 "Von allen meinen Gedichten ist der unvollendete Cyrus das einzige, welches ich mit Absichten auf das Publicum geschrieben. Alle übrigen sind entweder nach der ersten Absicht für einzelne Personen, oder in einer besonderen Stimmung der Seele, wovon sie gewisser maassen mechanische Folgen waren, oder in Ermanglung andrer Beschäftigungen, zu meiner eignen und etlicher Freunde Gemüths-Ergözung aufgesetzt worden. 'Gut', höre ich die Kunstrichter sagen, 'aber warum habt ihr sie druken lassen?' Hierauf, meine Herren, habe ich ihnen keine andre Antwort zu geben, als eine die ich, ohne Nachahmung, mit dem Grafen Schaftesbüry gemein habe: Ich sahe den Buchdruker als meinen Amanuensis an, dessen Character sich angenehmer lesen liesse als meine eigene Handschrift ..." (Wieland: Gesammelte Schriften. Akademie-Ausgabe. Bd. 3. — Berlin 1910, S. 296).

14 Sengle, S. 151.

15 Chr. M. Wieland: Werke. Hrsg. v. F. Martini und H. W. Seiffert. Bd. I—V. — München 1965—1968, Bd. IV, S. 185.

16 Zit. nach Ungern-Sternberg, Sp. 1331.

17 Ebd., Sp. 1332 f. Vgl. W. Martens: Die Botschaft der Tugend. — Stuttgart 1968, S. 126 und 167.

18 Vgl. Sengle, S. 162 f.   19 Vgl. ebd., S. 147—150.   20 Ebd., S. 143 f.

21 Ähnliches kann in England und Frankreich beobachtet werden, aber die Unterschiede sind signifikant. Der gemeinsame Zug der älteren, vorwiegend bürgerlichen "gelehrten Tischgesellschaften", der englischen Kaffeehäuser, wo Aristokratie und "Intelligenz" verkehrten, und der französischen Salons war, laut Habermas, "eine Art gesellschaftlichen Verkehrs ... , der nicht etwa die Gleichheit des Status voraussetzt, sondern von diesem überhaupt absieht." (J. Habermas: Strukturwandel der Öffentlichkeit. — Neuwied / Rh. und Berlin 1965, S. 52). Da das französische Bürgertum es zu großen Vermögen und wirtschaftlicher Macht bringen konnte, gab es am Ende dort nach der Auffassung Hausers nur mehr zwei Gruppen: "das Volk und die Gemeinschaft derjenigen, die über dem Volke standen. Die Leute, die zu der letzteren Gruppe gehörten, hatten die gleichen Lebensgewohnheiten, den gleichen Geschmack und sprachen die gleiche Sprache. Die Aristokratie und die höhere Bourgeoisie verschmolzen zu einer einzigen kulturtragenden Schicht, wobei die früheren Kulturträger zugleich Geber und Nehmer waren." (A. Hauser: Sozialgeschichte der Kunst und Literatur. — München 1958. Bd. II, S. 7). Auf diese Stelle bezieht sich Habermas: "In den Salons der Damen von Welt, adliger wie bürgerlicher, verkehren Söhne von Prinzen und Grafen, von Uhrmachern und Krämern. Im Salon ist der Geist nicht länger Dienstleistung für den Mäzen; die 'Meinung' emanzipiert sich von den Bindungen der wirtschaftlichen Abhängigkeit." (Habermas: Strukturwandel, S. 59). Den bürgerlichen

deutschen Salon gab es aber nicht oder vielmehr: Er entsprach dem als Stand oder Klasse politisch und wirtschaftlich gleich schwachen deutschen Bürgertum, das erst als Teil des sich formierenden Publikums, als "öffentliche Meinung" einigen Einfluß ausübte. Obwohl es nicht an politischem Interesse fehlte – vgl. Wielands spätere Publizistik zur französischen Revolution – ging es bekanntlich in der Öffentlichkeit und im Salon vorwiegend um das "Private", das Allgemeinmenschliche, die Belange des Menschen und nicht die des Bürgers. "Die Privatleute treten aus der Intimität ihres Wohnzimmers in die Öffentlichkeit des Salons hinaus; aber eine ist streng auf die andere bezogen. Nur noch der Name des Salons erinnert an den Ursprung des geselligen Disputierens und des öffentlichen Räsonnements aus der Sphäre der adligen Gesellschaft. Von dieser hat sich der Salon als Ort des Verkehrs der bürgerlichen Familienväter und ihrer Frauen inzwischen gelöst. Die Privatleute, die sich hier zum Publikum formieren, gehen nicht 'in der Gesellschaft' auf; sie treten jeweils erst aus einem privaten Leben sozusagen hervor, das im Binnenraum der patriarchalischen Kleinfamilie institutionelle Gestalt gewonnen hat." (Ebd., S. 63).

22 Im Anschluß an P. E. Schramm: Hamburg, Deutschland und die Welt. – München 1943 unterscheidet Habermas zwischen "Bürgern" und "Bürgerlichen": "Zusammen mit dem Apparat des modernen Staates ist eine neue Schicht der 'Bürgerlichen' entstanden, die eine zentrale Stellung im 'Publikum' einnehmen. Ihr Kern sind die Beamten der landesherrlichen Verwaltung, vornehmlich Juristen ... Hinzu kommen Ärzte, Pfarrer, Offiziere und Professoren, die 'Gelehrten', deren Stufenleiter sich über Schulmeister und Schreiber zum 'Volk' hin verlängert. Inzwischen sind nämlich die eigentlichen 'Bürger', die alten Berufsstände der Handwerker und Krämer, sozial abgestiegen; sie haben mit den Städten selbst, auf deren Bürgerrecht ihre Stellung beruhte, an Bedeutung verloren. Gleichzeitig sind die großen Handelskaufleute aus dem engeren Rahmen der Stadt herausgewachsen ..." (Habermas: Strukturwandel [s. Anm. 16], S. 37).

23 "Wieland ist kein naiver gesellschaftlicher Schriftsteller wie noch Hagedorn und Gellert; schon er kehrt, nach der Phase empfindsamer Isolierung, in einer *ausdrücklichen Wendung des Bewußtseins* zum tonangebenden deutschen Publikum zurück, von dem seinerseits wieder bezweifelt werden kann, ob es noch als Gesellschaft im alten Sinne anzusprechen ist: 'Das ist doch ausgemacht, daß die Zahl der Lesenden immer größer wird.'" (Sengle, S. 165 f.).

24 Ebd., S. 254.   25 Zit. nach Ungern-Sternberg, Sp. 1357.

26 J. G. Herder: Vom Einfluß der Regierung auf die Wissenschaften, und der Wissenschaften auf die Regierung (1779). – In: Herders Sämtliche Werke. Hrsg. von B. Suphan, Bd. 1–33. – Berlin 1877 ff., Bd. 9, S. 347.

27 Vgl. Ungern-Sternberg, Sp. 1446.   28 Ebd., Sp. 1447.

29 Ebd., Sp. 1442.   30 Ebd., Sp. 1450.   31 Sengle, S. 223.

32 Brief an Merck vom 20.11.1779; zit. nach Ungern-Sternberg, Sp. 1371.

33 Pape: Stellung Klopstocks (s. Anm. 11), S. 192 f. mit Anmerkungen. Wie Ungern-Sternberg setzt Pape den Anteil des weiblichen Publikums, wie er aus der Subskriptionsliste hervorgeht, als zu niedrig an, weil viele Frauen ihre Männer zum Subskribieren angeregt haben. Anschließend meint er: "Eine weitere Unsicherheit bei der Ermittlung solcher Prozentzah-

len ergibt sich noch dadurch, daß Buchhandlungen und andere Institutionen größere Posten subskribierten; auch hier sind die wirklichen Leser nicht zu erfassen." (S. 331).

34 F. Kopitzsch: Einleitung: Die Sozialgeschichte der deutschen Aufklärung als Forschungsaufgabe. — In: Aufklärung, Absolutismus und Bürgertum in Deutschland. Hrsg. von F. Kopitzsch. — München 1976, S. 59 f. Kopitzsch zit. u. a. I. Mittenzwei: Theorie und Praxis des aufgeklärten Absolutismus in Brandenburg-Preußen. — In: Jahrbuch für Geschichte 6 (1972); Aufklärung. Erläuterungen zur deutschen Literatur. 3. Aufl. Bearb. von P. G. Krohn und W. Rieck. — Berlin/DDR 1971; Klassenkampf. Tradition. Sozialismus. Von den Anfängen der Geschichte des Deutschen Volkes bis zur Gestaltung der entwickelten sozialistischen Gesellschaft in der Deutschen Demokratischen Republik. Grundriß. — Berlin/DDR 1974. Kopitzsch findet aber in marxistischen Darstellungen der BRD weit undifferenziertere Thesen.

35 Vgl. dazu Sengles Darstellung (S. 407 ff.), die er mit dem charakteristischen Wielandwort — aus einem Brief an Friedrich Heinrich Jacobi — einleitet: "Der Merkur soll hauptsächlich unter den mittelmäßigen Leuten sein Glück machen und macht es auch." Goethe spricht von "Sau Merkur", Merck von "Mist", Wieland von seiner "Fabrik".

HANS ERICH BÖDEKER

Thomas Abbt: Patriot, Bürger und bürgerliches Bewußtsein

I

Die zweite Hälfte des 18. Jahrhunderts war die Epoche der Breitenwirkung, des umfassenden regionalen und sozialen Erweiterungsprozesses der Aufklärung. [1] Im Zentrum dieses Prozesses stand eine Bildungsbewegung. Bildung als Element der geistigen Durchdringung der Welt war umgekehrt Element der Herauslösung des Individuums aus den es begrenzenden ständischen, religiösen und regionalen Grenzen. Diese Herauslösung des Menschen aus seiner normativen Gruppenverhaftung und die Rückverweisung auf ihn selbst initiierte einen Wandel der sozialen Selbstdefinition. Bildung wurde zum Leitbegriff des Ideals geistiger Individualität, freier Geselligkeit und ideennormativer Selbstbestimmung. Der Gebildete war der Mensch, der aufgrund des Bildungsprozesses mündig geworden ist. Die Gebildeten waren also die Schicht derer, die Universitäten oder höhere Schulen durchlaufen hatten oder sich autodidaktisch die wissenschaftlich bestimmte Bildung angeeignet hatten, diejenigen, die die Literatur im weitesten Sinne verfolgten und einen Beruf ausübten, der akademische Bildung voraussetzte. Sie waren gleichsam die Personifikation der Aufklärung. "Die 'Gebildeten' machten im sozialen Gefüge des deutschen Volkes im späteren 18. Jh. ... die interessanteste Gruppe aus, und zwar deshalb, weil sie die wichtigsten Träger der Entwicklung des politischen Bewußtseins der Nation waren." [2]

Sozialhistorische Vorbedingung der Emanzipation dieses modernen Bürgertums war die Lockerung der geburtsständischen Gesellschaft im Prozeß des inneren Ausbaus des modernen Staates durch das vom Staat auferlegte, honorierte Qualifikationswesen durch Bildung und Leistung. "Im Sozialtyp des Gebildeten ... sprengte Bildung die geburtsständischen Schranken, verursachte aber gleichwohl eine neue Oberschicht der Gebildeten, freilich in gesteigerter sozialer Offenheit gegenüber dem 'Volk' und daher grundsätzlich zum bisherigen 'Gelehrtenstand' verschieden." [3] Das neue soziale Leitbild des gebildeten Menschen setzte sich allmählich gegen das des "Gelehrten" durch. Dem Begriff der Gelehrten blieb noch lange eine Zunft-, ja Standesqualität anhaften. Mehr und mehr wurde er zu einer Berufsbezeichnung einer Gruppe innerhalb der sozialen Schicht der Gebildeten, der sich aus der Exklusivität der akademischen Standeskultur lösenden Bürgerlichen.

Diese sich aus der absolutistischen Gesellschaftsformation lösende, geistig selbständig werdende, wesentlich bürgerlich bestimmte Zwischenschicht konstituierte sich in der zweiten Hälfte des 18. Jahrhunderts zur "Aufklärungsgesellschaft" (Joachimsen). Sie war sowohl Bedingung als auch Folge des "Strukturwandels" der Aufklärung. Selbständigkeit, Unabhängigkeit, Selbstbestimmung, wenn schon nicht im äußeren Sinne, da dafür in den meisten Fällen die materiellen Voraussetzungen fehlten, so doch innerlich war das erste Ziel der bürgerlichen Emanzipation. Da diese Selbstverständigung der Gebildeten, die innerhalb der repräsentativen Handlungs- und Selbstdarstellungszwänge der ständisch-absolutistischen Ordnung keine eigene soziale Identität mehr ausbilden konnten, in der "Aufklärungsgesellschaft" erfolgte, verlagerte sich ihr Selbstverständigungsprozeß in wesentlichen Momenten aus der etablierten höfisch-ständischen Kultursphäre heraus.

Charakteristisch für die Schicht der bürgerlichen Gebildeten, der Juristen, der Beamten, der Pfarrer, der Professoren, der Lehrer, der Männer also im Dienste der Fürsten oder auch lokaler Obrigkeiten oder der Kirche, war, soweit feststellbar, die offenbar relativ starke Isolierung. Vielfach heirateten die Gebildeten innerhalb ihrer Schicht und der Grad der Selbstrekrutierung war, soweit feststellbar, ebenfalls sehr erheblich. Auf die besondere Bedeutung des protestantischen Pfarrhauses ist wiederholt hingewiesen worden. Gegenüber der bedeutungsvollen Minderheit, die aus dem Kleinbürgertum aufgestiegen war, trat der Anteil derjenigen, die aus dem Großbürgertum, dem Bauernstand oder der städtischen und ländlichen Unterschicht stammten, weit zurück. Besonders charakteristisch für die Sozialstruktur der Aufklärungsgesellschaft war der hohe Anteil der "Beamten" im weitesten Sinne. Bereits die Zeitgenossen bemerkten, daß "unter den gebildeten Ständen ... sich meist alles öffentlichen Bedienungen widmet" und nur eine unbeträchtliche "kleine Anzahl von eigenen Mitteln leben kann oder will".[4] Hier boten sich Chancen zu relativ gesicherten Stellungen, aber auch Möglichkeiten der Einflußnahme und Teilhabe am Staat, konnte doch den persönlich erfahrenen grundsätzlichen Mängeln der bestehenden Staaten unmittelbar entgegengewirkt werden. Diese soziale Konstellation brachte den Schriftsteller mit "Geschäftserfahrung" hervor. Indessen waren die gesellschaftlichen und politischen Wirkungsmöglichkeiten der Gebildeten außerordentlich beschränkt, war doch ihnen der Eintritt in die höfische Welt zumeist verwehrt und damit auch der Einblick in ein wichtiges soziales Erfahrungsfeld und in das wichtigste politische Wirkungsfeld versagt. Nicht zuletzt zeigte sich aber auch die Grenze der Aufnahmefähigkeit der ständisch bestimmten vorindustriellen Gesellschaft für Gebildete. Es wurde deutlich, daß ein statisches soziales Gefüge wie die ständische Gesellschaft langfristig eine auch nur partielle soziale Mobilität kaum verkraften konnte. Eingeengt wurden die beruflichen Chancen der Gebildeten darüber hinaus noch durch die Konkurrenz des Adels.

Die soziale Institution Freundschaft und ganz allgemein die persönlichen Beziehungen müssen zur Sozialstruktur der Aufklärungsgesellschaft gerechnet werden. Sie war Korrelat der Herauslösung der Gebildeten aus dem ständischen Sozialgefüge innerhalb des umfassenderen gesellschaftlichen Veränderungsprozesses der Modernisierung und seiner Differenzierung der gesellschaftlichen Struktur mit den Folgen der Individualisierung. Der Gebildete erfuhr seine Verselbständigung zunächst als Vereinzelung, erfuhr den Erwerb der Individualität als problematischen Prozeß. Die durch den Verlust der gegebenen sozialen Beziehungen und Rollen zunächst als Belastung erfahrene Befreiung des Individuums ließ die persönlichen Beziehungen und unter ihnen insbesondere die Freundschaft wichtig werden. Freundschaft sollte die Vereinzelung abmildern, ohne die erlangte, als unverzichtbar empfundene Subjektivität aufzuheben. Umgekehrt wurde das Freundschaftsbedürfnis zusätzlich verstärkt, wenn die gesellschaftliche Umgebung keine Möglichkeiten der Identitätsbildung bot. [5]

Auch die Briefwechsel als wesentliches Strukturelement der Aufklärungsgesellschaft sind Zeichen der sozialen Situation der Gebildeten. Aus ihnen sprach eine Freundschaft in der zwei gleichberechtigte Partner ihre Sorgen, ihre Freuden, auch ihre Launen offenbarten, Rat suchten und erhielten, Hilfe erbaten und empfingen. Über die psychische Entlastung und Entspannung hinaus lag die gesellschaftliche Bedeutung des Briefes in seiner Funktion als Informationskanal, also als Faktor des individuellen Umweltbezugs. Umgekehrt war der Briefwechsel wesentlicher Beziehungsträger der Intersubjektivität und initiierte soziale Integration. Im Briefwechsel suchten die Gebildeten ihre isolierte, vereinsamte Existenz aufzuheben, Selbstbestätigung zu finden, die eigene isolierte Erlebens- und Erfahrungssphäre auszuweiten, Verbindungen zu den geistigen und wissenschaftlichen Auseinandersetzungen herzustellen. Die den Briefen beigefügten Aufsätze, Bücher, Zeitschriften und eigenen Manuskripte sollten der Kritik und Aussprache dienen. In diesen Briefschreibern stellte sich die deutsche "Aufklärungsgesellschaft" dar.

Offenbar waren Freundschaften und Briefwechsel nicht die einzigen Möglichkeiten, der inneren und äußeren Verhaltensunsicherheit entgegenzuwirken, die durch eine Differenzierung der sozialen Struktur in das Leben des einzelnen Gebildeten hinreichte. Es entstanden größere Freundesgruppen, zur Organisation neigende Freundschaftsbünde, schließlich Assoziationen wie Gesellschaften, Konventikel, geheime Bünde, Lesegesellschaften. [6] Daß die Aufklärungsgesellschaft konstituierende Assoziationswesen war ein Novum, begründet in dem "Bedürfnis nach geselliger, diskutierender Selbstverständigung und gemeinsamem Handeln". [7] Der Prozeß der Individualisierung, Dekorporierung und Emanzipation, dem die Gebildeten unterlagen, war ebenso die Voraussetzung der Vereinsbildung wie dieser Prozeß durch die Vereinsbildung gefördert worden ist. Die Vereine bildeten die lokalen sozial-kulturellen Kristallisationen der Aufklärungsgesellschaft. Ihre Organisationsformen, ihre Mitgliederstruktur wie die soziale Herkunft ihrer Initiatoren gründen in der sozio-politischen Struktur des je einzelnen Aufklärungszentrums. Bei aller Vielfältigkeit waren die Assoziationen wesensverwandte soziale Institutionen. Sie institutionalisierten das "Gespräch" im weitesten Sinne. Noch diesseits der Zwecke ist der aktive Zusammenschluß Bedürfnis, Voraussetzung der Stabilisierung des Ich. Der Vereinsreichtum des 18. Jahrhunderts macht darauf aufmerksam, wie Menschen damals mit Institutionen experimentierten, um dem gesellschaftlichen Wandel gerecht werden zu können. Voraussetzung und Komplement der Vereinsbildung ist der "persönliche Stand" der Gebildeten aufgrund von Bildung und Leistung. [8] Wesentlich ist, daß dieses Assoziationswesen von Freundschaften und Freundschaftsgruppen durchsetzt war und ohne diese gar nicht zu denken ist. Voraussetzung und Folge der Vereinsbildung in den verschiedenartigsten Formen waren ferner die geistigen Veränderungen im Gefolge der Aufklärung: "Veröffentlichung der Kultur". In den Freundschaften, Briefwechseln und Vereinen gründete der Mitteilungszusammenhang der Gebildeten, die Kommunikationsgemeinschaft der "Aufklärungsgesellschaft" mit den Folgen einer Ausbildung übergreifender Denkformen und eines Konsensus' von leitenden Vorstellungen, deren Medium vor allem die Literatur war.

Verstärkte Selbstorganisation und normativ-theoretische Selbstverständigung waren Korrelate; beide Prozesse korrespondierten dem Strukturwandel der Aufklärung. Die organisatorischen Ansätze verstärkten sich zu einem umfassenden bürgerlichen Vereinswesen, in dem die politischen Aspekte immer manifester wurden. Es war aber doch nur eine dünne und recht isolierte Schicht — auch vom Bildungsstand her gesehen —, die die Aufklärungsgesellschaft ausmachte: das schreibende und lesende "Publikum". Die Gruppe der Gebildeten hat das Publikum der Schreibenden und Lesenden ausgemacht, das in der zweiten Hälfte des 18. Jahrhunderts im Zeichen der Aufklärung sich über die politischen und konfessionellen Grenzen hinaus erweiterte und das soziale Substrat der sich entwickelnden "öffentlichen Meinung" stellte. Das Entstehen einer "politischen Öffentlichkeit" innerhalb des engmaschigen überregionalen Beziehungs- und Kommunikationsgeflechts der "Aufklärungsgesellschaft" gründete in einer langsamen, grundlegenden Veränderung der literarisch-publizistischen Produktion. Ebenso bedeutsam wie die qualitative Expansion der literarischen Produktion war ihr zunehmend gesellschaftsbezogener Charakter. Parallel dazu vollzog sich die Institutionalisierung des Pressewesens als des wichtigsten Kommunikationsmittels der politischen Öffentlichkeit. Die Institution Presse bildete und repräsentierte gleichzeitig das Publikum. Schließlich weitete sich im Verlauf des 18. Jahrhunderts der Kreis derer, die an der politischen Diskussion teilnahmen, über den Kreis der Fachgelehrten wie der überkommenen Machteliten hinaus aus. [9]

II

Die Konstituierung der Aufklärungsgesellschaft vollzog sich allmählich, schrittweise, in verschiedenen Phasen. Bereits seine Zeitgenossen sahen Thomas Abbt (1738–1766) [10] als Repräsentanten des den Gelehrten ablösenden aufkommenden neuen sozialen Typus' des bürgerlichen Gebildeten. [11] Bürgerlicher, reichsstädtischer Herkunft — seine Vorfahren stammen aus Pastoren- bzw. Handwerkerfamilien — studierte Abbt zunächst nicht ganz freiwillig Theologie in Halle (1756), der damals noch führenden deutschen Universität. Die Aufgabe des Theologie-Studiums war charakteristisch für die damals einsetzende, für die deutsche Gesellschaftsgeschichte sehr bedeutsame Abwendung von der Theologie als Wissenschaft und Beruf. Selten allerdings, daß ein bereits in Amt und Würden stehender Theologe diese verließ; die Abwendung vollzog sich schon während oder unmittelbar nach dem theologischen Studium.

Danach wandte sich Thomas Abbt dem Studium der Philosophie, Mathematik, Literatur und Geschichte zu. Abbt war Professor der Philosophie in Frankfurt an der Oder (1760–1761) und Professor für Mathematik in Rinteln (1761–1765). Er war also von seiner beruflichen Stellung her "Gelehrter". Nach seinem Selbst- und Weltverständnis sowie durch seine schriftstellerischen Arbeiten jedoch gehört er nicht mehr zur überkommenen akademischen Standeskultur. Für die zeitgenössische Überlagerung beider sozialer Leitbilder spricht, daß Abbt selbst den Begriff des Gelehrten in beiderlei Hinsicht gebrauchte, wenngleich er den Gelehrten im traditionellen Sinne wesentlich ständisch bestimmt sah. Er sprach distanzierend vom "gelehrten Handwerk", das aus "Kollektaneen mit Schmerzen ... Pedantereyen gebähre", von "Gelehrten vom Handwerk", vom falschen Begriff, "den man sich von den klassischen Schriftstellern macht. Man hält sie für alte, armselige, verachtete Schulfüchse ..." [12] Abbt kritisierte in dreifacher Hinsicht den traditionellen Gelehrtentypus: Die Trennung zwischen "Lebenswelt" und "Studierstube" führe erstens zur Verkümmerung des Geistes, führe zweitens zur totalen Vereinsamung des Gelehrten, nicht nur wegen des elitären Anspruchs, sondern auch wegen des einseitigen, philologisch-gelehrten Bücherwissens, und sie führe drittens schließlich zur Verfälschung des Wissens selbst, weil es nicht mit der Lebenswelt vermitteltes Wissen sei. Abbts Annahme der Stellung eines gräflichen Hof- und Regierungsrates in Bückeburg (1765) war die manifeste Distanzierung von der gelehrten Standeskultur.

Mit seinen wesentlichen publizistischen Arbeiten trat er aus dem rein akademischen Umfeld heraus. In ihnen erwies er sich weniger als "Schriftsteller oder Gelehrter vom Handwerk", [13] vielmehr tendierte er zum Ideal des "gesellschaftlichen Schriftstellers" (Fr. Schlegel). Seine selbständigen politisch-moralischen Studien "Vom Verdienste" (1765) und "Vom Tode für das Vaterland" (1761) bildeten wesentliche Anstöße eines umfassenden Politisierungsprozesses der Aufklärungsgesellschaft. Sicherlich, der Essay "Vom Tode für das Vaterland", der nachweisen wollte, daß auch die Monarchie Vaterland sein könne, war im Blick auf Preußen geschrieben; bedeutsamer jedoch war die Bereitstellung politisch-moralischer Kategorien für die Gebildeten. Nicht zuletzt war er Anlaß für einen lebhaften Streit für und wider den "Freistaat". Nahezu so umfangreich wie die von Friedrich Nicolai herausgegebenen Werke Abbts waren die Rezensionen Abbts für die von Friedrich Nicolai herausgegebenen Zeitschriften "Briefe, die neueste Litteratur betreffend" und die "Allgemeine deutsche Bibliothek". Beide Zeitschriften intendierten, durch Rezensionen von Neuerscheinungen auf vielen Wissensgebieten — wobei insbesondere bei der "Allgemeinen deutschen Bibliothek" nicht nur Mitglieder des engeren Berliner Kreises der Gebildeten, sondern Wissenschaftler und Literaten aus allen Teilen Deutschlands beteiligt waren — die Kommunikation der Gebildeten und durch die Hebung des geistig-literarischen Niveaus die Verbreitung aufgeklärter Ideen zu garantieren. Gleichwohl stellten beide Zeitschriften noch keine vollständige Öffentlichkeit her, da sie die Praxis anonymer Rezensionen bewußt pflegten.

Abbt selbst hat sich niemals direkt über sein Selbstverständnis als Schriftsteller geäußert. Es läßt sich jedoch indirekt erschließen aus seiner Diskussion mit Mendelssohn und Nicolai über die Verdienste des Schriftstellers, in der Abbt den "gesellschaftlichen Schriftsteller" gegenüber Mendelssohns und Nicolais Intentionen bevorzugt. Darüberhinaus war ihm Justus Möser in der Verbindung des "vollkommenen Geschäftsmannes" und des "gesellschaftlichen Schriftstellers" offensichtlich ein Vorbild.

Abbts Buchbesessenheit, die Sucht nach Neuem und Neuestem, seine Belesenheit, wie sie aus den Briefen spricht, erklären sich nicht nur aus dem noch vorhandenen Erbe enzyklopädischer Gelehrsamkeit, sie erklären sich wesentlich aus dem Bedürfnis nach Welterfahrung, die angesichts der ständischen Gesellschaft für den bürgerlichen Gebildeten vorerst nur durch das Medium der Literatur zu erlangen war. Lektüre und die Reflexion des Gelesenen wurden als Welterfahrung handlungsanleitend. Vor dem Zweck des Lesens als des berufssoziologischen Charakteristikums des Intellektuellen diente das Lesen der Konstituierung des innegeleiteten bürgerlichen Gebildeten. Umfassende Lektüre schuf Raum um den Menschen, isolierte ihn, half ihm aber auch, eine Identität zu erwerben, sich für seine Laufbahn vorzubereiten. [14]

In ähnlicher Weise war ihm in Rinteln wie in Frankfurt, an der Peripherie der sich konstituierenden Aufklärungsgesellschaft ohne lokale Kristallisation von Aufklärungsgesellschaften, der Briefwechsel intellektuelle wie existentielle Notwendigkeit. Die Klage über den Mangel an adäquaten Diskussionspartnern zieht sich wie ein roter Faden durch den Briefwechsel. Angesichts dieser Situation wurde ihm der Brief zum wesentlichen Mittel geistiger Kommunikation, geistiger Wechselbeziehung. Abbt wechselte mit seinem Briefpartner nicht nur Grüße, sondern es wurden gegenseitig Empfindungen, Gefühle, Stimmungen, Einstellungen, Ängste und Befürchtungen, aber auch Anschauungen und eigene Arbeiten übermittelt. So entstand sein Essay "Vom Verdienste" im ständigen brieflichen Dialog mit Möser, Klotz, Nicolai und insbesondere mit Moses Mendelssohn.

Sein Briefwechsel u. a. mit Moses Mendelssohn, Friedrich Nicolai, Gleim, Klotz, Justus Möser und Isaak Iselin band ihn in das ständische, territoriale und konfessionelle Grenzen überschreitende Kommunikationsgeflecht der sich konstituierenden "Aufklärungsgesellschaft" fest ein. Auffällig ist jedoch, daß Thomas Abbt streng zwischen dem Briefwechsel mit Möser einerseits und Nicolai und Mendelssohn andererseits geschieden hat. Erst nach seinem Tode erfuhren die Briefpartner von der Gleichzeitigkeit der Briefwechsel.

Abbts für den bürgerlichen Gebildeten typische geographische und soziale Mobilität, die Erfahrung der Ausdehnung der sozialen Verkehrskreise durch Bildung, das Durchbrechen der bisherigen Geschlossenheit ihrer sozialen Horizonte und Gruppen, wurde von ihm erfahren als Individualisierung und Einsamkeit. Die Institution Freundschaft ist dann ihrerseits eine Folge dieser Individualisierung, sozialpsychologisch zu begreifendes Bedürfnis des seiner bisherigen Bindung ledig und damit einsam, sich selbst fremdgewordenen Ichs nach neuer Identitätsfindung, nach Kommunikation, nach Solidarisierung mit anderen. Zumal seine Freundschaft mit Moses Mendelssohn, die sich wesentlich im brieflichen Kontakt realisierte, und mit Justus Möser, die durch häufige Besuche in Osnabrück mitkonstituiert war, empfand Abbt als innovatorisch und stabilisierend auf seine Individuation infolge seiner über das Vehikel der Bildung erlangten sozialen Mobilität. Dem für den bürgerlichen Gebildeten typischen Bedürfnis nach kommunikativer Selbstverständigung, Welterfahrung und Menschenkenntnis, diente während seines Berliner Aufenthalts (Mai bis November 1761) auch seine Mitgliedschaft im 1749 gegründeten "Montagsclub", dessen Mitgliederzahl auf 24 beschränkt war und in dem sich die "Standes- und Geistesaristokratie" Berlins traf. Zweck dieses Clubs, in den jedes Mitglied Freunde mitbringen konnte und in dem sehr häufig auswärtige Gebildete zu Gast waren, war lediglich die Pflege einer "freien heiteren Konversation". Dieser frühen aufgeklärten Vereinsbildung gehörten u. a. an: Sulzer, Teller, Ramler, Lessing. [15]

Ähnliche Absichten verfolgten die häufigen Besuche Abbts in Osnabrück bei Justus Möser, der Besuch Gleims in Halberstadt, der Besuch Gleims und des Propstes Süßmilch während ihres Aufenthaltes in Bad Pyrmont wie seine Reise nach Südwestdeutschland und in die Schweiz (April 1763 – Dezember 1763), teils der Gesundheit wegen, insbesondere aber um sich Welt- und Menschenkenntnis anzueignen. Seine Reise unterschied sich natürlich grundsätzlich von der höfisch-aristokratischen Bildungsreise, der "Kavalierstour"; sie unterschied sich aber auch wesentlich von der "gelehrten Reise" von Gelehrten zu Gelehrten.

Umgekehrt hatten Abbts Lesen und Schreiben, seine Briefwechsel, seine Besuche wie seine Reise auch handfeste Gründe und Zwecke, eine berufliche Position zu erlangen bzw. abzusichern, hing doch die bürgerliche Existenz für den

Gebildeten von seiner "Stellung" ab. Einen wesentlichen Anteil seiner Lektüre machten die Vorbereitungen für eine erwünschte "Bedienung" in der staatlichen Verwaltung aus. Abbt schrieb nicht zuletzt, "um sich einen Namen zu machen", d. h. um die "Großen", die das Monopol der Stellenbesetzung hatten, auf sich und seine Leistung aufmerksam zu machen. Noch in Halle hatte man ihm vorgeschlagen, ein Buch über die Taktik zu schreiben, um Friedrich II. auf sich aufmerksam zu machen. Und Justus Möser machte ihm den Vorschlag, eine Geschichte des Hauses Braunschweig zu schreiben, die vom englischen Prinzen gewünscht wurde. Gleichwohl, trotz aller Zugeständnisse, trotz des Bewußtseins der beruflichen Abhängigkeit wollte Abbt seine berufliche Karriere eigener Leistung verdienen. " ... solte es nicht eine Nachsicht verdienen, daß wir uns meistens in der Nothwendigkeit befinden, etwas zu schreiben, nur damit wir bekannt werden, und dadurch eine Stelle bekommen, die wir uns selbst und keinen Niederträchtigkeiten wollen zu danken haben?" [16] Auch seinen Briefwechsel durchzieht die Reflexion einer beruflichen Veränderung, das Auffinden einer möglichen neuen Stellung auch durch Fürsprache und Empfehlung. Ebenso dienten seine Besuche Gleims in Pyrmont und Halberstadt über die Erneuerung und Festigung der persönlichen Beziehungen hinaus der Versicherung der Fürsprache Gleims hinsichtlich einer möglichen und von Abbt erwünschten Stellung in Berlin.

III

Mit der um die Mitte des 18. Jahrhunderts einsetzenden Krise der überlieferten, an Gott orientierten Denk- und Glaubensgewohnheiten und der ihr korrespondierenden unmittelbar religiösen oder theologischen Lebensbewältigung entstand ein neues existentielles Interesse an einem neuen Orientierungssystem, dessen der Mensch zum richtigen Leben bedurfte. [17] Dabei verlagerte sich das Interesse nicht nur von Gott auf die Natur überhaupt, sondern speziell auf den Menschen und seine Lebenswelt. Über die Bestimmung des Menschen, über sein Wesen wurde disputiert, und Moralphilosophie triumphierte über die orthodoxe Theologie, weil der bis dahin verbindliche Glaube seine überzeugende Kraft verloren hatte. Da die selbstverständliche Leitung einer Lebensführung nach dem Glauben und seinen Geboten zur Fiktion geworden war, waren die Gebildeten auf die Vernunft verwiesen. In der "anthropologischen Wendung", in der sich modernes Denken emanzipierte, gründete der Prozeß der Enttheologisierung der Bestimmung des Menschen. Die Frage nach dem Selbstverständnis des Menschen wurde nicht mehr mit der Frage nach dem biblischen Menschenbild a priori gekoppelt. Immer mehr konvergierten die Fragen auf den Menschen selbst, auf seine Menschennatur, auf sein Verhalten, auf die Gestaltung seiner Lebenswelt. Dieser Prozeß gründete nicht zuletzt in dem aus der Zersetzung des Absolutheitsanspruches der einen herrschenden Religion resultierenden Pluralismus von religiösen Absolutheitsansprüchen. Vor allem aber hing die Veränderung ethischer Normen und Anschauungen aufs engste mit dem sozialen Wandel, wie mit der Relativierung der eigenen Religion zusammen. Für Thomas Abbt war die "neue Beziehung der Christen ... wenigstens der Benennung nach, eine eingeschränktere und engere Beziehung, als die der Name Menschen mit sich führet". Gleichwohl beinhaltete diese Feststellung vorerst noch nicht die vollständige Abwendung von der christlichen Bestimmung des Menschen: "Außer der Beziehung Menschen giebt sie uns die neue Beziehung Erlösete. Diese Beziehung ist nicht nur aus dem wahren Geiste unserer Religion hergenommen: sie trifft auch den Geist der Philosophie! Nicht alle Menschen sind Christen, aber alle sind Erlösete ... Ich denke an ihn, den Menschen, und ich denke mich; ich denke an ihn den Erlöseten, und ich denke mich: Dadurch fallen alle Partheybenennungen, fällt aller Haß weg, der daraus entstehet ..." [18] Diese über Abbt hinaus repräsentative Distanzierung von der orthodoxen theologischen Bestimmung des Menschen implizierte umgekehrt die Aufwertung der Frage der philosophisch orientierten Bestimmung des Menschen. Die aufgeworfene Frage nach der Bestimmung des Menschen bildete seit der Mitte des 18. Jahrhunderts so etwas wie den Kristallisationspunkt aller übrigen Themen und Motive der aufklärerischen Selbstvergewisserung.

Dem ehemaligen Theologiestudenten Thomas Abbt war die Frage nach der Bestimmung des Menschen Kristallisationspunkt seiner Reflexion, weil ihm weder die Antworten der philosophischen Tradition noch die der orthodoxen Theologen befriedigen konnten. Diese Antworten mußten für den aus der überkommenen ständischen Lebenswelt freigesetzten bürgerlichen Gebildeten obsolet werden. Abbt selbst unterstrich die Bedeutung der Reflexion über die Bestimmung des Menschen als grundlegend für seine Philosophie überhaupt. "Wozu mag der Mensch wohl bestimmet seyn? Von der Auflösung dieser Frage scheinet das meiste abzuhängen, was ich suche." [19] Seine Überlegungen durchzogen seinen Briefwechsel mit Mendelssohn; öffentlich hatte er sich zu dem Problem geäußert in zwei Rezensionen, die in den "Briefen, die neueste Litteratur betreffend" erschienen sind, und zwar in der 'Rezension von Süßmilch' sowie in der von 'Spalding'. [20] Weder Nicolai noch Mendelssohn glaubten, Abbts Reflexionen ohne Kommentar veröffentlichen zu können. [21] Angesichts der von Abbt einmal eingenommenen Position der Zurückweisung der christlichen Perspektive der Bestimmung des Menschen wie der traditionellen metaphysischen Lösungsversuche, sah er sich an seine eigene Vernunft, seine Erfahrung und seine geschichtlichen Reflexionen verwiesen. "Es ist mir nicht erlaubt, meine Schulkenntnisse unter mir ausgebreitet, mich ruhig und unbekümmert um alles, was vorher in der Welt geschehen ist, ins Gras niederzusetzen, und da etwa zu überlegen, welches von den philosophischen Systemen der Glückseligkeit ich mir allenfalls wählen wollte: Ach nein, so bequem läßt sich meine Frage nicht beantworten. Ich muß vorher auf dem ganzen Erdraume durch die vielen Jahrhun-

229

derte hindurch herumirren ... und alles dieses darum, damit ich daraus etwa das Licht erhaschen möchte, das mir die Bestimmung des Menschen beleuchtete." [22] Abbt unterstellte seine Fragen nach der Bestimmung des Menschen also wesentlich der Bestimmung des Menschen als eines gesellschaftlichen Wesens.

Hand in Hand mit der vollzogenen Betonung des natürlichen menschlichen Eigenwerts ging die Absage an die Lehre der unentrinnbaren Erbsündigkeit des Menschen. Die Betonung der menschlichen Vernunft implizierte die Kritik am Dogma der göttlichen Allmacht, was umgekehrt die menschliche Selbstverantwortung für sein gesellschaftlich-geschichtliches Handeln bedeutete. Dem entsprach die Überzeugung von natürlichem Recht menschlicher Selbstentfaltung. Nicht zuletzt aus dem Verlangen nach einer Weltanschauung, die die bürgerliche Lebensweise vernünftig begründete und dadurch auf eine intellektuelle Grundlage stellte, mußte Abbt das Problem der Bestimmung des Menschen von neuem aufnehmen und den Erweis erbringen, daß die Lebensweise des Bürgers der wahren Bestimmung des Menschen entsprach. Die Leitfrage nach der Bestimmung des Menschen intendierte also die Begründung der bürgerlichen Emanzipationsforderung nach Teilhabe am gesellschaftlich-politischen Prozeß.

In Abbts bewußter Betonung der sinnlichen Erfahrung als einer wesentlichen Quelle der Erkenntnis gründete seine Wendung zur Praxis sowohl als Quelle wie als Umsetzung von Erkenntnis. Diese Distanzierung von der überkommenen Schulphilosophie bedeutete eine Neubestimmung von Philosophie. An die Wertschätzung des Persönlichen schloß sich an eine Hochschätzung der praktischen Vernunft. Der Schwerpunkt des Interesses der Philosophie Abbts lag auf der praktischen Philosophie, er verknüpfte Wissenschaft und Gesellschaft. In seinem Essay "Vom rechten Studium der Philosophie" faßte er die Aufgaben der Philosophie zusammen: "Das Geschäft der Philosophie ist: Unser Leben einzurichten, zu ordnen, zu verschönern; uns zu lehren, das Widrige stark, das Gute mäßig und ruhig zu ertragen; im Unglück unser Trost zu sein, im Wohlstand uns etwas nieder zu halten ... Jede Kenntnis, die beiträgt, Glückseligkeit durch Vernunft zu erlangen, ist folglich ein Teil der Weltweisheit ... " [23] "Der letzte größte Endzweck aber ist: daß die Philosophie uns zeigen muß, wie wir durch Vernunft, aus der Kenntnis unsrer selbst und anderer Dinge außer uns, unser Leben bestimmen und unsere Glückseligkeit erlangen sollen." [24] Philosophie bestand nicht mehr in vernünftiger, sondern auch in lebendiger Erkenntnis, in auf richtige Praxis zielender Erkenntnis. Dahinter verbarg sich das bürgerliche Postulat des aufgeklärten Selbstdenkers, denn die gefällten Urteile müssen "eigene, nicht bloß adoptierte Kinder des Geistes seyn", dürfen weder "alte vorgefaßte Meynungen" noch "neue Modemeynungen" sein. [25] Abbts "Meynung nach ist es ... das brauchbarste an der Philosophie, sie, zur Berichtigung der Urtheile über Sachen im täglichen Leben anzuwenden und ihr dadurch das Ansehen des natürlichen Menschenverstandes zu geben". [26] Bezeichnend für die postulierte philosophische Bildung war daher ihr latent oder auch offen begründetes Desinteresse an den Problemen der reinen Theorie und der metaphysischen und naturphilosophischen Spekulation sowie in Verbindung damit die betonte Wendung zu Fragen der praktischen Lebensführung und der auf sie bezogenen ethischen und politischen Reflexionen. Ihr undogmatischer und ganz überwiegend praxisbezogener Charakter zielte ab auf die Vermittlung von Lebenskultur und menschlichem Glück, hat zur Zielsetzung den Aufbau der bürgerlichen "Welt- und Lebensanschauung" (Groethuysen). In dieser Perspektive gewinnen Abbts Publikationen "Vom Tode für das Vaterland" und "Vom Verdienste" ihre innere Einheit wie ihre zeitgenössische Bedeutsamkeit. Ihr wesentliches Kriterium war die Aufforderung zum gesellschaftlichen Engagement, zur Übernahme von Verantwortung. Wesentlich für die Bewußtseinsveränderung war auch die Uminterpretation des geläufigen Tugendbegriffs. Tugendhaftes Handeln konnte Abbt nicht mehr begreifen als den traditionellen christlichen Normen folgend, vielmehr begriff er Tugend als vernünftiges und gesetzliches Handeln. [27] Diese Philosophie hat, wenn auch nicht überall direkt als Gesellschaftsphilosophie die Tendenz auf Veränderung der Gesellschaft. Diese Hinwendung zur Gesellschaft manifestiert umgekehrt den grundlegenden Praxisbezug der Abbtschen Philosophie wie das wachsende Selbstbewußtsein der bürgerlichen Gebildeten, die nicht länger mehr bloße Untertanen sein wollten.

IV

Abbts aufgeklärte anthropologische Orientierung unterschied in der naturrechtlichen Tradition zwischen einer natürlichen und einer geschichtlich-gesellschaftlichen Bestimmung des Menschen, vor allem, indem er zwischen der Bestimmung des Menschen als Mensch und der Bestimmung des Menschen als Bürger unterschied. "Bürgerliche Gesellschaft! Politische Verfassung! Der Mensch ist nicht nur Mensch, sondern auch Bürger! Was er denkt, redet und tut geht aus dieser Bestimmung aus, und kehrt zu derselben wieder zurück." [28] Abbt entwickelte den Bürgerbegriff zum Zentralbegriff seines politischen und sozialen Denkens, machte den Bürgerbegriff zum Emanzipationsbegriff. [29]

Der Bürgerbegriff, wie ihn Abbt konzeptualisierte, umschloß zugleich moralische und politisch-soziale Qualitäten. In ihm reflektierte sich das soziale Bewußtsein der aufstrebenden bürgerlichen Schichten, die in der Ständegesellschaft keinen ihrem Anspruch genügenden Ort besaßen. "Die erste Stufe ihres Selbstbewußtseins ist durch eine bürgerliche Tugendlehre bezeichnet ... die weitete sich aus in eine Welt- und Lebensanschauung, die bürgerliches Verhalten zum Normalmaß auch für die politische Welt machte, indem sie den Bürger mit dem Staatsbürger gleichsetzte." [30] "Allein", heißt es bei Abbt, "wenn ein allgemeines Bestes stattfinden (und dieses findet sich bey allen Gesellschaften,) so muß es auch nur eine einzige politische Tugend geben. Aus diesem Gesichtspunkte betrachtet, verschwindet der Unterschied zwischen Bauer, Bürger, Soldat und Edelmann. Alles vereinigt sich, und stellt sich unter dem vormals so herrlichen Namen eines Bürgers dar ... Alles ist Bürger. So stelle ich mir die Monarchie vor, und habe ich nicht recht zu schließen, daß darin jeder Unterthan Bürger sei, so wie in der freiesten Republik der Bürger Unterthan ist? Alles ist den Gesetzen unterworfen. Niemand ist frei; jeder ist es nach dem Geiste der Staatsverfassung, darin er lebt." [31] Der Bürger, von dem Thomas Abbt sprach, war "Staatsbürger", [32] Mitglied der staatsbürgerlichen Gesellschaft. Während die Stufungen der ständischen Gesellschaftsgliederung noch bestanden, stellte er ihnen das System einer allgemeinen bürgerlichen Gesellschaft entgegen, in der nicht Geburt, sondern Leistung, "Verdienst", zählen sollte. Diese neue Selbstbezeichnung, bzw. politische Konzeptualisierung, geschah in Anlehnung an antike Reminiszenzen. Umgekehrt korrespondierte sie mit der tendenziellen Ausbildung eines einheitlichen Untertanenverbandes in der Epoche des Fürsten- und Staatsabsolutismus. So standen sich idealtypisch nach der Mitte des 18. Jahrhunderts in den größeren deutschen Territorialstaaten – zumal in Preußen – theoretisch der Souverän und die Untertanen einander gegenüber. Die egalisierenden, rechtlichen Konsequenzen der absolutistischen Gesellschaftsformation hatten eine Tendenz zur Gleichheit im Verhältnis der Untertanen untereinander und zum Herrscher zur Folge. Sie bildeten die äußere Voraussetzung dafür, daß der Begriff des Bürgers erweitert und potentiell auf alle Untertanen eines "Staates" ausgedehnt werden konnte. Gleichwohl liefen die realgeschichtlichen Wandlungen erst an, während die ideologischen Entwicklungen bereits weit über sie hinausgeschritten waren. Diese Diskrepanz wurde von Abbt bewußt wahrgenommen und thematisiert: "Wie sehr weiche ich nicht von den eingeführten Begriffen ab! Ich gestehe es, aber man muß sich nur an eben den Standpunkt stellen, wo ich stehe und man wird sich alsdann sehr leicht mit mir vereinigen." [33] Diese Bewußtseinsveränderung implizierte logisch die natürliche Gleichheit aller Menschen und juristisch die Gleichheit aller unabhängigen Bürger, bedeutete langfristig, daß das "moderne" Bürgertum sich nicht nur allgemein absetzte von der sozialen Gebundenheit des Feudalismus, vielmehr es gemeinsam mit dem fürstlichen Absolutismus den Standesbegriff umdeutete, ihn zum sozialen Gruppen- und Interessenbegriff machte. Für Abbt waren in der Monarchie die Stände gleichsam arbeitsteilig, und zwar zur Sicherheit und Bequemlichkeit der Einwohner entstanden. [34] "Oben habe ich gesagt, daß die bürgerlichen Verfassungen verschiedene Stände, und mit diesen verschiedene Beschäftigungen mit diesen verschiedenen Einrichtungen in der Annäherung der Ideen eingeführt haben." [35] Abbt jedoch war sich der Problematik der ständischen Einteilungen bewußt: "Einige in den Monarchien nöthige Eintheilungen der Stände sind vielleicht die Ursache gewesen, daß man die Verknüpfung der Bemühungen zum allgemeinen Besten zu sehr aufgelöset hat ... Die Monarchie läßt zuweilen die Bande nach, mit denen sie jeden besonderen Stand an sich zieht. Nun scheinen die Stände gleichsam getrennt." [36]

Schließlich lag in dem emanzipatorischen Gehalt des unständischen Bürgerbegriffs tendenziell die Ausweitung zur allgemeinen Bezeichnung für das vollberechtigte, unabhängige Mitglied der Staatsgesellschaft. Was bei Abbt als bloße antizipatorische staatspatriotische Rhetorik erscheinen mag, hat drei Jahrzehnte später seinen staatsrechtlichen Niederschlag im "Allgemeinen Landrecht" gefunden, das den Staat als bürgerliche Gesellschaft und die Stände als "Stände des Staates" ansah. [37] Abbt reflektierte ausdrücklich die im neuformulierten Bürgerbegriff enthaltenen Problematiken: das Verhältnis von Bürger und Untertan, das des "Reichsbürgers" und Bürgers eines Territoriums, sowie das moralphilosophisch aufschlußreiche von Christ und Bürger. Als Bürger im Gegensatz zum Untertan zu denken und zu handeln hieß für Abbt die Orientierung am Gemeinwohl und damit die bewußtseinsmäßige Überwindung der Standesschranken, die Betonung der Leistung gegenüber den Privilegien sowie Selbstverantwortlichkeit. In rechtlicher Perspektive implizierte das gesetzliche Freiheit, bürgerliche Gleichheit und bürgerliche Selbständigkeit. [38] Eine weitere Problematik, die den Bürgerbegriff nach der Mitte des 18. Jahrhunderts erfaßte, hatte ihre Ursachen auch darin, daß sich auf dem zerklüfteten Boden des alten Reiches ein eigenständiges Bürgerbewußtsein kaum ausbilden konnte. Daß es in Deutschland kein Reichsbürgerbewußtsein gab, beklagte Abbt 1761: "Was für einen Mann will denn Herr von M[oser] haben? Den Weltbürger? Dieser wird unstreitig allen Menschen gutes wünschen und so viel an ihm liegt, ihr Wohl befördern. Den deutschen Bürger? Er muß erst ein deutsches Interesse feststellen, an dem alle Untertanen der verschiedenen Prinzen in Deutschland nach gemeinschaftlichen Gesetzen und Verbindlichkeiten Antheil nehmen können." [39] Nicht zuletzt im Zweifel an der Existenz eines "deutschen Interesses" lag Abbts Zuwendung zum preußischen Territorialstaat. Ansatzweise jedoch manifestiert sich auch bei ihm ein "kulturelles Nationenbewußtsein".

Die Betonung und Hervorhebung menschlicher Praxis manifestierte sich schließlich im Verhältnis von "Bürger" und "Christ", und zwar in der Auseinandersetzung Abbts mit dem von ihm abgelehnten pietistischen Verhalten. "Kann man nach ihrem [sc. der Pietisten] ein Christ seyn und zugleich ein fleißiger, nützlicher Bürger? Kann man, wie sie es verlangen, in der untäthigen Wachsamkeit über seine innere Kampfveränderung verharren, und doch seines Berufes warten?" [40] Der Bürger muß tätig und nützlich sein nicht mehr im alten christlichen Sinne der Vorbereitung auf ein ewiges Leben, sondern im weltlichen Sinne tugendhaften, und das heißt gemeinnützigen Handelns. Abbt forderte solches Handeln in seinem schnell bekannt gewordenen Essay "Vom Verdienste" nachdrücklich und wirksam: "Verdienstliche Thaten werden eigentlich zum Nutzen der bürgerlichen Gesellschaft verrichtet und äußern auf sie ihren vorteilhaften Einfluß: aber die Einrichtung der bürgerlichen Gesellschaft ist auch den verdienstlichen Thaten höchst nöthig und macht sie von sich abhängig." [41] Daß der aufgeklärte Bürger zugleich "Patriot" sein müsse, der am Wohl seiner

Mitmenschen tätigen Anteil nimmt, gehörte über Abbt hinaus zu den immer wiederholten Grundüberzeugungen politisch-moralischer Aufklärung. Weit über die
moralische Vervollkommnung einzelner Menschen und weit über den Bereich traditioneller christlicher Nächstenliebe hinausgreifend zielte man ab auf die Errich-
tung und Förderung von Einrichtungen zum allgemeinen Besten aus bürgerlicher
Verantwortung, zielte man ab auf ein gesellschaftliches Engagement. "Mache
dich", heißt es fordernd bei Abbt in seinem Essay "Vom Tode für das Vaterland"
(1761), "als Endzweck, aber auch als ein Mittel zum ganzen vollkommen." [42]
Die sich darin artikulierende Idee der bürgerlichen Verantwortlichkeit war mehr
als eine bloße politisch-technische Konzeption. Sie hatte im Gegenteil starke
moralische Implikationen, die die engen Beziehungen von Moral und Politik in
seinem Denken reflektierten. Nicht zuletzt war sie Ausdruck des starken bürgerlichen Moralismus mit seinen Ideen von Integrität und Tugend. Die von Abbt
geforderte bürgerliche Initiative zur Einflußnahme auf das gesellschaftliche Leben war im Zeitalter des Absolutismus nichts Selbstverständliches. An die Stelle
von Passivität und ängstlicher Untertänigkeit, um deren sozialhistorische Ursachen Abbt sehr wohl wußte, und wie sie für das zeitgenössische Bürgertum vielfach bezeugt sind, sollte eine Gesinnung bürgerlicher Verantwortlichkeit treten,
die die Angelegenheiten des Gemeinwesens in die eigenen Hände zu nehmen
wagte. "Seinem Nebenbürger zu einer bürgerlichen Freiheit, die des Menschen
naturgemäß ist, verhelfen, sei eine verdienstvolle That, die ihren Wert in sich habe
und dem gemeinen Wohl nütze." [43] Diese bewußte und gewollte Wendung zur
Praxis und einer praktischen Philosophie, deren bedeutendste Ergebnisse die
Schriften Abbts über das Verdienst (1765) und über den Tod für das Vaterland
(1761) waren, war über Abbt hinaus kennzeichnend für die geistige und soziale
Situation Deutschlands am Ende des Siebenjährigen Krieges. Er hatte erkannt,
daß der Anspruch auf bürgerliche Teilnahme am Staat durch Opferwilligkeit und
uneigennütziges Handeln allein seine Berechtigung erhalte und daß solches Handeln überhaupt erst den Menschen im vollen Sinne zum Bürger mache. Darum
rief er zum patriotischen Tun auf, gleichgültig, ob es die verdiente Anerkennung
und Belohnung erfuhr; diese Frage erschien ihm für die Selbstachtung des Patrioten erst von zweitrangiger Bedeutung. Dieser Patriotismus bedeutete nicht bloß
gefühlsmäßige Anhänglichkeit an das Land seiner Herkunft, sondern über die
bewußte Zustimmung zu seinem "Vaterland" hinaus überlegtes, zukunftsorien-
tiertes gesellschaftliches Handeln. Solches Handeln hatte seinen Wert in sich und
war dem allgemeinen Wohle dienlich. In ihm erwies sich der Mensch als "Bürger",
der die edelste aller Gesinnungen, das "Wohlwollen" besaß: "Es berichtigt die
Beziehungen, hebt die unnötigen auf, verstärkt die wahren und vortrefflichen,
sieht anstatt zu fühlen; geht auf das Entfernte wie auf das Nahe, erstreckt sich
auf die Zukunft, wie auf das Gegenwärtige, wird nicht bloß durch den Schmerz
gerührt, sondern durch das Unglück ... Daher steigt auch das Wohlwollen ... vom
Allgemeinen zum Besonderen herunter. Es fängt mit der allgemeinen Menschen-

liebe an: denn höher können wir es, ohne den Anschein einer Grille, nicht wohl treiben; fällt darauf auf die Liebe der Nation, der Mitbürger, der Miteinwohner, der Bekannten, Freunde und Verwandten."[44] Jede gesellschaftliche Verbindung lebt von solchem Wohlwollen, mit dem der Einzelne aus seiner Ichbezogenheit heraustritt: "Da, wo die Verwandlung des guten Herzens in das Wohlwollen übergehen soll, muß erst die Raupenhaut gänzlich abgestreift seyn."[45] Damit gewinnt der einzelne zugleich einen Zuwachs an moralischer Würde. "Das Wohlwollen ... gründet sich auf das gemeinschaftliche Daseyn zum wechselseitigen Nutzen und Frommen, das immer das nämliche bleibt; gründet sich auf die Verbindung gegen das Ganze, welche durch das beleidigende Betragen eines einzign Theils niemals kann aufgehoben werden."[46]

Thomas Abbt beschrieb die geforderte patriotische Zuwendung zur Gesellschaft im zeitgenössischen Sprachgebrauch auch als "politische Tugend". "Haben diese Handlungen das Beste der bürgerlichen Societät zum Augenmerke: so heissen sie politische Tugenden ... "[47] Politische Tugend, Wohlwollen und Patriotismus als Synonyma implizierten die Forderungen des Einsatzes für die Gesellschaft. Näherhin bedeutete "politische Tugend" die Reformgesinnung und das Einstehen für das Gemeinwesen, geleitet von einem strengen Sinn für Gerechtigkeit, Gehorsam den Gesetzen gegenüber. Zugleich unterstellte Abbt antizipatorisch, daß, wenn ein "allgemeines Bestes" stattfände, "und dieses findet sich bei allen Gesellschaften", es "auch nur eine einzige politische Tugend" gäbe, vor der alle Standesunterschiede sich aufhöben.[48] Wiederum betonte er also die Verbindung von Bürger und Patriotismus. Damit kam er den anhebenden staatspatriotischen Tendenzen des aufgeklärten Absolutismus zwar ein gutes Stück entgegen, gleichwohl ging er zugleich über diese Tendenzen hinaus, wenn er – und das ist bezeichnend für den politisch-emanzipatorischen Gehalt – "politische Tugend", "patriotische Gesinnung" und "public spirit der Engländer" parallelisierte.[49] Abbt wußte sehr genau um die Schwierigkeiten der implizierten Bewußtseinsveränderung als Bedingung dafür, seine Zeitgenossen aus ihrer unpolitischen Vereinzelung, ihrer egoistischen Gleichgültigkeit gegenüber dem öffentlichen Wohl zu lösen. Wiederholt wies er darauf hin, daß verdienstliches Handeln nicht nur den traditionellen Machteliten bzw. den in "Bedienung" stehenden Zeitgenossen möglich war, daß vielmehr verdienstliches Handeln jedem Bürger möglich war, daß "das wahre und große Wohlwollen nicht blos im Kabinette und in der Kapelle, sondern mitten unter den Menschen erzeuget" werde. "Denn nur im Gedränge des dickesten Haufens lernt man, ihre Bedürfnisse und Fehle und Gebrechen und Krankheiten kennen."[50] Sozialgeschichtlich gesättigt, suchte Abbt darüber hinaus die patriotische Haltung mit der Vaterlandsliebe zu identifizieren, die er wiederum von der Ehre, dem zentralen Charakteristikum des aristokratischen Ethos absetzte.[51] Abbt betonte indes auch, daß ein "verdienstliches" Handeln von der "Verfassung" der jeweiligen Gesellschaft, d. h. des Staates abhänge. Mit anderen Worten: die soziale Moral der Menschen steht in enger Beziehung zu den gesellschaftlichen Zuständen, in denen die Menschen leben.

Die patriotische Forderung, die aus Abbts Schriften resultierte, richtete sich nicht an die Adresse bloßer Untertanen eines Fürsten, sondern interpretierte den Menschen in der neuen Qualität als Bürger, wenngleich noch nicht als vertrags- und politikkompetenten Bürger im Sinne von citoyen. Mit dieser Konzeption des "Staatsbürgers", der patriotisch zu handeln gewillt war, hatte Abbt jedoch die Grundlage einer politischen Moral konzipiert, jeden einzelnen in seiner Funktion innerhalb des Staates anzuerkennen und einzugliedern. Und nicht nur das; die Sprache Abbts war auch diejenige Friedrichs II.: "Es ist die Pflicht eines jeden guten Staatsbürgers seinem Vaterlande zu dienen und sich bewußt zu sein, daß er nicht für sich allein auf der Welt ist, sondern zum Wohle der Gesellschaft beizutragen hat, in die ihn die Natur gesetzt hat. Dieser Pflicht habe ich nach Maßgabe meiner schwachen Einsicht und meiner Kräfte zu genügen gesucht." [52] Daß bürgerliche Schriftsteller, Beamte und Monarchen denselben Grundsatz politischer Moral vertraten, patriotisch sprachen und gemeinsam als "Staatsbürger" empfinden konnten, daß es möglich war, alle Gruppen der Staatsbevölkerung in ihrer Funktion im Staate zu sehen und anzuerkennen, hat — noch vor aller praktischen Realisierung — nicht zuletzt zur wesentlichen Staatsbejahung der Gebildeten geführt. Sicherlich, Abbts Schrift "Vom Tode für das Vaterland" war im Blick auf Preußen geschrieben. Der bedeutsamere und wirksamere Aspekt aber lag in der Bereitstellung politischer Kategorien für die politische Selbstbestimmung der Gebildeten und auch zunehmender Abstraktion des politischen Denkens, das sich von den Bedingungen, in die der einzelne durch seine Geburt gestellt war, mehr und mehr ablöste. Der Prozeß der "Politisierung" des von den Gebildeten getragenen wie formulierten öffentlichen Bewußtseins im Deutschland der zweiten Hälfte des 18. Jahrhunderts wird in seiner Eigenart, seinem Verlauf und seinen Ausmaßen und Grenzen erfaßbar nur, wenn der Patriotismus als seine noch stark moralistische Frühstufe verstanden wird. In der nur allzu geläufigen Rede vom Patriotismus sprach sich das politische Selbstbewußtsein der aufsteigenden bürgerlichen Schichten aus, die eine Gesinnung in Anspruch nahmen, die es nicht mehr erlaubte, sie als bloße Untertanen anzusehen.

Diesem Selbstbewußtsein entsprach auch Abbts Definition von Politik, die rein innenpolitisch orientiert war und sich absetzte von der "höfischen Kabinettspolitik". "Politik ist nicht die Kenntnis von dem jedesmaligen gegenwärtigen Interesse der europäischen Mächte gegeneinander, von ihrer wahren oder nur geglaubten Macht, von ihren echten oder nur eingebildeten Hilfsquellen, ihren geheimen oder vorgeblichen Gesinnungen, ihrer aufrichtigen oder gelogenen Freundschaft, den Triebfedern ihrer Ränke und Verbindungen, den Charakteren der Mächtigen, entweder dem Titel oder der Tat nach, noch andern dahin gehörigen Stücken." Im Gegenteil, unter Politik verstand Abbt, und das entsprach aufs genaueste der angeeigneten Kompetenz der bürgerlichen Gebildeten, die

"Kenntnis von der Natur der bürgerlichen Gesellschaften, ihrer Gesetze und wahren Vorteile, angemessen nach den Bedürfnissen, Kräften und Neigungen der wirklich lebenden Menschen." [53] Abbt verband Politik und Philosophie zur "politischen Philosophie" und postulierte mit kritischem Seitenhieb auf seine traditionell orientierten Professorenkollegen, daß jeder Gebildete, vorausgesetzt, "daß er nicht Professor an einer Universität ist" und falls er sich nicht nur auf das "Grübeln in seiner Studierstube" beschränken wollte, "sich mit politischer Philosophie beschäftigen muß". [54] Deutlicher läßt sich kaum die Forderung nach Politisierung wie umgekehrt der Anspruch auf politische Teilhabe am Staat formulieren. Um aber die "bürgerlichen Gesellschaften und deren Gesetze", um die Bedürfnisse und Neigungen der Menschen kennenzulernen, sah sich Abbt an die Geschichte verwiesen. Allein durch die Geschichte, so Abbt, lernen die Menschen sich selbst kennen. Dabei reduzierte er den geschichtlichen Prozeß auf die Frage, "ob die Würde des Menschen erhalten oder erniedrigt worden sei". Nur "in Rücksicht auf die Verbesserung des ganzen menschlichen Geschlechts" wollte er die Weltgeschichte betrachtet wissen. Auch Thomas Abbt gelangt zu einer Sinnfindung der Geschichte durch die Idee, daß das meiste auf dieser Erde geschehen sei, um den Europäer aus der Barbarei herauszuziehen. [55] Geschichte wurde ihm, zumal in seiner Orientierung an der Geschichtsschreibung Voltaires und Humes letztlich Rekonstruktion des Prozesses des ökonomischen, sozialen und geistigen Aufstiegs des Bürgertums, Beleg der Rechtmäßigkeit der Forderungen der Bürgerlichen. "Pragmatische Geschichte", wie Abbt sie theoretisch konzipierte, seine eigenen Studien blieben weit hinter der Konzeption zurück, gewann darüber hinaus Dimensionen der Zukunft.

Abbts Wissen um den Mangel an politischem Bewußtsein seiner Zeitgenossen wie sein Wissen um den Charakter der Aufklärung als einer Bildungsbewegung und des Aufklärungspatriotismus' als eines Bildungselements führte ihn zur Konzeption einer moralisch-politischen Erziehung, der Erziehung der Untertanen zu Staatsbürgern. Bereits den Kindern sollte eine "rechtschaffene Liebe für das Vaterland, worinn die Kinder geboren", anerzogen werden. Den Kindern sollte von frühester Jugend an Gehorsam und Treue gegen ihre "Landesherrschaft", kurz "brennender Eifer" für das Vaterland, anerzogen werden. [56] — Auch nach der Schulzeit jedoch sollten die Knaben zweimal wöchentlich und unentgeltlich Religionsunterricht und Unterricht in den "Pflichten des Bürgers" erhalten. [57] Als eine wesentliche Aufgabe des Schriftstellers und Predigers (sic!) sah er den "politischen Unterricht" für alle Untertanen an. Besonders den Schriftstellern oblag nach Abbt die Aufklärung über die "gesellschaftlichen Tugenden" durch preiswerte, allgemeinverständliche "patriotische" Bücher, durch die der Untertan über die Einrichtungen, über die Verfassungen der einzelnen Staaten und vor allem seines eigenen Vaterlandes, über die Politik der Fürsten, über seine eigenen Pflichten aufgeklärt werden sollte. [58] Umgekehrt entsprachen diesen Pflichten jedoch Rechte. Abbts Forderung nach einem "politischen Unterricht" gipfelte in dem

Postulat einer Wochenschrift "Der Bürger" sowie eines "Bürgerkatechismus". [59]
Seinen Intentionen entsprachen patriotische Appelle anderer Schriftsteller sowie,
aber nur partiell, die anhebenden staatspädagogischen Bemühungen des aufgeklärten Absolutismus um die Ausbildung einer vom patriotischen Geiste beseelten
staatsbürgerlichen Gesellschaft.

V

Mit dem Bewußtsein, im Besitz von moralischen Rechten zu sein, wurde der Ruf
nach Freiheit lautet. [60] Sozialgeschichtlich bedeutete das: die Diskussion, die
nicht zuletzt wesentliche Anstöße von Abbt erhielt, trat aus dem Umkreis der
Höfe und Kabinette heraus und wurde in dem weiteren Forum der entstehenden
politischen Öffentlichkeit ausgetragen. Hier wurde nun mit wachsender Deutlichkeit und Entschiedenheit von allen Beteiligten eine ständische Freiheit, eine
Freiheit, die Vorrecht für einige war und die Ungleichheit vieler bedeutete, im
Grundsatz abgelehnt. Freiheit im Staat wurde zum Schlüsselbegriff für die neue
Freiheitsauffassung. Abbts Konzeption des bürgerlich-aufgeklärten Freiheitsbe-
griffs vermittelt tiefen Einblick in die bürgerlichen Anschauungen überhaupt.
Nicht nur die staatsbürgerliche Freiheit war hier gemeint, die die gesetzlich gesicherte Freiheit gleichberechtigter Mitglieder der staatsbürgerlichen Gesellschaft
zum Inhalt hatte, sondern noch davor der Freiheitsanspruch der "bürgerlichen
Schichten". Er umschloß sowohl die Freiheit des Denkens, Redens, Glaubens
und Urteilens als auch die Freiheit der Selbstbestimmung, des Handelns und
des sozialen Aufstiegs. Weiterreichende, politische Intentionen waren zunächst
nicht im Spiel, mußte es Abbt doch vorerst darum gehen, einer eigenständigen
bürgerlichen Denk- und Lebensform, die ja nur langsam Konturen gewann,
Raum und Anerkennung zu verschaffen. Rückhalt besaß dieses Streben nach
Anerkennung in einem starken Moralismus, der gleichsam als Äquivalent für
den adligen Vorrang der Geburt und meist auch des Besitzes gelten mußte.

Näherhin wurde diese Freiheitsauffassung als "bürgerliche Freiheit" definiert.
Sie akzeptierte im wesentlichen die gegebene politisch-institutionelle Gesellschaftsstruktur der deutschen Staaten, um andererseits und zugleich eine rechtliche Egalisierung der Gesellschaft und eine Einschränkung der monarchischen
Regierungstätigkeit durch "Gesetze" zu fordern. Diese Richtung war über Abbt
hinaus während der Entstehungsphase der bürgerlichen Bewegung in Deutschland dominant. Gleichwohl hatte der Freiheitsbegriff den Gesetzesbegriff als
wesentlichen Bestandteil aufgenommen. Die sich manifestierende Akzentver-
schiebung zur persönlichen Freiheit und zur Freiheit im Staat implizierte die
Forderung der Bindung der Herrschaftsgewalt an die Vorschriften des Naturrechts und an das Gemeinwohl, kurz die Forderung der Selbstbeschränkung
des Herrschers. Intendiert war damit der "Gesetzesstaat". Diese Verknüpfung
von Freiheit und "regelmäßigen" Grundsätzen deutete eine wichtige Wandlung

an, nämlich den Appell der Bindung der Fürsten an die selbst gegebenen vernünftigen Gesetze. Dieser Begriff von Freiheit richtete sich gegen die Privilegierten und erstrebte "gleiche Rechte", griff aber nicht nach der politischen Herrschaft. Wenn gleichwohl im Briefwechsel zwischen Mendelssohn und Abbt über Friedrich Karl von Mosers politische Philosophie der Begriff "politische Freyheit" auftauchte, implizierte er keineswegs politische Intentionen, wie aus Abbts Antwort hervorgeht. Vielmehr handelte es sich um "bürgerliche Freiheit". "Den Begriff der Würde des Menschen habe ich mit Fleiß in die Erklärung der Freyheit gebracht, um mich denen Herren zu nähern, die jenen Begriff so häufig brauchen." [61] Was Abbt interessierte, war allein die Freiheit des Individuums, war allein das Recht des Menschen auf einen privaten Lebensraum, in dem er ohne Schaden für den Nächsten frei seiner Neigung leben konnte und in den keinerlei staatliche und gesellschaftliche Macht weder mit politischen noch mit moralischen und auch wirtschaftlichen Zwangsmitteln eingreifen konnte. "Politische Freiheit" ist weder Freiheit der Nation nach außen noch auch das Recht auf politische Mitbestimmung. Dominierend blieb also bei Abbt und über ihn hinaus in der bürgerlichen Bewegung die Tendenz zum Bündnis mit den aufgeklärten Monarchen. Umgekehrt bedeutete dies: auch jetzt wurde nicht Herrschaft an sich problematisch, sondern vorerst nur der Mißbrauch, nicht Einschränkung von Freiheit überhaupt, sondern nur die unnötige. Gleichwohl formte sich ansatzweise ein Bewußtsein darüber aus, durch die Ausübung von Herrschaft gefährdet zu sein. Diese Ansätze schlugen sich nieder in Abbts Forderung nach "Hochachtung für die Freyheit des Menschen und des Bürgers", bzw. im Aufzeigen der Gefahr der "doppelten Knechtschaft" des Menschen und des Bürgers, kurz des Mangels an "bürgerlicher", d. h. gesetzlich fixierter Freiheit. [62] Daraus folgte für Abbt die Korrelation von "Menschenfreyheit" und "Bürgerfreyheit": Die Freiheit des Menschen mußte durch die Freiheit des Bürgers gesichert werden. "Bürgerfreiheit" und "Menschenfreiheit" bedingen einander. [63] Nicht zuletzt in antiker Reminiszenz behauptete Abbt, "daß zwar nur in ganz kleinen Staaten jedes Glied an der gesetzgebenden Gewalt unmittelbar Theil nehme; daß in den größren nur die Verweser des Volkes die Größe ihrer Gedanken von den Geschäften, daran sie Theil nehmen erwarten können; daß aber theils die Hoffnung zu einer solchen Stelle zu gelangen, theils die Gährung, welche doch immer durch das Bild der Freyheit unter einem Volke erregt wird, ... einen besondren Schwung geben müsse". [64] Dominierend blieb also auch jetzt noch die Tendenz zum Bündnis mit dem Monarchen nicht zuletzt gegen die intermediären Gewalten. Umgekehrt ist dieses Vertrauen auf den Monarchen nicht affirmativ, vielmehr an bestimmte Bedingungen gebunden, so wenn Abbt die bloße Militärregierung ablehnte, bzw. auf die reformierende Wirkung von außen seine Hoffnung setzte. [65] Wenngleich auch hier letztlich noch nicht die politischen Implikationen von Selbstbestimmung im Spiel waren, andererseits jedoch offensichtlich die Ausdehnung des Freiheitsspielraums für die bürgerliche Emanzipationsbewegung erstrebt wurde, wurde dennoch die Forderung von Selbstbeschränkung des Herrschers energischer. Hatte Abbt noch 1761 relativ affirmativ für das Bündnis mit dem aufgeklärten Monarchen plädiert, zeigte sich 1764 das gewachsene Bewußtsein der Grenzen für dieses Bündnis. In dieser Perspektive war es nicht mehr wesentlich, ob der Regent – möglicherweise – gut sein konnte, sondern allein, ob ihm verwehrt war, die menschliche Freiheit einzuschränken. "Der Mangel der bürgerlichen Freyheit würde den wenigsten Menschen merklich sein, wenn es nicht alsdann häufig Fälle geben könnte, und auch wirklich gäbe, darinn die Freyheit gekränkt wird, die ihnen als Menschen zukömmt ... Dergleichen Stücke und mehrere könnten, wie gesagt, jedem, der mit der Regierung nichts zu thun hat, sehr gleichgültig seyn, wenn er sich immer einen guten Herrn versprechen dürfte. Aber, wer sagt ihm gut dafür? Daher sieht der Mensch dahin, daß seine Freyheit durch die Freyheit des Bürgers geschützt werde, und er hält beyde immer für unzertrennlich verbunden ... Ein Land, wo nicht jeder Mensch in seiner Menschenfreyheit durch die Bürgerfreyheit gesichert ist, kann nicht frey heißen; ob schon bei dieser Landesfreyheit diesem oder jenem noch Vorrechte können eingeräumt werden." [66] Hier wurde die Verteidigung der absoluten Monarchie selbst als der guten aufgegeben, die Notwendigkeit einer über den moralischen Appell hinausgehenden, legalen Kontrolle der Regentenpflichten offen zugegeben. Im gleichen Zusammenhang stand Abbts vorsichtige Diskussion über die Möglichkeit des Verdienstes für den Privatmann in den verschiedenen Staatsformen, in der er schließlich zu dem Ergebnis kam, daß in einem "Freistaate" dem je einzelnen die Möglichkeit sich "Verdienst" zu erwerben, am günstigsten sei. [67]

Abbts gesamte Argumentationskette betraf die Stellung des Fürsten. Das entscheidende Konzept aus der neuen politischen Philosophie des Naturrechts war die Auffassung, daß jeder Mensch bestimmte Pflichten zu erfüllen hatte, auf deren Erfüllung alle anderen ein Recht hätten. Dieses Konzept wurde auch auf das Verhältnis von Obrigkeit und Untertan übertragen. In diesem Kontext stand auch Abbts Differenzierung zwischen dem "Monarchen" und "Despoten". [68] Der Fürst konnte nicht mehr wie bisher – die vom Absolutismus bevorzugte Gottkönig-Analogie wurde obsolet – oberhalb der Gesellschaft angesiedelt werden. Der Monarch, hieß es explizit bei Abbt, ist "in der Kette, die seine Unterthanen verbindet nur das größere Glied, an das sich mehrere anschmiegen". [69] Der Fürst wurde in den Staat integriert, ohne sein Amt aufzuheben. Diese Integration in den Staat aber machte das Amt gleichsam rechtspflichtig, durch die Bindung des Herrschers an das Gesetz. "Aber können wir wohl Gesetze, die zu unserem Besten eingerichtet sind, ein Joch nennen? Können wir wohl den Mann hassen, dem die Sorgfalt aufgetragen ist, diese Gesetze aufrecht zu erhalten und in Ausübung zu bringen; ja bey veränderten Umständen ihnen eine neue Form zu geben? Und dieser Mann ist der Monarche. Was werden wir wohl daraus schließen? Was anders, wenn nicht dieses, daß wir in den Monarchien zugleich die Gesetze und den Vater derselben, zugleich das Vaterland und den Monarchen lieben müssen, und wenn wir würdige Bürger sind, lieben werden." [70] Der entscheidende Punkt war die Frage der Erzwingbarkeit der Regentenpflichten. Die Pflichten des Regenten waren zwar erzwingbar und insofern von rein moralischen Pflichten unterschieden, aber nicht einklagbar.

Mit dem Theorem der Fürsten als "bloßen" Menschen — "wir betrachten insgemein die Könige von einer allzu großen Entfernung", hieß es verschlüsselt noch 1761 bei Abbt [71] — meldete sich unüberhörbar ein Publikum zu Wort, das sich eben deshalb dazu ermächtigt fühlte, weil es sich nicht grundsätzlich oppositionell verstand, sondern zur Mitarbeit und Zustimmung bereit war. Abbt setzte vorerst darauf und forderte damit zugleich, daß der Fürst ein "guter Fürst", der von ihm verwaltete Staat ein "guter Staat" sei, gut in dem Sinne, daß die erzwingbaren Pflichten so erfüllt würden, als ob ihre legale Kontrolle möglich, aber überflüssig sei. Abbt stellte, wie die deutsche Sozialphilosophie, moralische Forderungen nach moralischer Erfüllung der vollkommen erzwingbaren Pflichten da, wo er eigentlich theoretisch politische Forderungen nach politischen Rechten stellen durfte, gewöhnlich aber wegen der Machtkonstellation nicht stellen konnte. Zu diesem Zwecke mußten die Regenten über ihre natürlichen Pflichten, denen auf seiten der Untertanen Rechte entsprachen, aufgeklärt werden. Das vergleichsweise direkteste dieser Mittel der Aufklärung bestand in dem Appell an die Fürsten.

Abbts wenige Hinweise auf die Pflichten und Aufgaben der Fürsten über innere und äußere Politik müssen als Manifestationen der durchschnittlichen Politikferne des Gebildeten interpretiert werden. Er vertrat im Gegensatz zu Friedrich Karl von Moser die Ansicht, daß die Christlichkeit allein einen "guten Fürsten" noch nicht ausmache; als wesentlicher erachtete er dessen Enthaltsamkeit, Einsicht und Eifer für das gemeine Beste, nicht zuletzt angesichts des möglichen Einflusses der Geistlichkeit. [72] Insgesamt orientierte sich Abbt in Übereinstimmung mit seiner Zeit an dem Wohlfahrtsstaat. Die Fürsten mußten dafür sorgen, daß jeder Untertan, jeder Staatsbürger, sich unter ihrer Regierung möglichst glücklich fühlte und daß der Friede gesichert werde. Sie mußten die größte Sicherheit ihrer Staaten herstellen, und zwar durch Machtzuwachs oder durch Bündnisse mit anderen großen Ländern. Die Regierung mußte die wirtschaftliche Entwicklung unterstützen: dies kann geschehen durch eine "weise Verteilung der Äcker" und durch "Sorgfalt für Fabrieken und Handlungen", Vorschläge, welche Abbt, wie er selbst unterstrich, Mirabeau entlehnte. [73] Der Staat mußte die Aufsicht über Sitten und Aufwand und Luxus übernehmen. Luxus und schlechte Sitten, nämlich Trägheit, Trunkenheit und tiefe Unwissenheit, wobei Abbt unter Unwissenheit nicht den "Mangel blos spekulativer Wissenschaft, sondern derer, die zur Erhaltung und Aufbesserung einer Gesellschaft unumgänglich nötig sind" verstand, betrachtete er als hauptsächliche Widerstände gegen die soziale Entwicklung der Bevölkerung. Zugleich interpretierte er die Sorge für die Aufklärung als wesentliche Aufgabe des Fürsten. [74]

Gewiß, das bedeutete insgesamt noch keine Veränderung in dem rechtlichen Verhältnis,[75] aber es zeigte einen Bewußtseinswandel an, in dem die unüberbrückbare Kluft zwischen dem Fürsten "von Gottes Gnaden" und dem Untertan zu schrumpfen begann, bzw. nicht mehr anerkannt wurde. Die zumindest partielle Übernahme bürgerlicher Forderungen in das fürstliche Selbstverständnis wie in die Regierungspraxis bewirkte, daß die Geltung fürstlicher Obrigkeit im Deutschland der zweiten Hälfte des 18. Jahrhunderts nicht verloren ging, sondern eher noch stieg. Wenn Thomas Abbt, wie viele andere Gebildete auch, Friedrich II. von Preußen als Prototyp des aufgeklärten Herrschers, als rex philosophicus — auch ein Syndrom bürgerlichen Selbstbewußtseins — und Preußen als vorbildhaften deutschen Territorialstaat interpretierte, für dessen Unterstützung sich bürgerlicher Einsatz verlohne, so gründete diese Haltung, die nicht zuletzt auch antizipatorische Tendenzen enthielt, in der relativen Modernität Preußens gegenüber der gesellschaftlichen und geistigen Stagnation und Enge kleinerer fürstlicher und gräflicher Herrschaften wie in der Oligarchisierung der republikanischen Reichsstädte. Gerade die Reichsstädte boten sich für den gebürtigen Ulmer Reichsstädter Abbt als sozialphilosophisches Argumentationsmuster kaum an.[76] Abbts Essay "Vom Tode für das Vaterland" blieb weitgehend an der alles dominierenden Gestalt des Preußenkönigs orientiert; seine Person schien ihm die Garantie dafür zu bieten, daß die Verbindung von Aufklärung und Absolutismus möglich war. In ihm schien er ein Zeichen des geschichtlichen Fortschritts zu sehen. Und zweifellos feierte er seinen zeitweiligen Landesherren aus Überzeugung, nicht um sich anzubiedern, aber wohl auch nicht ganz ohne Absichten. Deutlich war jedenfalls auch hier der Versuch des Gewinns von Einfluß der bürgerlichen Gebildeten auf den aufgeklärten Absolutismus, um den Prozeß der Aufklärung zu dynamisieren.

Diese Staatsbejahung hatte ihr historisch-faktisches Korrelat in der von Friedrich II., aber nicht nur von ihm, praktizierten Verbindung von Absolutismus und Aufklärung wie in dem propagierten neuen Ideal des Fürsten als des "ersten Dieners" des Staates, das den Sonderstatus des Königs rhetorisch preisgab, staatstheoretisch jedoch nichts änderte.[77] Immerhin gab es eine formale Gemeinsamkeit in dem Willen, die Herrschaft zu rationalisieren. Friedrich II. kam den Aufklärern in einem weiteren Punkte entgegen. Er ordnete die Politik des Königs nicht mehr, wie noch sein Vater, dem Interesse der Dynastie, sondern dem des Staates unter. Der König stand so als "erster Diener" des Staates an der Spitze der absolutistischen Gesellschaft, die funktional dem Staatswohl untergeordnet war. Dieses Leitbild betonte die "Arbeit" des Regierens, den "Dienst" für den Staat, während der reine Besitz der Macht, der sich nur darstellen wollte, gering erschien. Mit der Anerkennung des Prinzips der "Leistung" durch den Fürsten unterstellte sich dieser einer Wertung, die gleichermaßen für jeden seiner Diener verbindlich war. In dem Wandel des Herrscherstils enthüllte sich die Entzauberung des Herrschertums, die auch sozialgeschichtlich eine der entscheidenden Tatsachen des Übergangs zur modernen Welt gewesen ist. Sie macht auch von fürstlicher Seite aus den Weg frei zur Einbeziehung des Fürsten in den Staat, über dem er bisher gestanden hatte. Er wurde zum Träger einer Autorität, deren Aufgabe es war, den Endzweck der Gesellschaft zu realisieren. Herrschaft wurde zur Funktion der Gesellschaft. Zwar blieb damit faktisch die Fülle ihrer Gewalt unangetastet, aber sie konnte nun in viel stärkerem Maße der Kritik unterworfen werden, die ihrerseits den Ausdruck des veränderten sozialen Bewußtseins darstellte.

Verständlich, daß die charismatisch empfundene Wirkung Friedrichs II. Patriotismus entzündete. Niemand hat dies im damaligen Deutschland so sehr getan wie Friedrich II., dem man glaubte, daß sein eigenes Interesse ganz und gar mit dem Staat identisch geworden war. Sein und einiger anderer aufgeklärter Fürsten Handeln konnten als Beispiele dafür gelten, daß wie Abbt und Friedrich selber nachzuweisen sich bemühten, auch die Monarchie "Vaterland" sein konnte. Als "Vaterland" wollte der ehemalige Reichsstädter Abbt 1761 nicht immer nur den Geburtsort verstehen. " ... wenn mich Geburt oder meine freye Entschließung mit einem Staate vereinigen, dessen heilsamen Gesetzen ich mich unterwerfe; Gesetzen, die mir nicht mehr von meiner Freiheit entziehen, als zum Besten des ganzen Staates nötig ist: alsdann nenne ich diesen Staat mein Vaterland." [78] Abbt stellte sich diesen Staat so vor, daß darin jeder den Gesetzen unterworfen, niemand schlechterdings, aber jeder "nach dem Geist der Staatsverfassung darin er lebt" frei war. [79] In dieser Liebe zu seinem Staat wurde der einzelne von einer großen und neuen "Denkungsart" und einem neuen Gefühl für Ehre erfaßt — jener Ehre, die für die Alten der große Impuls ihres Handelns war. Solche neue "Denkungsart", schloß die Bereitschaft ein, die Einrichtung des Staates, die Sicherheit, Eigentum und Freiheit garantierte, konsequent zu verteidigen. [80] Und dieser Staat konnte die Monarchie sein, aber nur eine "gute Monarchie". Das von Abbt entworfene idealisierte Bild einer Monarchie, von der er selbst als einer Antizipation wußte, war durchaus wieder als Appell an den Fürsten zu verstehen. "Die Stimme des Vaterlandes kann nicht mehr erschallen, wenn einmal die Luft der Freiheit entzogen ist." [81] Bei einer "wohleingerichteten Monarchie" sah Abbt einen nur geringen Unterschied zur Republik. "Wenn diese Gesetze ihre Stärke erhalten, wenn sie mit aller ihrer Kraft wirken: was für ein Unterschied in Absicht meines Wohlstandes merke ich dann wohl, sie mögen von einem einzigen, oder von allen Gliedern des Staates zusammengenommen, gegeben werden." [82] Aufgeklärte Monarchie wurde also identifiziert mit "guter Monarchie". Die Pflichterfüllung des Monarchen wurde nicht mehr nur gefordert, sondern war bereits theoretisch unabdingbare Voraussetzung geworden. In diese Überlegungen paßten z. B. diejenigen der "Mittwochsgesellschaft". [83] Näherhin hatte dieser monarchische Gesetzesstaat folgende Funktionen zu erfüllen: "Leben und Sicherheit in jedem Umfange! Das Leben! Es anderen zu erhalten; ... Nach Erhaltung des Lebens der Untertanen (damit ich nicht zu weitläufig werde, will ich auch ihre Gesundheit und jede Vorsorge dafür darunter verstanden wissen), nach der Erhaltung ihres Lebens also folgt die Freiheit: oder überhaupt die Erhaltung einer guten Regierungsform, einer guten Staatsverfassung." [84] Darüber hinaus hatte er die Sicherheit des Vermögens der Staatsbürger zu garantieren. Schließlich sollte er nicht nur für die Bequemlichkeiten und Vergnügungen der Bevölkerung sorgen, sondern auch für deren Aufklärung. [85]

Insgesamt setzte Abbt seine sozialen und politischen Erwartungen – und das ist über ihn hinaus bedeutungsvoll – auf die Monarchie als diejenige Instanz, die gegenüber der altständischen Gesellschaft gleichsam das Prinzip der Bewegung, den höheren Grad an Modernität und Rationalität und Gesetzlichkeit repräsentierte und überdies in weitestem Umfange sowohl über Ausbildungsinstitute als auch über Ämter und Positionen verfügte. Über die materielle Absicherung hinaus ging es den Gebildeten jedoch wesentlich auch um die Möglichkeit praktischer Umsetzung ihrer gewonnenen Erkenntnisse.

Charakteristisch war dabei das kritische Vertrauen in die reformatorischen Kräfte der vorbürgerlichen Gesellschaft, in erster Linie der Fürsten, wie umgekehrt das Vertrauen der Gebildeten in die Kraft ihrer Argumente. Zugleich manifestierte sich darin die realistische Einschätzung der politischen Schwäche der "Aufklärungsgesellschaft" nicht zuletzt infolge ihrer sozialen und materiellen Abhängigkeit. Andererseits und zugleich fehlte nicht nur die Möglichkeit, sondern auch der Wille zu selbständiger politischer Aktion. Diese Haltung, von Iring Fetscher als "bürgerlicher Reformismus" bezeichnet, [86] gründete schließlich in dem überzogenen Bewußtsein der Gebildeten, den offensichtlichen Wandel des Herrschaftsstils wie den beginnenden sozio-politischen und sozio-ökonomischen Modernisierungsprozeß wesentlich initiiert zu haben. Daraus bezogen sie ihr Selbstbewußtsein. Zum anderen konnten sie annehmen, daß die Fürsten aus Interesse an der Konsolidierung und Stärkung der eigenen Macht gegenüber Adel und Kirche an der Zusammenarbeit mit den Gebildeten einiges Interesse haben konnten. Schließlich war nicht zu leugnen, daß kontinuierliche Aufklärungsbemühungen einige Chancen hatten, doch bis zu den Beratern der Fürsten aufzusteigen bzw. durch vereinzelte Gebildete als Berater zu den "Thronen" zu gelangen, wofür Abbt selbst ja ein Beispiel war. Gleichwohl, bereits bei Abbt manifestierte sich das trotz der vielfältigen Überschneidungen angelegte Auseinanderstreben von aufgeklärtem und absolutem Denken: das Problem der rechtlichen Garantie des "guten Fürsten", [87] der Konflikt zwischen "Gesetzesstaat" und "Wohlfahrtsstaat". [88] Aufschlußreich für Abbts politische Sensibilität wie für seine politischen Intentionen waren seine vergeblichen Bemühungen um die Übersetzung und Veröffentlichung der Ausgabe Nr. 45 des "North Briton" vom 23.4.1763, die Anlaß und Ursprung der englischen politischen Reformbestrebungen war. [89]

VI

Umgekehrt wußte Thomas Abbt immer um den antizipatorischen Charakter seiner sozialpolitischen Argumentationen. Das "Vaterland" mußte vielfach erst noch geschaffen, die Untertanen mußten erst noch zu "Staatsbürgern" gebildet werden. Abbts vordringlichstes Ziel mußte also die Initiierung eines Meinungsbildungsprozesses des "Publikums" sein. Das Aufkommen dieses Wortes um 1750 sowie seine Bedeutungsgeschichte muß als Indiz für die Bildung einer gegen die feudale Obrigkeit gerichteten bürgerlichen Öffentlichkeit, für den anhebenden Politisierungsprozeß der Gebildeten interpretiert werden; sie schloß die damit akzeptierte Schriftlichkeit als grundlegende Kommunikationsform einer potentiell aber unbegrenzten Öffentlichkeit ein. [90] Sie ist der Geheimhaltung entgegengesetzt.

Skeptisch war Abbt trotz seines insistierenden Beharrens auf der Dringlichkeit wie der Notwendigkeit gegenüber den aufklärenden Leistungen der Schriftsteller infolge seiner Beobachtungen zum Charakter des zeitgenössischen Publikums, aber auch wegen der "elenden Scribenten", die "der edlen Funktion der Schriftsteller sich zudrängen". [91] Abbts Reflexionen über die Wirksamkeit der Schriftsteller wie über das zeitgenössische Publikum — nur wenige Autoren vor ihm hatten die Frage nach dem Publikum thematisiert [92] — standen in unmittelbarem Zusammenhang mit dem Bedürfnis des bürgerlichen Gebildeten nach sozialer Legitimation als Schriftsteller in der frühen Phase der Konstituierung der bürgerlichen Öffentlichkeit. In ihnen schlug sich nicht zuletzt das identitätsfunktionale Bedürfnis nach soziokultureller wie sozio-politischer Bestätigung nieder.

Im wesentlichen konstatierte Abbt eine Zweiteilung des allgemeinen Publikums: das Publikum des "gemeinen Mannes", für das er eine kulturelle Rückständigkeit von etwa 80–100 Jahren konstatierte, [93] und das Publikum der "feineren Welt". "Und wer stellt wohl das erleuchtete Publikum vor? Alle Menschen; aber mit der zwoten Reihe ihrer Gedanken. Das heißt, wenn sie erst gedacht und gesagt haben ... " [94] Bei angenommen 20 Millionen Deutschen, einer Auflage von 4000 Exemplaren und unterstellten 20 Lesern pro Exemplar kam er auf 80 000 Leser, also den 250. Teil der Gesamtbevölkerung. [95] Damit war der Wirkungskreis der aufgeklärten Literatur in die rechten Proportionen gerückt, nicht ohne den Hinweis auch auf die ökonomische Grenze, die über die bildungsmässigen Voraussetzungen hinaus einer Ausweitung des Publikums entgegenstanden. Das Publikum war weitgehend identisch mit der "Leserwelt", mit der "Aufklärungsgesellschaft". Realistisch auch Abbts Einschätzung des sich konstituierenden Publikums sowohl nach sozialer Zusammensetzung — "Ach! unser ganzes deutsches Publikum für die Litteratur, womit wir oft so stolz thun, besteht vielleicht aus einigen hundert jungen Leuten, und wenigen anderen Personen von Handwerke. Für alle übrigen sind wir gar nicht da" [96] — als auch nach vorherrschender Interessenausrichtung: "Die theologischen Bücher begreifen wenigsten das Drittel der neuen Literatur; und Theologen und die ihnen ähnlich sehen machen einen so wichtigen Theil des Publikums aus, daß ich überzeugt bin, daß die deutsche Bibliothek ihren Beifall hauptsächlich den theologischen Rezensionen zu danken hat." [97]

Insgesamt betrachtete Abbt die Verdienste des Schriftstellers nach dem gesellschaftlichen Nutzen. [98] Umgekehrt beeinflußten aber auch seine Beobachtungen zum Charakter des Publikums wie sein gleichwohl ungebrochener aufklärerischer Impetus seine Betrachtungen der Verdienste der verschiedenen Schriftsteller. An der Spitze steht der vom pietistischen Autor grundsätzlich verschiedene "Erbauungsschriftsteller" mit der Funktion einer religiös-moralischen Unterweisung. [99] "Nach den Erbauungsschriften für den gemeinen Mann gebe ich den höchsten Rang solchen Schriften, die zur Erleuchtung der Könige und Herrscher und ihrer obersten Staatsbedienten geschrieben sind; woraus sie Liebe für alle Menschen, Barmherzigkeit gegen ihre Unterthanen; Erduldung gegen alle Religionspartheyen; Sparsamkeit und noch einmal Sparsamkeit in ihren eigenen Ausgaben; Hochachtung für die Freyheit des Menschen und des Bürgers; Einsicht in die Gesetze und Überzeugung von dem Glücke und der Hoheit des Friedens lernen mögen." [100] Ihnen folgen die Schriftsteller einer eigentlichen Volksaufklärung. Und schließlich insbesondere in kleinen Staaten die offiziellen Verfasser eines "Staatskatechismus".

Kritisch eingestellt war Abbt gegenüber dem zeitgenössischen, selbstgenügsamen Universitätsbetrieb, gegen alles, was mit der überkommenen ständischen akademischen Lebenswelt in Zusammenhang stand. Diese ablehnende Haltung Abbts war sicherlich auch subjektiv begründet. Nicht nur in Frankfurt an der Oder, sondern verstärkt noch in Rinteln fühlte er sich aus dem für den Gebildeten notwendigen Diskussionszusammenhang der "Aufklärungsgesellschaft" nahezu ausgeschlossen. Seine vernichtende Kritik, die an Rinteln nur die schöne Umgebung der Stadt lobend erwähnte, richtete sich besonders gegen seine Kollegen als Vertreter traditioneller ständischer Gelehrtenkultur, ohne Kenntnis der neueren wissenschaftlichen und literarischen Entwicklung. Wenngleich Abbts Urteil über Rintelns Universität und ihre Professoren sich schon gebildet hatte, bevor er in Rinteln ankam, war seine scharfe Kritik nicht bloßes Vorurteil. Hier stießen idealtypisch verschiedene soziale Leitbilder aufeinander: der traditionelle Gelehrte und der bürgerliche Gebildete. Greifbar wird diese Konfrontation in der von Abbt nicht ohne Selbstbewußtsein in Bezug auf Voltaire, weiterhin aber auf alle Gebildeten überhaupt konzipierten Konfrontation von "Pedanten", d. h. Gelehrten, und "vernünftigen Menschen". [101] Die Kritik an der sterilen akademischen Standeskultur zog sich wie ein roter Faden durch die Korrespondenz Abbts. Die Briefe an die Berliner Freunde bezeugen, daß er jede Gelegenheit nutzen wollte, seinem Schicksal als Professor in Rinteln zu entkommen.

Beide Elemente, sowohl die zurückhaltende Einschätzung der Wirksamkeit von Aufklärung wie die durchgehende Kritik an den Universitäten, waren umgekehrt integrale Bestandteile der über Abbt hinaus grundlegenden Praxisorientierung der deutschen Aufklärung. Bewußt suchte sich Abbt von der rein literarischen Sphäre zu lösen. Um "ganz vom Professorenleben wegzukommen" und praktisch wirken zu können, überlegte Abbt, ob er Jura studieren sollte. "Ich habe schon im Ernst gedacht, ob ich nicht noch anfange, Jura zu studieren, und künftig einmal von Universitäten ganz weg und in ein Justizcollegium zu kommen. Denn, daß ich es auf Universitäten aushalte glaube ich nimmermehr!" [102] Noch während seiner Zeit als Lehrstuhlinhaber in Rinteln bereitete sich Abbt für eine nichtuniversitäre Tätigkeit vor. Der theoretischen Vorbereitung korrespondierten seine personalpolitischen Versuche, durch die Hilfe einflußreicher, ihm bekannter Gebildeter wie Gleim, Schöpflin, Iselin eine Stellung zu erlangen. [103] Dabei liefen seine Bemühungen durchaus parallel. Als der ihm bekannte Prinz Ludwig Eugen von Württemberg, der zukünftige Regent, "mit dem", wie Abbt stolz schrieb, "ich wirklich im Briefwechsel stehe", eine Stellung am Hof in Aussicht stellte, blieb Abbt diesem Versprechen gegenüber mißtrauisch, glaubte er doch "die Gründlichkeit der Fürstenworte" zu erkennen. [104] Darin dokumentiert sich das ambivalente Selbstbewußtsein des bürgerlichen Gebildeten. In den Stolz auf eigene Leistungsfähigkeit war zugleich das Bewußtsein der sozialen Abhängigkeit vermengt, Hinweis auf die nur relative bürgerliche Beweglichkeit wie auf die sich erst festigende bürgerliche "Welt- und Lebensanschauung".

Als Abbt gleichzeitig einen Ruf nach Halle als Professor für Philosophie und einen nach Marburg als Professor für Mathematik erhielt, bat er den ihm seit kurzem bekannten Grafen von Schaumburg-Lippe um Rat und bot ihm gleichzeitig mit Erfolg seine Dienste an. Abbt wurde zum "Hof-, Regierungs- und Konsistorialrat auch Patronus Scholarum" ernannt. Meine "Stelle erfordert eigentlich folgendes: ich sitze bey der Regierungskonferenz, wo die Landessachen vorkommen, die ohne Prozeß abgethan werden. Zugleich habe ich Session beym Konsistorium, welches sich monatlich einmal versamlet, wobey mir die Schulsachen besonders aufgetragen sind. Wenn im Kabinette etwas vorfällt, wozu mich der Herr brauchen will, es sey in loco, oder in Verschickungen: so bin ich dazu verpflichtet." — "Alle Vorfälle, die die Landesregierung angehen, kommen mir entweder zur Instruktion oder zur Ausarbeitung; schreiben an Nachbarn und auswärtige Regierungen und was der ganze Prass von meiner Arbeit hier ist." [105] Abbt wies außerdem auf seine Tätigkeit als Deputierter am Lippischen Landtage (Februar/März 1766), auf einen Aufenthalt in "Affären" in Hannover (Mai 1766) wie auf seine Ausarbeitung der Schulordnung für die Schulen in Bückeburg und Stadthagen hin (29.6.1766).

Ganz offensichtlich fiel bei der Entscheidung des Grafen von Schaumburg-Lippe für Abbt neben dem Interesse an einem fähigen "Beamten" wesentlich das an dem klugen und berühmten Gebildeten als Diskussionspartner ins Gewicht.

Nicht zu verkennen sind überdies Elemente traditioneller aristokratisch-mäzenatischer Motivation.

In Abbts Briefwechsel schlug sich der Stolz über seinen sozialen Aufstieg, den er allein seiner Bildung verdankte, nieder. Zum anderen entsprach seine Stellung seinen Wirkungsabsichten, Ausdruck zunehmender Handlungsfähigkeit und gesteigerten Handlungswillens der bürgerlichen Gebildeten. Sie, so Abbt, "ist ... meiner Hauptleidenschaft und meinen Grundsätzen gemäß, nämlich in einem Posten zu seyn, wo man anderen befehlen und helfen kann. Das erste ist vielleicht die Schwäche, das andere die Würde der Menschheit." [106] In dieser Perspektive ist auch seine Einschätzung seiner über das bloße Amt weit hinausreichenden Stellung zu sehen. Nicht daß er die darin liegenden Gefahren übersah, schätzte er doch die gebotenen Möglichkeiten höher ein. "Wenn mein jetziger Posten nichts zum Voraus hätte, als daß er mich von der unausstehlichen Pedanterey der Universitäten, der niedrigen Schmähsucht der Lehrer, und der großen Dummheit der meisten Lernenden befreyte: so hätte er schon vieles: allein er hat noch mehreres. Ich weiß zwar wol, daß jeder Stand seine Unbequemlichkeiten und jeder Hof, so klein er auch sein mag, seine schlüpfrigen Pfade und seine hämischen Neider hat. Sie können mir um desto weniger fehlen, da ich hier Distinktionen genieße, die kein einziger andrer Unterthan, nicht einmal einer von den Adlichen hat. Aber mich dünkt, es ist immer besser auf einer schönen glatpolierten Gallerie bey einer angenehmen Aussicht zu glitschen, als in einem dunklen Kreuzgang hin- und hergestoßen zu werden, und sich zu besudeln." [107]

Abbts Entschluß stieß bei allen seinen Bekannten und Freunden wie Möser, Nicolai und Mendelssohn auf Kritik. In ihr scheinen die "bürgerlichen Ängste" durch, infolge zu engen Kontakts zur höfischen Lebenswelt die bürgerliche Reputation zu verlieren, zum Höfling zu werden. Durchgehend betonten sie die Gefahr des Verlustes der intellektuellen wie materiellen Selbständigkeit durch die exemplarische Nähe Abbts zum Fürsten. Nicolai sah die kleinen Höfe als noch unter den Universitäten stehend an, denen Abbt doch gerade entfliehen wollte. Mendelssohn forderte Abbt auf, weniger Freund des Fürsten als vielmehr nur Beamter zu sein, um derart seine Unabhängigkeit zu bewahren. [108] Zwar verbat sich Abbt jedes Urteil über seinen Entschluß wie über sein persönliches Verhältnis zum Grafen, gleichwohl stimmte er partiell Mendelssohn zu, wenn dieser ihn lieber als Regierungsrat denn als Freund des Grafen in Bückeburg wissen wollte. Abbt selbst wußte um die letztlich unsichere Stellung eines "Fürstendieners". Es blieb ein Mißtrauen gegenüber der doch umgekehrt wegen der größeren Wirksamkeit angestrebten Nähe zum Fürsten. Aus diesem Bewußtsein heraus suchte Abbt sich einerseits möglichst unentbehrlich zu machen und andererseits und zugleich sich eine derartige "Geschicklichkeit" anzueignen, um gegebenenfalls auch an anderen Höfen ähnliche Ämter bekleiden zu können. [109] Das hier artikulierte Bewußtsein der Unsicherheit der bürgerlichen Gebildeten hatte bereits 1759 Friedrich Karl von Moser in der wirksamsten seiner Schriften, "Der Herr und der Diener", thematisiert. "Wer den wichtigen Mann bei einem großen Herrn machen will, muß imstande sein, ihn entbehren zu können, oder doch Mut und Größe des Geistes genug haben, sich auf Gnade und Undank gefaßt zu machen." Denn "die Liebe der Fürsten ist so heiß, daß sie die, welche sich ihr zu sehr nähern, leicht zu Asche verbrennt". [110] Wer in ihren Dienst tritt, darf sich nicht selbst wegwerfen. Bürgerliche Beamte taten also gut daran, das Moment der persönlichen Enttäuschung und Verjagung nicht außer Betracht zu lassen. Über die Gefahr des Verlustes der Stellung und der Korrumpierung der gerade sich festigenden bürgerlichen sozialen Identität der Gebildeten am Hofe hinaus ging es, und dafür war Mendelssohns Hinweis auf d'Alemberts "Essai sur la société des Gens de lettres et des Grands" [111] bedeutsam, grundsätzlich um sowohl die Art und Weise als auch die Grenzen des gesellschaftlichen Engagements der bürgerlichen Gebildeten: faktische reformerische Zusammenarbeit mit den Fürsten oder bloß aufklärende publizistische Bemühungen. Für Abbt war die Forderung nach asketischer Abstinenz gegenüber der Zusammenarbeit mit den vorbürgerlichen Kräften obsolet geworden. Seine Entscheidung für die Zusammenarbeit mit den vorbürgerlichen Kräften war charakteristisch für die deutsche Aufklärungsgesellschaft.

ANMERKUNGEN

1 Vgl. F. Kopitzsch (Hrsg.): Aufklärung, Absolutismus und Bürgertum in Deutschland. Zwölf Aufsätze. — München 1976 (nymphenburger texte zur wissenschaft, Bd. 24).

2 R. Vierhaus: Politisches Bewußtsein in Deutschland vor 1789. — In: Der Staat 6 (1967), S. 175—196, hier S. 178.

3 Ders.: Bildung.— In: O. Brunner, W. Conze, R. Koselleck (Hrsg.): Geschichtliche Grundbegriffe. Bd. 1, A—D. — Stuttgart 1972, S. 525.

4 E. Brandes. — In: Annalen der Braunschweig-Lüneburgischen Churlande.—1789, 3, S. 766.

5 Vgl. S. Kracauer: Über die Freundschaft. — Frankfurt a. M. 1971 (bibliothek suhrkamp, 302).

6 Vgl. dazu den jüngsten Forschungsbericht von R. van Dülmen: Die Aufklärungsgesellschaften in Deutschland als Forschungsproblem. — In: Francia 5 (1977), S. 251—275.

7 Th. Nipperdey: Verein als soziale Struktur im späten 18. und frühen 19. Jahrhundert. – In: Geschichtswissenschaft und Vereinswesen im 19. Jahrhundert. – Göttingen 1972 (Veröffentlichungen des Max-Planck-Instituts für Geschichte, Bd. 1), S. 1–44, hier S. 9.

8 Ebd.

9 Die Genese der "bürgerlichen Öffentlichkeit" analysierte J. Habermas als "einen Prozeß, in dem die obrigkeitlich reglementierte Öffentlichkeit vom Publikum der raisonnierenden Privatleute angeeignet und als eine Sphäre der Kritik an der öffentlichen Gewalt etabliert wird", wobei sich dies als "Umfunktionierung der schon mit Einrichtungen des Publikums ... ausgestatteten literarischen Öffentlichkeit" vollzog. (J. Habermas: Strukturwandel der Öffentlichkeit. Untersuchungen zu einer Kategorie der bürgerlichen Gesellschaft. – Neuwied und Berlin [5]1971, S. 69).

10 Vgl. O. Claus: Die historisch-politischen Anschauungen Thomas Abbts. – (Diss. Leipzig) Gotha 1905; A. Bender: Thomas Abbt. Ein Beitrag zur Darstellung des erwachenden Lebensgefühls im 18. Jahrhundert. – Bonn 1922.

11 Vgl. Th. Abbt: Vermischte Werke. Hrsg. von F. Nicolai. Theil I–VI. – Berlin und Stettin 1768–1781. Neudruck 1978, Th. IV, S. 110 f. Die Werke Abbts werden nach dieser Ausgabe im folgenden zit.: 'Abbt' mit Theil- und Seitenangabe.

12 Abbt IV, S. 47; V, S. 85 und 69.   13 Abbt I, S. 102.

14 Zur Sozialgeschichte des Lesens vgl. u. a. R. Engelsing: Der Bürger als Leser. Lesergeschichte in Deutschland 1500–1800. – Stuttgart 1974; heranzuziehen ist unbedingt R. König: Geschichte und Sozialstruktur. Überlegungen bei Gelegenheit der Schriften von Rolf Engelsing zur Lesergeschichte. – In: IASW 2 (1977), S. 134–143.

15 Vgl. H. Möller: Aufklärung in Preußen. Der Verleger, Publizist und Geschichtsschreiber Friedrich Nicolai. – Berlin 1974, S. 229 ff.

16 Abbt V, S. 155.

17 Vgl. zu diesem Kapitel L. Frison: Thomas Abbt et la destinée de l'homme. Un singulier apologue de l'absence de dieu. – In: Recherches Germaniques 3 (1973), S. 3–15.

18 Abbt I, S. 186 ff.   19 Abbt III, S. 212.

20 Th. Abbt: Rezension von J. P. Süßmilch: Die göttliche Ordnung in den Veränderungen des menschlichen Geschlechts aus der Geburt, dem Tode und der Fortpflanzung desselben. 2 Theile, 2. Ausgabe. – Berlin 1761. – In: Briefe, die Neueste Litteratur betreffend. Theil I–XXIV. – Berlin und Stettin 1759–1765, Th. XV, S. 137–157; Rezension von J. J. Spalding: Die Bestimmung des Menschen. – Berlin und Stettin [7]1762, ebd., Th. XIX, S. 8–40.

21 Vgl. Abbt III, Anhang: Anmerkungen zu Abbts freundschaftlicher Correspondenz von Moses Mendelssohn.

22 Abbt III, S. 183 f.   23 Abbt VI, S. 155.   24 Abbt V, S. 99 f.

25 Abbt I, S. 81 f.   26 Ebd., Vorbericht.   27 Vgl. ebd., S. 202 ff.

28 Abbt IV, S. 167.   29 Vgl. Abbt II, S. 22.

30 Vierhaus: Politisches Bewußtsein in Deutschland vor 1789 (s. Anm. 2), S. 180.

31 Abbt II, S. 15 f.

32 Vgl. dazu P.-L. Weinacht: Staatsbürger. Zur Geschichte und Kritik eines politischen Begriffs. — In: Der Staat 8 (1969), S. 41 ff.

33 Abbt II, S. 16.   34 Vgl. ebd., S. 29.

35 Abbt IV, S. 162.   36 Abbt II, S. 15 f.

37 Vgl. dazu G. Birtsch: Gesetzgebung und Repräsentation im späten Absolutismus. — In: HZ 208 (1909), S. 265—294; ders.: Zum konstitutionellen Charakter des preußischen Allgemeinen Landrechts von 1794. — In: K. Kluxen und W. J. Mommsen (Hrsg.): Politische Ideologien und nationalstaatliche Ordnung. Festschrift für Theodor Schieder. — München und Wien 1968, S. 97—115; ders.: Freiheit und Eigentum. Zur Erörterung von Verfassungsfragen in der deutschen Publizistik im Zeichen der Französischen Revolution. — In: R. Vierhaus (Hrsg.): Eigentum und Verfassung. Zur Eigentumsdiskussion im ausgehenden 18. Jahrhundert. — Göttingen 1972, S. 179—192; R. Koselleck: Preußen zwischen Reform und Revolution. Allgemeines Landrecht, Verwaltung und soziale Bewegung von 1791—1848. — Stuttgart 1967 (Industrielle Welt, 7).

38 Vgl. Abbt I, S. 171 ff, bes. 176.

39 Th. Abbt: Rezension von F. K. von Moser: Beherzigungen. — Frankfurt a. M. 1761. — In: Briefe, die Neueste Litteratur betreffend (s. Anm. 20), Th. XI, S. 3—34, hier S. 27.

40 Abbt I, S. 276.   41 Ebd., S. 303.   42 Abbt II, S. 45.

43 Abbt I, S. 195.   44 Ebd., S. 155 f. und 159 f.   45 Ebd., S. 157 f.

46 Ebd., S. 184.   47 Ebd., S. 203.   48 Abbt II, S. 15 f.

49 Abbt I, S. 207; vgl. dazu auch L. Frison (Hrsg.): Isaak Iselin: Zehn Briefe an Thomas Abbt. Erstausgabe und Einführung. — In: Recherches Germaniques 6 (1976), S. 250—268, hier S. 259.

50 Abbt I, S. 183; vgl. dazu ebd., S. 295 und 297.   51 Abbt II, S. 76.

52 Friedrich der Große: Die politischen Testamente. Übers. von F. v. Oppeln-Bronikowski, mit einer Einführung von G. B. Volz. — Berlin 1922 [Einleitung des Politischen Testaments von 1768] (Klassiker der Politik, 5), S. 117.

53 Th. Abbt: Rezension. — In: Briefe, die Neueste Litteratur betreffend (s. Anm. 20), Th. XIV, S. 225.

54 Ders.: Rezension. — Ebd., Th. XV, S. 70 f.

55 Abbt VI, S. 168. 56 Ebd., S. 169. 57 Vgl. ebd., S. 173.

58 Abbt I, S. 258. 59 Vgl. ebd., S. 264. 60 Vgl. ebd., S. 310 f.

61 Abbt III, S. 70 und 95. 62 Abbt I, S. 355 und 309. 63 Ebd., S. 311.

64 Ebd., S. 311 f. 65 Vgl. ebd., S. 312. 66 Ebd., S. 310.

67 Vgl. ebd., S. 307. 68 Vgl. Abbt II, S. 11. 69 Ebd., S. 49.

70 Ebd., S. 19. 71 Ebd., S. 19.

72 Vgl. Th. Abbt: Rezension. − In: Briefe, die Neueste Litteratur betreffend (s. Anm. 20), Th. XI, S. 28−31.

73 Ders.: Rezension. − Ebd., Th. XV, S. 71 und 116 f.

74 Ebd., S. 79, 101 und 105 f. 75 Vgl. aber oben S. 240.

76 Vgl. Th. Abbt: Rezension. − In: Briefe, die Neueste Litteratur betreffend (s. Anm. 20), Th. XIV, S. 228−236; zur Geschichte Ulms vgl. K. Lübke: Die Verfassung der freien Reichsstadt Ulm am Ende des alten Reiches. − Diss. phil. Tübingen 1955.

77 Vgl. F. Hartung: Der aufgeklärte Absolutismus; jetzt in: H. H. Hofmann (Hrsg.): Die Entstehung des modernen souveränen Staates. − Köln und Berlin 1967 (NWB, Bd. 17), S. 152−172, sowie als Gegenposition H. Liebel: Der aufgeklärte Absolutismus und die Gesellschaftskrise in Deutschland im 18. Jahrhundert; jetzt in: W. Hubatsch (Hrsg.): Absolutismus. − Darmstadt 1973 (Wege der Forschung, Bd. 314), S. 488−544.

78 Abbt II, S. 17. 79 Ebd., S. 16.

80 Vgl. ebd., S. 38 ff. (Drittes Hauptstück).

81 Ebd., S. 11. 82 Ebd., S. 17 f.

83 Vgl. dazu Möller: Aufklärung in Preußen (s. Anm. 15), S. 229 ff. sowie Birtsch: Gesetzgebung und Repräsentation (s. Anm. 37).

84 Abbt I, S. 171 und 176. 85 Ebd., S. 178 und 182.

86 Vgl. I. Fetscher: Immanuel Kants bürgerlicher Reformismus. − In: K. von Beyme (Hrsg.): Theory and Politics. Theorie und Politik. Festschrift zum 70. Geburtstag für C. J. Friedrich. − Haag 1972, S. 70 ff.

87 Vgl. oben S. 240. 88 Vgl. oben S. 239.

89 Vgl. Abbt III, S. 262 und V, S. 140 f. Zu Wilkes ist neuerdings heranzuziehen G. Rudé: Wilkes and Liberty. A Social Study of 1763 to 1774. − London, Oxford und New York 1970 (Oxford Paperbacks, 91).

90 Abbt I, S. 254. 91 Abbt V, S. 154.

92 Vgl. dazu F. G. Klopstock: Von dem Publico (1758). — In: ders.: Ausgewählte Werke. Hrsg. von K. A. Schleiden. — München 1972, S. 930 ff.; J. G. Hamann: Schriftsteller und Kunstrichter; geschildert in Lebensgröße, von einem Leser, der keine Lust hat Kunstrichter und Schriftsteller zu werden. Nebst einigen andern Wahrheiten für den Herrn Verleger, der von nichts wußte (1762). — In: ders.: Sämtliche Werke. Hrsg. von J. Nadler. Bd. II. — Wien 1950, S. 335 ff.; F. K. von Moser: Das Publikum (1755). — In: ders.: Gesammlete moralische und politische Schriften. 2 Theile. — Frankfurt 1763, Th. 1, S. 202 ff.

93 Abbt I, S. 270.   94 Ebd., S. 258.

95 Vgl. ebd., S. 255 und dazu auch die Arbeiten R. Engelsings (vgl. Anm. 14).

96 Abbt V, S. 155.   97 Ebd., S. 180.   98 Vgl. Abbt I, S. 269.

99 Vgl. ebd., S. 255 ff.   100 Ebd., S. 262.

101 Zit. nach R. G. Prutz: Thomas Abbt. — In: Literarhistorisches Taschenbuch 4 (1846), S. 371—446, hier S. 410.

102 Abbt III, S. 237 und 119.

103 Vgl. z. B. Abbt V, S. 137 ff. und 142; III, S. 239 sowie die Briefe Isaak Iselins an Abbt in Frison: Iselin (s. Anm. 49).

104 Abbt III, S. 238.   105 Abbt V, S. 122.   106 Ebd., S. 123.

107 Ebd., S. 121 f.   108 Vgl. Abbt III, S. 384 f. und V, S. 185.

109 Vgl. E. Beins und W. Pleister (Hrsg.): Justus Möser. Briefe. — Hannover und Osnabrück 1939 (Veröffentlichungen der Historischen Kommission für Hannover, Oldenburg, Braunschweig, Schaumburg-Lippe und Bremen, XXI), S. 205, 211 und 229 ff.

110 F. K. von Moser: Reliquien. — Frankfurt 1766, S. 118.

111 Vgl. J. Le Rond d'Alembert: Essai sur la société des Gens de lettres et des Grands. — In: ders.: Oeuvres, vol. I—V. — Paris 1821—1822, vol. IV, pp. 335 sqq.

GÜNTER SCHULZ

Bürgertum und Bürgerlichkeit in der Darstellung
Christian Garves

I

Christian Garve stammte aus einer bürgerlichen Handwerker-, Patrizier- und Ge-
lehrtenfamilie, die ihre moralische Gesinnung aus den jahrhundertelangen Traditionen der Lebensführung in den Städten Lübeck, Lissa (heute Lescna bei Po-
sen) und Breslau erhalten hatte und fortführte.[1] Diese häuslich-moralische und
ordentliche Bürgerwelt achtete das Gelehrtentum sehr hoch und verstand sich
als Mitte zwischen Bauerntum und Adel. Es ist bei der damals in Bewegung geratenen Vermischung der Stände kein Wunder, daß sich Garve in erster Linie
mit der gesellschaftlichen Rolle dieser Stände auseinandersetzte, sie beschrieb
und bewertete, sich für die Ebenbürtigkeit von Adel und Bürgertum einsetzte
und die Unterdrückung des Bauerntums der damaligen Zeit darstellte. Er trat in
seinen Abhandlungen und Essays für einen gerechten Umgang der Stände miteinander und für menschliche Beziehungen zwischen ihnen ein.

Friedrich Nicolai hat Garves gesellschaftliche Erkenntnisleidenschaft, in der
er die Lebensformen der damaligen Stände beobachtete und zu beschreiben versuchte, mißverstanden, wenn er ihm vorwarf, er dränge sich als ungeschickter
bürgerlicher Gelehrter in die vornehmen Kreise.[2] Es war sein elementares Bedürfnis, seine philosophische Beobachtungsgabe, die Formen geselligen Umgangs
zu studieren, die ihn auch in die vornehme Gesellschaft trieb und seinen Umgang
mit dem schlesischen Adel bestimmte. Garve klärte scharfsinnig und wohlwollend
auf, und zwar in einer allgemein verständlichen humanen Form; freilich rang er
damit auch um Anerkennung seines aufklärend-vermittelnden philosophischen
Tuns.

Nicht umsonst wirkte er auf die aufstrebenden Geister der jungen Generation,
denen er das Gesellschaftsbild erschloß: auf den jungen Mediziner Friedrich
Schiller in der Karlsschulzeit[3] oder auf Friedrich Gentz, der am 5. September
1790 an Garve schrieb: "Kein Wechsel in den Systemen, keine Methode in der
Bücher-Schreibe-Kunst kann je den eigenthümlichen Reiz Ihrer Schriften ver-
dunkeln. Sie werden immer interessant, immer neu bleiben."[4]

Christian Garve verglich Schlesien und die Schlesier mit einer "bürgerlichen
Privatfamilie". Er schilderte ihre Stellung zur Welt als eine "ohne viel von sich
reden zu machen, ohne durch glänzenden Aufwand, oder durch außerordent-

liche Producte des Genies das Auge der Welt auf sich zu ziehn", eine Familie, die sich "in der Stille bereichert und verfeinert": "in dem Innern ihrer Häuser fängt nach und nach an, ein Wohlstand, und auch ein guter Geschmack zu herrschen, der vielleicht jenen Vornehmern fremd ist". [5]

Von sich selbst sagte er: "Ich gehöre auch zu dem Bürgerstande und habe also mein eignes Interesse bey dieser Untersuchung [über das bürgerliche Air] im Spiele. Vielleicht bin ich auch, ohne daß ich es immer weiß, von Vorurtheilen meines Standes eingenommen, und unfähig unpartheyisch über einen andern zu urtheilen." [6]

Für Garve bedeutete das Wort "Bürger" "den Mann aus dem Mittelstande". Er sagt, daß dieser Stand "das Achtungswürdigste, was eine Nation an talentvollen und tugendhaften Leuten besitzt", repräsentiere. Das Wort Bürger habe im Deutschen mehr Würde als das französische "bourgeois" mit seinen zwei Bedeutungen. Dort ist der "citoyen" jedes Mitglied der bürgerlichen Gesellschaft und der bourgeois der unadlige Stadteinwohner. [7]

Garves Denken über das Bürgertum war durch das Studium und die Beobachtung der Lebens- und Umgangsformen an den Höfen und durch deren negative Beurteilung des bürgerlichen Menschen angeregt worden. Er fühlte sich offenbar durch La Rochefoucaulds Maxime als Mitglied der Mittelklasse und bewußter Aufklärungsphilosoph in der vorgegebenen Rangordnung gekränkt, in die er doch hineingeboren war und die seine persönliche Stellung bestimmte. Der Anstoß war der Widerstreit zwischen dem moralisch-anthropologischen Menschenbild der Aufklärung und den alten vorgegebenen statischen Kriterien der Herkunft, in der die Heirat eines Adligen mit einer Bürgerlichen als eine Mißheirat bezeichnet wurde, als eine Geste der Herablassung zu einem niedrigeren Stand. Er argumentierte freilich auch gelegentlich für die Rechte der Herkunft und erklärte, daß "Treue und Anhänglichkeit gegen die Verfassungen ... und selbst gegen allgemeine Gebräuche, welche im Staate bisher als Recht angenommen und herrschend gewesen sind, ... eine wahre Bürgertugend" sei: "sie muß also von uns an den Personen, welche sie besitzen, geehrt werden, selbst wenn wir nicht mit ihnen in dem Urtheile über jene Verfassungen übereinstimmen." [8]

Garve beschreibt nun den Jammer des "bürgerlichen Airs" gemessen an den freien und unabhängigen Lebensformen des Adels, der "Welt hat" und fragt, was dieses "air" denn sei, "welches dem Menschen, der es einmahl angenommen hat, so fest ankleben soll, daß die längste und angestrengteste Übung, sich davon loszumachen, angewandt unter den besten Mustern einer feinen Lebensart dennoch vergeblich und, wenn es je weicht, nur durch militärische Sitten vertrieben werden kann?". Es ist zusammengefaßt eine Liste des Schiefen, um einen Ausdruck Hofmannsthals zu gebrauchen: "a) ein gewisser Anstand, aber nicht vollkommen der rechte; b) eine Gattung der Artigkeit, aber eine, welche die Schule des kleinen Cirkels verrät; c) eine Begierde zu gefallen; aber sie erkennt ihren Zweck nicht, weil sie ihre Mittel nicht richtig wählt; d) ein affectirtes und

ceremonielles Wesen, welches die Pflichten der Höflichkeit übertreibt und weit-
schweifig macht, sodaß sie dem Menschen, welcher sie leistet, beschwerlich und
der Gesellschaft, an welche sie gerichtet sind, lästig werden; e) eine gewisse Blödigkeit, die doch nicht ohne Stolz ist und die dem Menschen ein zweydeutiges
und verlegenes Ansehen gibt; f) Unwissenheit der bestimmten Rechte und Forderungen jeden Standes und in Absicht der Grade der Freymüthigkeit und Zurückhaltung im Umgange mit gewissen Personen, also mangelnde Standeswürde;
g) noch genauer, verursacht durch eine schnelle Versetzung des Menschen in eine
glänzendere Sphäre: ein ächt linkisches Wesen = Furchtsamkeit verbunden mit
der Begierde, dreist zu erscheinen, ein Zusammengesetztes von übel angebrach-
ter Freymüthigkeit und abwechselnder Blödigkeit." [9]
Diese Schiefheiten, genau genommen durch das Benehmen der Adelsklasse
erzeugt, hatten zwei Ursachen. Die eine war, daß die Hofsitten als das höchste
Ideal der Feinheit und des Geschmackvollen im äußern Betragen angesehen wurden und so das "verächtliche Beiwort" "bürgerlich" hervorbringen konnten; die
andere bestand in den "Spuren, welche man an Geist und Körper von dem Gewerbe trägt, das man im bürgerlichen Leben getrieben hat." [10]
Garve gibt aber endlich noch einen Grund an, aus dem er im Umgang mit den
respektablen Weltleuten, die den "wahren Weltton" haben, gekränkt war: "Was
den Bürger unter den Großen so verlegen macht, ist eben, daß er wenig geachtet
wird und daß er dieß weiß." [11] In diesem Satz ist Garves bürgerliches Ressenti-
ment deutlich spürbar.

II

Langsam arbeitete sich der Beobachter und Denker Garve an die wirtschaftlichen Unterschiede zwischen Bürgertum und Adel heran. Er erkannte die Bedingung der Muße für den Ausbau der geselligen Kultur; Muße als unentbehrliche
Bedingung der Kultur hatte der Adel in hohem Grad: "Der begüterte Adlige,
wenn er nicht im Dienste des Staates begriffen ist, hat höchstens nur mit der Be-
wirtschaftung seiner Landgüter zu thun. Diese läßt ihn wenigstens die Hälfte
des Jahres arbeitslos." [12] Diese altertümliche Arbeitslosigkeit des ländlichen
Adels im Winter war eine Bedingung für die Entwicklung der geselligen Kultur.
Garve erkannte schließlich: "Muße setzt die Befreyung von Nahrungssorgen
voraus." [13] In den "Geschäften", in der "Arbeit" sah er den Kern des bürgerlichen Lebens: "Der größte Theil dieses Standes hat seine Zeit mit Geschäften besetzt, die Brot bringen sollen. Er ist nicht dazu bestimmt, bloß seinem Vergnügen nachzugehen; er soll arbeiten, und ist zum Arbeiten gewohnt." [14] Hier wird
sein Begriff der Muße noch höher gewertet: es bleibt dem arbeitenden Bürger
nicht Muße genug übrig, auf alle Forderungen der feinen Lebensart zu denken,
alle dazu nötigen Dinge anzuschaffen oder sich die dazu nötigen Fertigkei-

ten zu erwerben. Seine Erkenntnis ist: "Der Mittelmann muß zwischen Arbeit und Gesellschaft seine Zeit theilen oder er muß sich gefallen lassen, auch mit schlechten und sittenlosen Menschen umzugehen. Seine Klasse biethet nicht genug wohlhabende und wohlerzogene Müßiggänger dar, um einen großen Kreis von eleganter Gesellschaft auszumachen." [15]

Ist so der Unterschied zwischen Adel und Bürgertum zunächst dahingehend formuliert, daß das Spannungsverhältnis zwischen Muße und Arbeit sein eigentlicher Grund sei, so kommt Garve doch bald zu der Erkenntnis, die Wohlhabenheit als die Bedingung zu höherer geselliger Kultur zu bezeichnen. Zunächst litt er darunter, daß in der höheren Gesellschaft der Zugang und Umgang nicht durch geistige oder tugendhafte sittliche Werte, sondern so sehr durch die äußeren Bedingungen der Wohlhabenheit charakterisiert ist. Er stellt fest, daß z. B. reiche Handelsleute ihren Kindern die gleiche Erziehung geben können wie die Großen und daß die Franzosen die Grenzlinie zwischen Bürgertum und Adel bei den Bankiers zogen. Sie konnten in die gute Gesellschaft aufgenommen werden, nicht aber die Warenhändler, die davon gänzlich ausgeschlossen wurden. [16]

Eine andere Erscheinung, die Garve beobachtete, war die Einförmigkeit und also die Langeweile der adligen Gesellschaften und ihrer Vergnügungen. Sie ermüden; das Aushalten von Langeweile wird zur Erziehungsforderung. Umgekehrt stellte er fest, daß die Nachahmung geselligen Umgangs im Bürgertum geschmacklos und unbedeutend wird, weil in bürgerlichen Gastmählern die ernsthaften Gegenstände der großen Welt und das 'Theater der Politik' fehlen. [17]

Er beobachtete endlich den Unterschied in der Stellung der Frau in beiden Klassen. In der adligen Gesellschaft bewunderte er die Ehrerbietung gegenüber den Frauen. Die Frau war im Adel über den Stand der bürgerlichen Hausmutter hinausgehoben. Im Bürgerlichen waren die Geschlechter mehr voneinander abgesondert als unter den Adligen. [18]

Garve entdeckte endlich, daß der Unterschied zwischen Adel und Bürgertum über Muße und Arbeit hinaus der Unterschied des Geldes ist: "Die Begierde nach Geld scheint unglücklicherweise eine der letzten Leidenschaften zu seyn, in die sich alle andern auflösen." [19] Er spricht "von dem trockenen und seelenlosen Geschäfte des Geldsparens und Gelderwerbes". [20] "Wenn der Wünsche viele sind, die man mit Hülfe des Geldes befriedigen kann, wenn diese oft vorkommen; wenn deren Befriedigung ebensowohl den Weg zur Achtung und zum Ansehn als den zum sinnlichen Genusse bahnt, so muß man nach und nach anfangen, das Geld als das vornehmste Mittel zur Glückseligkeit und als die solide Basis der Ehre anzusehn." [21] Er fährt fort: "Für Geld kann man alle die Sachen, welche zu einer eleganten Haushaltung gehören, haben. Mit Gelde, wenn man desselben viel besitzt, kann man sich sogar den Geschmack gewissermaßen erkaufen."

III

Garve rechnete den Gelehrten und sich selbst zur bürgerlichen Mittelklasse. Er empfand aber einen großen Unterschied zwischen den Gelehrten und den "Leuten von Welt", denn die "wahre Veredelung des Geistes" kann nur durch das Studium und das ernsthafte Nachdenken erreicht werden. [22] Er wies auch darauf hin, daß die Einförmigkeit der adligen Gesellschaften und ihrer Vergnügungen der Grund davon ist, angesehene Menschen anderer Stände zu ihrem Umgang heranzuziehen. [23] Besonders die französische Gesellschaft hatte das Bedürfnis, Gelehrte um sich zu haben, die durch ihren Ruhm, ihren Witz und ihre Artigkeit die Einförmigkeit im Umgange belebten. [24]

Er charakterisiert "Künstler und Gelehrte" als ein "ehrgeiziges Geschlecht". "So wie gewisse Pflanzen nur im Sonnenscheine aufblühen, entwickeln sie ihre Talente nur da, wo sie hervorgezogen und denen, die im Rang über ihnen sind, im Umgange." [25] Freilich ist die Atmosphäre des Umgangs auch der Grund, daß die Wissenschaften seichter, frivoler und unergründlicher werden: "Ein guter Kopf in einer Provinzstadt ist zuweilen nur eine in einem einsamen Tal aufblühende Rose." [26]

Die Schwierigkeit des Gelehrten, mit dem Adel umzugehen, bestand in seinem Mangel an äußerer geselliger Kultur, an Geschmack. Er stellt fest: "Der Gelehrte vernachlässigt leicht sein Äußeres; sein Mut wird durch die sitzende Lebensart geschwächt; seine Einsamkeit macht ihn zu einer leichten und muntern Thätigkeit unter andern Menschen ungeschickter." [27] Er kommt an noch zwei weiteren Stellen in seiner Studie über die Moden auf diesen Umstand zurück: "Die Gelehrten und die Leute von Genie sind von jeher der Vernachlässigung ihres Äußern, und besonders einer Unbekanntschaft mit der Sitte und den Gewohnheiten der Zeit beschuldiget worden. Das ist auch eine der Ursachen, durch welche sie oft von der Gesellschaft ausgeschlossen worden sind, als welche diese Mängel in Absicht des conventionellen Anständigen oft mehr verachtet, als sie die Vorzüge des Verstandes und der Wissenschaft schätzt ... Wichtige Geschäfte, ernsthafte Studien, entfernen den Menschen immer etwas von den Schauplätzen, wo Luxus und Eitelkeit ihre Muster und ihre neuen Erfindungen aufstellt." [28] "Den Gelehrten hat man, in vorigen Zeiten, den Fehler vorzüglich Schuld gegeben, daß sie ihr Äußeres vernachlässigten, und durch Sonderbarkeiten in ihrem Putze oder in ihren Höflichkeitsbezeugungen sich auszeichneten. Dieß wird immer der Fall seyn, wenn entweder das gelehrte Studium auf keine Gegenstände geht, welche die übrigen Stände beschäftigen und vergnügen, oder wenn die Welt und Geschäftsleute gar keinen Geschmack an den Wissenschaften finden. Durch beyde wird der Gelehrte natürlicherweise von der Gesellschaft ausgeschlossen. Und in seiner Studierstube oder in dem engen Kreise seiner Zunftgenossen kann er nicht anders als altfränkisch und unmodisch werden." [29]

Garves Verlangen als Gelehrter ging auf Anerkennung und Gleichberechtigung in der adeligen Welt. Er gab zu, daß der Unterschied zwischen den erblichen Rechten des Adels und der bürgerlichen Verfassung notwendig sein kann und respektiert werden muß. Er war aber der Meinung, "daß zwischen einem vernünftigen und tugendhaften Bürger und zwischen einem aufgeklärten und tugendhaften Adligen kein Unterschied vorhanden sei", und er forderte, daß von diesen einer den andern im eigentlichen Verstande als seinesgleichen ansehen müsse: "Und ich gestehe es, der Wahrheit und Evidenz dieser Grundsätze hat auch mein Verstand sich nicht entziehen können." [30]

Er beobachtete also einen wechselseitigen Einfluß zwischen den Ständen; eine gegenseitige Anziehungskraft, die den Kulturprozeß vorantreibt: "Sind an einem Orte einmal eine große Anzahl begüterter Menschen, die das Vergnügen lieben und einige Kentniss und Geschmack haben, beysammen, so sind Künstler und Gelehrte nicht weit, die sich anbieten, sie zu unterhalten und zu unterrichten. Und diese Künstler und Gelehrten werden hinwiederum von jenen Weltleuten abgeschliffen und in Absicht der Sitten und des Geschmacks völlig ausgebildet." [31]

Er verstärkte diese Forderung nach einer Vermischung der Stände im Kulturvorgang durch den Hinweis auf die schädlichen Wirkungen der Unterdrückung und Verachtung durch jenen Stand, der im Wohlstand lebt. Er schrieb: "Jede Klasse von Bürgern, jeder Stand, jeder Teil eines Reiches, der unterdrückt und in Verachtung ist, verliert seine Thätigkeit und seine Kraft, selbst in den Angelegenheiten seines Privateigennutzes. So wie er sich hingegen in seinen und seiner Mitbürger und Oberen Augen erhebt, wie er eine Stimme in den öffentlichen Angelegenheiten gewinnt: so scheint auch mit seinem Muthe sein Fleiß und sein Glück in seinen Privatgeschäften zu erwachen." [32] Garve hat noch nicht den Begriff der Freiheit. Daß Gelderwerb nur das Mittel zur Verwirklichung der Freiheit ist, diese Einsicht blieb ihm noch verschlossen.

Die Erscheinung der Unterdrückung beobachtete Garve in seiner Zeit vor allem bei der Betrachtung der Bauern und der Juden, zweier Stände, die abseits von der gelehrten Kultur standen und sich doch gegenüber den Gelehrten für klüger hielten: "Der Jude wird wie der Bauer gewitzigt und klug gemacht nicht durch Lehrer und Bücher (diese sind bey beyden oft mehr geschickt, ihre Köpfe zu verderben als zu bilden) sondern durch ihre Beschäftigung in ihrem Gewerbe: auf die sie Aufmerksamkeit wenden müssen, weil sie die Noth dazu treibt." [33] Sie bilden sich deswegen wie die Pedanten unter den Gelehrten ein, klüger zu sein als die andern. Sie sind mißtrauisch geworden, und zwar unter dem Druck, unter welchem sie und ihre Vorfahren gelebt haben, mißtrauisch gegen alle, welche nicht von ihrem Volke oder ihrem Stande sind.

Eine erst vier Jahre nach seinem Tode (1802) erschienene Abhandlung Garves trägt den Titel "Über die öffentliche Meinung". [34] In dieser Studie hat er sein ständisches Denken, das er so differenziert gehandhabt hat, in ein erweitertes bürgerliches Denken ausgeweitet. Er fand die Anregung zu diesem Begriff in den

Schriften der Franzosen. Freilich hält er darin an Werten fest, die mit dem heutigen Begriff der öffentlichen Meinung nicht mehr in Übereinstimmung sind: zunächst am eigenen Nachdenken: "Die Urtheile, deren Uebereinstimmung eine öffentliche Meinung ausmachen soll, müssen von den einzelnen Personen von jeder für sich, unabhängig und ohne Einfluß von den übrigen, gefällt worden seyn." [35] Desweiteren: "Sobald Verabredung und Einfluß stattfinden, so hört das, was eigentlich öffentliche Meinung genannt werden kann, auf." [36] Endlich formuliert er: "Je mehr man Achtung für die öffentliche Meinung hat, desto mehr Widerwillen muß man gegen das Stiften von Partheyen haben." [37]

Eigenes Nachdenken also, Ablehnung von Verabredung und Einfluß, endlich Ablehnung der Parteien bestimmten Garves Begriff der öffentlichen Meinung: "Öffentliche Meinung ist die Übereinstimmung vieler oder des größten Theils der Bürger eines Staates in Urtheilen, die jeder einzelne zu Folge seines eignen Nachdenkens oder seiner Erfahrung über einen Gegenstand gefällt hat." [38]

Für Garve war die öffentliche Meinung "als ein unsichtbares Wesen von grosser Wirksamkeit" zu betrachten; er zählte sie unter die "verborgnen Mächte, welche die Welt regieren". Freilich zweifelte er, ob die öffentliche Meinung auch immer und unfehlbar, eine "wahre" Meinung sein könne. Er sagt: "Des Volkes Stimme ist Gottes Stimme", gibt aber zu bedenken, daß die Übereinstimmung Vieler in einem gemeinsamen Irrtum kein seltner Fall sei. [39]

Wichtig für uns Heutige bleibt jedenfalls Garves Abgrenzung der öffentlichen Meinung als Ergebnis des Selbstdenkens und des Nachdenkens der Einzelnen gegen traditionelle 'Mächte', die ohne Selbst- und Nachdenken beim 'Alten' verharren.

ANMERKUNGEN

1 Vgl. dazu die erzählende Darstellung der Familie Garve in dem Buch von E. Poseck: Alte Ohle. Die Geschichte eines Hauses und seiner Bewohner. — Berlin 1941.

2 Vgl. G. Schulz: Christian Garve im Briefwechsel mit Friedrich Nicolai und Elisa von der Recke. — In: Wolfenbütteler Studien zur Aufklärung. Bd. I (1974), S. 222—305.

3 Vgl. G. Schulz: Schiller und Garve. — In: Jahrbuch der Schlesischen Friedrich Wilhelms-Universität zu Breslau III (1958), S. 182—199.

4 F. von Gentz: Briefe an Christian Garve (1789—1798). Hrsg. von Schönborn. — Breslau 1857.

5 Chr. Garve: Ueber die Lage Schlesiens in verschiedenen Zeitpuncten, und über die Vorzüge einer Hauptstadt vor Provinzialstädten. — In: Schlesische Provinzialblätter 1788, 6. St., S. 506 f. Diese wie die in den folgenden Anm. 8 und 32 angeführten Veröffentlichungen Garves sollen zusammen mit anderen Abhandlungen von ihm demnächst, herausgegeben von Zwi Batscha, als "Politische Schriften" Christian Garves im Rahmen der "Bibliothek der Aufklärung" (Heidelberg: Verlag Lambert Schneider) in zwei Bänden neu ediert werden.

6 Chr. Garve: Über die Maxime Rochefaucaults: das bürgerliche Air verliehrt sich zuweilen bey der Armee, niemahls am Hofe. — In: ders.: Popularphilosophische Schriften über literarische, ästhetische und gesellschaftliche Gegenstände. Im Faksimiledruck hrsg. von K. Wölfel. 2 Bde. — Stuttgart 1974, Bd. 1, S. 571.

7 Ebd., S. 566.

8 Chr. Garve: Bruchstücke einzelner Gedanken über verschiedene Gegenstände. III. — In: Schlesische Provinzialblätter 1797, 12. St., S. 535.

9 Garve: Über die Maxime (s. Anm. 6), S. 665.   10 Ebd., S. 570, 666.

11 Ebd., S. 689.   12 Ebd., S. 602.   13 Ebd., S. 579.

14 Chr. Garve: Über die Moden. — In: Popularphilosophische Schriften (s. Anm. 6), Bd. 1, S. 506.

15 Ebd., S. 507.   16 Garve: Über die Maxime (s. Anm. 6), S. 605.

17 Vgl. ebd., S. 635.   18 Vgl. ebd., S. 655.

19 Garve: Über die Moden (s. Anm. 14), S. 512.   20 Ebd., S. 511.

21 Ebd., S. 508.   22 Vgl. Garve: Über die Maxime (s. Anm. 6), S. 594.

23 Vgl. ebd., S. 587.   24 Vgl. ebd., S. 569.

25 Garve: Ueber die Lage Schlesiens (s. Anm. 5), S. 519.   26 Ebd., S. 521.

27 Garve: Über die Maxime (s. Anm. 6), S. 692.

28 Garve: Über die Moden (s. Anm. 14), S. 480.   29 Ebd., S. 523.

30 Garve: Bruchstücke einzelner Gedanken (s. Anm. 8), S. 527.

31 Garve: Ueber die Lage Schlesiens (s. Anm. 5), S. 518.

32 Chr. Garve: Bruchstücke zu der Untersuchung, über den Verfall der kleinen Städte, dessen Ursachen, und die Mittel ihm abzuhelfen. — In: Schlesische Provinzialblätter 1793, 1. St., S. 7.

33 Chr. Garve: Über den Charakter der Bauern und ihr Verhältniß gegen die Gutsherrn und gegen die Regierung. — In: Popularphilosophische Schriften (s. Anm. 6), Bd. 2, S. 809.

34 Chr. Garve: Über die öffentliche Meinung. — In: ebd., S. 1263—1306.

35 Ebd., S. 1268.   36 Ebd., S. 1294.

37 Ebd., S. 1295.   38 Ebd., S. 1268.   39 Ebd., S. 1275.

JÜRGEN SCHLUMBOHM

'Traditionale' Kollektivität und 'moderne' Individualität: einige Fragen und Thesen für eine historische Sozialisationsforschung *

Kleines Bürgertum und gehobenes Bürgertum in Deutschland um 1800 als Beispiel

I

In der Forschung zur Geschichte der Familie und der Kindheit, wie sie insbesondere in den englisch- und französischsprachigen Ländern seit einigen Jahren intensiv betrieben wird,[1] zeichnen sich zwei entgegengesetzte Perspektiven ab; ihre Diskrepanz steht mit im Hintergrund dieses Beitrags, auch wenn er unmöglich den Ehrgeiz haben kann, sie in einem ausgearbeiteten neuen Gesamtbild 'aufzuheben'.

Zum einen gibt es eine Tendenz — prominent repräsentiert durch die Pionierarbeit von Philippe Ariès[2] —, die guten alten Zeiten des Mittelalters und der sehr frühen Neuzeit zu loben, da die Kinder noch unisoliert mitten in der Welt der Erwachsenen lebten und mithandelnd lernten. Dem steht eine Richtung gegenüber — vertreten etwa durch Lloyd deMause's 'Psycho-Historie'[3] —, die das Verhalten der Menschen früherer Jahrhunderte gegenüber Kindern vornehmlich von Kindsmord, physischer Mißhandlung und sexuellem Mißbrauch bestimmt sieht und die die neuere Zeit ob ihrer stetig wachsenden Empathie, Liebe und fördernden Zuwendung zum Kinde preist. Unschwer läßt sich erkennen, daß diese beiden Perspektiven der *Geschichte* der Kindheit eng zusammenhängen mit dem jeweiligen Urteil über die Bedingungen und Formen *gegenwärtiger* Kindheit. Während die erstgenannte Richtung zusammengehört mit einer kritischen Sicht der in der 'modernen' Welt üblichen Ausgrenzung der Kinder aus dem aktiven Leben und ihrer pädagogischen 'Betreuung' und überwachenden Reglementierung — diese Kritik kann übrigens sowohl von einem konservativ als auch von einem progressiv sich verstehenden Ansatz herkommen[4] —, geht die andere Richtung davon aus, daß aufgrund des seit einigen Jahrhunderten linear oder gar exponentiell gewachsenen Verständnisses für die Bedürfnisse des Kindes die heutige Kindergeneration als die glücklichste in der bisherigen Geschichte zu betrachten ist.

In seinem Versuch einer umfassenden Geschichte der Entstehung "der modernen Familie" hat sich Edward Shorter an die zweite Richtung angeschlossen und dabei den Wandel der Familie in den Rahmen der "Modernisierung" gestellt. [5] Dabei setzt er sich der Kritik aus, die die meisten Varianten der Modernisierungstheorie trifft: es wird eine undialektische Geradlinigkeit von Fortschritt angenommen und in 'ethnozentrischer' Betrachtungsweise die heutige westliche Welt zum Modell der Modernität stilisiert, auf das sich alle Gesellschaften hin entwickelten — oder entwickeln sollen. [6] Trotzdem und trotz mancher weiterer Einwände [7] enthält sein Buch viel interessantes Material und wichtige Gesichtspunkte. Dazu gehört die — schon bei Ariès vorhandene, hier aber weiter ausgeführte — Einsicht, daß die Familie und der Einzelne in früheren Jahrhunderten eng in die 'Kollektivität' des Dorfes und ähnlicher 'Gemeinschaften' eingebunden waren, während die 'moderne Familie' als ein nach außen sich abschirmender Hort privater Intimität charakterisiert ist. Für den Besucher, der sich relativ unkritisch mit dieser 'Modernität' identifiziert, stellt sich die Vergangenheit lediglich als "schlimme alte Zeit" dar, in der zahlreiche "Fremde … im Wohnzimmer herumschnüffelten", "das Intimleben" "beobachteten oder störten"; als zentrale Mittel zur Aufrechterhaltung der "kollektiven Solidarität" in der Gemeinde, in der Gruppe der jungen Männer usw. erscheinen "Eingriffe" der Gemeinschaft in die 'Familien- und Privatsphäre' wie 'Katzenmusik' ('Haberfeldtreiben', 'Charivari'). [8]

Wenn es nun aber richtig ist, daß die Einbindung in kollektive Zusammenhänge zumindest für die Menschen bestimmter Klassen oder Schichten in einer früheren Periode der Geschichte [9] von so grundlegender Bedeutung war, so ist es wenig plausibel, daß diese Kollektivität primär durch solche punktuellen Eingriffe gegen Abweichler hergestellt wurde. Die Frage ist vielmehr, ob entsprechende kollektive Verhaltensweisen nicht auch positiv in den Menschen verankert waren. Hier liegt der Ansatzpunkt für eine historische Sozialisationsforschung. [10] Wie, so hat eine "sozialstrukturell orientierte Sozialisationsforschung" [11] zu fragen, prägt ein Gesellschaftssystem und wie prägt die Zugehörigkeit zu einer bestimmten Klasse und Schicht die Familie und andere Sozialisationsinstanzen; welche Wirkung haben diese auf die Persönlichkeitsstruktur der Heranwachsenden; und in welchem Verhältnis stehen die so erzeugten Verhaltensweisen der Personen wiederum zu dem bestehenden gesellschaftlichen System — sind sie ihm angepaßt, funktional für seine Erhaltung [12] oder gibt es eine Distanz, gar einen Widerspruch zwischen beiden, der womöglich ein Potential zur Veränderung des Systems enthält? [13] Gewiß hat der Historiker bei solchen wie bei allen anderen Fragestellungen den gravierenden Nachteil, daß er sich seine Datenbasis nicht wie der seine Gegenwart untersuchende Sozialwissenschaftler — sei er nun Psychologe, Pädagoge, Soziologe oder Kulturanthropologe — durch Befragung, Beobachtung oder gar Experiment selber schaffen kann, sondern sich mit den 'Quellen' begnügen muß, die seinerzeit von anderen und zu anderen Zwecken produziert und mehr oder weniger zufällig übriggeblieben sind; dabei bieten demographische, Zensus- und ähnliche quantitative Daten eine allgemeine Grundlage; Autobiographien und Biographien gewähren oft einen detaillierten Einblick in die psychischen Mechanismen eines einzelnen Sozialisationsprozesses, während 'Landes-' und 'Ortsbeschreibungen' von Beamten, Pfarrern, Ärzten, Schriftstellern Aussagen über allgemeiner verbreitete Strukturen und Merkmale machen;[14] normative Schriften von Pädagogen und Medizinern enthalten oft eine Auseinandersetzung mit der – für verbesserungsbedürftig gehaltenen – Tatsächlichkeit; und auch Werke der fiktionalen Literatur gewähren bisweilen einen Einblick in Zustände und Normen ihrer Zeit. Wenn nun bei dem Versuch, diese heterogenen Fragmente zu einem Gesamtbild zusammenzufügen, viele Elemente nur ungefähr zusammenpassen und manche Stellen gar leer bleiben werden, so hat doch der Historiker vielleicht auch einen Vorteil: während es für eine die Gegenwart untersuchende Sozialisationsforschung ein besonderes Problem ist, alle drei Ebenen der Analyse: gesellschaftliches System – Familie und andere Sozialisationsinstanzen – Persönlichkeit des Kindes im Zusammenhang zu untersuchen[15] (schon wegen der zeitlichen Erstreckung des Sozialisationsprozesses), so hat der Historiker unter seinen – zugegeben: im einzelnen fragmentarischen, subjektiv gefärbten und auch in ihrer Gesamtheit statistisch kaum repräsentativen – Quellen etliche, die Aussagen über jede dieser Ebenen enthalten und einen Zusammenhang zwischen den dreien herzustellen gestatten – so nicht selten Lebensbeschreibungen auf der individuellen und Orts- und Landesbeschreibungen auf der überindividuellen Ebene.

An einem konkreten Beispiel soll hier skizzenhaft der Versuch gemacht werden, einerseits einige Fragestellungen der Sozialisationstheorie und -forschung auf historisches Material anzuwenden, andererseits auch einige ihrer Annahmen im Lichte einer andersartigen gesellschaftlichen Situation in Frage zu stellen oder zu relativieren.

II

Das kleine Bürgertum und vor allem sein Kern, die zünftige Handwerkerschaft, war im Deutschland des 18. Jahrhunderts eine soziale Schicht, an der noch besonders deutlich kollektive Verhaltensweisen beobachtet werden können: das gemeinsame Wahrnehmen und Verfolgen gemeinsamer Bedürfnisse und Interessen überwog, und nicht ein Verhalten, das auf individuelle Entfaltung und Konkurrenz angelegt gewesen wäre. Diese Orientierung beruhte darauf, daß beim selbst (mit)arbeitenden Handwerker, obwohl er für den Verkauf und nicht für den Eigenverbrauch arbeitete, Ziel der Produktion doch die Befriedigung konkreter Lebensbedürfnisse blieb, also die "Idee der Nahrung"[16] herrschte (anders als beim kapitalistischen Unternehmer, der die physische Produktionsarbeit anderer verwertet und der, zumal unter dem Druck der Konkurrenz, eine prinzipiell schrankenlose Vermehrung des Werts durch Gewinn anstreben muß). Die Tatsache, daß ökonomische Tätigkeit und ökonomischer Zweck in dieser

Weise in den umfassenderen Zusammenhang des Lebens eingeflochten waren, [17] bildete zugleich die Grundlage dafür, daß kollektive Verhaltensweisen dominieren konnten, und zwar den ganzen Arbeits- und Lebenszusammenhang umfassend, ungeschieden in der 'wirtschaftlichen' und in der 'privaten' Tätigkeit (und nicht etwa nur einerseits in einem wirtschaftlichen Zweckverband oder andererseits in privater Geselligkeit). In der handwerklichen Produktion bedeutete 'Kollektivität' bisweilen, daß die Zunft als ganze Eigentümerin bestimmter aufwendiger Produktionsmittel (z. B. wassergetriebener Anlagen) war, die dann von allen Meistern gemeinsam genutzt wurden; in der Regel hieß es, daß ein umfassender gemeinsamer Rahmen bestand, der z. B. Qualität, Preis, Produktionstechnik, Beschäftigungsbedingungen für Hilfskräfte regelte und innerhalb dessen sich die Produktion aller Einzelwerkstätten abspielte. Zugleich war die Zunft Einrichtung einer gewissen sozialen Sicherung, oft Trägerin politischer Rechte, Körperschaft der Religionsübung, insgesamt eine umgreifende Lebensgemeinschaft, die Feste im Jahres- und Lebenszyklus gemeinsam beging und ebenso einen gewohnheitlich-alltäglichen Kommunikationszusammenhang bot. [18] Die Gesellenverbände waren zwar eine — oft militante — Interessenvertretung gegenüber Meistern und Obrigkeiten — deshalb die besondere Repression ihnen gegenüber, die sich in dem Reichsabschied von 1731 und den territorialstaatlichen Folgegesetzen zeigt; [19] sie waren aber zugleich institutioneller Ausdruck und Rückhalt einer durch strenge Eingangsrituale abgegrenzten, durch eigene Umgangsformen und Regeln und ein spezifisches Ehrgefühl abgehobenen interlokal und interterritorial wirksamen Gemeinschaft der Gesellen. Gerade auch auf der 'Wanderschaft' konnte jeder, der sich durch handwerklichen Gruß, Gebärde, Kleidung als ehrlicher Geselle auswies, auf unmittelbare Aufnahme und Unterstützung als 'Bruder' in der Gemeinschaft der örtlichen Gesellen seines Handwerks rechnen, ohne daß etwa zuvor in längerer Zeit erst persönliche Vertrautheit hätte hergestellt werden müssen. Die durch zäh festgehaltene Bräuche geregelte Gemeinsamkeit des Lebens und der Lebensweise stützte die mit ihr eng verflochtene handwerkliche Arbeitsweise und die zünftigen Produktionsverhältnisse der 'kleinen Warenproduktion'. [20] Freilich war jeweils die Reichweite dieses kollektiven Lebenszusammenhangs der Handwerker bzw. Gesellen durch den 'Zunftpartikularismus', häufige Abgrenzungs- und Rangstreitigkeiten zwischen den verschiedenen Handwerken und vor allem gegenüber anderen Teilen der Bevölkerung, stark eingeschränkt — m. E. ein Grund, nicht oder nur mit Vorbehalt von 'Solidarität' und lieber von 'Kollektivität' zu sprechen. [21]

Am augenfälligsten demonstriert wurde das kollektive Verhalten in Konfliktsituationen: wenn z. B., weil ein Geselle von seinem Meister beschimpft worden war, alle Gesellen dieses Handwerks in der Stadt sich als beleidigt betrachteten, in den Ausstand traten und Genugtuung verlangten, wobei stets die Drohung im Hintergrund stand, gemeinsam abzuwandern und — trotz aller gesetzlichen Verbote — das betroffene Handwerk dieser Stadt 'in Verruf' zu bringen, also überörtlich alle Gesellen zu seinem Boykott aufzurufen.[22] Oder wenn die Zunft-handwerkerschaft einer Reichsstadt in Klagen, 'Zusammenrottungen' und Un-ruhen für ihre politischen und ökonomischen Rechte gegen einen von Großkauf-leuten beherrschten Rat aufstand.[23] Die Ziele solcher augenfälligen gemeinsa-men Aktionen konnten sehr unterschiedlicher Natur sein: sie mögen dem auf-geklärten ex-post-Kritiker 'progressiv' erscheinen wie eine mittels Arbeitsnie-derlegung durchgesetzte Lohnforderung von Gesellen und wie die Forderung einer 'Vereinigten Bürgerschaft' nach Verbilligung der Lebensmittelversorgung, Abschaffung der Steuerprivilegien und Verstärkung des politischen Einflusses der Bürgerschaft gegenüber einem oligarchischen Senat;[24] sie können aber auch 'reaktionär' erscheinen wie die Ächtung eines nicht ehelich Geborenen oder der vehemente Protest gegen religiöse Toleranz.[25] (Ein Blick etwa auf die Volksbe-wegungen der Französischen Revolution kann freilich zur Vorsicht bei derglei-chen Klassifizierungen mahnen, waren dort doch die Aktionen des 'kleinen Vol-kes', dessen Mentalität sich in vieler Hinsicht an der Vergangenheit orientierte, ein wichtiger Motor beim Ausbruch und Vorantreiben des revolutionären Pro-zesses.[26])

Wenn man nun im Auge behält, daß dergleichen mehr oder weniger 'gewalt-same' gemeinsame Aktionen nur die spektakulärsten Erscheinungsformen einer durchgängigen und alltäglichen kollektiven Verhaltensweise besonders von Zunfthandwerkern und Gesellen waren, ja wenn man vielleicht bei ihnen so etwas wie eine kollektive Persönlichkeit annehmen und ihre Rede, durch die Beleidi-gung eines von ihnen seien sie insgesamt beleidigt, durchaus wörtlich verstehen kann, so stellt sich für ein Unterfangen wie eine 'historische Sozialisationsfor-schung' die Frage, durch welche Einflüsse welcher Sozialisationsinstanzen dies Verhalten im Laufe der Lebensgeschichte angeeignet wurde. Denn daß es erst mit der Gesellenprüfung und dem Ritual der Aufnahme in den Gesellenverband, also in einem Alter von etwa 18 bis 20 Jahren,[27] unvermittelt seinen Ursprung nahm und sogleich voll entwickelt praktiziert wurde, widerstreitet sowohl mo-dernen Sozialisationstheorien[28] als auch der damals sich entfaltenden pädago-gischen und psychologischen Wissenschaft, die bereits mit Nachdruck auf die prägende Bedeutung der Kindheit, selbst der frühen Kindheit, für die Entwick-lung elementarer Züge der Persönlichkeit hinwies.[29]

*

Geleitet durch Fragestellungen und Ergebnisse der Sozialisationsforschung, wird man sich in erster Linie der Familie als der 'primären Sozialisationsinstanz'[30] zuwenden, ihre Struktur untersuchen, nach den Leitvorstellungen der Eltern im Hinblick auf die Erziehung, nach ihren Einstellungen zum Kind und ihren Um-gangsformen mit dem Kind fragen. Beim Studium von Quellen zum Familienleben bei den 'arbeitenden Klassen' etwa im 18. Jahrhundert ergibt sich als erster Eindruck, daß die Eltern hier offenbar in der Regel recht wenig Zeit für ihre Kinder aufwendeten und sich nicht viele Gedanken um Erziehung und Erziehungsziele machten. [31] Der Mann und oft auch die Frau [32] waren so weitgehend — vielfach mehr als 12 Stunden am Tage — damit beschäftigt und belastet, für den Lebensunterhalt zu arbeiten, daß kaum Raum für eine aktive Beschäftigung mit den Kindern blieb. Speziell im Handwerk ist wiederholt belegt, daß selbst die unerläßliche Minimalversorgung der Kinder einem Lehrjungen übertragen wurde, meist gewiß zu dessen Mißvergnügen. [33]

Bei genauerem Hinsehen zeichnet sich freilich ein gegenüber diesem ersten Eindruck weitgehender Vernachlässigung der eigenen Kinder komplexeres Bild ab. Die Armut der 'arbeitenden Klassen' und die Absorption ihrer Energie durch den Kampf um den täglichen Lebensunterhalt führte nicht in jeder Hinsicht zu einem Mangel an Zuwendung zum Kinde, in mancher Hinsicht ist auch das Gegenteil der Fall. So wird von sehr langen Stillzeiten berichtet; sie scheinen in der Regel etwa ein Jahr, nicht selten auch zwei Jahre betragen zu haben. [34] Eine Ursache dieser Übung war sicher, daß dies als der billigste und am wenigsten zeit- und arbeitsaufwendige Weg der Ernährung erschien; trotzdem kann kaum bestritten werden, daß so gleichzeitig eine andauernde Beziehung zwischen Mutter und Kind gegeben war. Die verbreitete Praxis, daß Kinder, zumal unter beengten Wohnverhältnissen und bei geringem Besitz an Mobiliar, mit Erwachsenen in einem Bett schliefen, [35] ist eine andere, mir bedeutsam erscheinende Einzelheit, die nicht ausschließlich aus der überlegenen Sicht zeitgenössischer Sittenreformer beurteilt werden sollte. Aufgeklärte Ärzte, Pädagogen und Regierungen bekämpften diese Gewohnheit heftig, sowohl wegen des damit verbundenen Risikos der fahrlässigen oder vorsätzlichen Kindestötung, als auch wegen der Gefahr der "Erweckung unzeitiger Triebe". [36] In solchen Begründungen zeigt sich die Ambivalenz ihrer Ratschläge, bei denen die Fürsorge für Gesundheit und Leben des Kindes, deren objektive Berechtigung schwerlich in Abrede gestellt werden kann, untrennbar verbunden war mit dem Bemühen um eine zivilisierende Disziplinierung der Sitten. [37] Die Kehrseite der Verhaltensdisziplin, die Erwachsenen und Kindern mit der — auch körperlichen — Trennung der Sphären der Erwachsenen einerseits, der Kinder andererseits auferlegt wurde, läßt sich in einem Beispiel aus dem besitzenden Bürgertum erkennen an den massiven Angstgefühlen von Kindern, denen das "allein Schlafen" konsequent zur Pflicht gemacht wurde. [38] Demgegenüber konnte das Schlafen von Erwachsenen und Kindern in einem Bett das Leben von Säuglingen gefährden, aber Kindern auch Wärme und Körperkontakt bieten. [39] Freilich mag es sein, daß der Name 'Liebe' zu sehr an eine aktive, bewußte und außergewöhnliche Hinwendung denken läßt und überhaupt ein zu großes Wort für solche Verhaltensweisen ist, die, in beträchtlichem Maße aus der Not geboren, als quasi-natürliche und selbstverständliche praktiziert wurden. [40]

Wo davon die Rede ist, daß die Familien der einfachen Leute dieser Zeit sich ausdrücklich mit ihren Kindern befaßten, da wird in der Mehrzahl der Fälle von einem strengen und nicht selten gewaltsamen Erziehungsstil berichtet. "Prügel" waren eine regelmäßige Erfahrung in der Kindheit der 'arbeitenden Klassen' (und weithin nicht nur in der Kindheit [41]). "Wo es Kinder und Soldaten gab, da gab es damals auch Prügel, und meistens ganz barbarische", so sagte rückblickend Karl Friedrich Klöden, [42] und er wußte, wovon er sprach, denn aus der Erfahrung und Anschauung seiner eigenen Kindheit im späten 18. Jahrhundert kannte er beides, Kasernen von innen und die Kindheit der kleinen Leute in der Stadt. Sofern solche Äußerungen elterlicher Gewalt einem konsistenten Zweck zuzuordnen waren, verfolgten sie in erster Linie das Ziel, die Kinder zur Mitarbeit in Haushalt und Beruf anzuhalten, um so die durch die Kinder verursachten Netto-Kosten möglichst gering zu halten. [43] " ... selten werden Eltern ihren Kindern etwas befehlen, außer Fleiß zur Arbeit, und auch dies nicht aus moralischen Gründen, sondern um der allherrschenden Gewinnsucht willen ... . Sonst kann ein Kind tun, was es will, es ist vor Schlägen und Bestrafungen sicher genug, wenn nicht Vater oder Mutter aus andern Ursachen übler Laune sind." "Ebensowenig herrscht Liebe gegen Kinder, bis sie erwachsen und zur Arbeit tauglich sind", berichtete 1785 ein um Besserung bemühter Pfarrer aus einem ländlichen Gewerbegebiet der Schweiz. [44] Die Leistung eines bestimmten Quantums Arbeit, die allgemein schon von recht kleinen Kindern erwartet wurde [45] (beim Spinnen etwa schon von sechsjährigen), wurde z. T. durch grausame Strafen erzwungen: es wird berichtet, daß einem Kind, das sein tägliches Quantum Garn nicht gesponnen hatte, ein Faden um den Finger gewickelt und angezündet wurde. [46] Wenn auch in städtischen Haushalten, besonders in der Zunfthandwerkerschaft, die Kinder vor Beginn der Lehrzeit oft nicht so direkt in die gewerbliche Warenproduktion einbezogen werden konnten wie auf dem von zünftigen Regulierungen freien Lande, so gab es doch an häuslichen Diensten, Botengängen, Aufgaben in der Betreuung jüngerer Geschwister, aber auch an Hilfs- und Nebenarbeiten bei der Erwerbstätigkeit der Eltern für die Kinder kleiner Leute in der Stadt ebenfalls genug zu tun. [47] Soweit sie Gelegenheit hatten, bares Geld zu verdienen, hatten sie es nach "haushälterischer Sitte" in die Haushaltskasse der Eltern zu geben. [48] Heinrich Koenig, der am Ende des 18. Jahrhunderts mit seiner Mutter, einer Heimarbeiterin, im Haushalt seines Mutterbruders, eines kleinen Krämers, aufwuchs, weist in seinen Erinnerungen darauf hin, wie wichtig bei den "Classen der Gesellschaft, die von den Mühen der eigenen Hände leben", im Unterschied zu denen, "die auf *fremdem* Schaffen ruhen", die Arbeit jedes Familienangehörigen, einschließlich der Kinder, genommen wurde. Nicht vom 'Ökonomischen' losgelöste 'emotionale' Beziehungen erwähnt er als die Art, wie er als "Knabe ... ein lebendiges Glied der Familie" war, sondern seinen Worten nach war er es "mitleistend, mitleidend" "durch jene, wenn noch so geringfügigen Verrichtungen, die aber zum häuslichen Fortkommen beitrugen". [49]

Soweit die Familie dem heranwachsenden Kind im kleinen Bürgertum überhaupt das Bild einer in sich konsistenten Struktur bot, [50] war sie offenbar geprägt durch die überlegene Machtstellung der Eltern, meist wohl besonders des Vaters, [51] und durch einen sehr strengen Stil. Daher ist nicht ersichtlich, wie innerhalb eines solchen Gefüges die Verhaltensweisen hätten eingeübt werden können, die für gemeinschaftliches Handeln in einer Gruppe von wesentlich Gleichen wichtig waren.

*

Die Schule hatte für die Kinder des kleineren Bürgertums in dieser Zeit in der Regel eine recht begrenzte Bedeutung. Von einer faktischen Durchsetzung der allgemeinen Schulpflicht konnte noch keine Rede sein. Wenn auch die Bemühungen aufgeklärter Verwaltungen gerade im 18. Jahrhundert hier einige Fortschritte gebracht haben, so gingen doch selbst in Mainz, der Residenzstadt eines relativ aufgeklärten Fürstbischofs, im Jahre 1785 nur gut die Hälfte der schulpflichtigen Kinder in die Schule. [52] Als soziale Institution aber war die Schule nicht minder autoritär strukturiert denn die Familie. Der Lehrer herrschte buchstäblich mit Rute und Stock. [53] "Still sitzen" lernen [54] war, zumindest für die jüngeren Jahrgänge, ein ebenso wichtiges Lernziel wie Fortschritte im kognitiven Bereich (und vielleicht sollte man, wenn man über die Bedeutung des Schulwesens für wirtschaftlichen und gesellschaftlichen Wandel [55] spricht, gerade auch für diese frühe Phase, neben den allgemeinen Wertorientierungen und den neuen Kenntnissen, die nur von der Schule und nicht von dem traditionsverhafteten Elternhaus vermittelt werden konnten, diesen — damals ziemlich offen propagierten — 'heimlichen Lehrplan' [56] der dressierenden Disziplinierung des Verhaltens durch die Umgangsformen in der Schule nicht weniger stark beachten [57]).

*

Im Alter von etwa 12 bis 15 Jahren [58] wechselte der Sohn des kleinen Bürgers, wenn er zu einem Handwerk bestimmt war, in der Regel aus der elterlichen Familie in 'Haus' und Familie eines anderen Handwerksmeisters [59] und wurde als Lehrling 'ins Handwerk aufgenommen'. Damit begann für ihn die Arbeit im engeren Bereich der handwerklichen Tätigkeiten, von denen die zünftigen Regulierungen Frauen und Kinder fernzuhalten suchten, um das Arbeitskräfteangebot zu begrenzen und damit den Preis der Arbeitsprodukte bzw. der Arbeitskraft zu sichern, aber auch um die 'Ehre' der handwerklichen Arbeit zu erhalten. Keineswegs aber war damit die Zeit der häuslichen Dienste für den Heranwachsenden beendet: Pflichten im Haushalt, Boten- und Besorgungsgänge, Kinderbetreuung u. dgl. wurden ihm durchaus auch in der Familie des Meisters übertragen; [60] Betrieb und private Haushaltsführung waren ungeschieden. Auch stand der Lehrling in ganz ähnlicher Weise wie in der Familie seiner Eltern am unteren Ende einer Pyramide von Autoritäten. Der Meister übte die väterliche Zucht über ihn aus, aber auch die Meisterin, womöglich gar deren Mutter, fungierten ihm gegenüber als Obrigkeit; der Geselle ließ ihn im täglichen Arbeitsleben seine überlegene Stellung ebenfalls gern fühlen. [61] Diese Situation war während der meist drei- bis fünfjährigen Dauer der Lehre [62] praktisch unentrinnbar, denn einen Wechsel des Meisters schloß die Praxis des Zunftrechts nahezu aus, ein Entlaufen hätte dem Lehrling nur Strafe, keineswegs aber Aufnahme bei einem anderen Meister eingebracht. [63] Zumal die Mehrzahl der Lehrjungen in Kleinbetrieben arbeitete, sie also meist keinen in etwa gleichgestellten Gefährten ihrer Situation hatten [64] und keine ausgeprägte Verbindung zwischen den Lehrlingen verschiedener Meister bestand [65] — der Lehrling war ja mit seinem ganzen Lebenswandel, einschließlich Ausgangserlaubnis u. dgl., der Hauszucht des Meisters unterworfen —, ist auch für die Lehrzeit nicht abzusehen, wie der Heranwachsende ein anderes denn ein Handeln als Einzelner innerhalb eines hierarchischen Gefüges erlernen konnte.

*

So wäre die Reihe der Sozialisationsinstanzen erschöpft, und keine von ihnen könnte eine Erklärung für die Kollektivität des Handelns liefern, wie sie bei Gesellen und Zunfthandwerkern so ausgeprägt zu beobachten war? Setzte im Verlaufe der Lebensgeschichte dieses kollektive Verhalten also doch sprunghaft und unvorbereitet erst auf der Stufe der Gesellen ein, forciert durch die Initiationsriten, [66] die den gewesenen Lehrling nun in den Stand der Gesellen aufnahmen?

Mir scheint, daß eine 'Sozialisationsinstanz' von recht anderer Art noch übersehen ist, auch von einer an den Normen der sog. 'Mittelschicht' orientierten Sozialisationstheorie oft gering geachtet [67] und von der historischen Forschung, soweit es eine solche in diesem Bereich gibt, unterschätzt [68] wurde: ich meine die Straße. Die Wohnung der kleinen Stadtbürger war zu eng, [69] als daß die Kinder sich den ganzen Tag in ihr hätten aufhalten können und wollen; die Architektur ihrer Häuser bot nicht jeder Familie eine von Nachbarn abgeschlossene Wohneinheit; die Wände waren nicht so gebaut, daß sie eine akustische Abschirmung des Familienlebens gewährleistet hätten; [70] nicht selten waren die städtischen Häuser auch zur Straße hin offen und wurde vor der Tür gearbeitet. [71] Die Familie war hier also durchaus nicht als eine Insel privater Intimität von der Umwelt abgeschirmt. [72] Es war unter diesen sozialen und räumlichen Bedingungen nur natürlich, daß die Kinder in jeder freien Minute aus der Wohnung auf die Straße strebten. Selbst die ihnen aufgelegten häuslichen Pflichten boten nicht selten dazu Gelegenheit: Botengänge und Besorgungen, kleine Ein- und

Verkäufe wurden gern Kindern anvertraut. Auf der Straße nun trafen sie andere Kinder, und: hier waren sie der unmittelbaren Kontrolle der Eltern entzogen, denn Mann und Frau waren bei den 'arbeitenden Klassen' so sehr in Arbeitsanstrengung eingespannt, daß sie nicht die Zeit zur Begleitung, Anleitung und Überwachung der Kinder hatten. So konnte hier ein Raum entstehen, der — im deutlichen Unterschied zu den veranstalteten Kinder- und Jugendgruppen des 20. Jahrhunderts — ohne direkte Einwirkung und Kontrolle von Erwachsenen [73] Möglichkeit und Notwendigkeit zu einer sozusagen autonomen Regulierung des Verhaltens der Kinder und Jugendlichen untereinander bot. Die *relative* Bedeutung dieses Sektors autonom regulierten Gruppenhandelns, den ich hier abgekürzt als 'Straße' bezeichne, innerhalb des Sozialisationsprozesses aber war um so größer, je weniger emotionale Intensität die Beziehungen in der Familie und in anderen Sozialisationsinstanzen hatten und je weniger sich Eltern und andere Bezugspersonen kontinuierlich und ausdrücklich dem Kinde zuwendeten und mit ihm sich beschäftigten. [74]

So gab es auf der Straße, auf Plätzen und Friedhöfen, [75] bei Wällen und Gräben, [76] vor den Toren der Stadt [77] eine Welt, in der Kinder in lockeren oder festeren Gruppen weitgehend nach ihren eigenen Regeln und Gesetzen sich bewegten und handelten. Das heißt *nicht*, daß Kinder hier nicht das Verhalten von Erwachsenen nachahmten. Gerade weil die Kinder noch nicht in einer besonderen, 'kindgemäß' sich gebenden Welt einer Familie mit der Hauptfunktion der Sozialisation und noch kaum in der 'pädagogischen Provinz' der Schule isoliert waren, sondern sowohl im Haushalt der Eltern, der in der Regel noch Erwerbsarbeit und 'Privatleben' ungeschieden umschloß, als auch auf der Straße mitten in derselben Welt der Erwachsenen lebten, gab es sehr viel Nachahmung und unmittelbare Übernahme von Handlungsweisen Erwachsener; [78] es fehlte dabei, zumal auf der Straße, die direkte Intervention und filternde Kontrolle von erziehenden Erwachsenen. Klöden, dessen Vater wie andere Unteroffiziere mit seiner Familie in der Kaserne lebte, erwähnte, daß er mit anderen Jungen zwei Kanonen, die in der Kaserne standen, oft zu Turnübungen nutzte und daß sie dann Soldatenlieder sangen, "die wir aufgeschnappt hatten und die Einer den Andern lehrte. Sie gehörten oft nicht zur besten Sorte dieser Lieder", so räumte er ein, freilich nicht ohne hinzuzufügen: "aber wir verstanden sie meistens nicht und hatten kein Arg dabei." [79]

Eigene Regeln und Gesetze hatte dies Zusammenleben der Kinder auch bei den unscheinbaren täglichen Spielen. "Am Tage wurde auf den Straßen, auf dem Kasernenhofe, auf dem Flure oder Corridore oder in der Stube gespielt und getobt, je nachdem die Jahreszeit und die Witterung es mit sich brachten und gestatteten, denn darauf wurde strenger gehalten, als auf geschriebene Gesetze. Man weiß, daß Kühler nur im ersten Frühlinge, Ball nur um die Osterzeit, Drachenziehen im Herbste gespielt werden, Zeck aber zu allen Jahreszeiten." [80] Natürlich legten die ungeschriebenen Gesetze nicht nur die rechte Jahreszeit, [81] sondern vor allem auch die Spielregeln fest. Denn alle Spiele, die von mehreren gemeinsam gespielt wurden, hatten – wie ein zeitgenössischer Pädagoge es vom Ballspiel sagte – ihre "Gesetze und verlangt[en] Ordnung und Übereinstimmung von mehreren Spielern". [82]

Nicht etwa erst in der Phase der 'Adoleszenz' wurde den Heranwachsenden ein Raum selbst regulierten Gruppenhandelns zugänglich, [83] sondern schon für kleine Kinder existierte ein solcher Bereich. Klöden war offenbar mit etwa fünf Jahren in ihm ganz heimisch und "entwickelte ... ziemliche Anlagen zum Strassenjungen". Seine jüngeren Geschwister lernten diese Welt schon im Alter von ein oder zwei Jahren kennen, eingeführt durch den nun siebenjährigen Bruder, der sie "abwarten" mußte. [84] Aus Rostock berichtet ein Arzt: "Sobald die Kinder so weit gekommen sind, daß sie für sich gehen können, pflegen sie gern die eingeschlossene Stubenluft zu fliehen. Sie laufen dann in den Häusern oder vor den Türen umher, man schickt sie auch wohl in die Luft. Die Kinder der Eltern, welche ich zu der untersten Klasse der Einwohner zähle, auch wohl die der Handwerker, pflegen gemeiniglich den ganzen Tag auf den Straßen zuzubringen, wobei sie sich recht wohl zu befinden scheinen." [85]

Wenn also "viele Eltern aus den untern Ständen ihre Kinder ohne Aufsicht auf den Straßen herumlaufen" ließen, [86] so war nicht selten deren "Erziehung ... zum größten Teil der Straße überlassen". Von "Erziehung" konnte der spätere Buchbindermeister Adam Henß, Sohn eines kurfürstlichen Stallbedienten in Mainz, der dies letztere von sich sagte, [87] sprechen, weil "die Straße" eben kein unstrukturiertes Gewimmel war, sondern ein Leben und Handeln in lockeren oder festen Gruppen, die mehr oder weniger organisiert und mehr oder weniger scharf voneinander abgegrenzt waren. Hauptsächlich kristallisierten sie sich, nach Wohnvierteln unterschieden, je um einen zentralen Platz herum. Carl Rosenkranz, der Philosoph, der in den ersten Jahren des 19. Jahrhunderts als Sohn eines kleinen Beamten zu Magdeburg in einer solchen Welt aufwuchs, erzählt, daß "die ganze Jugend der Vorstadt ... sich ungefähr bekannt" war und ihren festen "Sammelplatz zu gemeinschaftlichen Spielen und Kämpfen" hatte. [88] Aber auch die Schule konnte Ansatzpunkt für die Formierung solcher Verbände sein, [89] freilich nicht der von der Autorität des Lehrers strukturierte Unterricht; sondern außerhalb des Klassenraums und der Unterrichtszeit, und offenbar im Gegensatz zu den schulischen Disziplinierungstendenzen agierten diese Gruppen. Jede hatte ein gewisses Territorium, das sie als ihre ausschließliche Domäne ansah, [90] so "daß sich ein Knabe nicht ohne Begleitung aus seinem Bezirke in einen anderen wagte". Denn Kampf des einen Verbands gegen den andern war ein Hauptinhalt ihrer Aktivität, und Verletzung fremden Territoriums ein häufiger Anlaß ihrer Konflikte. [91] Beträchtliche Ausmaße konnte ein solcher "Knabenkrieg" [92] annehmen. Der Aachener Bürgermeisterei-Diener Janssen notierte 1757 in seiner Chronik: "... gottlose Eltern, welche ihre Kinder und Jugend auf solche Art lassen in Schand und Verwegenheit umblaufen ....Es fügen sich mit 2 ad 3hundert kleine Jungen in parteienweis, werfen sich mit Stein oft so gewaltig, daß sie gar niederfallen, die Kopf voneinander; hernach fügen sich große mit darunter, daß es gar zur [!] harten Streit kommt." [93] Eine "anarchische Räuberschar" nannte Rosenkranz diese Gruppe seiner Kindheit, übrigens nicht nur ihrer Kampfkraft halber, sondern auch, weil sie nicht selten in die Felder vor der Stadt zog, um verbotene Früchte zu ernten – Abenteuerlust, Hunger, vielleicht auch Vorstellungen von einer 'moralischen Ökonomie' mögen sich bei solchen Unternehmungen der städtischen Straßenkinder verbunden haben. [94]

Erst sechs oder sieben Jahre zählte der spätere Philosoph, als er offenbar schon voll in diese "sehr wilden Spiele" integriert war; im Alter von etwa acht Jahren hatte er immerhin eine solche Position in diesem Gruppenleben, daß er mit Erfolg "zum Auszug" gegen die Jugend eines anderen Viertels werben konnte, "der mit einer gewissen Regelmäßigkeit am Sonntag Nachmittag mit Stöcken, Schleudern u. dgl. stattfand". [95] Adam Henß, der genügend eigene Erfahrung hatte, brachte im späten Rückblick die innere Ordnung der Knabenwelt auf diese Formel: "Die Knaben sind geborne Republikaner, unter ihnen ist Gleichheit, sie kennen nur die Herrschaft der eignen Kraft und sind stets bereit zum Widerstande gegen jede Herrschaft in ihrem Bereiche." [96]

Wenn diese Welt der 'Straße' auch von der Welt des Hauses unterschieden war, vor allem dadurch, daß die elterliche Autorität und Macht hier nicht gegenwärtig war, so gab es für die Kinder der kleinen Bürger doch keinen wirklichen Bruch zwischen diesen beiden Welten. Denn auch Leben und Arbeit der Eltern fand ja zum Teil auf der Straße, vor dem Hause, statt; auch für sie war das Stadtviertel eine wichtige Einheit des Zusammenlebens; [97] da der Lebensbereich der Kinder nicht von dem der Erwachsenen abgeschottet war, erlebten die Kinder mit, welche Bedeutung die Normen einer stark kollektiv geprägten Lebensweise für ihre Eltern hatten, und umgekehrt wurden die Verhaltensweisen und Normen der Kinder und Jugendlichen auf der Straße von ihren Eltern keineswegs nachdrücklich mißbilligt. [98] Janssen beendete vielmehr seinen Bericht über Straßenschlachten von kleinen und großen Jungen in Aachen mit der Klage, daß gottlose Eltern "oft ihre[!] Jungen die Steiner[!], womit sie werfen, beitragen und sagen: Wehr dich brav, so bistu mein Kind." [99] Diese Einstellung der Eltern kann eigentlich nicht so sehr überraschen, waren doch solche Formen der Auseinandersetzung auch in deren wirtschaftlichen und politischen Konfliktfällen nicht ungewöhnlich. [100]

Freilich waren kämpferische Auftritte von festen 'peer groups' – die Straßenschlachten zwischen ihnen konnten bis zum Eingreifen der Polizei führen [101] – nur die auffälligste, nicht die häufigste Manifestation der Tatsache, daß das tägliche Leben der 'Straßenkinder' in all den Zwischenräumen des Tageslaufs, die die häuslichen Pflichten und Arbeiten und ggf. die Schule ließen, sich weithin in – von Erwachsenen unbeaufsichtigten – Gruppen abspielte. Hier vor allem dürfte das Agieren in einer Gruppe von wesentlich Gleichen eingeübt worden sein. Wenn auch nicht auszuschließen ist, daß bei geringen Altersabständen und nur begrenzter Aufsicht der Eltern die Geschwistergruppe sowie außerhalb des disziplinierenden Einflusses der Schule Schülerverbände und die Gruppe der Mitlehrlinge im Fall, daß ein Meister mehrere Lehrlinge hatte, für die Aneignung kollektiver Verhaltensweisen ebenfalls eine gewisse Rolle spielten, so scheint mir doch 'die Straße' in dieser Hinsicht von überragender Bedeutung für den Sozialisationsprozeß beim kleinen Bürgertum gewesen zu sein. [102]

III

Im gehobenen Bürgertum, vor allem in seinem gebildeten Teil, wurden im Laufe des 18. Jahrhunderts zunehmend explizite Leitbilder der Erziehung entwickelt. Pädagogik entfaltete sich als Wissenschaft, und eine Fülle von literarisch-publizistischen Erzeugnissen verbreitete ihre Lehren unter den Adressaten, den 'gebildeten' Schichten der Gesellschaft, vor allem dem gehobenen Bürgertum. Die 'Moralischen Wochenschriften', die, englischen Vorbildern folgend, vor allem in den mittleren Jahrzehnten des Jahrhunderts in dieser Schicht Deutschlands sehr verbreitet waren, hatten dabei besondere Bedeutung. [103] Nehmen wir also einige Ausschnitte aus der "umständliche[n] Beschreibung", die "Der Einsiedler" (eine Königsberger Wochenschrift) im Jahre 1740 "von dem Verhalten ... [seines] wertgeschätzten Freundes Prudentius in der Erziehung seiner eigenen Kinder" gab und welche er seinen Lesern mit Nachdruck als "Muster" empfahl.

Im Vergleich zu dem, was sich für die Sozialisation von Kindern im kleinen Bürgertum abzeichnet, fällt als erstes auf, wieviel Zeit, Sorgfalt und Überlegung Prudentius und seine Frau für "eine vernünftige Erziehung" ihrer Kinder aufwenden. Für die Frau sind Haushalt und Kinder offenbar die hauptsächlichen, wenn nicht ausschließlichen Aufgaben, und dem Mann läßt sein — nicht erwähnter — Beruf genügend Zeit. Prudentius selbst bestimmt gewissermaßen die Richtlinien der "Arbeit" der "Kinderzucht", indes "seine tugendhafte Frau ... ihm ... eine große Erleichterung durch ihren klugen und sorgfältigen Beistand verschaffet": unter der Oberleitung des Mannes ist sie insbesondere für die Kinder unter fünf Jahren sowie für die Mädchen zuständig; nach dem fünften Lebensjahr übernimmt Prudentius die unmittelbare Aufsicht über die Söhne. Nie sind die Kinder ohne Betreuung von Erziehern. Meist sind es die Eltern selbst, die diese ausüben: die Mutter stillt ihre Kinder selbst, und "sobald ihre Kinder entwöhnet worden, pfleget sie auf dieselben noch ein aufmerksamer Auge zu werfen, sie sind niemals ohne ihre Mutter". "Wärterinnen" werden zwar beschäftigt, aber in ihrem Umgang mit den Kindern mißtrauisch beaufsichtigt und ständig genau kontrolliert, damit sie nicht durch eigene abweichende Einflüsse die Erziehungsweise in der Familie stören. Grundsätzlich das gleiche gilt später für die Arbeit von Lehrern, wenn auch die Mittel und Wege der Einflußnahme von seiten des Vaters ihnen gegenüber schonender sind. Spiele und fremde Kinder haben im Vergleich zu der Kindheit bei den kleinen Leuten in der Stadt einen grundlegend anderen Stellenwert: die Mutter setzt sie bewußt und planmäßig als pädagogisches Mittel ein [104] und überläßt gerade in diesem Punkt durchaus nichts dem eigenen Lauf: "Zu gehöriger Zeit erlaubet sie ... [ihren Kindern] einige Spiele, doch so, daß es ihnen keine andere zu erwählen frei stehet, als die sie selbst für gut befindet. Den ofteren [!] Umgang mit fremder Jugend, insonderheit mit solcher, die frech und ungezogen ist, suchet sie auf alle Weise zu unterbrechen, gleichwohl brauchet sie diese letztere, ihnen einen Abscheu vor allem unartigen Wesen einzuflößen." Ist so der Zugang der Kinder zu der außerfamilialen Umwelt stark eingeschränkt und von den Eltern genau kontrolliert, so hebt sich andererseits die Familie positiv als ein Bereich besonders enger, auch gefühlsmäßiger Beziehungen ab: Prudentius schätzt seine "gesegnete Ehe ... vor die größte Glückseligkeit des Lebens"; die Mutter liebt die Kinder alle gleichermaßen "mit ungeteilter Zärtlichkeit"; auch der "Eifer" des Vaters bei der vernünftigen Erziehung wächst mit der Zahl seiner Kinder. Freilich schließt die "Vaterliebe" keineswegs aus, daß das Verhältnis zwischen den Eltern, besonders dem Vater, einerseits und den Kindern andererseits wesentlich autoritär ist und stark repressive Züge aufweist: vom zweiten Lebensjahr an "achtet" Prudentius es "seiner Pflicht gemäß, sich dem Eigenwillen zu widersetzen", er "suchet ... denselben ... zu brechen". Die Mittel dabei sind in erster Linie "vernünftige und liebreiche Vorstellungen"; "wo jene nicht zureichen wollen", aber "pfleget er auch Schärfe zu gebrauchen". Gegenstand der Strafe ist die "Bosheit" des Kindes, nicht so sehr das äußere Ergebnis seines Tuns, schon gar nicht das Ergebnis kindlicher Erwerbsarbeit [105] — von einer solchen ist in der Familie des Prudentius überhaupt nicht die Rede. Dies und die Konsistenz im erzieherischen Umgang mit den Kindern — gewährleistet dadurch, daß die Eltern bei der Erziehung nach "Regeln" handeln, sowie durch die Übereinstimmung zwischen beiden Elternteilen und ihre genaue Aufsicht über alle anderen Bezugspersonen der Kinder — gründet "die Tugend ... tief in ihren Gemütern". Zwar wächst mit jedem Schritt, um den die Kinder bei ihrem Heranwachsen sich von den Eltern lösen — beim Abstillen, beim Beginn des Unterrichts durch einen Lehrer und schließlich beim Übergang auf die "hohe Schule" — die Aufmerksamkeit, der "Fleiß" und die "Vorsicht" der Eltern. Doch als die Kinder im Alter von zwanzig Jahren "in ihre Freiheit gegeben" werden (sie bleiben wesentlich länger im Elternhaus als die Kinder kleiner Leute), [106] erweist sich, daß der Vater "vieles Kummers entledigt sein" kann, "weil seine Kinder in den jüngeren Jahren wider alle Laster schon gnugsam bewaffnet worden". Auf diesem emotionalen und moralischen Fundament wird auch die kognitive Entwicklung der Kinder zielstrebig gefördert durch die Eltern selbst und durch die Lehrer in privaten und öffentlichen Schulen. Die Erziehungsziele des Prudentius — seine Kinder "ewig glücklich und dem Vaterlande brauchbar zu machen, am meisten aber sie demjenigen zuzuführen, aus dessen Händen er dieselben empfangen" — werden erreicht. "In ihre Freiheit gegeben", streben sie aus eigenem Antrieb Tugend und Brauchbarkeit durch Leistung an: "seine Söhne bezeugen keinen Gefallen an böser Gesellschaft, genießen die Kosten der Eltern mit größter Dankbarkeit und legen dieselben einzig und allein an, das Gebäude der Wissenschaft und Klugheit in ihnen immer weiter aufzuführen. ... Zweene davon sind bereits auf der hohen Schule und bearbeiten sich allda mit unermüdeter Kraft, der seufzenden Kirche, dem hoffenden Vaterlande und den wünschenden Eltern die Frucht ihres angewandten Fleißes und einer gereiften Klugheit beglückt darzulegen."[107]

*

Geht man Biographien und Autobiographien von Kindern aus dem Bildungseinflüssen offenstehenden Teil des Bürgertums dieser Zeit durch, so ergibt sich der Eindruck, daß solche "Muster" bei den Eltern dieser Schicht im Laufe des 18. Jahrhunderts in starkem Maße die Leitvorstellungen der Erziehung, die Einstellung zum Kinde und in erheblichem Ausmaß auch das tatsächliche Verhalten[108] zum Kinde beeinflußten,[109] auch wenn die Realität keineswegs ein fleckenloses Spiegelbild dieses Leitbildes vom Familienleben war, sondern immer wieder Anlaß zu Mahnungen gab.

Im Unterschied zum Kleinbürgertum gab es eine entschiedene Tendenz, die Kontakte zu anderen Kindern zu begrenzen oder gar zu sperren.[110] Im extremen Fall war das Elternhaus "eine verriegelte Burg":[111] nur im Haus, im Hof und im Garten — der Bezirk der Häuslichkeit war in diesen Kreisen meist merklich geräumiger, aber auch physisch schärfer abgegrenzt als bei den kleinen Leuten in der Stadt — durften die Kinder sich bewegen. Auf die Straße, in die Stadt oder in das Umland gelangten sie nur auf 'Spaziergängen' in Begleitung Erwachsener.[112] War die Abschließung weniger strikt, so wählten doch die Eltern ihren Kindern die Spielgefährten aus.[113] Gleichsam als Ersatz für den Kontakt zu Gleichaltrigen hatten diese Kinder in der Regel spezielles Kinder-Spielzeug: es gewann für sie in der Isolierung eine besondere emotionale Bedeutung.[114] Anders als beim kleinen Bürgertum stellten sich im Sozialisationsprozeß des gehobenen und gebildeten Bürgertums Familie und Straße als entschiedene Gegensätze dar; die Wörter "Straßenkinder", "Gassenbuben" erhielten hier stark pejorative Bedeutung.[115] Die Motive der Eltern, ihre Kinder nicht oder doch nicht ohne Aufsicht aus dem Bereich des Hauses hinauszulassen, waren einerseits die — fraglos auch objektiv berechtigte — Sorge vor Unfällen und anderen Gefahren für die Gesundheit und das Leben der Kinder, andererseits aber, wie selbst von einem medizinischen Schriftsteller explizit gesagt wurde, in nicht geringerem Maße die Befürchtung, daß die "moralische Bildung" der Kinder auf der Straße "leiden" könne.[116]

Wurde so der Raum der Familie, des Hauses vielfach für die Kinder durch Verbote und Kontrolle nach außen scharf abgegrenzt, so hob er sich zugleich auch als ein Binnenraum intensiver Bindungen und Gefühle ab. Zumal in dieser Schicht der Mann häufiger durch seinen Beruf außer Hauses tätig war, die Frau dagegen vielfach nicht eine eigentliche Erwerbstätigkeit auszuüben brauchte, sondern ihr die häusliche Sphäre zugewiesen war, ist hier des öfteren auch die 'klassische' Differenzierung zwischen der Vater- und der Mutterrolle [117] bezeugt: der Vater verkörperte eher Autorität und "Strenge", die Mutter Verständnis und "Zärtlichkeit". [118] Angesichts dieser Tatsache und angesichts der überragenden Bedeutung der Eltern-Kind-Beziehung für die Sozialisation ist es nicht erstaunlich, daß *hier* offenbar der Prozeß der Ich-Werdung bereits in wesentlichen Punkten dem von der Psycho-Analyse beschriebenen Modell [119] folgte. Die tiefgehenden Konflikte im Zusammenhang mit der Identifikation des Sohnes mit dem Vater und der Ablösung von ihm [120] werden besonders plastisch von dem Pfarrersohn Carl Friedrich Pockels in seinem — wohl autobiographischen [121] — "Beitrag zur Erfahrungsseelenkunde" "Schack Fluurs Jugendgeschichte" dargestellt. Der Vater war dem Knaben Schack "in den ersten Jahren seiner Kindheit ... gewissermaßen verhaßt"; erst "nachher" fing der Sohn an, ihn "unaussprechlich ... zu lieben" und, längst erwachsen, hing "seine ganze Seele an dem Bilde des Seligen". Als Gründe für die Spannung im Verhältnis zwischen Vater und Sohn werden sowohl Probleme der Autorität als auch sexueller Rivalität deutlich spürbar: das Kind haßte den Vater "wegen seiner strengen Erziehung" und beneidete ihn um seine überlegene Stellung in der Familie, die sich für den Knaben besonders deutlich darin ausdrückte, daß der Vater "sich das beste Stück bei Tische vorlegte oder vom Rande des Hirsebreies die geschmolzene braune Butter für sich abstrich". Dagegen liebte Schack seine zärtlichere und nachsichtigere Mutter, die ihn bis weit in sein zweites Lebensjahr hinein gestillt hatte, [122] "unaussprechlich" und war noch als Erwachsener gewiß, daß er "solch ein herzliches, inniges, unbeschreiblich süßes Gefühl der Glückseligkeit" wie in seiner Kindheit beim "Umgang seiner guten Mutter" "nie wieder in spätern Jahren empfunden" habe und "auch nie wieder empfinden" werde. War die Mutter krank, so war Schack voller Sorge und Traurigkeit "und erboste sich ... nicht selten gegen seinen Vater, welcher ihm bei den Kränklichkeiten seiner Gattin viel zu kalt und gleichgültig zu sein schien". In gesunden und kranken Tagen eilte Schack jeden Morgen "ihr immer das kindliche Opfer seiner Liebe zuerst mit einem herzlichen Kusse zu bringen. Er glaubte dazu ein größeres Recht als sein Vater zu haben, und es ist ihm noch sehr erinnerlich, daß er es nie ohne Unwillen und Eifersucht ansehen konnte, wenn sein Vater seiner Gattin einen Kuß gab oder mit ihr zu scherzen anfing." [123]

War der familiale Raum also stark affektiv aufgeladen, so war er doch zugleich entschieden autoritär strukturiert. "In der Ordnung unseres Hauses wie bei der Erziehung der Kinder", so erinnerte sich der Pfarrersohn Gotthilf Heinrich

Schubert, "herrschte keineswegs eine republikanische, noch weniger eine demokratische, sondern eine streng monarchische Verfassung. Der Vater war der unbeschränkte Selbstherrscher in seinem Hause ..." Daher verband sich die "Liebe" der Kinder zum Vater wenn nicht mit "Furcht", so doch mit "Ehrfurcht". [124] — Genauer betrachtet, glich die innere Ordnung der Familie offenbar einer gestuften Hierarchie. Der Vater stand über der ganzen Familie einschließlich der Mutter, der er, wenn er ihr Verhalten nicht billigte, durchaus — selbst physisch — in den Arm fallen konnte; die Mutter war den Kindern übergeordnet; und unter den Kindern gab es wiederum eine — durch das Alter bestimmte — Rangordnung. [125]

Ein Ziel der Erziehung war, den 'Eigenwillen' des Kindes, der sich nicht den gesetzten Verhaltensnormen fügte, zu 'brechen'. Als Mittel spielten dabei Prügel auch in dieser Schicht durchaus eine beträchtliche Rolle. [126] Im Vergleich zu den "Familien aus den unkultivierten Klassen" war jedoch bei den "Gebildeten und Aufgeklärten" die Tendenz unverkennbar, "körperliche Züchtigungen" einzuschränken. "Geduld und vernünftige Behandlung", verbale Reaktionen oder wortlose Gesten des Lobes und Tadels von seiten der — hier für die Kinder emotional unvergleichlich wichtigen — Eltern ersetzten "Schläge" oder doch ein gut Teil davon. [127] "Launen und Eigensinn" suchten diese Eltern in ihrem Verhalten gegenüber ihren Kindern zu vermeiden, die Erwartungen und Ansprüche an das Kind sollten konsistent sein. [128] Bei den Sanktionen sollte es vor allem auf die innere Absicht der Kinder ankommen. [129] Deutlich zeichnet sich hier als Ziel die Internalisierung der Normen durch das Kind, die Ausbildung eines 'Gewissens' ab; das Kind sollte allmählich lernen, nach solchen verinnerlichten Normen zu handeln und sich nicht primär von den Erwartungen und Regeln seiner momentanen Umgebung, die womöglich 'böse Gesellschaft' sein konnte, lenken zu lassen. [130]

*

Die elterliche Zuwendung bedeutete nicht zuletzt auch eine intensive Förderung der intellektuellen Entwicklung des Kindes. Nicht selten waren die gebildeten Eltern selber die ersten Lehrer ihrer Kinder; [131] Privatlehrer und öffentliche Schulen kamen hinzu. Entsprechend der Erwartung, daß der Sohn den sozialen Status des Vaters wieder erreichen oder womöglich noch ein Stück weiterkommen und so die unerfüllten Wünsche des Vaters realisieren sollte, [132] nahm der Unterricht im gehobenen Bürgertum einen sehr viel höheren Rang und sehr viel mehr Zeit ein als beim Durchschnitt des kleineren Bürgertums. Die körperlichen Disziplinierungseffekte der Schule, das "stillsitzen" — Lernen usw., wurden auch hier geschätzt. [133] Hinzu traten aber dank der sehr viel längeren Dauer des Schulbesuchs und dank der sehr viel höheren Einschätzung des schulischen Lernens, also auch der höheren Identifikationsbereitschaft mit dem Sozialsystem Schule, tiefergehende Einwirkungen. Das Verhalten, das in der Schule gelehrt wurde, war geprägt durch die autoritäre Position des Lehrers und die hierarchische Ordnung zwischen den Schülern. Es orientierte sich an den Erwartungen des Lehrers, an seinem Lob oder Tadel und Strafe. Auch die Stellung und das Ansehen eines Schülers bei seinen Mitschülern hingen wesentlich von seiner Anerkennung oder Mißachtung durch den Lehrer ab. [134] Ein wesentliches Mittel der Motivation war die Aussicht auf Aufstieg durch 'Leistung' innerhalb der Sitzordnung der Klasse sowie von einer Klasse in die nächsthöhere. [135] Die Leistung, die gefordert wurde, war eine abstrakte; d. h., es ging nicht um die Lösung bestimmter Probleme, die sich den Schülern selbst von ihrer Lebenssituation her stellten, sondern um die Aneignung von Wissen, das den Zöglingen weithin als Selbstzweck erscheinen mußte und dessen konkrete Nützlichkeit — wie etwa bei der lateinischen Sprache — für den Schüler allenfalls darin bestand, daß es Symbol für eine gehobene soziale Stellung war. [136] Ebenso wurde in der Schule Aufmerksamkeit abstrakt und allgemein verlangt: der Schüler sollte, wie Karl Philipp Moritz' Anton Reiser durchaus bewußt war, "aus Pflicht" und nicht "bloß, wenn ihn die Sache interessierte, aufmerksam" sein. [137] Dem obersten auf der Leiter solcher Leistungen in der Klasse winkte auf dem Gymnasium als Prämie wohl gar das Amt eines "Zensors", der im Auftrag des Lehrers über das Betragen seiner Mitschüler wachte. [138] Wurden diese Regeln der Institution Schule internalisiert, so orientierten sie auf ein Streben nach individuellem Aufstieg als künftiger Belohnung für jetzige abstrakte Leistungen, die in ständigem Wettstreit, bisweilen gar in einer Atmosphäre "neidischer Eifersucht" gegenüber den anderen Schülern einschließlich des besten "Freundes" erbracht wurden. [139]

Außerhalb des unterrichtlichen Raumes gab es auch bei den Schülern von Gymnasien Ansätze zu einem stärker kollektiv geprägten Gruppenleben, bei dem "der Geist ... gleichsam republikanisch" wurde. [140] Dies galt, wie Karl Philipp Moritz beschreibt, z. B. für das Singen im "Chor", womit sich vor allem ärmere Schüler einen Teil ihres Lebensunterhalts verdienten: hier gab es keine unmittelbare Aufsicht durch einen Lehrer oder Erzieher; der "Präfektus" war eher ein älterer Schüler, dem ein Chorsänger durchaus widersprechen konnte, wenn er "sich eine Art von Oberherrschaft über ihn anmaßen wollte". Auch sah man "nicht so sehr auf die Rangordnung, die Primaner sprachen mit den Sekundanern"; [141] und daß man in dieser Weise "Freude und Leid, gutes und schlechtes Wetter usw. auf gewisse Weise miteinander teilt[e]", bewirkte "ein festeres Aneinanderschließen" als das im eigentlichen schulischen Raum der Fall war. [142] — Sogar in "Knaben-Krawallen", Straßenschlachten konnten die Gymnasiasten als eine Partei auftreten. [143] Relativ ausgeprägt war, auch noch im späten 18. Jahrhundert, das Leben in der Gruppe unter den Studenten der Universitäten, bekannt und berüchtigt als 'Pennalismus' [144] mit seinen Initiationsriten und der oft provozierenden Abgrenzung und physischen Auseinandersetzung mit rivalisierenden studentischen Gruppen oder mit den Verbänden anderer sozialer

Schichten, besonders der Handwerksgesellen. [145] Bezeichnend ist jedoch, daß gerade solche 'Mißbräuche' von den aufgeklärten Reformern als dem Zweck der höheren Bildung höchst abträglich betrachtet und entschieden bekämpft wurden. [146]

Insgesamt scheint mir im Vergleich zum kleineren Bürgertum der Einfluß solcher Lebensformen bei der Sozialisation der Kinder aus dem gehobenen Bürgertum wesentlich geringer zu sein. Denn der familiale Binnenraum war hier weitgehend von der Außenwelt der 'Straße' abgeschlossen und durch die Zuwendung zum Kinde affektiv aufgeladen; nicht nur die Familie, sondern auch der Unterricht war hier wichtiger, so daß auch von dieser Seite aus weniger Zeit für ein selbstreguliertes Gruppenleben blieb; und schließlich konnte hier, da die ersten Jahre des Unterrichts häufig im Elternhaus bei den eigenen Eltern oder einem 'Hofmeister' absolviert wurden, der Heranwachsende oft erst relativ spät in solche Gruppenbeziehungen eintreten. [147]

Daß seit Beginn des 19. Jahrhunderts die Abschließung der Kinder des gehobenen Bürgertums von anderen Kindern und von der Straße gelockert wurde, [148] scheint mir keine grundlegende Veränderung zu bedeuten, sondern so interpretiert werden zu können, daß, nachdem die überragende Bedeutung der Familie im Sozialisationsprozeß erst einmal etabliert war, eine Öffnung – zumal eine allmähliche und kontrollierte – keine Gefährdung des Erziehungsziels mehr mit sich bringen konnte: denn angesichts der emotionalen Dichte der intrafamilialen Beziehungen mußte das *relative* Gewicht des Einflusses der Gruppe der Altersgenossen und der Straße gering bleiben. [149] Wohl aber konnten durch diese Lockerung unerwünschte Nebeneffekte einer zu strikten Isolierung des Kindes vermieden werden, wie sie etwa als "Verlegenheit" und "Blödigkeit im Verkehr" mit anderen sich gelegentlich eingestellt hatten. [150] Auch Gründe der Gesundheitsvorsorge wiesen in dieselbe Richtung; nicht das unkontrollierte Treiben der Straßenkinder sollte jedoch an die Stelle der nun kritisierten "klostermäßigen Erziehung" treten; sondern "Leibesübungen", die auf einem besonderen "Übungsplatz" stattfanden, die von einem geeigneten Erzieher sorgfältig ausgewählt, geleitet und überwacht wurden, waren dazu bestimmt, die vielfältigen "Gefahren" der Straßenspiele für die "Sicherheit" zu bannen und zugleich ihre Vorteile zu übernehmen: [151] der 'Knabenkrieg' sollte zum sportlichen Wettbewerb domestiziert werden.

*

Entschieden dominierend waren also bei der Sozialisation des Kindes aus dem gehobenen Bürgertum Situationen, in denen es einzeln und ohne Rückhalt an einer Gruppe von wesentlich Gleichgestellten einem überlegenen Erzieher gegenüberstand, der auf der Grundlage einer starken affektiven Zuwendung mit positiven und negativen Sanktionen auf sein moralisches Wachstum und mit bewußter Förderung auf seine intellektuelle Entfaltung einwirkte. Auf diese Weise wurde offenbar die Entwicklung eines Ich begünstigt, dessen Verhalten weitgehend von verinnerlichten Normen und nicht so sehr von den Erwartungen und Regeln einer Gruppe, in der es lebte, gesteuert wurde. Gewohnt, sich in hierarchisch strukturierten Ordnungen zu bewegen, in denen man im Laufe seines Lebens durch 'Leistung' aufrücken konnte, wird ein solches Ich eher auf individuellen Aufstieg in einem Geflecht von Konkurrenzbeziehungen zu anderen Individuen orientiert gewesen sein als auf ein kollektives Leben in einem Verband von wesentlich Gleichen. Lediglich als ergänzendes Moment mochte ein gewisser Standes- und Korpsgeist hinzukommen, er reichte keinesfalls so in die Tiefe des alltäglichen Lebens wie beim Kleinbürgertum. Mir scheint, daß solche Orientierungen und Verhaltensweisen sehr wohl passen zu den Lebens- und Arbeitszusammenhängen, in denen das gehobene Bürgertum stand. Ein großer Teil der Gebildeten war beamtet und stand somit in einer entschieden hierarchisch geprägten Ordnung. Aber auch darüber hinaus fügten sich solche Orientierungen in die Konturen der entstehenden bürgerlichen Gesellschaft, in der – im Gegensatz zu der feudalen, von privilegierten Geburtsständen bestimmten Ordnung – nach Kants Formulierung "jedes Glied [des gemeinen Wesens] ... zu jeder Stufe eines Standes in demselben ... [sollte] gelangen dürfen, wozu ihn sein Talent, sein Fleiß und sein Glück hinbringen können". [152] Eine solche Sozialisation mußte günstige Voraussetzungen – 'Aufstiegs- und Leistungsmotivation' und 'Durchsetzungsvermögen' – schaffen, um in einer derartigen gesellschaftlichen Ordnung zu bestehen. Und wenn faktisch nicht alle Individuen aufsteigen und Erfolg haben konnten, so dürfte diese Sozialisation die weniger Reüssierenden geneigt gemacht haben, die Schuld vor allem in einem persönlichen Versagen oder Mißgeschick zu sehen. Sollte aber die abstrakte Leistung kein Gefühl menschlicher Befriedigung und persönlicher Erfüllung hervorbringen, so lag es nahe, wiederum einen Ausgleich in der emotionalen Wärme und Privatheit des Familienlebens zu suchen und dabei von den Kindern die Erfüllung der unerfüllten eigenen Wünsche und Ideale zu erwarten.

IV

Dieser Versuch, durch 'historische Sozialisationsforschung' etwas zur Erhellung der Vermittlungszusammenhänge zwischen 'objektiven' Arbeits- und Lebenssituationen und 'subjektiven' Orientierungen und Verhaltensweisen beizutragen, [153] mündet also ein in die These, daß die affektiv aufgeladene, als Raum privater Intimität von der sozialen Umwelt abgehobene Familie, die die Erziehung der Kinder als eine Hauptaufgabe behandelt, entstanden ist in Zusammenhang mit der Genese der bürgerlich-kapitalistischen Gesellschaft. Diese These kann in einer solchen allgemeinen Formulierung inzwischen als weithin akzeptiert gelten; beträchtliche Unterschiede gibt es jedoch in den Ansätzen zu einer Spezifizierung und Erklärung dieses Zusammenhangs. [154] Lawrence Stone sieht den gemeinsamen Nenner vor allem im Aufstieg des Individualismus: mit der Entfaltung der Marktwirtschaft breitete sich der 'possessive individualism' aus und unterminierte feudale und Verwandtschaftsbeziehungen; die aufgrund dieser neuen individualistischen Wirtschaftsweise aufsteigenden Schichten, in England die Bourgeoisie und die mit ihr relativ eng verflochtene gentry, bemühten sich um eine planvolle Erziehung ihrer Kinder, die diese zu weiterem sozialen Aufstieg befähigen sollte; dieser wirtschaftliche und soziale Wandel führte, zusammen mit der politischen und geistesgeschichtlichen Entwicklung, zur Entfaltung des "affektiven Individualismus" in der Familie. [155] — Edward Shorter sieht ebenfalls im wirtschaftlichen Individualismus einen wesentlichen Faktor, der zur Entstehung der "modernen Familie" beitrug: bei Unterschichten, die proletarisiert wurden, ermöglichte er "romantische Liebe" ohne Rücksicht auf traditionelle Ehevoraussetzungen in Form von Besitz u. dgl.; den besitzenden Schichten gestattete die Auflösung der alten Gemeinschaftsbindungen den Ausbau einer abgeschirmten intimen Häuslichkeit. Daß die Familie sich mehr und mehr um das Kind zentrierte und die "Mutterliebe" sich entwickelte, erklärt Shorter mit dem steigenden Lebensstandard der Mittelschicht, bei der er diesen Trend zuerst beobachtet: die Mütter wurden so von der Notwendigkeit befreit, unmittelbar zum Erwerb des Lebensunterhalts beizutragen. [156] — Hartmann Tyrell stellt die Entwicklung der "privatisierten modernen Kernfamilie" in den umfassenden Zusammenhang der "gesellschaftlichen Differenzierung". Als seit dem 17. Jahrhundert eine Sphäre der "reinen ... Arbeit", eine "staatsfreie ... bürgerliche Marktgesellschaft" ausdifferenziert, die legitime Gewaltsamkeit beim Staat monopolisiert, das Alltagsleben säkularisiert und die Kirchen auf eine religiöse Zuständigkeitssphäre reduziert wurden, differenzierte sich auch die moderne Kernfamilie gesellschaftlich aus: sie wurde "relativ autonom" von Außenkontrollen, funktional spezialisiert auf die "Kultivierung der Intimwerte des ehelichen und familiären Zusammenlebens" und auf die Erziehung der Kinder sowie in ihrem Interaktionsstil weitgehend "thematisch gereinigt" von ökonomischen, politisch-herrschaftlichen und religiösen Sinnkomponenten. [157]

Diese strukturell-funktionale Theorie des sozialen Wandels als eines Prozesses der gesellschaftlichen Differenzierung [158] bietet den großen Vorteil, Veränderungen in vielen gesellschaftlichen Teilbereichen in wechselseitigem Zusammenhang zu sehen; sie hat aber den gravierenden Nachteil, die Widersprüchlichkeit jeder einzelnen Phase und den häufig antithetischen Verlauf der Gesamtentwicklung nicht zu thematisieren, sondern vielmehr den ganzen Prozeß als geradlinig und unaufhaltsam immer in dieselbe Richtung laufend erscheinen zu lassen. Zwar muß hier nicht notwendig die Gegenwart zum glücklichen End- und Gipfelpunkt des Fortschritts verklärt werden, sondern es kann in 'wertneutraler' Betrachtungsweise auch auf Problembereiche hingewiesen werden, so etwa von Tyrell auf "extern gemachte Erfahrungen, Erlebnisse, etwa Frustrationen", die "in den Binnenraum der Familie" transportiert werden. [159] Sollten derartige Probleme nicht nur vereinzelt auftreten, dürfte sich in dieser Perspektive jedoch keine andere Möglichkeit der Abhilfe bieten als die 'Ausdifferenzierung' einer weiteren Institution, die sich auf die Therapie solcher Unangepaßtheiten spezialisiert, polemisch zugespitzt: der Psychiater wird diese Mängel des Menschen beheben — oder ihn in seine Klinik aufnehmen. — Demgegenüber können weniger umfassende Erklärungsansätze den Blick für die Gegenwart und Zukunft offener halten, wenn sie sich von der 'ethnozentrischen' Betrachtungsweise gängiger Modernisierungstheorien freihalten, wie dies etwa Stone im Unterschied zu Shorter versucht. [160] Freilich ist bei Stone wie bei Shorter die Tendenz unverkennbar, bei der Frage des Zusammenhangs der Entstehung der 'modernen Familie' mit der der bürgerlich-kapitalistischen Gesellschaft ausschließlich die positiven Aspekte zu betonen: die Aufstiegserfahrung von Bourgeoisie und gentry gab den Anreiz, auch die Kinder durch eine planvolle Erziehung zu weiterem Aufstieg zu befähigen; steigender Lebensstandard ermöglichte es den Müttern, sich intensiv um ihre Kinder zu kümmern; die individualistische Wirtschaftsweise gab individuelle Entfaltungschancen auch in Liebe, Ehe und Familie. Ein schwacher Punkt in Stone's Argumentationsstrang kann als Ausgangspunkt für die Ergänzung dieser Sicht dienen: ausdrücklich hebt Stone hervor, daß zur Erklärung des "affektiven Individualismus", wie er die "closed domesticated nuclear family" prägt, nicht nur der Aufstieg des "Individualismus", sondern auch der des "Affekts" erklärt werden müsse; während er jedoch den ersteren recht umfassend aus wirtschaftlichen, sozialen, politischen und ideengeschichtlichen Wurzeln herleitet, führt er für den "Aufstieg des Affekts" nur sehr knapp wesentlich geistesgeschichtliche Ursachen an. [161] Dabei wäre gerade dieser Punkt einer näheren Betrachtung bedürftig, weil hier nicht wie beim Individualismus einfach eine analoge Entwicklungstendenz im 'ökonomischen' und im 'privaten' Bereich festgestellt werden kann, sondern vielmehr ein Widerspruch zwischen der heraufkommenden 'Marktgesellschaft' und der entstehenden 'modernen Familie' zu bestehen scheint: während im 'Geschäft' die Gesetze des Tausches, der Konkurrenz und des Gewinns gelten, soll innerhalb der Familie im Gegenteil das reine Gefühl, die Liebe herrschen.

Hier, aber auch etwa gegenüber Shorter's Variante der Modernisierungstheorie und gegenüber dem strukturell-funktionalen Konzept der "gesellschaftlichen Ausdifferenzierung" wäre m. E. weiterzukommen, wenn man einen Ansatz aufnähme, wie er in den "Studien über Autorität und Familie" angelegt ist: ein Ansatz, der eine kritische Theorie der sozio-ökonomischen Entwicklung verbindet mit einer Rezeption der von Freud herkommenden Psychologie, die diese aufs Gesellschaftliche wendet. [162] So könnten neben den positiven auch die kompensatorischen und ideologischen Aspekte des Zusammenhangs zwischen der entstehenden gefühlsbetonten 'kindzentrierten' Familie und der aufsteigenden bürgerlich-kapitalistischen Gesellschaft erhellt werden: daß der 'possessive Individualismus' sich in Wirtschaft und Gesellschaft durchsetzte, ermöglichte, so ließe sich dann sagen, nicht nur den Aufbau einer von 'äußeren Einmischungen' freien Familiensphäre, sondern die Ausbreitung 'kalter' Ware-Geld- und Konkurrenzbeziehungen 'draußen' 'verlangte' geradezu nach dem Bemühen um eine Kompensation durch einen auf 'Gefühle' spezialisierten Binnenraum: in einer abgehobenen wirtschaftlichen Sphäre werden nun Waren, Werte und Mehrwert produziert, in einer davon abgehobenen Privatsphäre der Familie soll persönliches Glück produziert werden. Diese Widersprüchlichkeit reicht, genauer betrachtet, bis in die Familie hinein: die Autorität des Mannes und die Unterordnung von Frau und Kindern beruht auf seiner ökonomischen Überlegenheit, doch verlangen die Normen dieses Familienlebens, daß Mann und Frau, Eltern und Kinder ihr Verhalten zueinander gerade nicht nach Gesichtspunkten des Tausches einrichten, sondern sich nur durch wechselseitige Liebe bestimmen lassen. Die unter den Bedingungen der heraufkommenden Marktgesellschaft gewachsene Notwendigkeit einer verinnerlichten Verhaltensdisziplin und einer von konkreten Anlässen und unmittelbaren Bedürfnissen losgelösten Leistungsmotivation führte zu steigendem Sozialisationsdruck gegenüber den Kindern; und die sich entfaltende Pädagogik fand, ebenso wie der bürgerliche Alltagsverstand, in der durch die Verbindung von 'Liebe' und 'Autorität' gekennzeichneten privatisierten Familie die passende Agentur für die grundlegende Sozialisation der kommenden Generation.

Eine solche Betrachtungsweise könnte wohl auch die unvermittelbar scheinenden Gegensätze zwischen der pessimistischen Sicht des Verlaufs der Geschichte der Kindheit eines Ariès und der optimistischen eines deMause aufheben. Gegenüber der pessimistischen Sicht würde sie zum einen auf die harten Seiten der 'alten' Kindheit hinweisen: Arbeit und Schläge, und zum anderen auf die kulturellen und wirtschaftlichen Leistungen, zu denen die Sozialisation in der affektiv aufgeladenen privatisierten Familie beitrug. Jedoch gerade die Intensivität und Exklusivität der emotionalen Beziehungen in der 'modernen' Familie, so würde sie gegenüber der optimistischen Sicht hervorheben, ist die Voraussetzung dafür, daß die Familie inzwischen in beträchtlichem Maße zum "Patienten" der Psychotherapie geworden ist; gerade weil den Eltern ihre Kinder so wichtig sind und weil Eltern in der Beziehung zu ihren Kindern psychische Entlastung und die Erfüllung sonst unerfüllt gebliebener eigener Wünsche erwarten, ist das Eltern-Kind-Verhältnis zum Entstehungsort weit verbreiteter psychischer Krankheitsbilder geworden: [163] Familie als Institution, Ehegatte und Kinder als Personen können offenbar die ihnen im Rahmen der gesellschaftlichen Arbeitsteilung zugewiesene Aufgabe, das persönliche Glück zu produzieren, das die anderen Sektoren der bürgerlich-kapitalistischen Gesellschaft nicht erzeugen, nicht zureichend erfüllen. Solche Erwartungen und solche Probleme konnten, so wäre fortzufahren, schwerlich entstehen, wo 'ökonomische Rationalität' und 'persönliche Befriedigung' keine Gegensätze, 'gesellschaftliche Umwelt' und 'familialer Binnenraum' nicht getrennte Sphären waren. Ein Erziehungsziel 'Solidarität' brauchte nicht angesichts verbreiteter Isolations- und Konkurrenzängste als besonderes Desiderat angemeldet zu werden, sondern gemeinsames Wahrnehmen und Verfolgen gemeinsamer Bedürfnisse wurde sehr früh als ein grundlegender Zug der Persönlichkeit eingeübt, wo das Leben mit anderen Kindern auf der 'Straße' für das Kind nicht weniger bedeutend war als das Verhältnis zu seinen Eltern: die Tatsache solcher 'peer groups' ist hervorzuheben nicht nur gegenüber Ariès, der sie neben dem — ebenfalls wichtigen und zutreffenden — Gesichtspunkt des Lebens der Kinder mit und unter Erwachsenen vernachlässigt,[164] sondern vor allem auch gegenüber modernen Sozialisationstheorien, die vom unbedingten Vorrang der Familie als Sozialisationsinstanz ausgehen.[165]

Ein solcher Versuch, die Geschichte der Kindheit in ihrer Ambivalenz zu erfassen, würde zusammengehören mit einer Sicht der Gegenwart, die das zu lösende Problem für schwieriger hält, als daß es mit einem nostalgischen 'Zurück zur traditionalen Kollektivität' oder mit einer oberflächlichen Apologie der 'modernen Individualität' zu beantworten wäre.[166]

* * *

Im Kontrast zu solchen weitreichenden Perspektiven ist es geboten, abschließend mit Nachdruck auf die Grenzen dieses Beitrags hinzuweisen. An einem Beispiel sollten die Möglichkeiten einer historischen Sozialisationsforschung erprobt werden. Dabei wurde lediglich versucht, vorherrschende Tendenzen in verschiedenen Teilen des Bürgertums zu beschreiben, ohne auf die vielfältigen Besonderheiten und Nuancen einzugehen. Recht grob wurden ein 'gehobenes' und ein 'kleineres' Bürgertum kontrastiert, ohne die Frage der Abgrenzung und der Übergänge zwischen beiden sowie zwischen kleinem Bürgertum und 'unterbürgerlicher' Schicht zu erörtern.[167] Des weiteren blieben wichtige Aspekte der Sozialisationsprozesse ganz beiseite — es seien nur die Fragen einer geschlechtsspezifischen Differenzierung[168] und des Verhältnisses zur Sexualität[169] genannt. Schließlich kann kein Anspruch auf eine auch nur annähernd erschöpfende Auswertung aller in Frage kommenden Quellen gemacht werden: nicht ein Thema abschließend zu untersuchen, sondern eine durch einiges Material gestützte These zur Diskussion zu stellen, ist die Absicht dieses Versuchs.

ANMERKUNGEN

* Gedankt sei allen, die mir kritische Hilfe zu diesem Beitrag gegeben haben, besonders den Teilnehmern des Symposions der Lessing-Akademie, den Teilnehmern zweier Seminare am Pädagogischen Seminar der Universität Göttingen 1977 und 1978, den Angehörigen des Max-Planck-Instituts für Geschichte in Göttingen sowie Volker Harms, Klaus Mollenhauer, Heidi Rosenbaum, Günter Saße und Reinhard Spree. — Bei Quellenzitaten wird der Lautstand gewahrt; im übrigen jedoch werden Orthographie und Interpunktion dem heutigen Gebrauch angeglichen. Die Hervorhebungen entstammen der zitierten Quelle, wenn in den Anmerkungen nichts anderes vermerkt ist.

1 Einen Überblick geben Literaturberichte zur Geschichte der Familie Chr. Lasch: The Family and History. — In: The New York Review of Books 13.11.1975, pp. 33—38; ebd., 27.11.1975, pp. 37—42; ebd., 11.12.1975, pp. 50—54; T. K. Hareven: Die Familie in historischer Perspektive. Laufende Arbeiten in England und in den Vereinigten Staaten. — In: Geschichte und Gesellschaft. Zeitschrift für Historische Sozialwissenschaft 1 (1975), S. 370—386; K. Hausen: Historische Familienforschung. — In: Historische Sozialwissenschaft. Beiträge zur Einführung in die Forschungspraxis. Hrsg. von R. Rürup. — Göttingen 1977 (Kleine Vandenhoeck-Reihe, Bd. 1431), S. 59—95; zur Geschichte der Kindheit: L. Stone: The Massacre of the Innocents. — In: The New York Review of Books 24.11.1974, pp. 25—31; W. Giehler / K. Lüscher: Die Soziologie des Kindes in historischer Sicht. — In: Neue Sammlung 15 (1975), S. 442—463; während der Drucklegung erschien E. Cloer: Ausgewählte systematische Fragestellungen der Geschichte der Kindheit und der historischen Familien- und Sozialisationsforschung. — In: Familienforschung. Hrsg. von E. Cloer. — Bad Heilbrunn/Obb. 1979, S. 151—177. — Als einführende Darstellung in deutscher Sprache am ehesten geeignet M. Mitterauer / R. Sieder: Vom Patriarchat zur Partnerschaft. Zum Strukturwandel der Familie. — München 1977 (Beck'sche Schwarze Reihe, Bd. 158) [zwar ohne Fußnoten, doch mit gutem Literaturverzeichnis]; ebenfalls nicht uninteressant, aber weitgehend ohne die neuere Literatur: I. Weber-Kellermann: Die deutsche Familie. Versuch einer Sozialgeschichte. — Frankfurt a. M. 1974 (Suhrkamp Taschenbuch, Bd. 185). — Guter Sammelband: Seminar Familie und Gesellschaftsstruktur. Materialien zu den sozioökonomischen Bedingungen von Familienformen. Hrsg. von H. Rosenbaum. — Frankfurt a. M. 1978 (Suhrkamp Taschenbuch Wissenschaft, Bd. 244). — Während der Drucklegung erschien M. Mitterauer: Zur familienbetrieblichen Struktur im zünftischen Handwerk. — In: Wirtschafts- und sozialhistorische Beiträge. Festschrift für Alfred Hoffmann zum 75. Geburtstag. Hrsg. von H. Knittler. — Wien 1979, S. 190—219.

2 Ph. Ariès: L'enfant et la vie familiale sous l'ancien régime. 1. Aufl. — Paris 1960; hier zit. nach der deutschen Ausgabe: Geschichte der Kindheit. — München u. a. 1975; jetzt auch als Taschenbuch: München 1978 (dtv-Wissenschaftliche Reihe, Bd. 4320).

3 The History of Childhood. Ed. Ll. deMause. — New York 1974; hier nach der deutschen Ausgabe zitiert: Hört ihr die Kinder weinen. Eine psychogenetische Geschichte der Kindheit. Hrsg. von Ll. deMause. — Frankfurt a. M. 1977; darin S. 12—111: deMause: Evolution der Kindheit.

4 Siehe einerseits Ariès, andererseits etwa die Schlußfolgerungen aus seinem Buch bei Sh. Firestone: Frauenbefreiung und sexuelle Revolution. 'The Dialectic of Sex' (1970). — Frankfurt a. M. 1975 (Fischer Taschenbuch, Bd. 1488), S. 71—99, oder die theoretischen und praktischen Bemühungen zu einer 'Entschulung', die H. von Hentig: Vorwort, in Ariès: Kindheit (s. Anm. 2), S. 39 f. im Zusammenhang mit diesem Buch sieht.

5 E. Shorter: The Making of the Modern Family. — New York 1975; hier nach der deutschen Ausgabe zit.: Die Geburt der modernen Familie. — Reinbek 1977.

6 Siehe insbes. D. C. Tipps: Modernization Theory and the Study of National Societies. A Critical Perspective. — In: Comparative Studies in Society and History 15 (1973), pp. 199—226; positiver H.-U. Wehler: Modernisierungstheorie und Geschichte. — Göttingen 1975 (Kleine Vandenhoeck-Reihe, Bd. 1407). — Daß Shorter: Familie (s. Anm. 5) einerseits den Geltungsbereich des Terminus 'traditionelle Gesellschaft' auf die Periode von etwa 1500 bis 1800 begrenzt (S. 35), andererseits die gegenwärtige Gesellschaft "auf dem Wege zur postmodernen Familie" sieht (s. 304 ff.), sei nicht übersehen; freilich ändert das seine Perspektive für die Entstehung der 'modernen Familie' nicht wesentlich; zumal diese Andeutungen über die Vor- und Nachgeschichte nur recht lose angehängt sind, nicht nach tieferen Ursachen für die historische Begrenztheit der Reichweite der 'modernen Familie' gefragt wird, sondern nur einige Phänomene ihrer Aushöhlung in der heutigen westlichen Welt skizziert werden. Auch gelegentliche Bemerkungen über einen "Preis" des Fortschritts (s. S. 288) bleiben peripher. Zu Shorter s. auch unten S. 285 ff.

7 Siehe insbes. die Besprechung durch Lasch: Family and History (s. Anm. 1), 11.12.1975.

8 Shorter: Familie (s. Anm. 5), bes. S. 32 ff., 61 ff., 249 ff., die Zitate S. 15, 33, 54, 248 f.

9 L. Stone: The Family, Sex and Marriage in England 1500—1800. — London 1977 warnt vor der Vorstellung einer geradlinig in eine Richtung verlaufenden Entwicklung und betont die Gesichtspunkte einer gewissen Zyklizität und der Differenzierung nach sozialen Klassen und Schichten; er sieht eine schichtenförmige Ausbreitung der neuen Haltungen vom oberen Bürgertum und der gentry zu anderen Schichten und Klassen, behandelt selbst eingehend allerdings nur die oberen Schichten. Zu Stone s. auch unten S. 285 ff.

10 Programm einer solchen Forschungsrichtung bei U. Herrmann: Historisch-systematische Dimensionen der Erziehungswissenschaft. — In: Wörterbuch der Erziehung. Hrsg. von Chr. Wulf. — München u. a. 1974, S. 283—289. — Für Deutschland das beste mir bekannte Beispiel, trotz der Kritik unten Anm. 68, H. Möller: Die kleinbürgerliche Familie im 18. Jahrhundert. Verhalten und Gruppenkultur. — Berlin 1969 (Schriften zur Volksforschung, Bd. 3), S. 36—66; nicht so ergiebig in dieser Hinsicht dagegen G. Zang: Sozialstruktur und Sozialisation des Adels im 18. Jahrhundert, exemplarisch dargestellt an Kurbayern. — Diss. phil. Konstanz 1972, S. 105 ff.; für eine spätere Periode der Geschichte des Kleinbürgertums s. A. Leppert-Fögen: Die deklassierte Klasse. Studien zur Geschichte und Ideologie des Kleinbürgertums. — Frankfurt a. M. 1974 (Fischer Taschenbuch, Bd. 6523), bes. S. 220 ff. — Ältere Arbeiten aus der Tradition der Kulturgeschichte haben die Bedeutung des Themenbereichs 'Kindheit' geahnt und wichtiges Material dazu aufgearbeitet, wenn auch in der Regel nicht unter theoretisch hergeleiteten Fragestellungen: G. Stephan: Die häusliche Erziehung in Deutschland während des 18. Jahrhunderts. — Wiesbaden 1891; M. Bacherler: Deutsche Familienerziehung in der Zeit der Aufklärung und Romantik. Auf Grund autobiographischer und biographischer Quellen bearbeitet. — Diss. phil. Erlangen 1914 (besonders wertvoll dadurch, daß er sein reiches Material nach sozialen Schichten gliedert: Adel — Bauern — Bürgertum, allerdings fast ausschließlich besitzendes und gebildetes, kaum kleines Bürgertum); H. Boesch: Kinderleben in der deutschen Vergangenheit. 2. Aufl. — Jena 1924 (Die deutschen Stände in Einzeldarstellungen, Bd. 5). — Nicht mehr berücksichtigt werden konnte das bei Abschluß dieses Beitrags erscheinende Buch E. M. Johansen: Betrogene Kinder. Eine Sozialgeschichte der Kindheit. — Frankfurt a. M. 1978 (Fischer Taschenbuch, Bd. 6622).

11 Nur wenige Hinweise aus der enormen Literatur; allgemeine Einführung: H. Fend: Sozialisierung und Erziehung. Eine Einführung in die Sozialisierungsforschung. — Weinheim u. a. 1969 (Studien zur Erziehungswissenschaft, Bd. 5); sehr brauchbar m. E. als Einführung unter einer spezifischen Fragestellung B. Caesar: Autorität in der Familie. Ein Beitrag zum Problem schichtenspezifischer Sozialisation. — Reinbek 1972 (Rowohlts Deutsche Enzyklopädie, Bd. 366). Noch nachdrücklicher als Caesar, S. 8—10, weist H. Bertram: Probleme einer sozialstrukturell orientierten Sozialisationsforschung. — In: Zeitschrift für Soziologie 5 (1976), S. 103—117 auf empirische und theoretische Unzulänglichkeiten der bisherigen Forschung hin. Einige davon jetzt angegangen von V. Grüneisen/E.-H. Hoff: Familienerziehung und Lebenssituation. Der Einfluß der Lebensbedingungen und Arbeitserfahrungen auf Erziehungseinstellungen und Erziehungsverhalten von Eltern. — Weinheim u. a. 1977. Guter Sammelband: Sozialisation und Lebenslauf. Empirie und Methodik sozialwissenschaftlicher Persönlichkeitsforschung. Hrsg. von K. Hurrelmann. — Reinbek 1976 (Rororo Studium, Bd. 90).

12 Dieser Aspekt steht in der strukturell-funktionalen Theorie im Vordergrund: s. T. Parsons: The Social System. — Glencoe, Ill. 1951, bes. pp. 201 sqq., 481 sq.; T. Parsons/R. F. Bales: Family, Socialization and Interaction Process. — Glencoe, Ill. 1955.

13 In diese Richtung ließen sich möglicherweise Ansätze interpretieren bzw. weiterentwickeln, wie sie etwa gegeben wurden von H. Marcuse: Triebstruktur und Gesellschaft. Ein philosophischer Beitrag zu Sigmund Freud. —Frankfurt a. M. 1973 (Bibliothek Suhrkamp, Bd. 158), S. 39 ff. mit der Unterscheidung zwischen notwendiger und überschüssiger Repression und J. Habermas: Stichworte zu einer Theorie der Sozialisation. — In: ders.: Kultur und Kritik. Verstreute Aufsätze. — Frankfurt a. M. 1973 (Suhrkamp Taschenbuch, Bd. 125), S. 118—194, hier S. 124 ff., 175 ff. mit dem Gesichtspunkt der "Ich-Identität" und "Ich-Autonomie" (im Unterschied zum Gesichtspunkt der Anpassung), von Habermas allerdings primär bezogen auf das Individuum, nicht auf ganze Schichten und Klassen; s. dazu H. Hoefnagels/C. Klaasen: Sozialisation und sozialer Wandel. — In: Kölner Zeitschrift für Soziologie und Sozialpsychologie 27 (1975), S. 160—170. Vgl. in diesem Zusammenhang den Überblick bei Cäsar: Autorität (s. Anm. 11), S. 11 ff. sowie K. Hurrelmann: Gesellschaft, Sozialisation und Lebenslauf. Zum theoretischen Stand der sozialwissenschaftlichen Sozialisationsforschung. — In: Sozialisation und Lebenslauf (s. Anm. 11), S. 15—33.

Von besonderem Interesse für Fragen nach dem Zusammenhang zwischen Gesellschaft, Sozialisation und Persönlichkeitsstruktur sind die Untersuchungen der Kulturanthropologie, vor allem der insbesondere in den USA betriebenen 'Culture and Personality'-Forschung. Einführender Überblick: E. Bourguignon: Psychological Anthropology. — In: Handbook of Social and Cultural Anthropology. Ed. J. J. Honigmann. — Chicago 1973, pp. 1073—1118, hier p. 1093 sqq.; E. Beuchelt: Ideengeschichte der Völkerpsychologie. — Meisenheim 1974 (Kölner Beiträge zur Sozialforschung und angewandten Soziologie, Bd. 13), S. 277—321 (mit umfassender Bibliographie im Anhang); V. Barnouw: Culture and Personality. — Homewood, Ill. 1963. Allerdings sind die meisten der in diesem Zusammenhang von der Kulturanthropologie verwendeten Modelle statisch; einige jedoch diskutieren den Problemkomplex von Gesellschaft, Sozialisation und Persönlichkeit auch ausdrücklich unter dem Aspekt des 'sozialen und kulturellen Wandels', s. dazu Bourguignon: Psychological Anthropology, pp. 1104 sqq.; A. F. C. Wallace: Culture and Personality. — New York [2]1970, pp. 164 sqq.; G. Spindler/L. Spindler: Psychology in Anthropology: Application to Culture Change. — In: Psychology. A Study of a Science. Ed. S. Koch, vol. 6. — New York u. a. 1963, pp. 510—551.

14 Die auf einzelne Personen oder Familien bezogenen Quellen überwiegen bei Stone: Family (s. Anm. 9), während Shorter: Familie (s. Anm. 5) den Typ der Landes- und Ortsbeschreibungen bevorzugt. — Zu einem Problem von Quellen der letzteren Art s. unten S. 270 mit Anm. 37. — Zu Problemen der Autobiographie als Quelle s. Deutsche Kindheiten. Autobiographische Zeugnisse 1700—1900. Hrsg. von I. Hardach-Pinke/G. Hardach. — Kronberg/Ts. 1978, S. 44 ff. (dies Buch bietet eine für die Sozialgeschichte der Kindheit interessante Textauswahl, freilich ohne besondere Berücksichtigung der hier in den Vordergrund gerückten Frage, wie durch die jeweilige Kindheit bestimmte Verhaltensweisen und Einstellungen ausgebildet wurden); über die dort genannte Literatur hinaus s. A. R. Burr: The Autobiography. A Critical and Comparative Study. — London u. a. 1909; K. Uhlig: Die Autobiographie als erziehungswissenschaftliche Quelle. — Hamburg 1936; E. Hoffmann: Kindheitserinnerungen als Quelle pädagogischer Kinderkunde. — Heidelberg 1960; B. Neumann: Identität und Rollenzwang. Zur Theorie der Autobiographie. — Frankfurt a. M. 1970 (Athenäum Paperbacks. Germanistik, Bd. 3); R.-R. Wuthenow: Das erinnerte Ich. Europäische Autobiographie und Selbstdarstellung im 18. Jahrhundert. — München 1974; K.-D. Müller: Autobiographie und Roman. Studien zur literarischen Autobiographie der Goethezeit. — Tübingen 1976 (Studien zur deutschen Literatur, Bd. 46); G. Niggl: Geschichte der deutschen Autobiographie im 18. Jahrhundert. Theoretische Grundlegung und literarische Entfaltung. — Stuttgart 1977.

15 Die Notwendigkeit einer solchen Mehrebenenanalyse besonders hervorgehoben von Bertram: Probleme (s. Anm. 11).

16 W. Sombart: Der moderne Kapitalismus, Bd. 1,1. — München u. a. [7]1928, S. 29 ff. — Vgl. zur Erklärung dieser "Gebrauchswertorientierung" aus den Produktionsverhältnissen der "kleinen Warenproduktion" J. Schlumbohm in: P. Kriedte, H. Medick, J. Schlumbohm: Industrialisierung vor der Industrialisierung. Gewerbliche Warenproduktion auf dem Land in der Formationsperiode des Kapitalismus. — Göttingen 1977 (Veröffentlichungen des Max-Planck-Instituts für Geschichte, Bd. 53), S. 204 ff.

17 Dazu von grundsätzlicher Bedeutung M. Godelier: Zur Rationalität der ökonomischen Systeme. — In: ders.: Rationalität und Irrationalität in der Ökonomie. — Frankfurt a. M. 1972, S. 281—368 (ausgehend von 'primitiven' Gesellschaften) und E. P. Thompson: The Moral Economy of the English Crowd in the 18th Century. — In: Past and Present 50 (1971), pp. 76—136 (ausgehend vom 'Volk' im 18. Jahrhundert).

18 Aus der reichhaltigen Literatur seien hier angeführt: E. Mummenhoff: Der Handwerker in der deutschen Vergangenheit. — Jena [2]1924 (Die deutschen Stände in Einzeldarstellungen, Bd. 8); R. Stadelmann/W. Fischer: Die Bildungswelt des deutschen Handwerkers um 1800. Studien zur Soziologie des Kleinbürgers im Zeitalter Goethes. — Berlin 1955, S. 67—93; K.-S. Kramer: Bauern und Bürger im nachmittelalterlichen Unterfranken. Eine Volkskunde aufgrund archivalischer Quellen. — Würzburg 1957 (Beiträge zur Volksforschung, Bd. 11) (= Veröffentlichungen der Gesellschaft für Fränkische Geschichte, Bd. 9, 12), S. 166 ff., 172 ff.; G. Fischer; Volk und Geschichte. Studien und Quellen zur Sozialgeschichte und historischen Volkskunde. — Kulmbach 1962 (Die Plassenburg, Bd. 17), S. 87—234, vgl. 283—387; M. Walker: German Home Towns. Community, State, and General Estate 1648—1871. — Ithaca, London 1971, pp. 73—107; J. Bergmann: Das "Alte Handwerk" im Übergang. Zum Wandel von Struktur und Funktion des Handwerks im Berliner Wirtschaftsraum in vor- und frühindustrieller Zeit. — In: Untersuchungen zur Geschichte der frühen Industrialisierung vornehmlich im Wirtschaftsraum Berlin/Brandenburg. Hrsg.

von O. Büsch. – Berlin 1971 (Einzelveröffentlichungen der Historischen Kommission zu Berlin beim Friedrich-Meinecke-Institut der Freien Universität Berlin, Bd. 6), S. 224–269; R. Wissell: Des alten Handwerks Recht und Gewohnheit. 2 Bde., 2. Aufl. Hrsg. von E. Schraepler. – Berlin 1974 (Einzelveröffentlichungen der Historischen Kommission zu Berlin, Bd. 7); vgl. auch die 1. Aufl. dieses Werks (Berlin 1929), die insbes. im 2. Bd. zahlreiche Quellen und Materialien zum zünftigen Brauchtum enthält, die in die 2. Aufl. nicht übernommen wurden.

19 H. Proesler: Das gesamtdeutsche Handwerk im Spiegel der Reichsgesetzgebung von 1530 bis 1806. – Berlin 1954 (Nürnberger Abhandlungen zu den Wirtschafts- und Sozialwissenschaften, H. 5), bes. S. 58 f., 69 ff., *53 ff.; W. Fischer: Handwerksrecht und Handwerkswirtschaft um 1800. Studien zur Sozial- und Wirtschaftsverfassung vor der industriellen Revolution. – Berlin 1955, S. 24 ff., 39 f.

20 Insofern ließe sich hier die These anwenden, daß unter bestimmten vorkapitalistischen Produktionsverhältnissen 'kulturelles' Brauchtum in die Produktionsverhältnisse verflochten ist und der 'Reproduktion der Produktionsverhältnisse' dient (entwickelt von G. Sider: Christmas Mumming and the New Year in Outport Newfoundland. – In: Past and Present 71 [1976], pp. 102–125). Als Bestätigung für diesen Zusammenhang kann hier (wie bei Sider) die Tatsache dienen, daß beim Übergang zu großbetrieblichen Produktionsformen und kapitalistischen Produktionsverhältnissen solche Bräuche und Verhaltensweisen außer Übung kamen und ihre Bedeutung verloren; sehr prägnant in dieser Hinsicht etwa die Erinnerungen des Gerbers J. E. Dewald von seiner Wanderschaft 1836–38, in: Quellen zur Geschichte des deutschen Handwerks. Hrsg. von W. Fischer. – Göttingen u. a. 1957 (Quellensammlung zur Kulturgeschichte, Bd. 13), S. 128 f., 132 f.

21 Anders Stadelmann/Fischer: Bildungswelt (s. Anm. 18), S. 71, s. aber auch S. 78. – Gute Beispiele bei K. Schwarz: Die Lage der Handwerksgesellen in Bremen während des 18. Jahrhunderts. – Bremen 1975 (Veröffentlichungen aus dem Staatsarchiv der Freien Hansestadt Bremen, Bd. 44), S. 214–218, 234 f.

22 Dies war der Anlaß der großen Gesellenunruhen von Dresden im Jahr 1794; s. A. Opitz in: P. Stulz/A. Opitz: Volksbewegungen in Kursachsen zur Zeit der Französischen Revolution. – Berlin 1956, S. 199 ff., vgl. S. 189–205. – Zahlreiche Beispiele bei Wissell: Handwerk (s. Anm. 18), 1. Aufl., Bd. 1, S. 428–457, 525–552, vgl. 2. Aufl., Bd. 2, S. 497–511; s. etwa auch Schwarz: Handwerksgesellen in Bremen (s. Anm. 21), S. 233–318 sowie die Literaturhinweise bei Möller: Kleinbürgerliche Familie (s. Anm. 10), S. 302 f.

23 Beispiele: G. Weingärtner: Zur Geschichte der Kölner Zunftunruhen am Ende des 18. Jahrhunderts. Geschichte der bürgerlichen Deputatschaft. – Phil. Diss. Münster 1913; K. Julku: Die revolutionäre Bewegung im Rheinland am Ende des 18. Jahrhunderts, Bd. 1. – Helsinki 1965 (Annales Academiae Scientiarum Fennicae, Serie B, Bd. 136), S. 257 ff.; K. Gerteis: Repräsentation und Zunftverfassung. Handwerkerunruhen und Verfassungskonflikte in südwestdeutschen Städten vor der Französischen Revolution. – In: Zeitschrift für die Geschichte des Oberrheins 122 (1974), S. 275–288.

24 K. Spading: Zur Erhebung der 'Vereinigten Bürgerschaft' in Greifswald in den Jahren 1793–1796. – In: Wissenschaftliche Zeitschrift der Ernst-Moritz-Arndt-Universität Greifswald. Gesellsch.- u. sprachwiss. Reihe 12 (1963), S. 559–572.

25 Julku: Bewegung (s. Anm. 23), Bd. 1, S. 153 ff.

26 Siehe etwa G. Rudé: Die Massen in der Französischen Revolution. – München u. a. 1961, S. 251 ff. sowie – zu den 'traditionellen' Elementen der Mentalität – Thompson: Moral Economy (s. Anm. 17); vgl. auch V. Hunecke: Antikapitalistische Strömungen in der Französischen Revolution. Neuere Kontroversen der Forschung. – In: Geschichte und Gesellschaft. Zeitschrift für Historische Sozialwissenschaft 4 (1978), S. 291–323.

27 Dies dürfte ein ungefährer Mittelwert sein; beträchtliche Abweichungen nach oben und unten kommen jedoch vor; vgl. etwa Wissell: Handwerk (s. Anm. 18), 2. Aufl., Bd. 1, S. 455–457; I. E. Momsen: Die Bevölkerung der Stadt Husum von 1769 bis 1860. Versuch einer historischen Sozialgeographie. – Kiel 1969 (Schriften des Geographischen Instituts der Universität Kiel, Bd. 31), S. 158–160.

28 Damit wird nicht der Vorstellung das Wort geredet, die Ausbildung der Persönlichkeits-struktur sei mit der frühen Kindheit, etwa bis hin zur 'ödipalen Phase', abgeschlossen. Eher erscheint die Vorstellung angemessen, daß die Formung der Persönlichkeit mit dem ersten Lebensjahr beginnt, jedoch bis ins Erwachsenenalter andauert, wobei die früheren Phasen für die folgenden grundlegend wichtig sind, jedoch nie zu endgültigen Ergebnissen führen; auf einer solchen Vorstellung beruht etwa das Stufenmodell Eriksons, das die Freud'schen Erkenntnisse einbaut, ohne bei ihnen stehenzubleiben; s. E. H. Erikson: Kindheit und Ge-sellschaft. – Stuttgart [5]1974, S. 241–270; ders.: Wachstum und Krisen der gesunden Per-sönlichkeit. – In: ders.: Identität und Lebenszyklus. Drei Aufsätze. – Frankfurt a. M. 1966 (Suhrkamp Taschenbuch Wissenschaft, Bd. 16), S. 55–122; ders.: Das Problem der Ich-Identität. – In: ebd., S. 123–215.

29 Zwei Beispiele statt vieler: "Die vernünftigen Tadlerinnen", 2. Jg., Nr. 48 vom 29.11. 1726, S. 379: "In dieser Morgenröte unsers Lebens ist meines Erachtens von unzählichen Eigenschaften unsers Gemütes und Körpers der Grund zu suchen. Hier formiert sich dieje-nige Beschaffenheit unseres Wesens, welche man das Naturell zu nennen pflegt. ... Wenn sich also in anwachsenden Jahren mehr Böses als Gutes an uns blicken läßt, so rührt sol-ches alles von der ersten Auferziehung her: das ist von den Fertigkeiten, die wir in den zär-testen Jahren erlanget, und von den Gewohnheiten, die schon vor dem Gebrauche der Ver-nunft in uns Wurzel gefasset haben." – K. Ph. Moritz: Anton Reiser. – In: ders.: Werke in 2 Bdn., Bd. 2. – Berlin/DDR 1973 (Bibliothek Deutscher Klassiker), S. 16: "Diese ersten Eindrücke sind nie in seinem Leben aus seiner Seele verwischt worden und haben sie oft zu einem Sammelplatze schwarzer Gedanken gemacht, die er durch keine Philosophie verdrängen konnte." – Zur Entwicklung der "Erfahrungsseelenkunde" in der zweiten Hälfte des 18. Jahrhunderts und Moritz' Stellung in ihr s. M. Dessoir: Geschichte der neue-ren deutschen Psychologie, Bd. 1. – Berlin [2]1902, S. 116–356, bes. S. 283 ff.; W. Leib-brand: Karl Philipp Moritz und die Erfahrungsseelenkunde. – In: Allgemeine Zeitschrift für Psychiatrie und ihre Grenzgebiete 118 (1941), S. 392–414; H.-J. Schings: Melancholie und Aufklärung. Melancholiker und ihre Kritiker in Erfahrungsseelenkunde und Literatur des 18. Jahrhunderts. – Stuttgart 1977, S. 146f., 226 ff.

30 Zur Kritik s. H. Rosenbaum: Familie als Gegenstruktur zur Gesellschaft. Kritik grund-legender theoretischer Ansätze der westdeutschen Familiensoziologie. – Stuttgart 1973, bes. S. 153 ff. Vgl. auch unten Anm. 67.

31 Zu dem extremen, aber zumindest in einigen größeren Städten nicht seltenen Fall der Aussetzung von Kindern bei Findelhäusern: Shorter: Familie (s. Anm. 5), S. 201—203; A. Peiper: Chronik der Kinderheilkunde. — Leipzig [4]1966, S. 186—242, bes. 224 ff.; R. Mercier: L'enfant dans la société du 18e siecle (Avant l'Emile). — Dakar 1961 (Université de Dakar. Faculté des Lettres et Sciences Humaines. Publications de la Section de Langues et Littératures, Nr. 6), pp. 56 sqq., 151 sqq.

32 Selbst im Handwerk, bei dem Frauen von dem engeren Kreis der handwerklichen Arbeiten seit etwa dem 17. Jahrhundert in der Regel ausgeschlossen waren, leisteten die Frauen außer der 'Hausarbeit' im engeren Sinne oft Nebenarbeiten in der gewerblichen Produktion oder waren im Verkauf der Produkte tätig; s. B. Brodmeier: Die Frau im Handwerk in historischer und moderner Sicht. — Münster 1963 (Forschungsberichte aus dem Handwerk, Bd. 9), S. 11—51; D. Lühr: Die Frau in der Kulturgeschichte des deutschen Kleinhandels. — In: Ehrengabe des Museums für Hamburgische Geschichte zur Feier seines 100-jährigen Bestehens. Hrsg. von O. Lauffer. — Hamburg 1939, S. 36—43.

33 Möller: Kleinbürgerliche Familie (s. Anm. 10), S. 60 f.; Mummenhoff: Handwerker (s. Anm. 18), S. 60. Von Freude an der Beschäftigung mit den Kindern des Meisters berichtet dagegen K. Fr. v. Klöden: Jugenderinnerungen. Hrsg. von M. Jähns. — Leipzig 1874, S. 186.

34 Möller: Kleinbürgerliche Familie (s. Anm. 10), S. 36 f.— J. P. Frank: System einer vollständigen medicinischen Polizey, Bd. 2. — Mannheim 1780, S. 371 geht davon aus, daß "das Selbststillen noch bloß die Sache des geringeren Haufens" sei; vgl. die S. 438 angeführten ökonomischen Gründe. Insgesamt scheint der Gebrauch von Ammen, zumindest in der Form des Verschickens von Kindern zu Fernammen, in den meisten Teilen Deutschlands bei weitem nicht so verbreitet gewesen zu sein wie etwa in Frankreich; s. Peiper: Chronik (s. Anm. 31), S. 242 ff., 247; vgl. Shorter: Familie (s. Anm. 5), S. 203 ff.; Mercier: L'enfant (s. Anm. 31), pp. 34 sq.; für England vgl. Stone: Family (s. Anm. 9), pp. 426 sqq.

35 C. Scholl: Lebenserinnerungen eines alten Handwerkers aus Memel, des Böttchers Carl Scholl. Hrsg. von M. und J. Rehsener. — Stuttgart u. a. 1922, S. 10 f.; A. F. Nolde: Medicinisch-anthropologische Bemerkungen über Rostock und seine Bewohner, Bd. 1. — Erfurt 1807, S. 101.

36 Frank: Medicinische Policey (s. Anm. 34), Bd. 2, S. 205 ff., 251 ff., das Zitat S. 261; B. Chr. Faust: Gesundheits-Katechismus zum Gebrauche in den Schulen und beim häuslichen Unterrichte. — Bückeburg 1794, S. 20; Ariès: Kindheit (s. Anm. 2), S. 183 f. — Zum Interesse der Medizin dieser Zeit am Kinde sowie zur Verbindung von Medizin und 'Polizei' Peiper: Chronik (s. Anm. 31); L. Kunze, geb. Peters: 'Die physische Erziehung der Kinder' — Populäre Schriften zur Gesundheitserziehung in der Medizin der Aufklärung. — Diss. med. Marburg 1971; Fr.-W. Schwartz: Idee und Konzeption der frühen territorialstaatlichen Gesundheitspflege in Deutschland ('Medizinische Polizei') in der ärztlichen und staatswissenschaftlichen Fachliteratur des 16.—18. Jahrhunderts. — Diss. med. Frankfurt a. M. 1973. — Siehe die Interpretation der "Intimisierung und Privatisierung des Schlafens" im Rahmen des "Prozesses der Zivilisation" bei N. Elias: Über den Prozeß der Zivilisation. Soziogenetische und psychogenetische Untersuchungen, Bd. 1. — Frankfurt a. M. 1977 (Suhrkamp Taschenbuch Wissenschaft, Bd. 158), S. 219—230 sowie jetzt D. Elschenbroich: Kinder werden nicht geboren. Studien zur Entstehung der Kindheit. — Frankfurt a. M. 1977, S. 110—156, die diesen 'Prozeß der Zivilisation' als Herausbildung eines spezifischen Erwachsenen-Status zusammensieht mit der Herausbildung eines spezifischen Kinder-Sta-

tus und der Entstehung eines pädagogischen Verhältnisses der Distanz zwischen beiden, gerade auch im Hinblick auf den Körper (Schlafen, Sexualität).

37 Diesen Aspekt, den L. Boltanski: Prime éducation et morale de classe. — Paris [2]1977 (Cahiers du centre de sociologie européenne, 5) am Beispiel der ärztlichen Ratgeber des 19. und 20. Jahrhunderts hervorhebt, übersieht Shorter: Familie (s. Anm. 5) bei seiner — oft unkritischen — Benutzung der Berichte von Ärzten, Pfarrern usw.; vgl. dazu die Kritik von Lasch: Family and History (s. Anm. 1), 11.12.1975.

38 J. W. Goethe: Aus meinem Leben. Dichtung und Wahrheit, 1. und 3. Buch. — In: Goethes Werke. Hamburger Ausgabe. — Hrsg. von Erich Trunz, Bd. 9. — Hamburg 1955, S. 13 f., 92: seine Eltern bestanden darauf, daß die Kinder "allein schlafen" und auch nicht etwa die "Gesellschaft der Bedienten und Mägde" suchen sollten, und riefen damit starke Angstgefühle bei den Kindern hervor (statt, wie es der erklärte Zweck dieser "Erziehungsmaxime" war, sie ihnen durch Gewöhnung an das "Schauderhafte" zu benehmen); als etwa 10—12jähriger war der junge Goethe nicht gewohnt, Erwachsene beim Be- und Entkleiden zu sehen.

39 deMause: Evolution (s. Anm. 3) interpretiert solche Verhaltensweisen entweder als Ausdruck einer "projektiven" oder einer "Umkehr-Reaktion" (beide kontrastiert er mit der — allein positiv bewerteten — "empathischen Reaktion", bei der der Erwachsene sich in die Bedürfnisse des Kindes einfühlt und sie zu befriedigen sucht: S. 20). Bei der "projektiven Reaktion" benutzt der Erwachsene das Kind als "Vehikel für die Projektion von Inhalten seines eigenen Unbewußten"; deshalb straft er es entweder grausam in der Meinung, damit sich selbst zu strafen, oder er zeigt eine übertriebene, aber ungleichmäßige Fürsorge für das Kind, weil er sich selbst Fürsorge wünscht (S. 20, 22 ff., 32 f.). Bei der "Umkehr-Reaktion" benutzt der Erwachsene "das Kind als Substitut für eine Erwachsenenfigur ... , die in seiner eigenen Kindheit wichtig war", besonders für seine Eltern (S. 20); auf den Wunsch von Eltern, von ihren Kindern bemuttert zu werden, führt deMause es ausdrücklich zurück, daß Mütter ihre Kinder oft bei sich im Bett schlafen ließen (S. 40). Bei diesen aus der Psycho-Analyse gewonnenen Erklärungen für 'unvollkommnes' und 'falsches' Verhalten in früheren Jahrhunderten setzt deMause jedoch voraus, daß zwischen Eltern und Kindern immer schon so tiefe emotionale Beziehungen bestanden wie in dem psychoanalytischen Familienmodell — eine Annahme, die durchaus fragwürdig ist. Vgl. die Kritik von Stone: Massacre (s. Anm. 1), p. 29.

40 J. Chr. Händler: Biographie eines noch lebenden Schneiders von ihm selbst geschrieben, 2 Bde. — [Nürnberg] 1798 liefert ein prägnantes Beispiel dafür, daß für den Bestand von Ehe und Familie emotionale Bindungen, wie sie in dieser Zeit bereits vom gehobenen Bürgertum gepflegt wurden, nicht notwendig waren (vgl. dazu Möller: Kleinbürgerliche Familie [s. Anm. 10], S. 305 ff.; Shorter: Familie [s. Anm. 5], S. 37 ff., 72 ff.), und zwar weder für Fortpflanzung noch für gegenseitige Unterstützung und Hilfe (vgl. besonders Händlers Verhältnis zu seinen Eltern und zu seiner ersten Frau). Andererseits zeigt sich (besonders in Händlers Verhältnis zu seiner zweiten Frau), daß 'Emotionalität' hier keineswegs im Gegensatz zu 'ökonomischen' und 'sozialen' Zwecken stehen mußte, und zwar selbst dann nicht, wenn die letzteren als das Primäre erscheinen (grundsätzlich s. dazu die nachdrückliche Warnung vor einer vereinfachten Sicht, die sich hinsichtlich Art und Ausdrucksform von Emotionalität ausschließlich an den Leitbildern einer gehobenen Schicht orientiert, bei E. P. Thompson: Happy Families. — In: New Society. September 1977, pp. 499—501 [anläßlich der Bücher von L. Stone und E. Shorter]). Händlers Eltern

bringen den widerstrebenden Sohn mit List — indem sie ihn durch ihre Gesellen betrunken machen lassen — dazu, daß er wie sein Vater ins Schneiderhandwerk eintritt (Bd. 1, S. 22 f.); ebenso drängen sie ihm gegen sein Sträuben, auch mit Einsatz von Tricks und Gewalt-Gesten, eine Braut auf (Bd. 1, S. 56 ff., 68 f.). Der Sohn fügt sich nicht nur, sondern hält auch die Beziehungen zu seinen Eltern durchaus aufrecht; der Vater rettet ihn als jungen Meister aus den Fängen eines Wucherers (Bd. 1, S. 93 ff.). Händler selbst zeugt mit seiner ersten Frau in den 14 Jahren ihrer Ehe 10 Kinder — wie er rückblickend meint, ein Zeichen, daß er "allezeit rechtschaffen gehandelt", obwohl er "niemals weder Neigung noch Affektion" zu seiner Frau hatte (Bd. 1, S. 70 f.). Bei der Nachricht vom Tode dieser Frau, die ihn in auswärtigem Dienst erreicht, werden seine "Seele und Geist ... heiter"; weder zu der Trauerfeier noch zur Versorgung seiner beiden überlebenden unmündigen Kinder begibt er sich in seine Heimatstadt; vielmehr bittet er brieflich seine Eltern, "daß sie Sorge tragen sollten, daß meine Kinder in Versorgung gebracht würden"; daraufhin nehmen Händlers Eltern seine 14jährige Tochter zu sich und geben seinen 5jährigen Sohn gegen Bezahlung (für die Händler als Vater aufzukommen hat) in Kost (Bd. 1, S. 116 ff.). Nicht aus Liebe oder "Wollust", sondern in der Einsicht, "daß ich meine Wirtschaft ohne Frau unmöglich führen konnte", insbesondere mit seinen unmündigen Kindern, heiratet Händler ein zweites und, nach dem Tode seiner zweiten Frau, ein drittes Mal. Ein Gebet leitet die Gattenwahl ein; es ergibt sich, daß er mit einer Verwandten in ein näheres Gespräch kommt, das mit der Frage endet, "ob dieselben nicht eine Magd hätten, welche Lust zum Heiraten bezeigte"; am nächsten Tag sieht er so beim Mittagessen seine künftige Frau zum ersten Mal und hält gleich danach beim Kaffee bei deren Mutter um die Hand an, und es ergibt sich in den 11 Jahren der zweiten Ehe, der wiederum 5 Kinder entsprossen, daß diese "eine der gesegneten" wird; Händler und seine Frau "waren ein Herz und eine Seele" (Bd. 1, S. 146 ff., 159 f.; Bd. 2, S. 49 f.).

41 Siehe R. Koselleck: Preußen zwischen Reform und Revolution. Allgemeines Landrecht, Verwaltung und soziale Bewegung von 1791 bis 1848. — Stuttgart 1967 (Industrielle Welt, Bd. 7), S. 641—659: "Über die langsame Einschränkung körperlicher Züchtigung".

42 Klöden: Jugenderinnerungen (s. Anm. 33), S. 44. Vgl. A. Henß: Wanderungen und Lebensansichten des Buchbinder-Meisters Adam Henß. — Jena 1845: "Das Zeitalter, in welches meine Jugend fiel [er wurde 1780 in Mainz geboren], erscheint mir ... als ein hartes und strenges; was als Kinderzucht jetzt vielleicht zu wenig geschieht, das geschah damals zu viel, überall physischer und moralischer Zwang, überall der drohende Scepter der Gewalt, von der Schule an bis zum Jünglingsalter." Vgl. weiter zum Prügeln von Kindern Nolde: Rostock (s. Anm. 35), Bd. 1, S. 124 f.; E. Weyden: Köln am Rhein vor 50 Jahren. Sittenbilder nebst historischen Andeutungen und sprachlichen Erläuterungen. — Köln 1862, S. 54 sowie Möller: Kleinbürgerliche Familie (s. Anm. 10), S. 43 ff.; H. Lange: Theorie und Praxis der Erziehungsstrafe im 18. Jahrhundert. — Osterwieck [1932] (Hallische Pädagogische Studien, H. 12), S. 1 ff.

43 Insofern wird man dies Verhalten bei den 'arbeitenden Klassen' dieser Periode als 'notwendige Repression' betrachten müssen (s. oben Anm. 13 zu H. Marcuses Unterscheidung zwischen notwendiger und überschüssiger Repression) — ein Gesichtspunkt, der deMause: Evolution (s. Anm. 3) ganz und gar entgeht bei seiner Neigung, die Eltern-Kind-Beziehungen losgelöst vom jeweiligen wirtschaftlichen und sozialen Kontext (oder gar als autonome Ursache von sozialem Wandel: S. 12 ff., 86 f.; vgl. unten Anm. 154) zu betrachten. Bei ihm nehmen daher Tötung, Aussetzung, physische Mißhandlung und sexueller Mißbrauch von Kindern breiten Raum ein, während Arbeit von Kindern nur beiläufig erwähnt wird

(S. 39), und zwar im Zusammenhang mit der Umkehr-Reaktion: Eltern – so wird unterstellt – lassen für sich ihre Kinder sorgen, statt selbst für sie zu sorgen!

44 Abgedr. in: Leben und Schriften Ulrich Bräkers, des Armen Mannes in Tockenburg. Dargestellt u. hrsg. von S. Voellmy, Bd. 2. – Basel 1945 (Birkhäuser-Klassiker, Bd. 40), S. 75 f., 87, vgl. S. 49 f.

45 Weyden: Köln (s. Anm. 42), S. 68 f.; G. Fr. Schumacher: Genrebilder aus dem Leben eines siebenzigjährigen Schulmannes ernsten und humoristischen Inhalts. – Schleswig 1841, S. 37. – Für ländliche Gebiete ist mehrfach eine nach dem Alter recht genau abgestufte Folge von Arbeiten für Kinder und Jugendliche bezeugt: "Die Erziehung des lippischen Landmanns" (1789/90). – In: Lippische Landesbeschreibung von 1786. Hrsg. von H. Stöwer. – Detmold 1973 (Lippische Geschichtsquellen, Bd. 5), S. 159–162; J. B. Schad: abgedr. in: Kindheiten. Hrsg. von Hardach (s. Anm. 14), S. 76 f.

46 E. Schoneweg: Das Leinengewerbe in der Grafschaft Ravensberg. Ein Beitrag zur niederdeutschen Volks- und Altertumskunde. – Bielefeld 1923, S. 101; s. auch unten Anm. 105.

47 Betreuung jüngerer Geschwister: Klöden: Jugenderinnerungen (s. Anm. 33), S. 15, 42, 45 f., 128 f.; Moritz: Reiser (s. Anm. 29), S. 20, 100 f.; Frank: Medicinische Polizey (s. Anm. 34), Bd. 2, S. 224 f., 235 ff. – Einen Eindruck von der Vielfalt der Arbeiten vermitteln Scholl: Lebenserinnerungen (s. Anm. 35), S. 16, 18 f., 27, 31 f.; W. Harnisch: Mein Lebensmorgen. Nachgelassene Schrift. Zur Geschichte der Jahre 1787–1822. Hrsg. von H. E. Schmieder. – Berlin 1865, S. 23 ff., vgl. 35 (Auszug abgedr. in: Kindheiten. Hrsg. von Hardach [s. Anm. 14], S. 134 f.); Fr. W. Gubitz: Erlebnisse. Nach Erinnerungen und Aufzeichnungen, Bd. 1. – Berlin 1868, S. 11 f.; H. v. Füchtbauer: Georg Simon Ohm. Ein Forscher wächst aus seiner Väter Art. – Bonn [2]1947, S. 66 f.; Klöden: Jugenderinnerungen (s. Anm. 33), S. 25, 108 f., 128 ff., 158 f.; Moritz: Reiser (s. Anm. 29), S. 43, vgl. 95, 156, 189, 191.
Mehrfach gibt es Belege oder Andeutungen, daß Töchter schärfer und früher zur Arbeit angehalten wurden als Söhne; die soziale Verortung dieser Erscheinung müßte freilich noch genauer untersucht werden, insbesondere im Vergleich zu dem sozialen Ort, an dem durchaus auch die Söhne zur Arbeit herangezogen wurden; auch die Arten der Arbeiten wären dabei zu beachten. Schumacher: Genrebilder (s. Anm. 45), S. 37 f. berichtet: "Die Not ward größer. Ich *konnte* nichts erwerben, mein Bruder noch weniger, aber meine Schwestern konnten stricken und nähen. ... Viel und oft hörte ich den Vorwurf, daß ich wohl verzehre und koste im häuslichen Kreise, aber nichts erwerbe. Er schmerzte mich, aber wie sollte ich erwerben?" Erst im Alter von 14 Jahren begann er, durch Privatstunden etwas zu verdienen, und hatte so "das befriedigende Gefühl", etwas zu den von ihm verursachten Kosten beizutragen (S. 77). Schumacher war Enkel eines Predigers, Sohn eines mittleren Kaufmannes, dessen Familie jedoch nach seinem frühen Tode verarmt war, so daß sie sich kümmerlich von einem Kramladen zu ernähren versuchte (S. 5 ff.); trotz dieses materiellen Abstiegs hielt die Mutter entschieden darauf, daß sie und ihre Kinder nicht als "ordinäre Leute", sondern als Angehörige der "feineren Classe" erschienen (S. 32), in Kleidung (S. 19, 33), Frisur (S. 19, 48, 61 f.), Sprache (hochdeutsch, nicht "plattdeutsch": S. 32, vgl. S. 111, 115, vgl. aber S. 28), Konfession (reformiert, im überwiegend lutherischen Altona: S. 32, 16 ff.). Vgl. zur Sozialisation der Kinder dieser Familie auch unten Anm. 115, 118. – Klöden: Jugenderinnerungen (s. Anm. 33) erwähnt gelegentlich, daß Töchter besonders nachdrücklich zur Arbeit angehalten wurden, ohne an diesen Stellen

Gleiches von den Söhnen zu sagen, und zwar von der Familie seiner Mutter, der Tochter eines "Compagnie-Chirurgus" (S. 14 f.), und von der Familie eines "Bauinspectors" (S. 43). — In ähnlicher Weise auch bei Weyden: Köln (s. Anm. 42), S. 68 f., allerdings ohne Beziehung zu einer bestimmten sozialen Schicht.

48 Gubitz: Erlebnisse (s. Anm. 47), Bd. 1, S. 30. Ähnlich Händler: Biographie (s. Anm. 40), Bd. 1, S. 6; H. Koenig: Auch eine Jugend. — Leipzig 1852, S. 72 f.; Scholl: Lebenserinnerungen (s. Anm. 35), S. 19 (selbst ein geschenktes Stück Brot wird mit Eltern und Geschwistern geteilt), S. 22. — Bezeichnend das Beispiel für eine genau entgegengesetzte Praxis beim besitzenden Bürgertum: schon das Kind bekommt etwas Geld von seinen Eltern und hat so frühzeitig Gelegenheit, sich beim Ausgeben von Geld zu üben in der Wahl zwischen dem augenblicklichen Genuß "irgend einer Näscherei" oder aber der längeren Befriedigung durch eine dauerhaftere Anschaffung: Goethe: Dichtung und Wahrheit (s. Anm. 38), 1. Buch, S. 17 f., 32 f., 36.

49 Koenig: Jugend (s. Anm. 48), S. 60 f.; vgl. S. 3 ff. zu seiner sozialen Herkunft und S. 64, 66 f., 72 f., 130 f. zur Art der Arbeiten.

50 Siehe Möller: Kleinbürgerliche Familie (s. Anm. 10), S. 46 f. zu Inkonsequenzen und Launen im Verhalten der Eltern.

51 Siehe ebd., S. 9 ff., 17 ff.

52 F. G. Dreyfus: Sociétés et mentalités à Mayence dans la seconde moitié du 18e siècle. — Paris 1968, pp. 391—399. — Erst im 19. Jahrhundert stehen Daten zur Schulbesuchsstatistik häufiger zur Verfügung, s. A. Leschinsky/P. M. Roeder: Schule im historischen Prozeß. Zum Wechselverhältnis von institutioneller Erziehung und gesellschaftlicher Entwicklung. — Stuttgart 1976, S. 137—144; A. H. G. Meyer: Schule und Kinderarbeit. Das Verhältnis von Schul- und Sozialpolitik in der Entwicklung der preußischen Volksschule zu Beginn des 19. Jahrhunderts. — Diss. phil. Hamburg 1971, S. 300, Anm. 15.

53 Frank: Medicinische Polizey (s. Anm. 34), Bd. 2, S. 580 ff.; Weyden: Köln (s. Anm. 42), S. 61 ff.; F. X. Bronner: Leben von ihm selbst beschrieben, Bd. 1. — Zürich 1795, S. 47 ff.; G. H. v. Schubert: Der Erwerb aus einem vergangenen und die Erwartungen aus einem zukünftigen Leben. Eine Selbstbiographie, Bd. 1. — Erlangen 1854, S. 129; vgl. Schumacher: Genrebilder (s. Anm. 45), S. 43 ff. Dazu Lange: Erziehungsstrafe (s. Anm. 42), S. 31 ff.; Peiper: Chronik (s. Anm. 31), S. 322 ff., 336 ff.; Möller: Kleinbürgerliche Familie (s. Anm. 10), S. 52 f.

54 K. Rosenkranz: Von Magdeburg nach Königsberg. — Berlin 1873, S. 7; Gubitz: Erlebnisse (s. Anm. 47), Bd. 1, S. 21; Möller: Kleinbürgerliche Familie (s. Anm 10), S. 49. Siehe auch unten Anm. 133. — Diese Struktur der Schule gibt der Aussage, daß der Schüler beim Verlassen der Schule "froh [war] wie ein Vogel, der nach langer Gefangenschaft dem Bauer entwischt ist", einen präzisen Sinn: J. F. Voigt: Leben, Abenteuer und Reisen. Hrsg. von M. Pfeiffer. — Altenburg 1897, S. 6; ähnlich Bronner: Leben (s. Anm. 53), Bd. 1, S. 47 f. Freilich gibt es dazu auch Gegenbeispiele. Insbesondere, wenn eine gewisse Orientierung auf sozialen Aufstieg bestand, konnten Schule und Lernen als positive Gegenwelt zum ärmlichen Alltag erlebt werden: Moritz: Reiser (s. Anm. 29), S. 41 ff., 51 f.; Scholl: Lebenserinnerungen (s. Anm. 35), S. 15 ff., 20 f., 23 f., 28 ff.

55 Aus der umfangreichen Literatur seien genannt die von unterschiedlichen Ansätzen und Fragestellungen ausgehenden Arbeiten W. Roessler: Die Entstehung des modernen Erziehungswesens in Deutschland. – Stuttgart 1961; P. Lundgreen: Bildung und Wirtschaftswachstum im Industrialisierungsprozeß des 19. Jahrhunderts. Methodische Ansätze, empirische Studien und internationale Vergleiche. – Berlin 1973 (Historische und Pädagogische Studien, Bd. 5); Schule und Staat im 18. und 19. Jahrhundert. Zur Sozialgeschichte der Schule in Deutschland. Hrsg. von K. L. Hartmann u. a. – Frankfurt a. M. 1974 (edition suhrkamp, Bd. 694); Leschinsky/Roeder: Schule im historischen Prozeß (s. Anm. 52). Vgl. auch den Literaturbericht H.-G. Herrlitz: Neuere sozialgeschichtliche Untersuchungen zur Entstehung des deutschen Schulsystems im 18. und 19. Jahrhundert. – In: Internationales Archiv für Sozialgeschichte der deutschen Literatur 3 (1978), S. 180–190.

56 Dazu S. Bernfeld: Sisyphos oder die Grenzen der Erziehung (^{1}1925). – Frankfurt a. M. 1967; K.-J. Tillmann: Unterricht als soziales Erfahrungsfeld. Soziales Lernen in der Institution Schule. – Frankfurt a. M. 1976 (Fischer-Taschenbuch, Bd. 6305).

57 Dazu Ariès: Kindheit (s. Anm. 2), bes. S. 266 f., 349 ff. und das 'Schwarzbuch': Schwarze Pädagogik. Quellen zur Naturgeschichte der bürgerlichen Erziehung. Hrsg. u. eingel. von K. Rutschky. – Frankfurt 1977 (Ullstein Buch, Bd. 3318). – Vgl. die Reflexionen von Koenig: Jugend (s. Anm. 48), S. 52 f., 55 ff.: "Bei meiner ängstlichen ... Ordnungsmäßigkeit wurde ich sehr bald den belobtesten Schülern beigezählt. Man weiß, wie leicht Knaben, die gerade das Schriftmäßige schnell fassen und behalten und sich in die Schulordnung fügen, bei Eltern und Lehrern für ausgezeichnet und vielversprechend gelten ... Den Lehrern ... sind begreiflicherweise stille, fügsame Knaben, weil sie ihnen die Mühe erleichtern, vor hartköpfigen und ausgelassenen lieb und lobenswert. ... Diese Erziehung [in der "Volksschule"] nimmt gern den Charakter einer Abrichtung an ... [Es] werden dem aufwachsenden Menschen gewisse Begriffe nachdrücklich eingeprägt, bestimmte Anschauungen und Maximen eingeflößt und ihm durch Wiederholung gleichsam angewöhnt, um seiner eigenen Erfahrung, seinem erwachenden Verstande voraus, eine beabsichtigte Richtung für das gesellschaftliche Leben zu geben. Diese Gedanken und Gesinnungen haften dann wie angeboren, leiten den Lenksamen oder setzen sich mit dem Abweichenden in Widerspruch ... "

58 Wie bei der Altersangabe für den Übertritt in den Gesellenstatus (s. oben Anm. 27) handelt es sich auch hier um einen ungefähren Mittelwert, bei dem beträchtliche Abweichungen nach oben, aber auch nach unten vorkommen; s. Möller: Kleinbürgerliche Familie (s. Anm. 10), S. 57; Wissell: Handwerk (s. Anm. 18), 2. Aufl., Bd. 1, S. 277; Momsen: Husum (s. Anm. 27), S. 157–160. Frank: Medicinische Polizey (s. Anm. 34), Bd. 2, S. 556–561 hält ein gesetzliches Verbot, eine Handwerkslehre schon im 10. oder 12. Lebensjahr zu beginnen, für notwendig.

59 Zu beachten ist allerdings, daß Meistersöhne bisweilen ihre Lehre beim Vater absolvierten. Auch sonst hatten sie Vorrechte, die durch entsprechende Bemühungen von Regierungen z. T. eingeschränkt, aber keineswegs abgeschafft waren, z. B. Verkürzung der Lehrzeit, bisweilen sogar Einschreibung als Lehrling und als Geselle, ohne daß eine Lehrzeit wirklich abgeleistet werden mußte: K.-W. Stratmann: Die Krise der Berufserziehung im 18. Jahrhundert als Ursprungsfeld pädagogischen Denkens. – Ratingen 1967, S. 80 ff.; Wissell: Handwerk (s. Anm. 18), 2. Aufl., Bd. 2, S. 38 ff. – Zum Grad der Selbstrekrutierung der Handwerkerschaft s. die Zahlen bei O. K. Roller: Die Einwohnerschaft der Stadt Durlach im 18. Jahrhundert in ihren wirtschaftlichen und kulturellen Verhältnissen dargestellt aus ihren

Stammtafeln. – Karlsruhe 1907, S. 308 ff.; K. H. Kaufhold: Das Handwerk der Stadt Hildesheim im 18. Jahrhundert. Eine wirtschaftsgeschichtliche Studie. – Göttingen 1968 (Göttinger Handwerkswirtschaftliche Studien, Bd. 13), S. 70 ff., 294 ff.

60 Möller: Kleinbürgerliche Familie (s. Anm. 10), S. 60 f.

61 Ebd., S. 59 f., 62, 98 f.; Stratmann: Berufserziehung (s. Anm. 59), S. 110 ff.

62 Stratmann: Berufserziehung (s. Anm. 59), S. 91 ff.; Wissell: Handwerk (s. Anm. 18), 2. Aufl., Bd. 1, S. 277.

63 Wissell: Handwerk (s. Anm. 18), 2. Aufl., Bd. 1, S. 291 ff.; Möller: Kleinbürgerliche Familie (s. Anm. 10), S. 59 f.

64 Zur durchschnittlichen Betriebsgröße im Handwerk s. K. H. Kaufhold: Umfang und Gliederung des deutschen Handwerks um 1800. – In: Handwerksgeschichte in neuer Sicht. Hrsg. von W. Abel. – Göttingen [2]1978 (Göttinger Beiträge zur Wirtschafts- und Sozialgeschichte, Bd. 1), S. 27–64, hier: 57 ff.; zur Zahl der Lehrlinge je Meister ders.: Handwerk der Stadt Hildesheim (s. Anm. 59), S. 74 ff.; vgl. Wissell: Handwerk (s. Anm. 18), 2. Aufl., Bd. 1, S. 291.

65 Am ehesten mochte noch sonn- und feiertags Gelegenheit zu gemeinschaftlichen Unternehmungen bestehen; s. etwa Scholl: Lebenserinnerungen (s. Anm. 35), S. 48 f.; vgl. Möller: Kleinbürgerliche Familie (s. Anm. 10), S. 63 f. – Eine eigenständige Subkultur der Lehrlinge beobachtet hingegen im London des 17. Jahrhunderts S. R. Smith: The London Apprentices as 17th-Century Adolescents. – In: Past and Present 61 (1973), pp. 149–161.

66 Stratmann: Berufserziehung (s. Anm. 59), S. 159 ff.; Stadelmann/Fischer: Bildungswelt (s. Anm. 18), S. 68 f. Eingehende Beschreibungen bei Wissell: Handwerk (s. Anm. 18), 1. Aufl., Bd. 2 sowie F. Frisius: Der Vornehmen Künstler und Handwercker Ceremonial Politica. – Leipzig 1708 (zu ihm: G. Fischer: Friedrich Friese, ein Wegbereiter deutscher Volkskunde und Handwerksgeschichte [1931]. – In: ders.: Volk und Geschichte. – Kulmbach 1962 [Die Plassenburg, Bd. 17], S. 9–28). – Klassiker der Kulturanthropologie zu solchen Riten: A. van Gennep: The Rites of Passage (frz. Orig. 1908). – London 1960; dazu s. M. Gluckman: Les rites de passage. – In: Essays on the Ritual of Social Relations. Ed. M. Gluckman. – Manchester 1962, pp. 1–52.

67 Eine zusammenfassende Formulierung der verbreiteten Annahme, daß die Familie stets die 'primäre Sozialisationsinstanz', die 'peer group' dagegen lediglich sekundär sei (und zwar sowohl der zeitlichen Reihenfolge als auch der Bedeutung nach), bei J. A. Clausen: Perspectives on Childhood Socialization. – In: Socialization and Society. Ed. J. A. Clausen. – Boston 1968, pp. 130–181, hier: 167 sqq.; vgl. die theoretische Formulierung bei Parsons/Bales: Family (s. Anm. 12), pp. 35 sqq., 113 sqq. Werden im Gegensatz zu diesem 'Regelfall' Kinder oder Jugendliche beobachtet, bei denen nicht Eltern und Familie die hauptsächliche Bezugsgruppe sind, sondern die 'peer group', so wird sehr schnell eine Nähe zur Kriminalität unterstellt, s. Clausen, p. 169; Parsons/Bales, p. 116. – S. N. Eisenstadt: From Generation to Generation. Age Groups and Social Structure. – London 1956, erkennt zwar im interkulturellen und intertemporalen Vergleich, daß 'peer groups' in manchen Gesellschaften als Sozialisationsinstanz wichtig, in anderen dagegen kaum ausgebildet sind, und sucht diese Tatsache zu erklären; trotzdem geht auch er im Gefolge von Parsons davon aus, daß die Familie stets primär ist und die Altersgruppe gegebenenfalls lediglich später und ergänzend hinzutritt, um zusätzliche in dieser Art von Gesell-

schaftssystemen erforderliche, aber durch die Familie nicht weiterzugebende Eigenschaften zu vermitteln (pp. 37 sqq.). – Ein interessantes Beispiel, wie solche Vorstellungen modifiziert und korrigiert werden können, wenn die Lebensweise einer außerhalb des 'Hauptstroms' der bürgerlichen Gesellschaft lebenden Gruppe in sozialanthropologischer Betrachtungsweise ernst genommen wird, ist U. Hannerz: Soulside. Inquiries into Ghetto Culture and Community. – Diss. phil. Stockholm 1969, pp. 118–138: in dieser Fallstudie über ein schwarzes Getto in Washington, D. C., hebt er hervor, daß hier die Beziehungen zwischen Eltern und Kindern weniger affektiv aufgeladen sind, daß die Familie nicht so scharf von der sozialen Umwelt isoliert ist, daß die Kinder sehr früh in das Leben auf der Straße und in peer groups eintreten und daß dies für sie erhebliche emotionale Bedeutung hat, so daß Vorstellungen vom Sozialisationsprozeß, die vom 'sentimentalen Familienmodell', dem Leitbild einer Mittelschicht, ausgehen und allein die Beziehungen innerhalb der Familie als grundlegend für die Prägung der Persönlichkeit des Kindes ansehen, hier nicht ausreichend sind. Vgl. in dieser Richtung auch H. J. Gans: The Urban Villagers. Group and Class in the Life of Italian Americans. – New York u. a. 1962, pp. 37 sqq., 56 sqq.

68 Möller: Kleinbürgerliche Familie (s. Anm. 10), S. 54–56. Diese wichtige Pionierarbeit, die eine Fülle von Material unter wesentlichen Fragestellungen aufarbeitet, scheint mir in dem Kapitel "Zum Sozialisierungsprozeß des Kleinbürgers" (S. 36–66) vorschnell die historischen Zeugnisse nach dem Schema des Parsons'schen Modells von Sozialisation zu ordnen und mit diesem Modell sogar Informationslücken zu schließen (s. S. 42 f. mit Anm. 57), ohne zuvor zu prüfen, ob es diesem Material und diesem sozialen und historischen Kontext wirklich angemessen ist. Es mag im Zusammenhang mit dieser theoretischen Grundlage der Untersuchung stehen (vgl. oben Anm. 12), daß Möller (S. 66) in der Persönlichkeit des Kleinbürgers einseitig die Züge des "brauchbaren Untertanen" verwirklicht sieht und nicht beachtet, daß seine kollektive Orientierung und Lebensweise durchaus auch in Gegensatz zu den Obrigkeiten geraten konnte(vgl. oben S. 268 f.);der deutlichste Ausdruck dieser Tatsache, die Handwerker- und Gesellenunruhen, werden nur kurz erwähnt (S. 65 f., 302 f.). Insofern konsequent, stellt Möller auch nicht die Frage nach der Grundlegung der Kollektivität der Verhaltensweisen im Sozialisationsprozeß und mißt dem Kinderleben auf der Straße, für das er (S. 54–56) wichtige Belege zusammenstellt, keine besondere Bedeutung für die Entwicklung der Persönlichkeit bei.

69 Ebd., S. 118–122.

70 Ebd., S. 122; Koenig: Jugend (s. Anm. 48), S. 16; Schumacher: Genrebilder (s. Anm. 45), S. 121.

71 Möller: Kleinbürgerliche Familie (s. Anm. 10), S. 118; Weyden: Köln (s. Anm. 42), S. 27, 35 f., 44; Mummenhoff: Handwerker (s. Anm. 18), S. 114.

72 Dazu Ariès: Kindheit (s. Anm. 2), bes. S. 556 ff.; Shorter: Familie (s. Anm. 5), bes. S. 61 ff.; 243 ff.

73 Dazu jetzt Elschenbroich: Kinder (s. Anm. 36), passim, bes. S. 86 f. Vgl. auch etwa G. Hundertmarck: Soziale Erziehung im Kindergarten. – Stuttgart [8]1976 (Sozialpädagogik, Bd. 1), S. 13 ff.

74 B. Bernstein: Familiales Rollensystem, Kommunikation und Sozialisation. – In: ders.: Soziale Struktur, Sozialisation und Sprachverhalten. Aufsätze 1958–1970. – Amsterdam

1970 (Schwarze Reihe, Bd. 8), S. 117–133 (s. dazu Fend: Sozialisierung [s. Anm. 11], S. 206 ff.) weist darauf hin, daß das relative Gewicht der peer group im Sozialisationsprozeß entscheidend von der Art der Eltern-Kind-Beziehungen abhängt. Dieser Gesichtspunkt ist hier eingebettet in ein Modell, in dem in einem Satz zusammenhängender Hypothesen zwei Arten von Familienstrukturen im Hinblick auf den Sozialisationsprozeß gegenübergestellt werden. Einige, die für das hier dargelegte historische Material und seine Interpretation besonders stimulierend erscheinen, seien knapp angedeutet: In Familien mit "statusorientiertem Rollensystem" und "minimaler Rückkoppelung", die üblicherweise sehr stark in eine lokale Kultur eingebunden sind, achten die Eltern aufgrund ihrer überlegenen Machtstellung in erster Linie auf äußeren Gehorsam; die Kinder entwickeln starke Bindungen an die Altersgruppe und werden von ihr stark kontrolliert; ihr normkonformes Verhalten ist stark an die Situation und unmittelbare soziale Kontrolle gebunden, Rebellion ist relativ leicht möglich. In Familien mit einem "personenorientierten Rollensystem" mit "maximaler Rückkoppelung" hingegen, in denen 'persönliche Überzeugung' wichtiger ist als die Bindung an eine lokale Kultur, besteht die soziale Kontrolle der Kinder durch die Eltern vor allem in der sprachlichen Einwirkung auf die Absichten des Kindes; die Bindung des Kindes an eine Altersgruppe ist geringer und wird teilweise durch die Beziehungen zu den Eltern kontrolliert; diese Kinder zeigen einen hohen Grad an interner Kontrolle, und die von ihnen verinnerlichten Normen sind relativ stetig wirksam.

75 Klöden: Jugenderinnerungen (s. Anm. 33), S. 42; Harnisch: Lebensmorgen (s. Anm. 47), S. 36 (auch in: Kindheiten. Hrsg. von Hardach [s. Anm. 14], S. 134); Schumacher: Genrebilder (s. Anm. 45), S. 14.

76 Weyden: Köln (s. Anm. 42), S. 5.

77 Klöden: Jugenderinnerungen (s. Anm. 33), S. 42; Rosenkranz: Von Magdeburg (s. Anm. 54), S. 8 f.

78 Ariès: Kindheit (s. Anm. 2), S. 133 ff.; E. v. Künssberg: Rechtsbrauch und Kinderspiel. Untersuchungen zur deutschen Rechtsgeschichte und Volkskunde. – Heidelberg ^{2}1952 (Sitzungsberichte der Heidelberger Akademie der Wissenschaften, Philos.-histor. Klasse, Jg. 1952, 3. Abhandlung).

79 Klöden: Jugenderinnerungen (s. Anm. 33), S. 24.

80 Ebd., S. 25, vgl. S. 24. – "Kühler" ist wahrscheinlich wie "Kühlchen" bei Weyden: Köln (s. Anm. 42), S. 74 ein Murmelspiel; vgl. auch Rheinisches Wörterbuch. Hrsg. von Josef Müller, Bd. 4. – Berlin 1938, Sp. 1704 s. v. "Küla" und Sp. 332 f. s. v. "Kaule". "Zeck" ist ein "Haschespiel der Kinder, wobei das greifende dem verfolgten einen leichten Schlag oder Zeck zu geben hat": J. und W. Grimm: Deutsches Wörterbuch, Bd. 15. – Leipzig 1956, S. 436. – Allgemein vgl. auch K. Hauck: Das Spiel in der Erziehung des 18. Jahrhunderts. – Diss. phil. Halle/S. 1935; dort S. 10 zum Nebeneinander von "größter Strenge im Hause" und "völlig gedankenlosem Gewährenlassen im Freien" bei Eltern aus "Kleinbürgerkreisen".

81 Dazu auch Weyden: Köln (s. Anm. 42), S. 42, 72–86; Koenig: Jugend (s. Anm. 48), S. 100; Nolde: Rostock (s. Anm. 35), Bd. 1, S. 122 f.

82 P. Villaume: Von der Bildung des Körpers in Rücksicht auf die Vollkommenheit und Glückseligkeit der Menschen, oder über die physische Erziehung insonderheit. – In: All-

gemeine Revision des gesamten Schul- und Erziehungswesens von einer Gesellschaft praktischer Erzieher. Hrsg. von J. H. Campe, Bd. 8. — Wien und Wolfenbüttel 1787, S. 211—
490, hier S. 355. Vgl. etwa auch Weyden: Köln (s. Anm. 42), S. 70 ff., bes. S. 78—80.

83 Viel mehr als für die 'Kindheit' sind 'peer groups' für die Phase der 'Jugend' beachtet
worden, so in der Jugendsoziologie, s. etwa J. Schilling: Freizeitverhalten Jugendlicher.
Eine empirische Untersuchung ihrer Gesellungsformen und Aktivitäten. — Weinheim u. a.
1977, bes. S. 55 ff.; G. Wurzbacher: Gesellungsformen der Jugend. — München [2]1966
(Überblick zur wissenschaftlichen Jugendkunde, Bd. 1) oder den theoretischen und kom-
paratistischen Ansatz bei Eisenstadt: Generation (s. Anm. 67), bes. S. 48 ff., 270 ff. Für
die Phase der 'Adoleszenz' liegen auch einige historische Untersuchungen über Altersgrup-
pen vor, so N. Z. Davis: The Reasons of Misrule. Youth Groups and Charivaris in 16th-Cen-
tury France. — In: Past and Present 50 (1971), pp. 41—75; J. R. Gillis: Youth and History.
Tradition and Change in European Age Relations 1770 —Present. — New York u. a. 1974,
bes. pp. 22 sqq.; H. Métraux: Schweizer Jugendleben in fünf Jahrhunderten. Geschichte
und Eigenart der Jugend und ihrer Bünde im Gebiet der protestantischen deutschen
Schweiz. — Aarau 1942, bes. S. 40 ff.; K.-S. Kramer: Ältere Spuren burschenschaftlichen
Brauchtums in Mittelfranken. — In: Jahrbuch für fränkische Landesforschung 20 (1960),
S. 375—392.

84 Klöden: Jugenderinnerungen (s. Anm. 33), S. 25, 41 f., 45 f., vgl. S. 32, 41.

85 Nolde: Rostock (s. Anm. 35), Bd. 1, S. 108; vgl. S. 117: "Die meisten Kinder fangen
hier gegen das Ende des ersten Jahres, viele auch später, an zu gehen." Vgl. Frank: Medicinische Polizey (s. Anm. 34), Bd. 2, S. 235: "Die Unkösten bei der ersten Erziehung der
Kinder zu ersparen, bedient sich der mittelmäßige Bürger- und der Bauernstand entweder
seiner eigenen sechs- bis achtjährigen Kinder, oder er dinget Kindsmädchen von gleichem
oder nicht viel höherem Alter ... In Häusern, wo der Arbeit viel ist, sucht man die klein-
sten Kinder meistens so viel möglich aus dem Hause zu schaffen, und dies ist eben die Sache
so junger Dienstmädchen, die den ganzen Tag mit den anvertrauten Kindern ohne Aufsicht
zubringen und ihrer noch nicht erloschenen Neigung zu Kinderspielen in allen Ecken nach-
zukommen suchen, wobei am wenigsten auf das kleinere Geschöpf gedacht wird, für welches sie da sind." S. 267: "auf dem Lande ... [lassen] die Eltern ihre Kinder, gleich nach
dem dritten Jahre, meistens ohne alle Aufsicht, den ganzen Tag hindurch herumziehen ..."

86 Nolde: Rostock (s. Anm. 35), Bd. 1, S. 110. Zwar fährt er (ebd.) fort: "Aber auch
selbst die vornehmern und reichern Eltern sind hierin noch zu nachlässig und unbesorgt",
doch waren deren Kinder offenbar nicht ganz ohne Aufsicht: "Man verläßt sich häufig zu
sehr auf die Amme oder Wärterin und bekümmert sich selbst zu wenig um die kleinern
und größern Kinder ...". Vgl. ebd., S. 118 f.: Die "etwas größern Kinder des gemeinen
Mannes ... liegen beinahe den ganzen Tag auf der Straße und spielen untereinander. Die Eltern erlauben ihnen das gern, weil sie dann ihre häuslichen Geschäfte ungestört verrichten
können und sich kaum anders um ihre Kinder bekümmern zu dürfen glauben, als wenn sie
ein Geschrei auf der Straße hören, worauf sie gewöhnlich herbeilaufen und, wenn ihre eigenen Kinder daran teilnehmen, darein schelten oder alles mit einer körperlichen Züchtigung
auf der Straße abmachen."

87 Henß: Wanderungen (s. Anm. 42), S. 2.

88 Rosenkranz: Von Magdeburg (s. Anm. 54), S. 8; vgl. Weyden: Köln (s. Anm. 42), S. 42.

304

89 Ebd., S. 43.

90 Vgl. J. Clarke/T. Jefferson: Jugendliche Subkulturen in der Arbeiterklasse. – In: Ästhetik und Kommunikation Jg. 7, H. 24 (1976), S. 48–61, hier S. 57 f.: an Hand von Beobachtungen im England der 1960er Jahre wird, gestützt auf P. Cohen (1972), "Territorialismus" analysiert als ein "Prozeß, durch den Umweltgrenzen (und -zentren) dazu verwandt werden, Gruppengrenzen (und -zentren) zu markieren", wobei diese "mit subkulturellen Werten besetzt werden".

91 Weyden: Köln (s. Anm. 42), S. 5, 43.

92 Henß: Wanderungen (s. Anm. 42), S. 3. Seinem Bericht nach zu urteilen, war der einzelne nicht immer einer bestimmten Gruppe fest zugeordnet, sondern hatte eine gewisse Wahlfreiheit: "Da schnallte ich denn meinen Brustharnisch von Pappdeckel um, nahm meinen Schild und meine Streitaxt von Holz zur Hand, sprang auf die Gasse und schlug mich im Knabenkrieg auf die Seite der Schwächeren, hieb tüchtig mit drein, so daß ich nicht selten den Sieg erringen half, aber eben so oft auch tüchtige Schläge erhielt."

93 Abgedr. in: H. A. v. Fürth: Beiträge und Material zur Geschichte der Aachener Patrizier-Familien, Bd. 3. – Aachen 1890, S. 1–390, hier S. 252, vgl. S. 224, 283. Vgl. [G. Chr. List:] Beyträge zur Statistik von Göttingen. – Berlin 1785, S. 163: "Noch vor zwanzig Jahren zogen die Knaben, welche in der Gegend des einen Tores wohnten, des Sonntags nach der Kirche gegen die Knaben des andern Tores zu Felde, um sich zu steinigen, und ein fürchterliches Schicksal von Beulen erwartete den, welcher zuerst flohe. Jetzt aber sind die Stadtbürger ziemlich ruhig und friedfertig unter sich."

94 Rosenkranz: Von Magdeburg (s. Anm. 54), S. 8 f.: als "anarchische Räuberschar" bzw. "kleine Communisten" haben diese Kinder Normen, die zwar von denen der Erwachsenen bzw. der Eigentümer der Nahrungsmittel abweichen, aber gleichwohl klar umrissen sind und sich in festen Regeln des Verhaltens ausdrücken: "in lichten Haufen" rauben sie in den Feldern junge Erbsen, Mohrrüben und Mohnköpfe und kommen daher gelegentlich mit dem Flurschützen in Konflikt; auch in den Gärten stehlen sie Obst. Jedoch: "vor dem Eigentum in den Häusern hatten wir Respekt, aber die freiwachsenden Früchte, zu deren Genuß auch die Vögel des Himmels sich einfanden, wurden uns als Sondereigentum nur schwer begreiflich." Weyden: Köln (s. Anm. 42), S. 5 erwähnt "Razzias ... nach den nahliegenden Rüben- und Möhrenfeldern" der "Kappesbauern" als gelegentliche Unternehmungen von "Einzelnen", die jedoch vom Spiel- und Kampfterritorium der Knabengruppen ausgingen. – Vgl. Thompson: Moral Economy (s. Anm. 17) zur Bedeutung der normativen Vorstellungen der "moralischen Ökonomie" (im Unterschied zu den neuen besitzindividualistischen Vorstellungen einer "politischen Ökonomie") für 'food riots' und überhaupt das Denken und Handeln des 'Volkes' im England des 18. Jahrhunderts. Auch die Bezeichnung als "anarchische Räuberschar" spricht eher für als gegen die Behauptung von festen eigenen Normvorstellungen einer solchen Gruppe, s. E. J. Hobsbawm: Sozialrebellen. Archaische Sozialbewegungen im 19. und 20. Jahrhundert. – Neuwied u. a. 1971 (Sammlung Luchterhand, Bd. 16); ders.: Die Banditen. – Frankfurt a. M. 1972 (Suhrkamp Taschenbücher, Bd. 66); C. Küther: Räuber und Gauner in Deutschland. Das organisierte Bandenwesen im 18. und frühen 19. Jahrhundert. – Göttingen 1976 (Kritische Studien zur Geschichtswissenschaft, Bd. 20).

95 Rosenkranz: Von Magdeburg (s. Anm. 54), S. 8, 42 f., vgl. S. 25.

96 Henß: Wanderungen (s. Anm. 42), S. 70. Genaue und definitive Aussagen über die innere Struktur solcher Gruppen sind aufgrund des durchgesehenen Materials nicht möglich; archivalische Schul- und Polizeiakten müßten näheren Aufschluß geben. Selbst wenn sich dabei Henß' allgemeine These als übertrieben erweisen sollte, so dürfte doch die innere Ordnung bei weitem nicht so asymmetrisch gewesen sein wie die zwischen Eltern und Kindern, Lehrer und Schülern, Meister und Lehrjungen.

97 Vgl. die Entgegensetzung der alten "Sozialität" und des modernen "Familiensinns" bei Ariès: Kindheit (s. Anm. 2), bes. S. 516 ff., 537 ff., 554 ff., 559 ff. — Zur Bedeutung der Nachbarschaft s. etwa Weyden: Köln (s. Anm. 42), S. 107 f.

98 Selbst dort, wo von Mißbilligung oder Strafe die Rede ist, versuchten die Eltern, die diesem sozialen Kontext angehörten, offenbar nicht, das Straßentreiben ihrer Kinder wirklich zu unterbinden; s. Henß: Wanderungen (s. Anm. 42), S. 3; s. o. Anm. 86 (Nolde).

99 In: Fürth: Aachener Patrizierfamilien (s. Anm. 93), S. 252.

100 Janssen selbst (in: ebd.) berichtet in seiner Chronik immer wieder eingehend von diesen Zunftunruhen und 'Mäkeleien' und stellt einen ursächlichen Zusammenhang von den "allerhand Bosheiten, Streit, Zank, Hader, Verfolgung" der Erwachsenen zu dem "wilden und ausgelassenen" Treiben der "Jugend" her; beides zusammen bringt er auf den gemeinsamen Nenner von Gottlosigkeit und Sittenverfall: S. 224, vgl. S. 165, 282 f. — Zu den Zunftunruhen und Mäkeleien im Aachen des 18. Jahrhunderts sowie ihrem wirtschaftlichen Hintergrund s. P. Beckers: Parteien und Parteienkampf in der Reichsstadt Aachen im letzten Jahrhundert ihres Bestehens. — In: Zeitschrift des Aachener Geschichtsvereins 55 (1933/34), S. 1—40; H. Kisch: Das Erbe des Mittelalters, ein Hemmnis wirtschaftlicher Entwicklung: Aachens Tuchgewerbe vor 1790. — In: Rheinische Vierteljahrsblätter 30 (1965), S. 253—308.

101 Rosenkranz: Von Magdeburg (s. Anm. 54), S. 43; Weyden: Köln (s. Anm. 42), S. 42 f.

102 Daß in 'peer groups' der Akzent auf gemeinsamer Erfahrung und grundlegender Gleichheit liegt und daher hier kooperative Verhaltensweisen gelernt werden (während in der Eltern-Kind-Beziehung Asymmetrie vorherrscht und vor allem die Fähigkeit, einer Autorität zu folgen, gelernt wird), entspricht durchaus Einschätzungen der Jugendsoziologie und Sozialisationstheorie (Eisenstadt: Generation [s. Anm. 67], S. 29, 36 f. sowie die oben Anm. 67 und 83 angeführten Arbeiten); nur wird dort weithin dieser Einfluß der 'peer group' in 'middle-class'-orientierter Sichtweise als lediglich sekundär, die grundlegende Prägung durch die Familie ergänzend, betrachtet. — Zu fragen wäre, ob und inwieweit 'die Straße' unter den gewandelten Bedingungen des Industriekapitalismus (Lohnarbeit mit Trennung von Wohnung und Arbeitsplatz, effektive Durchsetzung der allgemeinen Schulpflicht, Massenmedien etc.) für Arbeiter- und Unterschichtkinder in ähnlicher Weise wie bei den Kindern des kleinen Bürgertums um 1800 zur Einübung von kollektiven und solidarischen Verhaltensweisen geeignet war; Gesichtspunkte und einiges Material dazu bei J. Raspe: Zur Sozialisation proletarischer Kinder. — Frankfurt a. M. [4]1976, bes. S. 22 ff., 29 f., 32 ff., 62 f.; s. auch die oben Anm. 67 genannten Arbeiten von Hannerz und Gans sowie jetzt M. Muchow/H. H. Muchow: Der Lebensraum des Großstadtkindes (1935). — Bensheim 1978 mit der Einleitung von J. Zinnecker und J. Zinnecker: Straßensozialisation. Versuch, einen unterschätzten Lernort zu thematisieren. — In: Zeitschrift für Pädagogik 25 (1979), Nr. 5.

103 W. Martens: Die Botschaft der Tugend. Die Aufklärung im Spiegel der deutschen Moralischen Wochenschriften. – Stuttgart 1968; M. Gaus: Das Idealbild der Familie in den Moralischen Wochenschriften und seine Auswirkungen in der deutschen Literatur des 18. Jahrhunderts. – Diss. phil. Rostock 1937; M. Stecher: Die Erziehungsbestrebungen der deutschen moralischen Wochenschriften. Ein Beitrag zur Geschichte der Pädagogik des 18. Jahrhunderts. – Diss. phil. Leipzig 1914. Besonders bei den beiden letzteren auch zahlreiche weitere Belege, die in die gleiche Richtung wie das im folgenden angeführte Muster gehen.

104 Zur 'Pädagogisierung' des Spiels vgl. Ariès: Kindheit (s. Anm. 2), S. 159 ff. sowie jetzt vor allem Elschenbroich: Kinder (s. Anm. 36), passim.

105 Kommt dies doch vor in einer Familie, bei der ihrer sozialen Lage nach keine ökonomische Notwendigkeit dazu besteht, so wird es von der pädagogischen Öffentlichkeit scharf getadelt; s. "Die Vernünfftigen Tadlerinnen", 1. Jg., 31. St. vom 1. August 1725, S. 244 f. "Wir bedauren ... deine artige Tochter, die ihrer Tugenden halber wohl einer bessern Mutter würdig wäre. ... Ich sehe, daß du ihr einige Fäden um die Hände wickelst, ein Licht ergreifest und dieselbe [!] anzündest, auch wohl mit Ruten dreinschlägest, wenn sie dieselbe [!] nicht stille halten kann. Ich sehe, wie blutrünstig dieselben täglich sind, wie alle Fingerchen so dicke aufgelaufen stehen. Warum tust du alles dieses? Darum sprichst du, weil das Aas nicht Spitzen genug kleppeln [!] will. – Ist das nicht ein unvernünftiges Verfahren! Ist dir eine Elle von diesem phantastischen Gewebe lieber als dein Kind? Muß es denn notwendig sein Brot durch diese läppische Arbeit verdienen? Gesetzt, daß deine Tochter gar kein Geschicke dazu hätte, hat dir Gott nicht so viele Mittel gegeben, daß du sie ohne ihre Arbeit damit versorgen könntest? Sind nicht arme Kinder genug, die um ihr tägliches Brot zu Gott rufen, welches sie mit dieser langwierigen Beschäftigung verdienen müssen? Gib diesen etliche Taler zu lösen und halte dein Kind zu andern Dingen. Zudem ist es falsch, daß deine Tochter keine Spitzen machen könne oder wolle. Ich habe es selber gesehen, daß sie dergleichen künstliche Arbeit verfertiget hat, davon die Elle nicht weniger als 8 Reichstaler kostet."

106 Wenn es keine oder keine befriedigende Schule am Ort gab (wie es besonders für die Kinder von Landgeistlichen zutraf) und der Unterricht nicht im Elternhaus durch einen Privatlehrer oder den Vater erteilt wurde (letzteres war gerade bei Landgeistlichen häufig: Bacherler: Familienerziehung [s. Anm. 10], S. 166 ff.), so verließ auch der Sohn aus dem gehobenen Bürgertum früh das Elternhaus und wurde in eine verwandte oder andere Familie oder in eine Internatsschule gegeben; s. etwa W. Oehlke: Lessing und seine Zeit, Bd. 1. – München 1919, S. 27, 33; Lessing kam mit 12 Jahren auf die Fürstenschule St. Afra in Meißen; Schubert: Erwerb (s. Anm. 53), Bd. 1, S. 190 f.: wurde mit 8 Jahren zu seinem Schwager gegeben, vgl. S. 202 ff., 215 ff.; J. Kerner: Bilderbuch aus meiner Knabenzeit. Erinnerungen aus den Jahren 1786–1804. – Braunschweig 1849, S. 44 f., 103 f., 194 ff., vgl. S. 204 f., 208 ff.: zwei Brüder gingen im 8. bzw. 12. Jahr auf die Stuttgarter Karlsschule, er selbst wurde mit kaum 10 Jahren nach auswärts zu einem 'lateinischen Lehrer' gegeben.

107 "Der Einsiedler", 1. Jg., 5. Stück, Königsberg 3. Februar 1740, S. 35–40.

108 Die Wichtigkeit der Unterscheidung zwischen 'Einstellung' und 'Verhalten' betonen Grüneisen/Hoff: Familienerziehung (s. Anm. 11), S. 42 ff., 164 ff.

109 Vgl. auch Shorter: Familie (s. Anm. 5), S. 196 ff., 258 ff.

110 Bacherler: Familienerziehung (s. Anm. 10), S. 197 ff., 209 ff.; Hauck: Spiel (s. Anm. 80), S. 7 ff.; vgl. auch Goethe: Dichtung und Wahrheit (s. Anm. 38), 1.–3. und 5. Buch, S. 11, 13, 15 f., 16 f., 38 f., 41, 48 f., 68 f., 86 f., 91 ff., 164; J. Schopenhauer: Jugendleben und Wanderbilder. – Braunschweig 1839, Bd. 1, S. 29 ff., vgl. S. 48 f., 58, 102, 129, 151 f.; Frank: Medicinische Polizey (s. Anm. 34), Bd. 2, S. 607–692: medizinische Gründe gegen die besonders beim weiblichen Geschlecht verbreitete "klostermäßige Erziehung" (S. 687, vgl. S. 607 f.) und gegen den Zustand, "daß alle eigene Bewegung aus guten Häusern [im Unterschied zu der "arbeitsamen Klasse der Menschen"] verbannt ist" (S. 622, 624); vgl. auch unten Anm. 151. – Auch in der Welt der Erwachsenen des gehobenen Bürgertums war die Tendenz zur Abschließung einer privaten häuslichen Sphäre möglicherweise in dieser Phase besonders strikt; s. Schumacher: Genrebilder (s. Anm. 45), S. 153: "Jede Familie lebte ziemlich abgeschlossen für sich und hatte wenig Verkehr mit andern. Sonntag waren die benachbarten Lustörter in [!] Sommer gefüllt, aber jede Familie hielt sich auch da für sich, Geselligkeit im höhern Sinn war wenig in Altona zu finden. Das Museum ist ein Institut aus späterer Zeit." Vgl. unten S. 283 zur Lockerung der Isolierung der Kinder seit Beginn des 19. Jahrhunderts.

111 J. Janssen: Johann Friedrich Böhmers Leben. Briefe und kleinere Schriften, Bd. 1. – Freiburg i. B. 1868, S. 8.

112 Sehr anschaulich ebd., S. 9 f.: "Johann Friedrich war also fast zwölf Jahre alt, als er den ersten Gang außerhalb der Stadt machen durfte, natürlich nicht allein, 'da das Alleingehen für Kinder unschicklich', sondern in Begleitung der Eltern .... Alte Frankfurter erinnern sich noch, wie dann der Kanzleidirektor in altfränkischer Tracht mit sorgsam gepflegtem Zopf, seine Frau am Arm, durch die Straßen eilte. Hinter den Eltern, in gemessener Entfernung, gingen die beiden Söhne: Johann Friedrich kerzengerade, kurzen schnellen Schrittes, ... der jüngere Bruder in etwas nachlässiger Haltung, beide überaus säuberlich gekleidet ... , mit feinen breit umgelegten Hemdskragen, ohne Mütze, mit langen bis auf die Schultern herabhängenden Haaren." Vgl. Schopenhauer: Jugendleben (s. Anm. 110), Bd. 1, S. 60; Goethe: Dichtung und Wahrheit (s. Anm. 38), 1. Buch, S. 27.

113 Bacherler: Familienerziehung (s. Anm. 10), S. 200 f., 205 f.; vgl. Schopenhauer: Jugendleben (s. Anm. 110), Bd. 1, S. 48 f.; Métraux: Schweizer Jugendleben (s. Anm. 83), S. 230 ff.

114 Dieser Zusammenhang ist ziemlich deutlich angesprochen von C. F. Pockels: Über den Umgang mit Kindern. Erfahrungen, Maximen und Winke für Eltern, Erzieher und Jugendfreunde in der gebildeten Welt. – Hannover 1811, S. 7 f.: "Kann das Kind seine Gespielen nicht immer um sich haben, so wählt es *leblose* Gegenstände zu seinem Umgange; – ein Beweis, wie tief der Geselligkeitstrieb in seiner Seele liegt. Der Knabe reitet auch einsam auf seinem Steckenpferde, und dichtet ihm einen Charakter des *Lebens*, oft erfindungsreich genug, an. Er spricht mit dem leblosen Stock, wie der Reiter mit seinem lebendigen Pferde; er schlägt das fühllose Objekt, er setzt ihm Nahrung vor und fühlt sich in diesem erdichteten Umgange höchst glücklich. Das kleine Mädchen macht ihre Puppe zu ihrer Gesellschaftsdame oder zu ihrem – Kinde. Es kleidet sie aus und an; es liebkoset oder züchtigt sie nach ihren *Launen*. Auch das Kind muß schon etwas haben, woran sich sein *Herz* anschließt, wäre es auch nur ein lebloses Ding; und beurkundet dadurch schon früh die Würde einer höhern Natur." Vgl. Schopenhauer: Jugendleben (s. Anm. 110), Bd. 1, S. 84, 94, 169 sowie S. 83, 118 zu speziellen Kinderbüchern (s. Anm. 110 die Belege für ihre Isolierung von anderen Kindern); Goethe: Dichtung und Wahrheit (s. Anm. 38),

1.–2. Buch, S. 11 f., 15, 48 f. (s. ebenfalls Anm. 110); F. Lewald. – In: Kindheiten. Hrsg. von Hardach (s. Anm. 14), S. 302 f., vgl. S. 295, 300 f., 301 f. – Elschenbroich: Kinder (s. Anm. 36) arbeitet als grundlegende Bedingung für die Entstehung von speziellem Kinderspielzeug die Herausbildung des – von einem spezifischen Erwachsenen-Status abgehobenen – Status Kindheit heraus. Vgl. auch die Bemerkung zur Entstehung einer speziell für Kinder bestimmten Literatur bei Ariès: Kindheit (s. Anm. 2), S. 199 f.; s. dazu auch: Kinderschaukel, Bd. 1–2. Ein Lesebuch zur Geschichte der Kindheit in Deutschland 1745–1930. Hrsg. v. M.-L. Könneker. – Darmstadt u. a. 1976 (Sammlung Luchterhand, Bd. 210, 217), sowie den Literaturbericht U. Herrmann: Literatursoziologie und Lesergeschichte als Bildungsforschung. Historische Sozialisationsforschung im Medium der Kinder- und Jugendliteratur. – In: Internationales Archiv für Sozialgeschichte der deutschen Literatur 2 (1977), S. 187–198; für England s. Stone: Family (s. Anm. 9), pp. 410 sq.; für Frankreich s. A. Martin: Notes sur 'L'Ami des Enfants' de Berquin et la littérature enfantine en France aux alentours de 1780. – In: Dix-Huitième Siècle 6 (1974), pp. 299–308.

115 Moritz: Reiser (s. Anm. 29), S. 40, 47, 51, vgl. S. 117 (zu dieser Familie s. unten Anm. 136); Schumacher: Genrebilder (s. Anm. 45), S. 13, 62, 122. Interessant ist zu beobachten, wie bei der Mutter Schumachers der Diskrepanz zwischen dem Anspruch, zur "feineren Classe" zu gehören, und der schwindenden ökonomischen Grundlage eines solchen Anspruchs (s. oben Anm. 47) ein ausgesprochen gebrochenes Verhältnis zur "Straße" und zum Spiel mit den "Gassenbuben" entspricht: während sie die Kinder im Winter gar nicht aus dem Hause ließ, gestattete sie dem Sohn im Sommer bei gutem Wetter oft·hinauszulaufen, "nur weil sie es mir nicht versagen mochte, nicht aber mit der Überzeugung, daß es so gut sei; und wenn ich dann so mit allen Spuren des wildesten Knabenunfugs wieder kam, so ward sie oft leidenschaftlich aufgeregt, ungestüm und hart gegen mich." (S. 14 f., vgl. S. 7 f., 11, 13 f., 22 f., 24 f., 35, 59, 61 f.).

116 Nolde: Rostock (s. Anm. 35), Bd. 1, S. 110, vgl. 108 f.

117 Dazu K. Hausen: Die Polarisierung der 'Geschlechtscharaktere' – eine Spiegelung der Dissoziation von Erwerbs- und Familienleben. – In: Sozialgeschichte der Familie in der Neuzeit Europas. Neue Forschungen. Hrsg. von Werner Conze. – Stuttgart 1976 (Industrielle Welt, Bd. 21), S. 363–393; jetzt auch in: Seminar Familie. Hrsg. von Rosenbaum (s. Anm. 1), S. 161–191.

118 C. F. Pockels: Schack Fluurs Jugendgeschichte. Ein Beitrag zur Erfahrungsseelenkunde. – In: Γνῶϑι σαυτόν oder Magazin zur Erfahrungsseelenkunde als ein Lesebuch für Gelehrte und Ungelehrte. Hrsg. von K. Ph. Moritz, Bd. 4. – 1786, St. 2, S. 96–127 und St. 3, S. 49–75, hier St. 2, S. 108 f. Vgl. Stephan: Häusliche Erziehung (s. Anm. 10), S. 127 ff., 135 ff.; Goethe: Dichtung und Wahrheit (s. Anm. 38), 3., 5. und 6. Buch, S. 90, 198, 227 ff.; Schopenhauer: Jugendleben (s. Anm. 110), Bd. 1, S. 11 ff.; Schubert: Erwerb (s. Anm. 53), Bd. 1, S. 58 ff., vgl. S. 192 f., 202 f.; Kerner: Bilderbuch (s. Anm. 106), S. 33 f., 41, 94 f., 136. Wichtig die 'Variante' Schumacher: Genrebilder (s. Anm. 45), S. 26 f., 41, vgl. S. 7 f., 15, 46, 81, 103 f.: seine Mutter mußte als Kaufmannswitwe einerseits allein gewissermaßen die Funktionen beider Elternrollen erfüllen und andererseits die ökonomische Sicherheit und Unabhängigkeit als Grundlage gefühlvoll-kultivierten Familienlebens mehr und mehr entbehren (s. oben Anm. 47); so bewirkte "der harte Druck des Lebens", daß, besonders ihren Kindern gegenüber, das "schöne Gefühl", das eigentlich "die Grundstimmung ihrer Seele" war, meist von der "eiskalten Rinde der Sorge" überlagert wurde und nur in seltenen Aufwallungen übermächtig hervortrat.

Auch die Kinderfrau konnte noch eine wichtige Bezugsperson des Kindes sein, so für Gustav Dinter (in: Kindheiten. Hrsg. von Hardach [s. Anm. 14], S. 150—152), dessen Eltern sich in ihrem Lebensstil an den sächsischen Feudalherren zu orientieren suchten, deren wohlhabender Gerichtshalter der Vater war; aber auch für Johanna Schopenhauer (Jugendleben [s. Anm. 110], Bd. 1, S. 15 ff., vgl. S. 135, 163 f.), die Tochter des wohlhabenden Danziger Kaufmanns, und für Wilhelm Harnisch (Lebensmorgen [s. Anm. 47], S. 30), den Sohn des gesuchten "Modeschneidermeisters", der in der brandenburgischen Kleinstadt mit bis zu vier Gesellen und einem Lehrjungen arbeitete und dessen Orientierung auf "Zukunft" und "Emporstreben" sich auch darin ausdrückte, daß er den Sohn frühzeitig zum "Prediger" bestimmte (S. 18 f., 26, 31).

119 Zur Frage der gesellschaftlichen Begrenztheit des psychoanalytischen Sozialisationsmodells ist besonders wichtig die lange Debatte, die in der Kulturanthropologie bzw. an Hand von kulturanthropologischem Material über die Frage der Universalität des Ödipus-Komplexes geführt worden ist. Zwar hat diese Debatte zu keinem eindeutigen Ergebnis geführt, zumal da sie mit methodologischen und terminologischen Differenzen verwoben war; immerhin kann aber wohl festgehalten werden, daß selbst von denen, die einen ödipalen Aspekt im Sozialisationsprozeß universell für gegeben annehmen, je nach der Struktur der Gesellschaft und der Familie in ihr große Unterschiede in dem Ausmaß seiner Bedeutung und in der Art seiner Ausprägung gesehen werden. Mit wem das Kind den Ödipus-Konflikt gegebenenfalls auszutragen hat, hängt z. B. mit davon ab, ob der 'biologische Vater', der sexuelle Rivale, mit dem 'sozialen Vater', der die Autorität gegenüber dem Kinde verkörpert, identisch ist oder nicht; ob das Ödipus-Problem zu einem schweren Konflikt führt oder kaum merklich gelöst wird, hängt stark davon ab, ob affektive Beziehungen großenteils innerhalb der Familie konzentriert oder aber über ein weites Netzwerk sozialer Beziehungen ausgedehnt sind. Siehe zu dieser Debatte Beuchelt: Völkerpsychologie (s. Anm. 13), S. 113—153; vgl. W. Schoene: Über die Psychoanalyse in der Ethnologie. Eine theoriegeschichtliche Auseinandersetzung mit einigen Grundlagen der nordamerikanischen 'Kultur- und Persönlichkeits'-Forschung. — Dortmund 1966 (Daten, Bd. 5). — Vgl. zur gesellschaftlich begrenzten Geltung des psychoanalytischen Sozialisationsmodells auch E. Fromm: Sozialpsychologischer Teil. — In: Studien über Autorität und Familie. — Paris 1936 (Schriften des Instituts für Sozialforschung, Bd. 5), S. 77—135, bes. S. 84, 87 ff.; Rosenbaum: Gegenstruktur (s. Anm. 30), S. 162 ff.

120 Die Bedeutung dieser stark emotional besetzten Identifikation für die Internalisierung von Normen, den Aufbau des 'Über-Ich' (guter Überblick über sozialisationstheoretische Analysen zu diesem Problemkreis bei Caesar: Autorität [s. Anm. 11], S. 68 ff.), klingt noch deutlicher an bei Harnisch: Lebensmorgen (s. Anm. 47); bezeichnend außerdem, daß der Pastor und Superintendent um die Mitte des 19. Jahrhunderts diese Vater-Mutter-Sohn-Konstellation bereits schlechthin für "die gewöhnliche" hält, S. 21 f.: "Im Fleiß und in der Arbeitsamkeit standen meine beiden Eltern sich gleich, auch in der Liebe zu mir und in dem Wohlwollen gegen Jedermann; aber mein Vater brauste wie ein Waldbach daher, meine Mutter glich einem stillen Geriesel in der Ebene, das sich fast im Grase verkriecht, aber weithin in seiner Unvermerktheit segnet." S. 26 f.: "Meine Stellung zu meinem Vater und zu meiner Mutter war die gewöhnliche, welche Kinder zu ihren Eltern haben, nur vielleicht stärker und entschiedener ausgeprägt, als bei den meisten Kindern. Ich liebte meine Mutter innig; sie trat mir oft verkannt vom Vater, wenn er in Zorn entbrannte, entgegen. Ich stand auf ihrer Seite und war gern, wo sie war. ... Vor meinem Vater hatte ich eine gewisse Furcht ... ... meine Mutter vollzog als eine gehorsame Hausfrau den Willen ihres Mannes, wenn auch wohl zu Zeiten mit Seufzen. ... Ihre Liebe gegen mich war sehr groß und offen-

barte sich auch dadurch, daß sie mir jedes Mal, wenn ich zu Hause kam, eine kleine Summe gab, von der ich wußte, daß sie solche sich selbst entzogen hatte. Diese ihre selbstverleugnende Liebe ist mir oft ein Leitstern zum Himmel in der dunkeln Nacht der Versuchung gewesen, wie auch die Gebete meines Vaters mich dann umgaben. Sie bildeten eine Burg um mich, und die Liebe meiner Mutter gab meinem trotzigen Herzen zugleich einen Beisatz von Milde. Hätte das Bild der tragenden Liebe in meiner Mutter mir nicht öfter zur Seite gestanden, ich hätte mich öfter noch, als es geschehen ist, an den Dornen und Disteln der Welt verwundet." S. 38: "Genau weiß ich nicht mehr, was ich verbrochen hatte; irre ich nicht, so gebrauchte ich ein gottloses Maul gegen sie [d. i. meine Mutter]; und sie griff nach einem in der Nähe stehenden Rohrstock, der als Spazierstock diente. Ich lief davon, um mich der Strafe zu entziehen ... Sie verfolgte mich, und als ich an die Scheune kam, fesselte mich mein Gewissen. Ich fühlte, wie unrecht es sei, der Züchtigung der Mutter zu entfliehen, da sie immer so gut gegen mich war. Ich nahm gutwillig die Züchtigung an und freute mich sehr, daß mein Gewissen erwacht war. — Daß mein Gewissen leicht rege ward, mag einerseits in meiner lebendigen Natur liegen; aber die Liebe meiner Mutter und der Gebetsernst meines Vaters haben gewiß auch dazu viel beigetragen." S. 47 (als der Vater den etwa 13jährigen nach auswärts zum Eintritt in das Gymnasium geleitet): "Als seine Abreise feststand und er den letzten Gang in der Stadt machte, zerfloß ich in Tränen. Ohne den Vater war ich noch nie gewesen und wenngleich seine entschiedene Strenge auch gegen mich sich offenbarte, konnte ich doch dabei immer seine Liebe zu mir durchmerken. Er scherzte auch zu Zeiten mit mir, brachte mir gern was mit und ich wußte, welch' einen sicheren Halt ich an ihm hatte. ... ich war nun ohne eine mir nahestehende Seele in Salzwedel, meilenweit von meinen Lieben; auch eigentlich ohne Aufsicht, so zu sagen, mein eigner Herr außerhalb der Schule ... . Ich war aber nicht ganz verlassen, ich besaß einen unsichtbaren Wegweiser. Ich hatte nämlich einen innern Halt in der Gegenwart des unsichtbaren Gottes, in dem eingeübten Gebetssinn und in dem Andenken an die liebe Mutter und den ernsten Vater." Vgl. auch S. 40. — Siehe auch unten Anm. 130.
Vgl. zum Vater-Sohn-Konflikt bei K. Ph. Moritz: A. J. Bisanz: Die Ursprünge der "Seelenkrankheit" bei Karl Philipp Moritz. — Heidelberg 1970 (Beiträge zur neueren Literaturgeschichte, 3. Folge, Bd. 12); s. aber auch die gegen die Isolierung eines solchen 'psycho-analytischen Befunds' gerichtete Argumentation bei Schings: Melancholie (s. Anm. 29), S. 226 ff.; J. Fürnkäs: Der Ursprung des psychologischen Romans. Karl Philipp Moritz' 'Anton Reiser'. — Stuttgart 1977, S. 65 ff.

121 So G. Schulz: Carl Friedrich Pockels und die Erziehung in der frühen Kindheit. — In: Wolfenbütteler Studien zur Aufklärung, Bd. 3 (1976), S. 259—272, hier S. 260.

122 Für den Demographen besonders interessant die Begründung: "Schack Fluur war das achte Kind aus dieser Ehe ... . Da seine Mutter ein öfteres Wochenbette, so oft sie sich auch dazu bequemen mußte, ärger als den Tod scheute, so pflegte sie auch ihre Kinder gewöhnlich lange zu stillen"; Pockels: Fluur (s. Anm. 118), Bd. 4, St. 2, S. 104.

123 Ebd., S. 104 f., 108—111. Nach der Stellung dieses Berichts in der Geschichte zu urteilen, bezieht er sich auf die Zeit, als Schack zwei Jahre alt war, s. S. 107, 112, 114.

124 Schubert: Erwerb (s. Anm. 53), Bd. 1, S. 58. Vgl. Bacherler: Familienerziehung (s. Anm. 10), S. 209 ff.

125 Sehr anschaulich, am Beispiel der Tischordnung, wiederum bei Pockels: Fluur (s. Anm. 118), Bd. 4, St. 2, S. 106 f. eine ihm unvergeßliche Begebenheit, welche "allerdings

mit zur psychologischen Geschichte seines Romans" gehört: "Schack saß einst des Mittags schräg seinem Vater gegenüber bei Tische. Es wurde eine Suppe aufgetragen, die Schack sehr gern aß und von welcher er durchaus zuerst seine Portion haben wollte. Allein sein vernünftiger Vater hatte sich ein für allemal zum strengsten Gesetz gemacht, seine Kinder nie durch eine zu pünktliche Erfüllung ihrer Wünsche zu verwöhnen, noch auch den jüngern vor den ältern Vorzüge einzuräumen. ... Schack bekam daher nicht zuerst von der Suppe, die er ohnedem mit so vielem Ungestüm gefodert [!] hatte; sondern mußte zu seinem größten Verdruß warten, bis die ältern Geschwister nach der Reihe ihren Teil bekommen hatten. – Dies und der derbe Verweis, welchen Schack von seinem Vater bekam, und vornehmlich, daß dieser seiner Gattin den Teller aus der Hand nahm, welchen sie dem ungestümen Forderer zuerst reichen wollte, brachte ihn ganz außer sich. Er fühlte einen innern Drang sich zu rächen, und seine Wut fand auch bald ein bequemes Mittel dazu; er ergriff hastig den vor ihm liegenden zinnernen Löffel und warf ihn seinem Vater ins Angesicht. Schacks Vater erschrak nicht wenig über diesen kühnen Streich seines zweijährigen Kindes. So lieb er auch den feurigen Jungen hatte, so konnte er sich doch nicht enthalten, ihn derb zu züchtigen..." – Vgl. zur hierarchisch gestuften Familienordnung auch L. L. Schücking: Die puritanische Familie in literarsoziologischer Sicht. – Bern u. a. 1964, S. 84–88.

126 Bacherler: Familienerziehung (s. Anm. 10), S. 211 ff.; Stephan: Häusliche Erziehung (s. Anm. 10), S. 127 ff.

127 Nolde: Rostock (s. Anm. 35), Bd. 1, S. 124 f.; vgl. Pockels: Fluur (s. Anm. 118), Bd. 4, St. 2, S. 110 f. und St. 3, S. 52; Schubert: Erwerb (s. Anm. 53), Bd. 1, S. 58 f., 62 f. – Ähnliche Tendenz bei gehobenen Schichten im England des 18. Jahrhunderts: Stone: Family (s. Anm. 9), pp. 433 sqq.

128 Pockels: Fluur (s. Anm. 118), Bd. 4, St. 3, S. 51 f.: " 'Wenn wir Eltern und Lehrer', sagte er [d. i. der Vater] oft, ' ... unsere Launen – mag's doch auch bisweilen Mühe und Überwindung kosten – zu ihrer [d. i. unserer Kinder und Zöglinge] jugendlichen Fröhlichkeit herabstimmen; wenn wir vornehmlich selbst nie ohne Not Launen und Eigensinn gegen sie an den Tag legen: so werden sie uns, selbst bei einiger Strenge, über alles lieben, werden inniges Zutrauen zu uns haben, und hierin muß gleichsam die Arzenei gegen ihren Eigensinn liegen, welcher durch harte Behandlungen eigentlich nur auf einige Zeit unterdrückt, aber gewiß nie ganz ausgerottet wird.' " – Vgl. Schubert: Erwerb (s. Anm. 53), Bd. 1, S. 58 f.: die erzieherischen Grundsätze des Vaters sind dem Sohn einsichtig, und zwar sowohl die Normen, die er sich zu eigen machen soll, als auch die Bedeutung der verschiedenen Arten von Sanktionen, die der Vater anwendet, sowie die Beziehung zwischen Norm und Sanktion. – Vgl. Elschenbroich: Kinder (s. Anm. 36), bes. S. 53 f., 106 f., 110 ff. zum Zusammenhang zwischen (Selbst-)Disziplinierung der Erwachsenen und Entstehung eines erzieherischen Verhältnisses zum Kinde.

129 Pockels: Fluur (s. Anm. 118), Bd. 4, St. 3, S. 52 f.: "Es ist in der Tat eins von den wichtigsten Problemen in der Erziehungskunst, worüber Eltern und Lehrer nicht genug nachdenken können, welcher Strafen, und auf welche Art man sich derselben bei Kindern zu ihrer moralischen Besserung bedienen müsse. Es ist bei der so großen Verschiedenheit der Gemüter, bei der verschiedenen Empfindlichkeit junger Kinder und bei der oft durchs ganze Leben hindurch würkenden Dauer früherer Eindrücke durchaus nicht gleichgültig, womit und wie man jene bestraft, und ich bin überzeugt, daß durch eine falsch angewendete Art der Strafen viel mehr junge Leute von Grund aus verdorben sind, als durch jenes zärtliche Nachgeben, welches Eltern so oft gegen ihre Kinder an den Tag legen. Viele Unar-

ten der Kinder sollte man gar nicht oder nur mit wenigen Worten bestrafen, wenn sie eine bloße Folge ihres Leichtsinns und ihrer Übereilung sind. Weil Kinder in diesen Fällen nichts Böses getan zu haben glauben und weil sie selten schon richtige Begriffe über die Moralität ihrer Handlungen besitzen, die wir oft zu früh bei ihnen voraussetzen, so werden sie leicht Unrecht zu leiden glauben, wenn man sie deswegen bestraft; sie werden sich heimlich über ihre Eltern und Lehrer erboßen; ihre Liebe wird gegen sie in einen versteckten Haß verwandelt werden, und alle ihre Handlungen werden nach und nach in jene unglückliche Heuchelei ausarten, hinter welche sie sich mit einem desto größern Rechte zu verstekken suchen werden, je mehr man ihnen durch unüberlegte Strafen Unrecht getan hat." — Vgl. W. Scheibe: Die Strafe als Problem der Erziehung. Eine historische und systematische pädagogische Untersuchung. — Weinheim u. a. 1967, S. 77 ff., 97, 105 ff., 126 ff.; s. auch die Beobachtung von Ariès: Kindheit (s. Anm. 2), S. 375 ff., daß im Frankreich des 18. Jahrhunderts die Erziehung aufhörte, auf Demütigung der Kinder zu zielen, und stattdessen begann, im Kind das Verantwortungsgefühl des Erwachsenen zu wecken und so auf das Erwachsenenleben vorzubereiten. — Es ließe sich wohl eine Analogie zu Tendenzen in der Kriminaljustiz herstellen; s. Elschenbroich: Kinder (s. Anm. 36), S. 188 f., gestützt auf M. Foucault: Überwachen und Strafen. Die Geburt des Gefängnisses. — Frankfurt a. M. 1977 (Suhrkamp Taschenbuch Wissenschaft, Bd. 184).

130 Siehe etwa Schubert: Erwerb (s. Anm. 53), Bd. 1, S. 227 ff.: besonders in der "Zeit der inneren Gefahren", da "der Knabe zum Jüngling wird", bewährt sich "die gute Zucht des Elternhauses zur äußeren Ehrbarkeit, zur Schamhaftigkeit, vor allem zur Furcht Gottes als ein wirksames Bewahrungsmittel", obwohl der Sohn in dieser Phase, um das Gymnasium besuchen zu können, das Elternhaus schon verlassen hat und "in die Gesellschaft von anderen ... Knabenjünglingen gerät, bei denen der Hochmut, das eitle Geschwätz und absprechende Urteil über das, was ihnen zu hoch ist, schon zu einer gewissen Stärke gelangt ist". Vgl. auch S. 186 f., 241 zur gelungenen Internalisierung von Normen. — Vgl. auch Schumacher: Genrebilder (s. Anm. 45), S. 28, 33—35, 129 f. zur Verinnerlichung von Normen und Haltungen. Siehe auch oben Anm. 120. — Vgl. auch den Bericht, wie der etwa 14—15jährige Goethe in den Verdacht kommt, in "schlechte Gesellschaft" geraten zu sein: Goethe: Dichtung und Wahrheit (s. Anm. 38), 5. Buch, S. 164 ff., bes. S. 209 f., vgl. 6. Buch, S. 226.

131 Bacherler: Familienerziehung (s. Anm. 10), S. 166 ff.; außerdem J. L. Huber. — In: Kindheiten. Hrsg. von Hardach (s. Anm. 14), S. 143—145; Goethe: Dichtung und Wahrheit (s. Anm. 38), 1. und 3. Buch, S. 31 ff., 85 ff.

132 Sehr deutlich, aber ohne schichtspezifische Unterscheidung gesehen von Goethe, ebd., 1. Buch, S. 31 f.: "Es ist ein frommer Wunsch aller Väter, das, was ihnen selbst abgegangen, an den Söhnen realisiert zu sehen, so ohngefähr, als wenn man zum zweitenmal lebte und die Erfahrungen des ersten Lebenslaufes nun erst recht nutzen wollte. ... Meinem Vater war sein eigner Lebensgang bis dahin ziemlich nach Wunsch gelungen; ich sollte denselben Weg gehen, aber bequemer und weiter." — Siehe dazu die psycho-soziale Interpretation von Fromm: Sozialpsychologischer Teil (s. Anm. 119), hier bes. S. 90.

133 Daher kam es auch im gehobenen Bürgertum vor (vgl. oben Anm. 54), daß Kinder sehr jung in die Schule geschickt wurden, so z. B. Pockels: Fluur (s. Anm. 118), Bd. 4, St. 2, S. 114: "Im dritten Jahr seines Alters wurde Schack, um ihn nur vorerst ans Stillsitzen zu gewöhnen, in die Dorfschule geschickt. Nichts war ihm unausstehlicher als diese Einschränkung seiner bisherigen Freiheit. Er ging anfangs nie ohne Weinen dahin, und alle Mittel,

selbst die Leckereien, welche man gebrauchte, um ihn zu beruhigen, waren für ihn nichts als traurige Erinnerungen an den Schulzwang, dem er sich unterwerfen mußte. Er betrachtete die Schulstube als einen Kerker, in welchem er eingesperrt werden sollte, und er konnte es nicht begreifen, warum sich eine so große Menge von Schulkindern nicht vereinigten, um auf immer diesen Kerker zu zerstören." Nach zweijährigem Besuch der Dorfschule (S. 120 ff. eine drastische Beschreibung des Schulalltags) übernahm der Vater, ein Landgeistlicher, selbst den Unterricht des Sohnes bis zur Universität (ebd., Bd. 4, St. 3, S. 49 ff.). – Auch Johanna Schopenhauer: Jugendleben (s. Anm. 110), Bd. 1, S. 43 ff., 83 ff. wurde mit knapp 3 Jahren zum "Stillsitzen-Lernen" in eine Schule geschickt, auf dem Weg freilich stets begleitet von dem "Jungfernmädchen" des elterlichen Haushalts; nachdem sie drei Jahre lang diese Schule besucht hatte, wurde ein Kandidat der Theologie als Hauslehrer für sie angestellt.

134 Sehr scharf beobachtet von Moritz: Reiser (s. Anm. 29), S. 179 ff., 199 f., 287 f.; vgl. Scholl: Lebenserinnerungen (s. Anm. 35), S. 17 f.

135 Moritz: Reiser (s. Anm. 29), S. 143 f., 151; Schubert: Erwerb (s. Anm. 53), Bd. 1, S. 250 f., vgl. S. 241; Schumacher: Genrebilder (s. Anm. 45), S. 65, 69 ff., 77 f.; Scholl: Lebenserinnerungen (s. Anm. 35), S. 17 f.: auch für ihn als Sohn einer armen Unteroffizierswitwe, der lernbegierig war und später gern studiert hätte, war der Aufstieg in der Sitz- und Klassenhierarchie der angesehenen Garnisonsschule wichtig. Bezeichnend die Reaktion eines 3–5jährigen auf eine tatsächlich oder vermeintlich ungerechte Einordnung in die Leistungshierarchie: Pockels: Fluur (s. Anm. 118), Bd. 4, St. 3, S. 49 f.: "Es hatte ihn ... vom Anfang an tief in der Seele gekränkt, daß er nicht an der großen Schultafel obenan sitzen durfte, sondern unter den ältesten Sohn des Schulmeisters gesetzt wurde; ein Umstand, wodurch ihn P. [d. i. der Schulmeister] vornehmlich bei ihm verhaßt machte und warum Schack seinen über ihn gesetzten Mitschüler als einen Feind betrachtete, welcher seinem Stande und seiner Ehre im Wege stünde." (Im Hintergrund stand die Feindschaft und Rivalität zwischen den Vätern, dem Schulmeister und dem Pfarrer: Bd. 4, St. 2, S. 115 ff.). – Vgl. F. Paulsen: Geschichte des gelehrten Unterrichts auf den deutschen Schulen und Universitäten vom Ausgang des Mittelalters bis zur Gegenwart. Mit besonderer Rücksicht auf den klassischen Unterricht, Bd. 2. – Leipzig u. a. [3]1921, S. 154 ff.: Im 18. Jahrhundert beginnt auf den Gelehrtenschulen der Stock als Disziplinierungsmittel abgelöst zu werden durch "die dem Ehrtrieb fühlbaren Antriebe" wie "Zensuren, Lokationen, Versetzungsprüfungen". – Siehe auch unten Anm. 141.

136 Dazu Moritz: Reiser (s. Anm. 29), S. 41 f., 50–52, vgl. S. 369 ff., 400 f., 408 f. aus der Sicht des von starkem Aufstiegsstreben (s. S. 51 f., 77, 80 f., 105, 107) geprägten Sohns eines Militärmusikers und kleinen Beamten von sektiererisch verinnerlichter Religiosität. Vgl. die oben Anm. 54 und 115 angeführten Stellen zu anderen Aspekten seiner Sozialisation. – Vgl. die sehr anregende Interpretation des Lateinlernens als 'Übergangsritus' für Jünglinge, die zu einem Elite-Status bestimmt waren, durch W. J. Ong: Latin Language Study as a Renaissance Puberty Rite. – In: ders.: Rhetoric, Romance, and Technology. Studies in the Interaction of Expression and Culture. – Ithaca, New York 1971, pp. 113–141.

137 Moritz: Reiser (s. Anm. 29), S. 150.

138 Ebd., S. 151 f.; Schumacher: Genrebilder (s. Anm. 45), S. 69 f. berichtet, daß dies Amt ein wesentlicher Gegenstand des Ehrgeizes für den Schüler war, kritisiert diese Institu-

tion zugleich aber aus der Sicht des Schulmannes des 19. Jahrhunderts. Eine ähnliche Institution selbst im Konfirmandenunterricht: Scholl: Lebenserinnerungen (s. Anm. 35), S. 39. Vgl. zum Aufsichtssystem in der Fürstenschule St. Afra in Meißen Oehlke: Lessing (s. Anm. 106), S. 37. — Vgl. Ariès: Kindheit (s. Anm. 2), S. 365 ff., 377 f. für Frankreich.

139 Harnisch: Lebensmorgen (s. Anm. 47), S. 62: "In den Oberklassen arbeitete ich in neidischer Eifersucht mit meinem Stubengenossen Osten [mit dem, am meisten von allen, ihn eine "entschiedne Freundschaft" verband: S. 49 f., vgl. 73 f.], mehr der Zeit als der Sache nach. Es mochte mich doch im Innern wurmen, daß er über mich gesetzt war, obgleich das mit Recht nach dem Schulmaßstabe geschah; er aber hatte die eingebildete Furcht, ich möchte ihn wieder überflügeln. Darum wollte keiner des Abends zuerst zu arbeiten aufhören, darum wollte keiner zum gemeinsamen Spaziergang zuerst die Arbeitssachen weglegen. ... Wir überflügelten uns auch beim Spazierengehen ... Nach etwa zweieinhalb Jahren zog mein Stubengenosse auf eine andere Stube, und da erst hörte diese Eifersucht auf, bei der wir sonst gute Freunde blieben." — Bei Moritz: Reiser (s. Anm. 29), S. 147 f. machte sich diese Wettbewerbshaltung ebenfalls im Verhältnis zu Iffland, dem Mitschüler, zu dem er sich am meisten hingezogen fühlte, bemerkbar. — J. B. Pflug: Erinnerungen eines Schwaben. Zeit- und Sittenbilder aus den letzten und ersten Tagen des 18. und 19. Jahrhunderts. Hrsg. von J. E. Günthert, Bd. 1. — Nördlingen 1874, S. 57 beschreibt das Konkurrenzverhalten der Weingartener Klosterschüler: "Da suchten die schwächeren Schüler sich zu helfen, so gut sie konnten; sie wollten bei andern einsehen, aber diese hatten sich an ihren Pulten hinter Barrikaden von Büchern verschanzt; oder sie baten, man solle ihnen einsagen, das geschah wohl, aber aus Bosheit vielmals falsch." — Hatten die Schüler sich erst einmal angemessene Verhaltensweisen zu eigen gemacht, so daß die Lehrer "mit allen Schülern zufrieden" sein konnten, mochten sie die Schüler der obersten Klasse auch einmal selbst wählen lassen, "wem der erste Preis zu ertheilen"; den Erwählten mochte dann das Urteil seiner Mitschüler noch mehr befriedigen als das des Lehrers allein; Janssen: Böhmer (s. Anm. 111), Bd. 1, S. 20 f. — Allgemein vgl. zum sozialen Lernen im gegenwärtigen Gymnasium Tillmann: Unterricht (s. Anm. 56), S. 128 ff., 137 ff.

140 Moritz: Reiser (s. Anm. 29), S. 320, vgl. S. 326 f.

141 Vgl. zu der Kluft zwischen Primanern und Sekundanern Schumacher: Genrebilder (s. Anm. 45), S. 77 f.: Der Übergang von Sekunda nach Prima war "in der Schülerseele ... ein Hinübersetzen über einen Strom, an dessen jenseitigem Ufer eine andere Welt liegt. Die beiden untern Klassen waren durch eine ungeheure Kluft von den obern getrennt; ... ihre Hauptstunden waren bei den beiden Oberlehrern ... , die wie ein paar Heroen mir bis dahin nur aus der Ferne glänzten; Prima war für viele Fächer mit Selecta kombiniert, und die Schüler der Prima gingen mit einem Stock zur Schule, wie die Selectaner. Von den untern Klassen wagte dies keiner; jeder Primaner würde ihm denselben aus der Hand geschlagen haben, wie der Herold dem nicht Ebenbürtigen Schild und Schwert zerbrach, wenn er damit zu erscheinen wagte, und ein altes Herkommen forderte es, daß die Schüler der untern Klassen vor den beiden obern den Hut zogen; wer es nicht tat, riskierte, daß er ihm abgeschlagen ward, und Mehrere hielten diese Prärogative der Aristokratie mit großer Strenge aufrecht. ... Die Primaner nannte der Pedell: Herr."

142 Moritz: Reiser (s. Anm. 29), S. 161—166. Vgl. Schumacher: Genrebilder (s. Anm. 45), S. 95—97, 137 zu dem Leben in der "größten Freiheit" im "Flügel" des Gymnasiums, wo in 12 Zimmern auswärtige Schüler wohnten, so gut wie unbeaufsichtigt. Dort machten einige Schüler "alle Schulen der Ausschweifung" durch, während andere "still in ihrer Zelle

studierten"; zwischen beiden Teilen herrschte wechselseitige Toleranz, sie störten einander nicht und, obwohl sie sich verraten konnten, war es "ein Ehrenpunkt ... , dies nicht zu wollen". — Siehe auch Bronner: Leben (s. Anm. 53), Bd. 1, S. 156 f. zum Ferientreiben von Gymnasiasten.

143 Weyden: Köln (s. Anm. 42), S. 42 f.; vgl. Harnisch: Lebensmorgen (s. Anm. 47), S. 52; Schwarz: Handwerksgesellen in Bremen (s. Anm. 21), S. 242. — Aus Lessings Schulzeit in St. Afra wird berichtet, daß die Schüler, gegen alle Schuldisziplin, dem 'Schulverwalter' (eine Art Kantinenpächter), der ihnen für ihr Kostgeld schlechte Verpflegung lieferte, eine regelrechte 'Katzenmusik' (s. dazu Davis: Misrule [s. Anm. 83] und E. P. Thompson: 'Rough Music'. Le charivari anglais. — In: Annales. E. S. C. 27 [1972], pp. 285—312) darbrachten: Oehlke: Lessing (s. Anm. 106), Bd. 1, S. 36 f. — Vgl. zu diesem ganzen Komplex Ariès: Kindheit (s. Anm. 2), S. 440 ff.

144 F. Schulze/P. Ssymank: Das deutsche Studententum von den ältesten Zeiten bis zum Weltkriege, 3. Aufl. — Leipzig o. J., S. 149 ff.; vgl. Gillis: Youth (s. Anm. 83), pp. 24 sqq.; Ariès: Kindheit (s. Anm. 2), S. 349 ff.

145 Mummenhoff: Handwerker (s. Anm. 18), S. 95—97; Stadelmann/Fischer: Bildungswelt (s. Anm. 18), S. 71 f.; Möller: Kleinbürgerliche Familie (s. Anm. 10), S. 65, Anm. 243.

146 H. Gerth: Bürgerliche Intelligenz um 1800. Zur Soziologie des deutschen Frühliberalismus. Hrsg. von U. Herrmann. — Göttingen 1976 (Kritische Studien zur Geschichtswissenschaft, Bd. 19), S. 38 ff., 45 ff.; vgl. Ariès: Kindheit (s. Anm. 2), S. 363 ff.

147 Zwei Beispiele (vgl. auch unten Anm. 149) mögen illustrieren, daß selbst, wo die Abschließung von der Straße nicht streng war, die Intensität der Gefühlsbeziehungen in der elterlichen Familie bewirkte, daß die 'Straße' bei weitem nicht die prägende Wirkung hatte wie offenbar für die meisten Kinder des kleinen Bürgertums (für die umgekehrt die emotionale Bedeutung der elterlichen Familie vergleichsweise viel geringer war). Goethe: Dichtung und Wahrheit (s. Anm. 38), 1.—2. Buch, S. 16 f., 41, 66 ff.: auch nachdem etwa seit seinem 6. Jahr die Absonderung im Hause allmählich aufgegeben wurde, sah er gern aus dem Fenster "dem Gewühl und Gedränge [zu], in welches wir uns scheuten zu verlieren [!]"; in einer Privatschule würde er — als Kind "aus den gesitteten Ständen", das "von Eltern und Lehrern angemahnt und angeleitet" war, "sich mäßig, verständig, ja vernünftig zu betragen ... und alle gehässigen Regungen ... zu unterdrücken", — von den andern Kindern bedrängt und wußte nicht angemessen darauf zu reagieren, sondern kam "zwischen dem Naturzustande und dem der Zivilisation gar erbärmlich in die Klemme". Vgl. bes. oben Anm. 110, 118, 132 zu Goethes Sozialisation. — Schumacher: Genrebilder (s. Anm. 45), S. 7 f.: "Freilich, auch ich habe gespielt und getobt als Knabe, galt sogar für wild und zuweilen für roh in meinem Kreise, aber mit diesen Ausbrüchen der rohen Sinnlichkeit des Knabenalters verband sich ein inneres beschauliches Leben, wozu alles in meiner Mutter traurigen Lage mich täglich aufforderte." Vgl. zu ihm bes. oben Anm. 47, 115, 118. — Hier also treffen die Annahmen einer 'Mittelschicht'-orientierten Sozialisationstheorie von der Priorität der familialen Sozialisation zu, vgl. oben Anm. 67.

148 Bacherler: Familienerziehung (s. Anm. 10), S. 199 f., 202 ff.; Hauck: Spiel (s. Anm. 80), S. 124 ff. — Außerdem läßt sich etwa zu Beginn des 19. Jahrhunderts vielfach beobachten, daß Eltern des gehobenen Bürgertums sich zu ihren Kindern weniger streng und steif verhielten und mehr Zärtlichkeit und Milde zeigten; Bacherler: Familienerziehung, S. 214 ff.

Möglicherweise läßt sich hier eine Analogie zu den Stadien herstellen, die Stone: Family (s. Anm. 9) für die Geschichte der Familie im oberen Bürgertum und in der gentry Englands zwischen 1500 und 1800 so schildert: Nachdem die 'open lineage family', die eng in das Netz von Verwandtschaft und Gemeinschaft verflochten war, in deren Innerem es aber wenig affektive Beziehungen gab, etwa zwischen der Mitte des 16. und dem frühen 17. Jahrhundert von der gesellschaftlich mehr isolierten und im Inneren stärker kohärenten 'Kernfamilie' abgelöst worden war, war diese 'Kernfamilie' zunächst patriarchalisch-autoritär strukturiert; später dann (und zwar zwischen der Mitte des 17. und dem Beginn des 18. Jahrhunderts) setzte sich der 'affektive Individualismus' in der 'Kernfamilie' durch, und das Verhältnis der Eltern zu ihren Kindern wurde gefühlsbetont und permissiv. Wenn also diese beiden Stadien in der Entwicklung der 'Kernfamilie' auch beim gehobenen Bürgertum Deutschlands beobachtet werden können, so läge die Zäsur zwischen ihnen in Deutschland um ein volles Jahrhundert später als in England. – In ähnlicher Weise schon eine Unterscheidung zwischen zwei Perioden in der Entwicklung der bürgerlichen Familie, mit sehr stimulierenden Ansätzen zu ihrer gesellschaftlichen Erklärung, bei M. Horkheimer: Allgemeiner Teil. – In: Studien über Autorität und Familie (s. Anm. 119), S. 3–76, hier zit. nach dem Wiederabdruck u. d. T. "Autorität und Familie". – In: ders.: Traditionelle und kritische Theorie. Vier Aufsätze. – Frankfurt a. M. 1970 (Fischer-Bücher, Bd. 6015), S. 162–230, hier S. 207 f.

149 Ein weiteres Beispiel (s. auch oben Anm. 147) zur Illustration: Schubert: Erwerb (s. Anm. 53), Bd. 1 wurde von seinen Eltern offenbar nicht durch besondere Vorkehrungen daran gehindert, an wilden Spielen der anderen Kinder teilzunehmen (S. 103 f.), doch hatte er sehr enge emotionale Bindungen zu seinen Eltern, seinen älteren Schwestern und auch den im Hause lebenden Großeltern (S. 58 f., 62 ff., 72 f., 134 f., 172 ff.); er sagt von sich (S. 112, vgl. 189, 193 f., 205): "Ich hatte von Kindheit auf eine ganz besondere Freude an der Einsamkeit, spielte oder beschäftigte mich im Hause wie draußen im Freien am liebsten, wenn ich allein und in der Stille war. Da konnte ich meinen Träumereien und Neigungen zu den vielerlei Dingen, an denen nur ich, andere Knaben aber aus meiner Bekanntschaft nur wenig oder gar kein Vergnügen fanden, ungestört mich überlassen. Nur selten und kaum ohne dringende Aufforderung begab ich mich in zahlreiche, lärmende Gesellschaften meiner Altersgenossen, unter denen ich dann freilich oft der Ausgelassenste und Mutwilligste war, so daß mir aus solcher aufgeregten Stimmung öfters eine Verstimmung und wehmüthige Abspannung nachging, die ich lange nicht wieder los werden konnte. Auch als Jüngling, als Mann und noch als Greis ist mir dieser Hang zur Einsamkeit und Stille geblieben ... " Vgl. zu seiner Sozialisation oben Anm. 106, 118, 124, 127, 128, 130, 135.

150 Bacherler: Familienerziehung (s. Anm. 10), S. 197 f. – Vgl. die Kritik der "Kerkererziehung" von Pockels: Umgang mit Kindern (s. Anm. 114), 1811, S. 18 f.: "In der sogenannten vornehmen Welt, in den Häusern, wo Hofmeister und Erzieherinnen gehalten werden, auch in denen, wo ängstliche und mürrische Väter und Mütter die Erziehung leiten, leben die armen Kinder oft wie im Zuchthause; alle ihre Worte und Schritte werden mit einer peinlichen Vorsicht beobachtet und berechnet, fremde Kinder von ihnen wie eine ansteckende Pest entfernt. Oft sehen sie wochenlang kein anderes menschliches Wesen als ihre Eltern, ihre Hofmeister, ihre Bedienten, und meistentheils diese alle nur bei – übler Laune. Kommen diese Züchtlinge nun einmal in Gesellschaft, so können sie sich nirgends orientieren; sie benehmen sich linkisch, schüchtern, verlegen und albern. Die ihnen aufgedrückte mechanische Disziplin spricht aus ihrem ganzen Wesen; und da sie sich an Kinder[!] von gleichem Alter nicht abschleifen konnten, so stehen sie mit ihren Verstandsbegriffen, bei aller ihrer äußern Frisur, gemeinigleich tief unter dem Kinde des gemeinen Mannes."

151 Frank: Medicinische Polizey (s. Anm. 34), Bd. 2, S. 607–692, S. 677 prägnant: " ... die Polizey [ordnet] die Spiele der Schuljugend ... und [beseitigt] die Gefahren so viel möglich davon ... "; vgl. auch oben Anm. 110; vgl. Faust: Gesundheits-Katechismus (s. Anm. 36), S. 23 ff. Siehe auch H. Bernett: Die pädagogische Neugestaltung der bürgerlichen Leibesübungen durch die Philanthropen. – Schorndorf 1960 (Beiträge zur Lehre und Forschung der Leibeserziehung, Bd. 6), bes. S. 69 f.; Hauck: Spiel (s. Anm. 80), S. 29 ff., 53 ff.; H. Eichberg: Leistung, Spannung, Geschwindigkeit. Sport und Tanz im gesellschaftlichen Wandel des 18./19. Jahrhunderts. – Stuttgart 1978 (Stuttgarter Beiträge zu Geschichte und Politik, Bd. 12) und Elschenbroich: Kinder (s. Anm. 36), die diesen Aspekt insbesondere an der Entwicklung einer Spiel*pädagogik* durch die Philanthropisten verfolgt; bei ihr (S. 173) auch ein beredtes Zitat aus E. Chr. Trapp: Versuch einer Pädagogik (1780). – Hrsg. von Th. Fritzsch –Leipzig 1913 (Koehlers Lehrerbibliothek, Bd. 1), S. 31: "Sollen wir denn unsere Kinder auf der Straße herumlaufen lassen? Keineswegs. Aber sollten wir nicht die Vorteile der Straße in den Hof, in den Garten oder gar in die Stube hineinschaffen, und mit den Vorteilen des Sitzens und Lernens verbinden und abwechseln lassen können?" – Vgl. oben Anm. 36 f. und Anm. 57 zur Verbindung von Fürsorge und Disziplinierung in Medizin und Pädagogik.

152 I. Kant: Über den Gemeinspruch: Das mag in der Theorie richtig sein, taugt aber nicht für die Praxis. – In: ders.: Kleinere Schriften zur Geschichtsphilosophie, Ethik und Politik. Hrsg. von K. Vorländer. – Hamburg 1959 (Philosophische Bibliothek, Bd. 47, 1), S. 67–113, hier S. 89.

153 Dies, ein wesentliches Ziel einer 'sozialstrukturell orientierten Sozialisationsforschung' (s. oben Anm. 11–13) läßt sich auf historische Forschung übertragen. Vgl. Lasch: Family and History (s. Anm. 1), 13.11.1975, p. 33: " ... there is ... the possibility that the history of the family provides the missing link between cultural and intellectual history on the one hand and politico-economic history on the other; between the study of culture and the study of social structure, production, and power." Vgl. schon H.-U. Wehler: Zum Verhältnis von Geschichtswissenschaft und Psychoanalyse. – In: Geschichte und Psychoanalyse. Hrsg. von H.-U. Wehler. – Köln 1971 (Pocket, Bd. 25), S. 9–30, hier bes. S. 26 ff.

154 Eine extreme Variante ist die "psychogenetische Theorie" der Geschichte von deMause: Evolution (s. Anm. 3), s. bes. S. 12 ff., 86 f., Anm. 273 auf S. 111: die Evolution der Eltern-Kind-Beziehungen wird wenn nicht als einzige, so doch als "die zentrale Antriebskraft des historischen Wandels" betrachtet. Der "Ursprung dieser Evolution" liege "in der Fähigkeit der jeweils nachfolgenden Elterngeneration, sich in das psychische Alter ihrer Kinder zurückzuversetzen und die Ängste dieses Alters, wenn sie ihnen zum zweiten Mal begegnen, besser zu bewältigen, als es ihnen in der eigenen Kindheit gelungen ist."

155 Stone: Family (s. Anm. 9), pp. 257 sqq., 658 sqq. (mit Diskussion einiger anderer Ansätze).

156 Shorter: Familie (s. Anm. 5), S. 289 ff. Daß Shorter S. 297 f. die 'moderne Mutterliebe' zuerst beim "*alten* Mittelstand", den "Ladenbesitzern, kleinen Handwerkern und Bauern" auftreten sieht, entspricht nicht den hier dargelegten Beobachtungen (Hervorhebung vom Verf.). Im übrigen scheint mir ein gewisser Wohlstand, der die Mutter von der Notwendigkeit unmittelbarer Erwerbsarbeit befreit, wohl eine notwendige, nicht aber eine hinreichende Voraussetzung für die Entfaltung der 'klassischen' Form mütterlicher Liebe und Fürsorge für die Kinder zu sein: Wie sonst ließe sich erklären, daß sie bei der

Bourgeoisie (und in England auch bei der gentry) früher zu finden ist als bei der Aristokratie? (Zu letzterem s. Stone: Family [s. Anm. 9], p. 451 sq.).

157 H. Tyrell: Probleme einer Theorie der gesellschaftlichen Ausdifferenzierung der privatisierten modernen Kernfamilie. — In: Zeitschrift für Soziologie 5 (1976), S. 393—417.

158 Vgl. dazu auch T. Parsons: Das Problem des Strukturwandels: eine theoretische Skizze. — In: Theorien des sozialen Wandels. Hrsg. von W. Zapf . — Köln u. a. [3]1971 (Neue wissenschaftliche Bibliothek, Bd. 31), S. 35—54; ders.: Evolutionäre Universalien der Gesellschaft. — In: ebd., S. 55—74.

159 Tyrell: Ausdifferenzierung (s. Anm. 157), S. 396, Anm. 7. Freilich fragt Tyrell weder nach strukturellen Ursachen solcher 'externen Frustrationen' noch nach den Konsequenzen, die sich für die Familie daraus ergeben, daß sie solche Frustrationen aufzuarbeiten hat. Mehr Raum wird allerdings den Problemen des Alterns unter den Bedingungen der gegenwärtigen Familienstruktur gewidmet, s. bes. S. 413 f.

160 Stone: Family (s. Anm. 9), pp. 658 sqq. und bes. die Schlußbetrachtung pp. 683 sqq. unter der Überschrift "Gains and Losses, not Moral Progress or Decay". Freilich läßt sich argumentieren, daß diese abwägend-kritische Sichtweise gegenüber der 'modernen Familie' nicht im ganzen Buch durchgehalten wird; s. die Kritik von Thompson: Happy Families (s. Anm. 40). — Zu Shorter s. oben S. 265 f. mit Anm. 6.

161 Stone: Family (s. Anm. 9), p. 268 sq. Neben den geistesgeschichtlichen Ursachen führt Stone noch Machtverschiebungen an, die die Stellung der Verwandtschaft, später auch der Eltern schwächten, solche Machtverschiebungen können jedoch sehr viel plausibler mit dem Aufstieg des Individualismus als mit dem des Affekts in Verbindung gebracht werden (vgl. Stone selbst, S. 259). Den "grundlegenden Persönlichkeitswandel", der im "Aufstieg des Affekts" zum Ausdruck kommt, auf Veränderungen im Verhalten zu Kindern zurückzuführen, welche dann unter den Erwachsenen eher ein Gefühl des Vertrauens als des Mißtrauens schufen (Stone, S. 268), — dies Argument führt in ein Henne-Ei-Dilemma, wenn nicht entweder wiederum Ursachen für die Veränderungen im Verhalten zu Kindern benannt werden oder aber eine 'psychogenetische Theorie' der Geschichte (s. oben Anm. 154) akzeptiert wird.

162 Siehe bes. Horkheimer: Autorität und Familie (s. Anm. 148); Fromm: Sozialpsychologischer Teil (s. Anm. 119); aufgenommen bei J. Habermas: Strukturwandel der Öffentlichkeit. Untersuchungen zu einer Kategorie der bürgerlichen Gesellschaft. — Neuwied, Berlin [5]1971 (Sammlung Luchterhand, Bd. 25), S. 60 ff.

163 Siehe bes. die Arbeiten von H.-E. Richter: Eltern, Kind und Neurose. Psychoanalyse der kindlichen Rolle. — Reinbek 1969 (Rororo-Taschenbuch, Bd. 6082); ders.: Patient Familie. Entstehung, Struktur und Therapie von Konflikten in Ehe und Familie. — Reinbek 1972 (Rororo-Taschenbuch, Bd. 6772); ders.: Lernziel Solidarität. — Reinbek 1974. — Auf solche Befunde ist nicht nur gegenüber deMause: Evolution (s. Anm. 3), sondern auch gegenüber Shorter: Familie (s. Anm. 5) hinzuweisen.

164 Ariès: Kindheit (s. Anm. 2), S. 51 ff. bestreitet, daß es in der Gesellschaft des Ancien Régime Altersklassen gab.

165 Siehe oben Anm. 67.

166 Von der luftigen Ebene der Theorie auf den harten Boden der Praxis unter gegebenen Bedingungen zurückgeholt, ließe sich die gemeinte Richtung, was den Umgang mit Kindern (in diesen Fällen: Schülern) angeht, vielleicht illustrieren mit dem Verweis auf Bemühungen, wie sie beschrieben werden im "Schulversuch Glocksee". — In: Ästhetik und Kommunikation Jg. 6/7, H. 22/23 (1975/76), S. 24—149 oder von H. Kuhlmann: Klassengemeinschaft. Über Hauptschüler und Hauptschullehrer und den Versuch herauszufinden, wann Schule Spaß machen könnte. — Berlin 1975 (Rotbuch, Bd. 131).

167 Und das, obwohl gerade einige der angeführten autobiographischen Schriften aus einer Zwischenzone kommen. Andeutungsweise kann diese Zwischenzone als unteres Beamtentum (das in seiner Einkommens- und Wohnsituation eher dem kleinen Bürgertum zuzurechnen wäre, durch seine Eingliederung in die Beamtenhierarchie in seiner Orientierung aber auch Anschluß 'nach oben' gewinnen konnte) und als den Bildungseinflüssen einer verinnerlichten Religiosität offenstehende Teile des kleineren Bürgertums charakterisiert werden: Das Familienleben dieses sozio-kulturellen Milieus scheint sich durch seine Dichte und oft auch Wärme beträchtlich von dem Durchschnitt der kleinen Bürger abgehoben zu haben und gab so nicht wenigen seiner Kinder Aufstiegsmotivation und Aufstiegsfähigkeiten mit; eben diese Aufsteiger — eher als die durchschnittlichen Kleinbürger — hinterließen dann autobiographische Zeugnisse, die über ihre Kindheit Aufschluß geben: es sei hier nur an Karl Friedrich Klöden, Karl Philipp Moritz, aber auch an den nicht erfolgreichen Carl Scholl erinnert. — Hingewiesen sei hier auf Stone: Family (s. Anm. 9), pp. 449 sqq., der für die englische Gesellschaft des 18. Jahrhunderts insgesamt sechs in den verschiedenen sozialen Schichten vorherrschende Idealtypen von 'child rearing modes' unterscheidet.

168 Siehe lediglich die Andeutung oben Anm. 47. Zur Einführung s. U. Herrmann: Erziehung und Schulunterricht für Mädchen im 18. Jahrhundert. — In: Wolfenbütteler Studien zur Aufklärung, Bd. 3 (1976), S. 101—135 mit der Literatur.

169 Siehe lediglich den Hinweis oben Anm. 36.

ULRICH HERRMANN

Die Kodifizierung bürgerlichen Bewußtseins in der deutschen Spätaufklärung — Carl Friedrich Bahrdts "Handbuch der Moral für den Bürgerstand" aus dem Jahre 1789

I

Wenn jemandes Charakterbild, von der Parteien Haß und Gunst entstellt, in der geschichtlichen Überlieferung schwankt, so gilt dies gewiß für Carl Friedrich Bahrdt — jenen streitbaren anti-orthodoxen Theologen, politischen Satiriker, Pamphletisten und Agitator, den heute vielfach dem politischen Jakobinismus zugerechneten Gesellschaftskritiker und Apostel einer pädagogisch-philanthropischen Glückseligkeitslehre, der es seinen Freunden immer schwer und seinen Gegnern immer leicht gemacht hat. Was ist denn auch von jemandem zu halten, der seine theologische Laufbahn mit Entzug aller Ämter und als Gastwirt beendete, für seine politisch-publizistischen Frechheiten mit Festungshaft belegt wurde und als ungebärdiger Freigeist auch seine besonneneren Freunde abstieß? Bahrdt gilt traditionell als "enfant terrible" und "Thersites" der deutschen Spätaufklärung, als "theologischer Abenteurer" und neuerdings als 'linker' Intellektueller, als Jakobiner, als "radikaler" Aufklärer. Es will scheinen, daß er so jeweils dem Zeitgeist des 19. Jahrhunderts oder dem Geist unserer Gegenwart entsprechend verstoßen oder vereinnahmt wird.

In einem solchen Fall erscheint dem Historiker der Geistesgeschichte eine genauere Rückfrage aufschlußreich und zwar nicht nur im Hinblick auf wirkungs- und rezeptionsgeschichtliche Zusammenhänge (beides bleibt im folgenden außer Betracht), sondern vor allem auch hinsichtlich der Dokumentation zeitgenössischen Selbstverständnisses aus der Sicht einer aus dem Rahmen fallenden Persönlichkeit. So ist zu fragen, ob Bahrdts "Handbuch" — ein vergessenes Werk dieses Autors — seinem literarischen Gattungscharakter entsprechend aus der Zeitgenossenschaft heraus zum Thema "Bürger und Bürgerlichkeit im Zeitalter der Spätaufklärung" geschichtliche Perspektiven vermittelt, an denen sich historisches Verstehen zu orientieren vermag.

II

"Die ersten drey Wochen [der Haft in Magdeburg] brachte ich meine Zeit mit Verfertigung meiner 'Moral für den Bürger' zu", schreibt Bahrdt in seinen autobiographischen Aufzeichnungen "Geschichte und Tagebuch meines Gefängnisses" (Berlin 1790, S. 111). Das "Handbuch" ist also — an der Richtigkeit der Bahrdtschen Mitteilung ist nicht zu zweifeln — eine rasch niedergeschriebene Zusammenfassung dessen, was dem Verfasser als communis opinio gelten konnte, versehen mit populären Begründungen, die — bezogen auf eine alltägliche Lebenserfahrung und -praxis, auf den common sense der Populärphilosophie — unmittelbar plausibel erscheinen und keiner weiteren expliziten theoretischen Begründung bedürfen. Es ist die Absicht des Autors, bürgerliche Moral, wie er sie versteht, allgemeiner werden zu lassen, auf Dauer zu stellen, zu habitualisieren. Er empfiehlt "bürgerliche" Verhaltensweisen und Gesinnungen, die bereits in "durchschnittliches" bürgerliches Bewußtsein Eingang gefunden haben und akzeptiert worden sind oder die ihm geeignet erscheinen, rezipiert zu werden, weil der Entwicklungsgang der bürgerlichen Gesellschaft dies ermöglicht oder erfordert.

Auf diese Weise vereinigt Bahrdts "Handbuch" bzw. "Sittenbuch" die beiden Charakterzüge populärer Literatur: Kodifizierung einer herrschenden Meinung unter Verzicht auf weitläufige kritisch-theoretische, "gelehrte" Auseinandersetzungen und Begründungen, und Popularisierung dieser herrschenden Meinung mit dem Ziel, ein gruppen- bzw. schichtadäquates Verhalten — hier des Bürgertums — zu etablieren und bewußt zu machen. Bahrdts "Handbuch" hat daher legitimatorische Funktion: Der Grundtenor ist durchaus affirmativ, der aufklärerische Impetus durchweg pragmatisch; denn .der Bezugspunkt seiner Überlegungen und Empfehlungen ist zum einen die materielle Wohlfahrt des Gemeinwesens, des "ganzen Hauses" und seiner Glieder, zum anderen die rechtliche Ordnung der Gemeinschaft und des Staates und — ihr entsprechend — die Zufriedenheit des Menschen in allen seinen Lebenslagen, was Bahrdt und seine Zeitgenossen "Glückseligkeit" nennen. Darüber gibt die im selben Jahr wie das "Handbuch" erschienene Schrift Bahrdts "Über Aufklärung und die Beförderungsmittel derselben" näheren Aufschluß.

Bahrdt geht es um "absolute Aufklärung": die Aufklärung *aller* Menschen und des *ganzen* Menschen, also nicht um eine standesbezogene oder auf spezielle Kenntnisse und Fertigkeiten zielende Aufklärung. Denn "das absolute Wesen der Aufklärung [besteht] in einer vesten Entschlossenheit und Gewöhnung[,] in wichtigen Dingen nichts für untrüglich wahr zu halten, was 1) keiner deutlichen Begriffe, 2) keiner gründlichen und eignen Überzeugung empfänglich und wo 3) keine Zusammenstimmung der Weisen vorhanden ist." ("Über Aufklärung", S. 45; daraus die folgenden Zitate) Dies ist die "subjektive" Seite der Aufklärung, ihre kognitive, individuelle und kommunikative Dimension. Aufklärung ist aber nicht nur Aufklärung "von etwas" — des Subjekts —, sondern immer auch Aufklärung "im Hinblick auf etwas". Man muß also — wie Bahrdt sagt — "ein materielles Object derselben vestsetzen" (S. 47), nämlich solche Gegenstände, die für den Menschen als ganzen und für die Menschheit insgesamt "wichtig" sind. Wichtig aber ist das, was die Glückseligkeit des Menschen bedingt, was ihn in seiner Subjekthaftigkeit unmittelbar betrifft: "Für jeden Menschen sind nur zwey Klassen von Erkentnissen wichtig, d. h. zu seiner Glükseligkeit unentbehrlich: die moralischen und die ökonomischen. Unter den moralischen verstehen wir diejenigen Erkentnisse, welche theils als Anweisung und Antrieb zur Vervollkomnung des Geistes und zu Führung eines tugendhaften Wandels, theils als Grund des Trostes und der Beruhigung im Leiden und Tode — allen Menschen — erkenbar und unentbehrlich sind. Und dahin gehören die unter den Menschen streitlosen Lehren der — Religion und Moral. Zu den ökonomischen Wahrheiten rechnen wir alle die Erkentnisse, die ein Mensch zur Erhaltung seiner Gesundheit, zur guten Führung seines Hauswesens, zur Erziehung seiner Kinder und zur Betreibung seines Gewerbes nöthig hat." (S. 47 f.)

Die Explikation des Begriffs "absolute Aufklärung" lautet daher: "Die absolute Aufklärung ist allen Menschen möglich und heilsam. Sie erstreckt sich nicht auf alles, was ein Mensch glaubt und für wahr hält, sondern sie hat eine bestimmte Gränze ihrer Unentbehrlichkeit; welche in den obgedachten beiden Klassen der moralischen und ökonomischen Wahrheiten enthalten ist. Sie besteht in einer vesten Entschlossenheit und Gewöhnung, Dinge, die, mit unsrer Glükseligkeit in einer unmittelbaren Verbindung stehen, nicht eher für ganz ausgemacht und sicher wahr zu halten und dadurch, als durch eine zuverläßige Wahrheit seine Handlungen, Wünsche, Hofnungen, Furcht, Liebe u.s.w. bestimmen zu lassen, bis man 1) deutliche und eigne Begriffe davon hat, 2) vernunftmäßige Beweise davon entdekt, selbst durchdacht und bei mehrmals wiederholter Prüfung bewährt und 3) durch eine zusammenstimmende Autorität bestätigt gefunden hat. Wer sich daran gewöhnt, mit vester Entschlossenheit, überall, wo seine Glükseligkeit konkurrirt, den Grundsaz zu befolgen: 'ich muß meine Vernunft erst hören, ehe ich glaube' — der ist ein aufgeklärter Mensch — gesezt auch, daß seine Erkentniß noch so eingeschränkt wäre und daß die ganze Summe seiner moralischen und ökonomischen Wahrheiten sich auf ein Oktavblatt schreiben ließe." (S. 192 f.)

Diese Aufklärung, orientiert an den unentbehrlichen moralischen und ökonomischen Wahrheiten und bezogen auf die allgemeine und individuelle Glückseligkeit, ist die Voraussetzung für moderne Gesellschaftsgestaltung, für die moralisch-politische Weiterentwicklung von Staat und Gesellschaft, des Individuums und der Menschheit als Gattung. Sie befördert Menschenliebe im allgemeinen und Toleranz, sie wendet sich gegen Haß und Unterdrückung, sie fördert vor allem jene bürgerlichen Tugenden, die die Voraussetzung einer bürgerlichen Staats- und Gesellschaftsordnung bilden:

(1) "Der aufgeklärte Unterthan ist ja offenbar darum sicherer und leichter zu regieren, weil er aus eigner Überzeugung den Gesetzen folgt." (S. 223 f.) — (2) "Aufgeklärte Unterthanen [sind] zu Rebellionen an sich selbst unfähig." "Denn zu Rebellion kan sich ein Mensch nie entschließen, als im Sturme einer

Leidenschaft und durch den plötzlichen Stoß eines Geschreis der Aufwiegler. Und wenn wir die Geschichte fragen, mit Ausnahme der Fälle, wo die Fürsten selbst durch übermenschliche Tirannei es erzwangen, so werden wir immer finden, daß ohne Pfaffen und deren Einfluß kein Staat je solch Unglük erlebt hat. Und das ist unter aufgeklärten Unterthanen nicht mehr möglich." (S. 225) – (3) Aufklärung vervollkommnet die Seele des Menschen, bildet seinen Charakter, erzeugt "einen gewissen Adel des Geistes" (S. 226), mindert die Laster und fördert die Tugenden, insonderheit "Fleiß, Arbeitsamkeit, Wohlthätigkeit" (ebd.). – (4) Aufklärung vermehrt "Industrie", vervollkommnet "Handwerke, Künste und Wissenschaften" und versetzt alle Kenntnisse und Geschicklichkeiten [Berufstätigkeiten] "in ein stets steigendes Wachsthum" (S. 229).

In dieser Perspektive sind der Nutzen der Aufklärung für den Staat und für den einzelnen und seine Verhältnisse, in denen er sich gesellschaftlich organisiert hat, identisch (S. 198 ff.). Und deshalb ist nach den herrschenden Auffassungen der Philanthropen, denen auch Bahrdt zuzurechnen ist, nicht nur die Erziehung des Menschen zum *Menschen*, sondern auch und vor allem diejenige des Menschen zum *Bürger* unabdingbar. Deshalb ist Aufklärung nicht nur durch Preß- und Denkfreiheit, durch die Gründung von Gesellschaften zu deren Beförderung usw. zu ermöglichen und sicherzustellen, sondern sie muß auch durch die Vermittlung von Einsichten und Werthaltungen im Wechsel der Generationen festgemacht und auf eine Zukunftsperspektive hin verpflichtet werden: "Wenn wir es dahin bringen, daß nach und nach die Menschen in moralischen und ökonomischen Wahrheiten zu eignem und freien Gebrauche ihrer Vernunft gewöhnt, von Herkommen, Vorurtheilen, Aberglauben und Schwärmerei entfesselt werden, und so zu einer gewissen Freiheit und vermehrten Thätigkeit des Geistes gelangen, so wandeln wir die Welt in ein Paradieß. – Dieß ist unsre Behauptung." (S. 198)

Wie kann es dahin kommen? Bahrdt schließt sich zunächst den gängigen Argumenten und Vorschlägen aus der kameralistischen Literatur an. Bei Johann Heinrich Gottlob von Justi ("Die Grundfeste zu der Macht und Glückseeligkeit der Staaten", 2 Bde., Königsberg/Leipzig 1760/61) heißt es: "Die wahre Stärke eines Staats beruhet aber hauptsächlich darauf, daß die Bürger selbst ihre Pflichten lieben, und solche mit guten Herzen erfüllen ... Die Kinderzucht aber ist es allein, welche die Herzen der künftigen Bürger hierzu bilden und fähig machen kann." "Ein dummes und ungeschicktes Volk wird es bey aller seiner Arbeitsamkeit niemals in denen Manufacturen und Commercien, und andern Quellen des Reichthums, weit bringen. Alle diese Eigenschaften aber können allein durch die Kinderzucht den künftigen Bürgern beygebracht werden. Die Neigung zum Fleiß gehört zu denen moralischen Tugenden, worzu ihr Herz frühzeitig gebildet werden muß; und die Fähigkeiten und Geschicklichkeiten können allein durch guten Unterricht beygebracht werden." (II, S. 106 f.) Ebenso Johann August Schlettwein ("Grundfeste der Staaten oder die politische Ökonomie", Gießen

1779, S. 4 f.): "So besteht dann die ganze Kunst, die Menschen in dieser Welt glücklich zu machen, darinne, daß man die Menge der genießbaren Materien unaufhörlich vergrössere, und jedem auch an dem Genuß derselbigen seinen Antheil so weit versichere, daß er haben kann, alles was er durch seine eigene Fähigkeit und Krafft, ohne seinen Mitmenschen zu dem Seinigen zu stören, sich zu verschaffen im Stande ist." Dementsprechend besteht für Bahrdt die "innerliche Ökonomie des Bürgers" ("Handbuch", S. 210; daraus die folgenden Zitate) in Pünktlichkeit und Ordnung, Sparsamkeit und Wirtschaftlichkeit, Vermeidung sowohl von Geiz als auch von Luxus usw. (S. 198 ff.). Dies sind die Voraussetzungen für ein erfolgreiches "bürgerliches Metier" (S. 210), die Quellen bürgerlichen und damit gesellschaftlichen Wohlstands; denn die Bürger stellen die "erwerbende Volksklasse" dar, und wenn sie faul und träge sind, verfällt das ganze Gemeinwesen in Armut und Rückständigkeit (ebd.). "Bestrebet euch in eurem Metier beständig fortzulernen und eure Kenntnisse und Geschicklichkeiten täglich zu erweitern und zu vermehren ... Alle Gelehrte und Künstler streben nach diesem Wachsthum. Es wäre also eine Schande für euch, wenn ihr still stehen wolltet." (S. 218) Mit dieser Anbindung von Bildung und Ausbildung, Aufklärung und sozio-ökonomischem Wandel an den wirtschaftlichen Modernisierungsprozeß einer wachstumsorientierten Ökonomie der bürgerlichen Gesellschaft im ausgehenden 18. Jahrhundert thematisiert Bahrdt noch einmal die Ausgangsüberlegung in Justis "Vollständiger Abhandlung von denen Manufacturen und Fabriken" (2 u. 1 Ergänzungsband, Kopenhagen 1758–62): Deutschland müsse als "neuanfangendes" Land den "Vorsprung" der Länder England, Holland und Frankreich einholen, wenn — modern gesprochen — Handelsbilanzen und Arbeitsplatzbeschaffung bzw. -sicherung erfolgreich sein sollen. Denn ein Land, "das keine Manufakturen und Fabriken hat, wird auch allemal träge, schläfrige und unthätige Unterthanen haben. Sie werden den Ackerbau, die Viehzucht und die unentbehrlichen Handwerke nach dem alten Schlendrian so nachläßig hintreiben, das platte Land und die Landstädte werden in Elend und Dürftigkeit, die Hauptstadt aber, die alle Kräfte des Landes an sich ziehet, wird in Ueppigkeit und Verschwendung leben und zum Guten eben diese Trägheit an sich wahrnehmen lassen. Das ist das Bild von den meisten catholischen Staaten in Teutschland; und es ist nicht zu läugnen, daß dieses ein sehr betrübtes Bild ist." (I, S. 21 f.) Diesem Ziel der Verknüpfung subjektiver Verhaltensweisen, die den strukturellen gesellschaftlichen Modernisierungsprozeß in Gang setzen und auf Dauer stellen, dient Bahrdts Verknüpfung der "innerlichen" und der beruflichen Ökonomie des Bürgers.

III

Indem Bahrdt sein Verständnis des Zusammenhangs von Aufklärung und sozio-ökonomischem Modernisierungsprozeß expliziert, bestimmt er zugleich sein Verständnis des "Bürgers". "Aufklärung" als universelles Prinzip rationaler Lebensauffassung und der Wirtschafts- und Gesellschaftsgestaltung erfordert und nämlich die Bestimmung des Verhältnisses von "Bürgern" einerseits und "Patrioten" und "Kosmopoliten" andererseits. Denn die Frage liegt — 1789! — auf der Hand, ob nicht das Prinzip der Modernisierung über die Grenzen überkommener Herrschafts- und Gesellschaftsordnung hinausdrängen und Initiator weiterreichender Gesellschaftsveränderungen sein mußte. Und hier hat sich auch zu zeigen, wie es um Bahrdts Radikalität und Jakobinismus steht — wobei allerdings zu berücksichtigen ist, daß er unter Zensurbedingungen schreibt und publiziert.

"Patriotismus" meint weder "Widersetzlichkeit gegen obrigkeitliche Verordnungen" (S. 152) noch "Vesthalten an alten Rechten, Gebräuchen und Herkommen" (ebd.). Dies wäre "wahrlich gerade das Gegentheil vom wahren bürgerlichen Patriotismus": "Denn, ist nicht gewissenhaftes Heilighalten der Regentenrechte und folglich Unterwerfung unter die gesetzgebende Macht der Grundzug des Menschenfreunde, welcher das, was die gemeinschaftliche Glückseligkeit befördert, zu seinem vornehmsten Augenmerke macht?" (S. 153) "Bürgerlicher Patriotismus" ist die "durch Vernunft geleitete Vorliebe zum Staat oder zum Vaterlande", wobei im "Kollisionsfall" mit dem Kosmopolitismus die Identifizierung mit dem eigenen unmittelbaren Lebensbereich und seiner politisch-sozialen Ordnung den Vorrang haben muß (S. 154). Für Bahrdt ist es selbstverständlich, "daß ich diesen engen Wirkungskreis, der nun mein Vaterland ist, als näher mit mir verbunden, im Fall des Streits zuerst retten und erhalten helfen muß, weil ich ja sonst, wenn ich denselben zerstöhren lasse, meine eigne Glückseligkeit und folglich meine ganze Vermögenheit, als Menschenfreund der Menschheit nützlich zu werden, zernichten würde." (ebd.) Daraus resultiert zugleich eine "veste und unwandelbare Ehrfurcht gegen die gesetzgebende Macht — mit völliger Rücksichtslosigkeit auf die Personen, in deren Händen sie ist." (S. 155)

Wir stoßen hier auf eine zentrale Aussage Bahrdts hinsichtlich der Dimensionierung bürgerlich-politischen Bewußtseins, in der sich keine jakobinische, nicht einmal eine bürgerlich liberal-kritische Intention — wie etwa bei Joachim Heinrich Campe oder August von Hennings — bemerkbar macht. Denn Bahrdt fährt unmittelbar anschließend fort: "Denn daß der Regent ein weiser oder minder einsichtsvoller, harter oder feindlicher etc. Herr ist, kurz sein ganz persönlicher Werth oder Unwerth liegt ganz außerhalb eurer Beurtheilung. Diese dürfen sich allenfalls nur Staatsräthe und Gelehrte anmaßen. Und wenn ihr auch urtheilen könntet, so müsset ihr doch keine Rücksicht darauf nehmen. Der wahre bürgerliche Patriot acquiesciret in dem Willen der göttlichen Providenz, welcher ihm dadurch genugsam zu erkennen gegeben ist, daß der Regent die Gewalt hat. Denn

ohne Gottes Willen würde er sie nie erlangt haben. Wo also der Patriot bürgerliche Gewalt findet, da respectirt er sie auch, nach der Regel Pauli: alle Obrigkeit
ist von Gott. Da mag es also Gott gefallen haben, einen guten oder tadelnswer-
then Herrn zu setzen, so kan das zwar den Grad der persönlichen Liebe und Achtung bestimmen, aber das Herz des wahren Patrioten darf darum in seiner Ehrfurcht gegen die Majestät selbst, in seinem Gehorsam gegen die Gesetze, in seinem Eifer für die Beförderung landesherrlicher Anstalten u.s.w. in keinem Augenblick erkalten. Was landesherrlicher Befehl ist, muß ihm heilig und ehrwürdig
seyn. Er muß sich ohne Murren allem unterziehn, was einmal allen Bürgern durch
die gesetzgebende Macht zur Pflicht gemacht ist. Er muß seinen Stolz darin setzen, mit vester Entschlossenheit die Majestät zu ehren, und einen unbewegbaren
Abscheu gegen alle Hetzereien, Aufwiegelungen, und Meutereien empfinden,
und solche bei seinen Mitbürgern, wo er sie bemerkt, mit Klugheit und stiller
Betriebsamkeit zu unterdrücken suchen." (S. 155 f.) Bahrdt setzt also der Aufklärung entschiedene politische Grenzen, die zugleich diejenigen bürgerlicher
Betätigung sind. Der Bürgerstand ist zwar als der "erwerbende" der eigentliche
Kern der "Nation": der Mittelstand. Der industriöse Bürger wird aber auch noch
als "Hausvater" gesehen, verantwortlich für sein "ganzes Haus", mitverantwort-
lich für die bürgerliche Wohlfahrt des Gemeinwesens, in dem er lebt, und daher
zu mannigfachen Ehrenämtern bereit, politisch jedoch dem Regiment des Landesherrn oder des Magistrats unterworfen. Dieser Bürger ist zwar industriös,
aber apolitisch; selbstbewußt und aufgeklärt, aber angepaßt und sich der politischen Grenzen öffentlichen Vernunftgebrauchs bewußt. Er ist zwar an politisch
interpretierbaren 'Grundrechten' orientiert, soweit sie gesellschaftliche und wirtschaftliche Verkehrsformen zur Hebung von Wohlstand, freier Gewerbeausübung
usw. betreffen, aber die Verwirklichung dieser Grundrechte in Formen politischer Verfassung und bürgerlicher Beteiligung soll für ihn sekundär sein.

Die für den Übergang in die bürgerliche Gesellschaft des 19. Jahrhunderts charakteristische Trennung von Staat und Gesellschaft kündigt sich hier ebenso an
wie die Sprengkraft aufgeklärten Verhaltens gegenüber den überkommenen Mächten, wenn es die Grenzen der Vernunft in politisch-praktischer Absicht überschreitet — trotz aller gegenteiligen Versicherungen und Beteuerungen Bahrdts.
Denn Freiheit, Gleichheit, Toleranz, Eigentumssicherung, Vertraglichkeit als
Grundformen gesellschaftlicher Beziehungen der wirtschaftenden Bürger, Konkurrenz, freie Entfaltung der Kräfte und Vermögen — all dies kennzeichnet jene
das Ancien Régime überwindenden Wirtschafts- und Gesellschaftsformen und
das ihnen zugehörige bürgerliche Bewußtsein und bestimmt die gesellschaftlichen
Verkehrsformen und die individuellen Bewußtseinsformen so sehr, daß sich auf
Dauer auch die Umgestaltung der politisch-sozialen Verhältnisse in ihrem Sinne
vollziehen muß. Es ist deshalb von großem Interesse für die Interpretation der
politisch-ökonomischen und sozio-kulturellen Strukturwandlungen im Übergang
ins 19. Jahrhundert, wie Bahrdt die offenbar nur vordergründig unpolitischen

Verhaltens- und Bewußtseinsformen des Bürgers bestimmt, weil in ihnen der "subjektive Faktor" des Modernisierungsprozesses im ausgehenden 18. Jahrhundert greifbar wird.

IV

In Bahrdts "Handbuch der Moral für den Bürgerstand" erschließt sich aus den skizzierten Zusammenhängen von Aufklärung und Glückseligkeit, von technisch-ökonomischer Modernisierung und industriösem Bürgersinn jene "Bürgerlichkeit", die für den Organisationsprozeß einer "bürgerlichen Gesellschaft" konstitutiv geworden ist.

Im ersten Teil des "Handbuchs" — "Allgemeine Grundlagen der Glückseligkeit des Bürgers" — interessieren in diesem Zusammenhang Bahrdts Ausführungen über Charakterbildung im allgemeinen und über die Bildung des bürgerlichen Charakters im besonderen. Bahrdt resümiert weithin gängiges Gedankengut der Zeit, wie es aus dem Umkreis der Philanthropen geläufig ist. Seine neue Variante besteht darin, daß er die Frage der Erziehung des Menschen zum Bürger zunächst und vor allem auf das formale Prinzip rechtlicher Regelungen und ihrer Anerkennung hin auslegt und von dort her den bürgerlichen Charakter bestimmt — ein Aspekt, der die Philanthropen mit ihrer pragmatischen Orientierung an beruflichen Kenntnissen und Fertigkeiten gar nicht interessiert hatte.

Für den Menschen als Bürger gilt als oberstes Gebot: "Du mußt das Recht heilig halten! Das ist der erste Grundcharakter des Menschenfreundes. Das ist das erste und entscheidende Merkmal eines Kindes Gottes, eines wirklich gebildeten und tugendhaften Menschen. Hast du das erste Stück der Menschenliebe nicht, so fehlt dir alles, so hat alles übrige keinen Werth vor Gott ... Alle andere Früchte der Menschenliebe, Wohlthätigkeit, Nutzbarkeit, Gefälligkeit, Bescheidenheit, Sanftmuth etc. erhöhen nur das Glück der Menschheit, aber dieses Heilighalten begründet und entscheidet dasselbe. Es ist das Fundament. Wer dies wegnimt, stürzt den ganzen Bau über den Haufen ... wenn ihr das Recht nicht heilighaltet, dann ist in euren Herzen der Grund zu allen Lastern, dann ist die ganze menschliche Glückseligkeit in Gefahr, dann sind die heiligsten Bande der Gesellschaft zerrissen." (S. 130 f.) Zuerst sind die natürlichen Rechte des Menschen als Bürger zu achten: (1) das Recht des Lebens und der Existenz; (2) das Recht des freien Gebrauchs der natürlichen Kräfte; (3) das Recht des Eigentums; (4) das Recht auf menschliche Ehre; (5) das Recht, frei zu urteilen, d. h. "die Befugniß, über alles, was er sieht, hört u.s.w. nachzudenken, es nach seinem Vermögen zu beurtheilen, und diese Urtheile seinen Mitmenschen bekant zu machen." (S. 138 f.) — Sodann folgen die im eigentlichen Sinne bürgerlichen Rechte, d. h. "solche Rechte, welche in der bürgerlichen Verfassung ihren Grund haben, oder, welche dadurch in der Welt entstanden sind; daß die Menschen nicht blos beisammen leben, sondern daß sie in ordentlichen Staaten leben und eine gewisse [bestimmte] Regierungsform unter sich eingeführet haben." (S. 139) Diese Rechte sind:

1. das Regentschaftsrecht
   "1. Beschützung des Lebens, der Personen, und des Eigenthums der Unterthanen, gegen jeden innern und auswärtigen Feind:
   2. Vervollkommnung des Nahrungsstandes und Beförderung des Reichthums der Nation, durch Industrie, Bevölkerung, Benutzung der Landesprodukte u.s.w.:
   3. Flor und Aufnahme der Künste und Wissenschaften:
   4. Einführung und Erhaltung guter Sitten und des öffentlichen Wohlstandes:
   5. Anstalten für die Gesundheit der Unterthanen, und
   6. für die Erziehung:
   7. Schlichtung der Streitigkeiten der Unterthanen:
   8. Bestrafung der Verbrechen gegen die Landesgesetze:
   9. Erhaltung des Werths und der Achtung der allgemeinen Religion:
   10. Heilighaltung sowohl der natürlichen als der bürgerlichen Rechte jedes Unterthanen und Beschützung gegen alle Eingriffe in dieselben." (S. 141 f.)

2. das Recht des Vertrags, d. h. freies Vertragsrecht als auch Bindung an Vertragserfüllung;

3. das Recht der Ehe, weil die Untertanen fleißiger und regierbarer werden, wenn sie für Familien zu sorgen haben und nicht nach Belieben entlaufen können (S. 146);

4. das Recht, Eide zu leisten und Eidesleistung fordern zu können, d. h. die Anerkennung bürgerlicher Ehrenrechte.

Es bedarf keiner weiteren Erläuterung, daß mit dieser Formulierung "materieller Objecte" bürgerlicher Sittlichkeit jene für die bürgerliche Gesellschaftsordnung konstitutiven Elemente genannt werden, die in der Folgezeit notwendigerweise die gesetzten oder verordneten Limitierungen bürgerlich-politischen Bewußtseins überschreiten und damit auch die "materiellen Verhältnisse" in politischer und ökonomischer Hinsicht verändern mußten. Dies gilt auch für die Bildung des bürgerlichen Charakters im engeren Sinne (S. 151 ff.). Denn unbefragte Unterordnung unter eine vorgegebene Herrschaftsordnung im Sinne des oben beschriebenen apolitischen bürgerlichen Patriotismus, Willigkeit beim Tragen der Lasten des Staates, Duldung der höheren Stände und ihrer "zufälligen Vorrechte" verträgt sich nicht mit den Forderungen bürgerlicher Aufklärung: Mißtrauen gegen unbefragte Autorität, Industriosität und uneingeschränkte Entfaltung der individuellen Fähigkeiten und Kräfte, Liebe zur bürgerlichen Gleichheit usw. (ebd.).
   Auch die "Besonderen Anweisungen zur Glückseligkeit für den Bürger, in seinen besonderen Verhältnissen" — der zweite Teil des "Handbuchs" — läßt sich so zunächst noch im Horizont der überkommenen Ökonomik des "ganzen Hau-

ses" verstehen. Die Regeln reichen vom Gebot der Untertänigkeit gegenüber dem Landesherrn und der Stadtherrschaft bis zur Erziehung der Kinder zu Gehorsam und Arbeitsamkeit, von der richtigen Wahl der Ehegattin als der künftigen "Hausmutter" bis zu Sparsamkeit, Wirtschaftlichkeit und Vermeidung des Luxus. Aber mit dem Hinweis auf individuelle Lernbegierde, auf Fleiß und Pünktlichkeit, auf den notwendigen Abbau von Innungszwang im Handwerk und der Beseitigung aller monopolistischer Hindernisse wirtschaftlicher Konkurrenz werden vorausweisende Elemente des bürgerlichen Verhaltens erkennbar. Beschreibt also der erste Teil des "Handbuchs" in den "materiellen Objecten" bürgerlicher Aufklärung die formellen und materiellen Rechtsformen und die grundlegenden "materiellen Verhältnisse" der frühbürgerlichen Wirtschafts- und Gesellschaftsordnung vor der Industrialisierung, so entsprechen im zweiten Teil diesen "materiellen Objecten" — als den Konstituentien bürgerlicher Gesellschaft — die 'subjektiven Verhaltensformen' — als den faktischen Bedingungen bürgerlich-gesellschaftlicher Verkehrsformen, soweit sie eben 'im Subjekt gelegen sind'. Mehr noch: Diesen allgemeinen Rechts- und Wirtschaftsformen entsprechen generelle Verhaltensnormen, deren Einhaltung sowohl die Bedingung der Existenz bürgerlicher Gesellschaft im ganzen als auch — auf der individuellen Ebene — bürgerliche Normalität und Voraussetzung von "Glückseligkeit" definieren. Dadurch werden sie zu grundlegenden Zielen bürgerlicher Erziehung bzw. der Erziehung für den Bürgerstand; sie konstituieren bürgerliches Standesbewußtsein, das von diesen Inhalten her in der Abgrenzung zum Adel (und "adliger Eitelkeit") und zum "großen Haufen", zum "Pöbel", eine eigene Dignität sich zuschreibt. Das Konzept bürgerlicher Erziehung und Bildung wird so zunächst zum aufklärerischen standes- bzw. gruppenspezifischen Merkmal erklärt, um dann im Transformationsprozeß zur bürgerlichen Gesellschaft im 19. Jahrhundert schichten- bzw. klassenspezifisches Abgrenzungsprinzip zu werden.

V

Mit dieser Einsicht in die Entsprechung von Gesellschafts f o r m und Verhaltens- bzw. Bewußtseins n o r m ist der Kern und die geschichtliche Tragweite der von Bahrdt formulierten "bürgerlichen Moral" und der ihr entsprechenden "bürgerlichen Erziehung" getroffen. Zwar ist Bahrdt durchaus noch dem geistigen Horizont des 18. Jahrhunderts zuzuordnen, der Ökonomik des "ganzen Hauses" und der Gemeinde, dem engen, obrigkeitlich reglementierten Lebens- und Wirkungskreis des Bürgers als Untertan. Aber unübersehbar kündigt sich ein neues Zeitalter an: die bürgerlich-liberale Rechts- und Wirtschaftsordnung, die aufgrund des Konkurrenzprinzips und der Eigentumsgarantie der Rechtsgleichheit und Rechtssicherheit verpflichtet ist. Die Erziehung zum Bürger und das Verhalten des Bürgers hat den Prinzipien dieser bürgerlichen Leistungsgesellschaft zu entsprechen; ihre Normen müssen internalisiert und habitualisiert werden, einschließlich der politischen Untertänigkeit und Unmündigkeit. Darin hat das Problem der politischen Emanzipation des Bürgertums im 19. Jahrhundert seinen Ursprung!

Gelingt dieser Prozeß bürgerlicher Bildung, so wirkt er in der Tat antirevolutionär, was Bahrdt nicht nur mit Rücksicht auf die Zensurbehörden hervorhebt, sondern weil es der inneren Logik dieses Bildungsprozesses entspricht. Bürgerliche Bildung ist antirevolutionär — jedoch noch längst nicht reaktionär! —, modern gesprochen "sozial-integrativ", weil dies dem 'wohlverstandenen' Interesse des Bürgers entspricht; denn politischer Umsturz gefährdet die grundlegend "wichtigen" ökonomischen Interessen durch die Infragestellung von Rechtssicherheit und Eigentumssicherung. Politische Freiheit und politische Partizipation aller Bürger ist *kein* Postulat "absoluter" Aufklärung und für den Bürger als Wirtschaftssubjekt belanglos; das Postulat der Gleichheit hat für diesen Bürger nur Sinn als Prinzip von Rechts- und Chancengleichheit, als Voraussetzung für und Ermöglichung von Konkurrenz und Wettbewerb.

Vergleicht man Bahrdts "Handbuch der Moral für den Bürgerstand" mit anderen zeitgenössischen Schriften über bürgerliche Erziehung und Erziehung zum Bürger — Basedow, Resewitz, Campe, Villaume, Trapp —, so gewinnt Bahrdt einen ganz selbständigen Rang, jenseits aller 'Skandalchronik' der Aufklärung und aller Einstufung als "radikaler" Aufklärer. Die genannten Philanthropen sind 'modern' durch ihre neuen Konzepte einer pädagogischen Anthropologie, Psychologie und Motivationslehre, als Schulreformer und Erzieher. Die Entschiedenheit ihrer politischen Reformpublizistik ist unbestritten und — im Vergleich mit Bahrdt — sicherlich eher gemäßigt, ihr ständisches Erziehungsdenken und ihr kameralistischer Impetus zur Industriosität und professionellen Brauchbarkeit ganz konventionell. Anders Carl Friedrich Bahrdt! Er vermittelt pädagogisch-psychologisch und -anthropologisch begründete Erziehungs- und Verhaltensziele mit den für den notwendigen Modernisierungsprozeß 'objektiv' erforderlichen Verhaltensnormen, die dem Bürger von einer neuen Rechts- und Wirtschaftsordnung vorgegeben werden. Indem er ihnen entspricht, wird der Bürger zum "Bürger", d. h. Angehöriger der tragenden Schicht einer neuen Gesellschaftsordnung. Bahrdt leistet so nicht mehr und nicht weniger als den theoretisch bündigen Aufweis der Entsprechung materieller Lebensverhältnisse und habituell gewordener Verhaltensnormen bzw. — auf den historischen Prozeß bezogen — den Aufweis notwendiger Verhaltens- und Mentalitätenänderungen im Gefolge und zur Fortsetzung sozio-ökonomischen Wandels. Er entwickelt Grundzüge des Wesens, der Grundstrukturen "bürgerlicher Pädagogik", ihrer gesellschaftlichen Funktion und ihres sozialen und kulturellen Sinnes — und nicht nur ihrer erzieherischen und unterrichtlichen Verfahrensweisen — im Konstitutionsprozeß der bürgerlichen Gesellschaft des 19. Jahrhunderts. Bahrdt denkt dabei 'materialistisch' — ein zeitgenössischer Vorwurf und keine späte Würdigung aus der Perspektive des Historischen Materialismus! — und bringt deshalb den wechselseitigen Bedingungs- und Begründungszusammenhang von "bürgerlicher Pädagogik" und "bürgerlicher Gesellschaft" auf den Begriff.

Auf diese Weise leistet Bahrdt einen auch heute bedenkenswerten Beitrag zur Bildungsreformdiskussion. Er zeigt die historischen Voraussetzungen und Bedingungen der Zuordnung von Erziehungs- und Gesellschaftssystem, an deren Folgen und Konsequenzen Bildungspolitik sich bis heute abmüht. Sie wird sich wohl so lange erfolglos abmühen, als sie dieses Zuordnungsverhältnis nicht grundsätzlich in Frage stellt. Dabei lautet die Alternative nicht "Reform der Gesellschaft durch Erziehung und Schule!" oder: "Erst wenn 'die' gesellschaftlichen Verhältnisse sich gewandelt haben, kann die Erziehung reformiert werden", wie vordergründige Polemik glauben machen möchte. Das Problem ist vielmehr die Neubestimmung pädagogischer Ziele und Normen in der 'bürgerlichen Gesellschaft' des 20. Jahrhunderts, die nicht an den Anfängen, sondern den Grenzen des Wachstums steht; in der der politische Bürger nicht mehr Untertan oder Kosmopolit ist, in der die Rechte der freien Persönlichkeitsentfaltung zwar formaliter garantiert, aber faktisch immer schwieriger zu verwirklichen sind. Die Krise der Erziehung und des Bildungswesens ist Spiegel — nicht Ursache — der tiefergehenden Krise der Gesellschaft der damaligen und unserer Zeit.

BIBLIOGRAPHISCHE NOTIZ

Von Bahrdts "Handbuch der Moral für den Bürgerstand", 1789 an mehreren Druckorten erschienen, kam 1972 ein unveränderter, unkommentierter Nachdruck heraus (Frankfurt a. M.: Athenäum-Reprint). — Neben dem "Handbuch" und der Schrift "Über Aufklärung" (1789) ist vor allem seine Abhandlung "Über den Zwek der Erziehung" heranzuziehen (im 1. Bd. der "Allgemeinen Revision des gesammten Schul- und Erziehungswesens". Hamburg 1785, S. 1—124). — Ein Auszug aus Bahrdts Autobiographie (1790/91) liegt vor in: C. F. Bahrdt —

ein Abenteurer der Aufklärungszeit, bearb. von Th. Hagenmaier. (Abenteuerliche Lebens-
läufe, Bd. 11.) Heidenheim a. d. Brenz 1972. — Bahrdts Schriften verzeichnet Hamberger/
Meusel, Bd. I (1802), S. 143 ff. — Sein Nekrolog bei Schlichtegroll (3. Jg. Gotha 1793, Bd. 1,
S. 119—255) versucht eine gerechte Würdigung der Person und des Werkes. — Von der älte-
ren Literatur über Bahrdt seien hervorgehoben: G. Frank: Dr. K. F. Bahrdt. Ein Bei-
trag zur Geschichte der deutschen Aufklärung. In: Histor. Taschenbuch. Hrsg. von F. v.
Raumer. 4. Folge, 7. Jg. Leipzig 1866, S. 203—370; J. A. Leyser: Karl Friedrich
Bahrdt. Neustadt a. d. H. [2]1870; A. Pinloche: Geschichte des Philanthropinismus. Leip-
zig 1896, S. 253—320. — Neuere Arbeiten sind nachgewiesen bei G. Mühlpfordt: Karl
Friedrich Bahrdt und die radikale Aufklärung. In: Jahrb. d. Inst. f. Deutsche Geschichte
(Tel Aviv) 5 (1976), S. 49—100.

ANSCHRIFTEN DER MITARBEITER

Prof. Dr. Wilfried Barner, Deutsches Seminar der Universität Tübingen, Wilhelmstraße 50, 7400 Tübingen

Dr. Hans Erich Bödeker, Max-Planck-Institut für Geschichte, Hermann-Föge-Weg 11, 3400 Göttingen

Prof. Dr. Iring Fetscher, Ganghofer-Straße 20, 6000 Frankfurt a. M.

Dr. Horst Günther, Koburger Straße 6, 1000 Berlin 62

Prof. Dr. Ulrich Herrmann, Engelfriedshalde 101, 7400 Tübingen 1

Prof. Dr. Sven-Aage Jørgensen, Strandvejen 89, DK-3070 Snekkersten

Prof. Dr. Hermann Lübbe, Birchli Haus Claudia, CH-8840 Einsiedeln

Prof. Dr. Peter Michelsen, Erlbrunnenweg 9, 6901 Wilhelmsfeld

Prof. Dr. Manfred Riedel, Institut für Philosophie der Universität Erlangen-Nürnberg, Bismarck-Straße 1, 8520 Erlangen

Prof. Dr. Gerhard Sauder, Albert-Weisgerber-Allee 148, 6670 St. Ingbert

Dr. Jürgen Schlumbohm, Max-Planck-Institut für Geschichte, Hermann-Föge-Weg 11, 3400 Göttingen

Dr. Günter Schulz, Kurhausstraße 14, 3500 Kassel-Wilhelmshöhe

Prof. Dr. Michael Stolleis, Waldstraße 15, 6242 Kronberg 2

Prof. Dr. Rudolf Vierhaus, Max-Planck-Institut für Geschichte, Hermann-Föge-Weg 11, 3400 Göttingen

CIP-Kurztitelaufnahme der Deutschen Bibliothek

Bürger und Bürgerlichkeit im Zeitalter
der Aufklärung /
hrsg. von Rudolf Vierhaus. – 1. Aufl. – Heidelberg ; Schneider, 1981.
(Wolfenbütteler Studien zur Aufklärung ; Bd. 7)

ISBN 3–7953–0723–3   NE: Vierhaus, Rudolf [Hrsg.]; GT

LESSING-AKADEMIE
WOLFENBÜTTELER STUDIEN
ZUR AUFKLÄRUNG

HEIDELBERG VERLAG LAMBERT SCHNEIDER

I

[Zur Sozialgeschichte der Literatur und Philosophie im Zeitalter der Aufklärung]

Herausgegeben von GÜNTER SCHULZ. 1974. 340 S., mit 5 Abb.

Inhalt: I. *Aufsätze:* HERMANN LÜBBE: Traditionsverlust und Fortschrittskrise. Sozialer Wandel als Orientierungsproblem. – JÜRGEN FREIHERR VON STACKELBERG: Moralistik und Aufklärung in Frankreich. – GERHARD ALEXANDER: Das Verständnis des Menschen bei Hermann Samuel Reimarus. – HERBERT G. GÖPFERT: Bemerkungen über Buchhändler und Buchhandel zur Zeit der Aufklärung in Deutschland. – WOLFGANG MARTENS: Die Geburt des Journalisten in der Aufklärung. – PAUL RAABE: Die Zeitschrift als Medium der Aufklärung. – WERNER SCHÜTZ: Die Kanzel als Katheder der Aufklärung. – ZWI BATSCHA: Ludwig Heinrich Jakobs frühbürgerliches Widerstandsrecht. II. *Quellen:* VIKTOR LINK: Geschichte in der Literatur: Drei Darstellungen der Schlacht von Minden und Herzog Ferdinands von Braunschweig und Wolfenbüttel in englischen Romanen des 18. Jahrhunderts. – GÜNTER SCHULZ: Christian Garve im Briefwechsel mit Friedrich Nicolai und Elisa von der Recke. – ANNALISA VIVIANI: Christian Garve-Bibliographie. III. *Aus der Lessing-Akademie:* GÜNTER SCHULZ: Max Plaut zum Gedächtnis. – GÜNTER SCHULZ: Arbeitsbericht über die Jahre 1971–1973.

II

[Zur Lessing-Forschung]

Herausgegeben von GÜNTER SCHULZ. 1975 342 S., mit 1 Abb. und 3 Faksimiles.

Inhalt: I. *Aufsätze:* KARL S. GUTHKE: Grundlagen der Lessingforschung. Neuere Ergebnisse, Probleme, Aufgaben. – FRANKLIN KOPITZSCH: Lessing und Hamburg. Aspekte und Aufgaben der Forschung. – GERHART SCHMIDT: Der Begriff der Toleranz im Hinblick auf Lessing. – JOHANNES SCHNEIDER: Lessings Frage nach der Erkenntnismöglichkeit der Religion. – PETER MICHELSEN: Der Kritiker des Details. Lessing in den »Briefen die Neueste Literatur betreffend«. – INGRID STROHSCHNEIDER-KOHRS: Die überwundene Komödiantin in Lessings Lustspiel. – MARTIN BOGHARDT: Zur Textgestalt der »Minna von Barnhelm«. – GÜNTER SCHULZ: Der Familienstreit nach Lessings Tod. – DIETRICH HOFFMANN: Lessing im Gespräch mit Naturforschern. – JÜRGEN KLEIN: Ethik und Politik bei Edmund Burke. II. *Miszellen:* URSULA SCHULZ: Karl Ludwig Klöber, der »reisende Engländer«. – WOLFGANG MILDE: Das genaue Datum des Briefes von Lessing an Johann Joachim

Eschenburg LM 17, Nr. 334. – ANNALISA VIVIANI: Christian Garve-Bibliographie. Nachträge. – PAUL RAABE: Die Weimarer Lessing-Bibliographie.

III [Die Frau im 18. Jahrhundert und andere Aufsätze zur Geschichte der Erziehung und Bildung]

Herausgegeben von GÜNTER SCHULZ. 1976. 420 S., mit 4 Abb.

Inhalt: MARION BEAUJEAN: Das Bild des Frauenzimmers im Roman des 18. Jahrhunderts. – REINHARD M. G. NICKISCH: Die Frau als Briefschreiberin im Zeitalter der deutschen Aufklärung. – 11 Briefe von Heinrich Christian Boie und Luise Mejer an Sophie La Roche (1779–1788). Mitgeteilt von URSULA SCHULZ. – ULRICH HERRMANN: Erziehung und Schulunterricht für Mädchen im 18. Jahrhundert. – GOTTHARDT FRÜHSORGE: Die Einheit aller Geschäfte. Tradition und Veränderung des »Hausmutter«-Bildes in der deutschen Ökonomieliteratur des 18. Jahrhunderts. – GÜNTER SCHULZ: Elisa v. d. Recke, die Freundin Friedrich Nicolais. – EVA HORVATH: Die Frau im gesellschaftlichen Leben Hamburgs: Meta Klopstock, Eva König, Elise Reimarus. – KARL HEINRICH RENGSTORF: Der Wandsbecker Bote. Matthias Claudius als Anwalt der Humanität. – HANS-ALBRECHT KOCH: Matthias Claudius und die Kinder. Mit einem Anhang: Unbekannte Briefe von Matthias Claudius. – GÜNTER SCHULZ: Carl Friedrich Pockels und die Erziehung in der frühen Kindheit. – FRANKLIN KOPITZSCH: Lessing und Hamburg. Aspekte und Aufgaben der Forschung. (Fortsetzung). – ROLAND MORTIER: Rhétorique et Discours scientifique dans »Le Rêve de d'Alembert«. – SIEGFRIED JÜTTNER: Das experimentelle Theater von Marivaux. – PETER BÜRGER/GERHARD LEITHÄUSER: Die Theorie der Physiokraten. Zum Problem der gesellschaftlichen Funktion wissenschaftlicher Theorien. – EDGAR MASS: Zur Professionalisierung der Literatur in der Aufklärung. Montesquieu und die Leser des »Esprit des Lois«.

IV Judentum im Zeitalter der Aufklärung

Günter Schulz zum 70. Geburtstag. Herausgegeben vom Vorstand der Lessing-Akademie. 1977. 407 S.

Inhalt: KARL HEINRICH RENGSTORF: Judentum im Zeitalter der Aufklärung. Geschichtliche Voraussetzungen und einige zentrale Probleme. – RUDOLF VIERHAUS: Zur historischen Deutung der Aufklärung: Probleme und Perspektiven. – JACOB TOURY: Toleranz und Judenrecht in der öffentlichen Meinung vor 1783. – JULIUS H. SCHOEPS: Aufklärung, Judentum und Emanzipation. – LUDWIG BORINSKI: Antijudaistische Phänomene der Aufklärung. – FRIEDRICH NIEWÖHNER: »Primat der Ethik« oder »erkenntnistheoretische Begründung der Ethik«? Thesen zur Kant-Rezeption in der jüdischen Philosophie. – FRIEDER LÖTZSCH: Moses Mendelssohn und Immanuel Kant im Gespräch über die Aufklärung. – GERHARD ALEXANDER: Moses Mendelssohn und Hermann Samuel Reimarus. – GRETE KLINGENSTEIN: Sonnenfels als Patriot. – KARL S. GUTHKE: Lessing und das Judentum. Rezeption. Dramatik und Kritik. Krypto-Spinozismus. – MICHAEL GRAETZ: »Die Erziehung des Menschengeschlechts« und jüdisches Selbstbewußtsein im 19. Jahrhundert. – GÜNTER SCHOLTZ: Friedrich Schleiermacher über das Sendschreiben jüdischer Haus-

väter. – Schrifttum über Salomon Maimon. Eine Bibliographie mit Anmerkungen von
NOAH J. JACOBS, übersetzt von GERD LEISERSOHN. – DAVID DAVIDOVITCH: Italieni-
sche Synagogen in Israel.

V/1 Geheime Gesellschaften

Herausgegeben und eingeleitet von PETER CHRISTIAN LUDZ. 1979. 462 S.

Inhalt: PETER CHRISTIAN LUDZ: Zur Einführung und zum Forschungsstand. I. *Zur
Problematik der Erforschung der Beziehungen von Freimaurerei und geheimen
Gesellschaften:* FRITZ BOLLE: Forscher und Freimaurer. Über die Möglichkeiten der
Zusammenarbeit von Wissenschaft und Freimaurerei. – HANS-HEINRICH SOLF: Die
Funktion der Geheimhaltung in der Freimaurerei. – JACOB KATZ: Echte und imagi-
näre Beziehungen zwischen Freimaurerei und Judentum. II. *Zur theoretischen
Bestimmung politischer Geheimbünde des 18. Jahrhunderts:* EBERHARD SCHMITT:
Elemente einer Theorie der politischen Konspiration im 18. Jahrhundert. – PETER
CHRISTIAN LUDZ: Überlegungen zu einer soziologischen Analyse geheimer Gesell-
schaften des späten 18. und frühen 19. Jahrhunderts. – MANFRED AGETHEN: Mittel-
alterlicher Sektentypus und Illuminatenideologie. Ein Versuch zur geistesgeschicht-
lich-soziologischen Einordnung des Illuminatenbundes. III. *Geheimgesellschaften
zwischen Gegenaufklärung und radikalisierter Aufklärung:* HORST MÖLLER: Die
Gold- und Rosenkreuzer. Struktur, Zielsetzung und Wirkung einer anti-aufkläreri-
schen Geheimgesellschaft. – NORBERT SCHINDLER: Aufklärung und Geheimnis im
Illuminatenorden. – ERNST-OTTO FEHN: Zur Wiederentdeckung des Illuminaten-
ordens. IV. *Freimaurerei und Geheimbünde im Spiegel der Literatur:* ROSEMARIE
NICOLAI-HAAS: Die Anfänge des deutschen Geheimbundromans. – PETER MICHEL-
SEN: Die »wahren Taten« der Freimaurer. Lessings »Ernst und Falk«. – WOLFGANG
MARTENS: Geheimnis und Logenwesen als Elemente des Betrugs in Goethes Lustspiel »Der Großcophta«. – HANS GRASSL: Tragende Ideen der illuminatistisch-
jakobinischen Propaganda und ihre Nachwirkungen in der deutschen Literatur.
V. *Zum Struktur- und Funktionswandel geheimer politischer Organisationen in
Deutschland:* ERNST-OTTO FEHN: Knigges »Manifest«. Geheimbundpläne im Zeichen
der Französischen Revolution. – OTTO DANN: Geheime Organisierung und politisches Engagement im deutschen Bürgertum des frühen 19. Jahrhunderts. Der Tu-
gendbund-Streit in Preußen. – JOHANNES ROGALLA VON BIEBERSTEIN: Geheime Gesellschaften als Vorläufer politischer Parteien.

V/2 Ludwig Hammermayer: Der Wilhelmsbader Freimau-
rer-Konvent von 1782

Ein Höhe- und Wendepunkt in der Geschichte der deutschen und
europäischen Geheimgesellschaften. 1980. 244 S.

»Nicht nur der umfassende wissenschaftliche Apparat, sondern auch [...], daß der
Verfasser [...] die Vorgänge objektiv sieht [...], gibt dem Werk seinen ganz besonderen
Wert. (Es wird) vieles klarer und verständlicher, was bis in die Gegenwart hinein-
wirkt.« *(Zirkelkorrespondenz, Jg. 109/1981)*

Gotthold Ephraim Lessing: Briefe aus Wolfenbüttel

Herausgegeben von GÜNTER SCHULZ. 2., verbesserte Auflage 1981. Ca. 280 S., mit
zahlreichen zeitgenössischen Abbildungen.

Wilm Pelters: Lessings Standort. Sinndeutung der Geschichte als Kern seines Denkens

1972. 167 S., mit einer graph. Darstellung. [Schriftenreihe »Literatur und Geschichte«,
Bd. 4] [Mit dem vollständigen Text von Lessings Schrift »Die Erziehung des Menschengeschlechts«, Berlin 1780.]

Ernst Simon: Lessing und die jüdische Geschichte

In: ERNST SIMON: Brücken. Gesammelte Aufsätze. 1965.

Friedrich Gundolf: Lessing

In: FRIEDRICH GUNDOLF: Dem lebendigen Geist. 1962 [Veröffentlichungen der Deutschen Akademie für Sprache und Dichtung, Bd. 27]

Rudolf Jung: Lichtenberg-Bibliographie

1972. 179 S. [Repertoria Heidelbergensia, Bd. II] [Die erste selbständige Bibliographie der Schriften von und über Georg Christoph Lichtenberg.]

Georg Christoph Lichtenberg: Gedankenbücher

Herausgegeben und mit einem Nachwort versehen von FRANZ H. MAUTNER. 3. Auflage 1981. Ca. 280 S.

Johann Georg Hamanns Hauptschriften erklärt [Text und Kommentar]. In 8 Bänden.

Herausgegeben von FRITZ BLANKE und KARLFRIED GRÜNDER. Bd. 1: *Die Hamann-
Forschung* [FRITZ BLANKE: Einführung. – KARLFRIED GRÜNDER: Geschichte der Deu-
tungen. – LOTHAR SCHREINER: Bibliographie der Hamann-Forschung]. 1956. 184 S. –
Bd. 2: *Sokratische Denkwürdigkeiten.* Erklärt von FRITZ BLANKE. 1959. 191 S. – Bd. 3:
*Aus den Kreuzzügen des Philologen / Kleeblatt hellenistischer Briefe / Aesthetica in
nuce.* Erklärt von KARLFRIED GRÜNDER. [In Vorbereitung.] – Bd. 4: *Über den Ursprung der
Sprache.* Erklärt von ELFRIEDE BÜCHSEL. 1963. 285 S., mit 4 Faks. – Bd. 5: *Mysterien-
schriften.* Erklärt von EVERT JANSEN SCHOONHOVEN und MARTIN SEILS. 1962. 372 S.,
mit 8 Faks. – Bd. 6: *Über Vernunft und Sprache.* Erklärt von WILLI OELMÜLLER und
ODO MARQUARD. [In Vorbereitung.] – Bd. 7: *Golgatha und Scheblimini.* Erklärt von
LOTHAR SCHREINER. 1956. 176 S., mit 1 Faks. – Bd. 8: *Fortsetzung der Bibliographie /
Gesamtregister.* [In Vorbereitung.]

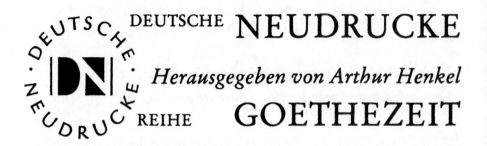

DEUTSCHE NEUDRUCKE

Herausgegeben von Arthur Henkel

REIHE GOETHEZEIT

Friedrich Maximilian Klinger: Plimplamplasko, der hohe Geist (heut Genie)

Eine Handschrift aus den Zeiten Knipperdollings und Doctor Martin Luthers. Faksimiledruck nach der Ausgabe von 1780. Mit einem Nachwort von PETER PFAFF. 1966. 185 S., mit 12 Abb.

[Mercier-Wagner] Neuer Versuch über die Schauspielkunst

Aus dem Französischen. Mit einem Anhang Aus Goethes Brieftasche. Faksimiledruck nach der Ausgabe von 1776. Mit einem Nachwort von PETER PFAFF. 1967. 552 S.

Friedrich Leopold Graf zu Stolberg: Die Insel

Faksimiledruck nach der Ausgabe von 1801. Mit einem Nachwort von SIEGFRIED SUD-HOF. 1966. 287 S.

Johann Heinrich Voss: Idyllen

Faksimiledruck nach der Ausgabe von 1810. Mit einem Nachwort von E. THEODOR VOSS. 1968. 490 S.

Sophie Mereau: Kalathiskos

Erstes und zweites Bändchen. Faksimiledruck nach der Ausgabe von 1801–02. Mit einem Nachwort von PETER SCHMIDT. 1968. 549 S.

Musen-Almanach für das Jahr 1802. Herausgegeben von A. W. Schlegel und L. Tieck

Faksimiledruck der Originalausgabe. Mit einem Nachwort von GERHARD VOM HOFE. 1967. 344 S.

Johann Wilhelm Ritter: Fragmente aus dem Nachlasse eines jungen Physikers. Ein Taschenbuch für Freunde der Natur

Erstes und zweites Bändchen. Faksimiledruck nach der Ausgabe von 1810. Mit einem Nachwort von HEINRICH SCHIPPERGES. 1969. 682 S.

Gotthilf Heinrich Schubert: Die Symbolik des Traumes

Faksimiledruck nach der Ausgabe von 1814. Mit einem Nachwort von GERHARD SAUDER. 1968. 248 S.

Die Sängerfahrt. Eine Neujahrsgabe für Freunde der Dichtkunst und Mahlerey. Gesammelt von Friedrich Förster

Mit Kupfern aus dem Danziger Gemälde: Das jüngste Gericht. Faksimiledruck nach der Ausgabe von 1818. Mit einem Nachwort von SIEGFRIED SUDHOF. [1969]. 322 S., mit 19 Abb.

Ludwig Tieck: Gedichte

Faksimiledruck nach der Ausgabe von 1821–23. Mit einem Nachwort von GERHARD KLUGE. 1967. 3 Bände: Erster Teil 306 S., Zweiter Teil 291 S., Dritter Teil 320 S.

Carl Gustav Carus: Briefe über Landschaftsmalerei. Zuvor ein Brief von Goethe als Einleitung

Faksimiledruck nach der 2., vermehrten Ausgabe von 1835. Mit einem Nachwort herausgegeben von DOROTHEA KUHN. 1972. 339 S.

Karl Wilhelm Ferdinand Solger: Nachgelassene Schriften und Briefwechsel.
Herausgegeben von Ludwig Tieck und Friedrich von Raumer

Faksimiledruck nach der Ausgabe von 1826. Mit einem Nachwort herausgegeben von HERBERT ANTON. 1973. 2 Bände [804 und 832 S.]

Deutsche Chronik auf das Jahr 1774, 1775, 1776 und 1777.
Herausgegeben von Christian Friedrich Daniel Schubart

Faksimiledruck nach den Originalausgaben. Mit einem Nachwort herausgegeben von HANS KRAUSS. 1975. 4 Bde. mit 3401 S. u. Beilagen [Jg. 1774: 11, 720 S., 1 Abb., 1 Falttafel; Jg. 1775: 11, 848 S.; Jg. 1776: 11, 874 S.; Jg. 1777: 11, 847, LXVIII S., 1 vierfarbige Falttafel]

[Edward Young:] Gedanken über die Originalwerke

Aus dem Englischen [von H. E. von Teubern]. Faksimiledruck nach der Ausgabe von 1760. Nachwort und Dokumentation zur Wirkungsgeschichte in Deutschland von GERHARD SAUDER. 1977. 264 S.

[Friedrich Müller] Mahler Müllers Werke.
Herausgegeben von Friedrich Batt, J. P. Le Pique und Ludwig Tieck

Faksimiledruck nach der Ausgabe von 1811. Mit einem Nachwort hrsg. von GERHARD VOM HOFE. 1981. 3 Bände [I: ca. 380 S.; II: ca. 416 S.; III: ca. 424 S.; Anhang]